W0348680

Katharina Hübner

Isaf Gün
Florian Haggenmiller
Dieter Lenz
Isabel Luik
Jürgen Ratayczak
Thomas Ressel
Michael Schmitzer

Praxis der JAV von A bis Z

Das Lexikon für die Arbeit der Jugend- und Auszubildendenvertretung

Isaf Gün
Florian Haggenmiller
Dieter Lenz
Isabel Luik
Jürgen Ratayczak
Thomas Ressel
Michael Schmitzer

Praxis der JAV von A bis Z

Das Lexikon für die Arbeit der Jugend- und Auszubildendenvertretung

9., überarbeitete Auflage

BUND
VERLAG

Die mit gekennzeichneten Formulare, Musterschreiben und Rechtstexte sind online verfügbar unter www.bund-verlag.de/jav/download und können individuell bearbeitet werden.

Bibliografische Information Der Deutschen Nationalbibliothek
Die Deutsche Nationalbibliothek verzeichnet diese Publikation in der Deutschen Nationalbibliografie; detaillierte bibliografische Daten sind im Internet über http://dnb.d-nb.de abrufbar.

9., überarbeitete Auflage 2017
© 1999 by Bund-Verlag GmbH, Frankfurt am Main
Herstellung: Betina Hunger
Umschlag: Neil McBeath, Stuttgart
Satz: Dörlemann Satz, Lemförde
Druck: Druckerei C. H. Beck, Nördlingen
Printed in Germany 2016
ISBN 978-3-7663-6517-0

Alle Rechte vorbehalten,
insbesondere die des öffentlichen Vortrags,
der Rundfunksendung
und der Fernsehausstrahlung,
der fotomechanischen Wiedergabe,
auch einzelner Teile.

www.bund-verlag.de

Vorwort

Jugendliche Arbeitnehmerinnen und Arbeitnehmer sowie Auszubildende haben besondere Belange. Diese werden in den Betrieben und Verwaltungen durch die gewählten Jugend- und Auszubildendenvertretungen wahrgenommen. Jugend- und Auszubildendenvertreter erhalten mit der 9. Auflage des aktualisierten Handwörterbuchs eine Orientierung anhand von Stichworten, darüber hinaus zahlreiche Anmerkungen, Beispiele sowie Mustertexte für die tägliche Arbeit. Neben den Arbeitsgrundlagen der Jugend- und Auszubildendenvertretung, wie sie im Betriebsverfassungsgesetz, aber auch durch die Rechtsprechung des Bundesarbeitsgerichts (BAG) bestimmt werden, sind ebenso die Bereiche des Berufsbildungsgesetzes, des Jugendarbeitsschutzgesetzes und andere für die jugendlichen Arbeitnehmerinnen und Arbeitnehmer sowie für die Auszubildenden relevanten Bereiche mit aufgenommen. Ausgehend von Stichworten wird in die jeweiligen Themen eingeführt und vielfältigste Lösungsmöglichkeiten an die Hand gegeben. Das Anliegen der Verfasser ist es dabei, die verschiedensten Bereiche anschaulich und für die tägliche Praxis nutzbar zu machen. Mit der vorliegenden Auflage sind die neuen Stichwörter »Allgemeine Aufgaben der JAV – JAV und Betriebsrat« und »Mitbestimmung und Ausbildung« aufgenommen worden.
Eine besonders wichtige Aufgabe für die Jugend- und Auszubildendenvertretungen wird auch sein, mitzuhelfen, viele junge Geflüchtete über Ausbildung und Arbeit in unsere Gesellschaft zu integrieren. Millionen Menschen sind derzeit aus Krisengebieten der Welt auf der Flucht. Allein in Deutschland haben über eine Million Menschen im Jahr 2015 Schutz und Zuflucht gesucht. Darunter viele junge Menschen, die eine Ausbildung beginnen wollen. Der Nationale Bildungsbericht sieht deshalb einen zusätzlichen Bedarf von 96 000 Ausbildungsstellen. Auch hier muss die Qualität der Ausbildung stimmen. In den Stichwörtern gibt es dafür auch Tipps und Anregung.
Das Buch wendet sich vorrangig an die Praktiker in den Jugend- und Auszubildendenvertretungen, in den Betriebsraten und den Gewerkschaften. Daneben bietet es aber auch allen anderen Interessierten die Möglichkeit, sich umfassend über die Arbeit der Jugend- und Auszubildendenvertretungen zu informieren.

Die Verfasser sind für Anregungen und kritische Anmerkungen dankbar. Hinweise aus der betrieblichen Praxis werden gerne entgegengenommen.

Die Verfasser, September 2016

Übersicht Muster und Rechtstexte im Internet

Unter http://www.bund-verlag.de/jav/download können folgende Muster und Rechtstexte heruntergeladen werden: Die Nummern 01 bis 33 beziehen sich auf Arbeitshilfen aus den Stichwörtern des vorliegenden Lexikons, aus denen auf die einzelnen Muster und Rechtstexte hingewiesen wird. Die Nummern 34 bis 39 beinhalten für die Arbeit der Jugend- und Auszubildendenvertretung relevante Gesetzestexte.

01_Abmahnung_Musterschreiben
02_Allgemeine Aufgaben_Ausbildungsqualität_Formular
03_Änderungskündigung_Musterschreiben
04_Ausbildungsordnung_Musterverordnung
05_Ausbildungsqualität_Checkliste
06_Ausbildungsvertragsmuster_Formular
07_Ausländische Arbeitnehmer_Musterbetriebsvereinbarung
08_Aussetzung von Beschlüssen_Musterschreiben
09_Auswahlrichtlinien_Musterbetriebsvereinbarung
10_Berichtshefte_Formular
11_Beurteilungsverfahren_Checkliste
12_Beurteilungsverfahren_Qualifikations-Förderbogen_Musterbetriebsvereinbarung
13_Beurteilungsverfahren_Lernzielkontrollbogen
14_GJAV_Berichtsbogen_Formular
15_Geschäftsordnung für die JAV_Muster
16_Gleichberechtigung_Frauenförderung_Musterbetriebsvereinbarung
17_*nicht belegt*
18_Einladung_Betriebsrat_Musterschreiben
19_Einladung_Gewerkschaft_Musterschreiben
20_Einladung_Arbeitgeber_Musterschreiben
21_KindArbSchG_Rechtstext
22_Mitbestimmung_Auswahlrichtlinien_Musterbetriebsvereinbarung
23_Mitbestimmung_Berufsausbildung_Musterbetriebsvereinbarung

24_Schutzvorschriften_Übernahme Arbeitsverhältnis_Musterschreiben
25_Schutzvorschriften_Übernahme Teilzeit_Musterschreiben
26_Schutzvorschriften_Übernahme befristet_Musterschreiben
27_Sitzungen_Protokoll der JAV-Sitzung_Musterschreiben
28_Streikrecht_Einbeziehung Arbeitskampf_Checkliste
29_Übernahme_Musterbetriebsvereinbarung
30_Umweltschutz_Eckpunkte ökologisch-zukunftsorientierte Ausbildung_Checkliste
31_Verbesserungsvorschlag_Betriebliches Vorschlagswesen_Musterbetriebsvereinbarung
32_Verbesserungsvorschlag_Bewertungsbogen_Formular
33_Weiterbildung_Musterbetriebsvereinbarung
34_BBiG_Rechtstext
35_Berufsfachschul-AV_Rechtstext
36_Berufsgrundbildungsjahr-AV_Rechtstext
37_BetrVG_Rechtstext
38_JArbSchG_Rechtstext
39_JArbSchUV_Rechtstext

Inhaltsverzeichnis

Abkürzungsverzeichnis

abH	ausbildungsbegleitende Hilfe
Abs.	Absatz
AEVO	Ausbilder-Eignungsverordnung
AFG	Arbeitsförderungsgesetz
AG	Aktiengesellschaft
AGG	Allgemeines Gleichbehandlungsgesetz
AiB	Arbeitsrecht im Betrieb (Zeitschrift)
AltPflG	Altenpflegegesetz
APO	Arbeitsprozessorientiertes Lernen
ArbGG	Arbeitsgerichtsgesetz
ArbNErfG	Arbeitnehmererfindungsgesetz
ArbSchG	Arbeitsschutzgesetz
ArbStättV	Arbeitsstättenverordnung
ARS	Regeln für Arbeitsstätten
Aufl.	Auflage
AÜG	Arbeitnehmerüberlassungsgesetz
AuR	Arbeit und Recht (Zeitschrift)
BA	Bundesagentur für Arbeit
BAG	Bundesarbeitsgericht
BAföG	Bundesausbildungsförderungsgesetz
BAT	Bundes-Angestelltentarifvertrag
BBiG	Berufsbildungsgesetz
BDSG	Bundesdatenschutzgesetz
BEEG	Bundeselterngeld- und Elternzeitgesetz
BEM	Betriebliches Eingliederungsmanagement
BerASichG	Berufsausbildungssicherungsgesetz
BerBiFG	Berufsbildungsförderungsgesetz
BetrVG	Betriebsverfassungsgesetz
BGB	Bürgerliches Gesetzbuch
BGBl	Bundesgesetzblatt
BGS	Berufsgrundschuljahr

Abkürzungsverzeichnis

BIBB	Bundesinstitut für Berufsbildung
BMBF	Bundesminister für Bildung und Forschung
BMWI	Bundeswirtschaftsministerium für Wirtschaft und Technologie
BPersVG	Bundespersonalvertretungsgesetz
BR	Betriebsrat
BSI	Bundesamt für Sicherheit in der Informationstechnik
BVerfG	Bundesverfassungsgericht
BVJ	Berufsvorbereitungsjahr
CuA	Computer und Arbeitsrecht (Zeitschrift) – früher Computer Fachwissen (CF)
DELTA	Dezentrales Lernen in Teamarbeit
DGB	Deutscher Gewerkschaftsbund
d. h.	das heißt
DIHK	Deutscher Industrie- und Handelskammertag
DKKW	Däubler/Kittner/Klebe/Wedde (Hrsg.), Betriebsverfassungsgesetz mit Wahlordnung, Kommentar für die Praxis, 15. Auflage 2016
DrittelbG	Drittelbeteiligungsgesetz
DQR	Deutscher Qualifikationsrahmen
EFZG	Entgeltfortzahlungsgesetz
EQF	European Qualifications Framework
EQR	Europäischer Qualifikationsrahmen
ERP	External Recruiting Partner
FESTL	Fitting u. a., Betriebsverfassungsgesetz, Handkommentar, 28. Auflage 2016
GBR	Gesamtbetriebsrat
GewO	Gewerbeordnung
GG	Grundgesetz
ggf.	gegebenenfalls
GJAV	Gesamtjugend- und Auszubildendenvertretung
HAG	Heimarbeitsgesetz
HebG	Hebammengesetz
Hrsg.	Herausgeber
HwO, HandwO	Handwerksordnung
IAB	Institut für Arbeitsmarkt- und Berufsforschung
i. d. F.	in der Fassung
IHK	Industrie- und Handelskammer
ILO	International Labor Organisation; Internationale Arbeitsorganisation
inkl.	inklusive

i. S.	im Sinne
i. V. m.	in Verbindung mit
JArbSchG	Jugendarbeitsschutzgesetz
JAV	Jugend- und Auszubildendenvertretung
KBR	Konzernbetriebsrat
KDVG	Kriegsdienstverweigerungsgesetz
KG	Kommanditgesellschaft
KJAV	Konzern-Jugend- und Auszubildendenvertretung
KrPflG	Krankenpflegegesetz
KSchG	Kündigungsschutzgesetz
KWB	Koordinierungsstelle Weiterbildung und Beschäftigung e. V.
LAG	Landesarbeitsgericht
Lakies/Malottke	Lakies, Malottke, Berufsbildungsgesetz, Kommentar für die Praxis, 5. Auflage 2016
MiLoG	Mindestlohngesetz
MitbestG	Gesetz über die Mitbestimmung der Arbeitnehmer
MuSchG	Mutterschutzgesetz
NZA-RR	NZA-Rechtsprechungs-Report Arbeitsrecht (Fachzeitschrift)
OHG	Offene Handelsgesellschaft
Rn.	Randnummer
RVO	Reichsversicherungsordnung
S.	Seite
SchwbG	Schwerbehindertengesetz
SchwbVertr.	Schwerbehindertenvertretung
SE	Europäische Aktiengesellschaft (»Societas Europaea«)
SGB	Sozialgesetzbuch
SGB III	Sozialgesetzbuch Drittes Buch – Arbeitsförderung
SGB IX	Sozialgesetzbuch Neuntes Buch – Rehabilitation und Teilhabe behinderter Menschen
SMV	Schülermitvertretung
SV	Schülervertretung
TRAS	Technische Regeln für Anlagensicherheit
TzBfG	Gesetz über Teilzeitarbeit und befristete Arbeitsverträge (Teilzeit- und Befristungsgesetz)
u. a.	unter anderem
usw.	und so weiter
u.v.m.	und vieles mehr
WO	Erste Verordnung zur Durchführung des Betriebsverfassungsgesetzes (Wahlordnung – WO)
ZDH	Zentralverband des Deutschen Handwerks e. V.

Abmahnung

Grundlagen

Mit der Abmahnung rügt der Arbeitgeber eine Pflichtverletzung des Arbeitnehmers. Abmahnungsberechtigt sind die Vorgesetzten, die auch zur Kündigung berechtigt sind, daneben aber auch alle weiteren, die befugt sind, verbindliche Anweisungen zu erteilen, wie die Arbeitsleistung erbracht werden soll. Sie unterscheidet sich von einer allgemeinen Rüge dadurch, dass sie sich an dem folgenden Schema orientiert:

1. Die Abmahnung enthält die Beschreibung des gerügten Verhaltens, etwa die Verletzung der Arbeitspflicht oder von Nebenpflichten aus dem Arbeitsvertrag wie Zuspätkommen zur Arbeit, unentschuldigtes Fehlen, Verstoß gegen Arbeitsanweisungen, verbotener Alkoholgenuss, verbotenes privates Telefonieren oder verbotener privater E-Mail-Versand am Arbeitsplatz.
2. Die Abmahnung enthält die Aufforderung, das gerügte Verhalten zu ändern.
3. Die Abmahnung enthält die Androhung der Kündigung für den Fall, dass das gerügte Verhalten wiederholt wird.

Es ist nicht erforderlich, dass die Abmahnung schriftlich erfolgt. Dies ist allerdings allgemein üblich, um die Abmahnung beweisen zu können.

Die Abmahnung ist nach Auffassung des BAG im Regelfall Voraussetzung für eine spätere verhaltensbedingte Kündigung (BAG v. 18.1.1980, EzA § 1 KschG Verhaltensbedingte Kündigung Nr. 7). Nur in besonders schweren Fällen ist eine Abmahnung entbehrlich, etwa wenn die Vertrauensgrundlage zerstört (z.B. Diebstahl), der Betriebsfrieden nachhaltig gestört ist (tätlicher Angriff auf Arbeitskollegen) oder der Pflichtverstoß so krass ist, dass die Fortsetzung des Arbeitsverhältnisses nicht in Betracht kommt (Trunkenheitsfahrt mit Linienbus).

Die Abmahnung kann mitbestimmungsfrei ohne Beteiligung des Betriebs- oder Personalrats oder der Jugendvertretung ausgesprochen werden.

Abmahnungen werden üblicherweise zu den → **Personalakten** genommen. Die Warnfunktion einer Abmahnung ist zeitlich begrenzt, es gibt aber keine starre Frist, wann die Abmahnung ihre Wirkung verliert, das richtet sich vielmehr nach

den Umständen des Einzelfalls, als ein Anhaltspunkt mag ein Zeitraum von ein bis zwei Jahren gelten. Nach Ablauf dieser Zeit hat die Abmahnung, auch wenn sie nicht aus der Personalakte entfernt wurde, ihre Wirkung als Voraussetzung für eine spätere → **Kündigung** verloren.
Ein Ausbildungsverhältnis, das nach Ablauf der Probezeit nur noch außerordentlich gekündigt werden kann, kann ebenfalls ohne vorherige Abmahnung bei schwerwiegender Pflichtverletzung gekündigt werden. Das BAG hat eine solche schwerwiegende Pflichtverletzung bei → **ausländerfeindlichem/rassistischem Verhalten** eines Jugendlichen anerkannt (vgl. dort).
Soll eine Kündigung nach vorheriger Abmahnung wegen wiederholten Verstoßes ausgesprochen werden, muss sich die Abmahnung auf den Verstoß bezogen haben, auf den die Kündigung gestützt werden soll. Eine Kündigung wegen der Weigerung, eine Arbeitsanweisung zu befolgen, kann nicht auf eine z. B. vorangegangene Abmahnung wegen wiederholten Zuspätkommens gestützt werden und umgekehrt.

01

Beispiel:
Sehr geehrte/r Frau/Herr …,
bereits in der Vergangenheit sind Sie mehrfach zu spät gekommen. Sie sind nun wieder am … ohne Angabe von Gründen um … Stunden verspätet zur Arbeit gekommen. Damit haben Sie erneut gegen Ihre arbeitsvertraglichen Pflichten verstoßen.
Wir ersuchen Sie nachdrücklich, künftig Ihren Pflichten aus dem Arbeitsvertrag in vollem Umfang nachzukommen. Für den Wiederholungsfall müssen wir Ihnen androhen, das Arbeitsverhältnis zu kündigen.
Eine Durchschrift dieser Abmahnung wird zu den Personalakten genommen.

Mit freundlichen Grüßen
(Arbeitgeber)

Bedeutung für den Betriebsrat/die JAV

Die Abmahnung berührt grundsätzlich nur das Verhältnis zwischen Arbeitgeber und Arbeitnehmer. Daraus folgt nach Auffassung des BAG, dass die Abmahnung als solche nicht mitbestimmungspflichtig ist. Etwas anderes gilt nur im Bereich förmlicher → **Betriebsbußen** (siehe dort). Der Betriebsrat hat jedoch ein Recht, über ausgesprochene Abmahnungen informiert zu werden (§ 80 Abs. 2 BetrVG). Ist die Abmahnung im Einzelfall also ein individualrechtlicher Streit zwischen dem Arbeitgeber und dem betroffenen Arbeitnehmer, kann der Betriebsrat über sein Informationsrecht den kollektiven Bezug der Abmahnung erkennen.

Manchmal gelingt es dem Betriebsrat durch das Gespräch mit dem entsprechenden Vorgesetzten, den Abmahnungsvorwurf zu klären. Häufig bleibt aber der Versuch, den Streit im Einzelfall auszuräumen, fruchtlos. Im Vordergrund wird daher häufig die Überwachungsfunktion des Betriebsrats stehen, etwa nach welchen Grundsätzen und in welcher Häufigkeit abgemahnt wird, ob die Abmahnung von allen Vorgesetzten gleichmäßig oder aber völlig unterschiedlich gehandhabt wird.
Der Betriebsrat gewinnt so einen Überblick darüber, ob möglicherweise durch andere Maßnahmen den Ursachen für die Abmahnung begegnet werden kann. Insoweit hat der Betriebsrat nach §§ 84, 85 BetrVG die Möglichkeit, den Arbeitnehmer bei seiner Beschwerde gegen den Inhalt der Abmahnung zu unterstützen. Dieser Weg ist im Normalfall einfacher, als etwa in einem gerichtlichen Verfahren auf Entfernung der Abmahnung aus der Personalakte zu klagen.
Gibt es eine Arbeitsordnung in Form einer Betriebsvereinbarung, sollte der Betriebsrat dort eine Regelung verankern, dass Abmahnungen je nach Schwere des Vorwurfs nach Ablauf einer bestimmten Zeit und/oder wenn keine erneute Abmahnung hinzukommt wieder aus der Personalakte entfernt werden.

Beispiel für eine Regelung der Abmahnung in einer Arbeitsordnung:
Abmahnungen werden in die Personalakte aufgenommen. Die Abmahnungen werden nach Ablauf von einem Jahr bei leichten Verstößen und nach Ablauf von zwei Jahren bei schweren Verstößen aus der Personalakte entfernt und vernichtet, wenn nicht innerhalb dieser Frist eine erneute Abmahnung hinzutritt. In diesem Fall werden sie erst nach einem weiteren abmahnungsfreien Zeitraum aus der Personalakte entfernt.

Bedeutung für die Beschäftigten

Abmahnungen müssen bei Arbeitnehmern die »Warnglocken« klingeln lassen, jedenfalls sollte die Warnfunktion der → **Abmahnung** sehr ernst genommen werden. Manche Arbeitgeber bereiten nämlich Kündigungen systematisch mit Abmahnungen vor. Davor sind auch Auszubildende nicht gefeit, obwohl eine Kündigung (s. dort) nach § 22 BBiG nur aus wichtigem Grund möglich ist, wenn die Probezeit abgelaufen ist.
Rechtsmittel gegen eine → **Abmahnung**: Ist eine Abmahnung nicht oder nicht in vollem Umfang berechtigt, kann der Arbeitnehmer ihre Entfernung aus der Personalakte verlangen. Er kann zunächst aber auch eine Gegendarstellung zum Inhalt des Abmahnungsschreibens zur Personalakte geben. In Betrieben, die einen Betriebsrat gewählt haben, ergibt sich dieses Recht aus § 83 Abs. 2 BetrVG. Dort

heißt es, »Erklärungen des Arbeitnehmers zum Inhalt der Personalakte sind dieser auf sein Verlangen beizufügen«. Das gleiche Recht ergibt sich in betriebsratslosen Betrieben aus allgemeinen Grundsätzen des Arbeitsvertragsrechts.
Der Arbeitnehmer kann aber auch, wenn er eine Abmahnung für nicht gerechtfertigt erachtet, notfalls ihre Entfernung aus der Personalakte in einem arbeitsgerichtlichen Verfahren durchzusetzen versuchen. Das Arbeitsgericht hat dann in diesem Verfahren zu prüfen, ob und in welchem Umfang die Abmahnung gerechtfertigt war.
Wichtig ist, dass der Arbeitnehmer keineswegs gegen die Abmahnung vorgehen muss, um seine Rechte zu wahren. Schweigen gilt hier nicht als Zustimmung, der Vorwurf wird damit nicht als berechtigt anerkannt. Will der Arbeitgeber sich bei einer später ausgesprochenen Kündigung auf diese Abmahnung stützen, kann der Arbeitnehmer zu diesem Zeitpunkt die Berechtigung der Abmahnung bestreiten (BAG, Urt. v. 13. 3. 1987 – EZA § 611 BGB, Abmahnung Nr. 5). Der Arbeitgeber muss dann in einem solchen Kündigungsschutzprozess beweisen, dass der von ihm behauptete Sachverhalt zutreffend ist, was zu diesem späteren Zeitpunkt häufig deutlich schwieriger ist, als wenn sofort gegen die Abmahnung geklagt wird. Der Arbeitgeber kann auch jetzt keine Fehler der Abmahnung mehr korrigieren. So sehr der Wunsch des betroffenen Arbeitnehmers psychologisch verständlich ist, irgendetwas gegen die von ihm als ungerecht empfundene Abmahnung zu unternehmen, verhält er sich aus den genannten Gründen in der Regel klüger, wenn er die Abmahnung hinnimmt.

Akkordarbeit/Akkordlohn

Grundlagen

Im Normalfall richtet sich die Vergütung nach der arbeitsvertraglichen Vereinbarung oder nach einem Lohntarifvertrag und nach der jeweiligen Lohngruppe, in die man aufgrund seiner Tätigkeit eingeordnet wird. Es spielt dann keine Rolle für die Höhe der Vergütung, ob man viel arbeitet oder weniger. Davon zu unterscheiden sind Formen des Leistungslohnes, bei denen die Vergütung auch vom Umfang der Leistung abhängt.

Akkordarbeit und Akkordlohn sind Begriffe für eine leistungsabhängige Vergütung bzw. »Leistungsvergütung«, womit sämtliche Vergütungsformen angesprochen sind, bei denen die Lohnhöhe in irgendeiner Weise vom Arbeitsergebnis abhängig ist.

Die Leistung selbst kann bei Akkordarbeit durch Messen oder Zählen oder bei einer Leistungsbewertung nach anderen differenzierten Kriterien erfasst werden.

Mit Akkordarbeit wird also eine Tätigkeit bezeichnet, bei der die Vergütung, der Akkordlohn, leistungsabhängig nach dem Arbeitsergebnis und nicht nach der Arbeitszeit bemessen wird.

In welcher Form die Arbeit zu leisten ist und wie sie entlohnt wird, richtet sich nach dem Arbeitsvertrag. Ist Akkordarbeit nicht vereinbart, kann sie auch nicht etwa über das Direktionsrecht des Arbeitgebers einseitig angeordnet werden.

Üblicherweise richten sich daher Art, Umfang und Vergütung der Akkordarbeit nach Tarifvertrag oder Betriebsvereinbarung i. V. m. dem Arbeitsvertrag.

Da Akkordarbeit wegen des Interesses der Arbeitnehmer, einen möglichst hohen Akkordlohn zu erzielen, in der Regel mit besonderen gesundheitlichen Gefahren verbunden ist, ist die Akkordtätigkeit für bestimmte Arbeitnehmergruppen eingeschränkt oder verboten.

So dürfen werdende Mütter gemäß § 4 Abs. 3 Nr. 1 MuSchG nicht in Akkordarbeit bzw. mit Tätigkeiten beschäftigt werden, bei denen das Arbeitstempo die Höhe des Entgelts bestimmt. Ausnahmen kann nur die Aufsichtsbehörde zulassen.

Insbesondere dürfen auch Jugendliche nach § 23 JArbSchG nicht beschäftigt werden:

1. mit Akkordarbeit und sonstigen Arbeiten, bei denen durch ein gesteigertes Arbeitstempo ein höheres Entgelt erzielt werden kann,
2. in einer Arbeitsgruppe mit erwachsenen Arbeitnehmern, die mit Arbeiten nach Nr. 1 beschäftigt werden,
3. mit Arbeiten, bei denen ihr Arbeitstempo nicht nur gelegentlich vorgeschrieben, vorgegeben oder auf andere Weise erzwungen wird.

Von diesem grundsätzlichen Akkordarbeitsverbot für Jugendliche macht § 23 Abs. 2 JArbSchG eine Ausnahme. Die Beschäftigung nach den vorstehenden Nummern 1 bis 3 ist für Jugendliche erlaubt, »soweit dies zur Erreichung ihres Ausbildungszieles erforderlich ist« oder »wenn sie eine Berufsausbildung für diese Beschäftigung abgeschlossen haben« und ihr Schutz durch die Aufsicht eines Fachkundigen gewährleistet ist.

Formen der Akkordarbeit:

- *Stückakkord:*
  Hier wird auf die Zahl der hergestellten Arbeitsgegenstände pro Zeiteinheit abgestellt.
- *Gewichtakkord:*
  Hier wird das Gewicht der bearbeiteten Menge der Vergütung zugrunde gelegt.
- *Flächenakkord:*
  Hier ist die bearbeitete Fläche für die Entlohnung maßgeblich, z. B. Putzkolonne.

Daneben muss noch der Geldfaktor bestimmt werden. Wird z. B. beim Stückakkord für die Bearbeitung eines Kleiderbügels 0,80 EUR angesetzt und werden 100 Kleiderbügel bearbeitet, beträgt die Vergütung 80,00 EUR. Entsprechendes gilt für Gewicht- oder Flächenakkord.

Häufig findet auch der »Zeitakkord« Anwendung, bei dem für eine bestimmte Arbeitsleistung eine festgelegte Zeit als Berechnungsfaktor vorgesehen ist. Die Vorgabezeit muss dann mit einem Geldfaktor multipliziert werden. Beträgt der Geldfaktor für eine Stunde 12,00 EUR und die Vorgabezeit sechs Minuten, müssten bei Normalleistung in einer Stunde zehn Stücke bearbeitet bzw. hergestellt werden. Bei einer höheren Stückzahl erfolgt dann eine entsprechend höhere Vergütung.

Eine andere Form des Leistungslohnes ist der Prämienlohn, bei dem je nach Interesse des Arbeitgebers bzw. des Betriebs Prämien für bestimmte Arbeitsergebnisse gezahlt werden. Dabei kann es sich um Anreize für eine Erhöhung der Produktion, aber auch für eine Verringerung der Fehlerquote oder für die Erzielung von Einsparungen handeln.

Bedeutung für den Betriebsrat/die JAV

Nach § 87 Abs. 1 Nr. 11 BetrVG hat der Betriebsrat mitzubestimmen über »Festsetzung der Akkord- und Prämiensätze und vergleichbarer leistungsbezogener Entgelte einschließlich der Geldfaktoren«.
Der gesamte Bereich der Leistungsentlohnung unterliegt somit dem Mitbestimmungsrecht des Betriebsrats. Das Mitbestimmungsrecht erstreckt sich auf die Festsetzung aller Bezugsgrößen bei den Akkordsätzen, die für die Ermittlung und Berechnung des Akkordlohns von Bedeutung sind. Sie umfasst auch die Festsetzung und Änderung der sogenannten Vorgabezeiten. Auch bei der Festsetzung der Prämiensätze erstreckt sich das Mitbestimmungsrecht auf die Festlegung aller Bezugsgrößen.
Im Übrigen gilt für Jugendliche nach § 23 JArbSchG das grundsätzliche Verbot der Tätigkeit in Akkord- und Leistungsentlohnung (siehe oben).

Bedeutung für die Beschäftigten

Zwar kann bei Akkordarbeit und Akkordentlohnung der Arbeitnehmer durch besondere Anstrengungen, Fleiß und Geschick eine höhere Vergütung erzielen als beim Zeitlohn. Auf der anderen Seite entsteht ein höherer Leistungsdruck, die Gefahr der Selbstausbeutung und einer erhöhten Gesundheitsgefährdung, weshalb für Jugendliche solche Tätigkeiten auch verboten sind, wie § 23 JArbSchG bestimmt (zu Ausnahmen s. oben).

Allgemeine Aufgaben der JAV – JAV und Betriebsrat

Rechtliche Grundlagen

Das Betriebsverfassungsgesetz weist der JAV in § 70 BetrVG allgemeine Aufgaben zu, die folgende Bereiche umfassen:

1. Die JAV hat darauf zu achten, dass die zugunsten der jugendlichen Arbeitnehmer und der Auszubildenden geltenden Schutzvorschriften, d. h. Gesetze, Verordnungen und Unfallverhütungsvorschriften, Tarifverträge und Betriebsvereinbarungen, im Betrieb eingehalten werden.
2. Die JAV hat Maßnahmen zur Durchsetzung der tatsächlichen Gleichstellung der Auszubildenden und jugendlichen Arbeitnehmer beim Betriebsrat zu beantragen.
3. Die JAV hat beim Betriebsrat Maßnahmen zu beantragen, die den jugendlichen Arbeitnehmern und den Auszubildenden dienen.
4. Die JAV hat Anregungen der jugendlichen Arbeitnehmer sowie der Auszubildenden entgegenzunehmen und auf ihre Erledigung beim Betriebsrat hinzuwirken.
5. Die JAV hat die Integration ausländischer Auszubildender und jugendlicher Arbeitnehmer zu fördern und entsprechende Maßnahmen beim Betriebsrat zu beantragen.

Überwachungsrecht

Die Einhaltung aller Schutzvorschriften im Betrieb umfasst den gesamten Bereich der in Gesetzen, Verordnungen und sonstig fixierten Rechte und Schutzbestimmungen zugunsten der Jugendlichen und zu ihrer Berufsausbildung beschäftigten Arbeitnehmer. Dabei beinhaltet das Überwachungsrecht für die JAV auch gleichzeitig eine Überwachungspflicht. Das Überwachungsrecht setzt voraus, dass die JAV sich gründlich über die Situation im Betrieb informiert und auf dem Laufenden hält. Die Ausübung des Überwachungsrechts kann ohne Hinzuziehung des Betriebsrats durch die JAV selbstständig ausgeübt werden. So kann die JAV ohne konkreten Anlass Stichproben durchführen, um die Einhaltung von Schutzvorschriften zu kontrollieren (BAG v. 21.7.1982, AP Nr. 1 zu § 70 BetrVG 1972). Ebenfalls kann sie zum Zwecke der Ausübung ihrer Überwachungsaufgaben auch Betriebsbegehungen durchführen (BAG v. 21.1.1982, AP Nr. 1 zu § 70 BetrVG 1972, wobei das BAG unverständlicherweise die Einholung der Zustimmung des Betriebsrats voraussetzen will). Durch diese Betriebsbegehungen kann die JAV am besten herausbekommen, welche Beschwerden und welche Anregungen die jugendlichen Arbeitnehmer und die Auszubildenden haben. Vertrauliche Gespräche am Arbeitsplatz sind am besten dazu geeignet, häufig anzutreffende Ängste der jugendlichen Arbeitnehmer und der Auszubildenden zu überwinden. Eine weitere Form der Informationsbeschaffung ist die Durchführung einer Fragebogenaktion unter den jugendlichen Arbeitnehmern bzw. den Auszubildenden (siehe Musterfragebogen zur Ausbildungsqualität weiter unten). Die Durchführung der Fragebogenaktion ist beim Betriebsrat zu beantragen und von ihm zu beschließen. Die vom Betriebsrat und von der JAV gemeinsam durchgeführte Fragebogenaktion hat der Arbeitgeber zu dulden (BAG v. 8.2.1977, AP Nr. 10 zu § 80 BetrVG 1972). Sachgemäß und damit zulässig sind auch Fragen nach den subjektiven Einstellungen der jugendlichen Arbeitnehmer und der Auszubildenden, z.B. zur JAV oder zu den Ausbildungsbedingungen. Weiterhin kann die JAV auch Informationsblätter herausgeben, um die jugendlichen Arbeitnehmer und die Auszubildenden auf ihre Rechte hinzuweisen.

Initiativrecht

Die allgemeinen Aufgaben, die für die JAV einen eigenen Zuständigkeitsbereich schaffen, umfassen alle sozialen, personellen und wirtschaftlichen Angelegenheiten, die die jugendlichen Arbeitnehmer und Auszubildenden unmittelbar oder auch nur mittelbar berühren. Das Initiativrecht der JAV ist somit sehr weit gefasst, sodass praktisch alle Initiativen davon erfasst werden, die den Interessen der jugendlichen Arbeitnehmer und Auszubildenden dienen. Wichtig ist dabei nur, dass es sich bei den Maßnahmen um den Betrieb betreffende Fragen handeln muss.

Infrage kommen insbesondere solche Angelegenheiten, die in den Gesetzen und Tarifverträgen nur ungenügend oder gar nicht geregelt sind. Als Beispiele seien erwähnt:

- Gestaltung des Ausbildungsplans,
- Förderung der Gleichstellung in der Ausbildung,
- Beschaffung von Ausbildungsmitteln,
- Schaffung von ausbildungsbegleitenden Hilfen,
- Durchführung von zusätzlichem Unterricht,
- Einrichtung von Ausbildungswerkstätten und Ausbildungsbereichen,
- Verbesserung der Ausbildungsmethoden,

- Schaffung von zusätzlichen Ausbildungsplätzen, insbesondere für Frauen,
- Einbeziehung ökologischer Fragen in die Ausbildung,
- Beschaffung von zusätzlichen Ausbildungsmitteln,
- Freistellung zur Vorbereitung auf Prüfungen,
- Kritik an Ausbildern,
- Regelungen zur Übernahme nach der Ausbildung,
- bezahlter Bildungsurlaub,
- Fragen der Arbeitszeit,
- Probleme der Urlaubsgestaltung,
- Gewährung von Fahrgeld bzw. eines Fahrgeldzuschusses,
- soziale Einrichtungen wie Aufenthaltsräume, Toiletten, Wasch- und Umkleideräume,
- zusätzliche Arbeitssicherheitsmaßnahmen.

Anregungsrecht

Durch dieses Recht erhält jeder jugendliche Arbeitnehmer bzw. jeder Auszubildende die Möglichkeit, sich mit Anregungen an die JAV zu wenden. Dabei umfasst der Begriff »Anregungen« Meinungsäußerungen aller Art, zu denen auch Beschwerden (→ **Beschwerderecht**) zählen.

Diese Anregungen sind von der JAV entgegenzunehmen. Auf einer Sitzung hat sich dann die JAV mit den Anregungen zu befassen und darüber zu befinden, wie sie mit der Anregung weiter verfahren will. Wichtig ist dabei, dass sich die JAV gründlich mit der Anregung auseinander setzt. Bei der Frage, was mit der Anregung weiter passieren soll, steht der JAV ein Beurteilungsspielraum zu. Hält sie die Anregung z. B. für unrealistisch, unzweckmäßig oder aus sonstigen Gründen für unberechtigt, so kann die JAV in eigener Kompetenz darüber entscheiden. Sie ist jedoch verpflichtet, und dieses entspricht letztlich auch einem kollegialen Umgang untereinander, den betroffenen Arbeitnehmer zu informieren.

Wenn die JAV die Anregung jedoch als berechtigt ansieht, muss sie den Betriebsrat darüber informieren, der seinerseits die Anregung selbstständig prüft. In der Betriebsratssitzung, in der über die Anregung verhandelt und beschlossen werden soll, ist die JAV teilnahme- und auch ggf. stimmberechtigt, wenn die Anregung besonders bzw. überwiegend Angelegenheiten der jugendlichen Arbeitnehmer bzw. der Auszubildenden betrifft (§ 67 Abs. 1 und Abs. 2 BetrVG). Hält der Betriebsrat die Anregungen für berechtigt, ist er verpflichtet, mit dem Arbeitgeber Verhandlungen aufzunehmen. Dabei ist die JAV in den Angelegenheiten zu beteiligen, die besonders die jugendlichen Arbeitnehmer oder die Auszubildenden betreffen (§ 68 BetrVG).

Über das Ergebnis ihrer Bemühungen hat die JAV den Arbeitnehmer, der die Anregung vorgebracht hat, zu unterrichten. Dieses betrifft zum einen das Ergeb-

nis der Verhandlungen zwischen Arbeitgeber und Betriebsrat, aber z. B. auch den Beschluss des Betriebsrats.
Agieren, und nicht nur Reagieren, muss das Ziel der JAV-Arbeit sein. Im Vordergrund muss das Bemühen stehen, eine generelle Verbesserung der Arbeits- und Ausbildungsbedingungen der jugendlichen Arbeitnehmer bzw. der Auszubildenden zu erreichen. Dazu bieten die allgemeinen Aufgaben in § 70 Abs. 1 BetrVG eine solide Grundlage für die JAV-Arbeit.

Bedeutung für den Betriebsrat

Mit Ausnahme der Überwachungspflicht nach § 70 Abs. 1 Nr. 2 BetrVG kann die JAV die im Aufgabenkatalog genannten allgemeinen Aufgaben nur unter Hinzuziehung des Betriebsrats wahrnehmen. Soweit Maßnahmen beim Arbeitgeber zu beantragen sind oder auf eine Erledigung von Anregungen der von der JAV vertretenen jugendlichen Arbeitnehmer bzw. der Auszubildenden hinzuwirken ist, kann dieses nur über den Betriebsrat geschehen. Beteiligungs- und Mitbestimmungsrechte gegenüber dem Arbeitgeber können somit nicht direkt durch die JAV wahrgenommen werden; es bedarf vielmehr der Einbeziehung des Betriebsrats.
Daraus folgt auch, dass die JAV ihre Aufgaben in enger Zusammenarbeit mit dem Betriebsrat zu erfüllen hat. Die JAV vertritt die Interessen somit nicht unabhängig vom Betriebsrat und direkt gegenüber dem Arbeitgeber. Allein deswegen kann auch die JAV keine gegenüber dem Arbeitgeber wirksamen Beschlüsse fassen.
Nach § 80 Abs. 1 Nr. 3 BetrVG ist der Betriebsrat verpflichtet, mit der JAV eng zusammenzuarbeiten und Anregungen der JAV gegenüber dem Arbeitgeber zu verfolgen. Daraus folgt, dass der Betriebsrat Maßnahmen, die die Belange der jugendlichen Arbeitnehmer und der Auszubildenden betreffen, nicht im Alleingang, sondern in Zusammenarbeit mit der JAV in Angriff nehmen muss. So hat er die JAV in allen Angelegenheiten zu beraten und die zur sachgerechten Wahrnehmung ihrer Aufgaben notwendigen Hinweise zu geben. Ebenso kann der Betriebsrat von der JAV Vorschläge und auch Stellungnahmen anfordern. Die verantwortliche Vertretung der Interessen der jugendlichen Arbeitnehmer und der Auszubildenden gegenüber dem Arbeitgeber nimmt der Betriebsrat als die Interessenvertretung aller Arbeitnehmer im Betrieb wahr – unter Beteiligung der JAV. Wenn die JAV einen ordnungsgemäßen Beschluss im Zusammenhang mit einer Maßnahme nach § 70 Abs. 1 Nr. 1 BetrVG (Antragsrecht) gefasst hat, ist der Betriebsrat verpflichtet, sich mit diesem von der JAV gestellten Antrag zu befassen. Bei der Beratung im Betriebsrat ist dabei die JAV gemäß § 67 Abs. 1 BetrVG

hinzuziehen, wobei ein Stimmrecht für die JAV sich im Einzelfall aus § 67 Abs. 2 BetrVG ergibt. Wenn der Betriebsrat zu der Auffassung kommt, dass die mit dem JAV-Antrag verfolgte Maßnahme begründet, sachdienlich oder zweckmäßig ist, muss der Betriebsrat die Angelegenheit mit dem Arbeitgeber erörtern. Ein Teilnahmerecht der JAV kann sich bei dieser Erörterung aus § 68 BetrVG ergeben.
Je nach der Qualität der ins Auge gefassten Maßnahme stehen dem Betriebsrat Beteiligungsrechte bis hin zur Mitbestimmung (→ **Mitbestimmungsrechte**) zu.

Unterrichtung und Vorlage von Unterlagen durch den Betriebsrat

Zum Agieren ist es notwendig, dass die JAV auch durch den Betriebsrat rechtzeitig und umfassend unterrichtet wird, damit sie ihre Aufgaben erfüllen kann. Diese Unterrichtungspflicht ist in § 70 Abs. 2 BetrVG geregelt. Adressat dieses Unterrichtungsrechts ist der Betriebsrat und nicht der Arbeitgeber. Zur Durchführung der Aufgaben, die sich insbesondere aus den allgemeinen Aufgaben des § 70 Abs. 1 BetrVG ergeben, hat der Betriebsrat der JAV alle wesentlichen Informationen zur Verfügung zu stellen, wozu auch Bewertungen und Auskünfte zu gesetzlichen Vorschriften zählen. Falls der Betriebsrat selbst keine oder nur ungenügende Informationen hat, ist er verpflichtet, beim Arbeitgeber oder bei sonstigen Stellen sich weitere Auskünfte zu verschaffen. Die Unterrichtung hat dabei rechtzeitig zu erfolgen. Rechtzeitigkeit liegt dann vor, wenn die JAV die Mitteilungen noch bei der Durchführung ihrer Aufgaben berücksichtigen kann. Rechtzeitigkeit wäre somit dann nicht mehr gegeben, wenn die Informationen während der Beschlussfassung erst erfolgen.
Daneben hat der Betriebsrat auf Verlangen der JAV die ihr zur Durchführung ihrer Aufgaben erforderlichen Unterlagen zur Verfügung zu stellen. Unter Aufgaben fallen dabei:

- die allgemeinen Aufgaben nach § 70 Abs. 1 BetrVG,
- sonstige Aufgaben, die die jugendlichen Arbeitnehmer oder die Auszubildenden betreffen.

Wie beim Unterrichtungsrecht kann der Betriebsrat Unterlagen, die ihm selbst nicht vorliegen, vom Arbeitgeber einfordern (§ 80 Abs. 2 Satz 2 BetrVG). Die Unterlagen sind der JAV für eine angemessene Zeit auch zu überlassen und nicht nur durch den Betriebsrat vorzulegen. Unterlagen als auch Informationen, die Betriebs- oder Geschäftsgeheimnisse beinhalten, dürfen der JAV vom Betriebsrat jedoch nicht mitgeteilt bzw. herausgegeben werden. Dieses betrifft auch die Lohn- und Gehaltslisten, zumal der Betriebsrat hierauf selbst keinen Anspruch auf Vorlage, sondern lediglich ein Einblicksrecht hat. Beim Betriebsrat kann jedoch von Seiten der JAV beantragt werden, dass der Betriebsrat in die Lohn- und Gehaltslisten Einblick nimmt und der JAV das Ergebnis mitteilt.

Das Gesetz spricht von »erforderlichen Unterlagen«. Die Erforderlichkeit liegt z. B. vor bei

- den für die Arbeit der JAV erforderlichen Rechtsvorschriften,
- den Ausbildungsplänen,
- Untersuchungen zur Berufsausbildung,
- Berichten der für die Berufsausbildung zuständigen Behörden und Ämter.

Musterfragebogen zur Ausbildungsqualität

Der nachstehende Musterfragebogen ist von der IG Metall Jugend entwickelt worden und den jeweiligen betrieblichen Bedingungen anzupassen.

Fragebogen Ausbildung

Meine Daten

Ausbildungsberuf und Ausbildungsjahr:	________	☐ 1.	☐ 2.	☐ 3.	☐ 4.
Ausbildungsart:	☐ betriebliche Ausbildung (in einer Firma)	☐ außerbetriebliche Ausbildung (in einer Bildungsstätte, Schule)			
Alter und Geschichte:	____ Jahre	☐ weiblich	☐ männlich		
Anzahl Beschäftigte meines Ausbildungsbetriebs:	☐ 1–10	☐ 11–50	☐ 51–500	☐ mehr als 500	
PLZ/Ort des Ausbildungsbetriebs:	________	Datum ________			
Allgemeines					
1. Mit meiner Ausbildung bin ich insgesamt:	☐ sehr zufrieden	☐ zufrieden	☐ unzufrieden	☐ sehr unzufrieden	
2. In meiner Ausbildung fühle ich mich:	☐ überfordert	☐ unterfordert	☐ weder noch		
3. Die fachliche Qualität meiner betrieblichen Ausbildung ist meiner Ansicht nach:	☐ sehr gut	☐ gut	☐ ausreichend	☐ schlecht	☐ sehr schlecht
4. Die fachliche Qualität meines Berufsschulunterrichts finde ich:	☐ sehr gut	☐ gut	☐ ausreichend	☐ schlecht	☐ sehr schlecht
5. Ich habe Probleme, mich nach der Ausbildung in meiner Freizeit zu erholen:	☐ immer	☐ häufig	☐ manchmal	☐ selten	☐ nie

Arbeits- und Erholungszeiten

6. Pro Woche arbeite ich durchschnittlich (einschließlich Berufsschule)	____ Stunden				
7. Im Betrieb arbeite ich pro Woche an	☐ 3	☐ 3,5	☐ 4	☐ 4,5	☐ 5
		☐ 5,5	☐ 6	☐ 6,5	☐ 7 Tagen
8. Ich mache regelmäßig Überstunden	☐ ja	☐ nein			
9. Falls ja: Pro Woche leiste ich durch schnittlich etwa	____ Überstunden				
10. Meine Überstunden werden	☐ mit Freizeit ausgeglichen	☐ bezahlt	☐ weder noch	☐ weiß nicht	
11. Ich habe	____ Werktage/____Arbeitstage Urlaub im Jahr. (Werktage – meine Arbeitswoche geht von Mo–Sa/Arbeitstage – meine Arbeitswoche geht von Mo–Fr)				
12. Mein Urlaub wurde schon einmal kurzfristig gestrichen	☐ ja	☐ nein			

Vergütung

13. Meine Ausbildungsvergütung beträgt brutto	____ Euro (monatlich, ohne Abzüge).			
14. Meine Ausbildungsvergütung erhalte ich regelmäßig:	☐ ja	☐ nein		
15. Meine Abrechnung stimmt	☐ immer	☐ meistens	☐ selten	☐ nie
16. Auf meiner Abrechnung schaue ich mir an:	☐ das Brutto	☐ das Netto	☐ weder noch	
17. Bei mir im Betrieb gilt ein Tarifvertrag:	☐ ja	☐ nein	☐ weiß nicht	

Interessenvertretung

18. In meinen Betrieb gibt es einen Betriebsrat:	☐ ja	☐ nein	☐ weiß nicht
19. In meinen Betrieb gibt es eine Jugend- und Auszubildenden-vertretung (JAV):	☐ ja	☐ nein	☐ weiß nicht
20. Ich bin Mitglied einer Gewerkschaft:	☐ ja	☐ nein	

Ausbildungspersonal

21. Ich habe eine Ausbilderin/ einen Ausbilder:	☐ ja	☐ nein			
22. Falls ja, meine Ausbilderin/ mein Ausbilder steht mir am Ausbildungsplatz zur Verfügung:	☐ immer	☐ häufig	☐ manchmal	☐ selten	☐ nie

23. Meine Ausbildering/mein Ausbilder erklärt mir Arbeitsvorgänge:	☐ immer	☐ häufig	☐ manchmal	☐ selten	☐ nie
24. Ich werde von meinen Ausbildern meiner Meinung nach korrekt behandelt:	☐ immer	☐ häufig	☐ manchmal	☐ selten	☐ nie
25. Bei mir im Betrieb betreut ein Ausbilder folgende Anzahl Auszubildende:	☐ 1–5	☐ 6–10	☐ 11–15	☐ 16–20	☐ mehr als 20

Ausbildungsmittel

26. Mein Ausbildungsbetrieb verfügt über alle zu meiner Ausbildung und zu meiner Prüfungsvorbereitung notwendigen Arbeitsmittel (Werkzeuge, Maschinen, EDV, etc.):	☐ ja	☐ nein	☐ weiß nicht
27. Mir werden alle zu meiner Ausbildung notwendigen Ausbildungsmittel (Werkzeuge, Schulbücher etc.) kostenlos zur Verfügung gestellt:	☐ ja	☐ nein	☐ weiß nicht
28. Mein Betrieb verfügt über eine Ausbildungswerkstatt:	☐ ja	☐ nein	☐ weiß nicht

Ausbildungsinhalte

29. Meinen Ausbildungsplan (sachlich-zeitliche Gliederung derAusbildungsinhalte) habe ich zu Beginn meiner Ausbildung erhalten:	☐ ja	☐ nein	☐ weiß nicht		
30. Mein Ausbildungsplan wird sowohl inhaltlich als auch zeitlich eingehalten:	☐ immer	☐ häufig	☐ manchmal	☐ selten	☐ nie
31. Ich muss Tätigkeiten verrichten, die eindeutig nicht zu meiner Ausbildung gehören:	☐ immer	☐ häufig	☐ manchmal	☐ selten	☐ nie

32. Falls ja: Pro Woche verrichte ich durchschnittlich ____ Stunden ausbildungsfremde Tätigkeiten.

Ausbildungsform

33. Bei mir im Betrieb finden innerbetriebliche Prüfungsvorbereitungen statt:	☐ ja	☐ nein	☐ weiß nicht

34. Ich werde am Tag vor Prüfungen von der Arbeit freigestellt:	☐ ja	☐ nein	☐ weiß nicht
35. Bei mir im Betrieb findet Werksunterricht statt:	☐ ja	☐ nein	☐ weiß nicht
36. Wenn ja: Der Werkunterricht findet	☐ wöchentlich	☐ monatlich	☐ unregelmäßig statt.

Betriebliche Qualitätsprüfung der Ausbildung

37. Meine Kenntnisse und Leistungen hinsichtlich meiner Ausbildung werden regelmäßig überprüft:	☐ ja	☐ nein	
38. Falls ja: Meine Leistungen werden anhand festgelegter Lernziele kontrolliert (Lernziel erreicht/Lernziel nicht erreicht):	☐ ja	☐ nein	☐ weiß nicht
39. Es werden nur fachliche Kenntnisseund Fertigkeiten beurteilt:	☐ ja	☐ nein	☐ weiß nicht
40. Persönliche Kristerien wie Äußeres, Charakter u. ä. spielen bei der Beurteilung keine Rolle:	☐ ja	☐ nein	☐ weiß nicht
41. Bei Nichterreichen von Lernzielen werden gezielt Fördermaßnahmen durchgeführt:	☐ ja	☐ nein	☐ weiß nicht

Berufsschule

42. Ich bin der Auffassung, dass die Lerninhalte in der Berufsschule und im Betrieb gut aufeinander abgestimmt sind:	☐ ja	☐ nein

43. Aus meiner Sicht sind die drängendsten Probleme in meiner Berufsschule:

☐ zu große Klassen
☐ ständig wechselnde Lehrkräfte
☐ fehlende/zu wenig Lehrkräfte
☐ häufiger Unterrichtsausfall
☐ veraltere Lehrmaterialien
☐ mangelnde technische Ausstattung
☐ marode Schulgebäude
☐ veraltete technische Ausstattung
☐ Nichts von alledem, sondern:

Perspektiven

44. Ich werde im Anschluss an meine Ausbildung übernommen: ☐ ja ☐ nein ☐ weiß nicht
45. Ich möchte künftig weiter in meiner Branche tätig sein: ☐ ja ☐ nein ☐ weiß nicht

Zu guter Letzt, was ich sonst noch sagen möchte:

____

____

____

____

Allgemeines Gleichbehandlungsgesetz (AGG)

Grundlagen

In Art. 3 GG wird ein zentraler Grundsatz unseres sozialen, wirtschaftlichen und staatlichen Lebens formuliert. Ausgehend von dem Gleichheitssatz des Art. 3 Abs. 1 GG, wonach alle Menschen vor dem Gesetz gleich sind, wird in Art. 3 Abs. 3 GG dieses im Rahmen eines Diskriminierungs- und Benachteiligungsverbotes konkretisiert. Er lautet:
»Niemand darf wegen seines Geschlechts, seiner Abstammung, seiner Rasse, seiner Sprache, seiner Heimat und Herkunft, seines Glaubens, seiner religiösen oder politischen Anschauungen benachteiligt oder bevorzugt werden. Niemand darf wegen seiner Behinderung benachteiligt werden.«
Im Arbeitsleben gilt dieser zentrale Grundsatz des GG als sogenannter »arbeitsrechtlicher Gleichbehandlungsgrundsatz«. Daneben gibt es auf europäischer Ebene Regelungen zur Durchsetzung der Gleichbehandlung, die als EU-Richtlinien in nationales Recht umzusetzen waren.
Dieses ist im Jahr 2006 durch das Allgemeine Gleichbehandlungsgesetz (AGG) erfolgt, das neben dem sogenannten »arbeitsrechtlichen Gleichbehandlungsgrundsatz« gilt.
Ziel des AGG ist es, umfassend vor Diskriminierungen und Benachteiligungen insbesondere im Arbeitsleben zu schützen. Dieses soll zum einen durch sinnvolle Vermeidungsstrategien für Benachteiligungen erfolgen. Ebenso geht es aber auch um effektive Möglichkeiten zur Beseitigung von Benachteiligungsfolgen.
Dabei schützt das AGG (§ 1 AGG) Personen vor Benachteiligungen wegen:

- der Rasse,
- der ethnischen Herkunft,
- des Geschlechts,
- der Religion,
- der Weltanschauung,
- einer Behinderung,
- des Alters oder
- der sexuellen Identität.

Benachteiligungen aus diesen Gründen sind unzulässig in Bezug auf (§ 2 AGG):
- Zugangsbedingungen zu unselbstständiger und selbstständiger Erwerbstätigkeit,
- Beschäftigungs- und Arbeitsbedingungen,
- Zugang zu Berufsberatung, -bildung und -erfahrung einschließlich der Berufsausbildung,
- Mitgliedschaft und Mitwirkung in Gewerkschaften und der Inanspruchnahme deren Leistungen,
- Sozialschutz, einschließlich sozialer Sicherheit und Gesundheitsdienste,
- Soziale Vergünstigungen,
- Bildung sowie
- Zugang zur Versorgung mit Gütern und Dienstleistungen.

Niemand, also auch kein Arbeitgeber, Vorgesetzter oder Arbeitnehmer, darf jemanden wegen der oben genannten Merkmale unmittelbar oder mittelbar benachteiligen, belästigen oder eine Benachteiligung anweisen (§ 3 AGG).

Gleiches gilt für sexuelle Belästigungen (§ 3 Abs. 4 und 5 AGG), wobei es hier für die »Unerwünschtheit« ausschließlich auf das Empfinden des Opfers ankommt.

Ausnahmen und Rechtfertigungsgründe ergeben sich aus beruflichen Anforderungen (§ 8 AGG), aus dem »Kirchenprivileg« (§ 9 AGG) sowie im Zusammenhang mit dem Alter (§ 10 AGG). Im Falle von Belästigungen und sexuellen Belästigungen kommt eine Rechtfertigung nicht in Betracht.

Im Einzelnen sind insbesondere folgende Bereiche betroffen:
- Stellenausschreibungen, Einstellungs- und Auswahlverfahren sowie die Gestaltung von Arbeitsverträgen,
- Aus- und Weiterbildung,
- Leistungsbewertungen und Beurteilungen sowie Versetzungen,
- Gehaltssysteme und -strukturen,
- Personalentwicklung,
- Tarif- und Betriebsvereinbarungen,
- Kündigungen, insbesondere Fragen der Sozialauswahl,
- Sozialplanregelungen.

Um eine Benachteiligung von Anfang an zu unterbinden, ist der Arbeitgeber verpflichtet (§ 12 Abs. 1 AGG), die erforderlichen Maßnahmen zum Schutz vor Benachteiligungen zu treffen, wobei dieser Schutz auch und gerade vorbeugende Maßnahmen umfasst. Dazu gehört eine Sensibilisierung der Vorgesetzten, eine Aufklärung über das AGG und seinen Inhalt als auch die Durchführung von Aus- und Fortbildungsmaßnahmen. Nach § 17 Abs. 1 AGG sind die Interessenvertretungen (JAV, BR, PR, SBV) aufgefordert, in einer gemeinsamen Strategie mit dem Arbeitgeber und den Beschäftigten auf eine neue Unternehmenskultur hinzuwirken (»Diversity«), um umfassend vor Diskriminierungen bzw. Benachteiligungen im Unternehmen/Betrieb zu schützen.

Neben den Pflichten des Arbeitgebers verfügt der Betroffene aber auch über eine Reihe von Rechten, nämlich über ein Beschwerderecht bei der zuständigen Stelle (§ 13 AGG), über ein Recht zur Leistungsverweigerung (§ 14 AGG) und schließlich über einen Anspruch auf Entschädigung und Schadensersatz (§ 15 AGG). Schadensersatz- und Entschädigungsansprüche müssen innerhalb einer Frist von zwei Monaten gegenüber dem Arbeitgeber geltend gemacht werden. Danach muss eine Klage binnen drei Monaten nach der schriftlichen Geltendmachung des Anspruchs gegenüber dem Arbeitgeber erhoben werden (§ 61b Abs. 1 ArbGG).
Um ihre Ansprüche durchzusetzen muss der Betroffene »Indizien« darlegen und beweisen, die eine Benachteiligung wegen eines der im Gesetz genannten Diskriminierungsgründe vermuten lassen. Dann trägt der Arbeitgeber die volle Beweislast dafür, dass kein Gesetzesverstoß vorliegt (§ 22 AGG).

Bedeutung für den Betriebsrat/JAV

Opfer von Diskriminierung müssen hohe emotionale Hürden überspringen, bevor sie etwa ihre Arbeitgeber verklagen. Die Angst vor dem Verlust des Arbeitsplatzes, fehlende Rechtsberatung oder die Prozesskosten sind nur einige der Gründe. Außerdem ist eine Diskriminierung schwer zu beweisen. Häufig fehlen die Daten und die Kenntnisse, um eine Diskriminierung im Sinne des AGG mit Indizien untermauern zu können. Und selbst wenn die Klage erfolgreich war, klärt sie nur den individuellen Fall und bewirkt in der Regel nicht, dass andere davon profitieren.
Daher kommt den Betriebsräten als Institution eine besondere Rolle zu: Sie müssen versuchen, von sich aus die Situation im Betrieb zu verbessern, sie können entscheidende Beiträge zur Durchsetzung einer Antidiskriminierungspolitik im Betrieb leisten.
Bei einem groben Verstoß des Arbeitgebers gegen die Vorschriften aus dem AGG können der Betriebsrat und auch eine im Betrieb vertretene Gewerkschaft vom Arbeitgeber die Unterlassung, Duldung oder auch Vornahme einer Handlung fordern (siehe § 17 Abs. 2 AGG). Ein grober Verstoß liegt dann vor, wenn dieser objektiv erheblich und offensichtlich schwer wiegend ist.

Wegen weiterer Einzelheiten siehe:
→ **Ausländische Arbeitnehmer/Migranten**
→ **Gleichberechtigung**
→ **Sexuelle Belästigung**
→ **Schwerbehinderte Menschen**

Internethinweis

http://www.boeckler.de/themen_33715.htm

Literaturhinweise

Nollert-Borasio/Perreng, Allgemeines Gleichbehandlungsgesetz, 4. Aufl., 2014
Christine Leisten, Das Allgemeine Gleichbehandlungsgesetz (AGG), Handlungshilfe für Betriebsräte, Reihe: AiB-Stichwort

Änderungskündigung

Grundlagen

Will der Arbeitgeber die Arbeitsbedingungen verändern, kann er dies innerhalb der durch den Arbeitsvertrag abgesteckten Grenzen durch einfache Anweisung kraft Direktionsrechts, wobei die Mitbestimmungsrechte des Betriebsrats zu beachten sind. Werden aber die Grenzen, die der Arbeitsvertrag setzt überschritten, und kommt es nicht zu einer einvernehmlichen Regelung, so bleibt dem Arbeitgeber nur das Mittel der Änderungskündigung.

> **Beispiel:**
> Ist der Arbeitnehmer laut Arbeitsvertrag für die »Regionaldirektion West« eingestellt, so kann der Arbeitgeber ihn durch einfache Weisung an jeden Ort innerhalb der Regionaldirektion West einsetzen, ggf. muss er den Betriebsrat zu einer Versetzung anhören. Ein Einsatz außerhalb der Regionaldirektion West ist dagegen aufgrund des Arbeitsvertrags nicht möglich, sondern erfordert eine Änderungskündigung.

Eine Änderungskündigung ist stets erforderlich, wenn die Hauptpflichten des Arbeitsvertrags verändert werden sollen, d.h., wenn der Arbeitgeber weniger Geld zahlen will oder aber eine längere Wochenarbeitszeit durchsetzen will. In aller Regel handelt es sich um Verschlechterungen zu Lasten des Arbeitnehmers. Bei Verbesserungen (der Arbeitnehmer wird befördert, er soll mehr Verantwortung und eine höhere Bezahlung bekommen) wird das Einverständnis des Arbeitnehmers ausdrücklich erklärt oder aber anzunehmen sein, insbesondere, wenn er die Stelle tatsächlich antritt. Auch hier sind Ausnahmen denkbar, etwa weil der Arbeitnehmer aufgrund der höheren Verantwortung befürchtet, überfordert zu sein.
Mit der Änderungskündigung kündigt der Arbeitgeber das Arbeitsverhältnis und unterbreitet zugleich das Angebot, es zu veränderten Bedingungen fortzusetzen.
Es gelten die gleichen formellen Voraussetzungen für eine (Voll-) Kündigung,

die auf eine Beendigung des Arbeitsvertrags abzielt. In beiden Fällen liegt eine einseitige Erklärung vor, die schriftlich erfolgen und dem Arbeitnehmer zugehen muss.
Es sind auch bei der Änderungskündigung die Kündigungsfristen nach § 622 BGB einzuhalten, wenn nicht ausnahmsweise ein wichtiger Grund für eine fristlose Kündigung vorliegt.
Die besonderen Kündigungsschutzregeln gelten nicht nur für die Beendigungskündigung, sondern auch für die Änderungskündigung, etwa im Rahmen des Berufsausbildungsverhältnisses nach § 22 BBiG, im Mutterschutz nach § 9 MuSchG, für Mandatsträger in der Betriebsverfassung nach § 15 KSchG usw.
Das Kündigungsschutzgesetz ist uneingeschränkt anwendbar, wie sich ausdrücklich aus § 2 KSchG ergibt. Der Betriebsrat ist vor jeder Änderungskündigung nach § 102 BetrVG zu hören.
Nach § 2 KSchG hat der → **Arbeitnehmer** mehrere Möglichkeiten, auf eine Änderungskündigung zu reagieren:

- er kann das geänderte Vertragsangebot ohne Vorbehalt annehmen mit der Folge, dass die Vertragsänderung wirksam wird. In der Regel wird dann der Arbeitnehmer zu schlechteren Arbeitsbedingungen beschäftigt sein, denn für Verbesserungen seines Arbeitsvertrags hätte es ja keiner Änderungskündigung des Arbeitgebers bedurft;
- er kann das Vertragsangebot unter Vorbehalt der sozialen Rechtfertigung der Änderung annehmen und muss dann innerhalb von drei Wochen durch eine → **Kündigungsschutzklage** geltend machen, dass die geänderten Vertragsbedingungen sozial nicht gerechtfertigt sind. Je nach Entscheidung des Arbeitsgerichts in diesem Verfahren muss er dann zu den alten oder zu den neuen Arbeitsbedingungen weiterbeschäftigt werden. Versäumt der Arbeitnehmer die 3-Wochen-Frist zur Einlegung der Kündigungsschutzklage, gilt die Vertragsänderung als vereinbart. Er muss dann die neuen Regelungen hinnehmen, ohne dass das Arbeitsgericht die Rechtfertigung der Vertragsänderung überprüft hat;
- er kann schließlich das Änderungsangebot ablehnen. Nach Ablauf der Kündigungsfrist wäre dann das Arbeitsverhältnis insgesamt beendet, wenn nicht der Arbeitnehmer innerhalb von drei Wochen eine Kündigungsschutzklage erhebt und gewinnt, das Arbeitsgericht also die Änderungskündigung für sozial nicht gerechtfertigt erklärt.

03 **Beispiele:**
Sehr geehrter Herr V.,
Sie waren bisher in Lohngruppe V als … beschäftigt.
Hiermit kündigen wir das Arbeitsverhältnis zum nächstmöglichen Termin und bieten Ihnen gleichzeitig eine Beschäftigung in Lohngruppe IV als … an.
Oder: Ihre Arbeitszeit betrug bislang 38 Stunden. Wegen Rückgang der Produktion kündigen wir dieses Arbeitsverhältnis und bieten Ihnen gleichzeitig zu ansonsten unveränderten Arbeitsbedingungen eine Beschäftigung mit einer wöchentlichen Arbeitszeit von 24 Stunden und entsprechend reduziertem Gehalt an.
Oder: Sie waren bisher ausschließlich bei uns in der Tagschicht beschäftigt. Wir kündigen dieses Arbeitsverhältnis und bieten Ihnen gleichzeitig an, das Arbeitsverhältnis in Wechselschichtarbeit fortzusetzen.

Bedeutung für den Betriebsrat/die JAV

Die Änderungskündigung ist zunächst eine normale Kündigung. Dies bedeutet, dass in Betriebsratsbetrieben die → **Mitbestimmungsrechte des Betriebsrats** etwa nach § 102 BetrVG zu beachten sind. Der Betriebsrat ist vor jeder Kündigung zu hören. Er kann der beabsichtigten Änderungskündigung widersprechen. Wenn er der beabsichtigten Änderungskündigung unter einer der in § 102 Abs. 3 BetrVG aufgeführten Gründe widerspricht und bei erfolgter Kündigung der Arbeitnehmer eine Änderungskündigungsschutzklage erhebt, ist der Arbeitnehmer bis zum rechtskräftigen Ausgang des Verfahrens zu unveränderten Arbeitsbedingungen weiter zu beschäftigen. Nach sogenannter herrschender Meinung gilt das nicht, wenn der Arbeitnehmer die geänderten Arbeitsbedingungen unter Vorbehalt angenommen hat. Allerdings wird in diesen Fällen häufig zugleich eine Versetzung vorliegen, zu der der Arbeitgeber wiederum die Zustimmung des Betriebsrats benötigt.

Bedeutung für die Beschäftigten

Nach erfolgter Änderungskündigung durch den Arbeitgeber muss der Arbeitnehmer reagieren. Er kann, wie oben dargelegt, die Änderung der Arbeitsbedingungen annehmen; er kann sie unter Vorbehalt annehmen und muss dann binnen drei Wochen seit Zugang der Kündigung eine → **Änderungskündigungsschutzklage** erheben. Dies ist für den Arbeitnehmer dann der sinnvollste Weg, wenn er mit der angebotenen Änderung der Arbeitsbedingungen nicht einverstanden ist, gleichwohl aber notfalls auch zu den geänderten Arbeitsbedingungen weiter arbeiten will. Das Gericht prüft nämlich dann im Rahmen des Kündigungsschutzprozesses lediglich, ob der Arbeitnehmer die Änderungen der Arbeitsbedingungen hinnehmen muss oder nicht. Er kann schließlich die Änderung insgesamt ablehnen. Dann endet das Arbeitsverhältnis nach Ablauf der Kündigungsfrist, wenn sie nicht erfolgreich durch eine → **Kündigungsschutzklage** angegriffen wird.

Wichtig für die Einlegung einer Kündigungsschutzklage ist die Einhaltung der Dreiwochenfrist. Die Frist läuft ab Zugang der Kündigung und zwar auch dann, wenn die Wirkung der Änderung erst viel später, z. B. erst nach drei Monaten oder »zu Beginn des nächsten Halbjahres« einsetzen soll.

Anrechnung von Berufsschulzeiten auf die Arbeitszeit

Grundlagen

Die wöchentliche Arbeitszeit ist in Tarifverträgen geregelt. Besteht kein Tarifvertrag, gilt das Arbeitszeitgesetz.
Im Betrieb vereinbaren Arbeitgeber und Betriebsrat die genaue Lage und Verteilung der Arbeitszeit. Der Betriebsrat hat hier ein Mitbestimmungsrecht nach § 87 Abs. 1 Nrn. 2 und 3 BetrVG.
Laut § 11 Abs. 1 Nr. 4 i. V. m. Abs. 2 BBiG muss in dem Ausbildungsvertrag die Dauer der regelmäßigen täglichen Ausbildungszeit aufgenommen werden. Die tarifliche bzw. im Ausbildungsvertrag geregelte tägliche Arbeitszeit gilt auch am Berufsschultag, unabhängig davon, für welchen Zeitraum der Auszubildende an diesem Tag für den Besuch der Berufsschule freigestellt wurde.
Der Auszubildende ist zum Besuch der Berufsschule laut § 15 BBiG freizustellen. Zum Umfang der Freistellung gehören Wegezeiten, Pausen sowie die erforderlichen Zeiten zum Waschen und Umkleiden. Ebenso umfasst die Freistellung auch Lücken, die im Ablauf des Berufsschulunterrichts auftreten können (Lakies, Malottke BBiG, § 15 Rn. 11), da diese Zeiten in unmittelbarem Zusammenhang mit der Freistellung zum Besuch der Berufsschule stehen. Im Anschluss an die Freistellung muss der über 18-jährige Auszubildende in den Betrieb zurück, wenn eine Beschäftigung als zumutbar erscheint. Der Arbeitgeber muss dabei den Grundsatz der Verhältnismäßigkeit wahren (§ 242 BGB). Ihm obliegt auch eine Fürsorgepflicht gegenüber Auszubildenden. Nicht zumutbar bzw. verhältnismäßig wäre beispielsweise eine verbleibende Restausbildungszeit, die kürzer ist als die Wegstrecke zwischen Berufsschule und Betrieb. An Berufsschultagen gilt die zwischen Betriebsrat und Arbeitgeber vereinbarte Arbeitszeit.
Neben der Regelung in § 15 BBiG besteht eine weitere in § 9 JArbSchG. Danach dürfen Jugendliche unter 18 Jahren nicht im Betrieb beschäftigt werden, wenn der Unterricht vor 9.00 Uhr beginnt und an Berufsschultagen mit mehr als fünf Unterrichtsstunden (mindestens je 45 Minuten). Diese Regelung gilt für einen Berufsschultag in der Woche. Für die über 18-jährigen Auszubildenden gilt le-

diglich die Regelung, dass eine Beschäftigung vor Unterrichtsbeginn (wenn der Unterricht vor 9.00 Uhr beginnt) nicht erfolgen darf.
Von Arbeitgebern wird oftmals, mit dem Ziel, die betriebliche Anwesenheitszeit der Auszubildenden über die vereinbarte Ausbildungszeit hinaus zu erreichen, fälschlicherweise behauptet, dass die Berufsschulzeiten auf die gesetzliche Arbeitszeit anzurechnen sind. Sie beziehen sich dabei auf die Entscheidung des BAG v. 27.5.1992 – 5 AZR 252/91. In dieser Entscheidung hat das BAG festgestellt, dass sich die vor der Änderung vom 1.3.1997 im JArbSchG festgeschriebene Anrechnung von acht Stunden bei mindestens fünf Unterrichtsstunden auf die 40-Stunden-Woche bezieht. Bezugnehmend auf die Tarifautonomie und das Bestehen einer tariflichen Regelungslücke hat das BAG keine Aussagen zu einer tariflichen Arbeitszeit gemacht. Es hat lediglich klargestellt, dass bei Fehlen einer betrieblichen oder tariflichen Regelung eine Anrechnung auf die gesetzliche Arbeitszeit zu erfolgen hat.

Bedeutung für den Betriebsrat/die JAV

Grundsätzlich gilt, dass Auszubildende zum Besuch der Berufsschule gem. § 15 BBiG freizustellen sind.
Für alle Auszubildenden, unabhängig vom Alter, sind die für sie gültigen Tarifverträge anzuwenden, so beispielsweise die Tarifverträge, in denen die Arbeitszeit für Auszubildende geregelt ist. Die dort vereinbarte Wochenarbeitszeit darf nicht überschritten werden. In diesem Zusammenhang ist auch darauf zu achten, dass in den Ausbildungsverträgen die tarifliche Arbeitszeit verankert wird. Weiter sind solche Tarifverträge zu berücksichtigen, in denen geregelt ist, dass eine Rückkehrpflicht nach der Berufsschule nur dann besteht, wenn eine Restausbildungszeit von mindestens 1,5 bzw. 2 Stunden verbleibt.
Nach § 87 Abs. 1 Nrn. 2 und 3 BetrVG hat der Betriebsrat ein Mitbestimmungsrecht über die genaue Lage und Verteilung der Arbeitszeit. Somit ist sowohl die Verteilung der Arbeitszeit als auch eine etwaige Änderung vonseiten des Betriebsrats mitbestimmungspflichtig und bedarf ggf. des Spruchs einer Einigungsstelle. Der Betriebsrat sollte in diesem Zusammenhang darauf achten, dass die Arbeitszeit gleichmäßig auf fünf Tage in der Woche verteilt wird. Das Wochenende muss dabei arbeitsfrei bleiben.
Für die betriebliche Praxis ist grundsätzlich zu empfehlen, sich auf die Freistellung gem. § 15 BBiG zu beziehen und die Mitbestimmungsrechte nach § 87 Abs. 1 Nrn. 2 und 3 BetrVG voll auszuschöpfen. Eine Debatte um die Anrechnung der Arbeitszeit ist nicht erforderlich.

Gestützt wird diese Vorgehensweise durch den BAG-Beschluss v. 26.3.2001 – 5 AZR 413/99:

1. Nach § 7 Satz 1 BBiG (entspricht im neuen BBiG § 15 Satz 1) ist der Auszubildende für die Teilnahme am Berufsschulunterricht und an Prüfungen freizustellen. Gem. § 12 Abs. 1 Nr. 1 BBiG (entspricht im neuen BBiG § 19 Abs. 1 Nr. 1) ist die Vergütung dem Auszubildenden auch für die Zeit der Freistellung fortzuzahlen. Hieraus folgt bei Überschneidungen von Zeiten des Besuchs der Berufsschule und betrieblicher Ausbildung, dass der Besuch des Berufsschulunterrichts der betrieblichen Ausbildung vorgeht. Dies bedeutet zugleich die Ersetzung der Ausbildungspflicht, sodass eine Nachholung der so ausfallenden betrieblichen Ausbildungszeiten von Gesetzes wegen ausgeschlossen ist.
2. Die Freistellung von der betrieblichen Ausbildung umfasst notwendigerweise auch die Zeiträume, in denen der Auszubildende zwar nicht am Berufsschulunterricht teilnehmen muss, aber wegen des Schulbesuchs aus tatsächlichen Gründen gehindert ist, im Ausbildungsbetrieb an der betrieblichen Ausbildung teilzunehmen. Dies betrifft vor allem die Zeiten des notwendigen Verbleibs an der Berufsschule während der unterrichtsfreien Zeit und die notwendigen Wegezeiten zwischen Berufsschule und Ausbildungsbetrieb.
3. Seit dem Außerkrafttreten von § 9 Abs. 4 JArbSchG zum 1.3.1997 fehlt es an einer Anrechnungsregelung, sodass die Summe der Berufsschulzeiten und der betrieblichen Ausbildungszeiten kalenderwöchentlich größer als die regelmäßige tarifliche wöchentliche Ausbildungszeit sein kann.

Bedeutung für Auszubildende

Auszubildende sollten grundsätzlich darauf achten, dass im Sinne der hier beschriebenen rechtlichen Grundlagen und Empfehlungen für die Praxis auf die Einhaltung und Anwendung der bestehenden Gesetze, Tarifverträge und des Ausbildungsvertrags geachtet wird. Vor allem ist zu prüfen, ob im Ausbildungsvertrag die tarifliche Arbeitszeit aufgenommen ist. Damit besteht auch ein Anspruch auf Einhaltung dieser Arbeitszeit, wenn der gültige Tarifvertrag mit entsprechender Arbeitszeitregelung den Personenkreis der Auszubildenden nicht einschließt.

Anrechnung von Berufsschulzeiten auf die Arbeitszeit

Beispiele:
In den Beispielen wird die 35-Stunden-Woche zur Grundlage genommen. Das Prinzip ist jedoch ebenso bei längeren tariflichen Wochenarbeitszeiten anzuwenden.

Beispiel 1:

Tägliche Ausbildungszeit:	8.00 Uhr bis 15.30 Uhr (inkl. Pause 30 Minuten)	7 Stunden
Berufsschule:	8.00 Uhr bis 14.00 Uhr	6 Stunden

Wegezeit zum Betrieb und Umkleidezeitraum: ½ Stunde

Restausbildungszeit: 14.30 Uhr bis 15.30 Uhr1 Stunde

Der über 18-jährige Auszubildende muss für eine Stunde in den Betrieb zurückkehren.

Beispiel 2:

Tägliche Ausbildungszeit:	7.00 Uhr bis 14.30 Uhr (inkl. Pause 30 Minuten)	7 Stunden
Berufsschule:	8.00 Uhr bis 14.00 Uhr	6 Stunden

Wegezeit zum Betrieb und Umkleidezeitraum:½ Stunde

Restausbildungszeit: keine

Auch der über 18-jährige Auszubildende braucht nicht in den Betrieb zurückzukehren. Eine Beschäftigung vor dem Berufsschulunterricht ist nicht möglich, da er vor 9.00 Uhr beginnt. Er muss auch keine Zeit an den anderen Tagen nacharbeiten.

Beispiel 3:

Tägliche Ausbildungszeit:	9.00 Uhr bis 16.30 Uhr (inkl. Pause 30 Minuten)	7 Stunden
Berufsschule:	8.00 Uhr bis 14.00 Uhr	6 Stunden
Wegezeit zum Betrieb und Umkleidezeitraum:		½ Stunde
Restausbildungszeit:	14.30 Uhr bis 16.30 Uhr	2 Stunden

Der über 18-jährige Auszubildende muss für zwei Stunden in den Betrieb zurückkehren, wenn im Tarifvertrag keine Anrechnungsregelung für die Berufsschulzeiten getroffen wurde. An diesem Tag wird zwar die gesetzlich vorgeschriebene werktägliche Höchstarbeitszeit von acht Stunden überschritten, die dann im Ausgleichszeitraum wieder ausgeglichen werden muss.

Beispiel 4:

Gleitzeitrahmen:	7.30 Uhr bis 16.00 Uhr (inkl. Pause 30 Minuten)	8 bzw.
Kernarbeitszeit:	8.00 Uhr bis 15.30 Uhr	7 Stunden
Berufsschule:	8.00 Uhr bis 14.00 Uhr	6 Stunden
Wegezeit zum Betrieb und Umkleidezeitraum:		½ Stunde

Restausbildungszeit: 14.30 Uhr bis 15.30 Uhr bzw. 16.00 Uhr max. 1½ Stunden

In diesem Beispiel wird der Berufsschultag wie ein Arbeitstag auf dem Gleitzeitkonto geführt. Es wird eine Anwesenheit ab 8.00 Uhr auf dem Gleitzeitkonto gewertet. Da die Kernarbeitszeit bis 15.30 Uhr geht, muss der über 18-jährige Auszubildende für mindestens eine Stunde in den Betrieb zurück. Er kann aber auch bis 16.00 Uhr bleiben, dann erhält er eine Gleitzeitgutschrift von 30 Minuten.

Arbeitgeber

Begriff

Im arbeitsrechtlichen Sinne ist Arbeitgeber jeder, der einen anderen als Arbeitnehmer beschäftigt.
Der Begriff des Arbeitgebers im Sinne von § 3 JArbSchG geht weiter und umfasst jede Person, die ein Kind oder einen Jugendlichen beschäftigt (»Minderjährige«), da das Gesetz nicht nur Arbeitsverhältnisse, sondern jede Form der abhängigen Beschäftigung erfasst (»funktioneller Arbeitgeberbegriff«).
Das Begriffspaar »Arbeitgeber« und »Arbeitnehmer« dient dabei der Verschleierung der tatsächlichen Begebenheiten. Der »Arbeitnehmer« ist es, der seine Arbeitskraft verkauft, also »gibt«, während der »Arbeitgeber« die Arbeitskraft für sich nutzt, also »nimmt«.
Das BetrVG versteht den Arbeitgeber grundsätzlich als Organ der Betriebsverfassung. Hier steht der Arbeitgeber als Inhaber eines Betriebs im Vordergrund, da Rechte und Pflichten des Arbeitgebers aus dem Betriebsverfassungsrecht für bzw. gegen den jeweiligen Inhaber des Betriebs gelten, wobei der betriebsverfassungsrechtliche Begriff des Arbeitgebers mit dem des Unternehmens identisch ist. Das BetrVG erwähnt den Unternehmer – z. B. in § 111 BetrVG –, wenn es sich um wirtschaftliche Angelegenheiten handelt, und das Unternehmen als wirtschaftliche Einheit betroffen ist.
Das Arbeitsrecht kennt zwei Typen von Arbeitgebern, die Träger von Rechten und Pflichten sein können. Dieses sind die natürlichen und die juristischen Personen.
Nach unserem Rechtssystem sind alle lebend geborenen Menschen natürliche Personen. In dieser Eigenschaft können sie auch Arbeitgeber sein.
Von juristischen Personen spricht man dann, wenn ein Zusammenschluss von natürlichen Personen vorliegt, der durch Vertrag, Satzung oder Gesetz erfolgt.
Arbeitgeber ist somit:

- der Einzelunternehmer, der z. B. als Buchhändler seine Geschäfte führt und mindestens einen Arbeitnehmer beschäftigt (= natürliche Person);

- eine Gesellschaft bürgerlichen Rechts, eine OHG oder eine KG, mittels deren Personen ein Handelsgewerbe unter einer gemeinschaftlichen Firma betrieben wird (= Zusammenschluss mehrerer natürlicher Personen/Gesamthandsgemeinschaft);
- eine AG, eine Gesellschaft mit beschränkter Haftung, eine eingetragene Genossenschaft oder ein eingetragener Verein (= juristische Person).

Das Gesetz gibt keine Definition des Begriffs Arbeitgeber, sondern setzt den Begriff als bekannt voraus.

Bedeutung für den Betriebsrat/die JAV

Das BetrVG versteht den Arbeitgeber hauptsächlich als Organ der Betriebsverfassung. Der Arbeitgeber wird hier als Inhaber des Betriebs gesehen, da Rechte und Pflichten des Arbeitgebers aus dem Betriebsverfassungsrecht für bzw. gegen den jeweiligen Inhaber des Betriebs bestehen. Da neben der arbeitsrechtlichen Leitungsmacht auch die unternehmerische Funktion durch das BetrVG erfasst wird, ist der betriebsverfassungsrechtliche Begriff des Arbeitgebers mit dem des Unternehmens identisch.
Demzufolge ist Arbeitgeber bei einer natürlichen Person derjenige, der Inhaber des Betriebs ist.
Bei einer juristischen Person ist diese auch selbst Arbeitgeber. Im Falle einer GmbH ist also entsprechend die GmbH Arbeitgeber. Die juristischen Personen handeln durch ihre Organe, z. B. durch den Vorstand einer Aktiengesellschaft oder die Geschäftsführung einer GmbH.
Als Organ der Betriebsverfassung ist der Arbeitgeber sozialer und wirtschaftlicher Gegenspieler vor allem des Betriebsrats (→ **Betriebsrat**) und der JAV (→ **Jugend- und Auszubildendenvertretung**). Er hat bestimmte Rechte und Pflichten nach dem BetrVG, z. B. den Kosten- und Sachaufwand des Betriebsrats und der JAV zu tragen. Des Weiteren trifft ihn eine umfassende Unterrichtungs- und Beratungspflicht, wie sie sich z. B. aus §§ 80 Abs. 2, 90, 111 BetrVG ergibt. Durch organisatorische und finanzielle Voraussetzungen hat der Arbeitgeber dafür Sorge zu tragen, dass die Betriebsrats- und JAV-Tätigkeit reibungslos ablaufen kann. Zusammen mit dem Betriebsrat schafft der Arbeitgeber generelle Regelungen grundsätzlich in der Form von Betriebsvereinbarungen, die die betriebliche und betriebsverfassungsrechtliche Ordnung sowie die Gestaltung der individuellen Rechtsbeziehungen zwischen dem Arbeitgeber und den Arbeitnehmern beinhalten.
Das BetrVG erfasst daneben aber auch den Arbeitgeber als Vertragspartei der Arbeitnehmer insoweit, als dass sich die Betriebsratstätigkeit oder die JAV-Tätigkeit

auf den Inhalt des Einzelarbeitsvertrags auswirkt. Dieses ist der Fall, wenn es z. B. um die Entgeltfortzahlung bei der Freistellung von BR- bzw. JAV-Mitgliedern nach den §§ 37, 38 BetrVG geht.

Bedeutung für die Beschäftigten

Der Arbeitgeber ist Partei des Arbeitsvertrags. Seine Rechte und Pflichten gegenüber dem Arbeitnehmer ergeben sich somit zunächst einmal aus diesem Vertrag (Vereinbarung von Arbeitspflicht und Entgeltzahlungspflicht). Der Arbeitsvertrag kann dabei sowohl mündlich als auch schriftlich vereinbart worden sein. Ein mündlich vereinbarter Arbeitsvertrag ist aber unwirksam, wenn die Schriftform nach Gesetz, Tarifvertrag oder Betriebsvereinbarung vorgesehen ist.
Spätestens einen Monat nach dem vereinbarten Beginn des Arbeitsverhältnisses hat der Arbeitgeber die wesentlichen Vertragsbedingungen schriftlich zu fassen, zu unterzeichnen und dem Arbeitnehmer auszuhändigen. Dieses regelt das Nachweisgesetz.
Aus diesem Arbeitsvertrag i. V. m. § 611 BGB ergibt sich die Verpflichtung zur Arbeit, die letztlich durch Weisungen, durch das »Direktionsrecht« des Arbeitgebers ausgeführt wird. Der Arbeitgeber hat danach das Recht, im Rahmen des Arbeitsvertrags sowie unter Beachtung

- der Gesetze und Verordnungen,
- der Tarifverträge,
- der Betriebsvereinbarungen,
- der allgemeinen Arbeitsbedingungen,
- der betrieblichen Übung

von sich aus jede ihm zweckmäßig erscheinende Anordnung zur Erfüllung der Arbeitspflicht zu treffen. Dieses kann dabei sowohl durch Einzelanweisungen als auch durch allgemeine Anordnungen erfolgen. Diese ist aber dann unwirksam, wenn sie nicht gem. § 315 Abs. 3 BGB der »Billigkeit« entspricht.

Arbeitnehmerbegriff

Für die Anwendung des Arbeitsrechts ist der Arbeitnehmerbegriff von besonderer Bedeutung. An ihn knüpfen vor allem viele Arbeitnehmerschutzgesetze an. Aber auch für das kollektive Arbeitsrecht ist er bedeutsam, wenn etwa § 1 BetrVG bestimmt: »*In Betrieben mit in der Regel mindestens fünf ständigen wahlberechtigten Arbeitnehmern, von denen drei wählbar sind, werden Betriebsräte gewählt*«.

Es gibt keine einheitliche gesetzliche Definition des Arbeitnehmerbegriffs. Arbeitnehmer sind die aufgrund privatrechtlichen Vertrags im Dienst eines anderen zur Arbeit verpflichteten Personen.

Schwierigkeiten ergeben sich bei der Abgrenzung des Arbeitnehmers zu selbstständigen Personen (Problem der Scheinselbstständigkeit). Hier ist der Einzelfall zu prüfen, nämlich der Grad der persönlichen Abhängigkeit. Arbeitnehmer ist, wer seine Dienstleistung im Rahmen einer vom Arbeitgeber bestimmten Arbeitsorganisation erbringt, dort also eingegliedert ist. Dies zeigt sich z. B. durch ein umfassendes Weisungsrecht: Der Arbeitgeber schreibt Beginn und Ende der täglichen Arbeitszeit sowie die Anwesenheitspflicht im Einzelnen vor. Die Bezeichnung des Vertragsverhältnisses in einem Vertrag spielt keine Rolle.

Selbst die Rechtsprechung hat bisher keine umfassende Abgrenzung liefern können, sondern behandelt nur jeweils Einzelfälle, dies allerdings in erheblicher Zahl. Entscheidungen zum Franchisenehmer, zum Zeitschriftenzusteller, zum Kommissionär, zum Frachtführer, zum Sportreporter, zum Kameraassistent und zum Rundfunkgebührenbeauftragten aus den letzten Jahren zeigen nur, wie ausgedehnt das Problem ist. Wesentlich wird in der Zukunft sein, dass der EuGH in seiner Rechtsprechung einen autonomen europarechtlichen Arbeitnehmerbegriff betont und damit dieses Problem dem deutschen Recht entzieht. Auch europarechtlich fehlt es allerdings bisher an einem solchen einheitlichen Arbeitnehmerbegriff. Nach der Rechtsprechung des EuGH wird sich dieser allerdings voraussichtlich an drei Kriterien orientieren: Unterordnungsverhältnis, Zahlung von Entgelt für geleistete Dienste und Verfolgung einer echten und tatsächlichen Tätigkeit.

Im Übrigen finden sich in unterschiedlichen Gesetzen verschiedene Festlegungen. So sind nach § 5 ArbGG Arbeitnehmer Arbeiter, Angestellte und die zur Berufsausbildung Beschäftigten. Als Arbeitnehmer gelten aber auch die in Heimarbeit Beschäftigten und die ihnen Gleichgestellten sowie sonstige Personen, die wegen ihrer wirtschaftlichen Unselbstständigkeit als arbeitnehmerähnliche Personen anzusehen sind. Ebenfalls in § 5 ArbGG erfolgt die Festlegung, dass nicht als Arbeitnehmer in Betrieben einer juristischen Person die Personen gelten, »die kraft Gesetzes, Satzung oder Gesellschaftsvertrags allein oder als Mitglieder des Vertretungsorgans zur Vertretung der juristischen Person oder der Personengesamtheit berufen sind«.

Auch das BetrVG i. d. F. vom 10. 12. 2001 enthält in § 5 vergleichbare Festlegungen, erweitert den Katalog derjenigen Personen jedoch, die nicht als Arbeitnehmer im Sinne des BetrVG gelten, etwa auf Personen, deren Beschäftigung nicht in erster Linie ihrem Erwerb dient, sondern vorwiegend durch Beweggründe karitativer oder religiöser Art bestimmt ist. Leitende Angestellte gelten im Rahmen der Betriebsverfassung nach § 5 Abs. 3 BetrVG nicht als Arbeitnehmer, während sie es im übrigen Arbeitsrecht grundsätzlich sind.

Keine Arbeitnehmer sind Richter, Beamte und Soldaten (§ 5 Abs. 2 ArbGG, und zwar unabhängig davon, ob sie Beamte auf Lebenszeit, nur auf Zeit oder auf Widerruf sind).

Die Einordnung eines Beschäftigten als Arbeitnehmer hat erhebliche praktische Auswirkungen, da die Schutznormen des Arbeits- und Sozialrechts grundsätzlich nur für Arbeitnehmer gelten, also insbesondere das → **Kündigungsschutzgesetz**, das → **Entgeltfortzahlungsgesetz**, das → **Arbeitszeitgesetz**, das → **Bundesurlaubsgesetz**, aber auch das → **Betriebsverfassungs- und das Tarifvertragsgesetz**. Auch die Versicherungspflicht für die Kranken-, Renten- und Arbeitslosenversicherung knüpft an das bestehende Arbeitsverhältnis an.

Arbeitnehmererfindung

Grundlagen

Grundsätzlich gehört das Ergebnis der Arbeit eines Arbeitnehmers dem Arbeitgeber. Dieser erwirbt das Eigentum am Arbeitsergebnis. Der Arbeitnehmer erhält dafür das Arbeitsentgelt.
Davon gibt es eine Ausnahme, wenn es sich bei dem Arbeitsergebnis um eine Arbeitnehmererfindung handelt, die unter die Bestimmungen des Arbeitnehmererfindungsgesetzes fällt.
Das Arbeitnehmererfindungsgesetz vom 25.7.1957, zuletzt geändert durch Gesetz vom 18.1.2002 (BGBl. I S. 414), regelt die Behandlung von Arbeitnehmererfindungen. Dies sind solche Arbeitsergebnisse eines Arbeitnehmers, die während der Dauer des Arbeitsverhältnisses gemacht werden und patent- oder gebrauchsmusterfähige Erfindungen darstellen, die entweder maßgeblich auf Erfahrungen oder Arbeiten des Betriebs beruhen oder aus der dem Arbeitnehmer im Betrieb obliegenden Tätigkeit entstanden sind.
Solche Arbeitnehmer- oder Diensterfindungen hat der Arbeitnehmer dem Arbeitgeber schriftlich zu melden. Der Arbeitgeber hat dann zu entscheiden, ob er die Erfindung beschränkt oder unbeschränkt in Anspruch nehmen will. Bei unbeschränkter Inanspruchnahme wird der Arbeitgeber Eigentümer der Erfindung. Er muss sie zum Patent oder Gebrauchsmuster anmelden und muss für die Verwertung der Diensterfindung dem Arbeitnehmererfinder eine Vergütung zahlen. Bei der beschränkten Inanspruchnahme erhält er ein nicht ausschließliches Benutzungsrecht der Diensterfindung.

Bedeutung für Arbeitnehmer/Auszubildende

Hat ein Arbeitgeber eine Diensterfindung unbeschränkt in Anspruch genommen, muss er eine angemessene Vergütung zahlen. Die Höhe der Vergütung richtet sich nach Richtlinien des Bundesministeriums für Arbeit und Sozialordnung

für die Vergütung von Arbeitnehmererfindungen. Ihre Höhe richtet sich nach dem Wert der Erfindung und dem Anteil des Betriebs am Zustandekommen der Erfindung einerseits bzw. dem Nutzen der Erfindung für den Betrieb andererseits und dem Anteil des Arbeitnehmers am Zustandekommen der Erfindung und nach der Stellung des Arbeitnehmers im Betrieb. Auch Auszubildende sind Arbeitnehmer i. S. des Gesetzes und können Erfindungen machen und haben unter den gesetzlichen Voraussetzungen Anspruch auf volle Vergütung einer genutzten Diensterfindung.
Im Übrigen muss der Arbeitgeber eine unbeschränkt in Anspruch genommene Erfindung auf seine Kosten zum Patent oder Gebrauchsmuster anmelden und die Erfindung verwerten.

Beispiel:
Es wird angenommen, dass eine Erfindung gemacht wird, für die ein Arbeitgeber einen Lizenzsatz von 3 % zahlen müsste. Mit der Erfindung macht er einen Umsatz von 200 000,00 EUR. Der Anteilsfaktor, nämlich der Anteil des Arbeitnehmers am Zustandekommen der Erfindung, richtet sich nach der Stellung der Aufgabe, nach der Lösung der Aufgabe und nach den Aufgaben und der Stellung des Arbeitnehmers im Betrieb.
Der Anteil des Arbeitnehmers am Zustandekommen der Diensterfindung ist umso größer, je größer seine Initiative bei der Aufgabenstellung ist. Wenn der Arbeitgeber ihm die Aufgabe gestellt und dabei unmittelbar den Lösungsweg angegeben hat, gibt es einen Punkt. Hat der Arbeitnehmer sich die Aufgabe selbst außerhalb seines Aufgabenbereichs gestellt, gibt es sechs Punkte. Dazwischen liegen die Abstufungen 2 bis 5.
Bei der Lösung der Aufgabe gibt es Wertzahlen von 1 bis 6, die sich danach richten, ob die Lösung mithilfe der dem Erfinder beruflich geläufigen Überlegungen gefunden wurde, ob sie aufgrund betrieblicher Arbeiten oder Kenntnisse gefunden wurde und/oder ob der Betrieb den Erfinder mit technischen Hilfsmitteln unterstützt hat.
Liegen bei einer Erfindung alle diese Merkmale vor, erhält die Erfindung für die Lösung der Aufgabe die Wertzahl 1, liegt keines dieser Merkmale vor, erhält sie die Wertzahl 6.
Schließlich sind die Aufgaben und Stellung des Arbeitnehmers im Betrieb zu bestimmen. Hier gibt es acht Gruppen, beginnend mit ungelernten Arbeitern, angelernten Arbeitern oder Auszubildenden. Dann gibt es die Wertzahl 8 bis hinauf zum Leiter der gesamten Forschungsabteilung eines Unternehmens bzw. zum technischen Leiter größerer Betriebe mit der Wertzahl 1.
Wenn im Beispiel ein Anteilsfaktor von
a) 2 Punkte, b) 1 Punkt, c) 5 Punkte
unterstellt wird, muss aus der nachstehenden Tabelle aus der Wertzahl 8 der Prozentsatz A mit 15 % angenommen werden. Die Jahresvergütung beträgt danach:
Umsatz 200 000,00 EUR × 3 : 100 × 15 : 100 = 900,00 EUR.

Die Vergütung ist jährlich anhand des jeweiligen Umsatzes neu zu berechnen und zu zahlen.

Tabelle

a+b+c	=	3	4	5	6	7	8	9	10	11	12	13	14	15	16	17	18	19	(20)
A	=	2	4	7	10	13	15	18	21	25	32	39	47	55	63	72	81	90	(100)

In dieser Tabelle bedeuten:
a = Wertzahlen, die sich aus der Stellung der Aufgabe ergeben,
b = Wertzahlen, die sich aus der Lösung der Aufgabe ergeben,
c = Wertzahlen, die sich aus Aufgaben und Stellung im Betrieb ergeben,
A = Anteilsfaktor (Anteil des Arbeitnehmers am Erfindungswert in Prozenten).
Die Summe, die sich aus den Wertzahlen a, b und c ergibt, braucht keine ganze Zahl zu sein. Sind als Wertzahlen Zwischenwerte (z.B. 3,5) gebildet worden, so ist als Anteilsfaktor eine Zahl zu ermitteln, die entsprechend zwischen der angegebenen Zahl liegt. Die Zahlen 20 und 100 sind in Klammern gesetzt, weil zumindest in diesem Fall eine freie Erfindung vorliegt.

Bedeutung für den Betriebsrat/die JAV

Insbesondere in Großbetrieben, bei denen auch das Verbesserungsvorschlagswesen (s. dort) in einer Betriebsvereinbarung geregelt ist, gibt es häufig Regelungen über die Behandlung von Arbeitnehmererfindungen, nämlich über die Form der Meldung der Erfindung durch den Arbeitnehmer oder Auszubildenden und über die zuständigen Stellen. Oft wird auch vereinbart, dass Erfindungen zunächst im Rahmen des Verbesserungsvorschlagswesens vergütet werden, wobei eine Anrechnung einer später zu zahlenden Erfindervergütung auf die Vergütung als Verbesserungsvorschlag erfolgt. Im Übrigen sind etwa 80 % aller beim Deutschen Patentamt angemeldeten Erfindungen, Diensterfindungen von Arbeitnehmern.
Bei freien Erfindungen, die nicht auf Erfahrungen oder Arbeiten des Betriebs beruhen und nicht mit der betrieblichen Tätigkeit in Verbindung gebracht werden können, ist ein Arbeitnehmer in den Verwertungsrechten nicht beschränkt. Lediglich dann, wenn die Erfindung in den Arbeitsbereich des Betriebs des Arbeitgebers fällt, muss er dem Arbeitgeber ein nicht ausschließliches Recht zur Benutzung der Erfindung zu angemessenen Bedingungen anbieten.
Auch ein Prämienanspruch der aus einer Betriebsvereinbarung über »das betriebliche Vorschlagwesen« abgeleitet wird, verfällt grundsätzlich mit Ablauf der tariflichen Verfallfrist (BAG, Urt. v. 22.1.2008 – 9 AZR 416/07).

Arbeitnehmerhaftung

Grundlagen

Die Arbeitnehmerhaftung hat erhebliche praktische Bedeutung, da Arbeitnehmer im modernen Arbeitsleben erhebliche Verantwortung tragen und mit Arbeitsmitteln umgehen müssen, die einen hohen Wert darstellen. Die Rechtsgrundlagen für die Haftung in einem Vertragsverhältnis finden sich im Bürgerlichen Gesetzbuch, nämlich § 276 BGB. Danach hat man im Vertragsverhältnis für jedes Verschulden, Vorsatz und Fahrlässigkeit zu haften. Die Besonderheit der Arbeitnehmerhaftung liegt darin, dass der Arbeitnehmer erhebliche Haftungsrisiken im Interesse des Arbeitgebers auf sich nimmt, ohne dass er hierfür etwa im Arbeitsentgelt einen entsprechenden Ausgleich erhielte. Deshalb wendet die Arbeitsgerichtsbarkeit einen anderen Haftungsmaßstab an.

Arbeitnehmer, also auch Jugendliche oder Ausbildende, haften:

- bei vorsätzlicher Schadensverursachung stets,
- bei leichtester Fahrlässigkeit nicht,
- bei mittlerer Fahrlässigkeit je nach den Umständen des Einzelfalls.

Im Bereich der mittleren Fahrlässigkeit sind das Verschulden des Arbeitnehmers und das Betriebsrisiko gegeneinander abzuwägen. In der Regel wird der Schaden geteilt, wobei die Quote nach Billigkeits- und Zumutbarkeitsgesichtspunkten zu bestimmen ist. Hierbei spielt das Schadensrisiko der Tätigkeit ebenso eine Rolle wie die Schadenshöhe, ein vom Arbeitgeber einkalkuliertes oder versicherungsmäßig abgedecktes Risiko, die berufliche Stellung des Arbeitnehmers (insbesondere Berufsanfänger oder Anlernkraft) und die Höhe des Arbeitsentgeltes.

Aber auch die persönlichen Verhältnisse des Arbeitnehmers, wie etwa die Dauer seiner Betriebszugehörigkeit und sein bisheriges Verhalten sowie seine familiären Unterhaltsverpflichtungen spielen eine Rolle. Es ist ferner zu vermeiden, dass die Durchsetzung des Schadensersatzanspruches zu Existenzbedrohung führt.

Bei Kraftfahrzeugschäden am Fahrzeug des Arbeitgebers ist inzwischen von der Rechtsprechung anerkannt, dass sich der Schaden nur auf die Selbstbeteiligung bei einer dem Arbeitgeber zumutbaren Vollkaskoversicherung beschränkt. Ob der Arbeitgeber eine solche Versicherung tatsächlich abschließt, bleibt ihm überlassen und hat auf den zu ersetzenden Schaden dann keinen Einfluss mehr. Beispiele für grobe Fahrlässigkeit: Motorschaden infolge unterlassener Ölstandskontrolle bei einem LKW-Fahrer; Alkohol am Steuer aber auch bereits das Fahren bei Rotlicht.

Das Mitverschulden des Arbeitgebers ist nach § 254 BGB zu berücksichtigen. Beispiel: Setzt ein Arbeitgeber einen Arbeitnehmer als Fahrer ein, von dem er weiß, dass er keinen Führerschein besitzt, kann der Arbeitnehmer nach einem Verkehrsunfall verlangen, von Ansprüchen Dritter freigestellt zu werden. Das gilt selbst dann, wenn der Unfall selbst grob fahrlässig herbeigeführt wurde. Das BAG hat in einem solchen Fall ein überwiegendes Verschulden des Arbeitgebers angenommen (BAG v. 23.6.1988, AiB 1989, 92).

Verursacht ein Arbeitnehmer einen Personenschaden an einem Arbeitskollegen (Arbeitsunfall) so haftet er dem Arbeitskollegen gegenüber nicht auf Schadenersatz. Es gibt vielmehr einen Anspruch aus der gesetzlichen Unfallversicherung nach §§ 105ff. SGB VII.

Bei Sachschäden dagegen besteht die Haftung gegenüber dem Arbeitskollegen in vollem Umfang. Die dem Arbeitgeber gegenüber bestehende Haftungserleichterung kommt im Verhältnis der Arbeitskollegen zueinander nicht in Betracht. Wohl kann der schädigende Arbeitnehmer je nach den Umständen des Einzelfalles vom Arbeitgeber verlangen, von der Haftung freigestellt zu werden.

Bei Schadenersatzansprüchen aus Vertragsverhältnissen wurde mit Wirkung ab 1. Januar 2005 die Beweislastregel erheblich zum Nachteil des Schädigers verändert. Zugleich wurde aber durch § 619a BGB klargestellt, dass es für den Bereich des Arbeitsrechts bei der bisherigen Beweislastverteilung bleibt, die der Arbeitgeber in vollem Umfange für Schäden trägt, die vom Arbeitnehmer verursacht worden sind. Das gilt allerdings dann nicht, wenn der Arbeitnehmer die Aufklärung eines Unfalls durch eine vorsätzlich falsche Schilderung des Unfallgeschehens vereitelt hat (LAG Mecklenburg-Vorpommern v. 11.1.2006 – 2 Sa 397/05).

Ein besonderes Problem des Schadenersatzes im Arbeitsverhältnis stellt die sogenannte Mankohaftung dar. Es geht hierbei um die Frage, unter welchen Voraussetzungen der Arbeitnehmer für den Schaden einzutreten hat, den der Arbeitgeber durch einen Fehlbestand in einer von dem Arbeitnehmer geführten Kasse oder einem Warenbestand erleidet. Diese Mankohaftung spielt in der täglichen Praxis eine große Rolle. In einer noch heute maßgeblichen Grundsatzentscheidung hat das BAG im Jahre 1998 die Grundsätze der Mankohaftung bestimmt (BAG v. 17.9.1998, NZA 1999 141). Danach gelten im Bereich der Mankohaftung in vollem Umfang die Grundsätze über die beschränkte Arbeitnehmerhaftung. Der Arbeitgeber trägt die volle Beweislast für ein Verschulden des Arbeit-

nehmers und zwar auch bei solchen Arbeitnehmern, die selbstständig über den Geld- oder Warenbestand verfügen.
Die Arbeitgeber haben sich häufig in der Vergangenheit im Arbeitsvertrag sogenannte Mankoabreden unterschreiben lassen, die die Rechtslage insbesondere im Bereich der Beweislast zu ihren Gunsten verschieben sollten. Spätestens seit dem Jahre 2003 unterliegen jedoch auch Arbeitsverträge der AGB-Kontrolle. Nach der derzeitigen Rechtslage sind Mankoabreden unwirksam, die gegen die Grundsätze der beschränkten Arbeitnehmerhaftung verstoßen, wenn nicht zugleich ein gleichwertiger Ausgleich (Mankogeld) geleistet wird. Soll der Arbeitnehmer nach dem Arbeitsvertrag verschuldensunabhängig den Kassenbestand trotz eines eventuell tatsächlich vorhandenen Mankos in voller Höhe an den Arbeitgeber zahlen müssen, so gilt dies nur bis zur Höhe eines gezahlten Mankogeldes. Vorformulierte Klauseln in Arbeitsverträgen, die diese Grundsätze nicht beachten, sind insgesamt unwirksam, sie werden nicht etwa angepasst.

Bedeutung für die Beschäftigten

Durch die Grundsätze der Arbeitnehmerhaftung besteht im Arbeitsverhältnis ein relativer Schutz des Arbeitnehmers vor Schadenersatzansprüchen.
Dies gilt allerdings nur bis zur mittleren Fahrlässigkeit. Wer sich im Arbeitsleben grob fahrlässig verhält oder gar den Arbeitgeber vorsätzlich schädigt, haftet in aller Regel voll.

Bedeutung für Auszubildende

Nach § 10 Abs. 2 BBiG sind auf den Berufsausbildungsvertrag die für den Arbeitsvertrag geltenden Rechtsvorschriften und Rechtsgrundsätze anzuwenden, soweit sich aus dem Wesen und Zweck des Berufsausbildungsvertrages nichts anderes ergibt. Das BAG hat klargestellt, dass im Ausbildungsverhältnis keine anderen Haftungsgrundsätze gelten als im Arbeitsverhältnis (BAG v. 18.4.2002, AiB 2003, 316 mit Anm. Schwab).

Arbeitsgericht/Arbeitsgerichtsbarkeit

Grundlagen

Streitigkeiten zwischen Arbeitgebern und Arbeitnehmern oder Auszubildenden aus dem Arbeits- oder Ausbildungsverhältnis fallen in die Zuständigkeit der Arbeitsgerichtsbarkeit.
Die Arbeitsgerichtsbarkeit ist ein besonderer Gerichtszweig für arbeitsrechtliche Streitigkeiten nach den Bestimmungen des Arbeitsgerichtsgesetzes. Sie ist dreistufig aufgebaut. Alle arbeitsrechtlichen Streitigkeiten werden in der ersten Instanz zunächst vor dem örtlich zuständigen Arbeitsgericht verhandelt. Die zweite Instanz bildet das LAG und die dritte, die so genannte Revisionsinstanz, das BAG.
Sowohl die Kammern beim Arbeitsgericht als auch beim LAG sind jeweils mit einem Berufsrichter und je einem ehrenamtlichen Richter aus Kreisen der Arbeitgeber und der Arbeitnehmer besetzt. Beim BAG ist jeder Senat mit drei Berufsrichtern und je einem ehrenamtlichen Richter von Arbeitgeber- und Arbeitnehmerseite besetzt.
Das Arbeitsgerichtsgesetz unterscheidet Urteilsverfahren und Beschlussverfahren. Im Urteilsverfahren werden etwa Streitigkeiten zwischen Arbeitnehmern und Arbeitgebern aus dem Arbeitsverhältnis, über das Bestehen oder Nichtbestehen eines Arbeitsverhältnisses, aus unerlaubten Handlungen im Zusammenhang mit dem Arbeitsverhältnis oder auch Fragen über Zeugnis- und Arbeitspapiere entschieden. In Beschlussverfahren sind die Arbeitsgerichte z. B. zuständig für Angelegenheiten aus dem Betriebsverfassungsgesetz oder aus den Mitbestimmungsgesetzen.
Streitigkeiten zwischen Auszubildenden und Ausbilder siehe dort.
In der ersten Instanz vor dem Arbeitsgericht kann sich jeder Arbeitnehmer oder Auszubildende selbst vertreten. Da jedoch die Formalien eines gerichtlichen Verfahrens beachtet werden müssen und überdies der Arbeitgeber in der Regel sich kompetent vertreten lässt, empfiehlt sich auch für den Arbeitnehmer eine rechtskundige Vertretung durch einen Anwalt oder den gewerkschaftlichen Rechtsschutz. Die Kosten eines Anwalts lassen sich durch eine Rechtsschutzversiche-

rung abdecken. Für Mitglieder ist der gewerkschaftliche Rechtschutz kostenlos.

Anders als in anderen Gerichtszweigen besteht im Urteilsverfahren des ersten Rechtszuges kein Anspruch der obsiegenden Partei auf Erstattung der Kosten für die Hinzuziehung eines Prozessbevollmächtigten. Das heißt, auch wer seinen Arbeitsgerichtsprozess gewinnt, muss, wenn er z. B. einen Rechtsanwalt eingeschaltet hat, dessen Kosten selbst tragen. Eine Kostenerstattungspflicht der unterlegenen Partei besteht erst beim LAG und beim BAG. Für Gewerkschaftsmitglieder gilt, dass alle Kosten jeder Instanz, unabhängig vom Ausgang des Verfahrens, von der jeweiligen Mitgliedsgewerkschaft nach entsprechender Rechtsschutzgewährung übernommen werden.

Bedeutung für Arbeitnehmer/Auszubildende

Die Bedeutung des arbeitsgerichtlichen Verfahrens spiegelt sich in der Zahl der Klagen wider. Zurzeit werden alljährlich rund 400 000 neue Klagen eingereicht. Der weitaus überwiegende Teil der Klagen wird von Arbeitnehmern anhängig gemacht, hiervon wiederum machen die Kündigungsschutzverfahren (vor Streitigkeiten wegen Arbeitsentgelt) den weitaus größten Teil aus. Im Schnitt dauert ein arbeitsgerichtliches Verfahren rund sieben Monate, beim LAG und BAG kommt jeweils gut ein weiteres halbes Jahr hinzu. Schöpft also der Arbeitgeber den gesamten Instanzenzug aus, muss der Arbeitnehmer rund zwei Jahre warten, bis seine Ansprüche realisiert sind. Das verstärkt den Druck auf den Arbeitnehmer, einen Vergleich zu schließen, sich also gütlich mit dem Arbeitgeber zu einigen, um die Verfahrensdauer abzukürzen.

Arbeitskleidung

Grundlagen

Arbeitskleidung gehört nicht zu den → **Arbeitsmitteln**, die der Arbeitgeber den Auszubildenden im Rahmen der Berufsausbildung zur Verfügung stellen muss. Der Arbeitgeber kann laut Rechtsprechung des BAG von den Beschäftigten eine Kleidung verlangen, die der Art der Tätigkeit, den Kundenerwartungen und dem Niveau der angebotenen Leistungen des Unternehmens entspricht. Die Kosten für Arbeitskleidung sind also von den Auszubildenden selbst zu tragen, es sei denn, dass es eine kollektivrechtliche Regelung (Betriebsvereinbarung oder Tarifvertrag) gibt, die etwas Günstigeres regelt.
Allerdings ist der Arbeitgeber nach § 618 BGB verpflichtet, Schutzmaßnahmen gegen Gefahren für Leben und Gesundheit der Arbeitnehmer zu treffen. Der Arbeitgeber muss deshalb die im Rahmen des Arbeits- und Gesundheitsschutzes notwendige Schutzbekleidung zur Verfügung stellen, die aufgrund von Unfallverhütungsvorschriften, dem Arbeitsschutzgesetz, dem → **Jugendarbeitsschutzgesetz** und sonstigen Bestimmungen zum Schutze des einzelnen Mitarbeiters zu tragen ist (z. B. Handschuhe und Schürze bei Schweißarbeiten, Schutzhelme auf Baustellen, Schutzbrille bei Schleifarbeiten, Sicherheitsschuhe, Lärmschutz etc.). Die Kosten hierfür sind allein vom Arbeitgeber zu tragen.
Dazu zählt auch die Dienstkleidung in Krankenhäusern bei Gesundheits- und Krankenpflegern, Hebammen etc. In der Praxis immer wieder strittig ist hier, ob auch die Arbeitsschuhe Bestandteil der Schutzkleidung sind. Gerade wenn aufgrund von speziellen Hygienevorschriften besondere Anforderungen an das Schuhwerk gestellt werden, ist davon auszugehen, dass der Arbeitgeber diese nach § 618 BGB zur Verfügung zu stellen hat.
Entstehen Kosten für die Reinigung von Arbeitskleidung, deren Tragen aus hygienischen Gründen vorgeschrieben ist, hat der Arbeitgeber diese ebenfalls zu tragen. In dem Fall sind auch das Anlegen der Berufskleidung und die Wegezeiten zwischen Umkleideort und Arbeitsstelle als Arbeitszeit anzusehen und dementsprechend zu vergüten.
Soweit eine einheitliche Arbeitskleidung nicht vorgeschrieben oder unumgäng-

lich ist, z. B. Uniform bei Sicherheitspersonal, sondern nur vom Arbeitgeber als einheitliches Erscheinungsbild gewünscht wird, z. B. Kleidungsstücke mit Logo, hat der Betriebsrat nach § 87 Abs. 1 Nr. 1 BetrVG mitzubestimmen. Im Rahmen einer dann abzuschließenden Betriebsvereinbarung ist auch eine Regelung über die Kosten zu treffen. Hierbei ist Folgendes zu beachten:
Verursacht die Regelung zusätzliche betriebliche Kosten, so hat diese, wie alle Betriebskosten, grundsätzlich der Arbeitgeber zu tragen. Auch eine Kostenbeteiligung der Beschäftigten ist unzulässig. Kann der Auszubildende die Kleidung auch in der Freizeit sinnvoll tragen, kann er an den Kosten beteiligt werden. Voraussetzung ist jedoch, dass der Auszubildende einen Gebrauchsvorteil durch das Tragen der Kleidung in seiner Freizeit erlangt und die Kostenbeteiligung nicht unverhältnismäßig zur Ausbildungsvergütung ist. Bei Kleidungsstücken, die mit dem Logo des Arbeitgebers versehenen sind, ist eine private Nutzung nahezu ausgeschlossen; der private Gebrauchswert liegt somit bei »Null«. Eine Kostenbeteiligung kommt daher nicht in Betracht.
Des Weiteren kann sich ein Anspruch auf Kostenübernahme bzw. Lohn- oder Gehaltszuschläge aus einem für den Betrieb geltenden → **Tarifvertrag** ergeben. Dies ist beispielsweise dann der Fall, wenn die Arbeit die eigene Arbeitskleidung des Arbeitnehmers außergewöhnlich beschmutzt oder in Mitleidenschaft zieht.
Unter bestimmten Voraussetzungen gewährt die Arbeitsagentur im Rahmen der Berufsausbildungsbeihilfe (§ 59 SGB III) während einer beruflichen Ausbildung oder einer berufsvorbereitenden Maßnahme einen Zuschuss zur Arbeitskleidung. Der Antrag ist vom Auszubildenden bei der Agentur für Arbeit zu stellen.
Darüber hinaus lassen sich die Anschaffungs- und Reinigungskosten für Arbeitskleidung als Werbungskosten von der Steuer absetzen. Dies trifft aber nur auf Kleidung zu, die üblicherweise nicht in der Freizeit getragen werden kann (z. B. Arbeitsschutzschuhe, »Blaumann« etc.).

Bedeutung für den Betriebsrat/die JAV

Die Überwachung geltender Gesetze, Verordnungen, Unfallverhütungsvorschriften, Tarifverträge und Betriebsvereinbarungen gehört zu den originären Aufgaben der JAV (§ 70 Abs. 1 Nr. 2 BetrVG). In diesem Zusammenhang spielt der Arbeits- und Gesundheitsschutz eine erhebliche Rolle, vor allem für die jugendlichen Arbeitnehmer.
Aber auch dann, wenn die Arbeitskleidung nicht im Zusammenhang mit dem Arbeitsschutz steht, kann die JAV aktiv werden. Im Rahmen ihres Antragsrechts kann sie beim Betriebsrat darauf hinwirken, eine → **Betriebsvereinbarung** zur Kostenübernahme für Arbeitskleidung mit dem Arbeitgeber zu verhandeln.

Arbeitsordnung

Grundlagen

Aus dem zwischen Arbeitgeber und Arbeitnehmer abgeschlossenen Arbeitsvertrag ergeben sich zunächst die wechselseitigen Rechte und Pflichten aus diesem Arbeitsverhältnis.
Im Einzelnen wird die Arbeitspflicht als Hauptpflicht des Arbeitnehmers durch das sogenannte Direktionsrecht des Arbeitgebers konkretisiert.
Insbesondere in Großbetrieben erfolgt jedoch eine weitere Konkretisierung der verschiedensten Pflichten durch eine Arbeits-/Betriebsordnung, in der die unterschiedlichsten Bereiche für die Arbeitnehmer und Auszubildenden des Betriebes geregelt werden können.
Die Regelungsbereiche betreffen etwa Fragen der Arbeitszeit und der Arbeitsverhinderung (Krankheit, Arztbesuch, persönliche Verhinderung aus sonstigen Gründen), Fragen der Entgeltzahlung (Zeit, Ort und Art) oder des Urlaubs, Verschwiegenheitspflichten, Gestattung von Nebentätigkeiten sowie Fragen über die Ordnung und das Verhalten des Arbeitnehmers im Betrieb, aber auch – gelegentlich → **Betriebsbußenregelungen** oder Alkohol- und Rauchverbote oder private Internetnutzung, E-Mail-Versand oder privates Telefonieren.

Bedeutung für den Betriebsrat/die JAV

Arbeitsordnungen werden üblicherweise zwischen Betriebsrat und Arbeitgeber vereinbart. Nach § 87 Abs. 1 Nr. 1 BetrVG hat nämlich der Betriebsrat ein erzwingbares → **Mitbestimmungsrecht** zur Regelung der Fragen der Ordnung des Betriebs und des Verhaltens der Arbeitnehmer im Betrieb. Häufig sind auch weitere Tatbestände der Mitbestimmung in sozialen Angelegenheiten nach § 87 Abs. 1 BetrVG umfasst, so bei unseren obigen Beispielen Zahlung des Arbeitsentgelts (Nr. 4) und Grundsätze der Urlaubplanung (Nr. 5). Diese Bereiche »Ordnung« und »Verhalten« lassen sich nicht eindeutig trennen, umfassen aber insgesamt wesentliche Bereiche, die etwa in betriebsratslosen Betrieben allein unter das Direktionsrecht des Arbeitgebers fallen.

Beispiele:
Kontrollmaßnahmen, etwa über An- und Abwesenheitskontrollen, Alkohol- und Rauchverbote, Benutzung von Wasch- und Umkleideräumen oder die Benutzung von Park- und Abstellmöglichkeiten, das Tragen von Schutzkleidung oder die Benutzung betrieblicher Telefonanlagen für private Zwecke oder private Internetnutzung.

Arbeitsordnungen enthalten vielfach auch allgemeine Regelungen über die Weiterzahlung der Vergütung bei persönlicher Arbeitsverhinderung.

Beispiel:
Freistellung von der Arbeit aus besonderen Anlässen

1. Anspruch auf Arbeitsbefreiung unter Fortzahlung des Arbeitsentgelts besteht gemäß § 616 BGB bei

a) Wohnungswechsel der bzw. des Beschäftigten	
ohne eigenen Hausstand	1 Arbeitstag
mit eigenem Hausstand, aber am Ort	2 Arbeitstage
mit eigenem Hausstand und Ortswechsel	3 Arbeitstage
b) Eheschließung der bzw. des Beschäftigten	3 Arbeitstage
c) Konfirmation, Erstkommunion, Jugendweihe sowie vergleichbaren feierlichen Anlässen anderer Weltanschauungen, Eheschließung von Kindern oder eines unmittelbaren Familienangehörigen je	1 Arbeitstag
d) der silbernen oder goldenen Hochzeit der bzw. des Beschäftigten, der Eltern oder der Schwiegereltern je	1 Arbeitstag
e) Niederkunft der Ehefrau bzw. der Partnerin einer eheähnlichen Lebensgemeinschaft für den Vater des Kindes	2 Arbeitstage
f) dem Tod der Ehefrau bzw. des Ehemannes/der Partnerin bzw. des Partners einer eheähnlichen Lebensgemeinschaft oder eines Kindes je	5 Arbeitstage
g) dem Tod von Eltern, Schwiegereltern je	3 Arbeitstage
h) dem Tod von Großeltern, Geschwistern je	2 Arbeitstage

2. Anspruch auf Arbeitsbefreiung im Sinne des Absatzes 1 besteht auch, wenn es nach ärztlichem Zeugnis erforderlich ist, dass der bzw. die Beschäftigte zur Beaufsichtigung, Betreuung oder Pflege eines erkrankten Kindes im Alter zwischen dem vollendeten 12. und 15. Lebensjahr der Arbeit fernbleibt, eine andere im Haushalt lebende Person das Kind nicht beaufsichtigen, betreuen oder pflegen kann und ein Anspruch auf Krankengeld wegen Überschreitens der Altersgrenze des Kindes nicht besteht. Der Anspruch auf Arbeitsbefreiung besteht in jedem Kalenderjahr längstens für fünf Arbeitstage, für Alleinerziehende längstens für zehn Arbeitstage. Er besteht für Beschäftigte insgesamt für nicht mehr als 15 Arbeitstage, für Alleinerziehende für nicht mehr als 30 Arbeitstage.

Soweit Betriebsrat und Arbeitgeber diese Fragen in einer Betriebsordnung geregelt haben, wird das Direktionsrecht des Arbeitgebers durch diese Regelungen begrenzt.

Bedeutung für Arbeitnehmer/Auszubildende

Soweit der Betriebsrat im Rahmen der Vereinbarung einer Arbeitsordnung mit dem Arbeitgeber auch Fragen regelt, die jugendliche Beschäftigte des Betriebes betreffen, ist hier auch die Jugend- und Auszubildendenvertretung mit einzubeziehen.

Arbeitsstättenverordnung

Der Arbeitsschutz dient der gefahrlosen und hygienischen Gestaltung des Arbeitsplatzes und seiner Umgebung. Er ist in der ArbStättV geregelt (aktuelle Fassung vom 26. Juli 2010), daneben in dem unabhängigen System der Unfallverhütungsvorschriften der Berufsgenossenschaften. Weitere Regelungen finden sich in den Bauvorschriften der Länder und zum Schutz bestimmter Personengruppen (z. B. in § 2 MuSchG). Den Anhang zur ArbStättV bilden die technischen Regeln für Arbeitsstätten (ARS), die schrittweise die teilweise noch gültigen Arbeitsstättenrichtlinien ablösen sollen.

Eine wichtige Regelung der ArbStättV ist der Nichtraucherschutz in § 5 ArbStättV. Danach hat der Arbeitgeber die erforderlichen Maßnahmen zu treffen, damit die nicht rauchenden Beschäftigten wirksam vor den Gesundheitsgefahren durch Tabakrauch geschützt sind. Soweit erforderlich hat er ein allgemeines oder auf bestimmte Bereiche der Arbeitsstätte beschränktes Rauchverbot zu erlassen. Bei der konkreten Umsetzung hat der Betriebsrat ein erzwingbares Mitbestimmungsrecht nach § 87 Abs. 1 Nr. 1 BetrVG.

Auch Vorschriften über die Raumtemperatur (»Hitzefrei für Arbeitnehmer«) finden sich im Anhang nach Nr. 3.5. Danach muss in Arbeits-, Pausen-, Bereitschafts-, Sanitär-, Kantinen- und Erste-Hilfe-Räumen eine gesundheitlich zuträgliche Raumtemperatur bestehen, sofern aus betriebstechnischer Sicht keine spezifischen Anforderungen bestehen. Genauere Angaben, vor allem auch mit entsprechenden Temperaturen, finden sich in den entsprechenden ARS.

Des Weiteren enthält der Anhang Vorgaben über die Konstruktion der Gebäude, über die Abmessung von Räumen, Sicherheitskennzeichnung, Energieversorgung, Fensteroberlichter, Türen, Tore, Verkehrswege, Fahrtreppen, Fahrsteige u.v.m.

§ 3 ArbStättV regelt die Gefährdungsbeurteilung. Der Arbeitgeber ist aufgerufen, festzustellen, ob und welchen Gefährdungen die Beschäftigten ausgesetzt sind oder ausgesetzt sein können. Er hat alle möglichen Gefährdungen zu beurteilen und daraus Schutzmaßnahmen abzuleiten. Die Gefährdungsbeurteilung muss fachkundig vorgenommen werden. Bei der Gefährdungsbeurteilung hat der Betriebsrat ein erzwingbares Mitbestimmungsrecht nach § 87 Abs. 1 Nr. 7

BetrVG. Verantwortlich für die Einhaltung der ArbStättV ist der Arbeitgeber. Er hat dafür zu sorgen, dass die Sicherheit gewährleistet ist, wobei er den Stand der Technik zu berücksichtigen hat.

Arbeitsunfähigkeit

Grundlagen

Wenn ein Arbeitnehmer aus gesundheitlichen Gründen nicht in der Lage ist, seine vertraglich vereinbarte Arbeitsleistung zu erbringen, etwa weil er krank ist, spricht man von Arbeitsunfähigkeit.
Das Entgeltfortzahlungsgesetz (EFZG) regelt für diesen Fall Umfang und Dauer des Lohnfortzahlungsanspruchs des erkrankten Arbeitnehmers.
Bei unverschuldeter Arbeitsunfähigkeit infolge Krankheit haben Arbeiter, Angestellte und zu ihrer Berufsausbildung Beschäftigte nach § 3 EFZG einen gesetzlichen Anspruch auf Weiterzahlung des Entgelts. Es gilt das Lohnausfallprinzip, d.h. es ist das Entgelt fortzuzahlen, das konkret in der ausgefallenen Zeit erzielt worden wäre. Dies umfasst grundsätzlich auch alle Zulagen, allerdings keine Überstundenzuschläge und keinen Ersatz für konkrete Aufwendungen. Voraussetzung ist nach § 3 Abs. 3 EFZG, dass das Arbeits- oder Ausbildungsverhältnis bereits vier Wochen ununterbrochen bestanden hat. Der Anspruch besteht für dieselbe Krankheit maximal sechs Wochen, danach besteht Anspruch auf Krankengeld der gesetzlichen Krankenversicherung. Tarifverträge enthalten vereinzelt längere Entgeltfortzahlungszeiträume.
Das Entgelt wird vom ersten Tag an in voller Höhe gezahlt.
Der erkrankte Arbeitnehmer muss, wenn die Arbeitsunfähigkeit länger als drei Tage dauert, diese durch Bescheinigung eines Arztes nachweisen (Arbeitsunfähigkeitsbescheinigung).
Die Arbeitsunfähigkeit muss unverschuldet sein. Von einem Verschulden, mit der Folge, dass die Entgeltfortzahlung entfällt, spricht man jedoch nur dann, wenn der Arbeitnehmer die Krankheit durch einen groben Verstoß herbeigeführt hat. Dabei muss es sich aber um ein völlig unverständliches Verhalten handeln. So führen etwa Sportverletzungen auch bei gefährlichen Sportarten und daraus herrührende Verletzungen in aller Regel nicht zu einer verschuldeten Arbeitsunfähigkeit.

Arbeitsunfähigkeitsbescheinigung

Grundlagen

Nach § 5 EFZG hat ein Arbeitnehmer oder Auszubildender dem Arbeitgeber eine Arbeitsunfähigkeit und deren voraussichtliche Dauer unverzüglich, d. h. ohne schuldhaftes Zögern, anzuzeigen. Dies ist die sogenannte Anzeigepflicht.
Dauert die Arbeitsunfähigkeit länger als drei Kalendertage, hat der Arbeitnehmer eine ärztliche Bescheinigung über das Bestehen der Arbeitsunfähigkeit sowie deren voraussichtliche Dauer, also die sogenannte Arbeitsunfähigkeitsbescheinigung, spätestens am darauf folgenden Arbeitstag vorzulegen (Nachweispflicht).
Der Arbeitgeber ist berechtigt, die Vorlage der ärztlichen Bescheinigung früher, z. B. bereits vom ersten Tag der Arbeitsunfähigkeit an zu verlangen.
Will der Arbeitgeber von dieser gesetzlichen Befugnis Gebrauch machen, so hat er das Mitbestimmungsrecht des Betriebsrats nach § 87 Abs. 1 Nr. 1 BetrVG zu beachten (BAG v. 25. 1. 2000, AiB Telegramm 2000, 8).

Bedeutung für die Beschäftigten

Solange der erkrankte Arbeitnehmer die Arbeitsunfähigkeitsbescheinigung nicht vorgelegt hat, obwohl er sie vorlegen musste, kann der Arbeitgeber die Fortzahlung des Arbeitsentgelts gemäß § 7 EFZG verweigern. Wird die Bescheinigung später nachgereicht und umfasst sie den gesamten Zeitraum der Erkrankung, ist das einbehaltene Entgelt nachzuzahlen.
Bei Erkrankungen im Ausland ist der Arbeitnehmer verpflichtet, die Arbeitsunfähigkeit in der schnellstmöglichen Art der Übermittlung dem Arbeitgeber bekannt zu geben, also per Fax oder Telefon. Die Kosten hierfür hat der Arbeitgeber zu erstatten. Entsprechendes gilt bei Mitgliedern einer gesetzlichen Krankenkasse, die diese zu informieren haben.
Bei Zweifeln an der Arbeitsunfähigkeit kann der Arbeitgeber oder die Kranken-

kasse eine gutachtliche Stellungnahme des Medizinischen Dienstes der Krankenversicherung einholen. Auch hierbei kommt ein Mitbestimmungsrecht des Betriebsrats nach § 87 Abs. 1 Nr. 1 BetrVG in Betracht.

Beispiele für Regelungen in einer Arbeitsordnung:

Arbeitsverhinderung/Arbeitsunfähigkeit

1. Bei Arbeitsverhinderung hat die bzw. der Beschäftigte unverzüglich Ursache und vermutliche Dauer der Verhinderung mitzuteilen.
2. Bei Arbeitsverhinderung durch Krankheit hat die bzw. der Beschäftigte auf Verlangen und Kosten des Arbeitgebers eine ärztliche Arbeitsunfähigkeitsbescheinigung vorzulegen.

Entgeltfortzahlung im Krankheitsfall und Beihilfe

1. Bei Arbeitsunfähigkeit infolge Krankheit oder bei der Teilnahme an Maßnahmen der medizinischen Rehabilitation in stationären Einrichtungen wird das Arbeitsentgelt bis zu sechs Wochen weitergezahlt.
2. Vom Beginn der siebten Woche an erhalten Beschäftigte mit einer Gesamtbeschäftigungszeit von mindestens
   - 5 Jahren für die Dauer von 13 Wochen,
   - 10 Jahren für die Dauer von 26 Wochen,
   - 15 Jahren für die Dauer von 39 Wochen,

   nicht jedoch über das Ende des Arbeitsverhältnisses hinaus, als Beihilfe einen Zuschuss zum Krankengeld bzw. Übergangsgeld. Der Zuschuss wird in Höhe des Unterschiedsbetrages zwischen der jeweils erhaltenen Leistung des Sozialversicherungsträgers und dem bisherigen Nettoentgelt gezahlt. Unter Nettoentgelt ist das um die gesetzlichen Abzüge geminderte Bruttoarbeitsentgelt vor Beginn der Arbeitsunfähigkeit, unter Krankengeld der Zahlbetrag der Krankenkasse nach Abzug der gesetzlichen Sozialversicherungsbeiträge zu verstehen.

Arbeitsverhinderung

Grundlagen

Der im Arbeitsverhältnis geltende Grundsatz »ohne Arbeit kein Lohn« wird nicht nur bei Arbeitsverhinderung wegen Krankheit oder Urlaub durchbrochen, sondern auch bei vielen anderen Fällen der Arbeitsverhinderung aus persönlichen Gründen.
Rechtsgrundlage ist § 616 BGB, der bestimmt, dass ein Arbeitnehmer den Vergütungsanspruch auch dann behält, wenn er für eine verhältnismäßig nicht erhebliche Zeit durch einen in seiner Person liegenden Grund ohne sein Verschulden an der Erbringung der Arbeitsleistung verhindert ist.
Arbeitgeber und Arbeitnehmer können jedoch von dem gesetzlichen Grundmodell abweichende Regelungen treffen. Auch für den Arbeitnehmer nachteilige Regelungen sind zulässig. In vielen Tarifverträgen, Betriebsvereinbarungen oder Arbeitsverträgen bzw. Arbeitsordnungen wird häufig im Einzelfall konkret geregelt, unter welchen Voraussetzungen bei einer persönlichen Arbeitsverhinderung der Arbeitgeber den Lohn oder das Entgelt fortzahlt.

> **Beispiele:**
> familiäre Anlässe, Hochzeiten, Beerdigungen naher Anverwandter, Geburt eines Kindes, goldene Hochzeit der Eltern, aber auch → **Arztbesuche**, soweit sie nicht außerhalb der Arbeitszeit möglich sind, Erkrankung eines Kindes, wenn anderweitige Betreuung nicht möglich ist.

Fahrverbote wegen Glatteis oder der Zusammenbruch des öffentlichen Verkehrs sind nach der Rechtsprechung des BAG Arbeitsverhinderungen, die nicht »in der Person des Arbeitnehmers begründet sind« und führen nicht zu einem Lohnfortzahlungsanspruch.
Allgemeine Voraussetzung für den Lohnfortzahlungsanspruch ist ferner, dass die Verhinderung nicht nur aufgrund eines in der Person des Arbeitnehmers liegenden Grundes gegeben sein muss, sondern die Verhinderung muss auch unverschuldet sein und es darf sich nur um eine »verhältnismäßig nicht erhebliche

Zeit« handeln. Hier ist auf alle Umstände des Einzelfalles abzustellen. Die nachstehend wiedergegebenen tarifvertraglichen Beispiele einer solchen Regelung können Anhaltspunkte geben.

Beispiel:
(aus MTV Groß- und Außenhandel NRW vom 9.7.1997): § 12

Bezahlte Freistellung von der Arbeit

1. In unmittelbarem Zusammenhang mit den nachstehenden Ereignissen ist dem Arbeitnehmer ohne Anrechnung auf den Urlaub unter Fortzahlung des Entgeltes Freizeit zu gewähren:

a)	bei eigener Eheschließung	2 Werktage
b)	bei Niederkunft der Ehefrau	2 Werktage
c)	bei Eheschließung von Eltern, Kindern und Geschwistern	1 Werktag
d)	bei eigener Silberhochzeit und zur Teilnahme an goldener Hochzeit und weiteren Hochzeiten der Eltern, Schwiegereltern und Großeltern	1 Werktag
e)	beim Tod des Ehegatten	3 Werktage
f)	beim Tod von Eltern und Kindern	2 Werktage
g)	beim Tod von Geschwistern, Großeltern, Enkeln, Schwiegereltern und Stiefeltern	1 Werktag
	soweit in häuslicher Gemeinschaft	2 Werktage
h)	bei Wohnungsumzug/Erstbezug, sofern das Arbeitsverhältnis nicht vom Arbeitnehmer gekündigt worden ist, innerhalb eines Kalenderjahres	2 Werktage
i)	bei Wohnungsumzug auf Wunsch des Arbeitgebers nach Vereinbarung	
j)	bei Erfüllung gesetzlich auferlegter Pflichten aus öffentlichen Ehrenämtern für die ausfallende Arbeitszeit. (Soweit ein Erstattungsanspruch besteht, entfällt in dieser Höhe der Anspruch auf den regelmäßigen Arbeitsverdienst oder geht auf Wunsch des Arbeitnehmers auf den Arbeitgeber über.)	
k)	Tarifkommissionsmitgliedern zur Vorbereitung und zur Teilnahme an gemeinsamen Tarifverhandlungen; außerdem gewählte Mandatsträger der vertragschließenden Gewerkschaften höchstens bis zu 5 Tagen im Jahr zur Teilnahme an Sitzungen in Gewerkschaftsangelegenheiten.	

   Mit § 12 Nr. 1a) bis k) sind die in Anwendung des § 616 BGB möglichen Fälle abschließend festgelegt.
2. Entgeltansprüche aus § 12 Nr. 1a), c), h), i) bestehen nicht für Aushilfen und Beschäftigte während der Probezeit innerhalb der ersten vier Wochen; die Freistellung ist jedoch zu gewähren.
3. Während der Kündigungsfrist sowie vor Ablauf eines auf bestimmte Zeit eingegangenen Arbeitsverhältnisses ist dem Arbeitnehmer auf Verlangen angemessene bezahlte Freizeit zur Bewerbung um eine neue Arbeitsstelle zu gewähren.

4. Der Anspruch auf bezahlte Freizeit entfällt, wenn der Arbeitnehmer durch Arbeitsunfähigkeit, Kur, Urlaub oder andere Gründe ohnehin an der Erbringung der Dienstleistung gehindert ist.

Arbeitszeit/Ausbildungszeit/ Berufsschulzeit

Grundlagen

Die Arbeitszeit wird im Wesentlichen durch zwei Regelungen definiert, die abhängig vom Alter der Beschäftigten heranzuziehen sind. Für Auszubildende, die bereits volljährig sind, gilt das Arbeitszeitgesetz (ArbZG). Für Auszubildende, die das 18. Lebensjahr noch nicht vollendet haben, findet sich im Jugendarbeitsschutzgesetz (JArbSchG) eine konkretere Regelung.

JArbSchG	ArbZG
Gilt für	
Auszubildende, die das 18. Lebensjahr noch nicht vollendet haben.	Auszubildende, die das 18. Lebensjahr bereits vollendet haben.
Arbeitszeit	
Werktäglich nicht mehr als 8 Stunden und wöchentlich nicht mehr als 40 Stunden (§ 8 Abs. 1 JArbSchG).	Werktäglich nicht mehr als 8 Stunden und wöchentlich nicht mehr als 48 Stunden (§ 3 ArbZG).
Ruhepausen	
30 Minuten bei 4 ½ bis 6 Stunden täglicher Arbeitszeit. 60 Minuten bei mehr als 6 Stunden täglicher Arbeitszeit.	Mindestens 30 Minuten. Ab einer Arbeitszeit von 6 Stunden 45 Minuten (§ 4 ArbZG).
Ruhezeit / Tägliche Freizeit	
Mindestens 12 Stunden nach Beendigung der täglichen Arbeitszeit (§ 13 JArbSchG).	Mindestens 11 Stunden nach Beendigung der täglichen Arbeitszeit (§ 5 Abs. 1 ArbZG).

Definition der täglichen Arbeitszeit

Die tägliche Arbeitszeit wird in § 4 Abs. 1 JArbSchG definiert als »die Zeit vom Beginn bis zum Ende der täglichen Beschäftigung ohne die Ruhepausen«. Damit zählen auch Wartezeiten am Arbeitsplatz oder Bereitschaftsdienst mit zum Begriff der Arbeits- bzw. Ausbildungszeit.

Nur die Ruhepausen, nämlich Arbeitsunterbrechungen von mindestens 15 Minuten, wie § 11 JArbSchG bestimmt, zählen nicht zur Arbeitszeit. Die Ruhepausen dürfen frühestens eine Stunde nach Beginn und spätestens eine Stunde vor Ende der täglichen Arbeitszeit stattfinden. Kürzere Arbeitsunterbrechungen, wie sie häufig tarifvertraglich vereinbart sind, gelten als Arbeitszeit.

Im Rahmen eines Berufsausbildungsverhältnisses zählt zur Arbeitszeit die Ausbildungszeit, in welcher der Ausbildende dem Auszubildenden die Kenntnisse und Fertigkeiten vermittelt, die zur Erreichung des vereinbarten Ausbildungszieles erforderlich sind, also etwa auch der betriebliche theoretische Unterricht, wenn dieser obligatorisch ist.

Die Teilnahme am Berufsschulunterricht ist keine Arbeitszeit; sie wird jedoch nach § 9 JArbSchG auf die Arbeitszeit angerechnet. Die Anrechnungsvorschrift aus § 9 JArbSchG gilt nicht für volljährige Auszubildende. Theoretisch könnte für volljährige Auszubildende die Summe aus Berufsschulzeit und betrieblicher Ausbildungszeit höher sein, als die tarifvertraglich verankerte wöchentliche Ausbildungszeit. Betriebsrat und JAV sollten darauf achten, dass dies nicht der Fall ist, denn durch die Freistellungspflicht des § 15 BBiG wird ausgeschlossen, dass bei Überschneidung von Berufsschulzeiten und betrieblicher Ausbildungszeit, Zeiten im Betrieb nachgeholt werden müssen (vgl. → **Volljährigkeit und Berufsschulunterricht**).

Neben dem Begriff der Arbeitszeit kennt das Jugendarbeitsschutzgesetz in § 4 auch die Schichtzeit, nämlich die tägliche Arbeitszeit unter Hinzurechnung der Ruhepausen. Die Schichtzeit ist bedeutsam für die Tätigkeit im Bergbau unter Tage. Hier gilt nach § 4 Abs. 3 JArbSchG die Schichtzeit als Arbeitszeit. Sie wird gerechnet vom Betreten des Förderkorbes bei der Einfahrt bis zum Verlassen des Förderkorbes bei der Ausfahrt.

Für die Berechnung der wöchentlichen Arbeitszeit ist als Woche die Zeit von Montag bis einschließlich Sonntag zugrunde zu legen. Die Arbeitszeit, die an einem Werktag infolge eines gesetzlichen Feiertags ausfällt, wird auf die wöchentliche Arbeitszeit angerechnet, wie § 4 Abs. 4 JArbSchG bestimmt.

Wird ein Jugendlicher von mehreren Arbeitgebern beschäftigt, so werden die Arbeits- und Schichtzeiten sowie die Arbeitstage zusammengerechnet (vgl. § 4 Abs. 5 JArbSchG).

Bedeutung für Betriebsräte und JAV

Auch wenn die Dauer der Arbeits- oder Ausbildungszeit im Tarifvertrag oder im Arbeits- bzw. Ausbildungsvertrag geregelt wird, besteht doch nach § 87 Abs. 1 Nr. 2 BetrVG ein zwingendes Mitbestimmungsrecht des Betriebsrats sowohl über Beginn und Ende der täglichen Arbeitszeit einschließlich der Pausen sowie über die Verteilung der Arbeitszeit auf die einzelnen Wochentage. In diesem Zusammenhang sollte der Betriebsrat darauf achten, dass es zu einer Gleichbehandlung zwischen Auszubildenden, die das 18. Lebensjahr noch nicht vollendet haben und damit unter die Regelungen des Jugendarbeitsschutzgesetzes (JArbSchG) fallen und solchen, die bereits volljährig sind und damit nicht vom JArbSchG erfasst werden, kommt. Dies betrifft vor allem die Anrechnungsvorschrift der Berufsschulzeiten.

Hinweis:
Bei der Verteilung der wöchentlichen Arbeitszeit ist darauf zu achten, dass durch Berufsschultage keine indirekte Verlängerung der wöchentlichen Arbeitszeit erfolgt.

Bei Sonderfällen nach § 87 Abs. 1 Nr. 3 BetrVG sollten Auszubildende durch die Mitbestimmungsrechte des Betriebsrats grundsätzlich ausgenommen werden.

Hinweis:
Die vorübergehende Verkürzung der betriebsüblichen Arbeitszeit oder die Vereinbarung von Kurzarbeit kann dazu führen, dass die Ausbildungsziele nicht erreicht werden, denn die jeweilige → **Ausbildungsordnung** ist auf eine gleichmäßige wöchentliche Arbeitszeit ausgelegt. Auf dieser Annahme ist i. d. R. auch der → **Ausbildungsplan** erstellt worden.

Es handelt sich bei § 87 BetrVG um ein erzwingbares Mitbestimmungsrecht. Wenn Arbeitgeber und Betriebsrat sich nicht einigen, kann die Entscheidung durch ein Einigungsstellenverfahren herbeigeführt werden (vgl. → **Einigungsstelle**).
Die Arbeitszeit bei Auszubildenden sollte möglichst immer als Ausbildungszeit betitelt werden. Die Ausbildung steht im Vordergrund, nicht die Arbeit (vgl. → **Ausbildungsfremde Tätigkeiten**).

Arbeitszeitgesetz

Um die Sicherheit und den Gesundheitsschutz der Arbeitnehmer bei der Arbeitszeitgestaltung zu gewährleisten, sieht das Arbeitszeitgesetz Begrenzungen der täglichen und wöchentlichen → **Arbeitszeit** vor und regelt Beschränkungen der Nacht- und Schichtarbeit, aber auch der Sonn- und Feiertagsarbeit.
Es handelt sich um ein Schutzgesetz, das Bußgeldvorschriften und Strafbestimmungen enthält, wenn Arbeitgeber zuungunsten der Arbeitnehmer vorsätzlich oder fahrlässig gegen die Bestimmungen des Gesetzes verstoßen.
Arbeitszeit ist nach § 2 die Zeit vom Beginn bis zum Ende der Arbeit ohne die Ruhepausen. Sie beginnt grundsätzlich mit Betreten und Verlassen des Betriebs, wenn nicht tarifliche oder betriebliche Regelungen etwas anderes bestimmen.
Nachtzeit ist die Zeit von 23:00–6:00 Uhr bzw. in Bäckereien und Konditoreien die Zeit von 22:00–5:00 Uhr.
Die werktägliche Arbeitszeit der Arbeitnehmer darf acht Stunden nicht überschreiten, wie § 3 ArbZG bestimmt. Diese Regel wird schon in Satz 2 des § 3 durchbrochen, wonach die Arbeitszeit auf bis zu zehn Stunden täglich verlängert werden kann, wenn innerhalb von sechs Kalendermonaten im Durchschnitt acht Stunden werktäglich gearbeitet wird. Dabei wird auf die Werktage der Woche abgestellt, nämlich auf die Tage Montag bis einschließlich Samstag. Die in der Praxis geläufige 5-Tage-Woche wird vom Gesetz ignoriert. Weitere Ausnahmen sind durch Tarifverträge, aber auch für Notfälle und/oder nach Genehmigung von Ausnahmen durch die Aufsichtsbehörde zulässig.
Was die Überstunden anbetrifft, so ist im jetzigen Gesetz die frühere Regelung der Arbeitszeitordnung abgeschafft worden, wonach bereits für die erste Überstunde – dies war wegen des Bezuges auf die 6-Tage-Woche und den 8-Stunden-Tag die 49. Stunde – ein gesetzlicher Zuschlag von 25 % zu zahlen war. Überstundenregelungen, die eine höhere Vergütung vorsehen, finden sich allerdings durchweg noch in Tarifverträgen.
Auch wenn das Arbeitszeitgesetz besondere Schutzregelungen für Sonn- und Feiertagsruhe vorsieht, ist der Grundsatz des § 9 Abs. 1 »Arbeitnehmer dürfen an Sonn- und gesetzlichen Feiertagen von 0:00–24:00 Uhr nicht beschäftigt werden« nur schöner Schein. Überall dort, wo Sonn- und Feiertagsbeschäftigung

notwendig ist, aber auch dort, wo sie notwendig erscheint, regelt das Gesetz umfängliche Ausnahmen vom Arbeitsverbot an Sonn- und Feiertagen. Dies gilt nicht nur für Polizei und Feuerwehr, für Krankenhäuser oder Hotels und Gaststätten oder in Verkehrsbetrieben oder in der Landwirtschaft bzw. bei der Tierhaltung, sondern auch bei Messen, Ausstellungen und Märkten oder bei durchgängiger Produktion oder wenn die Aufsichtsbehörden entsprechende Ausnahmen zulassen.
Bundeseinheitliche Feiertage sind Neujahr, Karfreitag, Ostermontag, 1. Mai, Christi Himmelfahrt, Pfingstmontag, 3. Oktober sowie 1. und 2. Weihnachtsfeiertag. Daneben gibt es weitere Feiertage, die von Bundesland zu Bundesland, teilweise auch von Region zu Region unterschiedlich gehandhabt werden: Heilige Drei Könige, Fronleichnam, Mariä Himmelfahrt, Reformationstag, Allerheiligen, Buß- und Bettag.

Literaturhinweis

Buschmann/Ulber, »Arbeitszeitgesetz«, 7. Aufl. 2011

Arztbesuch

Grundlagen

Zur → **Arbeitsverhinderung** aus persönlichen Gründen, bei der nach § 616 Satz 1 BGB jede/r Beschäftigte seinen Entgeltfortzahlungsanspruch behält, gehört auch die Arbeitsverhinderung wegen eines Arztbesuches, wenn keine Arbeitsunfähigkeit wegen Erkrankung vorliegt. Voraussetzung ist, dass der Arztbesuch nicht außerhalb der Arbeitszeit, etwa im Rahmen einer Gleitzeitregelung, erfolgen kann.

Beispiel:
Wenn bei akuten Zahnschmerzen das sofortige Aufsuchen eines Zahnarztes notwendig ist, der Arzt einen Termin vorgibt und ein Termin außerhalb der Arbeitszeit nicht verfügbar ist.

In solchen Fällen bleibt der Lohnfortzahlungsanspruch des Arbeitnehmers bzw. der Arbeitnehmerin bestehen.

Besonderheiten für Auszubildende

Für Jugendliche gelten besondere Bestimmungen hinsichtlich der ärztlichen Untersuchung nach §§ 32 ff. JArbSchG. Hier bestimmt § 43 JArbSchG, dass der Arbeitgeber den Jugendlichen für die Ausführung der im Jugendarbeitsschutzgesetz beschriebenen ärztlichen Untersuchung (→ **Gesundheitliche Betreuung Jugendlicher**) freizustellen hat und dass ein Entgeltausfall hierdurch nicht eintreten darf. Dies ist eine zwingende gesetzliche Regelung, die § 616 BGB vorgeht und also auch Anwendung findet, wenn für andere Beschäftigte, die nicht mehr unter den Schutz des Jugendarbeitsschutzgesetzes fallen, z. B. Fragen des Arztbesuches besonders geregelt sind.

Assessmentcenter

Grundlagen

Unter einem Assessmentcenter ist ein systematisches Verfahren zur Feststellung von Verhaltensleistungen und Verhaltensdefiziten zu verstehen, das von mehreren beobachtenden Personen gleichzeitig für mehrere Teilnehmer/innen in Bezug auf vorher definierte Anforderungen angewandt wird.
Es kann sich zusammensetzen aus Prüfungen – auch in Form von psychologischen Tests – und Arbeitsproben, wie z. B. Postkorbbearbeitung, Gruppendiskussion, Dialogführung, Rollenspiel und Präsentation, die als Aufgabentypen miteinander verknüpft werden können. Durch ein Assessmentcenter soll festgestellt werden, welche Bewerber/innen am besten zum Unternehmen passen.
Das Assessmentcenter wird vor allem zur Auswahl von Führungskräften genutzt, da hier die formale Qualifikation – wie beruflicher Abschluss und Berufserfahrung – keine ausreichenden Indikatoren sind. Als Trend bildet sich jedoch heraus, diese Form des → **Auswahlverfahrens** auch bei der Einstellung von Auszubildenden und dual Studierenden anzuwenden. Vor allem bei der Auswahl von dual Studierenden gewinnt das Assessmentcenter an Bedeutung.

Bedeutung für den Betriebsrat/die JAV

Bei der Einführung, Gestaltung und Umsetzung hat der Betriebsrat Mitbestimmungsrechte nach § 94 BetrVG und § 95 BetrVG. Der Betriebsrat muss hier im Rahmen seiner Mitbestimmungsrechte die unter → **Auswahlverfahren** beschriebenen Standards ansetzen.
Diese Tests müssen auf das arbeitsplatzbezogene Anforderungsprofil zugeschnitten sein. Die Einwilligung der Probanden ist Voraussetzung für die Durchführung eines Assessmentcenters.

Aufsichtsbehörde nach dem Jugendarbeitsschutzgesetz

Grundlagen

Die Aufsicht über die Ausführung des Jugendarbeitsschutzgesetzes und der aufgrund des Gesetzes erlassenen Rechtsverordnungen obliegt nach § 51 JArbSchG der nach Landesrecht zuständigen Behörde als Aufsichtsbehörde. Nach den von den Bundesländern getroffenen Zuständigkeitsregelungen sind die örtlichen Gewerbeaufsichtsämter als zuständige Aufsichtsbehörden benannt. Für die Beschäftigung im Bergbau ist das örtliche Bergamt zuständig.

Die Aufsichtsbehörden sind im Rahmen des Opportunitätsprinzips verpflichtet, die ordnungsgemäße Einhaltung der Bestimmungen des Jugendarbeitsschutzgesetzes in allen Verwaltungen und allen Betrieben zu überwachen. Sie haben nach pflichtgemäßem Ermessen zu entscheiden, welche Betriebe sie verstärkt prüfen, d.h. zum Beispiel Begehungen durchführen oder Auskünfte nach § 50 einholen.

Bei Anzeigen und Beschwerden haben sie immer einzugreifen. Ihr Ermessen ist insoweit eingeschränkt.

Hinweise über Verstöße hat die Aufsichtsbehörde vertraulich zu behandeln. Sie darf dem Arbeitgeber z.B. keine Namen von »Informanten« nennen. Die Behörde muss sorgfältig mit solchen Informationen umgehen, da sie praktisch keine Möglichkeit hat, z.B. Jugendliche wirksam vor Repressalien zu schützen.

Die Beauftragten der Aufsichtsbehörde sind berechtigt, die Arbeitsstätten während der üblichen Betriebs- und Arbeitszeit zu betreten und zu besichtigen. Der Arbeitgeber muss das Betreten und Besichtigen der Arbeitsstätte gestatten.

Die Betriebsbesichtigung kann ohne Voranmeldung, also überraschend, durchgeführt werden. Dies entspricht dem Sinn und Zweck der Betriebsbesichtigung, nämlich eventuelle Verstöße festzustellen.

Bedeutung für den Betriebsrat/die JAV

Nach § 89 Abs. 2 BetrVG müssen Arbeitgeber und Aufsichtsbehörde bei der Besichtigung des Betriebes Betriebs- bzw. Personalräte hinzuziehen.
Nach § 70 Abs. 1 Nr. 2 BetrVG hat die JAV darüber zu wachen, dass die zugunsten der jugendlichen Arbeitnehmer geltenden Gesetze, Verordnungen, Unfallverhütungsvorschriften, insbesondere also auch das Jugendarbeitsschutzgesetz, eingehalten werden. Zur Erfüllung dieser Aufgabe ist der Betriebsrat nach § 70 Abs. 2 BetrVG verpflichtet, die JAV rechtzeitig und umfassend zu unterrichten. Daher wird die Aufsichtsbehörde grundsätzlich nicht nur den Betriebsrat, sondern auch die JAV bzw. die von der JAV beauftragten Mitglieder bei der Untersuchung hinzuzuziehen haben.

Ausbildende Fachkräfte/ Ausbildungsbeauftragte

Grundlagen

Ein wesentlicher Teil der Ausbildung wird im Rahmen des betrieblichen → **Ausbildungsplanes** in Fachabteilungen absolviert. In Fachabteilungen, denen Auszubildende zugewiesen werden, hat der Ausbildende für die praxis- und berufsorientierte Ausbildung Sorge zu tragen. Dazu kann er ausbildende Fachkräfte/ Ausbildungsbeauftrage benennen.
Hierzu sind vom Ausbildenden geeignete Beschäftigte heranziehen, welche die arbeits- und berufspädagogische Eignung haben bzw. diese auf eigenen Wunsch erwerben.
Die betrieblichen Praxisphasen von → **dualen Studiengängen** finden ebenfalls häufig in Fachabteilungen statt. Auch hier sind entsprechende Ausbildungsbeauftragte zu benennen.
Im Rahmen einer Betriebsvereinbarung können Rahmenbedingungen für ausbildende Fachkräfte geregelt werden. Neben zeitlichen Ressourcen sollten regelmäßige Qualifizierungszeiten für arbeitspädagogische Fertigkeiten, Kenntnisse und Fähigkeiten eingeräumt werden. In diesem Zusammenhang sollte auch die Kostenübernahme durch den Arbeitgeber beim Erwerb der berufs- und arbeitspädagogischen Eignung nach Ausbildereignungsverordnung (AEVO) geklärt werden.
Die Schnittstelle zwischen Ausbildern und ausbildenden Fachkräften kann durch regelmäßige Informationsveranstaltungen über Ausbildungsinhalte, -entwicklungen und Prüfungsanforderungen beschrieben werden.
Für die Attraktivität der Aufgabe sind ein Schutz vor Benachteiligung und ein finanzieller Anreiz wie zum Beispiel Zulagen oder Höhergruppierungen sinnvoll. Dadurch wird die Rolle in den betrieblichen Abläufen definiert und das eigene Interesse an der erweiterten Aufgabe ausgeprägt. In Produktionsbereichen oder Bereichen mit Projektarbeit und Termindruck kann ein reserviertes Zeitkontingent sinnvoll sein.
Von großem Interesse für alle Beteiligten sind der Umgang mit Konflikten und die Rollenklärung der betroffenen Personen. Zum einen nehmen ausbildende Fachkräfte Vorgesetztenaufgaben gegenüber den Auszubildenden/dual Studie-

renden war, zum anderen unterliegen sie der Weisungsbefugnis des eigenen Vorgesetzten. Eine Interessenabwägung zwischen Ausbildungsinhalten und der eigenen Arbeitsaufgabe darf nicht zur Gefährdung des Ausbildungszieles führen.

Bedeutung für den Betriebsrat/die JAV

Für den Betriebsrat und die JAV sind hier die gleichen Punkte wie bei → **Ausbildern** zu beachten. Die Mitbestimmungsrechte nach § 98 BetrVG kommen voll zum Tragen.
Betriebsrat und JAV müssen darüber informiert sein, welche Personen die Ausbildung in den Fachabteilung verantworten. Auf dieser Grundlage wird bei → **Betriebsrundgängen** kontrolliert, ob Auszubildende und dual Studierende gemäß Ausbildungsziel in den Fachabteilungen beschäftigt und von den dazu befähigten ausbildenden Fachkräften/Ausbildungsbeauftragten begleitet werden.
Betriebsrat und JAV haben ihre Mitbestimmungsrechte dafür zu nutzen, dass die ausbildenden Fachkräfte die nötigen Ressourcen haben und die Tätigkeit nicht als zusätzliche Belastung, sondern als Bereicherung des eigenen Aufgabengebietes verstehen.

Bedeutung für Auszubildende/dual Studierende

Entscheidend ist, dass bei einem Einsatz in Fachabteilungen nicht die wertschöpfende Tätigkeit im Vordergrund steht, sondern Ausbildungsinhalte und Ziele maßgeblich sind. Die ausbildende Fachkraft ist für die Vermittlung von ausbildungsrelevanten Inhalten verantwortlich.
Als Orientierung ist hier der betriebliche → **Ausbildungsplan** zu nutzen. Vor allem die zu vermittelnden Inhalte müssen bekannt und kontrollierbar sein. Eine offene Feedback-Kultur kann dafür sorgen, dass Auszubildende und dual Studierende an der individuellen Ausgestaltung mitwirken und je nach Fortschritt der Ausbildung im Dialog mit der ausbildenden Fachkraft bzw. dem Ausbildungsbeauftragten vertiefende Inhalte klären. Bei Konflikten und → **ausbildungsfremden Tätigkeiten** ist die JAV bzw. der Betriebsrat zu informieren.

Internethinweis

http://www.bmbf.de/pub/handreichung_ausbildende_fachkraefte.pdf

Ausbilder/ Ausbildereignungsverordnung

Grundlagen

Der Ausbilder wird vom Ausbildenden mit der Durchführung der Berufsausbildung beauftragt, falls der Ausbildende nicht selbst die Ausbildung vornimmt (§ 14 Abs. 1 Nr. 2 BBiG). Er hat dem Auszubildenden die zur Erreichung des Ausbildungsziels notwendigen praktischen und theoretischen Kenntnisse zu vermitteln und muss nach § 28 Abs. 1 BBiG persönlich und fachlich dazu geeignet sein.

§ 29 BBiG gibt Aufschluss darüber, wer nicht persönlich geeignet ist. Hierbei sei vor allem auf eine Vorschrift des → **Jugendarbeitsschutzgesetzes** (§ 25 JArbSchG) verwiesen, nach der bestimmte Personen (z. B. Straftäter) Kinder und Jugendliche nicht beschäftigen dürfen.

Fachlich geeignet ist nach § 30 Abs. 1 BBiG, wer die beruflichen sowie die berufs- und arbeitspädagogischen Fertigkeiten, Kenntnisse und Fähigkeiten besitzt, die für die Vermittlung der Ausbildungsinhalte erforderlich sind.

§ 30 Abs. 2 BBiG beschreibt genauer, wer die erforderlichen beruflichen Fertigkeiten, Kenntnisse und Fähigkeiten besitzt, nämlich derjenige, der:

1. die Abschlussprüfung in einer dem Ausbildungsberuf entsprechenden Fachrichtung bestanden hat,
2. eine anerkannte Prüfung an einer Ausbildungsstätte oder vor einer Prüfungsbehörde oder eine Abschlussprüfung an einer staatlichen oder staatlich anerkannten Schule in einer dem Ausbildungsberuf entsprechenden Fachrichtung bestanden hat, oder der
3. eine Abschlussprüfung an einer deutschen Hochschule in einer dem Ausbildungsberuf entsprechenden Fachrichtung bestanden hat,

   und eine angemessene Zeit in seinem Beruf praktisch tätig gewesen ist.

Die Absätze 3 bis 5 des § 30 BBiG sind »Kann-Bestimmungen«. Das Bundesministerium für Wirtschaft und Energie oder das sonst zuständige Fachministerium kann im Einvernehmen mit dem Bundesministerium für Bildung und Forschung nach Anhörung des Hauptausschusses des Bundesinstituts für Berufsbildung durch Rechtsverordnung (dazu gehört auch die Ausbildereignungsverord-

nung AEVO), die nicht der Zustimmung des Bundesrats bedarf, Folgendes bestimmen: Welche Prüfungen werden für welche Ausbildungsberufe anerkannt? Welche Ausnahmen von Absatz 2 werden zugelassen? Ist der Erwerb berufs- und arbeitspädagogischer Fertigkeiten, Kenntnisse und Fähigkeiten gesondert nachzuweisen?
§ 30 Abs. 6 sieht vor, dass die nach Landesrecht zuständige Behörde auch Personen, die die Voraussetzungen der Absätze 2, 4 oder 5 nicht erfüllen, die fachliche Eignung nach Anhörung der zuständigen Stelle widerruflich zuerkennen kann.
Für den Nachweis der berufs- und arbeitspädagogischen Eignung gibt es die Ausbildereignungsverordnung (AEVO). Alle mit der Ausbildung betrauten Personen, also auch die mit der Ausbildung beauftragten in den Versetzungsstellen, sollten über einen solchen Nachweis verfügen. Die AEVO umfasst die Kompetenz zum selbstständigen Planen, Ausführen und Kontrollieren der Berufsausbildung in den Handlungsfeldern:

1. Ausbildungsvoraussetzungen prüfen und Ausbildung planen,
2. Ausbildung vorbereiten und bei der Einstellung von Auszubildenden mitwirken,
3. Ausbildung ausführen und
4. Ausbildung abschließen.

Ausbildungspersonal sollte sich ständig weiterbilden, beispielsweise durch Fachliteratur oder den Besuch von Fachtagungen. Für Ausbilder gibt es auch ein berufliches Weiterbildungssystem. Aufbauend auf die AEVO folgt die zweite Qualifizierungsstufe »Geprüfte/r Aus- und Weiterbildungspädagoge/in« und darauf aufbauend die dritte Stufe »Geprüfte/r Berufspädagoge/in«. Informationen gibt es unter: *http://www.berufspaedagogen.net.*

Bedeutung für den Betriebsrat/die JAV

Nach § 98 BetrVG hat der Betriebsrat bei der Durchführung betrieblicher Bildungsmaßnahmen ein Mitbestimmungsrecht. So kann der Betriebsrat nach § 98 Abs. 2 BetrVG der Bestellung eines Ausbilders widersprechen oder auch seine Abberufung verlangen, wenn er die persönliche oder fachliche, vor allem auch die berufs- und arbeitspädagogische Eignung nicht besitzt oder seine Aufgaben vernachlässigt.
Der Betriebsrat sollte darauf achten, dass mit der Ausbildung Beauftragte eine erfolgreiche Teilnahme an der Ausbildereignungsprüfung nachweisen. In der AEVO sind die Prüfungsanforderungen formuliert. Kurse bei örtlichen Bildungsanbietern oder Online bereiten auf die Prüfung vor. Die Prüfung wird bei

den Kammern abgenommen. Mit einer erfolgreichen AEVO-Prüfung wird der Erwerb berufs- und arbeitspädagogischer Fertigkeiten, Kenntnisse und Fähigkeiten nachgewiesen.
Der Betriebsrat sollte aber auch auf die ständige Weiterbildung des Ausbildungspersonals achten und die erforderlichen Informationen vom Arbeitgeber anfordern. Er kann verlangen, dass der Arbeitgeber die **Berufsbildungsbedarfe** des Ausbildungspersonals ermittelt und Vorschläge hierzu machen. Dem Ausbildungspersonal ist genauso wie allen anderen Beschäftigten eine Teilnahme an Berufsbildungsmaßnahmen zu ermöglichen.

Ausbildungsbegleitende Hilfen

Grundlagen

Förderungsbedürftige Jugendliche in einer Ausbildung bzw. einer Einstiegsqualifizierung können im Rahmen ausbildungsbegleitender Hilfen mit sozialpädagogischer Begleitung und Stützunterricht gefördert werden. Ausbildungsbegleitende Hilfen (abH) beinhalten individuell zugeschnittene Lernunterstützung sowie sozialpädagogische Betreuung.
Neben der Gruppe der lernbeeinträchtigten und sozial benachteiligten Auszubildenden können auch Auszubildende gefördert werden, deren Ausbildung ohne eine Förderung mit abH zu scheitern droht. Die Regelungen dazu finden sich in den *§§ 75 ff.* SGB III.
Die ausbildungsbegleitenden Hilfen (abH) zielen darauf ab, Jugendlichen, die besonderer Hilfen bedürfen, durch Förderung des Erlernens von Fachtheorie, Stützunterricht zum Abbau von Sprach- und Bildungsdefiziten sowie durch sozialpädagogische Begleitung, die Aufnahme, Fortsetzung sowie den erfolgreichen Abschluss einer erstmaligen betrieblichen Berufsausbildung in anerkannten Ausbildungsberufen zu ermöglichen.
Ausbildungsbegleitende Hilfen gehen über betriebs- und ausbildungsübliche Inhalte hinaus.
Für die Durchführung erhalten die Bildungsträger die erforderlichen Maßnahmekosten. Sofern abH während der üblichen betrieblichen Arbeitszeit durchgeführt wird, kann dem Betrieb ein Zuschuss zu der anteiligen Ausbildungsvergütung gewährt werden.
Ausbildungsbegleitende Hilfen, das heißt:

- zusätzlicher Förderunterricht in kleinen Gruppen oder im Einzelunterricht;
- den Stoff der Berufsschule durcharbeiten, Fragen genau besprechen, Aufgaben trainieren;
- sich auf Prüfungen gezielt vorbereiten;
- Probleme gemeinsam angehen, Lösungen finden.

Die abH werden von Bildungsträgern bereitgestellt.

Ausbildungsberufe

Grundlagen

Die Anerkennung von Ausbildungsberufen erfolgt gem. § 4 BBiG nach einer Ausbildungsordnung gem. § 5 BBiG, die Grundlage für eine geordnete und einheitliche Berufsausbildung ist. Die Ausbildungsordnung hat die Bezeichnung des Ausbildungsberufs festzulegen, die Ausbildungsdauer und die Fertigkeiten, sowie Kenntnisse und Fähigkeiten die Gegenstand der Berufsausbildung sind, ebenso muss sie eine Anleitung zur sachlichen und zeitlichen Gliederung der Fertigkeiten, Kenntnisse und Fähigkeiten entsprechend des Ausbildungsrahmenplans enthalten sowie die Prüfungsanforderungen.
Nach § 34 BBiG hat die zuständige Stelle für anerkannte Ausbildungsberufe ein Verzeichnis der Berufsausbildungsverhältnisse einzurichten und zu führen, in das der wesentliche Inhalt des Berufsausbildungsvertrags einzutragen ist.

Bedeutung für den Betriebsrat/die JAV

Die Arbeitgeber haben zuletzt vermehrt zweijährige Schmalspurausbildungsberufe gegen die Einwände der Gewerkschaften geschaffen. Die Gewerkschaften sprechen sich für eine qualifizierte, mindestens dreijährige Berufsausbildung aus. Damit wird die Beschäftigungsfähigkeit der Ausgebildeten gesichert, ihnen die Möglichkeit einer beruflichen Entwicklung gegeben und letztlich auch ein ausreichendes Einkommen ermöglicht. Für gering Qualifizierte sind diese Entwicklungsperspektiven wesentlich schlechter. Betriebsräte sollten deshalb darauf achten, dass in qualifizierten, mindestens dreijährigen Ausbildungsberufen ausgebildet wird. Bei der Entscheidung, in welchen Ausbildungsberufen ausgebildet wird, hat der Betriebsrat ein Unterrichtungs- und Beratungsrecht nach § 92 BetrVG. Der Arbeitgeber hat den Betriebsrat über geplante Ausbildungsberufe und Einstellzahlen von Auszubildenden zu unterrichten und mit ihm zu beraten. Eine Mitbestimmung besteht jedoch nicht. Dennoch sollten Argumente für eine qualifizierte mindestens dreijährige Ausbildung (z. B. Digitalisierung, qualifizierte Fachkräfte für innovative Produktion, Beschäftigungsfähigkeit Ausgebildeter, Anschlussfähigkeit an Weiterbildung) eingebracht werden. Zur Förderung von schwächeren Jugendlichen sollten Fördermaßnahmen vorgeschlagen werden (**Ausbildungsbegleitende Hilfen**, assistierte Ausbildung, Berufsvorbereitung).

Liste der staatlich anerkannten Ausbildungsberufe:
https://www.bibb.de/dokumente/pdf/Verzeichnis_anerk_AB_2015.pdf
https://www.bibb.de/de/40.php

Ausbildungsfremde Tätigkeiten

Grundlagen

In § 14 Abs. 2 BBiG ist geregelt, dass den Auszubildenden nur Verrichtungen übertragen werden dürfen, die dem Ausbildungszweck dienen und den körperlichen Kräften angemessen sind.
Die genaue Bestimmung, ob eine Tätigkeit dem Ausbildungszweck dient oder nicht, ist oftmals nicht einfach. Dem Ausbildungszweck dienen bedeutet dabei, dass die Tätigkeit zur Vermittlung von beruflichen Kenntnissen und Fertigkeiten erforderlich ist. Um welche Fertigkeiten und Kenntnisse es sich dabei handelt, kann dem jeweiligen Ausbildungsrahmenp lan entnommen werden. Dient eine Tätigkeit nicht dem Ausbildungszweck, handelt es sich um eine ausbildungsfremde Tätigkeit. Es soll vermieden werden, dass der Auszubildende als »billige Arbeitskraft« missbraucht wird.
Bestimmte Tätigkeiten sind sofort als ausbildungsfremd zu erkennen.

Beispiele:

- wenn ein Industriekaufmann zum Einkaufen in den Supermarkt geschickt wird,
- ein Kfz-Mechatroniker die Fenster putzen oder den Rasen mähen muss.

Es gibt aber auch nicht immer sofort erkennbare ausbildungsfremde Tätigkeiten. Auch hier einige Beispiele:

- Ablage- und Kopierarbeiten in der kaufmännischen Ausbildung.
  Diese Tätigkeiten sind zweifelsohne auch Bestandteil einer kaufmännischen Ausbildung. Wenn solche Tätigkeiten in der Ausbildung jedoch dominieren oder gar ausschließlich gemacht werden, dienen sie nicht mehr dem Ausbildungszweck.
- Urlaubs- oder Krankheitsvertretung.
  Zweifelsohne macht eigenverantwortliches Arbeiten vielen Auszubildenden Spaß und wirkt motivierend. Auch trägt es dem Ausbildungsziel des selbstständigen Planens, Durchführens und Kontrollierens Rechnung. Aber: Es muss geprüft werden, ob Urlaubs- oder Krankheitsvertretung nicht auf Kosten der Ver-

mittlung von wichtigen Ausbildungsinhalten geht. Weiter sollte beachtet werden, dass andauernde Urlaubs- oder Krankheitsvertretung durch Auszubildende dazu führt, dass Unternehmen weniger Personal als Reserve benötigen. Dadurch entfallen Übernahmemöglichkeiten für auslernende Auszubildende.

Bedeutung für den Betriebsrat/die JAV

Nach § 70 Abs. 1 Nr. 2 BetrVG hat die JAV darüber zu wachen, dass die zugunsten der Wahlberechtigten geltenden Gesetze, Verordnungen, Unfallverhütungsvorschriften, Tarifverträge und Betriebsvereinbarungen eingehalten werden. Im Fall von ausbildungsfremden Tätigkeiten bedeutet dies, dass die Bestimmungen des BBiG gem. § 14 Abs. 2 in Verbindung mit dem Ausbildungsrahmenplan eingehalten werden. Bei eindeutig erkennbaren ausbildungsfremden Tätigkeiten hat die JAV unverzüglich den Betriebsrat darüber zu informieren und darauf zu drängen, dass dieser gegenüber Ausbildungsverantwortlichen dafür Sorge trägt, dass die Tätigkeiten nicht mehr dem Auszubildenden übertragen werden.
Bei nicht sofort erkennbaren ausbildungsfremden Tätigkeiten hat die JAV gemeinsam mit dem Betriebsrat dafür zu sorgen, dass die Inhalte des Ausbildungsrahmenplans entsprechend vermittelt werden. Dies bedeutet gleichzeitig, dass beispielsweise der Anteil von Kopiertätigkeiten und Ablagetätigkeiten auf das übliche Maß des jeweiligen Ausbildungsberufes bzw. Arbeitsumfeldes zurückzuführen ist.

Bedeutung für den Auszubildenden

Der Auszubildende kann ihm übertragene Tätigkeiten in Bezugnahme auf den § 14 Abs. 2 BBiG verweigern. Er hat ein Leistungsver weigerungsrecht nach § 273 Abs. 1 BGB. Durch die Verweigerung, eine ausbildungsfremde Tätigkeit auszuführen, verliert er nicht den Anspruch auf Ausbildungsvergütung (§§ 615 und 293 BGB). Auch stellt eine entsprechende Verweigerung keinen wichtigen Grund für eine Kündigung dar.

Ausbildungskosten, Rückzahlung von

Grundlagen

Nach § 10 BBiG hat der Ausbildende dem Auszubildenden eine angemessene Vergütung zu gewähren, die nach dem Lebensalter des Auszubildenden so zu bemessen ist, dass sie mit fortschreitender Berufsausbildung mindestens jährlich ansteigt.

Wird nun vom Auszubildenden oder Ausbilder das Berufsausbildungsverhältnis nach Ablauf der Probezeit vorzeitig gelöst, kann nach § 23 BBiG der Ausbildende oder der Auszubildende vom anderen Teil Ersatz des Schadens verlangen, wenn der andere den Grund für die Auflösung zu vertreten hatte. Davon gibt es nur dann eine Ausnahme, wenn gemäß § 22 Abs. 2 Nr. 2 BBiG der Auszubildende das Ausbildungsverhältnis gekündigt hat, weil er die Berufsausbildung aufgeben oder sich für einen anderen Beruf ausbilden lassen will.

Der Schadenersatzanspruch ist im Übrigen innerhalb von drei Monaten nach Beendigung des Berufsausbildungsverhältnisses geltend zu machen.

Grundsätzlich kommt im Normalfall eine Rückzahlung einer Vergütung nicht in Betracht. Das kann lediglich bei Berufsfortbildungsverträgen vereinbart werden, weil der Arbeitgeber die Fortbildungskosten ja deswegen übernimmt, um sich einen qualifizierten Nachwuchs zu verschaffen, also in der Erwartung, dass der Arbeitnehmer nach Beendigung der Fortbildung einen gewissen Zeitraum weiter tätig ist. Wenn dann ein Arbeitnehmer nach Beendigung der Fortbildung die Stelle nicht antritt oder vor Ablauf vereinbarter Fristen die Arbeit ohne rechtfertigenden Grund aufgibt, werden gelegentlich Rückzahlungsklauseln vereinbart.

Die Rechtsprechung des BAG hat Regelungen als wirksam angesehen, soweit sie nicht zu einer unangemessenen Bindung des Arbeitnehmers führen. Es kommt dabei auf alle Umstände an, ob dem Arbeitnehmer eine wirtschaftliche, den Marktwert seiner Arbeitskraft erhöhende Ausbildung zugeflossen ist und die Bleibefrist nicht unangemessen lang ist.

Die Zulässigkeit einzelvertraglicher Klauseln, wonach der Arbeitnehmer bei vorzeitigem Ausscheiden Fortbildungskosten zurückzuzahlen hat, hängt auch von

der Dauer der Bildungsmaßnahme ab. Besteht diese aus mehreren Unterrichtsabschnitten, so sind die dazwischen liegenden Zeiten bei der Berechnung der Dauer nicht mit zu berücksichtigen.
Bei einer Lehrgangsdauer von drei bis vier Monaten entschied das BAG (v. 6.9.1995 – 5 AZR 241/94) bezüglich des Verwaltungslehrgangs I der Bayerischen Verwaltungsschule, dass eine Bindungsdauer von zwei Jahren jedenfalls nicht zu lange bemessen ist, eine längere Bindungsdauer in derartigen Fällen regelmäßig aber unzulässig ist. Das BAG hat in dieser Entscheidung auch festgelegt, dass es keinen Grundsatz gäbe, dass die Bindungsdauer höchstens sechsmal so lang sein darf wie die Dauer der Bildungsmaßnahme.

Beispiel:
Der Arbeitnehmer nimmt vom … bis zum … an einer Fortbildungsveranstaltung unter Weiterzahlung seiner Vergütung teil. Der Arbeitgeber trägt die Kosten der Fortbildungsveranstaltung.
Für den Fall, dass der Arbeitnehmer das Arbeitsverhältnis nach Beendigung der Fortbildungsmaßnahme kündigt, sind die Aufwendungen des Arbeitgebers für die Fortbildung vom Arbeitnehmer zurückzuzahlen, und zwar bei Kündigung innerhalb eines halben Jahres nach Beendigung des Fortbildungsverhältnisses zu 100%, nach Ablauf des ersten Jahres bis zu 18 Monaten zu 50%.

Ausbildungsmittel

Grundlagen

In § 14 Abs. 1 Nr. 3 BBiG ist geregelt, dass den Auszubildenden kostenlos Ausbildungsmittel, vor allem Werkzeuge und Werkstoffe, zur Verfügung zu stellen sind, die zur Berufsausbildung und zum Ablegen der Zwischen- und Abschlussprüfungen, auch soweit solche nach Beendigung des Berufsausbildungsverhältnisses stattfinden, erforderlich sind.
Zu den Ausbildungsmitteln gehören grundsätzlich alle üblichen Werkzeuge und Werkstoffe, wie z. B. Tabellensammlungen, Zeichengeräte, Zeichenpapier, Fachbücher aller Art, Reißwerkzeuge, Schablonen und dergleichen.
Die Ausbildungsmittel müssen kostenlos zur Verfügung gestellt werden. Sie müssen nicht übereignet werden, sondern es ist ausreichend, sie leihweise zur Verfügung zu stellen. Anders ist dieses bei Berichtsheften, die auch zu den Ausbildungsmitteln gehören. Die Berichtshefte gehen mit fortschreitender Führung in das Eigentum des Auszubildenden über (§ 950 BGB).
Ausbildungsmittel für Prüfungen müssen auch dann zur Verfügung gestellt werden, wenn die Prüfung erst nach Beendigung des Ausbildungsverhältnisses (§ 21 BBiG) erfolgt. Wird die Ausbildung durch Kündigung nach § 22 BBiG beendet, müssen die Ausbildungsmittel nur dann für Prüfungen bereitgestellt werden, wenn die Kündigung durch schuldhaftes Verhalten des Ausbildenden veranlasst ist.
Ausbildungsmittel, die ausschließlich für den Berufsschulunterricht erforderlich sind, müssen nicht bereitgestellt werden. Hier findet der § 14 Abs. 1 Nr. 3 BBiG keine Anwendung.

Bedeutung für den Betriebsrat/die JAV

Die JAV hat nach § 70 Abs. 1 Nr. 2 BetrVG darauf zu achten, dass diese Regelung aus dem BBiG eingehalten wird. Der Betriebsrat kann in Bezugnahme auf den

§ 14 Abs. 1 Nr. 3 BBiG eine ergänzende Betriebsvereinbarung mit dem Arbeitgeber abschließen, in der die Details zur Bereitstellung von Ausbildungsmitteln geregelt werden. Es ist auch möglich, mit dem Arbeitgeber zu vereinbaren, dass Ausbildungsmittel für die Berufsschule bereitgestellt bzw. Zuschüsse zur Beschaffung von Berufsschulbüchern gewährt werden.

Stellt der Ausbildende dem Auszubildenden die Ausbildungsmittel, zu denen er verpflichtet ist, nicht oder nicht rechtzeitig zur Verfügung und kommt der Ausbildende trotz Aufforderung durch den Auszubildenden bzw. Drängen der JAV und des Betriebsrats seiner Pflicht nicht nach, so kann der Auszubildende sie selbst anschaffen und die Auslagen dem Ausbildenden in Rechnung stellen. Erstattet der Ausbildende die Kosten, muss der Auszubildende dem Ausbildenden die Mittel übereignen.

Ausbildungsordnung

Grundlagen

Der Bundesminister für Wirtschaft und Energie (BMWi) oder der sonst zuständige Fachminister kann nach Einvernehmen mit dem Bundesminister für Bildung und Forschung (BMBF) durch Rechtsverordnung Ausbildungsberufe staatlich anerkennen (§ 4 Abs. 1 BBiG), die Anerkennung aufheben (§ 4 Abs. 4 BBiG) und für die Ausbildungsberufe Ausbildungsordnungen erlassen. Da nach § 4 Abs. 2 BBiG in anerkannten Ausbildungsberufen nur nach einer Ausbildungsordnung ausgebildet werden darf und nach § 4 Abs. 3 BBiG Jugendliche lediglich in anerkannten Ausbildungsberufen ausgebildet werden dürfen (soweit die Berufsausbildung nicht auf den Besuch weiterführender Bildungsgänge vorbereitet), besteht somit eine Verpflichtung zum Erlass von entsprechenden Ausbildungsordnungen (die inhaltliche Entsprechung dazu findet sich für die Ausbildung im Handwerk in § 25 HwO).

Die Mindestinhalte, die eine Ausbildungsordnung enthalten muss, werden in § 5 Abs. 1 BBiG bzw. § 26 HwO (für das Handwerk) umschrieben:

1. die Bezeichnung des Ausbildungsberufs, der anerkannt wird,
2. die Ausbildungsdauer; sie soll nicht mehr als drei und nicht weniger als zwei Jahre betragen,
3. die beruflichen Fertigkeiten, Kenntnisse und Fähigkeiten, die mindestens Gegenstand der Berufsausbildung sind (Ausbildungsberufsbild),
4. eine Anleitung zur sachlichen und zeitlichen Gliederung der Vermittlung der beruflichen Fertigkeiten, Kenntnisse und Fähigkeiten (Ausbildungsrahmenplan),
5. die Prüfungsanforderungen.

Auf Weisung des zuständigen Bundesministeriums hat das Bundesinstitut für Berufsbildung (BIBB) an der Vorbereitung von Ausbildungsordnungen mitzuwirken (§ 90 Abs. 3 Satz 1a BBiG). Die Ausbildungsordnungen werden von Sachverständigen, die von Arbeitgeber- sowie von Arbeitnehmerseite benannt werden, unter Mitwirkung des BIBB erarbeitet. Parallel und in Abstimmung hierzu

wird vonseiten der Bundesländer ein Rahmenlehrplan für die Berufsschulen entwickelt.
Ausbildungsordnungen werden im Konsens der Beteiligten entwickelt (Konsensprinzip). Der Hauptausschuss des BIBB, dem sowohl Beauftragte der Arbeitgeber, der Arbeitnehmer sowie des Bundes und der Länder angehören, empfiehlt dem Verordnungsgeber (zuständiges Bundesministerium) die erarbeiteten Ausbildungsordnungen zur Verabschiedung. Nach Veröffentlichung im Bundesgesetzblatt treten sie in Kraft.

Ausbildungsordnungen findet man beim BIBB für jeden anerkannten Ausbildungsberuf:
https://www.bibb.de/de/40.php

04

Beispiel:
Verordnung über die Berufsausbildung in den industriellen Metallberufen
Auf Grund des § 4 Abs. 1 in Verbindung mit § 5 des Berufsbildungsgesetzes vom 23. März 2005 (BGBl. I S. 931), von denen § 4 Abs. 1 durch Artikel 232 Nr. 1 der Verordnung vom 31. Oktober 2006 (BGBl. I S. 2407) geändert worden ist, verordnet das Bundesministerium für Wirtschaft und Technologie im Einvernehmen mit dem Bundesministerium für Bildung und Forschung:

Teil 1
Gemeinsame Vorschriften

§ 1 Staatliche Anerkennung der Ausbildungsberufe
Die Ausbildungsberufe
1. Anlagenmechaniker/Anlagenmechanikerin,
2. Industriemechaniker/Industriemechanikerin,
3. Konstruktionsmechaniker/Konstruktionsmechanikerin,
4. Werkzeugmechaniker/Werkzeugmechanikerin,
5. Zerspanungsmechaniker/Zerspanungsmechanikerin

werden gemäß § 4 Abs. 1 des Berufsbildungsgesetzes staatlich anerkannt.

§ 2 Ausbildungsdauer
Die Ausbildung dauert dreieinhalb Jahre.

§ 3 Struktur und Zielsetzung der Berufsausbildung
(1) Die in dieser Verordnung genannten Fertigkeiten, Kenntnisse und Fähigkeiten (berufliche Handlungsfähigkeit) sollen prozessbezogen vermittelt werden. Diese Qualifikationen sollen so vermittelt werden, dass die Auszubildenden zur Ausübung einer qualifizierten beruflichen Tätigkeit im Sinne des § 1 Abs. 3 des Berufsbildungsgesetzes befähigt werden, die insbesondere selbstständiges Planen, Durchführen und Kontrollieren sowie das Handeln im betrieblichen Gesamtzusammenhang einschließt. Die in Satz 2 beschriebene Befähigung ist auch in den Prü-

fungen nach den §§ 9 und 10, 13 und 14, 17 und 18, 21 und 22 sowie 25 und 26 nachzuweisen.

(2) Die gemeinsamen Kernqualifikationen nach § 7 Abs. 1 Nr. 1 bis 12, § 11 Abs. 1 Nr. 1 bis 12, § 15 Abs. 1 Nr. 1 bis 12, § 19 Abs. 1 Nr. 1 bis 12 und § 23 Abs. 1 Nr. 1 bis 12 und die berufsspezifischen Fachqualifikationen nach § 7 Abs. 1 Nr. 13 bis 17, § 11 Abs. 1 Nr. 13 bis 17, § 15 Abs. 1 Nr. 13 bis 20, § 19 Abs. 1 Nr. 13 bis 19 und § 23 Abs. 1 Nr. 13 bis 18 haben jeweils einen zeitlichen Umfang von 21 Monaten und werden verteilt über die gesamte Ausbildungszeit integriert auch unter Berücksichtigung des Nachhaltigkeitsaspekts vermittelt.

(3) Im Rahmen der berufsspezifischen Fachqualifikationen ist die berufliche Handlungskompetenz in mindestens einem Einsatzgebiet durch Qualifikationen zu erweitern und zu vertiefen, die im jeweiligen Geschäftsprozess zur ganzheitlichen Durchführung komplexer Aufgaben befähigt.

§ 4 Ausbildungsplan

Die Ausbildenden haben unter Zugrundelegung des Ausbildungsrahmenplans für die Auszubildenden einen Ausbildungsplan zu erstellen.

§ 5 Schriftlicher Ausbildungsnachweis

Die Auszubildenden haben einen schriftlichen Ausbildungsnachweis zu führen. Ihnen ist Gelegenheit zu geben, den schriftlichen Ausbildungsnachweis während der Ausbildungszeit zu führen. Die Ausbildenden haben den schriftlichen Ausbildungsnachweis regelmäßig durchzusehen.

§ 6 Abschlussprüfung

Die Abschlussprüfung besteht aus den beiden zeitlich auseinanderfallenden Teilen 1 und 2. Durch die Abschlussprüfung ist festzustellen, ob der Prüfling die berufliche Handlungsfähigkeit erworben hat. In der Abschlussprüfung soll der Prüfling nachweisen, dass er die dafür erforderlichen Fertigkeiten beherrscht, die notwendigen beruflichen Kenntnisse und Fähigkeiten besitzt und mit dem im Berufsschulunterricht zu vermittelnden Lehrstoff vertraut ist. Dabei sollen Qualifikationen, die bereits Gegenstand von Teil 1 der Abschlussprüfung waren, in Teil 2 der Abschlussprüfung nur insoweit einbezogen werden, als es für die Feststellung der Berufsfähigkeit nach § 38 des Berufsbildungsgesetzes erforderlich ist.

Teil 2
Vorschriften für den Ausbildungsberuf Anlagenmechaniker/Anlagenmechanikerin

§ 7 Ausbildungsberufsbild

(1) Gegenstand der Berufsausbildung sind mindestens die folgenden Qualifikationen:

1. Berufsbildung, Arbeits- und Tarifrecht,
2. Aufbau und Organisation des Ausbildungsbetriebes,
3. Sicherheit und Gesundheitsschutz bei der Arbeit,

4. Umweltschutz,
5. Betriebliche und technische Kommunikation,
6. Planen und Organisieren der Arbeit, Bewerten der Arbeitsergebnisse,
7. Unterscheiden, Zuordnen und Handhaben von Werk- und Hilfsstoffen,
8. Herstellen von Bauteilen und Baugruppen,
9. Warten von Betriebsmitteln,
10. Steuerungstechnik,
11. Anschlagen, Sichern und Transportieren,
12. Kundenorientierung,
13. Bearbeiten von Aufträgen,
14. Herstellen und Montieren von Bauteilen und Baugruppen,
15. Instandhaltung; Feststellen, Eingrenzen und Beheben von Fehlern und Störungen,
16. Bauteile und Einrichtungen prüfen,
17. Geschäftsprozesse und Qualitätssicherungssysteme im Einsatzgebiet.

(2) Die Qualifikationen nach Absatz 1 sind in mindestens einem der folgenden Einsatzgebiete anzuwenden und zu vertiefen:

1. Anlagenbau,
2. Apparate- und Behälterbau,
3. Instandhaltung,
4. Rohrsystemtechnik,
5. Schweißtechnik.

Das Einsatzgebiet wird vom Ausbildungsbetrieb festgelegt. Andere Einsatzgebiete sind zulässig, wenn in ihnen die Qualifikationen nach Absatz 1 vermittelt werden können.

§ 8 Ausbildungsrahmenplan

Die in § 7 Abs. 1 genannten Qualifikationen sollen nach der in Anlage 1 und Anlage 2 enthaltenen Anleitung zur sachlichen und zeitlichen Gliederung der Berufsausbildung (Ausbildungsrahmenplan) vermittelt werden. Eine von dem Ausbildungsrahmenplan abweichende sachliche und zeitliche Gliederung des Ausbildungsinhaltes ist insbesondere zulässig, soweit betriebspraktische Besonderheiten die Abweichung erfordern.

§ 9 Teil 1 der Abschlussprüfung

(1) Teil 1 der Abschlussprüfung soll vor dem Ende des zweiten Ausbildungsjahres stattfinden.

(2) Teil 1 der Abschlussprüfung erstreckt sich auf die in der Anlage 2 für das erste Ausbildungsjahr und für das dritte Ausbildungsjahr aufgeführten Qualifikationen sowie auf den im Berufsschulunterricht entsprechend dem Rahmenlehrplan zu vermittelnden Lehrstoff, soweit er für die Berufsausbildung wesentlich ist.

(3) Der Prüfling soll zeigen, dass er

1. technische Unterlagen auswerten, technische Parameter bestimmen, Arbeitsabläufe planen und abstimmen, Material und Werkzeug disponieren,

2. Fertigungsverfahren auswählen, Bauteile durch manuelle und maschinelle Verfahren fertigen, Unfallverhütungsvorschriften anwenden und Umweltschutzbestimmungen beachten,
3. die Sicherheit von Betriebsmitteln beurteilen,
4. Prüfverfahren und Prüfmittel auswählen und anwenden, Einsatzfähigkeit von Prüfmitteln feststellen, Ergebnisse dokumentieren und bewerten,
5. Auftragsdurchführungen dokumentieren und erläutern, technische Unterlagen, einschließlich Prüfprotokolle, erstellen

kann. Diese Anforderungen sollen durch Herstellen von Rohrleitungen, Anlagen- oder Behälterteilen unter Verwendung von Rohren, Blechen, Profilen und Halbzeugen nachgewiesen werden. Dabei sind Heft- und Schweißarbeiten durchzuführen; der Prüfling wählt dabei aus mehreren angebotenen Verfahren aus.

(4) Die Prüfung besteht aus der Ausführung einer komplexen Arbeitsaufgabe, die situative Gesprächsphasen und schriftliche Aufgabenstellungen beinhaltet. Die Prüfungszeit beträgt höchstens acht Stunden, wobei die situativen Gesprächsphasen insgesamt höchstens zehn Minuten umfassen sollen. Die Aufgabenstellungen sollen einen zeitlichen Umfang von höchstens 90 Minuten haben.

§ 10 Teil 2 der Abschlussprüfung

(1) Teil 2 der Abschlussprüfung erstreckt sich auf die in der Anlage 1 und der Anlage 2 aufgeführten Qualifikationen sowie auf den im Berufsschulunterricht vermittelten Lehrstoff, soweit er für die Berufsausbildung wesentlich ist.

(2) Teil 2 der Abschlussprüfung besteht aus den Prüfungsbereichen
1. Arbeitsauftrag,
2. Auftrags- und Funktionsanalyse,
3. Fertigungstechnik sowie
4. Wirtschafts- und Sozialkunde.

Dabei sind Berufsbildung, Arbeits- und Tarifrecht, Aufbau und Organisation des Ausbildungsbetriebes, Sicherheit und Gesundheitsschutz bei der Arbeit, Umweltschutz, betriebliche und technische Kommunikation, Planen und Organisieren der Arbeit, Bewerten der Arbeitsergebnisse, Qualitätsmanagement sowie Beurteilen der Sicherheit von Anlagen und Betriebsmitteln zu berücksichtigen.

(3) Der Prüfling soll im Prüfungsbereich Arbeitsauftrag zeigen, dass er
1. Art und Umfang von Aufträgen klären, spezifische Leistungen feststellen, Besonderheiten und Termine mit Kunden absprechen, Informationen für die Auftragsabwicklung beschaffen,
2. Informationen für die Auftragsabwicklung auswerten und nutzen, technische Entwicklungen berücksichtigen, sicherheitsrelevante Vorgaben beachten, Auftragsabwicklungen unter Berücksichtigung betriebswirtschaftlicher und ökologischer Gesichtspunkte planen sowie mit vor- und nachgelagerten Bereichen abstimmen, Planungsunterlagen erstellen,
3. Aufträge, insbesondere unter Berücksichtigung von Arbeitssicherheit, Umweltschutz und Terminvorgaben durchführen, betriebliche Qualitätssicherungssys-

teme im eigenen Arbeitsbereich anwenden, Ursachen von Qualitätsmängeln systematisch suchen, beseitigen und dokumentieren, Teilaufträge veranlassen,
4. Prüfverfahren und Prüfmittel auswählen und anwenden, Einsatzfähigkeit von Prüfmitteln feststellen, Prüfpläne und betriebliche Prüfvorschriften anwenden, Ergebnisse prüfen und dokumentieren, Auftragsabläufe, Leistungen und Verbrauch dokumentieren, technische Systeme oder Produkte an Kunden übergeben und erläutern, Abnahmeprotokolle erstellen,
5. im Einsatzgebiet Schweißtechnik drei schweißtechnische Prüfstücke in zwei Handschweißverfahren nach den allgemein anerkannten Regeln der Schweißtechnik mit zwei verschiedenen Werkstoffgruppen ausführen oder in den übrigen Einsatzgebieten Fügetechniken anwenden

kann. Zum Nachweis kommen insbesondere Herstellen, Ändern oder Instandhalten von Anlagen oder Anlagenteilen in Betracht. Die Einhaltung der allgemein anerkannten Regeln der Schweißtechnik nach Satz 1 Nummer 5 wird vermutet, wenn die technischen Regeln des Deutschen Instituts für Normung e.V. eingehalten worden sind.

(4) Der Prüfling soll zum Nachweis der Anforderungen im Prüfungsbereich Arbeitsauftrag

1. in 18 Stunden einen betrieblichen Auftrag durchführen und mit praxisbezogenen Unterlagen dokumentieren sowie darüber ein Fachgespräch von höchstens 30 Minuten führen; das Fachgespräch wird auf der Grundlage der praxisbezogenen Unterlagen des bearbeiteten betrieblichen Auftrages geführt; unter Berücksichtigung der praxisbezogenen Unterlagen sollen durch das Fachgespräch die prozessrelevanten Qualifikationen im Bezug zur Auftragsdurchführung bewertet werden; dem Prüfungsausschuss ist vor der Durchführung des betrieblichen Auftrages die Aufgabenstellung einschließlich eines geplanten Bearbeitungszeitraums zur Genehmigung vorzulegen oder
2. in 14 Stunden eine praktische Arbeitsaufgabe vorbereiten, durchführen, nachbereiten und mit aufgabenspezifischen Unterlagen dokumentieren sowie darüber ein begleitendes Fachgespräch von höchstens 20 Minuten führen; die Durchführung der Arbeitsaufgabe beträgt sechs Stunden; durch Beobachtungen der Durchführung, die aufgabenspezifischen Unterlagen und das Fachgespräch sollen die prozessrelevanten Qualifikationen im Bezug zur Durchführung der Arbeitsaufgabe bewertet werden.

(5) Der Ausbildungsbetrieb wählt die Prüfungsvariante nach Absatz 4 aus und teilt sie dem Prüfling und der zuständigen Stelle mit der Anmeldung zur Prüfung mit.

(6) Der Prüfling soll im Prüfungsbereich Auftrags- und Funktionsanalyse in der Prüfungszeit von höchstens 120 Minuten einen Auftrag analysieren. Dabei soll der Prüfling zeigen, dass er technische Unterlagen auf Vollständigkeit und Richtigkeit unter Berücksichtigung technischer Regelwerke und Richtlinien prüfen und ergänzen, Prüfmittel und -verfahren auswählen, Prüfpläne und betriebliche Prüfvorschriften anwenden, Ergebnisse dokumentieren und zur Optimierung von Vorgaben und Arbeitsabläufen beitragen kann.

(7) Der Prüfling soll im Prüfungsbereich Fertigungstechnik in der Prüfungszeit von höchstens 120 Minuten den Prozess der Herstellung oder der Änderung von Anlagenteilen planen. Dabei soll der Prüfling zeigen, dass er technische Probleme analysieren, Lösungskonzepte unter Berücksichtigung von Fertigungsverfahren, Werkstoffeigenschaften, Vorschriften, technischen Regelwerken, Richtlinien, Wirtschaftlichkeit und Betriebsabläufen entwickeln, Systemspezifikationen anwendungsgerecht festlegen, Kosten ermitteln sowie technische Unterlagen erstellen, Arbeitssicherheit und Gesundheitsschutz berücksichtigen und Schweißverfahren oder andere Fügeverfahren auftragsbezogen auswählen kann.

(8) Der Prüfling soll im Prüfungsbereich Wirtschafts- und Sozialkunde in der Prüfungszeit von höchstens 60 Minuten praxisbezogene handlungsorientierte Aufgaben bearbeiten und dabei zeigen, dass er allgemeine wirtschaftliche und gesellschaftliche Zusammenhänge der Berufs- und Arbeitswelt darstellen und beurteilen kann.

Teil 3
Vorschriften für den Ausbildungsberuf Industriemechaniker/Industriemechanikerin

§ 11 Ausbildungsberufsbild

(1) Gegenstand der Berufsausbildung sind mindestens die folgenden Qualifikationen:

1. Berufsbildung, Arbeits- und Tarifrecht,
2. Aufbau und Organisation des Ausbildungsbetriebes,
3. Sicherheit und Gesundheitsschutz bei der Arbeit,
4. Umweltschutz,
5. Betriebliche und technische Kommunikation,
6. Planen und Organisieren der Arbeit, Bewerten der Arbeitsergebnisse,
7. Unterscheiden, Zuordnen und Handhaben von Werk- und Hilfsstoffen,
8. Herstellen von Bauteilen und Baugruppen,
9. Warten von Betriebsmitteln,
10. Steuerungstechnik,
11. Anschlagen, Sichern und Transportieren,
12. Kundenorientierung,
13. Herstellen, Montieren und Demontieren von Bauteilen, Baugruppen und Systemen,
14. Sicherstellen der Betriebsfähigkeit von technischen Systemen,
15. Instandhalten von technischen Systemen,
16. Aufbauen, Erweitern und Prüfen von elektrotechnischen Komponenten der Steuerungstechnik,
17. Geschäftsprozesse und Qualitätssicherungssysteme im Einsatzgebiet.

(2) Die Qualifikationen nach Absatz 1 sind in mindestens einem der folgenden Einsatzgebiete anzuwenden und zu vertiefen:

1. Feingerätebau,
2. Instandhaltung,

3. Maschinen- und Anlagenbau,
4. Produktionstechnik.

Das Einsatzgebiet wird vom Ausbildungsbetrieb festgelegt. Andere Einsatzgebiete sind zulässig, wenn in ihnen die Qualifikationen nach Absatz 1 vermittelt werden können.

§ 12 Ausbildungsrahmenplan

Die in § 11 Abs. 1 genannten Qualifikationen sollen nach der in Anlage 1 und Anlage 3 enthaltenen Anleitung zur sachlichen und zeitlichen Gliederung der Berufsausbildung (Ausbildungsrahmenplan) vermittelt werden. Eine von dem Ausbildungsrahmenplan abweichende sachliche und zeitliche Gliederung des Ausbildungsinhaltes ist insbesondere zulässig, soweit betriebspraktische Besonderheiten die Abweichung erfordern.

§ 13 Teil 1 der Abschlussprüfung

(1) Teil 1 der Abschlussprüfung soll vor dem Ende des zweiten Ausbildungsjahres stattfinden.

(2) Teil 1 der Abschlussprüfung erstreckt sich auf die in der Anlage 3 für das erste Ausbildungsjahr und für das dritte Ausbildungshalbjahr aufgeführten Qualifikationen sowie auf den im Berufsschulunterricht entsprechend dem Rahmenlehrplan zu vermittelnden Lehrstoff, soweit er für die Berufsausbildung wesentlich ist.

(3) Der Prüfling soll zeigen, dass er
1. technische Unterlagen auswerten, technische Parameter bestimmen, Arbeitsabläufe planen und abstimmen, Material und Werkzeug disponieren,
2. Fertigungsverfahren auswählen, Bauteile durch manuelle und maschinelle Verfahren fertigen, Unfallverhütungsvorschriften anwenden und Umweltschutzbestimmungen beachten,
3. die Sicherheit von Betriebsmitteln beurteilen,
4. Prüfverfahren und Prüfmittel auswählen und anwenden, Einsatzfähigkeit von Prüfmitteln feststellen, Ergebnisse dokumentieren und bewerten,
5. Auftragsdurchführungen dokumentieren und erläutern, technische Unterlagen, einschließlich Prüfprotokolle, erstellen

kann. Diese Anforderungen sollen durch Herstellen einer Baugruppe mit steuerungstechnischer Funktion nachgewiesen werden.

(4) Die Prüfung besteht aus der Ausführung einer komplexen Arbeitsaufgabe, die situative Gesprächsphasen und schriftliche Aufgabenstellungen beinhaltet. Die Prüfungszeit beträgt höchstens acht Stunden, wobei die situativen Gesprächsphasen insgesamt höchstens zehn Minuten umfassen sollen. Die Aufgabenstellungen sollen einen zeitlichen Umfang von höchstens 90 Minuten haben.

§ 14 Teil 2 der Abschlussprüfung

(1) Teil 2 der Abschlussprüfung erstreckt sich auf die in der Anlage 1 und der Anlage 3 aufgeführten Qualifikationen sowie auf den im Berufsschulunterricht vermittelten Lehrstoff, soweit er für die Berufsausbildung wesentlich ist.

(2) Teil 2 der Abschlussprüfung besteht aus den Prüfungsbereichen
1. Arbeitsauftrag,
2. Auftrags- und Funktionsanalyse,
3. Fertigungstechnik sowie
4. Wirtschafts- und Sozialkunde.

Dabei sind Berufsbildung, Arbeits- und Tarifrecht, Aufbau und Organisation des Ausbildungsbetriebes, Sicherheit und Gesundheitsschutz bei der Arbeit, Umweltschutz, betriebliche und technische Kommunikation, Planen und Organisieren der Arbeit, Bewerten der Arbeitsergebnisse, Qualitätssicherungssysteme sowie Beurteilen der Sicherheit von Anlagen und Betriebsmitteln zu berücksichtigen.

(3) Der Prüfling soll im Prüfungsbereich Arbeitsauftrag zeigen, dass er
1. Art und Umfang von Aufträgen klären, spezifische Leistungen feststellen, Besonderheiten und Termine mit Kunden absprechen, Informationen für die Auftragsabwicklung beschaffen,
2. Informationen für die Auftragsabwicklung auswerten und nutzen, technische Entwicklungen berücksichtigen, sicherheitsrelevante Vorgaben beachten, Auftragsabwicklungen unter Berücksichtigung betriebswirtschaftlicher und ökologischer Gesichtspunkte planen sowie mit vor- und nachgelagerten Bereichen abstimmen, Planungsunterlagen erstellen,
3. Aufträge, insbesondere unter Berücksichtigung von Arbeitssicherheit, Umweltschutz und Terminvorgaben durchführen, betriebliche Qualitätssicherungssysteme im eigenen Arbeitsbereich anwenden, Ursachen von Qualitätsmängeln systematisch suchen, beseitigen und dokumentieren, Teilaufträge veranlassen,
4. Prüfverfahren und Prüfmittel auswählen und anwenden, Einsatzfähigkeit von Prüfmitteln feststellen, Prüfpläne und betriebliche Prüfvorschriften anwenden, Ergebnisse prüfen und dokumentieren, Auftragsabläufe, Leistungen und Verbrauch dokumentieren, technische Systeme oder Produkte an Kunden übergeben und erläutern, Abnahmeprotokolle erstellen

kann. Zum Nachweis kommen insbesondere Herstellen, Einrichten, Ändern, Umrüsten oder Instandhalten von Maschinen und technischen Systemen in Betracht.

(4) Der Prüfling soll zum Nachweis der Anforderungen im Prüfungsbereich Arbeitsauftrag
1. in 18 Stunden einen betrieblichen Auftrag durchführen und mit praxisbezogenen Unterlagen dokumentieren sowie darüber ein Fachgespräch von höchstens 30 Minuten führen; das Fachgespräch wird auf der Grundlage der praxisbezogenen Unterlagen des bearbeiteten betrieblichen Auftrages geführt; unter Berücksichtigung der praxisbezogenen Unterlagen sollen durch das Fachgespräch die prozessrelevanten Qualifikationen im Bezug zur Auftragsdurchführung bewertet werden; dem Prüfungsausschuss ist vor der Durchführung des betrieblichen Auftrages die Aufgabenstellung einschließlich eines geplanten Bearbeitungszeitraums zur Genehmigung vorzulegen oder
2. in 14 Stunden eine praktische Arbeitsaufgabe vorbereiten, durchführen, nachbereiten und mit aufgabenspezifischen Unterlagen dokumentieren sowie darüber ein begleitendes Fachgespräch von höchstens 20 Minuten führen; die

Durchführung der Arbeitsaufgabe beträgt sechs Stunden; durch Beobachtungen der Durchführung, die aufgabenspezifischen Unterlagen und das Fachgespräch sollen die prozessrelevanten Qualifikationen im Bezug zur Durchführung der Arbeitsaufgabe bewertet werden.

(5) Der Ausbildungsbetrieb wählt die Prüfungsvariante nach Absatz 4 aus und teilt sie dem Prüfling und der zuständigen Stelle mit der Anmeldung zur Prüfung mit.

(6) Der Prüfling soll im Prüfungsbereich Auftrags- und Funktionsanalyse in der Prüfungszeit von höchstens 120 Minuten technische Systeme analysieren. Dabei soll der Prüfling zeigen, dass er Probleme aus Herstellung, Montage, Inbetriebnahme und Instandhaltung erkennen, die erforderlichen Komponenten, Werkzeuge und Hilfsmittel unter Beachtung der technischen Regelwerke auswählen, Montage- und Schaltpläne anpassen und die notwendigen Arbeitsschritte planen kann.

(7) Der Prüfling soll im Prüfungsbereich Fertigungstechnik in der Prüfungszeit von höchstens 120 Minuten die Herstellung technischer Systeme planen. Dabei soll der Prüfling zeigen, dass er Fertigungsverfahren für die Herstellung von Bauteilen und Baugruppen beurteilen, unter Berücksichtigung technischer, wirtschaftlicher und ökologischer Gesichtspunkte auswählen sowie technologische Daten ermitteln, die Mechanisierung von technischen Systemen, die Verwendung von Werk- und Hilfsstoffen, die notwendigen Arbeitsschritte planen sowie Werkzeuge und Maschinen zuordnen kann.

(8) Der Prüfling soll im Prüfungsbereich Wirtschafts- und Sozialkunde in der Prüfungszeit von höchstens 60 Minuten praxisbezogene handlungsorientierte Aufgaben bearbeiten und dabei zeigen, dass er allgemeine wirtschaftliche und gesellschaftliche Zusammenhänge der Berufs- und Arbeitswelt darstellen und beurteilen kann.

Teil 4
Vorschriften für den Ausbildungsberuf Konstruktionsmechaniker/Konstruktionsmechanikerin

§ 15 Ausbildungsberufsbild

(1) Gegenstand der Berufsausbildung sind mindestens die folgenden Qualifikationen:

1. Berufsbildung, Arbeits- und Tarifrecht,
2. Aufbau und Organisation des Ausbildungsbetriebes,
3. Sicherheit und Gesundheitsschutz bei der Arbeit,
4. Umweltschutz,
5. Betriebliche und technische Kommunikation,
6. Planen und Organisieren der Arbeit, Bewerten der Arbeitsergebnisse,
7. Unterscheiden, Zuordnen und Handhaben von Werk- und Hilfsstoffen,
8. Herstellen von Bauteilen und Baugruppen,
9. Warten von Betriebsmitteln,
10. Steuerungstechnik,
11. Anschlagen, Sichern und Transportieren,

12. Kundenorientierung,
13. Anwenden von technischen Unterlagen,
14. Trennen und Umformen,
15. Einsetzen von Bearbeitungsmaschinen,
16. Fügen von Bauteilen,
17. Einsetzen von Vorrichtungen und Hilfskonstruktionen,
18. Montieren und Demontieren von Metallkonstruktionen,
19. Prüfen von Bauteilen und Baugruppen,
20. Geschäftsprozesse und Qualitätssicherungssysteme im Einsatzgebiet.

(2) Die Qualifikationen nach Absatz 1 sind in mindestens einem der folgenden Einsatzgebiete anzuwenden und zu vertiefen:

1. Ausrüstungstechnik,
2. Feinblechbau,
3. Schiffbau,
4. Schweißtechnik,
5. Stahl- und Metallbau.

Das Einsatzgebiet wird vom Ausbildungsbetrieb festgelegt. Andere Einsatzgebiete sind zulässig, wenn in ihnen die Qualifikationen nach Absatz 1 vermittelt werden können.

§ 16 Ausbildungsrahmenplan

Die in § 15 Abs. 1 genannten Qualifikationen sollen nach der in Anlage 1 und Anlage 4 enthaltenen Anleitung zur sachlichen und zeitlichen Gliederung der Berufsausbildung (Ausbildungsrahmenplan) vermittelt werden. Eine von dem Ausbildungsrahmenplan abweichende sachliche und zeitliche Gliederung des Ausbildungsinhaltes ist insbesondere zulässig, soweit betriebspraktische Besonderheiten die Abweichung erfordern.

§ 17 Teil 1 der Abschlussprüfung

(1) Teil 1 der Abschlussprüfung soll vor dem Ende des zweiten Ausbildungsjahres stattfinden.

(2) Teil 1 der Abschlussprüfung erstreckt sich auf die in der Anlage 4 für das erste Ausbildungsjahr und für das dritte Ausbildungshalbjahr aufgeführten Qualifikationen sowie auf den im Berufsschulunterricht entsprechend dem Rahmenlehrplan zu vermittelnden Lehrstoff, soweit er für die Berufsausbildung wesentlich ist.

(3) Der Prüfling soll zeigen, dass er

1. technische Unterlagen auswerten, technische Parameter bestimmen, Arbeitsabläufe planen und abstimmen, Material und Werkzeug disponieren,
2. Fertigungsverfahren auswählen, Bauteile durch manuelle und maschinelle Verfahren fertigen, Unfallverhütungsvorschriften anwenden und Umweltschutzbestimmungen beachten,
3. die Sicherheit von Betriebsmitteln beurteilen,
4. Prüfverfahren und Prüfmittel auswählen und anwenden, Einsatzfähigkeit von Prüfmitteln feststellen, Ergebnisse dokumentieren und bewerten,

5. Auftragsdurchführungen dokumentieren und erläutern, technische Unterlagen, einschließlich Prüfprotokolle, erstellen

kann. Diese Anforderungen sollen durch Herstellen von Bauteilen und Baugruppen unter Anwendung manueller und maschineller Bearbeitungs- und Umformtechniken sowie lösbarer und unlösbarer Fügetechniken nachgewiesen werden.

(4) Die Prüfung besteht aus der Ausführung einer komplexen Arbeitsaufgabe, die situative Gesprächsphasen und schriftliche Aufgabenstellungen beinhaltet. Die Prüfungszeit beträgt höchstens acht Stunden, wobei die situativen Gesprächsphasen insgesamt höchstens zehn Minuten umfassen sollen. Die Aufgabenstellungen sollen einen zeitlichen Umfang von höchstens 90 Minuten haben.

§ 18 Teil 2 der Abschlussprüfung

(1) Teil 2 der Abschlussprüfung erstreckt sich auf die in der Anlage 1 und der Anlage 4 aufgeführten Qualifikationen sowie auf den im Berufsschulunterricht vermittelten Lehrstoff, soweit er für die Berufsausbildung wesentlich ist.

(2) Die Abschlussprüfung besteht aus den Prüfungsbereichen

1. Arbeitsauftrag,
2. Auftrags- und Funktionsanalyse,
3. Fertigungstechnik sowie
4. Wirtschafts- und Sozialkunde.

Dabei sind Berufsbildung, Arbeits- und Tarifrecht, Aufbau und Organisation des Ausbildungsbetriebes, Sicherheit und Gesundheitsschutz bei der Arbeit, Umweltschutz, betriebliche und technische Kommunikation, Planen und Organisieren der Arbeit, Bewerten der Arbeitsergebnisse, Qualitätssicherungssysteme sowie Beurteilen der Sicherheit von Anlagen und Betriebsmitteln zu berücksichtigen.

(3) Der Prüfling soll im Prüfungsbereich Arbeitsauftrag zeigen, dass er

1. Art und Umfang von Aufträgen klären, spezifische Leistungen feststellen, Besonderheiten und Termine mit Kunden absprechen, Informationen für die Auftragsabwicklung beschaffen,
2. Informationen für die Auftragsabwicklung auswerten und nutzen, technische Entwicklungen berücksichtigen, sicherheitsrelevante Vorgaben beachten, Auftragsabwicklungen unter Berücksichtigung betriebswirtschaftlicher und ökologischer Gesichtspunkte planen sowie mit vor- und nachgelagerten Bereichen abstimmen, Planungsunterlagen erstellen,
3. Aufträge, insbesondere unter Berücksichtigung von Arbeitssicherheit, Umweltschutz und Terminvorgaben durchführen, betriebliche Qualitätssicherungssysteme im eigenen Arbeitsbereich anwenden, Ursachen von Qualitätsmängeln systematisch suchen, beseitigen und dokumentieren, Teilaufträge veranlassen,
4. Prüfverfahren und Prüfmittel auswählen und anwenden, Einsatzfähigkeit von Prüfmitteln feststellen, Prüfpläne und betriebliche Prüfvorschriften anwenden, Ergebnisse prüfen und dokumentieren, Auftragsabläufe, Leistungen und Verbrauch dokumentieren, technische Systeme oder Produkte an Kunden übergeben und erläutern, Abnahmeprotokolle erstellen,

5. im Einsatzgebiet Schweißtechnik drei schweißtechnische Prüfstücke in zwei Handschweißverfahren nach den allgemein anerkannten Regeln der Schweißtechnik mit
zwei verschiedenen Werkstoffgruppen ausführen oder in den übrigen Einsatzgebieten Fügetechniken anwenden

kann. Zum Nachweis kommt insbesondere Herstellen, Montieren und Demontieren von Metallkonstruktionen in Betracht. Die Einhaltung der allgemein anerkannten Regeln der Schweißtechnik nach Satz 1 Nummer 5 wird vermutet, wenn die technischen Regeln des Deutschen Instituts für Normung e. V. eingehalten worden sind.

(4) Der Prüfling soll zum Nachweis der Anforderungen im Prüfungsbereich Arbeitsauftrag

1. in 18 Stunden einen betrieblichen Auftrag durchführen und mit praxisbezogenen Unterlagen dokumentieren sowie darüber ein Fachgespräch von höchstens 30 Minuten führen; das Fachgespräch wird auf der Grundlage der praxisbezogenen Unterlagen des bearbeiteten betrieblichen Auftrages geführt; unter Berücksichtigung der praxisbezogenen Unterlagen sollen durch das Fachgespräch die prozessrelevanten Qualifikationen im Bezug zur Auftragsdurchführung bewertet werden; dem Prüfungsausschuss ist vor der Durchführung des betrieblichen Auftrages die Aufgabenstellung einschließlich eines geplanten Bearbeitungszeitraums zur Genehmigung vorzulegen oder
2. in 14 Stunden eine praktische Arbeitsaufgabe vorbereiten, durchführen, nachbereiten und mit aufgabenspezifischen Unterlagen dokumentieren sowie darüber ein begleitendes Fachgespräch von höchstens 20 Minuten führen; die Durchführung der Arbeitsaufgabe beträgt sechs Stunden; durch Beobachtungen der Durchführung, die aufgabenspezifischen Unterlagen und das Fachgespräch sollen die prozessrelevanten Qualifikationen im Bezug zur Durchführung der Arbeitsaufgabe bewertet werden.

(5) Der Ausbildungsbetrieb wählt die Prüfungsvariante nach Absatz 4 aus und teilt sie dem Prüfling und der zuständigen Stelle mit der Anmeldung zur Prüfung mit.

(6) Der Prüfling soll im Prüfungsbereich Auftrags- und Funktionsanalyse in der Prüfungszeit von höchstens 120 Minuten eine Abfolge von Arbeitsschritten ausarbeiten. Dabei soll der Prüfling zeigen, dass er unter Berücksichtigung von Arbeitsorganisation, Arbeitssicherheitsvorschriften, Umweltschutzbestimmungen und Wirtschaftlichkeit seinen Arbeitsplatz einrichten, Unterlagen auswerten, Berechnungen durchführen, komplexe Zusammenhänge von Metallkonstruktionen erklären, Werk- und Hilfsstoffe auswählen sowie Werkzeuge und Maschinen dem jeweiligen Fertigungsverfahren zuordnen kann.

(7) Der Prüfling soll im Prüfungsbereich Fertigungstechnik in der Prüfungszeit von höchstens 120 Minuten die Herstellung, Montage und Demontage von Metallkonstruktionen unter Berücksichtigung von Qualitätssicherungssystemen planen. Dabei soll der Prüfling zeigen, dass er Fertigungsverfahren insbesondere des Trennens und Umformens von Blechen, Rohren oder Profilen unter Berücksichtigung der Werkstoffeigenschaften unterscheiden, Betriebsmittel, Vorrichtungen und

Hilfskonstruktionen, Prüfverfahren und Prüfmittel festlegen sowie Arbeitssicherheit und Gesundheitsschutz berücksichtigen und Schweißverfahren oder andere Fügeverfahren auftragsbezogen auswählen kann.
(8) Der Prüfling soll im Prüfungsbereich Wirtschafts- und Sozialkunde in der Prüfungszeit von höchstens 60 Minuten praxisbezogene handlungsorientierte Aufgaben bearbeiten und dabei zeigen, dass er allgemeine wirtschaftliche und gesellschaftliche Zusammenhänge der Berufs- und Arbeitswelt darstellen und beurteilen kann.

Teil 5
Vorschriften für den Ausbildungsberuf Werkzeugmechaniker/Werkzeugmechanikerin

§ 19 Ausbildungsberufsbild

(1) Gegenstand der Berufsausbildung sind mindestens die folgenden Qualifikationen:

1. Berufsbildung, Arbeits- und Tarifrecht,
2. Aufbau und Organisation des Ausbildungsbetriebes,
3. Sicherheit und Gesundheitsschutz bei der Arbeit,
4. Umweltschutz,
5. Betriebliche und technische Kommunikation,
6. Planen und Organisieren der Arbeit, Bewerten der Arbeitsergebnisse,
7. Unterscheiden, Zuordnen und Handhaben von Werk- und Hilfsstoffen,
8. Herstellen von Bauteilen und Baugruppen,
9. Warten von Betriebsmitteln,
10. Steuerungstechnik,
11. Anschlagen, Sichern und Transportieren,
12. Kundenorientierung,
13. Anfertigen von Bauteilen mit unterschiedlichen Bearbeitungsverfahren,
14. Montage und Demontage,
15. Erprobung und Übergabe,
16. Instandhaltung von Bauteilen und Baugruppen,
17. Programmieren von Maschinen und Anlagen,
18. Prüfen,
19. Geschäftsprozesse und Qualitätssicherungssysteme im Einsatzgebiet.

(2) Die Qualifikationen nach Absatz 1 sind in mindestens einem der folgenden Einsatzgebiete anzuwenden und zu vertiefen:

1. Formentechnik,
2. Instrumententechnik,
3. Stanztechnik,
4. Vorrichtungstechnik.

Das Einsatzgebiet wird vom Ausbildungsbetrieb festgelegt. Andere Einsatzgebiete sind zulässig, wenn in ihnen die Qualifikationen nach Absatz 1 vermittelt werden können.

§ 20 Ausbildungsrahmenplan

Die in § 19 Abs. 1 genannten Qualifikationen sollen nach der in Anlage 1 und Anlage 5 enthaltenen Anleitung zur sachlichen und zeitlichen Gliederung der Berufsausbildung (Ausbildungsrahmenplan) vermittelt werden. Eine von dem Ausbildungsrahmenplan abweichende sachliche und zeitliche Gliederung des Ausbildungsinhaltes ist insbesondere zulässig, soweit betriebspraktische Besonderheiten die Abweichung erfordern.

§ 21 Teil 1 der Abschlussprüfung

(1) Teil 1 der Abschlussprüfung soll vor dem Ende des zweiten Ausbildungsjahres stattfinden.

(2) Teil 1 der Abschlussprüfung erstreckt sich auf die in der Anlage 5 für das erste Ausbildungsjahr und für das dritte Ausbildungshalbjahr aufgeführten Qualifikationen sowie auf den im Berufsschulunterricht entsprechend dem Rahmenlehrplan zu vermittelnden Lehrstoff, soweit er für die Berufsausbildung wesentlich ist.

(3) Der Prüfling soll zeigen, dass er

1. technische Unterlagen auswerten, technische Parameter bestimmen, Arbeitsabläufe planen und abstimmen, Material und Werkzeug disponieren,
2. Fertigungsverfahren auswählen, Bauteile durch manuelle und maschinelle Verfahren fertigen, Unfallverhütungsvorschriften anwenden und Umweltschutzbestimmungen beachten,
3. die Sicherheit von Betriebsmitteln beurteilen,
4. Prüfverfahren und Prüfmittel auswählen und anwenden, Einsatzfähigkeit von Prüfmitteln feststellen, Ergebnisse dokumentieren und bewerten,
5. Auftragsdurchführungen dokumentieren und erläutern, technische Unterlagen, einschließlich Prüfprotokolle, erstellen

kann. Diese Anforderungen sollen durch Herstellen von Bauteilen, Fügen zu Baugruppen, Sicherstellen von Funktionen und Montieren eines Antriebselements nachgewiesen werden.

(4) Die Prüfung besteht aus der Ausführung einer komplexen Arbeitsaufgabe, die situative Gesprächsphasen und schriftliche Aufgabenstellungen beinhaltet. Die Prüfungszeit beträgt höchstens acht Stunden, wobei die situativen Gesprächsphasen insgesamt höchstens zehn Minuten umfassen sollen. Die Aufgabenstellungen sollen einen zeitlichen Umfang von höchstens 90 Minuten haben.

§ 22 Teil 2 der Abschlussprüfung

(1) Teil 2 der Abschlussprüfung erstreckt sich auf die in der Anlage 1 und der Anlage 5 aufgeführten Qualifikationen sowie auf den im Berufsschulunterricht vermittelten Lehrstoff, soweit er für die Berufsausbildung wesentlich ist.

(2) Die Abschlussprüfung besteht aus den Prüfungsbereichen

1. Arbeitsauftrag,
2. Auftrags- und Funktionsanalyse,
3. Fertigungstechnik sowie
4. Wirtschafts- und Sozialkunde.

Dabei sind Berufsbildung, Arbeits- und Tarifrecht, Aufbau und Organisation des Ausbildungsbetriebes, Sicherheit und Gesundheitsschutz bei der Arbeit, Umweltschutz, betriebliche und technische Kommunikation, Planen und Organisieren der Arbeit, Bewerten der Arbeitsergebnisse, Qualitätssicherungssysteme, Beurteilen der Sicherheit von Anlagen und Betriebsmitteln zu berücksichtigen.

(3) Der Prüfling soll im Prüfungsbereich Arbeitsauftrag zeigen, dass er

1. Art und Umfang von Aufträgen klären, spezifische Leistungen feststellen, Besonderheiten und Termine mit Kunden absprechen, Informationen für die Auftragsabwicklung beschaffen,
2. Informationen für die Auftragsabwicklung auswerten und nutzen, technische Entwicklungen berücksichtigen, sicherheitsrelevante Vorgaben beachten, Auftragsabwicklungen unter Berücksichtigung betriebswirtschaftlicher und ökologischer Gesichtspunkte planen sowie mit vor- und nachgelagerten Bereichen abstimmen, Planungsunterlagen erstellen,
3. Aufträge, insbesondere unter Berücksichtigung von Arbeitssicherheit, Umweltschutz und Terminvorgaben durchführen, betriebliche Qualitätssicherungssysteme im eigenen Arbeitsbereich anwenden, Ursachen von Qualitätsmängeln systematisch suchen, beseitigen und dokumentieren, Teilaufträge veranlassen,
4. Prüfverfahren und Prüfmittel auswählen und anwenden, Einsatzfähigkeit von Prüfmitteln feststellen, Prüfpläne und betriebliche Prüfvorschriften anwenden, Ergebnisse prüfen und dokumentieren, Auftragsabläufe, Leistungen und Verbrauch dokumentieren, technische Systeme oder Produkte an Kunden übergeben und erläutern sowie Abnahmeprotokolle erstellen

kann. Zum Nachweis kommt insbesondere Herstellen, Ändern oder Instandhalten von Werkzeugen, Vorrichtungen oder Instrumenten in Betracht.

(4) Der Prüfling soll zum Nachweis der Anforderungen im Prüfungsbereich Arbeitsauftrag

1. in 18 Stunden einen betrieblichen Auftrag durchführen und mit praxisbezogenen Unterlagen dokumentieren sowie darüber ein Fachgespräch von höchstens 30 Minuten führen; das Fachgespräch wird auf der Grundlage der praxisbezogenen Unterlagen des bearbeiteten betrieblichen Auftrages geführt; unter Berücksichtigung der praxisbezogenen Unterlagen sollen durch das Fachgespräch die prozessrelevanten Qualifikationen im Bezug zur Auftragsdurchführung bewertet werden; dem Prüfungsausschuss ist vor der Durchführung des betrieblichen Auftrages die Aufgabenstellung einschließlich eines geplanten Bearbeitungszeitraums zur Genehmigung vorzulegen oder
2. in 14 Stunden eine praktische Arbeitsaufgabe vorbereiten, durchführen, nachbereiten und mit aufgabenspezifischen Unterlagen dokumentieren sowie darüber ein begleitendes Fachgespräch von höchstens 20 Minuten führen; die Durchführung der Arbeitsaufgabe beträgt sechs Stunden; durch Beobachtungen der Durchführung, die aufgabenspezifischen Unterlagen und das Fachgespräch sollen die prozessrelevanten Qualifikationen im Bezug zur Durchführung der Arbeitsaufgabe bewertet werden.

(5) Der Ausbildungsbetrieb wählt die Prüfungsvariante nach Absatz 4 aus und teilt sie dem Prüfling und der zuständigen Stelle mit der Anmeldung zur Prüfung mit.

(6) Der Prüfling soll im Prüfungsbereich Auftrags- und Funktionsanalyse in der Prüfungszeit von höchstens 120 Minuten die Funktion eines technischen Systems beschreiben. Dabei soll der Prüfling zeigen, dass er Möglichkeiten und Vorgehensweisen zur systematischen Eingrenzung von Fehlern und das Zusammenwirken von technischen Komponenten erkennen sowie Demontage und Montage, Inbetriebnahme und Instandsetzung nach vorgegebenen Anforderungen durchführen, Instandsetzungsverfahren aufzeigen sowie deren Wirtschaftlichkeit darstellen kann.

(7) Der Prüfling soll im Prüfungsbereich Fertigungstechnik in der Prüfungszeit von höchstens 120 Minuten Fertigungsverfahren zur Herstellung von Bauteilen und Baugruppen auswählen, die Auswahl begründen und Methoden zur Qualitätssicherung darstellen. Dabei soll der Prüfling zeigen, dass er die Verwendung von Werk- und Hilfsstoffen planen, die dazu notwendigen Werkzeuge und technologischen Daten auswählen, technische Regeln und Normen beachten, Methoden zur Montage der gefertigten Bauteile darstellen sowie die dazu notwendigen Werkzeuge und Hilfsmittel auswählen sowie die Arbeitssicherheits- und Umweltschutzbestimmungen beachten kann.

(8) Der Prüfling soll im Prüfungsbereich Wirtschafts- und Sozialkunde in der Prüfungszeit von höchstens 60 Minuten praxisbezogene handlungsorientierte Aufgaben bearbeiten und dabei zeigen, dass er allgemeine wirtschaftliche und gesellschaftliche Zusammenhänge der Berufs- und Arbeitswelt darstellen und beurteilen kann.

Teil 6
Vorschriften für den Ausbildungsberuf Zerspanungsmechaniker/Zerspanungsmechanikerin

§ 23 Ausbildungsberufsbild

(1) Gegenstand der Berufsausbildung sind mindestens die folgenden Qualifikationen:

1. Berufsbildung, Arbeits- und Tarifrecht,
2. Aufbau und Organisation des Ausbildungsbetriebes,
3. Sicherheit und Gesundheitsschutz bei der Arbeit,
4. Umweltschutz,
5. Betriebliche und technische Kommunikation,
6. Planen und Organisieren der Arbeit, Bewerten der Arbeitsergebnisse,
7. Unterscheiden, Zuordnen und Handhaben von Werk- und Hilfsstoffen,
8. Herstellen von Bauteilen und Baugruppen,
9. Warten von Betriebsmitteln,
10. Steuerungstechnik,
11. Anschlagen, Sichern und Transportieren,
12. Kundenorientierung,

13. Planen des Fertigungsprozesses,
14. Programmieren von numerisch gesteuerten Werkzeugmaschinen oder Fertigungssystemen,
15. Einrichten von Werkzeugmaschinen oder Fertigungssystemen,
16. Herstellen von Werkstücken,
17. Überwachen und Optimieren von Fertigungsabläufen,
18. Geschäftsprozesse und Qualitätssicherungssysteme im Einsatzgebiet.

(2) Die Qualifikationen nach Absatz 1 sind in mindestens einem der folgenden Einsatzgebiete anzuwenden und zu vertiefen:

1. Drehautomatensysteme,
2. Drehmaschinensysteme,
3. Fräsmaschinensysteme,
4. Schleifmaschinensysteme.

Das Einsatzgebiet wird vom Ausbildungsbetrieb festgelegt. Andere Einsatzgebiete sind zulässig, wenn in ihnen die Qualifikationen nach Absatz 1 vermittelt werden können.

§ 24 Ausbildungsrahmenplan

Die in § 23 Abs. 1 genannten Qualifikationen sollen nach der in Anlage 1 und Anlage 6 enthaltenen Anleitung zur sachlichen und zeitlichen Gliederung der Berufsausbildung (Ausbildungsrahmenplan) vermittelt werden. Eine von dem Ausbildungsrahmenplan abweichende sachliche und zeitliche Gliederung des Ausbildungsinhaltes ist insbesondere zulässig, soweit betriebspraktische Besonderheiten die Abweichung erfordern.

§ 25 Teil 1 der Abschlussprüfung

(1) Teil 1 der Abschlussprüfung soll vor dem Ende des zweiten Ausbildungsjahres stattfinden.

(2) Teil 1 der Abschlussprüfung erstreckt sich auf die in der Anlage 6 für das erste Ausbildungsjahr und für das dritte Ausbildungshalbjahr aufgeführten Qualifikationen sowie auf den im Berufsschulunterricht entsprechend dem Rahmenlehrplan zu vermittelnden Lehrstoff, soweit er für die Berufsausbildung wesentlich ist.

(3) Der Prüfling soll zeigen, dass er

1. technische Unterlagen auswerten, technische Parameter bestimmen, Arbeitsabläufe planen und abstimmen, Material und Werkzeug disponieren,
2. Fertigungsverfahren auswählen, Bauteile durch manuelle und maschinelle Verfahren fertigen, Unfallverhütungsvorschriften anwenden und Umweltschutzbestimmungen beachten,
3. die Sicherheit von Betriebsmitteln beurteilen,
4. Prüfverfahren und Prüfmittel auswählen und anwenden, Einsatzfähigkeit von Prüfmitteln feststellen, Ergebnisse dokumentieren und bewerten,
5. Auftragsdurchführungen dokumentieren und erläutern, technische Unterlagen, einschließlich Prüfprotokolle, erstellen

kann. Diese Anforderungen sollen durch Bearbeiten eines kombinierten Fertigungsauftrages aus den Bereichen Dreh-Frästechnik, Dreh-Schleiftechnik oder Fräs-Schleiftechnik nachgewiesen werden.

(4) Die Prüfung besteht aus der Ausführung einer komplexen Arbeitsaufgabe, die situative Gesprächsphasen und schriftliche Aufgabenstellungen beinhaltet. Die Prüfungszeit beträgt höchstens acht Stunden, wobei die situativen Gesprächsphasen insgesamt höchstens zehn Minuten umfassen sollen. Die Aufgabenstellungen sollen einen zeitlichen Umfang von höchstens 90 Minuten haben.

§ 26 Teil 2 der Abschlussprüfung

(1) Teil 2 der Abschlussprüfung erstreckt sich auf die in der Anlage 1 und der Anlage 6 aufgeführten Qualifikationen sowie auf den im Berufsschulunterricht vermittelten Lehrstoff, soweit er für die Berufsausbildung wesentlich ist.

(2) Die Abschlussprüfung besteht aus den Prüfungsbereichen

1. Arbeitsauftrag,
2. Auftrags- und Funktionsanalyse,
3. Fertigungstechnik sowie
4. Wirtschafts- und Sozialkunde.

Dabei sind Berufsbildung, Arbeits- und Tarifrecht, Aufbau und Organisation des Ausbildungsbetriebes, Sicherheit und Gesundheitsschutz bei der Arbeit, Umweltschutz, betriebliche und technische Kommunikation, Planen und Organisieren der Arbeit, Bewerten der Arbeitsergebnisse, Qualitätssicherungssysteme, Beurteilen der Sicherheit von Anlagen und Betriebsmitteln zu berücksichtigen.

(3) Der Prüfling soll im Prüfungsbereich Arbeitsauftrag zeigen, dass er

1. Art und Umfang von Aufträgen klären, spezifische Leistungen feststellen, Besonderheiten und Termine mit Kunden absprechen, Informationen für die Auftragsabwicklung beschaffen,
2. Informationen für die Auftragsabwicklung auswerten und nutzen, technische Entwicklungen berücksichtigen, sicherheitsrelevante Vorgaben beachten, Auftragsabwicklungen unter Berücksichtigung betriebswirtschaftlicher und ökologischer Gesichtspunkte planen sowie mit vor- und nachgelagerten Bereichen abstimmen, Planungsunterlagen erstellen,
3. Aufträge, insbesondere unter Berücksichtigung von Arbeitssicherheit, Umweltschutz und Terminvorgaben durchführen, betriebliche Qualitätssicherungssysteme im eigenen Arbeitsbereich anwenden, Ursachen von Qualitätsmängeln systematisch suchen, beseitigen und dokumentieren, Teilaufträge veranlassen,
4. Prüfverfahren und Prüfmittel auswählen und anwenden, Einsatzfähigkeit von Prüfmitteln feststellen, Prüfpläne und betriebliche Prüfvorschriften anwenden, Ergebnisse prüfen und dokumentieren, Auftragsabläufe, Leistungen und Verbrauch dokumentieren, technische Systeme oder Produkte an Kunden übergeben und erläutern, Abnahmeprotokolle erstellen

kann. Zum Nachweis kommt insbesondere Durchführen und Überwachen von Fertigungsprozessen an Werkzeugmaschinen oder Fertigungssystemen in Betracht.

(4) Der Prüfling soll zum Nachweis der Anforderungen im Prüfungsbereich Arbeitsauftrag

1. in 15 Stunden einen betrieblichen Auftrag durchführen und mit praxisbezogenen Unterlagen dokumentieren sowie darüber ein Fachgespräch von höchstens 30 Minuten führen; das Fachgespräch wird auf der Grundlage der praxisbezogenen Unterlagen des bearbeiteten betrieblichen Auftrages geführt; unter Berücksichtigung der praxisbezogenen Unterlagen sollen durch das Fachgespräch die prozessrelevanten Qualifikationen im Bezug zur Auftragsdurchführung bewertet werden; dem Prüfungsausschuss ist vor der Durchführung des betrieblichen Auftrages die Aufgabenstellung einschließlich eines geplanten Bearbeitungszeitraums zur Genehmigung vorzulegen oder
2. in 14 Stunden eine praktische Arbeitsaufgabe vorbereiten, durchführen, nachbereiten und mit aufgabenspezifischen Unterlagen dokumentieren sowie darüber ein begleitendes Fachgespräch von höchstens 20 Minuten führen; die Durchführung der Arbeitsaufgabe beträgt sechs Stunden; durch Beobachtungen der Durchführung, die aufgabenspezifischen Unterlagen und das Fachgespräch sollen die prozessrelevanten Qualifikationen im Bezug zur Durchführung der Arbeitsaufgabe bewertet werden.

(5) Der Ausbildungsbetrieb wählt die Prüfungsvariante nach Absatz 4 aus und teilt sie dem Prüfling und der zuständigen Stelle mit der Anmeldung zur Prüfung mit.

(6) Der Prüfling soll im Prüfungsbereich Auftrags- und Funktionsanalyse in der Prüfungszeit von höchstens 120 Minuten einen Auftrag analysieren. Dabei soll der Prüfling zeigen, dass er technische Unterlagen auf Vollständigkeit und Richtigkeit prüfen und ergänzen, Fertigungsstrategien festlegen, das Einrichten des Arbeitsplatzes unter Berücksichtigung von Arbeitssicherheit und Umweltschutz planen sowie technische Regelwerke, Richtlinien und Prüfvorschriften anwenden kann.

(7) Der Prüfling soll im Prüfungsbereich Fertigungstechnik in der Prüfungszeit von höchstens 120 Minuten die Durchführung eines Fertigungsauftrages planen. Dabei soll der Prüfling zeigen, dass er einen Auftrag bearbeiten, Werkzeugmaschinen und Fertigungssysteme zuordnen, programmieren und deren Wartung berücksichtigen, Fertigungsverfahren und Fertigungsparameter, Prüfmethoden und Prüfmittel festlegen, Qualitäts- und Arbeitsergebnisse dokumentieren kann.

(8) Der Prüfling soll im Prüfungsbereich Wirtschafts- und Sozialkunde in der Prüfungszeit von höchstens 60 Minuten praxisbezogene handlungsorientierte Aufgaben bearbeiten und dabei zeigen, dass er allgemeine wirtschaftliche und gesellschaftliche Zusammenhänge der Berufs- und Arbeitswelt darstellen und beurteilen kann.

Teil 7
Gemeinsame Bestehensregelungen, Übergangs- und Schlussbestimmungen

§ 27 Bestehensregelung

(1) Für die in dieser Verordnung genannten Ausbildungsberufe gelten jeweils die in den nachfolgenden Absätzen aufgeführten Bestehensregelungen.

(2) Bei der Ermittlung des Gesamtergebnisses wird Teil 1 der Abschlussprüfung mit 40 Prozent und Teil 2 der Abschlussprüfung mit 60 Prozent gewichtet.
(3) Bei der Ermittlung des Ergebnisses von Teil 2 der Abschlussprüfung sind die Prüfungsbereiche Arbeitsauftrag mit 50 Prozent, die Prüfungsbereiche Auftrags- und Funktionsanalyse und Fertigungstechnik mit je 20 Prozent und der Prüfungsbereich Wirtschafts- und Sozialkunde mit 10 Prozent zu gewichten.
(4) Die Abschlussprüfung ist bestanden, wenn
1. im Gesamtergebnis nach Absatz 2 sowie
2. im Prüfungsbereich Arbeitsauftrag und
3. im Gesamtergebnis der Prüfungsbereiche Auftrags- und Funktionsanalyse, Fertigungstechnik sowie Wirtschafts- und Sozialkunde

mindestens ausreichende Leistungen erbracht wurden. In zwei der Prüfungsbereiche nach Nummer 3 müssen mindestens ausreichende Leistungen, in dem dritten Prüfungsbereich nach Nummer 3 dürfen keine ungenügenden Leistungen erbracht worden sein.
(5) Die Prüfungsbereiche Auftrags- und Funktionsanalyse, Fertigungstechnik sowie Wirtschafts- und Sozialkunde sind auf Antrag des Prüflings oder nach Ermessen des Prüfungsausschusses in einzelnen Prüfungsbereichen durch eine mündliche Prüfung zu ergänzen, wenn diese für das Bestehen der Prüfung den Ausschlag geben kann. Bei der Ermittlung des Ergebnisses für die mündlich geprüften Prüfungsbereiche sind das bisherige Ergebnis und das Ergebnis der mündlichen Ergänzungsprüfung im Verhältnis 2 : 1 zu gewichten.

§ 28 Übergangsregelung
Auf Berufsausbildungsverhältnisse, die bei Inkrafttreten dieser Verordnung bestehen, sind die bisherigen Vorschriften weiter anzuwenden, es sei denn, die Vertragsparteien vereinbaren die Anwendung der Vorschriften dieser Verordnung.

§ 29 Inkrafttreten, Außerkrafttreten
Diese Verordnung tritt am 1. August 2007 in Kraft.

Bedeutung für den Betriebsrat/die JAV

Nach § 11 Abs. 1 Nr. 1 BBiG ist dem Auszubildenden mit dem Ausbildungsvertrag eine sachliche und zeitliche Gliederung der Berufsausbildung auszuhändigen, die auf der Grundlage der entsprechenden Ausbildungsordnung und vor allem des Ausbildungsrahmenplans zu erstellen ist. Der Betriebsrat hat ein allgemeines Beratungs- und Vorschlagsrecht in den Angelegenheiten der betrieblichen Berufsbildung (§ 96 Abs. 1 BetrVG). Diese Regelung wird ergänzt und konkretisiert durch ein Mitbestimmungsrecht bei der Umsetzung von Maßnahmen der betrieblichen Berufsbildung (§ 98 Abs. 1 und 4).

Die JAV hat nach § 70 Abs. 1 BetrVG gerade im Bereich der Berufsbildung dem Betriebsrat gegenüber ein Antrags-, Überwachungs- und Anregungsrecht. Der Betriebsrat unterstützt die JAV und vertritt die berechtigten Anliegen der JAV gegenüber dem Arbeitgeber.

Bedeutung für die Auszubildenden

Zum Schutz der Auszubildenden ist ein Ausbildungsvertrag schriftlich niederzulegen. Der beiliegende Ausbildungsplan (sachliche und zeitliche Gliederung des konkreten Ausbildungsverlaufs) soll dem Auszubildenden die Möglichkeit geben, den vertragsmäßigen Ablauf kontrollieren zu können. Bei Schwierigkeiten (z. B. → **Ausbildungsfremde Tätigkeiten**) sollte man sich – wenn vorhanden – an seine JAV oder an den Betriebsrat wenden, die dann den Arbeitgeber zu entsprechenden Änderungen auffordern bzw. rechtliche Schritte einleiten. Oder man sollte selbst Rechtsbeistand z. B. über seine Gewerkschaft suchen.

Ausbildungsplan

Grundlagen

Die Berufsausbildung muss nach § 14 BBiG in einer durch ihren Zweck gebotenen Form planmäßig, zeitlich und sachlich gegliedert, und so ausgeführt werden, dass das Ausbildungsziel in der vorgesehenen Ausbildungszeit erreicht werden kann.
Dies setzt einen betrieblichen Ausbildungsplan voraus, nach dem verfahren wird und der Bestandteil des Berufsausbild ungsvertrags ist (§ 11 Abs. 1 Nr. 1 BBiG).
Hierzu hat der Bundesausschuss für Berufsbildung (BIBB) gem. § 50 BBiG von 1969 Empfehlungen zur sachlichen und zeitlichen Gliederung der Berufsausbildung vom 28./29.03.1972 herausgegeben, die nachstehend wiedergegeben sind. Die Intension dieser Empfehlung hat weiterhin seine Gültigkeit.

Empfehlung des Bundesausschusses für Berufsbildung (§ 50 BBiG) vom 28./29.03.1972
Der Bundesausschuß für Berufsbildung, der gem. § 51 Abs. 2 Nr. 3 BBiG Vorschläge für die Ordnung, den Ausbau und die Förderung der Berufsausbildung zu erarbeiten hat, hat die nachfolgenden Grundsätze für die sachliche und zeitliche Gliederung der Berufsausbildung beschlossen. Er erwartet, daß diese Grundsätze bei der Abfassung von Berufsausbildungsverträgen zugrunde gelegt werden.

I. Vorbemerkungen
Die Niederschrift des Berufsausbildungsvertrages muß nach § 4 BBiG Angaben zur sachlichen und zeitlichen Gliederung (Ausbildungsplan) enthalten; sie sind Bestandteil des Berufsausbildungsvertrages und der Niederschrift als Anlage beizufügen.
Berufsausbildungsverträge ohne diese Angaben entsprechen nicht den Anforderungen des Berufsbildungsgesetzes und dürfen nicht in das Verzeichnis der Berufsausbildungsverhältnisse eingetragen werden.
Der Auszubildende hat unter Zugrundelegung des Ausbildungsrahmenplanes gemäß § 25 BBiG bzw. § 25 HwO einen den betrieblichen und individuellen Gegebenheiten angepaßten Ausbildungsplan zu erstellen, der sowohl den sachlichen Aufbau als auch die zeitliche Folge der Berufsausbildung ausweist. Sofern eine Ausbildungsordnung nach § 25 BBiG/§ 25 HwO vorliegt, kann auch der Inhalt des Ausbildungsrahmenplanes als Ausbildungsplan zugrunde ge-

legt werden, wenn dieser den Erfordernissen im Einzelfall entspricht. Wenn noch keine Ausbildungsordnung nach § 25 BBiG/§ 25 HwO vorliegt, sind die weiter anzuwendenden Berufsbilder, Berufsbildungspläne (§ 108 BBiG), die Fachlichen Vorschriften (§ 122 HwO) usw. zugrunde zu legen.
Die sachliche und zeitliche Gliederung soll möglichst zusammengefaßt werden, indem den Sachgebieten die entsprechenden Zeitangaben zugeordnet werden.

II. Kriterien

Bei der Erstellung der sachlichen und zeitlichen Gliederung durch die Ausbildungsstätten und bei ihrer Überprüfung durch die zuständigen Stellen ist folgendes zu beachten:

1. Sachliche Gliederung

1.1. Die sachliche Gliederung muß alle im Ausbildungsrahmenplan bzw. in dem weiter anzuwendenden Berufsbild, Berufsbildungsplan und in den fachlichen Vorschriften aufgeführten Fertigkeiten und Kenntnisse enthalten.

1.2. Bei Ordnungsmitteln, die keine Berufsbildungspläne, sondern nur Berufsbilder enthalten, müssen die einzelnen Ausbildungsinhalte näher beschrieben werden.

1.3. Die Probezeit ist inhaltlich so zu gestalten, daß ihr Zweck erfüllt wird und Aussagen über Eignung und Neigung des Auszubildenden möglich sind.

1.4. Fertigkeiten und Kenntnisse sollen so zusammengefaßt und gegliedert werden, daß Ausbildungseinheiten entstehen, die bestimmten Funktionen (z. B. Verkauf, Rechnungswesen, Montage) oder bestimmten Abteilungen der Ausbildungsstätte (z. B. Buchhaltung, Lehrwerkstätte, Modellbau) zugeordnet werden können.

1.5. Die Ausbildungseinheiten sollen überschaubar sein. Bei größeren zusammenhängenden Ausbildungsabschnitten sollen – soweit erforderlich – sachlich gerechtfertigte Unterabschnitte gebildet werden.

1.6. Die sachliche Gliederung muß auf die Anforderungen in den Zwischen- und Abschlußprüfungen abgestellt sein.

1.7. Sofern einzelne Ausbildungseinheiten lehrgangsmäßig oder durch Maßnahmen außerhalb der Ausbildungsstätte vermittelt werden, müssen sie so angeordnet sein, daß betriebliche und außerbetriebliche Maßnahmen sinnvoll ineinandergreifen und aufeinander aufbauen.

1.8. Die sachliche Gliederung der Ausbildung soll insgesamt, aber auch innerhalb jeder Ausbildungseinheit den Grundsatz beachten, daß erst nach Vermittlung einer möglichst breiten Grundlage die spezielle Anwendung und die Festigung der vermittelten Fertigkeiten und Kenntnisse erfolgen soll.

2. Zeitliche Gliederung

2.1. Sofern die Ausbildungsordnung eine zeitliche Folge zwingend vorschreibt, muß diese eingehalten werden (z. B. in den ersten beiden Monaten, im ersten Halbjahr, im ersten Ausbildungsjahr).

2.2. Die zeitliche Folge muß unter dem Gesichtspunkt der Reihenfolge der Prüfungen gegliedert werden.

2.3. Die zeitliche Gliederung ist nach sachlogischen und pädagogischen Gesichtspunkten zu ordnen.

2.4. Sind für die Vermittlung von Fertigkeiten und Kenntnissen zeitliche Richtwerte vorgegeben, so kann innerhalb dieses Rahmens je nach den betrieblichen Gegebenheiten eine flexible Regelung getroffen werden.

2.5. Jede zeitliche Gliederung soll entsprechend dem Ausbildungsinhalt überschaubare Abschnitte vorsehen und den Urlaub berücksichtigen. Als überschaubar sind Abschnitte von höchstens 6 Monaten anzusehen. Wenn möglich und je nach Ausbildungsberuf und Ausbildungsjahr geboten, sind Unterabschnitte, etwa nach Monaten oder Wochen, anzugeben.

2.6. Die zeitliche Gliederung ist auf einen Ausbildungsablauf im Rahmen der vertraglichen Ausbildungszeit abzustellen.
Die Dauer der Ausbildungsabschnitte und ihre zeitliche Folge können nach den Fähigkeiten des Auszubildenden und den Besonderheiten der Ausbildungsstätte variiert werden, soweit die Teilziele und das Gesamtziel der Ausbildung nicht beeinträchtigt werden.
Die einzelnen Ausbildungsabschnitte sollen bei besonderen Leistungen gekürzt werden, bei besonderen Schwächen können sie unter Beachtung der vertraglichen Ausbildungszeit verlängert werden.

2.7. Zeitliche Verschiebungen und Umstellungen innerhalb der Ausbildungsabschnitte sind möglich, wenn sie unter Beachtung der vorstehenden Grundsätze vorgenommen werden.

3. In begründeten Ausnahmefällen kann in begrenztem Umfang von der Gliederung abgewichen werden, wenn dadurch die Teilziele und das Gesamtziel nicht beeinträchtigt werden. Die Ausbildungsstätte hat die Abweichung mit Begründung festzuhalten und der zuständigen Stelle anzuzeigen.

III. Ausbildungsplätze und Ausbildungsmittel

In der sachlichen und zeitlichen Gliederung sollen Ausbildungsplätze und Ausbildungsmittel aufgeführt werden.

Bedeutung für den Betriebsrat/die JAV

Die JAV hat nach § 70 Abs. 1 Nr. 2 BetrVG die Aufgabe, darüber zu wachen, dass die für die Wahlberechtigten zur JAV geltenden Gesetze, Verordnungen usw. eingehalten werden. Hierzu gehört es, die Einhaltung des Ausbildungsplans zu überprüfen, beispielsweise im Rahmen von Betriebsrundgängen (→ **Betriebsbegehung**).

Werden von der JAV Mängel bezüglich der Einhaltung des Ausbildungsplans festgestellt, müssen diese gegenüber dem Betriebsrat benannt werden. Der Betriebsrat wiederum nimmt nach § 80 Abs. 1 Nr. 3 BetrVG die Anregungen der JAV entgegen. Er muss nunmehr gegenüber dem Arbeitgeber auf eine Beseitigung der Mängel hinwirken. Zu Gesprächen mit dem Arbeitgeber ist die JAV nach § 68 BetrVG hinzuzuziehen. Die JAV hat zu diesem Thema auch ein Teilnahmerecht an Betriebsratssitzungen, ein Stimmrecht und ein Antrags recht (§§ 67, 70 Abs. 1 Nrn. 1, 3 BetrVG) in Betriebsratssitzungen.

Nach § 98 Abs. 1 BetrVG hat der Betriebsrat bei der Umsetzung von Maßnahmen der Berufsbildung ein Mitbestimmungsrecht. Da die Grundlagen der Berufsausbildung weitgehend gesetzlich geregelt sind, im Wesentlichen im BBiG und in den nach §§ 4 und 5 BBiG und §§ 25 und 26 HwO erlassenen Ausbildungsordnungen, bezieht sich die Mitbestimmung vor allem auf die betriebliche Umsetzung dieser gesetzlichen Bestimmungen. Beim Ausbildungsplan bedeutet das

beispielsweise, dass der Betriebsrat bezüglich der zeitlichen und sachlichen Gliederung der betrieblichen Berufsausbildung (hierzu gehören auch Versetzungspläne für den Durchlauf einzelner Abteilungen) ein Mitbestimmungsrecht hat.
Sind keine betrieblichen Ausbildungspläne vorhanden, haben der Betriebsrat und die JAV darauf hinzuwirken, dass diese erstellt und den Auszubildenden mit dem Ausbildungsvertrag ausgehändigt werden. Können Ausbildungsinhalte nicht im Betrieb vermittelt werden, muss der Arbeitgeber dafür Sorge tragen, dass der Auszubildende Gelegenheit erhält, die notwendigen Inhalte außerhalb des Betriebs vermittelt zu bekommen. Die Kosten für die Teilnahme des Auszubildenden an einer solchen außerbetrieblichen Ausbildungsmaßnahme hat der Arbeitgeber in diesem Fall zu tragen.

Bedeutung für den Auszubildenden

Mit dem Ausbildungsvertrag muss dem Auszubildenden eine sachliche und zeitliche Gliederung (betrieblicher Ausbildungsplan) ausgehändigt werden. Ist dies nicht geschehen, sollten die JAV oder der Betriebsrat darüber informiert werden.
Anhand des Ausbildungsplans kann der Auszubildende überprüfen, ob die vorgeschriebenen Ausbildungsinhalte tatsächlich vermittelt werden. Bei Missständen sollten die JAV bzw. der Betriebsrat informiert werden.

Ausbildungsplatzsituation

Grundlagen

Fehlende betriebliche Ausbildungsplätze sind in Deutschland seit vielen Jahren ein gravierendes Problem. Die Ausbildungsplatzkrise des letzten Jahrzehnts hat dazu geführt, dass derzeit ca. 1,429 Millionen Jugendliche im Alter zwischen 20 und 29 Jahren ohne Berufsabschluss sind.
Der Ausbildungsmarkt steht vor ernsten Herausforderungen: Der Berufsbildungsbericht 2016 zeigt, dass trotz guter Konjunktur die Zahl der neu abgeschlossenen Ausbildungsverträge 2015 mit 522 094 auf einem alarmierend niedrigen Niveau stagniert.
Dies bedeutet im Vergleich zum Vorjahr ein Minus von 0,2 % bzw. 1107 abgeschlossene Ausbildungsverträge weniger.
Allein im Jahr 2015 zeigten 80 791 Jugendliche an, dass sie zum Stichtag 30. September 2015 noch immer akut einen Ausbildungsplatz suchen. Dem stehen nur 40 960 offene Ausbildungsplätze gegenüber. Auf dem Ausbildungsmarkt ist eine paradoxe Situation zu beobachten: Während immer mehr Jugendliche keinen Ausbildungsplatz finden, steigt gleichzeitig die Zahl der unbesetzten Stellen. Zudem zeigt der Ausbildungsmarkt ein nach Regionen und Berufen sehr zersplittertes Bild.
Während einige Berufe sehr gefragt waren und die Betriebe in diesen Branchen nahezu keine Rekrutierungsprobleme hatten, gab es bei einigen Berufen (Restaurantfachmann/-frau, Fachmann/-frau für Systemgastronomie, Klempner, Fachverkäufer im Lebensmittelhandwerk, Fleischer und Bäcker/-in) erhebliche Besetzungsprobleme. Schlechte Ausbildungsqualität, Überstunden, Ausbildungsbedingungen und niedrige Ausbildungsvergütungen sind einige Gründe.
Viele Unternehmen klagen über einen Fachkräftemangel, investieren aber kaum oder gar nicht in Ausbildung oder weitere Qualifizierung und geben den Jugendlichen keine Perspektive über die Ausbildung hinaus. Dazu passt, dass nur noch 20,3 % der Betriebe überhaupt ausbilden. Die sogenannte Ausbildungsbetriebs-

quote befindet sich auf einem absoluten Tiefstand und zeichnet seit Jahren einen deutlichen Trend nach unten.
Die Ende 2014 gegründete Allianz für Aus- und Weiterbildung, bei der auch die Gewerkschaften an Bord sind, hat sich zum Ziel gesetzt, die duale Ausbildung in quantitativen und qualitativen Belangen zu stärken. Bisher hat zwar mit dem Ausbau der ausbildungsbegleitenden Hilfen und der Einführung der assistierten Ausbildung zu Verbesserungen am Ausbildungsmarkt geführt. Die Verpflichtung der Wirtschaft jährlich 20 000 zusätzliche betriebliche Ausbildungsplätze zu schaffen wurde mit 7300 Plätzen im Jahr 2015 weit verfehlt. Die Prognosen geben Anlass zur Hoffnung, dass 2016 die geforderten Ausbildungsstellen erreicht werden könnten. Ob dies dann ein positiver Trend bleibt, ist zu hoffen.

Ausbildungsqualität

Grundlagen

Wenn es um Ausbildungsqualität geht, dann geht es wesentlich um folgende Fragen: Ist die Ausstattung der Ausbildung hinreichend? Sind die betrieblichen Ausbildungseinsatzorte geeignet? Wird der Ausbildungsrahmenplan betrieblich umgesetzt? Verfügt das neben- und hauptberufliche Ausbildungspersonal über hinreichende Qualifikationen? Steht überhaupt genügend Ausbildungspersonal bereit? Eine wichtige Grundlage ist die Empfehlung 162 des Hauptausschusses beim Bundesinstitut für Berufsbildung (BIBB) zur Eignung der Ausbildungsstätten (*https://www.bibb.de/de/34108.php*). Die von Arbeitgebern und Gewerkschaften mit verabschiedete Empfehlung gibt Ausbildungsverantwortlichen, Betriebsräten sowie Jugend- und Auszubildendenvertretungen eine gute Orientierung zur betrieblichen Ausbildungsgestaltung.

Um Ausbildungsqualität festzustellen muss ein Standard als Maßstab festgelegt werden, die Empfehlung 162 bietet dafür eine gute Grundlage. Für die betriebliche Ausbildung können beispielsweise für folgende Bereiche Qualitätsstandards formuliert werden:

- Anzahl und Qualifikation des Ausbildungspersonals,
- Ausbildungsausstattung und -organisation, also die erforderliche Einrichtung, Unterlagen und Planung,
- die Ausbildungsdurchführung also die Gestaltung des Lernprozesses und
- die Vorbereitung auf Prüfungen und die Prüfungsergebnisse.

Ausbildungsverantwortliche, Betriebsrat und JAV verständigen sich zunächst über den Anspruch der zu erfüllen ist, beispielsweise soll der Qualitätsanspruch erfüllt werden, dass eine Betreuung der Auszubildenden an allen Ausbildungsstellen durch fachlich und pädagogisch qualifizierte Ausbildungsverantwortliche sichergestellt ist. Hierzu können dann folgende Qualitätsstandards festgelegt werden: Für alle Ausbildungsabteilungen und -bereiche sind Ausbildungsverantwortliche benannt. Die Ausbildungsverantwortlichen haben die → **Ausbildereignungsprüfung** (AEVO) absolviert. Die Ausbildungsverantwortlichen sind fach-

lich kompetent und verfügen über einen Berufsabschluss oder über eine mindestens zweijährige Berufserfahrung.
Zur Entwicklung eines gemeinsamen Qualitätsbewusstseins in der betrieblichen Ausbildung sollten alle Akteure am Entwicklungsprozess beteiligt sein. Ausbildungsverantwortliche, Auszubildende, Betriebsrat und JAV müssen Träger des Vorgehens sein, damit die gewünschte Qualitätsentwicklung erreicht wird.
Im Qualitätsmanagement werden meist vier Phasen unterschieden, in denen der Prozess der kontinuierlichen Verbesserung beschrieben wird. Man spricht auch vom »Demingkreis«, benannt nach William Edwards Deming (1900–1993), einem amerikanischen Physiker und Statistiker, dessen Wirken maßgeblich den heutigen Stellenwert des Qualitätsmanagements beeinflusst hat. Die vier Phasen werden auch PDCA-Zyklus (Plan, Do, Check, Act) genannt oder in deutscher Übersetzung Planen – Durchführen – Überprüfen – Reagieren. Zuerst steht der Plan, es folgt die Durchführung, dann die Überprüfung der Praxis und aus der Praxis wird anschließend das Reagieren abgeleitet. Damit beginnt ein neuer Plan mit Maßnahmen zur Veränderung, usw. Diese vier Phasen – übertragen auf die betriebliche Ausbildung – können wie folgt aussehen:

- Planen (Qualitätsansprüche und -standards sowie Verfahren der Überprüfung vereinbaren)
- Durchführen (Ausbildung entsprechend der Qualitätsansprüche und -standards)
- Überprüfen (Qualitätscheck)
- Reagieren (Ergebnisse des Qualitätschecks werden im betrieblichen Berufsbildungsausschuss ausgewertet und Maßnahmen werden beraten. Die vereinbarten Maßnahmen werden im neuen Plan aufgenommen und der Kreislauf setzte sich fort: Planen – Durchführen – Überprüfen – Reagieren.)

Eine wesentliche Rolle im Qualitätszyklus spielt die Überprüfung der Praxis, beispielsweise mit einem Qualitätscheck. Mit dem Qualitätscheck sollen die handelnden Verantwortlichen in den Ausbildungsbetrieben dabei unterstützt werden, ihre Ausbildungspraxis zu reflektieren, Stärken und Defizite festzustellen und Qualitätsverbesserungen auf den Weg zu bringen. Gemeinsam sollte eine Verständigung zu den einzelnen Qualitätsstandards getroffen werden. Der Qualitätscheck kann in Form einer regelmäßigen Befragung aller Beteiligten umgesetzt werden oder in Form eines Audits. Bei letzteren müssten Auditoren benannt und geschult werden, die anhand der Checkliste die betriebliche Ausbildung unter die Lupe nehmen. Der Auditorenbericht bzw. die Ergebnisse der Befragung sollten in jedem Fall gemeinsam im betrieblichen Berufsbildungsausschuss ausgewertet, Maßnahmen beraten und eingeleitet werden.

Bedeutung für den Betriebsrat/die JAV

Der Betriebsrat und die JAV haben in Fragen der Berufsbildung weitreichende Mitbestimmungs-, Beratungs-und Informationsrechte, vor allem nach §§ 96 bis 98 BetrVG. Diese beinhalten auch das Recht, selbst die Initiative zu ergreifen. Fragen der Ausbildungsqualität gehören zu den wichtigsten Aufgaben, um die sich die JAV kümmert.
Im Bildungsausschuss können die Qualitätssicherung koordiniert und Qualitätsansprüche und -standards festgelegt werden. Durch regelmäßige Befragungen (Qualitätschecks) der an der Ausbildung beteiligten (Auszubildende, Ausbilder und Ausbildungsbeauftragte) können Verbesserungspotentiale in der Ausbildung aufgespürt werden. Der Bildungsausschuss kann dann über Maßnahmen beraten und Vereinbarungen treffen.

Checkliste: Welche Punkte muss der Ausbildungsplan enthalten?

05 (Quelle: IG Metall)

Für jeden Ausbildungsberuf gibt es eine Ausbildungsverordnung. Sie legt fest, wie lange die Ausbildung dauert und welche Fertigkeiten und Kenntnisse für den Beruf erforderlich sind. Grundlage für den betrieblichen Ausbildungsplan ist der in der Ausbildungsverordnung festgelegte Ausbildungsrahmenplan. Auf Basis dieses Ausbildungsrahmenplans wird innerbetrieblich eine sachliche und zeitliche Gliederung der Berufsausbildung erstellt – der Ausbildungsplan. Und das hier muss drin stehen:

- Wann werden die geforderten Kenntnisse und das entsprechende Know-how vermittelt?
- Wer ist die Verantwortliche für die jeweilige Lerneinheit?
- In welcher Abteilung erfolgt die Lerneinheit?
- Mit welchen Lehr- bzw. Arbeitsmitteln erfolgt die Wissensvermittlung?

Was gehört noch zu einer guten Ausbildung?

- Die Anleitung an modernen Maschinen, Computern und Werkzeugen.
- Die kostenlose Bereitstellung der Ausbildungsmittel für den Betrieb und die Berufsschule.
- Ein qualifiziertes und geprüftes Ausbildungspersonal mit fachlichen und pädagogischen Kenntnissen.
- Die Ausbildung in kleinen Arbeitsgruppen.
- Ausbildungsstandkontrollen statt Leistungskontrollen einzelner Auszubildender.
- Eine enge Kooperation zwischen Berufsschule und Ausbildungsbetrieb.

Was sind ausbildungsfremde Tätigkeiten?

Natürlich kann es vorkommen, dass Auszubildende während der Ausbildung Arbeiten erledigen müssen, die nicht im Ausbildungsplan stehen. Doch während der Ausbildung tagelang nur Botengänge zu machen oder das Lager aufzuräumen ist unzulässig. Die Ausbilder dürfen Auszubildenden nicht dauerhaft Arbeiten auftragen, die nichts mit der Ausbildung zu tun haben oder deren Dauer stark vom Ausbildungsplan abweicht. Ausbildungsfremde Tätigkeiten sind zum Beispiel:

- Urlaubs- und Krankheitsvertretungen
- Private Besorgungen für den Chef oder die Chefin
- Regelmäßiges Putzen von Werkstätten und Büros – es sei denn, es handelt sich um den eigenen Arbeitsplatz oder regelmäßig genutztes Werkzeug
- Akkord- und Fließbandarbeit

Überstunden

Grundsätzlich sind Auszubildende nicht verpflichtet, länger zu arbeiten, als im Ausbildungsvertrag vereinbart. Überstunden bei Azubis müssen also freiwillig sein. Folgende Kriterien sind wichtig:

- Überstunden müssen dem Zweck der Ausbildung dienen.
- Überstunden müssen vergütet oder mit Freizeit ausgeglichen werden.

Ausbildungsreife

»Ich habe überhaupt keine Hoffnung mehr in die Zukunft unseres Landes, wenn einmal unsere Jugend die Männer von morgen stellt. Unsere Jugend ist unerträglich, unverantwortlich und entsetzlich anzusehen.«

Aristoteles, 384 v. Chr. bis 322 v. Chr.

Grundlagen

Immer wieder wird jungen Menschen vorgeworfen, sie seien nicht ausbildungsreif und kämen deshalb für eine betriebliche Ausbildung nicht in Frage. Ihr geistiger und sozialer Entwicklungsstand entspräche nicht den Ausbildungsanforderungen. Die Verantwortung dafür, dass junge Menschen keinen Ausbildungsplatz finden, wird ihnen so selbst zugeschoben; sie seien halt nicht reif genug. Damit wird von den Problemen abgelenkt, dass von der Wirtschaft nicht genügend Ausbildungsplätze angeboten werden und Unternehmen oft nur die vermeintlich leistungsstärksten jungen Menschen für eine Ausbildung auswählen.

Der Begriff Ausbildungsreife ist kritisch zu hinterfragen. Selbst wenn junge Menschen über Defizite verfügen, bedeutet das doch nicht, dass sie geistig nicht in der Lage wären, diese zu beheben. Die Gewerkschaften stehen dem Begriff der Ausbildungsreife deshalb kritisch gegenüber und fordern stattdessen, junge Menschen in ihrer Entwicklung zu fördern.

Eine Expertise im Auftrag der Hans-Böckler-Stiftung ist dem Mythos der mangelnden Ausbildungsreife nachgegangen. Dabei wurden Umfragen und Aussagen, vor allem auch der Arbeitgeber, näher durchleuchtet. Fazit: Der Begriff der Ausbildungsreife ist unscharf und beliebig. Außerdem hätte der Begriff der Ausbildungsreife nur dann eine bildungspolitische Berechtigung, wenn die strukturellen Bedingungen von Ausbildungsreife berücksichtigt werden. In diesem Fall wäre die Frage der Ausbildungsreife eine gesamtgesellschaftliche, die danach fragt, wie reif die strukturelle Verfasstheit des Gesellschaftssystems ist, um eine berufliche und gesellschaftliche Integration junger Menschen zu gewährleisten.

Eine DGB-Expertise zu den Schwierigkeiten der Betriebe, Ausbildungsplätze zu besetzen, sieht eine mangelnde Ausbildungsreife bei den Betrieben selbst. Die Expertise kommt zu dem Ergebnis: Es gibt viele Betriebe, die nicht ausbildungsreif sind. Es gibt vor allem »erhebliche Defizite bei der Qualität und Attraktivität der Ausbildungsberufe mit einer hohen Zahl an unbesetzten Plätzen«.

Dennoch hat der Nationale Pakt für Ausbildung und Fachkräftenachwuchs in Deutschland, an dem sich die Gewerkschaften nicht beteiligt haben, einen Kriterienkatalog zur Ausbildungsreife erstellt. Die Agenturen für Arbeit nutzen diesen, um die Ausbildungsreife zu beurteilen. Demnach sind Mindeststandards für die Aufnahme einer Berufsausbildung:

- Schulische Basiskenntnisse (z. B. lesen, schreiben, mathematische und wirtschaftliche Grundkenntnisse)
- Psychologische Leistungsmerkmale (z. B. Sprachvermögen, rechnerisches Denken, logisches Denken, räumliches Vorstellungsvermögen, Merkfähigkeit, Bearbeitungsgeschwindigkeit)
- Merkmale des Arbeits- und Sozialverhaltens (z. B. Durchhaltevermögen und Frustrationstoleranz, Kommunikations-, Kritik- und Konfliktfähigkeit, Leistungsbereitschaft, Selbstständigkeit)
- Physische Merkmale (z. B. altersgerechter Entwicklungsstand und gesundheitliche Voraussetzungen)
- Berufswahlreife (z. B. Selbsteinschätzungs- und Informationskompetenz)

Bedeutung für den Betriebsrat/die JAV

Der Betriebsrat und die JAV haben nach § 95 BetrVG ein Mitbestimmungsrecht, wie das Auswahlverfahren neuer Auszubildender abläuft (→ **Auswahlrichtlinien**). Sie sollten darauf achten, dass auch junge Menschen mit schwächeren Eingangsvoraussetzungen berücksichtigt werden. Bei Defiziten ist es wenig hilfreich, die Mängel zu beklagen. Besser ist es, mit Förderkonzepten und qualifiziertem Ausbildungspersonal die Defizite zu beheben. Die §§ 96 bis 98 BetrVG räumen dem Betriebsrat weitgehende Informations-, Beratungs- und Mitbestimmungsrechte ein. Der Betriebsrat hat vor allem bei der Umsetzung von Maßnahmen der betrieblichen Berufsbildung mitzubestimmen.

Internethinweise

http://www.arbeitsagentur.de/web/content/DE/Unternehmen/Ausbildung/Bewerberauswahl/index.htm

DGB Bundesvorstand, Abteilung Bildungspolitik und Bildungsarbeit. Hohe Abbrecherquoten, geringe Vergütung, schlechte Prüfungsergebnisse – Viele Betriebe sind nicht ausbildungsreif. DGB-Expertise zu den Schwierigkeiten der Betriebe bei der Besetzung von Ausbildungsplätzen. Berlin: 2012, *http://www.wir-gestalten-berufsbildung.de/fileadmin/user_upload/NL_wissenaktuell/Hintergrundpapier_Berufsbildungsbericht_2012.pdf*

Ausbildungsreife

Dobischat, Rolf; Kühnlein, Gertrud; Schurgatz, Robert. Ein umstrittener Begriff beim Übergang Jugendlicher in eine Berufsausbildung. Reihe: Arbeitspapier, Bildung und Qualifizierung, Bd. 189. Düsseldorf:2012, *http://www.boeckler.de/pdf/p_arbp_189.pdf*

Ausbildungsreport

Grundlagen

Der Ausbildungsreport wird jährlich von der DGB-Jugend veröffentlicht. Die repräsentative Studie gibt einen Überblick, in welchen Berufen junge Menschen eine qualitativ hochwertige Ausbildung erhalten und wo es möglicherweise Mängel gibt.
Es werden über 13 000 Auszubildende aus den 25 am stärksten frequentierten Ausbildungsberufen (nach Bundesinstitut für Berufsbildung) befragt. Interviewt werden hierbei Auszubildende aus allen Ausbildungsjahren und aus Betrieben unterschiedlichster Größe.
Ziel des Ausbildungsreports ist es, ein möglichst detailliertes Bild von der Qualität der dualen Berufsausbildung zu zeichnen und Mängel aufzudecken. Gleichzeitig soll eine Orientierung bei der Suche nach dem richtigen Ausbildungsberuf gegeben werden, indem die Ausbildungsreife der Betriebe unter die Lupe genommen wird.

Internethinweis

Ausbildungsreport unter: *www.jugend.dgb.de/ausbildung*

Ausbildungsvergütung

Grundlagen

Der Ausbildende ist verpflichtet, dem Auszubildenden eine Ausbildungsvergütung zu zahlen. Dieser Vergütungsanspruch besteht nach § 17 BBiG.
Die Höhe der Ausbildungsvergütung muss Bestandteil des Ausbildungsvertrags sein. Die Höhe der Vergütung richtet sich nach jeweils geltendem Tarifvertrag. Sollte kein Tarifvertrag bestehen, muss die Höhe der Vergütung nach BBiG »angemessen« sein.
Das ab 1. Januar 2015 geltende Mindestlohngesetz (MiLoG) schließt Auszubildende in § 22 Abs. 3 MiLoG ausdrücklich aus dem Geltungsbereich aus. Damit wird auch in Zukunft die Angemessenheit der Ausbildungsvergütung gesetzlich nicht näher definiert.
Nach ständiger Rechtsprechung des BAG wird die Ausbildungsvergütung als angemessen angesehen, wenn sie hilft, die Lebenshaltungskosten zu bestreiten und zugleich eine Mindestentlohnung für die Leistungen des Auszubildenden darstellt. Als Anhaltspunkt liefert das BAG (vgl. BAG v. 11. 10. 1995 – 5 AZR 258/94) einen Bezug zu vergleichbaren Tarifverträgen. Die Vergütung darf danach nicht mehr als 20 % unter der branchenüblichen, regionalen tariflichen Vergütung liegen.

Bedeutung für die Auszubildenden

Die Vergütung ist nach Lebensalter der Auszubildenden so zu bemessen, dass sie mit laufender Berufsausbildung, mindestens jährlich, ansteigt.
Die Ausbildungsvergütung für den laufenden Monat muss bis zum letzten Arbeitstag des Monats gezahlt werden. Bei → **Arbeitsunfähigkeit** wird die Vergütung sechs Wochen lang vom Ausbildenden fortgezahlt, danach zahlt die Krankenkasse Krankengeld.
Mehrarbeit und Überstunden sind durch die Ausbildungsvergütung nicht au-

tomatisch abgegolten. Sollten Auszubildende über die vereinbarte tägliche oder wöchentliche → **Arbeitszeit** (Ausbildungszeit) hinausgehend beschäftigt werden, also Überstunden machen, muss nach § 17 Abs. 3 BBiG gesondert vergütet werden oder ein entsprechender Freizeitausgleich stattfinden. Die Mitbestimmungsrechte des Betriebsrats nach § 87 BetrVG sind in diesem Fall zu wahren (vgl. → **Arbeitszeit**).

Berufsbildungsgesetz (BBiG)

§ 17
Vergütungsanspruch
(1) Ausbildende haben Auszubildenden eine angemessene Vergütung zu gewähren. Sie ist nach dem Lebensalter der Auszubildenden so zu bemessen, dass sie mit fortschreitender Berufsausbildung, mindestens jährlich, ansteigt.
(2) Sachleistungen können in Höhe der nach § 17 Abs. 1 Satz 1 Nr. 4 des Vierten Buches Sozialgesetzbuch festgesetzten Sachbezugswerte angerechnet werden, jedoch nicht über 75 Prozent der Bruttovergütung hinaus.
(3) Eine über die vereinbarte regelmäßige tägliche Ausbildungszeit hinausgehende Beschäftigung ist besonders zu vergüten oder durch entsprechende Freizeit auszugleichen.

Hintergrundinformationen zu den Gesamtübersichten (s. S. 136 ff.) der durchschnittlichen tariflichen Ausbildungsvergütungen

Die Datenbank Ausbildungsvergütungen umfasst ausschließlich Berufe, die nach Berufsbildungsgesetz (BBiG) bzw. Handwerksordnung (HwO) im dualen System der Berufsausbildung, d.h. in Betrieb und Berufsschule, ausgebildet werden. Hier haben die Auszubildenden gegenüber ihrem Ausbildungsbetrieb einen rechtlichen Anspruch auf eine angemessene Vergütung (§ 17 BBiG).

Gesamtübersicht: Tarifliche Ausbildungsvergütungen 2015 in Euro

Durchschnittliche Beträge in € pro Monat in den einzelnen Ausbildungsjahren sowie im Durchschnitt über die gesamte Ausbildungsdauer

Berufsbezeichnung	Bereich	Dauer in Monaten	Alte Bundesländer					Neue Bundesländer				
			1. AJ	2. AJ	3. AJ	4. AJ	insgesamt	1. AJ	2. AJ	3. AJ	4. AJ	insgesamt
Anlagenmechaniker/-in	IH	42	921	971	1042	1099	996	909	964	1020	1071	979
Anlagenmechaniker/-in für Sanitär-, Heizungs- und Klimatechnik*	Hw	42	610	644	709	755	669					
Ausbaufacharbeiter/-in	IH	24	708	1088			898	629	864			746
Ausbaufacharbeiter/-in	Hw	24	708	1088			898	629	864			746
Automobilkaufmann/-frau	IH	36	742	782	863		796	568	597	640		602
Automobilkaufmann/-frau	Hw	36	663	706	778		716	568	597	640		602
Bäcker/-in	Hw	36	470	600	730		600	470	600	730		600
Bankkaufmann/-frau	IH	36	906	964	1022		964	904	963	1020		962
Baustoffprüfer/-in	IH	36	755	872	1005		877	601	674	781		685
Bauten- und Objektbeschichter/-in	Hw	24	545	595			570	545	595			570
Bauzeichner/-in	IH	36	692	946	1231		956	620	766	998		795
Bergbautechnologe/-in	IH	36	737	840	949		842	816	880	949		882
Berufskraftfahrer/-in	IH	36	748	809	868		808	664	713	769		715
Beton- und Stahlbetonbauer/-in	IH	36	708	1088	1374		1057	629	864	1091		861
Beton- und Stahlbetonbauer/-in	Hw	36	708	1088	1374		1057	629	864	1091		861
Binnenschiffer/-in	IH	36	936	1071	1208		1072	936	1071	1208		1072

Berufsbezeichnung	Bereich	Dauer in Monaten	Alte Bundesländer					Neue Bundesländer				
			1. AJ	2. AJ	3. AJ	4. AJ	insgesamt	1. AJ	2. AJ	3. AJ	4. AJ	insgesamt
Biologielaborant/-in	IH	42	867	928	1003	1076	953	863	913	961	1019	928
Brauer/-in und Mälzer/-in	IH	36	790	911	1027		909	755	878	999		878
Buchhändler/-in	IH	36	770	847	932		850	574	631	671		625
Chemielaborant/-in	IH	42	876	939	1021	1095	967	806	850	895	945	864
Chemikant/-in	IH	42	872	931	1009	1078	958	806	850	895	945	864
Dachdecker/-in (alle Fachrichtungen)	Hw	36	600	750	1000		783	600	750	1000		783
Drogist/-in	IH	36	733	814	934		827	657	735	845		746
Eisenbahner/-in im Betriebsdienst (alle Fachrichtungen)	IH	36	780	843	907		843	780	843	907		843
Elektroniker/-in (alle Fachrichtungen)	Hw	42	590	643	714	777	667	550	600	650	700	614
Elektroniker/-in für Automatisierungstechnik	IH	42	920	973	1047	1108	998	906	960	1015	1066	976
Elektroniker/-in für Betriebstechnik	IH	42	912	967	1040	1101	991	863	920	979	1035	937
Elektroniker/-in für Gebäude- und Infrastruktursysteme*	IH	42	926	978	1049	1107	1002					
Elektroniker/-in für Geräte und Systeme	IH	42	929	980	1051	1108	1004	909	964	1020	1071	979
Elektroniker/-in für Informations- und Systemtechnik*	IH	42	929	980	1051	1108	1004					
Elektroniker/-in für Maschinen und Antriebstechnik	IH	42	929	980	1051	1108	1004	909	964	1020	1071	979
Elektroniker/-in für Maschinen und Antriebstechnik	Hw	42	590	643	714	777	667	550	600	650	700	614

Berufsbezeichnung	Bereich	Dauer in Monaten	Alte Bundesländer					Neue Bundesländer				
			1. AJ	2. AJ	3. AJ	4. AJ	insgesamt	1. AJ	2. AJ	3. AJ	4. AJ	insgesamt
Fachangestellte/-r für Arbeitsmarktdienstleistungen	ÖD	36	853	903	949		902	853	903	949		902
Fachangestellte/-r für Bäderbetriebe	ÖD	36	853	903	949		902	853	903	949		902
Fachangestellte/-r für Medien- und Informationsdienste	ÖD	36	844	896	944		895	844	896	945		895
Fachinformatiker/-in (alle Fachrichtungen)**	IH	36	866	928	1012		935	799	865	943		869
Fachkraft Agrarservice	Lw	36	610	658	713		660	556	602	663		607
Fachkraft für Abwassertechnik	ÖD	36	853	903	949		902	853	903	949		902
Fachkraft für Kreislauf- und Abfallwirtschaft*	IH	36	671	726	803		733					
Fachkraft für Kurier-, Express- und Postdienstleistungen	IH	24	760	840			800	760	840			800
Fachkraft für Lagerlogistik	IH	36	848	910	994		918	761	824	903		830
Fachkraft für Lebensmitteltechnik	IH	36	727	831	955		838	597	675	769		680
Fachkraft für Metalltechnik (alle Fachrichtungen)	IH	24	929	980			954	909	964			936
Fachkraft für Möbel-, Küchen- und Umzugsservice	IH	36	733	809	913		818	644	716	816		725
Fachkraft für Schutz und Sicherheit	IH	36	595	694	818		702	396	466	523		462
Fachkraft im Fahrbetrieb	IH	36	853	903	949		902	853	903	949		902
Fachkraft im Gastgewerbe	IH	24	647	733			690	530	612			571
Fachlagerist/-in	IH	24	848	910			879	761	824			793

Berufsbezeichnung	Bereich	Dauer in Monaten	Alte Bundesländer					Neue Bundesländer				
			1. AJ	2. AJ	3. AJ	4. AJ	insgesamt	1. AJ	2. AJ	3. AJ	4. AJ	insgesamt
Fachmann/-frau für Systemgastronomie	IH	36	672	740	814		742	650	705	770		708
Fachverkäufer/-in im Lebensmittelhandwerk	Hw	36	495	621	757		624	447	568	692		569
Fahrzeuginnenausstatter/-in*	IH	36	742	782	863		796					
Fahrzeuglackierer/-in	Hw	36	626	670	766		687	561	597	671		609
Feinwerkmechaniker/-in	Hw	42	639	686	757	818	711	489	544	603	672	563
Fertigungsmechaniker/-in	IH	36	929	980	1051		986	909	964	1020		964
Fleischer/-in	Hw	36	586	688	875		716	310	375	465		383
Fleischer/-in*	IH	36	668	760	852		760					
Fliesen-, Platten- und Mosaikleger/-in	Hw	36	708	1088	1374		1057	629	864	1091		861
Florist/-in	IH	36	539	580	642		587	375	415	475		422
Fluggerätmechaniker/-in (alle Fachrichtungen)	IH	42	928	979	1050	1107	1003	907	962	1019	1070	978
Forstwirt/-in	Lw	36	788	838	887		838	599	646	705		650
Friseur/-in	Hw	36	394	493	596		494	214	253	341		269
Gärtner/-in (alle Fachrichtungen)	Lw	36	664	752	843		753	556	651	706		638
Gebäudereiniger/-in	Hw	36	630	765	900		765	565	690	810		688
Gerüstbauer/-in	Hw	36	650	850	1100		867	650	850	1100		867
Gestalter/-in für visuelles Marketing	IH	36	733	814	934		827	653	729	838		740
Gießereimechaniker/-in	IH	42	926	976	1046	1103	1000	905	958	1014	1065	974
Glaser/-in*	Hw	36	575	645	717		646					

Berufsbezeichnung	Bereich	Dauer in Monaten	Alte Bundesländer					Neue Bundesländer				
			1. AJ	2. AJ	3. AJ	4. AJ	insgesamt	1. AJ	2. AJ	3. AJ	4. AJ	insgesamt
Gleisbauer/-in	IH	36	725	1030	1263		1006	686	856	1022		855
Hauswirtschafter/-in*	Lw	36	621	669	725		672					
Hauswirtschafter/-in*	Hs	36	641	686	747		692					
Hochbaufacharbeiter/-in	IH	24	708	1088			898	629	864			746
Hochbaufacharbeiter/-in	Hw	24	708	1088			898	629	864			746
Holzbearbeitungsmechaniker/-in	IH	36	738	785	852		792	621	664	708		664
Holzmechaniker/-in (alle Fachrichtungen)	IH	36	754	802	867		808	637	679	725		680
Hotelfachmann/-frau	IH	36	647	733	826		735	530	612	692		612
Hotelkaufmann/-frau	IH	36	647	733	826		735	530	612	692		612
Immobilienkaufmann/-frau	IH	36	805	915	1025		915	805	915	1025		915
Industrieelektriker/-in (alle Fachrichtungen)	IH	24	912	967			939	863	920			891
Industrie-Isolierer/in	IH	36	917	969	1042		976	891	944	998		945
Industriekaufmann/-frau	IH	36	898	954	1029		960	838	892	950		894
Industriekeramiker/-in (alle vier Berufe)	IH	36	776	830	887		831	584	634	677		632
Industriemechaniker/-in	IH	42	914	967	1040	1100	992	877	931	987	1039	947
Informatikkaufmann/-frau**	IH	36	863	924	1005		931	782	845	921		850
Informations- und Telekommunikationssystem-Elektroniker/-in**	IH	36	926	978	1048		984	902	957	1012		957
Informations- und Telekommunikationssystem-Kaufmann/-frau**	IH	36	926	978	1048		984	902	957	1012		957

Berufsbezeichnung	Bereich	Dauer in Monaten	Alte Bundesländer					Neue Bundesländer				
			1. AJ	2. AJ	3. AJ	4. AJ	insgesamt	1. AJ	2. AJ	3. AJ	4. AJ	insgesamt
Informationselektroniker/-in	Hw	42	590	643	714	777	667	550	600	650	700	614
Justizfachangestellte/-r	ÖD	36	837	891	941		890	837	891	941		890
Kanalbauer/-in	IH	36	708	1088	1374		1057	629	864	1091		861
Kaufmann/frau für Büromanagement	ÖD	36	844	896	944		895	844	896	945		895
Kaufmann/-frau für Büromanagement	IH	36	853	918	1004		925	767	835	920		840
Kaufmann/-frau für Büromanagement	Hw	36	628	709	825		721	573	653	774		667
Kaufmann/-frau für Spedition und Logistikdienstleistung	IH	36	712	779	844		778	540	588	650		593
Kaufmann/-frau für Tourismus und Freizeit	IH	36	642	753	897		764	642	753	897		764
Kaufmann/-frau für Verkehrsservice	IH	36	720	785	850		785	687	744	808		746
Kaufmann/-frau für Versicherungen und Finanzen (alle Fachrichtungen)	IH	36	919	985	1054		986	919	985	1054		986
Kaufmann/-frau im Einzelhandel	IH	36	733	814	934		827	653	729	838		740
Kaufmann/-frau im Gesundheitswesen	IH	36	761	810	861		811	751	798	848		799
Kaufmann/-frau im Groß- und Außenhandel (alle Fachrichtungen)	IH	36	793	862	934		863	744	803	872		806
Klempner/-in*	Hw	42	600	611	686	723	645					
Koch/Köchin	IH	36	647	733	826		735	530	612	692		612
Konstruktionsmechaniker/-in	IH	42	930	981	1053	1110	1005	909	964	1020	1071	979
Kraftfahrzeugmechatroniker/-in (alle Fachrichtungen)	Hw	42	663	706	778	835	733	568	597	640	690	614

Berufsbezeichnung	Bereich	Dauer in Monaten	Alte Bundesländer					Neue Bundesländer				
			1. AJ	2. AJ	3. AJ	4. AJ	insgesamt	1. AJ	2. AJ	3. AJ	4. AJ	insgesamt
Kraftfahrzeugmechatroniker/-in (alle Fachrichtungen)	IH	42	742	782	863	922	814	568	597	640	690	614
Lacklaborant/-in*	IH	42	876	939	1021	1095	967					
Land- und Baumaschinenmechatroniker/-in*	Hw	42	523	566	649	698	596					
Landwirt/-in	Lw	36	610	658	713		660	556	602	663		607
Maler/-in und Lackierer/-in (alle Fachrichtungen)	Hw	36	545	595	740		627	545	595	740		627
Maschinen- und Anlagenführer/-in	IH	24	913	966			939	863	919			891
Maurer/-in	IH	36	708	1088	1374		1057	629	864	1091		861
Maurer/-in	Hw	36	708	1088	1374		1057	629	864	1091		861
Mechatroniker/-in	IH	42	920	973	1047	1108	998	906	960	1015	1066	976
Mechatroniker/-in für Kältetechnik*	Hw	42	610	644	709	755	669					
Mediengestalter/-in Bild und Ton	IH	36	588	676	771		678	586	675	769		677
Mediengestalter/-in Digital und Print (alle Fachrichtungen)	IH	36	852	910	970		911	808	866	922		865
Medienkaufmann/-frau Digital und Print	IH	36	788	862	941		864	766	846	922		845
Medientechnologe/-technologin Druck	IH	36	892	943	994		943	892	943	994		943
Medientechnologe/-technologin Druckverarbeitung	IH	36	861	919	979		920	871	927	982		927
Medientechnologe/-technologin Siebdruck*	IH	36	892	943	994		943					
Medizinische/-r Fachangestellte/-r	FB	36	700	740	790		743	700	740	790		743

Berufsbezeichnung	Bereich	Dauer in Monaten	Alte Bundesländer					Neue Bundesländer				
			1. AJ	2. AJ	3. AJ	4. AJ	insgesamt	1. AJ	2. AJ	3. AJ	4. AJ	insgesamt
Metallbauer/-in (alle Fachrichtungen)	Hw	42	637	685	755	816	710	489	544	603	672	563
Milchtechnologe/-technologin	Lw	36	786	880	1007		891	718	774	853		782
Milchwirtschaftlicher Laborant/-in	Lw	36	788	888	1013		896	718	774	853		782
Naturwerksteinmechaniker/-in (alle Fachrichtungen)*	IH	36	726	806	889		807					
Oberflächenbeschichter/-in*	IH	36	929	980	1051		986					
Oberflächenbeschichter/-in*	Hw	36	680	710	760		717					
Ofen- und Luftheizungsbauer/-in*	Hw	36	610	644	709		654					
Orthopädieschuhmacher/-in*	Hw	42	500	580	678	773	613					
Packmitteltechnologe/-technologin	IH	36	825	905	970		900	825	905	970		900
Papiertechnologe/-in	IH	36	885	949	1012		949	772	833	895		833
Pferdewirt/-in	Lw	36	621	669	725		672	556	602	663		607
Pharmakant/-in	IH	42	876	939	1021	1095	967	886	932	978	1027	946
Pharmazeutisch-kaufmännische/-r Angestellte/-r	FB	36	633	684	724		680	633	684	724		680
Physiklaborant/-in*	IH	42	923	974	1044	1102	998					
Polsterer/-in*	IH	36	672	724	789		728					
Produktionsfachkraft Chemie*	IH	24	869	928			898					
Produktionsmechaniker/-in – Textil	IH	36	810	875	963		883	700	750	800		750
Raumausstatter/-in*	Hw	36	465	550	650		555					

Berufsbezeichnung	Bereich	Dauer in Monaten	Alte Bundesländer					Neue Bundesländer				
			1. AJ	2. AJ	3. AJ	4. AJ	insgesamt	1. AJ	2. AJ	3. AJ	4. AJ	insgesamt
Restaurantfachmann/-frau	IH	36	647	733	826		735	530	612	692		612
Rohrleitungsbauer/-in	IH	36	708	1088	1374		1057	629	864	1091		861
Schilder- und Lichtreklamehersteller/-in	Hw	36	540	590	690		607	540	590	690		607
Schuhfertiger/-in*	IH	36	710	740	830		760					
Schuhmacher/-in*	Hw	36	390	460	535		462					
Sozialversicherungsfachangestellte/-r	ÖD	36	763	828	887		826	763	826	882		823
Steinmetz/-in und Steinbildhauer/-in (alle Fachrichtungen)	Hw	36	480	580	700		587	470	570	650		563
Straßenbauer/-in	IH	36	708	1088	1374		1057	629	864	1091		861
Straßenbauer/-in	Hw	36	708	1088	1374		1057	629	864	1091		861
Straßenwärter/-in	ÖD	36	844	896	944		895	844	896	945		895
Stuckateur/-in	Hw	36	708	1088	1374		1057	629	864	1091		861
Systemelektroniker/-in	Hw	42	590	643	714	777	667	550	600	650	700	614
Tankwart/-in*	IH	36	434	490	553		492					
Technische/-r Modellbauer/-in	IH	42	929	980	1052	1110	1005	906	962	1018	1071	978
Technische/-r Produktdesigner/-in	IH	42	929	980	1052	1110	1005	906	962	1018	1071	978
Technische/-r Systemplaner/-in	IH	42	929	980	1052	1110	1005	906	962	1018	1071	978
Textil- und Modenäher/-in*	IH	24	720	781			751					
Textil- und Modeschneider/-in*	IH	36	720	781	876		793					
Tiefbaufacharbeiter/-in	Hw	24	708	1088			898	629	864			746

Berufsbezeichnung	Bereich	Dauer in Monaten	Alte Bundesländer					Neue Bundesländer				
			1. AJ	2. AJ	3. AJ	4. AJ	insgesamt	1. AJ	2. AJ	3. AJ	4. AJ	insgesamt
Tiefbaufacharbeiter/-in	IH	24	708	1088			898	629	864			746
Tiermedizinische/-r Fachangestellte/-r	FB	36	580	650	700		643	580	650	700		643
Tierpfleger/-in (alle Fachrichtungen)	IH	36	862	922	993		926	860	910	958		909
Tierwirt/-in (alle Fachrichtungen)	Lw	36	621	669	725		672	556	602	663		607
Tischler/-in	Hw	36	517	636	732		628	490	607	744		614
Tourismuskaufmann/-frau (Kaufmann/-frau f. Privat- u. Geschäftsreisen)	IH	36	642	753	897		764	642	753	897		764
Trockenbaumonteur/-in	IH	36	708	1088	1374		1057	629	864	1091		861
Verfahrensmechaniker/-in – Glastechnik	IH	36	631	697	792		707	650	700	800		717
Verfahrensmechaniker/-in f. Kunststoff- u. Kautschuktechnik (alle FR)	IH	36	854	901	976		911	686	731	773		730
Verfahrensmechaniker/-in für Beschichtungstechnik	IH	36	917	967	1038		974	878	931	986		932
Verfahrensmechaniker/-in i.d. Hütten- u. Halbzeugindustrie	IH	42	926	976	1046	1103	1000	905	958	1014	1065	974
Verfahrensmechaniker/-in in der Steine- und Erdenindustrie	IH	36	750	876	1007		878	641	693	798		711
Verkäufer/-in	IH	24	733	814			773	653	729			691
Vermessungstechniker/-in (alle Fachrichtungen)	ÖD	36	844	896	944		895	844	896	945		895
Verwaltungsfachangestellte/-r (alle Fachrichtungen)	ÖD	36	844	896	944		895	844	896	945		895

Berufsbezeichnung	Bereich	Dauer in Monaten	Alte Bundesländer					Neue Bundesländer				
			1. AJ	2. AJ	3. AJ	4. AJ	insgesamt	1. AJ	2. AJ	3. AJ	4. AJ	insgesamt
Wärme-, Kälte- und Schallschutzisolierer/-in*	Hw	36	708	1088	1374		1057					
Wasserbauer/-in	ÖD	36	844	896	944		895	844	896	945		895
Werkstoffprüfer/-in (alle Fachrichtungen)	IH	42	910	963	1034	1095	987	851	906	952	1018	922
Werkzeugmechaniker/-in	IH	42	923	973	1046	1104	998	892	946	1001	1052	961
Winzer/-in*	Lw	36	534	591	642		589					
Zahnmedizinische/-r Fachangestellte/-r*	FB	36	710	750	800		753					
Zerspanungsmechaniker/-in	IH	42	930	981	1053	1110	1005	909	964	1020	1071	979
Zimmerer/-in	Hw	36	708	1088	1374		1057	629	864	1091		861
Zimmerer/-in	IH	36	708	1088	1374		1057	629	864	1091		861

* Für die neuen Länder wurde kein Vergütungsdurchschnitt ermittelt, da für den betreffenden Bereich keine tariflichen Vereinbarungen zu den Ausbildungsvergütungen vorlagen oder die Besetzungsstärke des Berufs in den neuen Ländern zu gering war.

** Insbesondere für die Berufe Fachinformatiker/-in, Informatikkaufmann/-frau, Informations- und Telekommunikationssystem-Elektroniker/-in sowie Informations- und Telekommunikationssystem-Kaufmann/-frau ist zu beachten, dass es in der IT-Branche zum Teil keine tarifvertraglichen Regelungen der Ausbildungsvergütungen gibt. In den Berechnungen der Datenbank Ausbildungsvergütungen können generell nur diejenigen Wirtschaftsbereiche berücksichtigt werden, in denen tarifliche Vereinbarungen existieren.

Abkürzungen

IH = Industrie und Handel
Hw = Handwerk
Lw = Landwirtschaft
FB = Freie Berufe
ÖD = Öffentlicher Dienst
Hs = Hauswirtschaft

Berechnungsgrundlage: Tarifliche Ausbildungsvergütungen zum Stand 1. Oktober 2015

Quelle: Bundesinstitut für Berufsbildung, Datenbank Ausbildungsvergütungen

Tarifliche Vereinbarungen für Branchen

In den meisten Branchen wird die Höhe der Ausbildungsvergütungen zwischen den Tarifpartnern (Arbeitgeberverbände und Gewerkschaften) vereinbart. Dabei wird keine Unterscheidung nach dem Ausbildungsberuf vorgenommen. Innerhalb einer Branche hängt die Vergütungshöhe also nicht davon ab, in welchem Beruf ausgebildet wird. Allerdings gibt es in den meisten Branchen mehr oder weniger große regionale Vergütungsunterschiede, insbesondere zwischen West- und Ostdeutschland.
Zwischen den Branchen bestehen zum Teil beträchtliche Unterschiede in der Höhe der tariflichen Ausbildungsvergütungen. Deshalb kann die Vergütung in ein und demselben Beruf sehr stark variieren, je nach dem, in welcher Branche die Ausbildung stattfindet, d.h. welcher Branche der Ausbildungsbetrieb angehört.
Die tariflichen Vergütungssätze sind für tarifgebundene Betriebe verbindliche Mindestbeträge, d.h. niedrigere Zahlungen sind unzulässig, übertarifliche Zuschläge dagegen möglich. Eine Tarifbindung liegt vor, wenn der Betrieb dem Arbeitgeberverband angehört, der einen entsprechenden Tarifvertrag abgeschlossen hat. Nicht tarifgebundene Ausbildungsbetriebe orientieren sich häufig an den in ihrer Branche und Region geltenden tariflichen Sätzen, die sie jedoch nach derzeitiger Rechtsprechung um bis zu 20 % unterschreiten dürfen. In nicht tarifgebundenen Betrieben kann die tatsächlich gezahlte Ausbildungsvergütung daher deutlich unter dem tariflich vereinbarten Vergütungsbetrag liegen.
Bei den tariflichen Ausbildungsvergütungen handelt es sich um Bruttobeträge. Sofern die Vergütung monatlich über 325 € liegt, sind vom Auszubildenden Sozialversicherungsbeiträge zu leisten. Gegebenenfalls erfolgt auch ein Einkommenssteuerabzug, und zwar wenn der Grundfreibetrag mit dem Gesamteinkommen (Ausbildungsvergütung und ggf. sonstige Einkünfte) überschritten ist.

Vergütungsdurchschnitte für einzelne Ausbildungsberufe

Aufgrund der branchenspezifischen und regionalen Unterschiede existiert für den einzelnen Beruf in der Regel keine einheitliche Ausbildungsvergütung. Im Rahmen der Datenbank Ausbildungsvergütungen werden auf Grundlage der unterschiedlichen Vereinbarungen aus rund 450 bedeutenden Tarifbereichen Deutschlands Vergütungsdurchschnitte pro Beruf ermittelt. Im individuellen Fall kann die tatsächlich gezahlte Vergütung erheblich vom tariflichen Durchschnittswert des betreffenden Berufs abweichen.
Die Auswertungen im Rahmen der Datenbank Ausbildungsvergütungen beschränken sich auf stärker besetzte Berufe (d.h. mit einer Besetzungszahl von mindestens rund 500 Auszubildenden im Jahr der Erstaufnahme des Berufs in die Datenbank). Neu geschaffene Ausbildungsberufe werden daher zunächst noch nicht berücksichtigt.

Einige stark besetzte Berufe können nicht einbezogen werden, da sie in Bereichen ausgebildet werden, in denen keine tariflichen Vereinbarungen zu den Ausbildungsvergütungen geschlossen werden (z. B. »Rechtsanwaltsfachangestellte/-r«, »Steuerfachangestellte/-r«).
Generell können in den Berechnungen für die einzelnen Berufe nur diejenigen Wirtschaftsbereiche berücksichtigt werden, in denen auch tarifliche Regelungen existieren. Insbesondere für die Berufe »Fachinformatiker/-in«, »Informatikkaufmann/-frau«, »Informations- und Telekommunikationssystem-Elektroniker/-in« sowie »Informations- und Telekommunikationssystem-Kaufmann/-frau« ist darauf hinzuweisen, dass es in der IT-Branche zum Teil keine tarifvertraglichen Festlegungen der Ausbildungsvergütungen gibt.

Außerbetriebliche Ausbildung und Ausbildung außerhalb von BBiG/HwO
In der außerbetrieblichen Ausbildung (in BBiG/HwO-Berufen), die durch staatliche Programme oder auf gesetzlicher Grundlage mit öffentlichen Mitteln finanziert wird, gelten die tariflichen Ausbildungsvergütungen nicht. Die hier gezahlten Ausbildungsvergütungen werden staatlich festgesetzt und liegen in der Regel erheblich niedriger als die tariflichen Sätze. Die Vergütungen in der außerbetrieblichen Ausbildung werden in den Auswertungen der Datenbank Ausbildungsvergütungen nicht berücksichtigt.
Nicht einbezogen sind in die Datenbank Ausbildungsvergütungen die Berufe, in denen die Ausbildung nicht nach BBiG/HwO, sondern nach sonstigen bundes- oder landesrechtlichen Regelungen erfolgt (z. B. Berufe in der Kranken- und Altenpflege, Assistentenberufe); hierfür liegen keine Angaben vor.

Stand der Information: Januar 2016

Ausbildungsvertragsmuster

Rechtliche Grundlage

Nach § 11 BBiG hat der Ausbildende nach Abschluss des Berufsausbildungsvertrags, spätestens aber vor Beginn der Berufsausbildung, den wesentlichen Inhalt des Vertrags schriftlich niederzulegen. Die Niederschrift muss mindestens Angaben enthalten über:

1. Art, sachliche und zeitliche Gliederung sowie Ziel der Berufsausbildung, vor allem die Berufstätigkeit, für die ausgebildet werden soll,
2. Beginn und Dauer der Berufsausbildung,
3. Ausbildungsmaßnahmen außerhalb der Ausbildungsstätte,
4. Dauer der regelmäßigen täglichen Ausbildungszeit,
5. Dauer der Probezeit,
6. Zahlung und Höhe der Vergütung,
7. Dauer des Urlaubs,
8. Voraussetzungen, unter denen der Berufsausbildungsvertrag gekündigt werden kann.

Dieser Vertrag muss vom Ausbildenden, dem Auszubildenden und dessen gesetzlichem Vertreter unterzeichnet werden, und dem Auszubildenden und dessen gesetzlichem Vertreter muss eine Ausfertigung ausgehändigt werden.

Die hier gebotene Schriftlichkeit des Berufsausbildungsvertrags führt jedoch nicht zur Nichtigkeit des Vertrags, wenn die Schriftform nicht eingehalten worden ist, wie das BAG am 21. 8. 1997 – 5 AZR 713/96 – entschieden hat. Auch die Nachweisrichtlinie (s. dort) hat daran nichts geändert. Die Schriftform hat nur deklaratorische Bedeutung und ist nicht Wirksamkeitsvoraussetzung für das Zustandekommen des Berufsausbildungsvertrags.

Bedeutung für den Betriebsrat/die JAV

Es sollte darauf geachtet werden, dass immer das aktuelle Ausbildungsvertragsmuster verwendet wird.
Empfehlungen des BIBB-Hauptausschusses:
https://www.bibb.de/de/11703.php

Empfehlung 115, Ausbildungsvertragsmuster:
http://www.bibb.de/dokumente/pdf/empfehlung_115-ausbildungsvertragsmuster_296.pdf

Empfehlungen des Hauptausschusses des BIBB vom 07.03.2008:

06

Ausbildungsvertragsmuster

Berufsausbildungsvertrag
(§§ 10, 11 Berufsbildungsgesetz – BBiG)

Zwischen

____

____

(Name und Anschrift des Ausbildenden – Ausbildungsbetriebs)[1]

und

____

____

(Name und Anschrift der/des Auszubildenden)

geb. am ____

gesetzlich vertreten durch[2]

____

wird nachstehender Berufsausbildungsvertrag zur Ausbildung im Ausbildungsberuf

____

nach Maßgabe der Ausbildungsordnung[3] geschlossen:

---

1 Zur Erfüllung der vertraglichen Verpflichtungen der Ausbildenden können mehrere natürliche oder juristische Personen in einem Ausbildungsverbund zusammenwirken, soweit die Verantwortlichkeit für die einzelnen Ausbildungsabschnitte sowie für die Ausbildungszeit insgesamt sichergestellt ist (Verbundausbildung, § 10 Abs. 5 BBiG).

2 Vertretungsberechtigt sind beide Eltern gemeinsam, soweit nicht die Vertretungsberechtigung nur einem Elternteil zusteht. Ist ein Vormund bestellt, bedarf dieser zum Abschluss des Ausbildungsvertrags der Genehmigung des Vormundschaftsgerichts.

3 Gemäß § 104 Abs. 1 BBiG und § 122 Abs. 4 HwO sind die vor dem 01.09.1969 bestehenden Ordnungsmittel anzuwenden, solange eine Ausbildungsordnung nicht erlassen ist.

§ 1 – Dauer der Ausbildung

1. (Dauer)

Die Ausbildungsdauer beträgt nach der Ausbildungsordnung ____ Jahre/Monate.

a) Auf die Ausbildungsdauer wird die Berufsausbildung zum ____[4] bzw. eine berufliche Vorbildung in ________[5] mit ____ Monaten angerechnet.

b) Die Ausbildungsdauer verkürzt sich vorbehaltlich der Entscheidung der zuständigen Stelle aufgrund ________ um ____ Monate.[6]

Das Berufsbildungsverhältnis

beginnt am ______ und endet ______ am.[7]

2. (Probezeit)

Die Probezeit beträgt ____ Monate.[8] Wird die Ausbildung während der Probezeit um mehr als ein Drittel dieser Zeit unterbrochen, verlängert sich die Probezeit um den Zeitraum der Unterbrechung.

3. (Vorzeitige Beendigung des Berufsausbildungsverhältnisses)

Bestehen Auszubildende vor Ablauf der unter Nr. 1 vereinbarten Ausbildungszeit die Abschlussprüfung, endet das Berufsausbildungsverhältnis mit Bekanntgabe des Ergebnisses durch den Prüfungsausschuss.

4. (Verlängerung des Berufsausbildungsverhältnisses)

Bestehen Auszubildende die Abschlussprüfung nicht, verlängert sich das Berufsausbildungsverhältnis auf ihr Verlangen bis zur nächstmöglichen Wiederholungsprüfung, höchstens um ein Jahr.

---

4 Eine vorgehende Berufsausbildung kann auf die Ausbildungsdauer angerechnet werden, sofern die dem Vertrag zugrunde liegende Ausbildungsordnung eine Anrechnungsmöglichkeit nach § 5 Abs. 2 Nr. 4 BBiG vorsieht.

5 Für die Anrechnung beruflicher Vorbildung durch den Besuch eines Bildungsganges berufsbildender Schulen oder der Berufsausbildung in einer sonstigen Einrichtung gelten bis 31.07.2006 die Bundesverordnungen für die Berufsgrundbildungsjahre und Berufsfachschulen. Danach können die Länder durch Rechtsverordnung bestimmen, ob Bewerber einen Rechtsanspruch auf Anrechnung haben bzw. ob eine obligatorische Anrechnung erfolgt. Spätestens ab 01.08.2009 bedarf eine Anrechnung des gemeinsamen Antrags der Auszubildenden und Ausbildenden (§ 7 BBiG).

6 Nach § 8 Abs. 1 BBiG hat die zuständige Stelle auf gemeinsamen Antrag der/des Auszubildenden und Ausbildenden die Ausbildungsdauer zu verkürzen, wenn zu erwarten ist, dass das Ausbildungsziel auch in der verkürzten Zeit erreicht wird.

7 Wenn die Ausbildungsordnung vorsieht, dass die Berufsausbildung in sachlich und zeitlich besonders gegliederten, aufeinander abgestimmten Stufen erfolgt, soll zwar nach den einzelnen Stufen ein Ausbildungsabschluss vorgesehen sein, der zu einer qualifizierten beruflichen Tätigkeit befähigt (sog. »echte« Stufenausbildung, § 5 Abs. 2 Nr. 1 BBiG). Auch in diesem Fall muss aber der Vertrag über die gesamte Ausbildungszeit abgeschlossen werden (§ 21 Abs. 1 BBiG).

8 Die Probezeit muss mindestens einen Monat und darf höchstens vier Monate betragen.

§ 2 – Ermächtigung zur Anmeldung zu Prüfungen

Die/der Auszubildende ermächtigen den Ausbildenden, sie/ihn in ihrem/seinem Namen zu Prüfungen im Rahmen der Ausbildung anzumelden; siehe näher § 4 Nr. 11 dieses Vertrags.

§ 3 – Ausbildungsstätte

Die Ausbildung findet vorbehaltlich der Regelungen nach § 4 Nr. 12 in

____

(Ausbildungsstätte)

und den mit dem Betriebssitz für die Ausbildung üblicherweise zusammenhängenden Bau-, Montage- und sonstigen Arbeitsstellen statt.

§ 4 – Pflichten des Ausbildenden

Der Ausbildende verpflichtet sich,

1. (Ausbildungsziel)

dafür zu sorgen, dass der/dem Auszubildenden die berufliche Handlungsfähigkeit vermittelt wird, die zum Erreichen des Ausbildungsziels erforderlich ist, und die Berufsausbildung nach den beigefügten Angaben zur sachlichen und zeitlichen Gliederung des Ausbildungsablaufs so vorzunehmen, dass das Ausbildungsziel in der vorgesehenen Ausbildungszeit erreicht werden kann;

2. (Ausbilder/Ausbilderinnen)

selbst auszubilden oder eine/einen persönlich und fachlich geeignete/geeigneten Ausbilderin/Ausbilder ausdrücklich damit zu beauftragen und diese/diesen der/dem Auszubildenden jeweils schriftlich bekannt zu geben;

3. (Ausbildungsordnung)

der/dem Auszubildenden vor Beginn der Ausbildung die Ausbildungsordnung kostenlos auszuhändigen;

4. (Ausbildungsmittel)

der/dem Auszubildenden kostenlos die Ausbildungsmittel, vor allem Werkzeuge, Werkstoffe und Fachliteratur zur Verfügung zu stellen, die für die Ausbildung in den betrieblichen und überbetrieblichen Ausbildungsstätten und zum Ablegen von Zwischen- und Abschlussprüfungen,[9] auch soweit solche nach Beendigung des Berufsausbildungsverhältnisses und in zeitlichem Zusammenhang damit stattfinden, erforderlich sind;

5. (Besuch der Berufsschule und von Ausbildungsmaßnahmen außerhalb der Ausbildungsstätte)

die/den Auszubildende/n zum Besuch der Berufsschule anzuhalten und freizustellen. Das Gleiche gilt, wenn Ausbildungsmaßnahmen außerhalb der Ausbildungsstätte vorgeschrieben oder nach Nr. 12 durchzuführen sind;

---

9 Auch eines ersten Teils der Abschlussprüfung, sofern nach der Ausbildungsordnung vorgesehen.

6. (Führung von schriftlichen Ausbildungsnachweisen)
soweit schriftliche Ausbildungsnachweise geführt werden, diese der/dem Auszubildenden für die Berufsausbildung kostenfrei auszuhändigen und die ordnungsgemäße Führung durch regelmäßige Abzeichnung zu überwachen;
7. (Ausbildungsbezogene Tätigkeiten)
der/dem Auszubildenden nur Aufgaben zu übertragen, die dem Ausbildungszweck dienen und ihren/seinen körperlichen Kräften angemessen sind;
8. (Sorgepflicht)
dafür zu sorgen, dass die/der Auszubildende charakterlich gefördert sowie sittlich und körperlich nicht gefährdet wird;
9. (Ärztliche Untersuchungen)
sofern die/der Auszubildende noch nicht 18 Jahre alt ist, sich Bescheinigungen gem. § 32, 33 JArbSchG darüber vorlegen zu lassen, dass sie/er a) vor der Aufnahme der Ausbildung untersucht und b) vor Ablauf des ersten Ausbildungsjahres nachuntersucht worden ist;
10. (Eintragungsantrag)
unverzüglich nach Abschluss des Berufsausbildungsvertrags die Eintragung in das Verzeichnis der Berufsausbildungsverhältnisse bei der zuständigen Stelle unter Beifügung der Vertragsniederschriften und – bei Auszubildenden unter 18 Jahren – einer Kopie oder Mehrfertigung der ärztlichen Bescheinigung über die Erstuntersuchung gem. § 32 JArbSchG zu beantragen. Entsprechendes gilt bei späteren Änderungen des wesentlichen Vertragsinhalts;
11. (Anmeldung zu Prüfungen)
die/den Auszubildende/n im Rahmen einer gem. § 2 dieses Vertrags erteilten Ermächtigung rechtzeitig zu den angesetzten Zwischen- und Abschlussprüfungen oder zum ersten und zweiten Teil einer gestreckten Abschlussprüfung anzumelden und für die Teilnahme freizustellen sowie der Anmeldung zur Zwischenprüfung oder zum ersten Teil einer gestreckten Abschlussprüfung bei Auszubildenden, die noch nicht 18 Jahre alt sind, eine Kopie oder Mehrfertigung der ärztlichen Bescheinigung über die erste Nachuntersuchung gem. § 33 JArbSchG beizufügen. Die Auszubildenden erhalten eine Kopie des Anmeldeantrags;
12. (soweit zutreffend: Ausbildungsmaßnahmen außerhalb der Ausbildungsstätte)

____

____

§ 5 – Pflichten der/des Auszubildenden

Die/Der Auszubildende hat sich zu bemühen, die berufliche Handlungsfähigkeit zu erwerben, die erforderlich ist, um das Ausbildungsziel zu erreichen. Sie/Er verpflichtet sich vor allem,
1. (Lernpflicht)
die ihr/ihm im Rahmen ihrer/seiner Berufsausbildung übertragenen Aufgaben sorgfältig auszuführen;

2. (Berufsschulunterricht, Prüfungen und sonstige Maßnahmen)
am Berufsschulunterricht und an Prüfungen sowie an Ausbildungsmaßnahmen außerhalb der Ausbildungsstätte teilzunehmen, für die sie/er nach § 4 Nr. 5, 11 und 12 freigestellt wird;

3. (Weisungsgebundenheit)
den Weisungen zu folgen, die ihr/ihm im Rahmen der Berufsausbildung von Ausbildenden, von Ausbildern oder Ausbilderinnen oder von anderen weisungsberechtigten Personen, soweit sie als weisungsberechtigt bekannt gemacht worden sind, erteilt werden;

4. (Betriebliche Ordnung)
die für die Ausbildungsstätte geltende Ordnung zu beachten;

5. (Sorgfaltspflicht)
Werkzeug, Maschinen und sonstige Einrichtungen pfleglich zu behandeln und sie nur zu den ihr/ihm übertragenen Arbeiten zu verwenden;

6. (Betriebsgeheimnisse)
über Betriebs- und Geschäftsgeheimnisse Stillschweigen zu wahren;

7. (Führung von schriftlichen Ausbildungsnachweisen)
vorgeschriebene schriftliche Ausbildungsnachweise ordnungsgemäß zu führen und regelmäßig vorzulegen;

8. (Benachrichtigung)
bei Fernbleiben von der betrieblichen Ausbildung, vom Berufsschulunterricht oder von sonstigen Ausbildungsveranstaltungen dem Ausbildenden unter Angabe von Gründen unverzüglich Nachricht zu geben. Bei einer Arbeitsunfähigkeit infolge von Krankheit, die länger als drei Kalendertage dauert, hat die/der Auszubildende eine ärztliche Bescheinigung über das Bestehen der Arbeitsunfähigkeit sowie deren voraussichtliche Dauer spätestens an dem darauf folgenden Arbeitstag vorzulegen. Der Ausbildende ist berechtigt, die Vorlage der ärztlichen Bescheinigung früher zu verlangen. Dauert die Arbeitsunfähigkeit länger als in der Bescheinigung angegeben, ist die/der Auszubildende verpflichtet, eine neue ärztliche Bescheinigung vorzulegen;

9. (Ärztliche Untersuchungen)
soweit auf sie/ihn die Bestimmungen des Jugendarbeitsschutzgesetzes Anwendung finden, sich gem. § 32 und 33 dieses Gesetzes ärztlich a) vor Beginn der Ausbildung untersuchen b) vor Ablauf des ersten Ausbildungsjahres nachuntersuchen zu lassen und die Bescheinigungen hierüber dem Ausbildenden vorzulegen.

§ 6 – Vergütung und sonstige Leistungen

1. (Höhe und Fälligkeit)
Der Ausbildende zahlt der/dem Auszubildenden eine angemessene Vergütung; sie beträgt zz. monatlich

€ ______ brutto im ersten Ausbildungsjahr,
€ ______ brutto im zweiten Ausbildungsjahr,
€ ______ brutto im dritten Ausbildungsjahr,
€ ______ brutto im vierten Ausbildungsjahr.

Soweit Vergütungen tariflich geregelt und nach § 12 anwendbar oder vereinbart sind, gelten die tariflichen Sätze.
Eine über die vereinbarte regelmäßige tägliche Ausbildungszeit hinaus gehende Beschäftigung wird besonders vergütet oder durch entsprechende Freizeit ausgeglichen.
Die Vergütung wird spätestens am letzten Arbeitstag des Monats gezahlt. Das auf die Urlaubszeit entfallende Entgelt (Urlaubsentgelt) wird vor Antritt des Urlaubs ausgezahlt.
Die Beiträge für die Sozialversicherung tragen die Vertragschließenden nach Maßgabe der gesetzlichen Bestimmungen.

2. (Sachleistungen)
Soweit der Ausbildende der/dem Auszubildenden Kosten und/oder Wohnung gewährt, gilt die in der Anlage beigefügte Regelung.

3. (Kosten für Maßnahmen außerhalb der Ausbildungsstätte)
Ausbildende tragen die Kosten für Maßnahmen außerhalb der Ausbildungsstätte nach § 4 Nr. 5, soweit sie nicht anderweitig gedeckt sind. Ist eine auswärtige Unterbringung erforderlich, können Auszubildenden anteilige Kosten für Verpflegung in dem Umfang in Rechnung gestellt werden, in dem diese Kosten einsparen. Die Anrechnung von anteiligen Kosten und Sachbezugswerten nach § 17 Abs. 2 BBiG darf 75 % der vereinbarten Bruttovergütung nicht übersteigen.

4. (Berufskleidung)
Wird vom Ausbildenden eine besondere Berufskleidung vorgeschrieben, wird sie von ihm zur Verfügung gestellt.

5. (Fortzahlung der Vergütung)
Der/Dem Auszubildenden wird die Vergütung auch gezahlt

a) für die Zeit der Freistellung gem. § 4 Nr. 5, 11 und 12 dieses Vertrags sowie gem. § 10 Abs. 1 Nr. 2 und § 43 JArbSchG
b) bis zur Dauer von sechs Wochen, wenn sie/er
   aa) sich für die Berufsausbildung bereit hält, diese aber ausfällt,
   bb) aus einem sonstigen, in ihrer/seiner Person liegenden Grund unverschuldet verhindert ist, die Pflichten aus dem Berufsausbildungsverhältnis zu erfüllen,
   cc) bei Krankheit nach Maßgabe des Entgeltfortzahlungsgesetzes.

§ 7 – Ausbildungszeit und Urlaub

1. (Tägliche Ausbildungszeit[10])
Die regelmäßige tägliche Ausbildungszeit beträgt ____ Stunden.[11]

10 Nach dem Jugendarbeitsschutzgesetz beträgt die höchstzulässige tägliche Arbeitszeit (Ausbildungszeit) bei noch nicht 18 Jahre alten Personen grundsätzlich acht Stunden. Ist allerdings die Arbeitszeit an einzelnen Werktagen auf weniger als acht Stunden verkürzt, können Jugendliche an den übrigen Werktagen derselben Woche bis zu achteinhalb Stunden beschäftigt werden (§ 8 JArbSchG). Im Übrigen sind die Vorschriften des Jugendarbeitsschutzgesetzes über die höchstzulässigen Wochenarbeitszeiten zu beachten.

11 Bei berechtigtem Interesse kann auf gemeinsamen Antrag von Ausbildenden und Auszubildenden bei der zuständigen Stelle die Ausbildung auch als Teilzeitausbildung ausgeführt werden (§ 8 Abs. 1 Satz 2 BBiG).

2. (Urlaub)
Der Ausbildende gewährt der/dem Auszubildenden Urlaub nach den geltenden Bestimmungen. Es besteht ein Urlaubsanspruch
auf ____ Werktage oder ____ Arbeitstage im Jahr,
auf ____ Werktage oder ____ Arbeitstage im Jahr,
auf ____ Werktage oder ____ Arbeitstage im Jahr,
auf ____ Werktage oder ____ Arbeitstage im Jahr.
3. (Lage des Urlaubs)
Der Urlaub soll zusammenhängend und in der Zeit der Berufsschulferien erteilt und genommen werden. Während des Urlaubs darf die/der Auszubildende keine dem Urlaubszweck widersprechende Erwerbsarbeit leisten.

§ 8 – Kündigung

1. (Kündigung während der Probezeit)
Während der Probezeit kann das Berufsausbildungsverhältnis ohne Einhaltung einer Kündigungsfrist und ohne Angabe von Gründen gekündigt werden.
2. (Kündigungsgründe)
Nach der Probezeit kann das Berufsausbildungsverhältnis nur gekündigt werden
a) aus einem wichtigen Grund[12] ohne Einhaltung einer Kündigungsfrist,
b) von der/dem Auszubildenden mit einer Kündigungsfrist von vier Wochen, wenn sie/er die Berufsausbildung aufgeben oder sich für eine andere Berufstätigkeit ausbilden lassen will.
3. (Form der Kündigung)
Die Kündigung muss schriftlich, im Falle der Nr. 2 unter Angabe der Kündigungsgründe erfolgen.
4. (Unwirksamkeit einer Kündigung)
Eine Kündigung aus einem wichtigen Grund ist unwirksam, wenn die ihr zugrunde liegenden Tatsachen dem zur Kündigung Berechtigten länger als zwei Wochen bekannt sind. Ist ein Schlichtungsverfahren gem. § 10 eingeleitet, wird bis zu dessen Beendigung der Lauf dieser Frist gehemmt.
5. (Schadensersatz bei vorzeitiger Beendigung)
Wird das Berufsausbildungsverhältnis nach Ablauf der Probezeit vorzeitig gelöst, kann der Ausbildende oder die/der Auszubildende Ersatz des Schadens verlangen, wenn die andere Person den Grund für die Auflösung zu vertreten hat. Das gilt nicht bei Kündigung wegen Aufgabe oder Wechsels der Berufsausbildung (Nr. 2b). Der Anspruch erlischt, wenn er nicht innerhalb von drei Monaten nach Beendigung des Berufsausbildungsverhältnisses geltend gemacht wird.

---

12 Ein wichtiger Grund ist gegeben, wenn Tatsachen vorliegen, aufgrund derer dem Kündigenden unter Berücksichtigung aller Umstände des Einzelfalls und unter Abwägung der Interessen beider Vertragsteile die Fortsetzung des Ausbildungsverhältnisses bis zum Ablauf der Ausbildungsdauer nicht zugemutet werden kann.

6. (Aufgabe des Betriebs, Wegfall der Ausbildungseignung)
Bei Kündigung des Berufsausbildungsverhältnisses wegen Betriebsaufgabe oder wegen Wegfalls der Ausbildungseignung verpflichten sich Ausbildende, sich mit Hilfe der Berufsberatung der zuständigen Arbeitsagentur rechtzeitig um eine weitere Ausbildung im bisherigen Ausbildungsberuf in einer anderen geeigneten Ausbildungsstätte zu bemühen.

§ 9 – Betriebliches Zeugnis

Der Ausbildende hat der/dem Auszubildenden bei Beendigung des Berufsausbildungsverhältnisses ein Zeugnis auszustellen. Die elektronische Form ist ausgeschlossen. Hat der Ausbildende die Berufsausbildung nicht selbst vorgenommen, soll auch der Ausbilder oder die Ausbilderin das Zeugnis unterschreiben. Es muss Angaben enthalten über Art, Dauer und Ziel der Berufsausbildung sowie über die erworbenen beruflichen Fertigkeiten, Kenntnisse und Fähigkeiten der/des Auszubildenden. Auf Verlangen der/des Auszubildenden sind auch Angaben über Verhalten und Leistung aufzunehmen.

§ 10 – Beilegung von Streitigkeiten

Bei Streitigkeiten aus dem bestehenden Berufsausbildungsverhältnis ist vor Inanspruchnahme des Arbeitsgerichts der nach § 111 Abs. 2 ArbGG errichtete Schlichtungsausschuss anzurufen, sofern ein solcher bei der zuständigen Stelle besteht.

§ 11 – Erfüllungsort

Erfüllungsort für alle Ansprüche aus diesem Vertrag ist der Ort der Ausbildungsstätte.

§ 12 – Sonstige Vereinbarungen[13]

Hinweis auf anzuwendende Tarifverträge und Betriebs- bzw. Dienstvereinbarungen

____

____

____

____

Rechtswirksame Nebenabreden, die das Berufsausbildungsverhältnis betreffen, können nur durch schriftliche Ergänzung im Rahmen des § 12 dieses Berufsausbildungsvertrags getroffen werden.

---

13 Unter anderem können als integraler Bestandteil der Ausbildung Ausbildungsabschnitte im Ausland bis zu einem Viertel der Ausbildungsdauer vereinbart werden. Weiterhin können Zusatzqualifikationen vereinbart werden. Diese können Wahlbausteine in neuen Ausbildungsordnungen oder Teile anderer Ausbildungs- oder Fortbildungsordnungen sein. Zusatzqualifikationen müssen gesondert geprüft und bescheinigt werden.

Vorstehender Vertrag ist in Ausfertigungen (bei Mündeln //LINIE//fach) ausgestellt und von den Vertragsschließenden eigenhändig unterschrieben worden.

______________________ , den ______
(Ort) (Datum)

Der/die Ausbildende: Der/die Auszubildende:

____

(Stempel und Unterschrift)

Die gesetzlichen Vertreter des/der Auszubildenden:
Vater: ______________________________________
und Mutter: __________________________________
oder Vormund: ________________________________
Dieser Vertrag ist in das Verzeichnis der Berufsausbildungsverhältnisse eingetragen am ______ unter Nr. ________
Vorgemerkt zur Prüfung für (Siegel) ____________________

Anlage gem. § 4 Nr. 1 des Berufsausbildungsvertrags

Angaben zur sachlichen und zeitlichen Gliederung des Berufsausbildungsablaufs:

____

____

Anlage gem. § 6 Nr. 2 des Berufsausbildungsvertrags

Ausbildende gewähren Auszubildenden angemessene Wohnung und Verpflegung im Rahmen der Hausgemeinschaft. Diese Leistungen können in Höhe der nach § 17 des Vierten Buches Sozialgesetzbuch festgesetzten Sachbezugswerte angerechnet werden, jedoch nicht über 75 % der Bruttovergütung hinaus. Können Auszubildende während der Zeit, für welche die Vergütung fortzuzahlen ist, aus berechtigtem Grund Sachleistungen nicht abnehmen (z. B. bei Urlaub, Krankenhausaufenthalt etc.), sind diese nach den Sachbezugswerten abzugelten.

Merkblatt zum Berufsausbildungsvertrag

Der Berufsausbildungsvertrag wird zwischen dem Ausbildenden und den Auszubildenden geschlossen. Ausbildender ist diejenige natürliche oder juristische Person (z. B. GmbH), die einen anderen zur Berufsausbildung einstellt. Davon zu unterscheiden sind diejenigen, die die Ausbildung praktisch vornehmen. Das kann der Ausbildende selbst oder von ihm beauftragte Ausbilder oder Ausbilderinnen sein. Auszubildende sind diejenigen, die ausgebildet werden. Im Falle der Minderjährigkeit ist zum Vertragsschluss die Zustimmung der gesetzlichen Vertreter erforderlich. Für Jugendliche unter 18 Jahren darf ein Berufsausbildungsvertrag nur in einem anerkannten Ausbildungsberuf abgeschlossen werden. Ausbildungsberufe werden durch Rechtsverordnung gem. §§ 4, 5 Berufsbildungsgesetz (BBiG) und §§ 25, 26 Handwerksordnung (HwO) anerkannt. Solange dies nicht geschehen ist, sind gem. § 104 Abs. 1 BBiG die bisherigen Ordnungsmittel (Berufsbild, Berufsbildungsplan und Prüfungsanforderungen) bzw. gem. § 122 Abs. 4 HwO die fachlichen Vorschriften anzuwenden. Das amtliche Verzeichnis der anerkannten Ausbildungsberufe kann bei der Berufsberatung der Agentur für Arbeit oder bei der zuständigen Stelle eingesehen werden. Ist durch den übereinstimmenden Willen, dass eine Ausbildung in diesem Ausbildungsberuf stattfinden soll, zwischen den Vertragspartnern der Ausbildungsvertrag zustande gekommen, muss unverzüglich, spätestens vor Beginn der Berufsausbildung, die Vertragsniederschrift ausgefertigt werden. Als Niederschrift dient das von der zuständigen Stelle vorgesehene Muster des Berufsausbildungsvertrags. Unverzüglich nach Ausfertigung der Vertragsniederschrift hat der Ausbildende bei der zuständigen Stelle die Eintragung in das Verzeichnis der Berufsausbildungsverhältnisse zu beantragen.

Bei der Ausfertigung der Vertragsniederschrift ist im Einzelnen Folgendes zu beachten:

§ 1 – Dauer der Ausbildung

Zu Nr. 1 (Dauer)

Die vorgeschriebene Ausbildungsdauer ist der Ausbildungsordnung zu entnehmen. Die tatsächliche Dauer der Ausbildung ist unter Berücksichtigung von etwaigen Verkürzungen oder Anrechnungen im Vertrag mit dem Datum des Beginns und des Endes anzugeben.

Eine längere Dauer als in der Ausbildungsordnung vorgeschrieben, darf nicht vereinbart werden. Es ist aber möglich, dass während der Laufzeit des Ausbildungsverhältnisses der Auszubildende im Ausnahmefall einen Verlängerungsantrag stellt, den die Kammer genehmigen kann, wenn die Verlängerung erforderlich ist, um das Ausbildungsziel zu erreichen. Gegebenenfalls kann auf die Ausbildungsdauer eine vorherige Berufsausbildung oder nach besonderen Bestimmungen der einzelnen Bundesländer eine anderweitige berufliche Vorbildung wie etwa ein Berufsgrundbildungsjahr ganz oder teilweise angerechnet werden.

Die zuständige Stelle hat auf gemeinsamen Antrag der Auszubildenden und Ausbildenden die Ausbildungszeit zu kürzen, wenn zu erwarten ist, dass der Auszubildende das Ausbildungsziel in der gekürzten Zeit erreicht. Für die Entscheidung im Einzelfall sind die Richtlinien des Hauptausschusses des Bundesinstituts für Berufsbildung und der jeweiligen zuständigen Stelle maßgebend.

Die Verkürzung oder Anrechnung von Ausbildungszeiten ist in § 1 Nr. 1 der Vertragsniederschrift unter Angabe der bereits abgeleisteten Ausbildungszeit bzw. der besuchten Schulen auszuweisen.

Über die vertraglich vereinbarten Abkürzungen und Anrechnungen hinaus eröffnet das BBiG die Möglichkeit der vorzeitigen Zulassung zur Abschlussprüfung (§ 45 Abs. 1 BBiG, § 37 Abs. 1 HwO). Das Nähere regelt die Prüfungsordnung der zuständigen Stelle.

Der Berufsausbildungsvertrag endet spätestens mit Ablauf der vereinbarten Ausbildungszeit. Im Berufsausbildungsvertrag ist die Vereinbarung einer Weiterbeschäftigung nach Beendigung des Berufsausbildungsverhältnisses unzulässig. Außerhalb des Berufsausbildungsvertrags kann eine solche Vereinbarung frühestens während der letzten sechs Monate des bestehenden Berufsausbildungsverhältnisses getroffen

werden. Wenn die Vertragsparteien dies beabsichtigen, soll im Interesse der Vertragsklarheit innerhalb der letzten sechs Monate des bestehenden Berufsausbildungsverhältnisses eine entsprechende Willensäußerung des Auszubildenden erfolgen.
Das Arbeitsverhältnis kann auf unbestimmte Zeit oder befristet eingegangen werden. Bei einer Befristung sind die Bestimmungen des Teilzeit- und Befristungsgesetzes (TzBfG) zu beachten.

§ 2 – Ermächtigung zur Anmeldung zu Prüfungen

Entgegen verbreiteter früherer Praxis steht die Anmeldung zu Prüfungen grundsätzlich der bzw. dem Auszubildenden selbst zu. Der Ausbildende kann zur Prüfung nicht bereits aus eigenem Recht anmelden, sondern nur infolge einer Ermächtigung; eine solche in § 2 vorgesehene Ermächtigung ist aber auch nachdrücklich zu empfehlen, um eine fristgerechte Anmeldung zur Prüfung zu gewährleisten und eine ungewollte Unterbrechung des Vertragsverhältnisses zu vermeiden. Eine Unterbrechung mit der Folge des Wegfalls der Ausbildungsvergütung könnte eintreten, wenn die Prüfung infolge verspäteter Anmeldung erst nach Ende der vereinbarten Ausbildungszeit anberaumt werden könnte, § 21 Abs. 1 BBiG.

§ 3 – Ausbildungsstätte

Hier ist aufzuführen,

a) wenn die gesamte Ausbildung nur in einer Ausbildungsstätte vorgenommen wird: der Ort der Ausbildungsstätte;
b) wenn die Ausbildung in mehreren Ausbildungsstätten vorgenommen wird: die Bezeichnung der Ausbildungsstätten mit Angabe des Ortes.

§ 4 – Pflichten des Ausbildenden

Zu Nr. 1 (Ausbildungsziel)

Dem Berufsausbildungsvertrag sind Angaben über die sachliche und zeitliche Gliederung der Berufsausbildung als Anlage beizufügen. Der Ausbildungsablauf ist unter Zugrundelegung des Ausbildungsrahmenplans gem. § 5 BBiG bzw. § 26 HwO den betrieblichen Gegebenheiten entsprechend so aufzugliedern, dass sowohl die zeitliche Folge als auch der sachliche Aufbau der Berufsausbildung ersichtlich ist.

Zu Nr. 9 (Untersuchungen)

Nach § 32 JArbSchG darf der Ausbildende mit der Berufsausbildung eines Jugendlichen nur beginnen, wenn dieser innerhalb der letzten 14 Monate von einem Arzt untersucht worden ist und ihm eine von diesem Arzt ausgestellte Bescheinigung vorliegt. Der Ausbildende hat sich vor Ablauf des ersten Ausbildungsjahres die Bescheinigung eines Arztes darüber vorlegen zu lassen, dass der Jugendliche nachuntersucht worden ist.

Zu Nr. 10 (Eintragungsantrag)

Der Eintragungsantrag muss vor Beginn des Berufsausbildungsverhältnisses bei der zuständigen Stelle gestellt werden, nicht etwa erst während der Probezeit. Dem Antrag sind die Vertragsniederschriften in der von der zuständigen Stelle benötigten Stückzahl und die sonstigen Formblätter der zuständigen Stelle beizufügen. Auch nachträgliche Änderungen des Vertragsinhalts, die von dem ursprünglich der zuständigen Stelle eingereichten Text des Vertrags und der Anlagen abweichen, müssen der zuständigen Stelle unverzüglich mitgeteilt werden.

Zu Nr. 11 (Anmeldung zu Prüfungen)

Siehe Erläuterung zu § 2.

Zu Nr. 12 (Ausbildungsmaßnahmen außerhalb der Ausbildungsstätte)

An dieser Stelle sind diejenigen Ausbildungsmaßnahmen einzutragen, die außerhalb der Ausbildungsstätte durchgeführt werden. Für diese Maßnahmen trägt der Ausbildende die Kosten entsprechend § 6 Nr. 3 des Berufsausbildungsvertrags.

§ 5 – Pflichten der/des Auszubildenden

Zu Nr. 4 (Betriebliche Ordnung)

Die für die Ausbildungsstätte geltende Ordnung kann z. B. betreffen: Sicherheits- und Unfallverhütungsvorschriften, Anlegen von Schutzkleidung, Vorschriften über das Betreten von Werkstätten und bestimmten Räumen, Benutzungsordnungen für Sozialeinrichtungen, allgemeine Hausordnung usw., soweit sie nicht zu den Bestimmungen des BBiG im Widerspruch stehen. Der Ausbildende hat die Auszubildenden auf bestehende Ordnungen hinzuweisen. Die Auszubildenden sollen sich auch selbst über die Ordnungen informieren, wenn diese in der Ausbildungsstätte allgemein zugänglich sind.

Zu Nr. 6 (Betriebsgeheimnisse)

Die Auszubildenden haben über die ihnen als Betriebs- und Geschäftsgeheimnisse bezeichneten Tatsachen hinaus auch dann Stillschweigen zu bewahren, wenn sie eindeutig erkennen mussten, dass es sich um Betriebs- und Geschäftsgeheimnisse handelt.

§ 6 – Vergütung und sonstige Leistungen

Zu Nr. 1 (Höhe und Fälligkeit)

In die vorgesehenen Zeilen der Vertragsniederschrift ist die dem Auszubildenden zu gewährende Vergütung für jedes Ausbildungsjahr einzutragen. Die Vergütung muss nach dem Lebensalter des Auszubildenden und mit fortschreitender Berufsausbildung, mindestens jährlich, ansteigen.

Sofern keine Tarifregelung vorliegt, ist zu empfehlen, sich an einer branchenverwandten Vergütung zu orientieren oder sich an vergleichbare Tarife anzulehnen. Auch bei bestehender Tarifbindung steht es den Vertragsparteien frei, eine über den tariflich festgelegten Sätzen liegende Ausbildungsvergütung zu vereinbaren.

Zu Nr. 3 (Kosten für Maßnahmen außerhalb der Ausbildungsstätte)

Hier sind auch abweichende Regelungen zugunsten des Auszubildenden zulässig.

Zu Nr. 4 (Berufskleidung)

Die Regelung, dass eine besondere Berufskleidung zur Verfügung gestellt wird, soll die Auszubildenden vor übermäßiger Kostenbelastung schützen. Sie soll außerdem verhindern, dass Berufsausbildungsverhältnisse nicht eingegangen werden können, weil die Beschaffung und Unterhaltung einer vorgeschriebenen besonderen Berufskleidung die finanzielle Leistungsfähigkeit der Auszubildenden und ihrer Eltern übersteigen würde. Deshalb ist in erster Linie an diejenigen Fälle gedacht, in denen außerhalb der Entscheidungsfreiheit der Auszubildenden eine in ihrer Art, Qualität oder sonstigen Hinsicht von der in der betreffenden Branche üblichen Berufskleidung abweichende Berufskleidung vom Ausbildenden vorgeschrieben wird.

§ 7 – Ausbildungszeit und Urlaub

Zu Nr. 1 (Tägliche Ausbildungszeit)

Die regelmäßige tägliche Ausbildungszeit ist ausdrücklich in der Vertragsniederschrift zu vereinbaren. Sie bezieht sich auf den Arbeitstag und hat ihre obere Grenze bei den gesetzlichen Bestimmungen, z.B. im Jugendarbeitsschutzgesetz. Die Vereinbarung der regelmäßigen täglichen Ausbildungszeit hat die Auswirkung, dass eine über sie hinausgehende Beschäftigung des Auszubildenden besonders zu vergüten ist.

In Ausbildungsbetrieben, in denen eine gleitende Arbeitszeit eingeführt ist und die Auszubildenden in diese Regelung einbezogen werden, darf die Dauer der täglichen Arbeitszeit nicht über die im Jugendarbeitsschutzgesetz höchstzulässigen Grenzen ausgedehnt werden. Die Lage der täglichen Ausbildungszeit muss sich innerhalb der vom Jugendarbeitsschutzgesetz gezogenen Grenzen bewegen.

Bei berechtigtem Interesse kann auf gemeinsamen Antrag von Ausbildenden und Auszubildenden bei der zuständigen Stelle die Ausbildung auch als Teilzeitberufsausbildung ausgeführt werden (§ 8 Abs. 1 Satz 2 BBiG).

Zu Nr. 2 (Urlaub)

In die vorgesehenen Zeilen der Vertragsniederschrift ist der dem Auszubildenden zustehende Urlaub für jedes Kalenderjahr (nicht Ausbildungsjahr) einzutragen, soweit nicht bereichsspezifische Ausnahmen bestehen. Es ist jeweils nur eine Spalte, entweder Werktage oder Arbeitstage, je nach tariflicher oder einzelvertraglicher Vereinbarung, einzutragen.

Die Dauer des Urlaubs richtet sich nach dem Alter des Auszubildenden zu Beginn eines jeden Kalenderjahres. Ferner ist maßgebend, ob der Urlaub nach dem Jugendarbeitsschutzgesetz, dem Bundesurlaubsgesetz oder nach Tarif gewährt wird. Nur allgemeine Hinweise auf tarifliche Urlaubsregelungen sind nicht ausreichend.

Soweit nicht günstigere Urlaubsregelungen zur Anwendung kommen, besteht ein jährlicher Urlaubsanspruch:

- von mindestens 30 Werktagen, wenn der Jugendliche zu Beginn des Kalenderjahres noch nicht 16 Jahre alt ist,7
- von mindestens 27 Werktagen, wenn der Jugendliche zu Beginn des Kalenderjahres noch nicht 17 Jahre alt ist,
- von mindestens 25 Werktagen, wenn der Jugendliche zu Beginn des Kalenderjahres noch nicht 18 Jahre alt ist,
- von mindestens 24 Werktagen, wenn der Jugendliche zu Beginn des Kalenderjahres das 18. Lebensjahr bereits vollendet hat.

§ 10 – Beilegung von Streitigkeiten

Für Streitigkeiten aus einem Berufsausbildungsverhältnis ist das Arbeitsgericht zuständig. Wenn die zuständige Stelle für die Beilegung von Streitigkeiten einen sogenannten Schlichtungsausschuss errichtet hat, ist Voraussetzung für die Durchführung des arbeitsgerichtlichen Verfahrens, dass dieser Schlichtungsausschuss vor Inanspruchnahme des Arbeitsgerichts angerufen wird. Die Anrufung des Schlichtungsausschusses ist schriftlich oder mündlich zu Protokoll bei der zuständigen Stelle vorzunehmen.

§ 12 – Sonstige Vereinbarungen

Es dürfen keine Vereinbarungen getroffen werden, die mit dem Sinn und Zweck der Berufsausbildung im Widerspruch stehen oder zuungunsten der Auszubildenden von den Vorschriften des Berufsbildungsgesetzes abweichen. Unzulässig sind vor allem Vereinbarungen, die die Auszubildenden für die Zeit nach Beendigung des Berufsausbildungsverhältnisses in der Ausübung ihrer beruflichen Tätigkeit beschränken.
Vertragsstrafen dürfen nicht vereinbart werden. Ebenso unzulässig sind Vereinbarungen über den Ausschluss oder die Beschränkung von Schadensersatzansprüchen und über die Festsetzung der Höhe eines Schadensersatzes in Pauschbeträgen.
Verstöße gegen Bestimmungen des BBiG/der HwO im Zusammenhang mit dem Vertragsschluss und der Niederschrift des Vertrags sowie der Eintragung in das Verzeichnis der Berufsausbildungsverhältnisse können als Ordnungswidrigkeiten mit einer Geldbuße bis zu 1000,– €, in bestimmten Fällen mit einer Geldbuße bis zu 5000,– € geahndet werden (§ 102 BBiG, § 118 HwO).

Ausländerfeindliches/rassistisches Verhalten

Grundlagen

Arbeitgeber und Betriebsrat haben nach § 75 BetrVG insbesondere auch die Aufgabe darüber zu wachen, dass jede unterschiedliche Behandlung von Personen aus Gründen ihrer Rasse oder wegen ihrer ethnischen Herkunft, ihrer Abstammung oder sonstigen Herkunft, ihrer Nationalität, ihrer Religion oder Weltanschauung, ihrer Behinderung, ihres Alters, ihrer politischen oder gewerkschaftlichen Betätigung oder Einstellung oder wegen ihres Geschlechts oder ihrer sexuellen Identität unterbleibt. Durch die gesetzliche Neuregelung vom 14. August 2006 wurden diese Diskriminierungsverbote aus dem AGG übernommen. Insbesondere was das ausländerfeindliche und rassistische Verhalten anbetrifft, hat sich im Rahmen der Betriebsverfassung nichts geändert. Dass dieses verboten ist und der Betriebsrat hierüber zu wachen hat, ist ohnehin nur die Klarstellung einer Selbstverständlichkeit. Konkretisiert wird dies auch in anderen Regelungen der Betriebsverfassung. So kann der Betriebsrat nach § 99 Abs. 2 Nr. 6 einer Einstellung oder einer Versetzung widersprechen, wenn der betreffende Arbeitnehmer den Betriebsfrieden durch rassistische oder fremdenfeindliche Betätigung stören würde. Nach § 104 BetrVG kann der Betriebsrat vom Arbeitgeber verlangen, einen Arbeitnehmer aus dem Betrieb zu entfernen, der den Betriebsfrieden durch rassistische und fremdenfeindliche Betätigungen wiederholt und ernstlich gestört hat.

Gleichwohl kommt es gelegentlich im Betrieb zu ausländerfeindlichem Verhalten. Bei den Tätern handelt es sich oft gerade um Jugendliche, die sich der Tragweite ihres Tuns nicht bewusst sind. Mit Meinungsfreiheit haben rassistische, antisemitische oder neonazistische Äußerungen nichts zu tun.

Durch ein solches Verhalten gefährden Beschäftigte ein Arbeits- oder Ausbildungsverhältnis in hohen Maßen. In derartigen Fällen ist eine fristlose Kündigung ohne vorherige Abmahnung möglich, da kein Arbeitnehmer erwarten könne, der Arbeitgeber werde ausländerfeindliche Äußerungen dulden und eine Herabsetzung von anderen Mitarbeitern im Betrieb hinnehmen (LAG Baden-Württemberg v. 25. 3. 2009 – 2 Sa 94/08). Das BAG hatte sich in einer grundsätzlichen Entscheidung mit der Frage zu befassen, ob für Jugendliche ein anderer Maßstab zu gelten habe. Zwei Auszubildende hatten in den Räumen der Arbeitgeberin ein Schild mit der Aufschrift »Arbeit macht frei, Türkei schönes Land!« an der Werkbank eines türkischen Kollegen angebracht. Das BAG hielt eine Abmahnung trotz des jugendlichen Alters des Klägers für entbehrlich. Die Rechtswidrigkeit des ausländerfeindlichen Verhaltens sei ohne weiteres erkennbar gewesen. Die fristlose Kündigung sei gerechtfertigt (BAG v. 1.7.1999, AuR 2000, 72). Betriebsräte und Jugend- und Auszubildendenvertreter sollen daher, schon im Interesse der Jugendlichen, auch bei kleinsten Anlässen reagieren, aufklärend tätig werden und jedes Verhalten unterbinden, dass als ausländerfeindlich oder rassistisch gewertet werden könnte. Die JAV hat nach § 70 Abs. 1 Nr. 4 BetrVG ausdrücklich die Aufgabe, die Integration ausländischer jugendlicher Arbeitnehmer und zu ihrer Ausbildung Beschäftigter zu fördern und die entsprechenden Maßnahmen beim Betriebsrat zu beantragen.

Ausländische Arbeitnehmer/ Migranten

Begriff

Die erste Generation der Migranten wurde Anfang der 1960er Jahre in die Bundesrepublik als sogenannte »Gastarbeiter« geholt, um geringqualifizierte, körperlich schwere und schmutzige und auch schlecht bezahlte Arbeiten auszuüben. Die Migranten der ersten Stunde aber waren und sind keine Maschinen, die auf Knopfdruck Leistung erbringen. Sie sind Menschen wie du und ich, die mit ihren Familien in Deutschland leben, deren Kinder und Enkel hier aufwachsen, zur Schule gehen und ebenso wie gleichaltrige Deutsche auch einen Ausbildungs- und Arbeitsplatz suchen. Sie sind Teil unserer Gesellschaft geworden und ebenso Einheimische, die ihr Zuhause in Berlin, Hamburg, Düsseldorf oder München haben.

Weltweit sind derzeit rund 60 Millionen Menschen auf der Flucht. Die Gründe, die Menschen dazu bewegen, ihre Heimat zu verlassen, sind vielfältig. Sie fliehen vor gewaltsamen Konflikten, Menschenrechtsverletzungen, politischer, religiöser und ethnischer Verfolgung, Umweltkatastrophen oder existenzieller Not.

Stellt ein Mensch einen Asylantrag beim Bundesamt für Migration und Flüchtlinge (BAMF), wird nach den verschiedenen einschlägigen Gesetzen geprüft, ob diese Person einen Anspruch auf Schutz in Deutschland hat. Das Recht auf Asyl stellt nach Artikel 14 der Allgemeinen Erklärung der Menschenrechte ein grundlegendes Menschenrecht dar. Das Asylrecht wird in Deutschland nicht nur auf Grund der völkerrechtlichen Verpflichtung aus der Genfer Flüchtlingskonvention gewährt, sondern hat als Grundrecht Verfassungsrang. Durch die Änderung des Asylgrundrechts nach Art. 16 Absatz 2 Satz 2 in Art. 16 a GG ist das Versprechen des Asylgrundrechts »Politisch Verfolgte genießen Asylrecht« erheblich eingeschränkt worden. Menschen, die auf dem Landweg nach Deutschland gelangen, tun dies über einen sicheren Drittstaat und können sich daher auf das Asylgrundrecht nicht berufen. Der Kreis derer, die sich auf Art. 16 a Absatz 1 GG berufen können, ist daher erheblich eingeschränkt worden.

Ob Menschen aufgrund von Krieg fliehen oder einfach nur auf der Suche nach besseren Lebensumständen sind, die das Überleben garantieren, ist nicht immer

klar zu differenzieren. Aus menschlicher Sicht ist es völlig unerheblich, ob jemand flieht, weil er politisch verfolgt wird oder vom Hungertod bedroht ist. Moralisch wie völkerrechtlich ist Flüchtlingen Schutz zu gewähren.
Heute leben in Deutschland

- insgesamt 16,4 (2014) Millionen Menschen mit Migrationshintergrund, das bedeutet, sie sind selbst nach Deutschland zugewandert oder stammen von einer Person ab, die zugewandert ist
- davon 7,2 Millionen Menschen ohne deutschen Pass,

Zwischen Januar und Ende Juni 2016 wurden in Deutschland 396 947 Asylanträge gestellt.
Diese Fakten sprechen eine eindeutige Sprache: Deutschland ist ein Einwanderungsland. Migration ist heute nicht eindimensional, neben geringqualifizierten Arbeitnehmern sind ebenso Wissenschaftler und Ingenieure anzutreffen. Diese erfordert eine Einwanderungspolitik, die eine umfassende Teilhabe am politischen, gesellschaftlichen und betrieblichen Leben gewährleistet. Dabei kann Integration ohne Gleichstellung, Chancenförderung und Rechtssicherheit nicht Realität werden. Grundlage dafür ist, dass ausreichende Ausbildungs- und Arbeitsplätze geschaffen werden.
Von daher haben in Betrieben und Verwaltungen gerade die Betriebsräte, JAVs und gewerkschaftlichen Vertrauensleute eine hohe Verantwortung, um in ihrem Wirkungsbereich Rassismus und Diskriminierung zu verhindern und sich für die Gleichbehandlung und Integration aller Beschäftigten, gleich welcher Herkunft, Nationalität, Geschlecht, sexuelle Orientierung, Religion und Hautfarbe, einzusetzen.

Rechtliche Grundlagen

Neben der grundsätzlichen solidarischen und moralischen Verpflichtung zu einem solchen Tun, ergeben sich auch rechtliche Handlungsmöglichkeiten aus dem BetrVG. Mit der Novellierung 2001 ist die betriebliche Integration ausländischer Arbeitnehmer und die Bekämpfung rassistischer und fremdenfeindlicher Betätigung im Betrieb durch verschiedene Regelungen verstärkt worden. Diese müssen jedoch genutzt werden, damit diskriminierendes Verhalten aufgedeckt, Benachteiligung am Arbeitsplatz erkannt und thematisiert werden. Wichtig ist dabei eine Sensibilisierung für Diskriminierung von Migranten und die Bereitschaft, diese aufzudecken und ihr entgegenzuwirken.
Unser Grundgesetz untersagt ausdrücklich in Art. 3 Abs. 3 GG jegliche Benachteiligung bzw. Diskriminierung eines Menschen aus Gründen seiner Rasse oder seiner ethnischen Herkunft. Dieses Grundrecht wird ergänzt durch das Allge-

meine Gleichbehandlungsgesetz, das 2006 in Kraft getreten ist. Im Vordergrund steht dabei die Bekämpfung von Benachteiligungen im Arbeitsleben. So ist der Arbeitgeber verpflichtet, die erforderlichen Maßnahmen zum Schutz vor Benachteiligungen aus Gründen der Rasse oder wegen der ethnischen Herkunft zu ergreifen. Dieses schließt vorbeugende Maßnahmen ausdrücklich mit ein (§ 12 Abs. 1 AGG). Nach § 17 Abs. 1 AGG sind die Interessenvertretungen aufgefordert, in einer gemeinsamen Strategie mit dem Arbeitgeber und den Beschäftigten auf eine neue vielfältige Unternehmenskultur hinzuwirken (»Interkulturelle Öffnung«), um umfassend vor Diskriminierungen bzw. Benachteiligungen im Unternehmen/Betrieb zu schützen.

Beim Arbeitsmarktzugang von Flüchtlingen gelten komplexe Regelungen.

Während anerkannte Flüchtlinge einen uneingeschränkten Arbeitsmarktzugang haben, gelten für Asylbewerber und Geduldete spezielle Regelungen.

Der Zugang zum Arbeitsmarkt ist für Flüchtlinge im Grundsatz folgendermaßen geregelt (sofern keine Duldung mit Arbeitsverbot vorliegt):

- Werden Asylbewerber anerkannt oder wird ihnen ein anderer Schutzstatus zuerkannt, erhalten sie eine Aufenthaltserlaubnis. Flüchtlinge mit einer Aufenthaltserlaubnis haben einen uneingeschränkten Zugang zum Arbeitsmarkt. Das bedeutet, dass sie jede Arbeit annehmen können und keine Arbeitserlaubnis beantragen müssen.
- Flüchtlinge mit einer Duldung und Flüchtlinge mit einer Aufenthaltsgestattung haben einen eingeschränkten Zugang zum Arbeitsmarkt. Das bedeutet, dass vor Beginn einer Arbeit/Ausbildung eine Arbeitserlaubnis bei der zuständigen Ausländerbehörde beantragt werden muss. Es gelten Beschränkungen bzgl. Zeitpunkt der Aufnahme einer Ausbildung/Arbeit, Erlaubnis der Aufnahme und Prüfung der Tätigkeit.

Eine Aufenthaltsgestattung wird Personen zur Durchführung ihres Asylverfahrens erteilt.

Eine Duldung wird erteilt, wenn die Abschiebung eines Ausländers vorübergehend ausgesetzt wird.

Asylbewerber können ab dem dritten Monat und Geduldete sofort eine Ausbildung aufnehmen. Während einer Ausbildung erhalten Flüchtlinge beispielsweise Schutz vor Abschiebung. Flüchtlinge mit Ausbildungsplatz bekommen für die Dauer der Ausbildung einen sicheren Aufenthaltsstatus. Bei anschließender ausbildungsadäquater Beschäftigung wird ein Aufenthaltsrecht für zwei weitere Jahre erteilt. Schließt sich keine Beschäftigung an, haben Betroffene ein halbes Jahr Zeit für die Jobsuche – so lange bleibt ihr Aufenthaltsstatus gesichert. Auch für den Fall, dass ein Flüchtling die Ausbildung abbricht, ist ein halbes Jahr Zeit, einen neuen Ausbildungsplatz zu suchen.

Der unsichere Aufenthaltsstatus und die bestehenden Hürden am Arbeitsmarkt erschweren für Flüchtlinge nicht nur die Aufnahme einer Beschäftigung, sie ma-

chen sie auch anfällig für prekäre Beschäftigungsverhältnisse. Schlechte Arbeitsbedingungen, Lohndumping oder gar Ausbeutung sind schon jetzt für viele Flüchtlinge die Realität.
Der Arbeitgeber hat die Pflicht, in den Betriebs- und Abteilungsversammlungen regelmäßig über den Stand der Integration der im Betrieb beschäftigten ausländischen Arbeitnehmer zu berichten (§§ 43, 53 BetrVG). Hierdurch wird der Arbeitgeber angehalten, auf alltägliche und strukturelle Formen der Diskriminierung ausländischer Arbeitnehmer in seinem Betrieb zu achten, sie innerhalb der Belegschaft zu thematisieren und geeignete Gegenmaßnahmen zu ergreifen. Außerdem hat man die Möglichkeit, Fragen der Integration der im Betrieb beschäftigten ausländischen Arbeitnehmer als Thema auf den Betriebs- und Abteilungsversammlungen zu behandeln (§§ 45, 53 BetrVG). Themen können auch sein: Fremdenfeindlichkeit, die Eingliederung ausländischer Arbeitnehmer in sozialer und gesellschaftlicher Hinsicht oder konkrete Vorfälle im Betrieb. Eine Betriebsversammlung mit dem Themenschwerpunkt sollte zum Ziel haben, zur Achtung und Toleranz unter den Arbeitskollegen beizutragen, kulturelle Unterschiede zu erklären und gegen Fremdenfeindlichkeit vorzugehen.
Der Betriebsrat hat nach § 80 Abs. 1 Nr. 7 BetrVG im Rahmen seiner allgemeinen Aufgaben die Verpflichtung, die Integration von Migranten im Betrieb und das Verständnis zwischen allen Arbeitnehmern zu fördern. Diese Verpflichtung obliegt ebenfalls der JAV gem. § 70 Abs. 1 Nr. 4 BetrVG; entsprechende Maßnahmen kann die JAV beim Betriebsrat beantragen.
Der Betriebsrat und die JAV haben ferner die Aufgabe, gegen betriebliche Erscheinungsformen von Fremdenfeindlichkeit und Rassismus vorzugehen (→ **Ausländerfeindliches/rassistisches Verhalten**). Der Betriebsrat hat dabei ausdrücklich ein Antragsrecht in Bezug auf Maßnahmen zur Bekämpfung von Rassismus und Fremdenfeindlichkeit im Betrieb.
Demnach hat insbesondere der Betriebsrat, aber auch die JAV bei der Vorbereitung und Durchführung von personellen Maßnahmen des Arbeitgebers besonders darauf zu achten, dass Migranten bei der Zuweisung von Arbeitsplätzen bzw. Ausbildungsplätzen nicht diskriminiert werden und dass ihre Kenntnisse, Fähigkeiten und Möglichkeiten in ausreichendem Maße berücksichtigt werden. Hier besteht auch die Möglichkeit berufsbezogene Deutschkurse am Arbeitsplatz anzubieten. Darüber hinaus kann auch die Notwendigkeit bestehen, gesonderte Informationsveranstaltungen für Migranten oder besondere Sprechstunden für diese durchzuführen. Nach § 75 Abs. 1 BetrVG sind der Betriebsrat, die JAV, aber auch der Arbeitgeber ausdrücklich verpflichtet, darüber zu wachen, dass eine Benachteiligung von Arbeitnehmern u. a. wegen ihrer Rasse, ethnischen Herkunft, Abstammung, Religion, Nationalität oder Herkunft unterbleibt. Damit wird der Gleichbehandlungsgrundsatz des Art. 3 GG noch einmal für den Bereich der Be-

triebe und Verwaltungen ausdrücklich betont. Zudem erfolgt eine direkte Verknüpfung mit dem AGG.
Es handelt sich dabei um elementare Grundsätze für die Behandlung von Betriebsangehörigen durch Arbeitgeber, Betriebsrat und JAV. Neben der Überwachungspflicht räumt diese Vorschrift dem Betriebsrat und der JAV ein Überwachungsrecht ein, sodass unabhängig von konkreten Anlässen oder Beschwerden betroffener Arbeitnehmer die Einhaltung der Grundsätze im Betrieb überwacht und bei Verstößen auf Abhilfe hingewirkt werden kann. Dabei gehört es zu den Aufgaben sowohl des Betriebsrats als auch der JAV, im Rahmen seiner bzw. ihrer Einflussmöglichkeiten aktiv für die Grundsätze einzutreten. Des Weiteren schließt diese Überwachungspflicht von Arbeitgeber und Betriebsrat auch die Pflicht ein, bei ihren eigenen gemeinsamen oder allein zu treffenden Maßnahmen die Grundsätze des § 75 zu beachten und einzuhalten. Dieses trifft ebenfalls für die JAV zu.
Das Beschwerdeverfahren nach § 13 AGG sowie den §§ 84 bzw. 85 BetrVG (→ **Beschwerderecht**) ermöglicht zudem diskriminierten Arbeitnehmern, sich beim Betriebsrat oder beim Arbeitgeber zu beschweren. Ebenso hat der Betriebsrat die Möglichkeit, nach § 104 Abs. 1 BetrVG vom Arbeitgeber die Versetzung oder die Entlassung eines Arbeitnehmers zu fordern, der den Betriebsfrieden insbesondere durch rassistische und fremdenfeindliche Betätigungen ernstlich stört. Diese Sanktionsmöglichkeit richtet sich nach der Schwere des Verstoßes, wobei die Verhältnismäßigkeit der Mittel zu berücksichtigen ist.
Einen Ansatz, die Benachteiligung von Migranten zu verringern, bieten u. a. die Mitbestimmungsregelungen des Betriebsrats bei betrieblichen Bildungsmaßnahmen (§§ 96ff. BetrVG). Neben dem neuen Mitbestimmungsrecht bei der Frage, ob der Arbeitgeber betriebliche Bildungsmaßnahmen anbieten muss (§ 97 Abs. 2 BetrVG), besteht ein Mitbestimmungsrecht des Betriebsrats bei der Durchführung aller Maßnahmen der betrieblichen Berufsbildung, Fortbildung und Umschulung sowie bei der Einstellung von Auszubildenden nach § 99 BetrVG. Wenn bei der Berufsausbildung die gesetzlichen Bestimmungen, wie z. B. die Ausbildungsordnungen, zu berücksichtigen sind, gibt es große Möglichkeiten für die Beseitigung von Diskriminierungen. So ergeben sich Mitbestimmungsmöglichkeiten bei der Erstellung von Auswahlrichtlinien nach § 95 bei der Einstellung. Weiterhin können die Inhalte möglicher Einstellungstests und deren Ergebnisse überprüft werden.
Auch wenn die Festlegung starrer Quoten für nichtdeutsche Auszubildende rechtlich nicht zulässig ist, da aufgrund des Gleichheitsgrundsatzes niemand wegen seiner Herkunft benachteiligt, aber auch nicht bevorzugt werden darf, besteht doch die Möglichkeit, sogenannte weiche Quoten gem. § 5 AGG in Vereinbarungen aufzunehmen. Danach dürfte eine Bevorzugungsregelung wirksam

sein, die bei gleichwertiger und gleicher Qualifikation greift, eine Einzelfallbeurteilung voraussetzt sowie allgemein nicht unverhältnismäßig ist.
Der Betriebsrat hat nach § 98 BetrVG auch beim Ausbildungspersonal ein Mitbestimmungsrecht. So kann er die Abberufung eines Ausbilders fordern bzw. die Einstellung oder Beauftragung verhindern, wenn die fachliche und persönliche Eignung in dieser Person nicht vorliegt. Im Rahmen der Umsetzung betrieblicher Ausbildungspläne bzw. Weiterbildungsangebote des Betriebs bzw. der Verwaltung kann der Betriebsrat über sein Mitbestimmungsrecht Einfluss auf die Inhalte der Ausbildung nehmen und so z. B. interkulturelle Inhalte einbeziehen. Durch sein Mitbestimmungsrecht nach § 98 BetrVG kann der Betriebsrat Wesentliches zur Gleichbehandlung der Migranten beitragen, indem er sicherstellt, dass ihnen die gleichen Chancen beim Zugang gewährt werden. Dazu können betriebliche Auswahlkriterien und ein mit der Arbeitgeberseite ausgehandelter Fort- und Weiterbildungsplan für einzelne Berufe bzw. Arbeitnehmergruppen eine wichtige Grundlage bilden. Der Betriebliche Gleichstellungsbericht ist zu beziehen über: *http://www.infis.eu/.*

Die JAV kann die zuvor genannten Maßnahmen beim Betriebsrat nach § 70 Abs. 1 Nr. 1 und 4 BetrVG beantragen, wenn sie den von ihr vertretenen Arbeitnehmern dienen.
Da gegen Fremdenfeindlichkeit, Rassismus und die Diskriminierung ethnischer Minderheiten nur gemeinsam durch alle Beteiligte in Betrieb und Verwaltung angegangen werden kann, sollte ein/e systematische/s, interkulturelle/s Personalpolitik bzw. -management entwickelt werden. Hierzu besteht auch eine Verpflichtung für die Betriebsparteien nach § 17 Abs. 1 AGG. Erster Schritt dazu ist eine Betriebsvereinbarung, die den Willen und die Bereitschaft aller Beteiligten bekundet, jegliche Diskriminierung und Benachteiligung zu ächten und aktiv zu bekämpfen. In dieser Betriebsvereinbarung sind Diskriminierung und Benachteiligung eindeutig zu definieren, ausdrücklich zu verbieten und auch mit konkreten Sanktionen zu belegen. Solche Betriebsvereinbarungen können zur Aufdeckung von Diskriminierungen beitragen, wenn entsprechende Beschwerdemöglichkeiten und auch Beschwerdeverfahren in ihr geregelt sind.
Weitere Informationen hierzu unter: *www.migration-online.de.*

Wegen weiterer Einzelheiten siehe:
→ **Betriebsversammlung**

Internethinweise

Nationaler Aktionsplan Integration 2012: *https://www.bundesregierung.de/Webs/Breg/DE/Bundesregierung/BeauftragtefuerIntegration/nap/nationaler-aktionsplan/_node.html*
Sachverständigenrat der deutschen Stiftungen für Integration und Migration: Jahresgutachten 2013 mit Integrationsbarometer, zu beziehen über *www.svr-migration.de*
IQ-Fachstelle Berufsbezogenes Deutsch: *www.deutsch-am-arbeitsplatz.de*
Info zum Thema Antidiskriminierung sowie Antidiskriminierungsstelle des Bundes: Positive Maßnahmen zur Verhinderung oder zum Ausgleich bestehender Nachteile im Sinne des § 5 AGG unter *www.antidiskriminierungsstelle.de*

Literaturhinweise

Böhm, Integration von Migranten, in: AiB 7–8/2016, S. 38 – 41
Brüggemann/Riehle (INFIS), Betrieblicher Gleichstellungsbericht. 2012
Dählken, Managing Diversity, Edition der Hans-Böckler-Stiftung (Auswertung von Betriebsvereinbarungen), 2012
DGB-Bildungswerk Thüringen, Baustein für nichtrassistische Bildungsarbeit, insb. Kapitel 10 zum Thema »Rechtliche Instrumente … gegen Diskriminierungen und Ungleichbehandlung am Arbeitsplatz« (unter *www.dgb-bwt.de*, siehe Projekte, erhältlich)
DGB-Bundesvorstand, Referat Migration, Broschüre »Handreichung, Diskriminierung am Arbeitsplatz – aktiv werden für Gleichbehandlung« (Der Broschüre ist die unten abgebildete Betriebsvereinbarung entnommen)
IG Metall, Vielfalt fördern – Zusammenhalt stärken, Handlungshilfe für eine interkulturelle Gleichstellungs- und Personalpolitik, 2012
IQ-Fachstelle Berufsbezogenes Deutsch (Hrsg.), Deutsch und Basisqualifizierung im Betrieb, 2012, www.deutsch-am-arbeitsplatz.de
PRO ASYL/Amadeu Antonio Stiftung, Pro Menschenrechte. Contra Vorurteile. Fakten und Argumente zur Debatte über Flüchtlinge in Deutschland und Europa
Räder/Schubert, Ausbildung und Arbeit für Flüchtlinge, 2016
Wlecklik, Interkulturelles Lernen in der Ausbildung, in: Cramer/Schmidt/Wittwer, Ausbilder Handbuch, Deutscher Wirtschaftsdienst, 2003
Wlecklik, Konsequente Gleichstellungspolitik – ein Beitrag zur Demokratie. In: Frieden und Wissenschaft 1/2011

Beispiel für eine Betriebsvereinbarung

Förderung der Gleichbehandlung ausländischer Belegschaftsmitglieder
Betriebsvereinbarung
zwischen
der Geschäftsleitung …
und dem Betriebsrat der Firma …
wird zur Förderung der Gleichbehandlung aller ausländischen und deutschen Belegschaftsmitglieder folgende Betriebsvereinbarung abgeschlossen:

0. Präambel

Eine Unternehmenskultur, die sich durch ein partnerschaftliches Verhalten am Arbeitsplatz auszeichnet, bildet die Basis für ein positives innerbetriebliches Arbeitsklima und ist damit eine wichtige Voraussetzung für den wirtschaftlichen Erfolg eines Unternehmens.
In Anbetracht der Tatsache, dass das Zusammenleben von ausländischen und deutschen Belegschaftsmitgliedern nicht immer ohne Probleme verläuft, gleichwohl im Betrieb eine langjährige, im Wesentlichen positive Tradition der Zusammenarbeit besteht, wollen die vertragsschließenden Parteien mit dieser Betriebsvereinbarung die Gleichbehandlung fördern.
Vor diesem Hintergrund bekräftigen sie die Absicht, auch künftig sicherzustellen, dass

- in Ausfüllung des Gleichheitsgrundsatzes nach Artikel 3 Satz 1 Grundgesetz kein Belegschaftsmitglied wegen seines Geschlechtes, seiner Abstammung, seiner Rasse, seiner Sprache, seiner Heimat, seiner Herkunft, seines Glaubens, seiner religiösen oder politischen Anschauung benachteiligt oder bevorzugt wird: Auch darf niemand wegen seiner Behinderung benachteiligt werden;
- die einschlägigen Normen der Europäischen Gemeinschaft zur Gleichbehandlung beachtet werden;
- sämtliche im Unternehmen beschäftigten deutschen und ausländischen Belegschaftsmitglieder im Sinne des § 75 BetrVG nach den Grundsätzen von Recht und Billigkeit sowie mit dem erforderlichen Respekt handeln und behandelt werden.

Mobbing gegen einzelne sowie Diskriminierung nach Herkunft und Hautfarbe und der Religion stellen am Arbeitsplatz eine schwerwiegende Störung des Arbeitsfriedens dar. Sie gelten als Verstoß gegen die Menschenwürde sowie als eine Verletzung des Persönlichkeitsrechts. Solche Verhaltensweisen sind unvereinbar mit den Bestimmungen der Arbeitsordnung.
Es besteht zwischen den vertragsschließenden Parteien Einvernehmen, dass bei der GmbH für Diskriminierung jeglicher Art kein Raum ist und sein darf.
Das Unternehmen verpflichtet sich, Mobbing und Diskriminierung zu unterbinden und ein partnerschaftliches Klima zu fördern und aufrecht zu erhalten. Dies gilt auch für die Werbung und Darstellung in der Öffentlichkeit.

Ausländische Arbeitnehmer/Migranten

1. Geltungsbereich

persönlich

2. Betriebliche Gleichbehandlungsgrundsätze

Zur Förderung eines konfliktfreien Miteinanders im Unternehmen ist besonderer Wert auf die Rechte und Pflichten eines jeden Belegschaftsmitgliedes zur Gleichbehandlung zu legen. Diese gelten insbesondere im Hinblick auf:

- Personelle Angelegenheiten
  Vor allem die personalverantwortlichen Führungskräfte sind bei personellen Einzelmaßnahmen (Einstellungen, Versetzungen, Lohn/Gehaltsfestsetzungen, Beförderungen, Austritte, Qualifizierungen etc.) gehalten, die Gleichbehandlung der Belegschaftsmitglieder nach einheitlichen Kriterien zu beachten.
  Offene Stellen sind in ihrer Besetzung auszuschreiben.
  Bei der Besetzung innerbetrieblicher Stellen sind vorrangig vorhandene Mitarbeiter zu berücksichtigen.
  Entscheidend dabei sind die fachliche Qualifikation und die persönliche Eignung in Bezug auf die Anforderungen des Arbeitsplatzes. Bei den Auswahlkriterien sind die nicht in Deutschland erworbenen vergleichbaren Qualifikationen und Berufserfahrungen entsprechend zu berücksichtigen.
- Soziale Angelegenheit
  Auf betriebliche Sozialleistungen, die das Unternehmen auf freiwilliger Basis gewährt, haben deutsche und ausländische Belegschaftsmitglieder gleichermaßen Anspruch, sofern die Voraussetzungen hierzu erfüllt sind.
- Berufsbildung
  Gleichbehandlung und das Bemühen zur Integration sind schon im Rahmen der Berufsausbildung zu beachten, um den Auszubildenden ein entsprechendes Wertverständnis frühzeitig zu vermitteln.
  Die Auswahl von Bewerberinnen und Bewerbern für die Einstellung in Ausbildungsverhältnisse hat für alle Ausbildungsberufe nach einheitlichen Eignungskriterien und ohne Quoten- bzw. Schwerpunktbildung nach Nationalitäten in bestimmten Ausbildungsberufen zu erfolgen. Entscheidend ist das Gesamtbild des Bewerbers aus Testergebnis, persönlichem Eindruck im Vorstellungsgespräch und der Feststellung der gesundheitlichen Eignung.
  Die betrieblichen Ausbildungspläne sind für alle Auszubildenden des jeweiligen Ausbildungsberufes gleich. In besonderen Fällen werden ausbildungsbegleitende Hilfen angeboten.
  Das Weiterbildungsangebot des Unternehmens im Anschluss an die Berufsausbildung und damit verbundene Personalentwicklungsmaßnahmen stehen allen Belegschaftsmitgliedern offen. Zur Förderung der Integration werden u.a. interkulturelle Qualifizierungsmaßnahmen angeboten. Hierzu gehören vor allem eine Verbesserung der Sprachkompetenz und des Verständnisses für unterschiedliche Kulturen, um das Miteinander im Arbeitsleben zu erleichtern.
  Die vertragsschließenden Parteien werden gemeinsam auf die Durchführung der betrieblichen Gleichbehandlungsgrundsätze achten und diese fördern in dem Be-

wusstsein, dass nur Vergleichbares gleich behandelt werden kann. Eine Differenzierung ist nur dann zulässig, wenn besondere sachliche Gründe dies erfordern.

3. Verstöße gegen betriebliche Gleichbehandlungsgrundsätze

Die vertragsschließenden Parteien werden im Rahmen ihrer Einflussmöglichkeiten auf die Belegschaft und ggf. Dritte einwirken, um Verstöße gegen die unter Ziffern 1 und 2 aufgestellten Grundsätze zu verhindern oder zu beseitigen. Beschwerden über die Verletzung dieser Prinzipien sind gem. § 84 BetrVG an den Arbeitgeber zu richten.
Zur Verletzung dieser Prinzipien gehören unter anderem:

- Mobbing, wie beispielsweise
  - Verleumden von Werksangehörigen oder deren Familien,
  - Verbreiten von Gerüchten über Werksangehörige oder deren Familien,
  - absichtliches Zurückhalten von arbeitsnotwendigen Informationen oder sogar Desinformation,
  - Drohungen und Erniedrigungen,
  - Beschimpfung, verletzende Behandlung, Hohn und Aggressivität,
  - unwürdige Behandlung durch Vorgesetzte, wie z. B. die Zuteilung kränkender, unlösbarer, sinnloser oder gar keiner Aufgaben.
- Diskriminierung, wie beispielsweise aus
  - rassistischen, ausländerfeindlichen oder religiösen Gründen, die in mündlicher oder schriftlicher Form geäußert werden sowie
  - diesbezüglicher Handlungen gegenüber Werksangehörigen.

Die o. g. Gründe gelten gleichermaßen für das Verhalten von Werksangehörigen gegenüber im Unternehmen beschäftigten Fremdfirmenangehörigen.
Soweit durch Diskriminierung ein konkreter Verstoß gegen die Gleichbehandlungsgrundsätze vorliegt, werden die vertragsschließenden Parteien entsprechend ihrer Zuständigkeit die hierfür gebotene Reaktion im Rahmen der betrieblichen Ordnungsmaßnahmen einleiten. Die Personalabteilung wird eine Klärung des Sachverhaltes herbeiführen und erforderliche Maßnahmen treffen.
Der Betriebsrat bietet diskriminierten Belegschaftsmitgliedern Beratung und Unterstützung an, soweit erforderlich kann er hierzu besondere Vertrauenspersonen benennen; die diskriminierten Personen können diese hinzuziehen oder sich durch sie vertreten lassen.

4. Beschwerderecht

Wenn eine persönliche Zurechtweisung durch die belästigte Person im Einzelfall erfolglos ist oder unangebracht erscheint, können sich die betroffenen Werksangehörigen, die sich durch Missachtung der unter Punkt 2 beschriebene Grundsätze beeinträchtigt fühlen, an die nachfolgenden Stellen wenden:
Verantwortliche Stellen in diesem Sinne sind insbesondere

- der/die betrieblichen Vorgesetzte/n
- der Betriebsrat
- das Personalwesen

Diese haben die Aufgabe, unverzüglich, spätestens innerhalb einer Woche nach Kenntnis des Vorfalls:
- die Betroffenen zu beraten und zu unterstützen,
- in getrennten oder gemeinsamen Gesprächen mit den Belästigenden und den belästigten Personen den Sachverhalt festzustellen und zu dokumentieren,
- die belästigende Person über die tatsächlichen und arbeitsrechtlichen Zusammenhänge und Folgen einer Belästigung im vorgenannten Sinne am Arbeitsplatz aufzuklären,
- den zuständigen Gremien Gegenmaßnahmen und ggf. arbeitsrechtliche Konsequenzen im Rahmen der bestehenden Verfahren vorzuschlagen,
- allen – auch vertraulichen – Hinweisen und Beschwerden von Belästigungen im vorgenannten Sinne nachzugehen,
- auf Wunsch die/den Betroffene/n zu/in allen Gesprächen und Besprechungen einschließlich zu Sitzungen des Personalausschusses zu begleiten, zu beraten und sie in ihrer Vertretung zu unterstützen.

Über die Teilnahme von Vertrauenspersonen an seinen Sitzungen entscheidet der Personalausschuss in Abwägung der Umstände des Einzelfalls.
Darüber hinaus können sich betroffene Werksangehörige auch jederzeit an Personen ihres Vertrauens wenden.
Die §§ 84 und 85 BetrVG über das allgemeine Beschwerderecht bleiben unberührt.
Die Beschwerde darf nicht zu Benachteiligung führen.

5. Vertraulichkeit

Über die Informationen und Vorkommnisse persönlicher Daten und Gespräche ist absolutes Stillschweigen gegenüber Dritten zu bewahren, die nicht am Verfahren beteiligt sind.

6. Maßnahmen

Das Unternehmen hat die dem Einzelfall angemessenen betrieblichen Maßnahmen, wie z. B.
- Belehrung,
- Abmahnung oder
- Kündigung zu ergreifen.

Die Durchführung erfolgt in Abstimmung mit dem Betriebsrat.
Zur Abhilfe kann auch ein Beratungs- und/oder Therapieangebot erfolgen.
Im Übrigen gelten die einschlägigen gesetzlichen Bestimmungen, z. B. das Beschäftigtenschutzgesetz.

7. Schlussbestimmung

Die Betriebsvereinbarung tritt am … in Kraft. Sie kann mit einer Frist von 3 Monaten zum Jahresende, erstmals zum … gekündigt werden. Wird diese Betriebsvereinbarung gekündigt, z. B. im Falle einer Änderung einschlägiger gesetzlicher Vorschriften oder Rechtsprechung, gelten die Festlegungen dieser Betriebsvereinbarung bis zum Abschluss einer neuen Vereinbarung weiter.

Ausschüsse für Berufsbildung

Grundlagen

Ausschüsse für Berufsbildung werden von den in § 71 BBiG aufgeführten »zuständigen Stellen« errichtet; z. B. für Berufe der Handwerksordnung die Handwerkskammern; für Gewerbeberufe die Industrie- und Handelskammern; für die Berufsbildung von Fachangestellten die jeweils entsprechenden Kammern. Dies regeln die Bestimmungen des § 77 bzw. § 82 BBiG für die Landesausschüsse für Berufsbildung bei den Landesregierungen.
Den nach § 77 BBiG errichteten Berufsbildungsausschüssen gehören sechs Beauftragte der Arbeitgeber, sechs Beauftragte der Arbeitnehmer und sechs Lehrkräfte an berufsbildenden Schulen an, diese jedoch mit beratender Stimme sofern nicht Belange der Schule betroffen sind.
Die Beauftragten der Arbeitnehmer werden auf Vorschlag der auf Landesebene bestehenden Gewerkschaften berufen. Die Tätigkeit ist ehrenamtlich.

Die Aufgaben der Berufsbildungsausschüsse sind in § 79 geregelt.

(1) Der Berufsbildungsausschuss ist in allen wichtigen Angelegenheiten der beruflichen Bildung zu unterrichten und zu hören. Er hat im Rahmen seiner Aufgaben auf eine stetige Entwicklung der Qualität der beruflichen Bildung hinzuwirken.
(2) Wichtige Angelegenheiten, in denen der Berufsbildungsausschuss anzuhören ist, sind vor allem:

1. Erlass von Verwaltungsgrundsätzen über die Eignung von Ausbildungs- und Umschulungsstätten, für das Führen von schriftlichen Ausbildungsnachweisen, für die Verkürzung der Ausbildungsdauer, für die vorzeitige Zulassung zur Abschlussprüfung, für die Durchführung der Prüfungen, zur Durchführung von über- und außerbetrieblicher Ausbildung sowie Verwaltungsrichtlinien zur beruflichen Bildung,
2. Umsetzung der vom Landesausschuss für Berufsbildung empfohlenen Maßnahmen,
3. wesentliche inhaltliche Änderungen des Ausbildungsvertragsmusters.

(3) Wichtige Angelegenheiten, in denen der Berufsbildungsausschuss zu unterrichten ist, sind vor allem:

1. Zahl und Art der der zuständigen Stelle angezeigten Maßnahmen der Berufsausbildungsvorbereitung und beruflichen Umschulung sowie der eingetragenen Berufsausbildungsverhältnisse,

2. Zahl und Ergebnisse von durchgeführten Prüfungen sowie hierbei gewonnene Erfahrungen,
3. Tätigkeit der Berater und Beraterinnen nach § 76 Abs. 1 Satz 2,
4. für den räumlichen und fachlichen Zuständigkeitsbereich der zuständigen Stelle neue Formen, Inhalte und Methoden der Berufsbildung,
5. Stellungnahmen oder Vorschläge der zuständigen Stelle gegenüber anderen Stellen und Behörden, soweit sie sich auf die Durchführung dieses Gesetzes oder der auf Grund dieses Gesetzes erlassenen Rechtsvorschriften beziehen,
6. Bau eigener überbetrieblicher Berufsbildungsstätten,
7. Beschlüsse nach Absatz 5 sowie beschlossene Haushaltsansätze zur Durchführung der Berufsbildung mit Ausnahme der Personalkosten,
8. Verfahren zur Beilegung von Streitigkeiten aus Ausbildungsverhältnissen,
9. Arbeitsmarktfragen, soweit sie die Berufsbildung im Zuständigkeitsbereich der zuständigen Stelle berühren.

(4) Der Berufsbildungsausschuss hat die auf Grund dieses Gesetzes von der zuständigen Stelle zu erlassenden Rechtsvorschriften für die Durchführung der Berufsbildung zu beschließen. Gegen Beschlüsse, die gegen Gesetz oder Satzung verstoßen, kann die zur Vertretung der zuständigen Stelle berechtigte Person innerhalb einer Woche Einspruch einlegen. Der Einspruch ist zu begründen und hat aufschiebende Wirkung. Der Berufsbildungsausschuss hat seinen Beschluss zu überprüfen und erneut zu beschließen.

(5) Beschlüsse, zu deren Durchführung die für Berufsbildung im laufenden Haushalt vorgesehenen Mittel nicht ausreichen, bedürfen für ihre Wirksamkeit der Zustimmung der für den Haushaltsplan zuständigen Organe. Das Gleiche gilt für Beschlüsse, zu deren Durchführung in folgenden Haushaltsjahren Mittel bereitgestellt werden müssen, die die Ausgaben für Berufsbildung des laufenden Haushalts nicht unwesentlich übersteigen.

(6) Abweichend von § 77 Abs. 1 haben die Lehrkräfte Stimmrecht bei Beschlüssen zu Angelegenheiten der Berufsausbildungsvorbereitung und Berufsausbildung, soweit sich die Beschlüsse unmittelbar auf die Organisation der schulischen Berufsbildung auswirken.

Eine wichtige Aufgabe des Berufsbildungsausschusses ist es, auf eine stetige Entwicklung der Qualität der beruflichen Bildung hinzuwirken (§ 79 Abs. 1 Satz 2). Hierzu gehört vor allem, darauf hinzuwirken, dass Ausbildungsbetriebe eine Ausbildungsplanung vornehmen, über geeignetes Ausbildungspersonal verfügen und die Lernorte Betrieb und Schule kooperieren. Die Ausbildungsbetriebe sollten durch Aktivitäten des Berufsbildungsausschusses und der zuständigen Stelle dabei unterstützt werden, eine qualitativ hochwertige Berufsausbildung durchzuführen. So können beispielsweise Informationsveranstaltungen zum Thema Ausbildungsplanung durchgeführt werden oder gute Ausbildungsbeispiele aus der Region veröffentlicht werden.
Neben dem Berufsbildungsausschuss gibt es Landesausschüsse für Berufsbildung nach § 82 BBiG bei den Landesregierungen.

§ 82 hat folgenden Wortlaut:

(1) Bei der Landesregierung wird ein Landesausschuss für Berufsbildung errichtet. Er setzt sich zusammen aus einer gleichen Zahl von Beauftragten der Arbeitgeber, der Arbeitnehmer

und der obersten Landesbehörden. Die Hälfte der Beauftragten der obersten Landesbehörden muss in Fragen des Schulwesens sachverständig sein.
(2) Die Mitglieder des Landesausschusses werden längstens für vier Jahre von der Landesregierung berufen, die Beauftragten der Arbeitgeber auf Vorschlag der auf Landesebene bestehenden Zusammenschlüsse der Kammern, der Arbeitgeberverbände und der Unternehmerverbände, die Beauftragten der Arbeitnehmer auf Vorschlag der auf Landesebene bestehenden Gewerkschaften und selbständigen Vereinigungen von Arbeitnehmern mit sozial- oder berufspolitischer Zwecksetzung. Die Tätigkeit im Landesausschuss ist ehrenamtlich. Für bare Auslagen und für Zeitversäumnis ist, soweit eine Entschädigung nicht von anderer Seite gewährt wird, eine angemessene Entschädigung zu zahlen, deren Höhe von der Landesregierung oder der von ihr bestimmten obersten Landesbehörde festgesetzt wird. Die Mitglieder können nach Anhören der an ihrer Berufung Beteiligten aus wichtigem Grund abberufen werden. Der Ausschuss wählt ein Mitglied, das den Vorsitz führt, und ein weiteres Mitglied, das den Vorsitz stellvertretend übernimmt. Der Vorsitz und seine Stellvertretung sollen nicht derselben Mitgliedergruppe angehören.
(3) Die Mitglieder haben Stellvertreter oder Stellvertreterinnen. Die Absätze 1 und 2 gelten für die Stellvertreter und Stellvertreterinnen entsprechend.
(4) Der Landesausschuss gibt sich eine Geschäftsordnung, die der Genehmigung der Landesregierung oder der von ihr bestimmten obersten Landesbehörde bedarf. Sie kann die Bildung von Unterausschüssen vorsehen und bestimmen, dass ihnen nicht nur Mitglieder des Landesausschusses angehören. Absatz 2 Satz 2 gilt für die Unterausschüsse hinsichtlich der Entschädigung entsprechend. An den Sitzungen des Landesausschusses und der Unterausschüsse können Vertreter der beteiligten obersten Landesbehörden, der Gemeinden und Gemeindeverbände sowie der Agentur für Arbeit teilnehmen.
(5) Der Landesausschuss ist beschlussfähig, wenn mehr als die Hälfte seiner Mitglieder anwesend ist. Er beschließt mit der Mehrheit der abgegebenen Stimmen.

Aufgabe der Landesausschüsse ist die Beratung der Landesregierungen in den Fragen der Berufsbildung, die sich für das Land ergeben. Vor allem hat er, wie § 83 Abs. 2 BBiG bestimmt, im Interesse einer einheitlichen Berufsbildung auf eine Zusammenarbeit zwischen der schulischen Berufsbildung und der Berufsbildung nach dem BBiG hinzuwirken.

Bedeutung für den Betriebsrat/die JAV

Bei Problemen in der Berufsausbildung oder bei Beratungsbedarf zur Durchführung einer Berufsausbildung, sind die Ausbildungsberater/innen bei den zuständigen Stellen eine mögliche Anlaufstelle. Es können auch die Arbeitnehmervertreter in den Berufsbildungsausschüssen über die zuständige Gewerkschaft angesprochen werden.

Außerbetriebliche und überbetriebliche Ausbildung

Unter außerbetrieblicher Ausbildung wird die praktische Berufsbildung in reinen Ausbildungsbetrieben verstanden. Die Träger dieser Einrichtungen finanzieren diese vollständig oder zu überwiegenden Teilen durch staatliche Förderprogramme, öffentliche Mittel oder durch die Agentur für Arbeit. Der Betriebszweck des Ausbildungsträgers ist die Berufsausbildung. Damit sollen vor allem Jugendliche ohne Ausbildungsplatz und/oder mit weiterem Förderbedarf für den Arbeitsmarkt qualifiziert werden. Im besten Fall sollen sie bereits im ersten Ausbildungsjahr in eine betriebliche Ausbildung übergeleitet werden. Es ist aber auch möglich, die komplette Ausbildung bei dem Träger der außerbetrieblichen Maßnahme zu absolvieren.
Es werden zwei Formen unterschieden:
a) Bei der integrativen Form findet die komplette Ausbildung bei dem Träger statt. Dieser muss fachlich geeignete Ausbilder zur Verfügung stellen. Einzelne Praktika in Betrieben sind jedoch auch hier möglich.
b) Bei dem kooperierenden Modell findet die Ausbildung in sogenannten Kooperationsbetrieben statt. Diese müssen fachlich geeignete Ausbilder zur Verfügung stellen. Je nach Ausgestaltung übernimmt der Träger der außerbetrieblichen Ausbildungsmaßnahme nur noch die sozialpädagogische Begleitung. Eventuell wird zum Beginn der Ausbildung auch eine Vorqualifizierung der Auszubildenden durch den Träger angeboten.
Bei überbetrieblicher Ausbildung finden einzelne Ausbildungsabschnitte nicht im eigentlichen Ausbildungsbetrieb statt. Hier wird zwischen unterschiedliche Formen unterschieden: Bei der → **Verbundausbildung** schließen sich mehrere Unternehmen zusammen, um die Ausbildung gemeinsam zu organisieren.
Bei der betriebsübergreifenden Ausbildung in einem Unternehmen wiederum gibt es meist einen für die Ausbildung verantwortlichen Stammbetrieb, die Ausbildung findet jedoch auch in weiteren Betrieben des Unternehmens statt. Außerdem kann die Ausbildung von mehreren Betrieben eines Unternehmens in einem Ausbildungszentrum oder einer Ausbildungslehrstätte zusammengefasst sein (nicht mit der außerbetrieblichen Ausbildung verwechseln).

Es gilt die Formen genau zu unterscheiden, da sie Auswirkungen auf die Wahlberechtigung bei der → **Wahl der JAV** haben.

Grundlagen

Für eine rechtliche Bewertung lassen sich zwei wesentliche Problembereiche bei außerbetrieblicher und überbetrieblicher Ausbildung benennen: zum einen die Zuständigkeit und das Wahlrecht zu einer Interessenvertretung und zum anderen die Gültigkeit von Tarifverträgen.

Interessenvertretung bei außerbetrieblicher Ausbildung

Auszubildende, deren praktische Ausbildung in einer integrativen Berufsausbildung in einem reinen Ausbildungsbetrieb stattfindet, fallen nicht unter den Arbeitnehmerbegriff im Sinne des § 5 BetrVG und sind somit nicht berechtigt zur Wahl einer JAV oder zu einem Betriebsrat. Dies hat das BAG in verschiedenen Urteilen entschieden (BAG v. 21.7.1993, 7 ABR 35/92 sowie v. 20.3.1995, 7 ABR 34/95, 7 ABR 41/95, 7 ABR 46/95).
Der Gesetzgeber hat im Rahmen der BBiG-Reform 2005 den neuen Abschnitt 6 »Interessenvertretung« ins BBiG aufgenommen. Zu den außerbetrieblichen Auszubildenden zählen laut § 51 BBiG Auszubildende, deren praktische Berufsbildung in einer sonstigen Berufsbildungseinrichtung außerhalb der schulischen und betrieblichen Berufsbildung stattfindet und die nicht wahlberechtigt zu anderen Gremien wie Betriebsrat oder JAV sind.
Der § 52 BBiG regelt, dass das Bundesministerium für Bildung und Forschung berechtigt ist, eine Verordnung zu erlassen, in der die Rechte und Möglichkeiten der Interessenvertretung sowie das Verfahren zu deren Wahl geregelt werden.
Leider ist jedoch der bereits im Gesetzgebungsverfahren strittig gewesene Punkt über die Rechte der Interessenvertretung bis heute offen geblieben: Eine die Rechte der Interessenvertretung und das Verfahren zu deren Wahl klärende Verordnung wurde bis heute nicht erlassen.
Verschiedene gesellschaftliche Akteure und einschlägige juristische Kommentatoren schlagen jedoch vor, sich bei der Wahl und der Arbeit an den rechtlichen Grundlagen zu den JAV-Wahlen bzw. der JAV-Arbeit zu orientieren.
Die DGB-Jugend stellt auf ihren Internetseiten die erforderlichen Unterlagen und Materialien zur Wahl einer Interessenvertretung zur Verfügung: *http://www.dgb-jugend.de/ausbildung/interessenvertretung*

Interessenvertretung bei überbetrieblicher Ausbildung

Anders verhält es sich bei überbetrieblicher Ausbildung, bei der Teile der Ausbildung in überbetrieblichen Ausbildungsstätten (Ausbildungszentren) stattfinden. Das BAG hat am 13. 3. 1991 (7 ABR 89/89) zur Frage der Ausbildung in mehreren Betrieben folgenden Leitsatz beschlossen:

»Wird die betriebliche Berufsausbildung abschnittweise jeweils in verschiedenen Betrieben des Ausbildungsunternehmens oder eines mit ihm verbundenen Unternehmens durchgeführt, jedoch von einem der Betriebe des Ausbildungsunternehmens derart zentral, mit bindender Wirkung auch für die anderen Betriebe, geleitet, dass die wesentlichen, der Beteiligung des Betriebsrats unterliegenden, die Ausbildungsverhältnisse berührenden Entscheidungen dort getroffen werden, so gehört der Auszubildende während der gesamten Ausbildungszeit dem die Ausbildung leitenden Stammbetrieb an und ist dort wahlberechtigt zum Betriebsrat und zur JAV. Dagegen begründet die vorübergehende Beschäftigung der Auszubildenden in den anderen Betrieben keine Wahlberechtigung zu deren Arbeitnehmervertretungen.«

Auszubildende haben somit vorrangig in dem Betrieb das Wahlrecht zu Arbeitnehmervertretungen, in dem die »wesentlichen, der Beteiligung des Betriebsrats unterliegenden, die Ausbildungsverhältnisse berührenden Entscheidungen getroffen werden« (→ **Wahl der JAV**).
Eine ebenfalls wichtige Entscheidung wurde vom BAG am 12. 11. 1991 (1 ABR 21/91) zur Frage der lediglich formalen Übertragung der Ausbildung an ein anderes Unternehmen getroffen.

Leitsatz:
»Der Arbeitgeber ist Träger einer Berufsbildungsmaßnahme, wenn er diese zwar von einem anderen Unternehmen durchführen lässt, aber auf Inhalt und Gestaltung den beherrschenden Einfluss hat.«

Auch wenn es sich bei dem dieser Entscheidung zugrunde liegenden Fall um eine Weiterbildungsmaßnahme handelt, muss davon ausgegangen werden, dass diese ebenso für die Fragen der beruflichen Erstausbildung anzunehmen ist.

Bedeutung für den Betriebsrat/die JAV

Für den Bereich der überbetrieblichen Ausbildung gilt, dass die Auszubildenden dort als Wahlberechtigte in die Wählerliste aufgenommen werden sollten, wo die

Interessenvertretung tatsächlich praktiziert wird. Entscheidend ist, wo der beherrschende Einfluss auf Inhalt und Gestaltung der Berufsausbildung stattfindet (→ **Wahl der JAV**).
Gleiches gilt für außerbetriebliche Auszubildende, die im Rahmen ihrer Ausbildung ein betriebliches Praktikum absolvieren, bzw. Auszubildende als Teilnehmende von kooperierenden außerbetrieblichen Ausbildungsmaßnahmen: Sie sind als wahlberechtigt zur JAV in die Wählerliste des Praktikumsbetriebs bzw. Ausbildungsbetriebs mit aufzunehmen.
Für die Wahl der Interessenvertretung in außerbetrieblichen Ausbildungsstätten mangelt es weiterhin an einer rechtsverbindlichen Grundlage. Dennoch sollte der Vorschlag des BBIB, eine solche auf freiwilliger Basis zu errichten, in die Praxis umgesetzt werden. Es bleibt zu hoffen, dass das zuständige Bildungsministerium anhand dieser praktischen Erfahrungen dann hoffentlich doch noch seine Verantwortung wahrnimmt und die in § 52 BBiG vorgesehene Verordnung erlässt.

Tariflicher Geltungsbereich

Grundsätzlich gelten Tarifverträge für die Mitglieder der tarifvertragschließenden Parteien im räumlichen, persönlichen und fachlichen Geltungsbereich. Darüber hinaus ist zu beachten, was im Ausbildungsvertrag geregelt ist. Im Standardausbildungsvertrag ist ein Bezug zur tariflichen Vergütung und Arbeitszeit formuliert. Fehlt ein tariflicher Bezug im Ausbildungsvertrag, ist oftmals die Höhe der Ausbildungsvergütung bei einer außerbetrieblichen Ausbildung strittig.
Nach § 17 Abs. 1 BBiG hat der Ausbildende dem Auszubildenden eine angemessene Vergütung zu gewähren. Eine genauere Bestimmung des Begriffes »angemessene Vergütung« hat das BAG in seiner Entscheidung vom 10. 4. 1991 (5 AZR 226/90) vorgenommen:

»Vertraglich vereinbarte Ausbildungsvergütungen sind jedenfalls dann nicht mehr angemessen im Sinne des § 10 Abs. 1 Satz 1 Berufsbildungsgesetz (neu § 17 Abs. 1 Satz 1 BBiG), wenn sie die in einem für den Ausbildungsbetrieb einschlägigen Tarifvertrag enthaltenen Vergütungen um mehr als 20 % unterschreiten.«

In einer weiteren Entscheidung vom 11. 10. 1995 (5 AZR 258/95) hat das BAG jedoch auch eine Vergütung außerhalb der 20-%-Grenze für zulässig erklärt, obwohl der Anspruch auf tarifliche Vergütung im Ausbildungsvertrag vorgesehen war. Als Gründe führt das BAG an, dass in dem vorliegenden Fall die Ausbildung in einem Ausbildungsring für verschiedene Branchen losgelöst von Betrieben stattfand und deshalb keine Zuordnung zu einem Tarifvertrag möglich war. Des

Weiteren wurde der Ausbildungsring zu 100 % durch öffentliche Mittel bezuschusst und zur Behebung eines Notstandes im Ostteil Berlins gegründet. Das BAG sah keine Vorteile für den Ausbildungsring durch die Finanzierung durch die Bundesanstalt für Arbeit. Jedoch hat das BAG in seiner Entscheidung vom 11.10.1995 eine wesentliche Einschränkung vorgenommen, und zwar darf nicht der Umgehungstatbestand der Tarifautonomie erfüllt werden.

»Der Umstand allein, dass der Inhaber des Ausbildungsbetriebs den Berufsausbildungsvertrag nicht selbst abschließt, sondern sich eines nicht tarifgebundenen Dritten bedient, rechtfertigt es nicht, bei der Prüfung der Angemessenheit der Ausbildungsvergütung von der Orientierung an den einschlägigen Tarifverträgen Abstand zu nehmen. Anderenfalls bestünde die Gefahr einer Aushöhlung der Tarifautonomie. Es wäre denkbar, dass tarifgebundene Ausbildende mit ihren Auszubildenden nicht mehr selbst Berufsausbildungsverträge abschließen, sondern diese durch nicht tarifgebundene Dritte abschließen lassen, die Jugendlichen aber dann doch aufgrund entsprechender Abrede in den Betrieben der tarifgebundenen Arbeitgeber ausgebildet werden. In solchen Fällen wäre bei der Bestimmung der angemessenen Vergütung weiterhin von den tariflichen Sätzen auszugehen. Dies gilt gerade für den Fall, dass die zur Ausbildung überlassenen Jugendlichen genauso ausgebildet werden wie die Auszubildenden, mit denen der Inhaber des Ausbildungsbetriebs selbst Berufsausbildungsverträge abgeschlossen hat.«

Bedeutung für die Auszubildenden

Sollte keine tarifliche Ausbildungsvergütung gezahlt werden, ist unbedingt eine rechtliche Überprüfung der Situation angeraten. Im Übrigen gehören zu einer Ausbildungsvergütung, die maximal um 20 % unter dem Tarif liegen darf, auch die Sonderzahlungen (Urlaubs-, Weihnachtsgeld) und die vermögenswirksamen Leistungen.
Vor allem außerbetriebliche Auszubildende sind gegenüber betrieblichen Auszubildenden in vielfacher Hinsicht benachteiligt. Sie haben bei dem außerbetrieblichen Ausbildungsträger weder die Chance, nach der Ausbildung übernommen zu werden, noch den Anspruch auf eine tarifliche Ausbildungsvergütung.
Immerhin kann sich aber die Interessenvertretung, sofern sie gewählt wird, an der Gestaltung der Ausbildungsbedingungen mitwirken. Eine erste Anlaufstelle zur Gründung einer Interessenvertretung stellen die regionalen DGB-Jugend-Geschäftsstellen dar. Ansprechpartner und weitere Informationen sind auf der Homepage der DGB-Jugend zu finden: *http://www.dgb-jugend.de.*

Aussetzen von Beschlüssen des Betriebsrats

Grundlagen

In § 66 Abs. 3 BetrVG ist geregelt, dass die JAV einen Beschluss des Betriebsrats für die Dauer von einer Woche aussetzen kann (→ **Betriebsrat**). Dies ist jedoch nur möglich, wenn der Betriebsratsbeschluss eine besondere Beeinträchtigung wichtiger Interessen der Jugendlichen und Auszubildenden bedeutet. Während der Frist der Aussetzung des Beschlusses soll eine Verständigung ggf. mithilfe der im Betrieb vertretenen Gewerkschaften versucht werden. Wird der Beschluss bestätigt, so kann er nicht mehr ausgesetzt werden und wird wirksam.
Sollte der Betriebsrat einen Beschluss fassen, der überwiegend die Jugendlichen und Auszubildenden betrifft, und wird dieser Beschluss von der JAV oder den Jugendlichen und Auszubildenden nicht akzeptiert, so kann er für eine Woche außer Kraft gesetzt werden (§ 66 BetrVG). Sollte sich jedoch die JAV bei der Beschlussfassung im Betriebsrat mehrheitlich für den Beschluss ausgesprochen haben, besteht kein Recht mehr, diesen Beschluss auszusetzen.
Oftmals kommt es zu einem Aussetzungsantrag, wenn die JAV, entgegen der Regelung des § 67 Abs. 1 und 2 BetrVG, vom Betriebsrat nicht zur Behandlung der die Jugendlichen und Auszubildenden überwiegend betreffenden Angelegenheiten hinzugezogen worden ist.

Bedeutung für den Betriebsrat/die JAV

Die Aussetzung eines Betriebsratsbeschlusses nach § 66 BetrVG empfiehlt sich nur in Ausnahmefällen. Ein solches Verfahren wird im Einzelfall sicherlich nicht zu einer besseren Zusammenarbeit zwischen Betriebsrat und JAV beitragen.
Wichtig ist, dass die Kommunikation zwischen Betriebsrat und JAV gut funktioniert. Dadurch können Situationen, die zur Aussetzung von Beschlüssen führen, verhindert werden. Deshalb sollte Folgendes beachtet werden:

1. Bereits vor einer Betriebsratssitzung sollten Betriebsratsmitglieder über die

Haltung der JAV bzw. der Jugendlichen und Auszubildenden zu einem im Betriebsrat zu beratenden Thema informiert werden. Werden dabei Mehrheitsverhältnisse gegen das Anliegen der JAV deutlich, so kann das Thema zu einem späteren Zeitpunkt in den Betriebsrat eingebracht werden. Zwischenzeitlich kann versucht werden, für eine andere Mehrheit zu werben.
2. Bevor die Aussetzung eines Beschlusses des Betriebsrats nach § 66 BetrVG beantragt wird, ist zu prüfen, ob keine andere Lösungsmöglichkeit besteht.
3. Bei Konflikten sollte die zuständige Gewerkschaft unbedingt einbezogen werden, damit sie zwischen Betriebsrat und JAV vermitteln kann.

08

Beispiel für einen Aussetzungsantrag:

An den Betriebsrat Düsseldorf, den …
z. H. des Vorsitzenden

Betr.: Aussetzung des Beschlusses zur Senkung des Fahrtkostenzuschusses

Liebe Kolleginnen und Kollegen,

die JAV wurde auf der Sitzung … darüber informiert, dass der Betriebsrat der Senkung des Fahrtkostenzuschusses zugestimmt hat. Entsprechend der §§ 35, 66 des BetrVG beantragt die JAV die Aussetzung des Beschlusses von einer Woche.
Gleichzeitig beantragt die JAV eine erneute Sitzung des Betriebsrats mit dem Tagesordnungspunkt »Fahrtkostenzuschuss für Auszubildende«, zu der alle Mitglieder der JAV eingeladen werden.

Mit freundlichen Grüßen
Jugend- und Auszubildendenvertretung

Auswahlverfahren/Auswahlrichtlinien/ Einstellungstests

Grundlagen

In § 95 Abs. 1 BetrVG ist geregelt, dass Richtlinien über die personelle Auswahl bei Einstellungen, Versetzungen, Umgruppierungen, Kündigungen der Zustimmung des Betriebsrats bedürfen.
Wenn ein Arbeitgeber neue Auszubildende einstellen will und hierzu ein entsprechendes Einstellungsverfahren entwickelt (z. B. Einstellungstest, Vorstellungsgespräche), muss dieses Verfahren mit dem Betriebsrat abgestimmt werden. Der Betriebsrat hat ein Mitbestimmungsrecht; kommt eine Einigung nicht zustande, entscheidet die Einigungsstelle.
Das Gleiche gilt, wenn ein Betrieb zur Übernahme auslernender Auszubildender ein Auswahlverfahren festlegt.
Nach § 67 Abs. 3 Satz 2 BetrVG soll der Betriebsrat Angelegenheiten, die besonders die Wahlberechtigten der JAV betreffen, dieser zur Beratung zuleiten. Auch hat die JAV nach § 67 Abs. 1 und 2 BetrVG ein Teilnahme- und Stimmrecht an Betriebsratssitzungen, wenn es um Beschlüsse des Betriebsrats, die überwiegend die Wahlberechtigten zur JAV betreffen, geht. Da Einstellungsverfahren sowohl zu Ausbildungsbeginn als auch bei der Übernahme überwiegend die Auszubildenden und somit die Wahlberechtigten zur JAV betreffen, ist diese in den Beratungs- und Beschlussfassungsprozess über entsprechende Auswahlrichtlinien vom Betriebsrat einzubeziehen.

Bedeutung für den Betriebsrat/die JAV

Auswahlverfahren (Stellenwert von Schulnoten, Test, Vorstellungsgespräche) sollen aus Arbeitgebersicht dazu beitragen, die bestmöglichen Kandidaten für eine Einstellung auszuwählen. Aus Sicht der JAV und des Betriebsrats ist dabei jedoch zu berücksichtigen, dass ein Verfahren, das sich daran orientiert, die Besten auszuwählen, für alle vermeintlich Schwächeren keine Chance offen hält. Für all diejenigen, die bereits im Betrieb sind, hat es ebenso negative Auswirkungen, da das Leistungsniveau insgesamt hoch geschraubt wird. Deshalb sollten die JAV und der Betriebsrat darauf achten, dass bei der Auswahl soziale Gesichtspunkte berücksichtigt werden. Das heißt beispielsweise,

- dass die Bewerber mit Hauptschulabschluss angemessen berücksichtigt werden, z. B. durch Festlegung von Gruppen, die der regionalen Zusammensetzung der Schulabgänger entsprechen;
- dass nach einem festgelegten Schlüssel Ausbildungsplätze für besonders benachteiligte Bewerber freigehalten werden;
- dass Menschen mit Migrationshintergrund gleichberechtigt berücksichtigt werden;
- dass Frauen gezielt gefördert werden. Vor allem in Berufen mit traditionell geringem Frauenanteil sind Bewerberinnen bevorzugt einzustellen, bis ein Verhältnis von 50 zu 50 zwischen den Geschlechtern erreicht ist.

Bedeutung für Jugendliche und Auszubildende

Immer dann, wenn der Mangel an Ausbildungs- und Arbeitsplätzen besonders groß ist, verschärft sich die Auslese im Sinne der Arbeitgeber. Umgekehrt gilt auch, wenn die Bewerbungszahlen sinken, werden auch Bewerber, die vorher von vornherein als »ungeeignet« abqualifiziert worden sind, von den Unternehmen umworben. Wird man in einem Auswahlverfahren »aussortiert«, bedeutet dies nicht, dass man selbst schuld ist und ggf. »zu dumm« ist. Verantwortlich dafür ist der Mangel an Arbeits- und Ausbildungsplätzen.

09

Muster für Betriebsvereinbarung

Auswahlrichtlinien für die Einstellung von Auszubildenden

1. Ziel
   Mit dieser Betriebsvereinbarung werden die Auswahlrichtlinien für die Einstellung von Auszubildenden vereinbart. Ziel dieses Verfahrens ist, jeden Auszubildenden auf den richtigen (richtig = entsprechend der Neigung und Eignung der Jugendlichen) Ausbildungsplatz zu vermitteln.
2. Geltungsbereich
   Diese Vereinbarung gilt:
   1. räumlich:für (z. B.) die Hauptverwaltung und alle Niederlassungen/Zweigstellen/Filialen des Unternehmens …
   2. persönlich:für alle Bewerber um Ausbildungsstellen.

3. Die Ausbildungsberufe und die Zahl der einzustellenden Auszubildenden für die einzelnen Ausbildungsberufe werden gemeinsam vom Betriebsrat und der Unternehmensleitung festgelegt.
   Für die Besetzung der Ausbildungsstellen mit Jungen/Mädchen bzw. Männern/Frauen gilt der Grundsatz der Parität, d.h., 50% der Ausbildungsplätze sollen mit männlichen, 50% mit weiblichen Bewerbern besetzt werden.
4. Die Ausbildungsberufe und die Zahl der Ausbildungsplätze werden dem Arbeitsamt gemeldet, und zwar jeweils am 1. September für das am 1. September des nächsten Jahres beginnende Ausbildungsjahr.
5. Informationen für interessierte Jugendliche
   In Zusammenarbeit mit dem Arbeitsamt und den betreffenden Schulen finden Informationsveranstaltungen statt.
   Beispiel:
   a) Informationsabende
   b) Tag der offenen Tür
   c) Unterrichtsbesuche
   d) Plätze für Betriebspraktika werden angeboten
6. Bewerbungsschlussdatum
   Das Bewerbungsschlussdatum wird festgelegt auf den 15. Dezember.
7. Für die Auswahl der Bewerber um Ausbildungsstellen gelten folgende Regelungen:
   Absolventen allgemein bildender und berufsbildender Schulen werden nach folgendem Schlüssel berücksichtigt:
   a) Absolventen von Sonderschulen werden bei den entsprechenden Schulabschlüssen (Hauptschule, mittlerer Bildungsabschluss, Abitur) berücksichtigt. Absolventen von Sonderschulen für Lernbehinderte werden nach Rücksprache mit Eltern, Berufsberatern, Lehrern und Ausbildungsberatern der Industrie und Handelskammer gesondert berücksichtigt. Ziel ist es, jedes Jahr auch Lernbehinderten die Chance einer Berufsausbildung zu geben.
   b) Hauptschüler
      sollen mindestens zu ... % bei der Gesamtzahl der Auszubildenden berücksichtigt werden. Für die einzelnen Ausbildungsberufe ist folgender Anteil einzuhalten:
      Industriemechaniker/in ... %
      Bürokaufmann/-frau ... %
      Industriekaufmann/-frau ... %
   c) Bewerber mit mittlerem Bildungsabschluss (Sek. I) sind bei der Gesamtzahl der Auszubildenden mit ... % zu berücksichtigen.
      Für die einzelnen Ausbildungsberufe gilt folgender Anteil:
      Industriemechaniker/in ... %
      Bürokaufmann/-frau ... %
      Industriekaufmann/-frau ... %
   d) Bewerber mit Abschluss Berufsgrundbildungsjahr sind mit ... % zu berücksichtigen.

Für die einzelnen Ausbildungsberufe gilt folgender Anteil:
Industriemechaniker/in ... %
Bürokaufmann/-frau ... %
Industriekaufmann/-frau ... %

e) Bewerber mit Abschluss Berufsfachschule sind mit ... % zu berücksichtigen.
Für die einzelnen Ausbildungsberufe gilt folgender Anteil:
Industriemechaniker/in ... %
Bürokaufmann/-frau ... %
Industriekaufmann/-frau ... %

f) Bewerber mit Abschluss Sekundarstufe II (Abitur) sind mit ... % zu berücksichtigen.
Für die einzelnen Ausbildungsberufe gilt folgender Anteil:
Industriemechaniker/in ... %
Bürokaufmann/-frau ... %
Industriekaufmann/-frau ... %

g) Bewerber mit sonstigen Bildungsabschlüssen werden den vergleichbaren Bewerbergruppen zugeordnet.

8. Sind in einer Gruppe weniger Bewerber als freie Ausbildungsstellen vorhanden, können die nicht zu besetzenden Ausbildungsplätze anteilmäßig den anderen Gruppen zugeschlagen werden.
9. Bewertung der Zeugnisse
Innerhalb der Quotengruppen werden die Zeugnisse gesichtet. Bewerber für kaufmännische Ausbildungsberufe müssen im Fach Rechnen/Mathematik mindestens ausreichende Leistungen nachweisen.
10. Ranglisten
Nach der Berücksichtigung der Punkte 7–9 werden Ranglisten erstellt.
11. Bewerbungsgespräch
Personalleitung und Betriebsrat führen mit den ausgewählten Bewerbern ein Gespräch.
12. Sind in einer Gruppe bis zu diesem Zeitpunkt mehr geeignete Bewerber als freie Ausbildungsplätze vorhanden, erfolgt die Vergabe unter Berücksichtigung weiterer sozialer Gesichtspunkte. Ziel hierbei ist es vor allem auch, für ausländische Jugendliche sowie Schwerbehinderte die Zugangsmöglichkeiten zur beruflichen Bildung zu verbessern.
13. Benachrichtigung der Bewerber
Alle Bewerber erhalten bis zum (Beispiel) 1. Februar eine endgültige Nachricht darüber, ob sie einen Ausbildungsplatz erhalten oder nicht.
Bei Absagen wird auf besonders sorgfältige Formulierung geachtet und ggf. auf andere Möglichkeiten und spätere Einstellung (Nachrücker) verwiesen.
14. Alle in dieser Betriebsvereinbarung geregelten Punkte werden einvernehmlich zwischen Betriebsrat und Unternehmensleitung vereinbart.
Kommt eine Einigung nicht zustande, entscheidet der unparteiische Vorsitzende einer zu bildenden gemeinsamen Berufsbildungskommission oder Einigungsstelle.

15. Inkrafttreten und Kündigung

15.1 **Diese Vereinbarung tritt am … in Kraft.**

Die Vereinbarung gilt auf unbestimmte Zeit, sie kann mit einer halbjährlichen Frist zum jeweiligen Jahresende gekündigt werden.

Widerspricht die andere Seite der Kündigung, gilt die Vereinbarung entsprechend § 77 Abs. 6 BetrVG fort, bis sie durch eine andere Abmachung ersetzt wird.

Beendigung des Ausbildungsverhältnisses

Grundlagen

Das Berufsausbildungsverhältnis ist ein befristetes Vertragsverhältnis, welches grundsätzlich nach § 21 Abs. 1 BBiG mit Ablauf der Ausbildungszeit bzw. im Falle der Stufenausbidlung mit Ablauf der letzten Stufe endet. Es endet aber auch, wenn der Auszubildende vor Ablauf der Ausbildungszeit die Abschlussprüfung besteht, vgl. § 21 Abs. 2 BBiG. Dagegen verlängert es sich nicht ohne Weiteres, wenn die Abschlussprüfung erst nach dem Ende der Ausbildungszeit abgelegt werden kann (BAG v. 13. 3. 2007, AiB Newsletter 2007, Nr. 5, 3).

Es kann ferner einvernehmlich beendet werden. Dabei ist § 623 BGB zu beachten, der für jede Beendigung von Arbeitsverhältnissen die Schriftform vorschreibt. Auch wenn ein Berufsausbildungsverhältnis kein Arbeitsverhältnis ist, gebieten Sinn und Zweck der Vorschrift die Anwendung auch auf Berufsausbildungsverhältnisse.

Das Berufsausbildungsverhältnis kann schließlich nach § 22 BBiG durch → **Kündigung** beendet werden (s. dort).

Rechtliche Grundlage für eine Beendigung des Ausbildungsverhältnisses ist zunächst § 21 BBiG für den Fall des Ablaufs der Ausbildungszeit bzw. für den Fall des vorzeitigen Bestehens der Abschlussprüfung.

Wenn der Auszubildende die Abschlussprüfung zum Ablauf der Ausbildungszeit nicht besteht, verlängert sich nach § 21 Abs. 3 das Berufsausbildungsverhältnis auf Verlangen des Auszubildenden bis zur nächstmöglichen Wiederholungsprüfung höchstens um ein Jahr. Gemeint ist ein Ausbildungsjahr und nicht das Kalenderjahr. Wenn dann auch die Wiederholungsprüfung nicht bestanden wird, kann erneut eine Verlängerung bis zur nächstmöglichen Wiederholungsprüfung verlangt werden. § 37 Abs. 1 BBiG bestimmt, dass die Abschlussprüfung zweimal wiederholt werden kann. Dem Sinn der Vorschrift entspricht es, dass in diesem Fall eine erneute Verlängerung bis zu höchstens einem Jahr gefordert werden kann.

Sofern die Abschlussprüfung in zwei zeitlich auseinander fallenden Teilen durch-

geführt wird, ist der erste Teil der Abschlussprüfung nicht eigenständig wiederholbar. Dies bestimmt § 37 Abs. 1 Satz 3 BBiG.
Die Vergütung richtet sich in dieser Zeit nach der Vergütung für das dritte Ausbildungsjahr.

Befristeter Arbeitsvertrag

Begriff

Unter einem befristeten Arbeitsvertrag versteht man ein Arbeitsverhältnis, das nach Ablauf einer bestimmten Zeit oder nach Eintritt eines Ereignisses (Zweck) automatisch endet, ohne dass es einer Kündigung bedarf.
Dagegen versteht man unter einem normalen Arbeitsverhältnis ein unbefristetes Arbeitsverhältnis. Darauf sind auch die Beschäftigten angewiesen, da sie in aller Regel nicht mehr als ihre Arbeitskraft zu verkaufen haben. Um somit ihre Existenz sichern zu können, ist ein durchgängiger Arbeitsvertrag eine entscheidende Grundlage zur Existenzsicherung.
Bei befristeten Arbeitsverträgen werden zwei Fallgruppen unterschieden:

1. ein befristetes Arbeitsverhältnis aufgrund eines sachlichen Grundes (§§ 14 Abs. 1, 21 TzBfG i. V. m. § 620 Abs. 3 BGB),
2. ein befristetes Arbeitsverhältnis ohne sachlichen Grund auf der Grundlage des Teilzeit- und Befristungsgesetzes (§ 14 Abs. 2, 2a und 3 TzBfG).

Mit dem seit Anfang 2001 geltenden Gesetz über Teilzeitarbeit und befristete Arbeitsverträge (TzBfG) sind neue und abschließende Regelungen sowohl zur Teilzeitarbeit aber auch zur Befristung von Arbeitsverträgen geschaffen worden. Das Teilzeitbefristungsgesetz gilt ebenso für (befristete) Arbeitsverträge zwischen Verleihern und Leiharbeitnehmern.

Befristung von Arbeitsverhältnissen aus sachlichem Grund

Bei Vorlage eines sachlichen Grundes waren und sind befristete Arbeitsverhältnisse schon immer möglich gewesen. Es handelt sich hier um eine jahrzehntelange Praxis, die durch begrenzte Ausnahmetatbestände gekennzeichnet war. Eine der wichtigsten Grenzen für diese befristeten Arbeitsverhältnisse ist dadurch gezogen worden, dass durch diese Befristungen der gesetzliche Kündigungsschutz nicht umgangen werden durfte. Da das TzBfG die Notwendigkeit des »sachlichen Grundes« nicht mehr aus diesem Umgehungstatbestand herleitet, kommt es weder auf die 6-Monatsfrist des § 1 Abs. 1 KSchG noch auf die Be-

triebsgröße des § 23 KSchG an. Auch Arbeitsverhältnisse für die Dauer von maximal sechs Monaten unterliegen somit einer Befristungskontrolle (z. B. nach § 14 Abs. 2 Satz 2 TzBfG).
Ein sachlicher Grund ist nach § 14 Abs. 1 TzBfG in folgenden Beispielfällen anerkannt:

- es besteht nur ein vorübergehender betrieblicher Bedarf an der Arbeitsleistung (z. B. Saisonarbeiten, Abwicklungsarbeiten);
- die Befristung des Arbeitsvertrages mit einem Arbeitnehmer erfolgt aus dem Grund, dass der Arbeitgeber einen Auszubildenden in ein unbefristetes Dauerarbeitsverhältnis übernehmen will; in diesem Fall besteht für die Beschäftigung eines anderen Arbeitnehmers auf dem für den Auszubildenden vorgesehenen Arbeitsplatz von vornherein nur ein zeitlich begrenztes Bedürfnis (BAG v. 18. 3. 2015 – 7 AZR 115/13);
- die Befristung erfolgt im Anschluss an eine Ausbildung oder ein Studium, um den Übergang in eine Anschlussbeschäftigung zu erleichtern (z. B. unmittelbar im Anschluss an die Erstausbildung);
- die Beschäftigung des Arbeitnehmers erfolgt zur Vertretung eines anderen Arbeitnehmers (z. B. wegen Krankheit, Urlaub, Mutterschutz);
- die Befristung rechtfertigt sich durch die Eigenart der Arbeitsleistung (z. B. im Kunstbereich sowie in den Medien);
- die Befristung wird zur Erprobung vorgenommen;
- die Befristung erfolgt aus Gründen, die in der Person des Arbeitnehmers liegen (z. B. wegen einer befristeten Aufenthaltsgenehmigung);
- der Arbeitnehmer wird aus Haushaltsmitteln vergütet (betrifft den öffentlichen Dienst);
- die Befristung beruht auf einem gerichtlichen Vergleich.

Nach § 21 TzBfG ist anerkannt:

- der Arbeitsvertrag wird unter einer auflösenden Bedingung geschlossen (z. B. mit Zustellung des Bescheids über eine Erwerbsunfähigkeitsrente endet der Arbeitsvertrag).

Daneben gelten weiterhin (vgl. § 23 TzBfG) die Befristungsregelungen in anderen Gesetzen, wie u. a. in dem § 21 Bundeselterngeld- und Elternzeitgesetz.
Die Befristung eines Arbeitsvertrags bedarf der Schriftform, um wirksam zu sein (§ 14 Abs. 4 TzBfG). Die Klagefrist beträgt gem. § 17 TzBfG drei Wochen nach Ende des befristeten Arbeitsvertrags.
Befristete Arbeitsverträge auf der Grundlage eines sachlichen Grundes können kalendermäßig befristet oder als Zweckbefristung vorgenommen werden. Bei der kalendermäßigen Befristung wird eine bestimmte Dauer des Arbeitsverhältnisses (z. B. für zwölf Monate) oder ein Datum seiner Beendigung (z. B. bis 31. 12. 2002) vereinbart. Bleibt der Zeitpunkt unbestimmt (z. B. für ca. sechs Mo-

nate), dann ist eine Befristung schon deshalb unwirksam. Die Folge ist, dass ein unbefristeter Arbeitsvertrag vereinbart worden ist (§ 16 TzBfG).
Bei der Zweckbefristung muss sich aus dem Erreichen des bestimmten Zwecks (z. B. Beendigung des Winterschlussverkaufs) die Dauer des Arbeitsverhältnisses ergeben. Dabei muss der Befristungszweck ausdrücklich vereinbart werden. Auch hier gilt, dass bei einer unzulässigen Zweckbefristung (z. B. solange Arbeit vorhanden ist), die Befristung unwirksam und ein unbefristeter Arbeitsvertrag vereinbart worden ist.
Ein großes Problem stellen in diesem Bereich die sogenannten »Kettenarbeitsverträge« dar. Darunter versteht man aufeinander folgende mehrfach befristete Arbeitsverträge. Diese sind nach der Rechtsprechung dann nicht verboten, wenn jeweils für die Befristungen sachliche Gründe vorliegen. Hier ist jedoch die Rechtsprechung in den letzten Jahren zu Ungunsten der Arbeitnehmer abgeändert worden. Bei einem Streit um die Wirksamkeit der Befristung von »Kettenarbeitsverträgen« soll jetzt nur der jeweils letzte befristete Arbeitsvertrag gerichtlich auf seinen sachlichen Grund überprüft werden. Diese arbeitnehmerfeindliche Rechtsprechung hat zu Recht viel Kritik erfahren. Es ist deshalb zu verlangen, dass bei einer Anschlussbefristung zumindest noch der letzte befristete Arbeitsvertrag, der unter Berufung auf einen sachlichen Grund abgeschlossen worden ist, durch die Gerichte dahingehend kontrolliert wird, ob wirklich ein sachlicher Grund vorlag oder nicht. Trotz der Entscheidung des EuGH vom 26. Januar 2012 (C586/10 »Kücük«), wonach sich ein Missbrauch aus konkreten Umständen des Einzelfalls ergeben kann (Anzahl und Gesamtdauer der abgeschlossenen Arbeitsverträge), hat das BAG seine Rechtsprechung zwar nicht geändert. Die vom EuGH geforderte Missbrauchskontrolle soll aber nach Auffassung des BAG (Urt. v. 18.7.2012 – 7 AZR 443/09) in jeder Befristungsklage erfolgen.

Befristung von Arbeitsverhältnissen ohne Sachgrund (sogenannte erleichterte Befristung)

1985 wurde den Unternehmen durch das Beschäftigungsförderungsgesetz ein besonderes Geschenk gemacht, wonach auch befristete Arbeitsverträge möglich sind, ohne dass ein sachlicher Grund vorliegen muss. Diese Erweiterung erfolgte durch die damalige Regierung Kohl unter dem Vorwand, das Arbeitsrecht beschäftigungsfreundlich zu flexibilisieren. Seit Inkrafttreten des Beschäftigungsförderungsgesetzes im Jahre 1985 muss jedoch festgestellt werden, dass Befristungen weit mehr genutzt wurden, den gesetzlichen Kündigungsschutz bei der Besetzung ohnehin bestehender Arbeitsplätze von den Unternehmern zu umgehen, als neue Arbeitsplätze zu schaffen.
Durch das TzBfG ist das Beschäftigungsförderungsgesetz ab 2001 modifiziert

worden. Danach sind nunmehr folgende Regelungen möglich (§ 14 Abs. 2, 2a und 3 TzBfG):

- Befristete Arbeitsverträge können bis zu zwei Jahre ohne sachlichen Grund vereinbart werden.
- Im Rahmen der Gesamtdauer von zwei Jahren kann ein auf kürzere Zeit befristetes Arbeitsverhältnis dreimalig – allerdings ohne Sachgrund – verlängert werden; es darf dabei keine Unterbrechung des Arbeitsverhältnisses erfolgen.
- Die Befristung ohne sachlichen Grund ist nicht zulässig, wenn mit dem Arbeitgeber bereits zuvor ein befristetes oder unbefristetes Arbeitsverhältnis bestanden hat. Kettenarbeitsverträge – wie beim Beschäftigungsförderungsgesetz – sind rechtlich nicht mehr zulässig. Nach einer neuen und abzulehnenden Rechtsprechung des BAG (v. 6.4.2011 – 7 AZR 716/09; v. 21.9.11 – 7 AZR 375/10) soll sich das Vorbeschäftigungsverbot nur auf die letzten drei Jahre beziehen, sodass eine sachgrundlose Befristung durch ein Arbeitsverhältnis, das mehr als drei Jahre zurückliegt, nicht mehr ausgeschlossen wird. Diese Änderung der Rechtsprechung stieß auf sehr viel Kritik. So hat das LAG Baden-Württemberg in zwei Entscheidungen (v. 26.9.13 – 6 Sa 28/13 sowie v. 21.2.14 – 7 Sa 64/13, AiB 14, 70) die neue Rechtsprechung abgelehnt. Das BAG hat somit die Gelegenheit, seine Rechtsprechung zu überprüfen. Da zudem das Arbeitsgericht Braunschweig (Beschluss v. 3.4.2014 – 5 Ca 463/13) einen Vorlagebeschluss beim Bundesverfassungsgericht eingereicht hat, kann jedem Betroffenen geraten werden, sich bei seiner Gewerkschaft rechtlich beraten zu lassen.

  Eine Befristung ohne sachlichen Grund ist ferner nicht zulässig, wenn sie im Rahmen eines Anschlussarbeitsvertrages mit einem Arbeitnehmer erfolgt, der zuvor als Leiharbeitnehmer in dem Betrieb gearbeitet hat, und der Leiharbeitsvertrag ausschließlich deshalb vereinbart wurde, um das Anschlussverbot des § 14 Abs. 2 Satz 2 TzBfG zu umgehen (BAG v. 15.5.13 – 7 AZR 525/11).
- Im Anschluss an die Berufsausbildung können befristete Arbeitsverhältnisse abgeschlossen werden, da die Berufsausbildung nicht als Arbeitsverhältnis im Sinne des § 14 Abs. 2 Satz 2 TzBfG gilt (BAG v. 21.9.11 – 7 AZR 375/10).
- Für Befristungen ohne sachlichen Grund können in Tarifverträgen die Anzahl der Verlängerungen oder die Höchstdauer der Befristung abweichend vom Gesetz geregelt werden. So gibt es Tarifverträge, die die Befristung ohne Sachgrund bis zu 48 Monaten ermöglichen. Dies ist aber nur eine Möglichkeit ohne Bindungswirkung für den Betriebsrat.
- Bei der Neugründung eines Unternehmens ist in den ersten vier Jahren eine kalendermäßige Befristung ohne Sachgrund bis zur Dauer von vier Jahren zulässig. Bis zu dieser Gesamtdauer ist auch eine mehrfache Verlängerung zulässig.
- Wenn der Arbeitnehmer das 52. Lebensjahr vollendet hat, ist bis zu einer

Dauer von fünf Jahren eine Befristung ohne Sachgrund möglich. Der Arbeitnehmer muss aber unmittelbar davor mindestens vier Monate beschäftigungslos (§ 119 Abs. 1 Nr. 1 SGB III) gewesen sein, Transferkurzarbeitergeld bezogen oder an einer öffentlich geförderten Beschäftigungsmaßnahme nach dem SGB II oder SGB III teilgenommen haben. Bis zu dieser Gesamtdauer ist auch eine mehrfache Verlängerung zulässig.

- Die Befristung bedarf zu ihrer Wirksamkeit der Schriftform (§ 14 Abs. 4 TzBfG), wobei jede Verlängerung einen selbständigen Arbeitsvertrag darstellt und unterschrieben werden muss, da die Befristung ansonsten unwirksam und ein unbefristeter Arbeitsvertrag geschlossen worden ist (§ 16 TzBfG).
- Es gilt eine Klagefrist von drei Wochen nach dem Ende der Befristung für alle befristeten Arbeitsverträge, also auch für die Arbeitsverträge, die unter Berufung auf einen sachlichen Grund abgeschlossen worden sind (§ 17 TzBfG). Diese Klagefrist müssen die Beschäftigten einhalten, wenn sie gegen die Beendigung des Arbeitsverhältnisses wegen einer unwirksamen Befristung gerichtlich vorgehen wollen.

Die Geltungsdauer dieser Regelungen ist zeitlich nicht beschränkt.

Bei einer Befristung muss ebenfalls der arbeitsrechtliche Gleichbehandlungsgrundsatz sowie das AGG beachtet werden. So ist es z. B. unzulässig, wenn bei einer Entscheidung über unbefristete oder befristete Einstellungen Beschäftigte ausländischer Herkunft benachteiligt werden. Gleiches gilt, wenn der Grund für die Beschäftigung im befristeten Arbeitsverhältnis nur das Geschlecht der Beschäftigten ist. Dies ist z. B. der Fall, wenn von sechs Auszubildenden bei gleichen Ausbildungsberufen und ähnlichen Prüfungsergebnissen in unbefristeten Arbeitsverhältnissen nur die drei männlichen Auszubildenden übernommen werden, während die drei weiblichen Auszubildenden nur befristete Arbeitsverträge erhalten. Darin liegt ein Verstoß gegen das gesetzliche Gebot, Männer und Frauen arbeitsrechtlich gleich zu behandeln (Art. 3 Abs. 2 GG, § 1 AGG, § 75 Abs. 1 BetrVG). Die Folge ist, dass die Befristung unwirksam ist.

Bei einer Zeitbefristung endet der Arbeitsvertrag mit Ablauf des vereinbarten Datums. Wird mit Wissen des Unternehmers über das Befristungsende hinaus das befristete Arbeitsverhältnis fortgesetzt, entsteht ein unbefristetes Arbeitsverhältnis, wenn der Arbeitgeber nicht unverzüglich widerspricht (§ 15 Abs. 5 TzBfG). Der Widerspruch kann durch den Arbeitgeber schon vor dem Ende des befristeten Arbeitsverhältnisses erklärt werden, wobei er schriftlich, aber auch mündlich als auch durch schlüssiges Verhalten erklärt werden kann.

Ein zweckbefristeter Arbeitsvertrag findet sein Ende mit dem Erreichen des Zweckes, frühestens jedoch zwei Wochen nach Zugang der schriftlichen Unterrichtung des Arbeitnehmers durch den Arbeitgeber über den Zeitpunkt der Zweckerreichung. Wird es nach Zweckerreichung mit Wissen des Arbeitgebers fortgesetzt, so entsteht ein unbefristeter Arbeitsvertrag, wenn der Arbeitgeber dem

Arbeitnehmer die Zweckerreichung nicht unverzüglich mitteilt (§ 15 Abs. 2 und 5 TzBfG).
Grundsätzlich gilt in einem befristeten Arbeitsverhältnis, dass während der Befristung eine ordentliche Kündigung nicht ausgesprochen werden kann. Demgegenüber ist jedoch eine außerordentliche Kündigung aus wichtigem Grund möglich. Eine ordentliche Kündigung kann nur dann ausgesprochen werden, wenn sie ausdrücklich vertraglich vereinbart worden ist. Eine solche Vereinbarung kann sich auch aus einem Tarifvertrag ergeben (§ 15 Abs. 3 TzBfG).
Nicht selten ergibt sich das Problem, dass ein Unternehmer einem Beschäftigten in einem unbefristeten Arbeitsverhältnis zu verstehen gibt, dass er nicht zu einer unbefristeten, jedoch zu einer befristeten Fortsetzung des Arbeitsverhältnisses ohne Sachgrund bereit ist. Selbst wenn eine solche Vereinbarung einer befristeten Fortsetzung des Arbeitsverhältnisses einvernehmlich erfolgt ist, ist die Befristung unzulässig und unwirksam. Das neue befristete Arbeitsverhältnis stände dann nämlich in einem engen sachlichen Zusammenhang mit dem unbefristeten Arbeitsverhältnis. Es entsteht vielmehr ein unbefristetes Arbeitsverhältnis. Eine solche Vereinbarung für eine befristete Fortsetzung des Arbeitsverhältnisses ist nur dann zulässig, wenn ein sachlicher Grund dafür vorliegt.
Ein besonderer Kündigungsschutz besteht u.a. für JAV-Mitglieder, Betriebsratsmitglieder, werdende Mütter, Schwerbehinderte, Ersatzdienstleistende und Wehrdienstleistende. Entsteht aber während eines befristeten Arbeitsverhältnisses dieser besondere Kündigungsschutz, ist er in aller Regel im Zusammenhang mit der Befristung unwirksam. Der besondere Kündigungsschutz knüpft nämlich an eine Kündigung an. Das befristete Arbeitsverhältnis endet jedoch durch Fristablauf oder Zweckerreichung automatisch, ohne dass es einer Kündigung dazu bedarf. Dieses gilt sowohl für einen befristeten Arbeitsvertrag auf der Grundlage eines sachlichen Grundes als auch bei der sogenannten erleichterten Befristung (ohne Sachgrund). Etwas anderes gilt für den Fall, dass andere befristet Beschäftigte vom Arbeitgeber ein Übernahmeangebot erhalten, und nur das Betriebsratsmitglied wegen der Betriebsratstätigkeit nicht in ein unbefristetes Arbeitsverhältnis übernommen werden soll (BAG v. 5.12.12 – 7 AZR 698/11). Dann hat das befristet beschäftigte Betriebsratsmitglied einen Anspruch auf unbefristete Beschäftigung.

Bedeutung für den Betriebsrat/die JAV

Mit den befristeten Arbeitsverträgen und aktuell durch den massiven Einsatz von Leiharbeitnehmern sowie Werkvertragsarbeitnehmern sollen die Dauerarbeitsverhältnisse unterlaufen werden. Seit Mitte der 1980er-Jahre haben die befristeten Arbeitsverhältnisse erheblich an Bedeutung gewonnen. Auch wenn sich die Anteile der befristeten Arbeitsverhältnisse an allen Arbeitsverhältnissen nur auf ca. 10% belaufen, sieht die Situation bei Neueinstellungen völlig anders aus. Hier sind ca. 44% aller Neueinstellungen befristete Arbeitsverträge, in Betrieben ab 250 Beschäftigten sogar über 60% (IAB-Bericht »Befristete Beschäftigung – Aktuelle Zahlen aus dem IAB-Betriebspanel 2012« v. Juni 2013). Dabei erfolgen die Einstellungen im öffentlichen Dienst weitaus häufiger als in der Privatwirtschaft befristet (IAB-Kurzbericht 5/2016). Etwa 60 Prozent der Einstellungen im öffentlichen Dienst (ohne Wissenschaft) erfolgten laut IAB-Betriebspanel im ersten Halbjahr 2014 befristet. In der Privatwirtschaft waren es 40 Prozent, in der Wissenschaft 87 Prozent. Dadurch wird in langjährig bewährte Arbeitnehmerschutzrechte, wie den Kündigungsschutz, eingegriffen. Tiefe Einschnitte beim arbeitsrechtlichen Schutz begünstigen eine Ausweitung des Bereichs der ungeschützten Arbeitsverhältnisse. Die Unternehmer nutzen diese befristeten Arbeitsverhältnisse dazu, um mehr Flexibilität in ihren Personalbestand zu bringen. Dieses führt zu einer Senkung von Personalkosten und zu einem ständigen Aushilfsbedarf, wofür insbesondere wieder befristete Einstellungen vorgenommen werden. Durch eine solche Personalpolitik können die Unternehmen kurzfristig auf die jeweilige Auftragslage reagieren. Damit erfolgt eine Abwälzung des Unternehmerrisikos auf die Beschäftigten. Die Stammbelegschaft wird auf die unbedingt erforderliche Anzahl von Beschäftigten zurückgeführt, während Auftragsüberhänge und Produktionsspitzen durch eine flexible Personalhaltung, insbesondere durch befristete Einstellungen ausgeglichen werden. Dieses führt zu einer massiven Senkung der Personalkosten durch einen dauerhaften Personalabbau.

Befristete Arbeitsverhältnisse werden zudem oft zur Verlängerung der Probezeit und zu Disziplinierungszwecken missbraucht. Unliebsame Beschäftigte erhalten nach Ablauf der Befristung keinen Anschlussvertrag mehr. Die Auswirkungen auf die Stammbelegschaft sind gravierend. Es muss ständig damit gerechnet werden, dass durch Befristungsablauf frei werdende Arbeitsplätze nicht oder erst verzögert erneut besetzt werden und durch vermehrte Fluktuation erhöhter Einarbeitungs- und Vertretungsbedarf entsteht.

Um diese negativen Auswirkungen auf die Personalpolitik und die Gesamtbelegschaft zu verhindern, müssen die JAV wie auch der Betriebsrat:

- zusammen mit der im Betrieb vertretenen Gewerkschaft alle Informationen über die derzeit im Betrieb bestehenden befristeten Arbeitsverträge zusammentragen und auswerten;
- sich über die Ziele klar werden, die zur Einschränkung und Regulierung befristeter Arbeitsverträge im Betrieb angestrebt werden sollen;
- sich darüber klar werden, wie sie die Ziele im Einzelnen verwirklichen können.

Um die notwendigen Informationen zu erhalten, kann der Betriebsrat sich u. a. auf § 20 TzBfG stützen. Danach hat der Arbeitgeber ihn über die Anzahl der befristet beschäftigten Arbeitnehmer und ihren Anteil an der Gesamtbelegschaft des Betriebs als auch des Unternehmens zu unterrichten (im Einzelnen siehe unten unter Informationsrechte).
Es bestehen folgende Handlungsmöglichkeiten für den Betriebsrat:

Zustimmungsverweigerung nach § 99 BetrVG

Wie bei jeder Einstellung muss der Betriebsrat auch bei befristeten Einstellungen umfassend unterrichtet werden (§ 99 Abs. 1 BetrVG). Dies gilt auch für eine spätere Verlängerung des befristeten Arbeitsverhältnisses.
Eine umfassende Information durch den Arbeitgeber umfasst dabei insbesondere:

- Vorlage der Bewerbungsunterlagen,
- Auskunft über die Bewerber,
- Mitteilung über die Auswirkungen der geplanten Einstellungen auf die übrigen Beschäftigten und den Betrieb,
- Information über den in Aussicht genommenen Arbeitsplatz,
- Information über die beabsichtigte Eingruppierung,
- den konkreten Grund der befristeten Einstellung, insbesondere die konkrete Angabe des Arbeitsplatzes bzw. für wen die Vertretung vorgenommen werden soll.

Der Betriebsrat kann sich gegen eine beabsichtigte Einstellung in ein befristetes Arbeitsverhältnis entscheiden. Dann kann er seine Zustimmung zur Einstellung verweigern, was jedoch das Vorliegen von Gründen erfordert, die im Einzelnen in § 99 Abs. 2 Nr. 1–6 BetrVG aufgeführt sind. Mögliche Gründe für die Zustimmungsverweigerung könnten sein:

- Verstoß der befristeten Einstellung z. B. gegen ein Gesetz, gegen einen Tarifvertrag oder eine Betriebsvereinbarung,
- Verstoß gegen eine Auswahlrichtlinie,
- die Gefahr von Nachteilen für bereits im Betrieb beschäftigte Arbeitnehmer,
- Benachteiligung des befristet Einzustellenden,
- Benachteiligung eines gleich geeigneten befristeten Beschäftigten durch Nichtberücksichtigung bei der Besetzung eines unbefristeten Arbeitsplatzes,
- unterbliebene betriebliche Stellenausschreibung.

Beispiel:
Ein Verstoß gegen das TzBfG läge z. B. dann vor, wenn im unmittelbaren Anschluss an eine 2-jährige Befristung ohne Sachgrund eine Weiterbefristung vereinbart wird und ein besonderer sachlicher Grund nicht vorliegt.

Von einem Nachteil ist immer dann auszugehen, wenn im Betrieb ein für den zu besetzenden Arbeitsplatz geeigneter anderer Arbeitnehmer bereits befristet beschäftigt wird.
Nachteile für bereits im Betrieb beschäftigte Arbeitnehmer können zudem dann entstehen, wenn durch befristete Einstellungen eine vermehrte Fluktuation und ein gesteigerter Anlern- und Vertretungsbedarf entstehen. Eine Gefahr von Nachteilen könnte auch dann gegeben sein, wenn gleich geeignete befristet Beschäftigte nicht weiterbeschäftigt werden.
Bei der Formulierung der Zustimmungsverweigerung muss der Betriebsrat die konkreten Umstände benennen, die als Gründe für die Zustimmungsverweigerung gem. § 99 Abs. 2 BetrVG anzusehen sind. Es reicht nicht die Wiederholung des Gesetzestextes aus.
Die Einstellung des befristet Beschäftigten kann der Arbeitgeber bei einer wirksamen Zustimmungsverweigerung nur dann vornehmen, wenn das Arbeitsgericht die Zustimmung des Betriebsrats ersetzt. Führt jedoch der Arbeitgeber die befristete Einstellung unter Missachtung der Mitbestimmungsrechte des Betriebsrats durch, kann der Betriebsrat durch ein von ihm einzuleitendes Beschlussverfahren die befristete Einstellung aufheben lassen und einen Unterlassungsanspruch auf künftige Beachtung seines Mitbestimmungsrechtes durchsetzen.

Informationsrechte

Neben dem umfassenden Unterrichtungsrecht nach § 99 Abs. 1 BetrVG hat der Betriebsrat bzw. die JAV weitere Informationsrechte. So hat der Arbeitgeber nach § 20 TzBfG, der § 80 Abs. 2 BetrVG konkretisiert, den Betriebsrat als auch den Personalrat über die Anzahl der befristet beschäftigten Arbeitnehmer und ihren Anteil an der Gesamtbelegschaft des Betriebs sowie Unternehmens zu informieren. Wichtig ist hierbei, dass der Informationsanspruch regelmäßig vom Arbeitgeber erfüllt wird. So besteht nur die Möglichkeit, besser Einfluss auf die Einstellungspraxis zu nehmen, und die Einhaltung der Gesetze zu überwachen. Diese Informationsrechte müssen genutzt werden, um einen vollständigen Überblick über die befristeten Arbeitsverhältnisse im Betrieb zu erhalten. Dazu gehört insbesondere die vom Unternehmen beabsichtigte künftige Personalentwicklung.
Des Weiteren ist auch die Erfassung der sich im Zusammenhang mit befristeten Arbeitsverträgen ergebenden betrieblichen Probleme notwendig. Solche Informationsrechte können sich u. a. aus § 80 Abs. 1, Abs. 2 sowie § 106 Abs. 2 BetrVG ergeben.
Ein Informationsanspruch ergibt sich auch aus den Beteiligungsrechten im Zusammenhang mit der Personalplanung (§ 92 BetrVG) bzw. den betrieblichen

Auswahlrichtlinien (§ 95 BetrVG). Im Rahmen der Beteiligung des Betriebsrats an der Personalplanung können dem Unternehmen die Vorstellungen des Betriebsrats und der JAV über die Regelung befristeter Arbeitsverträge vorgeschlagen werden. Durch Auswahlrichtlinien können die Chancen befristet beschäftigter Arbeitnehmer auf Erlangung eines unbefristeten Arbeitsverhältnisses verbessert werden.

Betriebsvereinbarungen

Unter Ausnutzung der angesprochenen Beteiligungsrechte des Betriebsrats und der JAV sollte der Betriebsrat eine Regelung von befristeten Arbeitsverträgen durch eine Betriebsvereinbarung vom Unternehmen verlangen. In einer solchen Betriebsvereinbarung können Regelungen getroffen werden, die auf die konkrete betriebliche Situation Rücksicht nehmen und den Missbrauch befristeter Arbeitsverhältnisse zulasten der direkt Betroffenen, aber auch der gesamten Belegschaft verhindern oder zumindest versuchen, deutlich einzuschränken. Wesentliche Bestandteile einer solchen Regelung sind die Einschränkung der Zulässigkeit befristeter Arbeitsverhältnisse, die Einhaltung einer bestimmten Höchstquote befristet Beschäftigter sowie die vorrangige Berücksichtigung von befristeten Arbeitnehmern bei unbefristeten Einstellungen.

Da eine solche Betriebsvereinbarung z. T. den Charakter einer freiwilligen Betriebsvereinbarung nach § 88 BetrVG hat, ist es notwendig, im Betrieb entsprechenden Druck auf das Unternehmen zu entwickeln, um eine solche Betriebsvereinbarung abschließen zu können.

In einer solchen Betriebsvereinbarung ist vonseiten der JAV darauf zu achten, dass alle Auszubildenden in ein unbefristetes Arbeitsverhältnis übernommen werden, zumindest, dass nicht befristete Arbeitsverträge mit denjenigen Auszubildenden abgeschlossen werden, die auf einem Dauerarbeitsplatz weiterbeschäftigt werden sollen (→ **Übernahme in ein unbefristetes Arbeitsverhältnis**).

Bedeutung für die Beschäftigten

Bei der Einstellung besteht meist nur die Möglichkeit, die Bedingungen des Unternehmers zu akzeptieren oder auf die Einstellung ganz zu verzichten. Wichtig ist jedoch, vor Unterzeichnung eines befristeten Arbeitsvertrags mit der JAV, dem Betriebsrat, dem Personalrat bzw. der Gewerkschaft Kontakt aufzunehmen.

Nach erfolgter Einstellung in ein befristetes Arbeitsverhältnis bestehen gegenüber dem Arbeitgeber Informationsansprüche. Der Beschäftigte hat Anspruch auf die Besprechung seiner betrieblichen Entwicklungsmöglichkeiten, wobei er

ein Mitglied des Betriebsrats hinzuziehen kann (§ 82 BetrVG). Nach § 18 TzBfG ist der Arbeitnehmer über entsprechende unbefristete Arbeitsplätze durch den Arbeitgeber zu informieren, die besetzt werden sollen. Der Arbeitgeber hat dafür Sorge zu tragen, dass auch befristet beschäftigte Arbeitnehmer an der Aus- und Weiterbildung teilnehmen können. Die Weiterbildungsverpflichtung bezieht sich dabei auch auf die Verbesserung der beruflichen Qualifikation, um eine qualifiziertere Tätigkeit übernehmen zu können (§ 19 TzBfG). Des Weiteren kann das Beschwerderecht (§§ 84, 85 BetrVG) im Zusammenhang mit einem befristeten Arbeitsverhältnis in Anspruch genommen werden. Dieses wäre etwa dann der Fall, wenn der Unternehmer einer Weiterbeschäftigung für die Zeit nach Ablauf der Befristung ablehnt, obwohl ein Arbeitsplatz zur Verfügung steht. Hier könnte der Beschäftigte geltend machen, dass er sich gegen die unbegründete praktische Benachteiligung beschweren will.
Wegen der Unwirksamkeit einer Befristung kann bis drei Wochen nach Befristungsablauf Klage beim Arbeitsgericht auf Feststellung der Unwirksamkeit der Befristung eingereicht werden (§ 17 TzBfG). Im Rahmen dieses Arbeitsgerichtsverfahrens wird dann überprüft, ob die Befristung wirksam war oder nicht. Wenn die Befristung rechtsunwirksam war, besteht das Arbeitsverhältnis unbefristet weiter.

Literaturhinweis

Thomas Lakies, Befristete Arbeitsverträge, Der Ratgeber für Beschäftigte und ihre Interessenvertretung, 2016

Berichtshefte

Grundlagen

Der Auszubildende hat sich nach § 13 BBiG zu bemühen, die Fertigkeiten und Kenntnisse zu erwerben, die erforderlich sind, um das Berufsausbildungsziel zu erreichen. Dazu korrespondiert § 14 BBiG, der den Ausbildenden verpflichtet, dem Auszubildenden die entsprechenden Kenntnisse zu vermitteln.

Dazu muss der Auszubildende vor allem:

- die ihm im Rahmen seiner Berufsausbildung aufgetragenen Verrichtungen sorgfältig ausführen,
- an Ausbildungsmaßnahmen teilnehmen, vor allem
- die Berufsschule besuchen,
- den Weisungen folgen, die ihm im Rahmen der Berufsausbildung vom Ausbildenden/Ausbilder oder von anderen weisungsberechtigten Personen erteilt werden,
- im Rahmen der Berufsausbildung nach den Empfehlungen des Bundesausschusses für Berufsbildung zum »Führen von Berichtsheften in der Form von Ausbildungsnachweisen« mindestens wöchentlich Ausbildungsnachweise führen.

Im Ausbildungsnachweis wird wahrheitsgemäß dokumentiert, welche Tätigkeiten und Arbeiten in welcher Zeit ausgeführt wurden. Es dürfen nur Tätigkeiten aufgeführt werden, die auch tatsächlich ausgeübt wurden.

Der Ausbildende oder die/der Ausbilder/in hat den Ausbildungsnachweis mindestens monatlich zu prüfen und abzuzeichnen. Er hat dafür Sorge zu tragen, dass auch die/der gesetzliche Vertreter/in der/des Auszubildenden, sofern diese/r das 18. Lebensjahr noch nicht vollendet hat, sowie die Berufsschule in angemessenen Zeitabständen von den Ausbildungsnachweisen Kenntnis erhalten und diese unterschriftlich bestätigen kann.

Der Auszubildende führt den Ausbildungsnachweis während der Ausbildungszeit. Der Nachweis kann elektronisch geführt werden.

Die Vorlage des Ausbildungsnachweises ist Zulassungsvoraussetzung zur Zwischen- bzw. Abschlussprüfung (Teil I und Teil II).

Bedeutung für die Auszubildenden

Das Berichtsheft dient als Nachweis gegenüber der »zuständigen Stelle«, wie etwa der Industrie- und Handelskammer (IHK) oder der Handwerkskammer. Kommt z. B. ein Ausbilder bzw. ein Unternehmen seinen Ausbildungspflichten nicht nach und kann der Auszubildende aus diesem Grund die Abschlussprüfung nicht bestehen, dient der Ausbildungsnachweis als wichtiges Beweismittel.

Muster: Führen von Berichtsheften in der Form von Ausbildungsnachweisen

Empfehlung des Hauptausschusses des Bundesinstituts für Berufsbildung (BIBB) für das Führen von Ausbildungsnachweisen vom 9. Oktober 2012

1. Auszubildende haben während ihrer Ausbildung einen Ausbildungsnachweis zu führen. Hierzu kann eines der in den Anlagen 2 und 3 beiliegenden Muster genutzt werden.
2. Das Führen des Ausbildungsnachweises dient folgenden Zielen:
   - Auszubildende und Ausbildende sollen zur Reflexion über die Inhalte und den Verlauf der Ausbildung angehalten werden.
   - Der zeitliche und sachliche Ablauf der Ausbildung im Betrieb und in der Berufsschule soll für die an der Berufsausbildung Beteiligten sowie die zur Überwachung der Berufsausbildung zuständigen Stellen in einfacher Form nachvollziehbar und nachweisbar gemacht werden.
3. Der ordnungsgemäß geführte Ausbildungsnachweis ist gemäß § 43 Abs. 1 Nr. 2 BBiG / § 36 Absatz 1 Nr. 2 HwO Zulassungsvoraussetzung zur Abschluss-/ Gesellenprüfung.
4. Sofern die Ausbildungsordnung oder eine Regelung der zuständigen Stelle vorsieht, dass der Ausbildungsnachweis zur mündlichen Prüfung mitgebracht werden muss, ist er dem Prüfungsausschuss vorzulegen. Der Ausbildungsnachweis wird im Rahmen der Zwischen- und Abschlussprüfungen nicht bewertet
5. Für das Anfertigen der Ausbildungsnachweise gelten folgende Mindestanforderungen:
   - Die Ausbildungsnachweise sind täglich oder wöchentlich in möglichst einfacher Form (stichwortartige Angaben, ggf. Loseblattsystem, schriftlich oder elektronisch) von Auszubildenden selbständig zu führen sowie abzuzeichnen. (Umfang: ca. 1 DIN A 4-Seite für eine Woche)
   - Jedes Blatt des Ausbildungsnachweises ist mit dem Namen des/der Auszubildenden, dem Ausbildungsjahr und dem Berichtszeitraum zu versehen.
   - Die Ausbildungsnachweise müssen mindestens stichwortartig den Inhalt der betrieblichen Ausbildung wiedergeben. Dabei sind betriebliche Tätigkeiten einerseits sowie Unterweisungen bzw. überbetriebliche Unterweisungen (z. B. im Handwerk), betrieblicher Unterricht und sonstige Schulungen andererseits zu dokumentieren.

- In die Ausbildungsnachweise müssen darüber hinaus die Themen des Berufsschulunterrichts aufgenommen werden.
- Die zeitliche Dauer der Tätigkeiten sollte aus dem Ausbildungsnachweis hervorgehen.

6. Ausbildende sollen Auszubildende zum Führen von schriftlichen Ausbildungsnachweisen, soweit solche im Rahmen der Berufsausbildung verlangt werden, anhalten und diese durchsehen (§ 14 Absatz 1 Nr. 4 BBiG).
7. Auszubildenden ist Gelegenheit zu geben, die Ausbildungsnachweise während der Ausbildungszeit im Betrieb zu führen. Die erforderlichen Nachweishefte, Formblätter o. ä. werden den Auszubildenden kostenlos von den Ausbildenden zur Verfügung gestellt (§ 14 Abs. 1 Nr. 3 BBiG).
8. Ausbildende oder Ausbilder/innen prüfen die Eintragungen in den Ausbildungsnachweisen mindestens monatlich (§ 14 Abs. 1 Nr. 4 BBiG). Sie bestätigen die Richtigkeit und Vollständigkeit der Eintragungen mit Datum und Unterschrift. Elektronisch erstellte Nachweise sind dazu monatlich auszudrucken oder es ist durch eine elektronische Signatur sicherzustellen, dass die Nachweise in den vorgegebenen Zeitabständen erstellt und abgezeichnet wurden.
9. Im Rahmen der Lernortkooperation kann die Berufsschule vom Ausbildungsnachweis Kenntnis nehmen.
10. Bei minderjährigen Auszubildenden soll ein/e gesetzliche/r Vertreter/in in angemessenen Zeitabständen von den Ausbildungsnachweisen Kenntnis erhalten und diese unterschriftlich bestätigen.
11. Arbeitnehmervertretungen können durch Einsichtnahme in den Ausbildungsnachweis Kenntnis vom Ablauf der Ausbildung zum Zwecke ihrer Aufgabenerfüllung (§ 80 Absatz 1 BetrVG) nehmen.
12. Diese Regelungen können mit Ausnahme der Ziffer 3 für Umschüler entsprechend angewendet werden, soweit die Führung des Ausbildungsnachweises vertraglich vereinbart wird.

Anlagen:
Anlage 1: Muster Deckblatt
Anlage 2a: Muster Ausbildungsnachweis (täglich)
Anlage 2b: Muster Ausbildungsnachweis (wöchentlich)
Anlage 3a: Muster Ausbildungsnachweis mit Bezug zum Ausbildungsrahmenplan (täglich)
Anlage 3b: Muster Ausbildungsnachweis mit Bezug zum Ausbildungsrahmenplan (wöchentlich)
Anlage 4: Muster Sichtvermerk

Anlage 1: Deckblatt

Ausbildungsnachweis

Heft-Nr.:	
Name, Vorname:	
Adresse:	
Ausbildungsberuf:	
Fachrichtung/Schwerpunkt:	
Ausbildungsbetrieb:	
Verantwortliche/r Ausbilder/in:	
Beginn der Ausbildung:	
Ende der Ausbildung:	

Ausbildungsverlauf[1]

Ausbildungsbereich	Zeitraum von – bis	Ausbildungsnachweis von – bis

1 Optionales Feld (Nur auszufüllen, wenn die Ausbildung in verschiedenen Bereichen stattfindet.)

Anlage 2a: Ausbildungsnachweis (täglich)

Name des/der Auszubildenden:			
Ausbildungsjahr:		Ggf. Ausbildende Abteilung:	
Ausbildungswoche vom:		bis:	

	Betriebliche Tätigkeiten, Unterweisungen bzw. überbetriebliche Unterweisungen (z.B. im Handwerk), betrieblicher Unterricht, sonstige Schulungen, Themen des Berufsschulunterrichts	*Stunden*
Montag		
Dienstag		
Mittwoch		
Donnerstag		
Freitag		
Samstag		

Durch die nachfolgende Unterschrift wird die Richtigkeit und Vollständigkeit der obigen Angaben bestätigt.

Datum, Unterschrift Auszubildende/r

Datum, Unterschrift Ausbildende/r oder Ausbilder/in

Anlage 2 b: Ausbildungsnachweis (wöchentlich)

Name des/der Auszubildenden:			
Ausbildungsjahr:		Ggf. Ausbildende Abteilung:	
Ausbildungswoche vom:		bis:	

Betriebliche Tätigkeiten	*Stunden*
Unterweisungen bzw. überbetriebliche Unterweisungen (z.B. im Handwerk), betrieblicher Unterricht, sonstige Schulungen	*Stunden*
Themen des Berufsschulunterrichts	*Stunden*

Durch die nachfolgende Unterschrift wird die Richtigkeit und Vollständigkeit der obigen Angaben bestätigt.

Datum, Unterschrift Auszubildende/r

Datum, Unterschrift Ausbildende/r oder Ausbilder/in

Anlage 3a: Ausbildungsnachweis mit Bezug zum Ausbildungsrahmenplan (täglich)

Name des/der Auszubildenden:			
Ausbildungsjahr:		Ggf. Ausbildende Abteilung:	
Ausbildungswoche vom:		bis:	

	Betriebliche Tätigkeiten, Unterweisungen bzw. überbetriebliche Unterweisungen (z. B. im Handwerk), betrieblicher Unterricht, sonstige Schulungen, Themen des Berufsschulunterrichts	Lfd. Nr.: Bezug zum Ausbildungsrahmenplan	*Stunden*
Montag			
Dienstag			
Mittwoch			
Donnerstag			
Freitag			
Samstag			

Durch die nachfolgende Unterschrift wird die Richtigkeit und Vollständigkeit der obigen Angaben bestätigt.

______________________________ ______________________________

Datum, Unterschrift Auszubildende/r

Datum, Unterschrift Ausbildende/r oder Ausbilder/in

Anlage 3b: Ausbildungsnachweis mit Bezug zum Ausbildungsrahmenplan (wöchentlich)

Name des/der Auszubildenden:			
Ausbildungsjahr:		Ggf. Ausbildende Abteilung:	
Ausbildungswoche vom:		bis:	

Betriebliche Tätigkeiten	Lfd. Nr.: Bezug zum Ausbildungsrahmenplan	*Stunden*
Unterweisungen bzw. überbetriebliche Unterweisungen (z.B. im Handwerk), betrieblicher Unterricht, sonstige Schulungen		*Stunden*
Themen des Berufsschulunterrichts		*Stunden*

Durch die nachfolgende Unterschrift wird die Richtigkeit und Vollständigkeit der obigen Angaben bestätigt.

Datum, Unterschrift Auszubildende/r	Datum, Unterschrift Ausbildende/r oder Ausbilder/in

Anlage 4: Sichtvermerke

In angemessenen Zeitabständen sollten die gesetzlichen Vertreter, die Berufsschule sowie Betriebs- bzw. Personalrat von den Ausbildungsnachweisen Kenntnis nehmen und diese unterschriftlich bestätigen.

Name des/der Auszubildenden:			
Ausbildungsjahr:		Ausbildende Abteilung:	

Durch die nachfolgende Unterschrift wird die Kenntnisnahme des Ablaufs der Berufsausbildung bestätigt.

	Zeitraum Von – bis	Datum	Unterschrift
I. Berufsschule			
II. Gesetzlicher Vertreter			
III. Betriebsrat/ Personalrat			

Berufsausbildungsverhältnis

Die Berufsausbildung hat die für die Ausübung einer qualifizierten beruflichen Tätigkeit in einer sich wandelnden Arbeitswelt notwendigen beruflichen Fertigkeiten, Kenntnisse und Fähigkeiten (berufliche Handlungsfähigkeit) in einem geordneten Ausbildungsgang zu vermitteln, wie § 1 Abs. 3 BBiG bestimmt.
Rechtliche Grundlage bildet das Berufsbildungsgesetz (BBiG), welches unter dem Begriff der Berufsbildung die **Berufsausbildung**, aber auch die **berufliche Fortbildung** und die **berufliche Umschulung** regelt.
Berufliche Fortbildung soll ermöglichen, die beruflichen Kenntnisse und Fertigkeiten zu erhalten, zu erweitern, der technischen Entwicklung anzupassen oder beruflich aufzusteigen.
Die berufliche Umschulung soll zu einer anderen beruflichen Tätigkeit befähigen.
Die **Berufsbildung** wird nach § 2 BBiG durchgeführt in Betrieben der Wirtschaft, in vergleichbaren Einrichtungen außerhalb der Wirtschaft, insbesondere des öffentlichen Dienstes, der Angehörigen freier Berufe und in Haushalten sowie in berufsbildenden Schulen und sonstigen Berufsbildungseinrichtungen außerhalb der schulischen und betrieblichen Berufsbildung.
Nach § 2 Abs. 3 BBiG können Teile der Berufsausbildung im Ausland durchgeführt werden, wenn dies dem Ausbildungsziel dient. Ihre Gesamtdauer soll ¼ der in der Ausbildungsordnung festgelegten Ausbildungsdauer nicht überschreiten. Die Berufsausbildung im Ausland wird dann dem Ausbildungsziel dienen, wenn die im Ausland vermittelten Ausbildungsinhalte im Wesentlichen dem entsprechen, was Gegenstand der heimischen Ausbildung ist, wenn Sprachkenntnisse vermittelt oder sonstige zusätzliche Kompetenzen erworben werden. Der Auslandsabschnitt unterbricht in diesen Fällen nicht das Ausbildungsverhältnis. Es bleibt also bei der Vergütung und dem Status als Auszubildender hinsichtlich sozialsicherungs- und steuerrechtlicher Fragen beim deutschen Recht. Im Übrigen kann der Auslandsaufenthalt nur in Abstimmung mit dem Auszubildenden erfolgen.
Über die anerkannten → **Ausbildungsberufe** gibt es ein Verzeichnis unter *www.bibb.de*. Im Übrigen gibt es für eine Reihe von Ausbildungsberufen Verord-

nungen über die Berufsausbildung, etwa die Verordnung über die Berufsausbildung in den industriellen Metallberufen, die Verordnung über die Berufsausbildung zum/zur Chemielaboranten/-laborantin, die Verordnung über die Berufsausbildung zum/zur technischen Zeichner/Zeichnerin.
Das Berufsausbildungsverhältnis vollzieht sich im Rahmen des jeweiligen **Berufsausbildungsvertrages**, der nicht nur Regelungen über die Ausbildungsdauer und die Vergütung enthält, sondern auch die wechselseitigen Pflichten des Ausbildenden und des Auszubildenden enthält. Hauptpflicht des Ausbildenden ist die Vermittlung der entsprechenden Fertigkeiten und Kenntnisse, entweder selbst oder durch einen **verantwortlichen Ausbilder**, der hierzu persönlich und fachlich geeignet ist. Ferner müssen die entsprechenden **Ausbildungsmittel** zur Verfügung gestellt werden, der Auszubildende zum Besuch der **Berufsschule** angehalten und die Führung der **Berichtshefte** kontrolliert werden. Gleiches gilt für die ärztlichen Untersuchungen nach dem Jugendarbeitsschutzgesetz.
Der Auszubildende seinerseits hat alles zu tun, dass die Berufsausbildung für ihn erfolgreich ist; er muss die Berufsschule besuchen, an Prüfungen und sonstigen Ausbildungsmaßnahmen teilnehmen und im Übrigen sich im Rahmen der betrieblichen Ordnung nach den entsprechenden Weisungen des Ausbilders verhalten.
Für den Fall, dass es zu Streitigkeiten im Rahmen des Berufsausbildungsverhältnisses kommt, können bei den Handwerkskammern bzw. den sonstigen nach dem BBiG zuständigen Stellen Ausschüsse gebildet werden (**§ 111 Abs. 2 ArbGG).** Besteht ein solcher Ausschuss, ist er **vor einer gerichtlichen Streitigkeiten** anzurufen.

Berufsbildung

Grundlagen

Unter Berufsbildung versteht man die berufliche Erstausbildung, die berufliche Fortbildung und die berufliche Umschulung.
Die rechtliche Grundlage für eine bundeseinheitliche Regelung der Berufsbildung bildet das → **Berufsbildungsgesetz** (BBiG).
Vor allem bei der beruflichen Erstausbildung ist auf die Einhaltung der Schutzvorschriften des → **Jugendarbeitsschutzgesetzes** (JArbSchG) zu achten.

Bedeutung für den Betriebsrat/die JAV

Berufsbildung gehört zu den Maßnahmen der Personalplanung. Hierbei hat der Betriebsrat das Recht auf eine umfassende und rechtzeitige Information (§ 92 Abs. 1 BetrVG) und ein Vorschlagsrecht bei der Planung sowie bei der Durchführung (§ 92 Abs. 2 BetrVG).
Die Berufsbildung findet Niederschlag in einem eigenen Unterabschnitt des BetrVG, und zwar in den §§ 96 bis 98.
Arbeitgeber und Betriebsrat haben darauf zu achten, dass den Beschäftigten unter Berücksichtigung der betrieblichen Notwendigkeiten die Teilnahme an betrieblichen und außerbetrieblichen Maßnahmen der Berufsbildung ermöglicht wird (§ 96 Abs. 2 BetrVG).
Der Arbeitgeber hat auf Verlangen des Betriebsrats den Berufsbildungsbedarf zu ermitteln und mit ihm Fragen der Berufsbildung der Arbeitnehmer des Betriebs zu beraten (§ 96 Abs. 1 BetrVG)
Das → **Berufsbildungsgesetz** (BBiG) setzt mit seinen Vorschriften einen sehr engen Rahmen. Bei der konkreten betrieblichen Umsetzung – also wie wird im Betrieb ausgebildet (nicht, ob überhaupt) – hat der Betriebsrat ein volles Mitbestimmungsrecht. Bei der Auswahl der Ausbilder hat er ein Vetorecht und er kann die Abberufung eines Ausbilders verlangen (§ 98 Abs. 2).

Das BetrVG sieht die Berufsbildung auch als eine der Kernaufgaben der JAV (§ 70 Abs. 1 Satz 3 BetrVG).
Die JAV hat das Recht und gleichzeitig die Pflicht, auf die Durchführung einer ordnungsgemäßen Berufsbildung vor allem der beruflichen Erstausbildung zu achten. Dazu ist sie vom Betriebsrat rechtzeitig und umfassend zu informieren (§ 70 Abs. 2 BetrVG). Die JAV hat das Recht, Anträge beim Betriebsrat zu stellen, Anregungen zu geben und ggf. Beschwerden weiterzuleiten.
Eine enge Zusammenarbeit von Betriebsrat und JAV ist hier unbedingt erforderlich.

Bedeutung für die Beschäftigten

Bildung ist für die berufliche Entwicklung von Arbeitnehmern von zentraler Bedeutung. Das Arbeitseinkommen, ein beruflicher Aufstieg und nicht zuletzt die Arbeitsgestaltung stehen im engen Zusammenhang mit dem jeweiligen Bildungsstand. Lebenslanges Lernen wird als unerlässliche Anforderung in der Wissens- und Informationsgesellschaft formuliert. Umso dramatischer ist es, dass vielen jungen Menschen schon der Einstieg ins Berufsleben verwehrt wird; die Wirtschaft kommt ihrer Pflicht nicht nach, ein auswahlfähiges Angebot an Ausbildungsplätze im → **dualen System** zur Verfügung zu stellen.

Berufsbildungsbedarf

Grundlagen

Der Berufsbildungsbedarf kann sowohl auf die berufliche Erstausbildung als auch auf die berufliche Weiterbildung bezogen betrachtet werden. Für beides gilt: Um den genauen Berufsbildungsbedarf zu bestimmen, werden konkrete Informationen zur künftigen Geschäftsstrategie, zur Personalplanung sowie über die arbeitsorganisatorischen und technologischen Veränderungen benötigt. Es gilt aber nicht nur, die betrieblichen Notwendigkeiten in den Blick zu nehmen, auch die individuellen Bedürfnisse der Beschäftigten sind zu berücksichtigen.

Ausbildung

Wenn über den Ausbildungsbedarf entschieden wird, muss ein Zeitraum von drei bis fünf Jahren betrachtet werden. Ist eine Entscheidung zur Ausbildung gefallen, erfolgt der Auswahlprozess, dann eine zwei- bis dreieinhalbjährige Ausbildungszeit. Erst dann stehen die ausgebildeten Fachkräfte komplett zur Verfügung. Neben dem langen Planungszeitraum gibt es verschiedene Faktoren, die zu berücksichtigen sind, wie beispielsweise die Personalfluktuation, dass sich Ausgebildete gegen eine Weiterbeschäftigung entscheiden oder die Abschlussprüfung nicht bestanden wird. Das alles macht es nicht einfach, einen genauen Bedarf zu ermitteln, zumal sich auch die angenommene Geschäftsstrategie ggf. nicht realisieren lässt.
Kriterien, die für den Ausbildungsbedarf zu berücksichtigen sind:

- Arbeitskräfte, unterteilt nach gewerblich-technischem und kaufmännischem Bereich, die in x Jahren (drei bis fünf Jahre, abhängig von Ausbildungsdauer und Einstellverfahren) zur Realisierung der Geschäftsstrategie eingeplant werden.
- Der Fachkräftefaktor legt fest, mit jeweils welchem Anteil gewerblich-technisch ausgebildeten Facharbeitern und kaufmännisch ausgebildeten Fachkräf-

ten das Unternehmen in drei bis fünf Jahren arbeiten will. Nur wenn der Wert bei Null liegt, gibt es keinen Einstellbedarf.

- Fluktuationsquote (Renteneintritt, Kündigung, Aufstieg etc.) nach gewerblich-technischem und kaufmännischem Bereich.
- Deckungsgrad: In welchem Umfang soll der Fachkräftebedarf über die eigene Ausbildung gedeckt werden?
- Verbleibquote während der Ausbildung kann anhand Erfahrungswerte eingeschätzt werden (Ausbildungsabbrecher, Prüfungsdurchfaller).
- Übernahmequote nach der Ausbildung, nicht alle Ausgebildeten wollen nach der Ausbildung im Ausbildungsbetrieb bleiben. Hier gibt es Erfahrungswerte, die zu berücksichtigen sind.

Diese Kriterien und die daraus abgeleitete Berechnungsformel wurden in den 1990er Jahren von der Ausbildungsleitung der AEG entwickelt. Es ist der Versuch, die unterschiedlichen Faktoren, die auf einen künftigen Fachkräftebedarf Einfluss nehmen, zu berücksichtigen. Sie bieten eine gute Grundlage, über die geplante Personalentwicklung im Unternehmen zu beraten.

Formel zum Ausbildungsbedarf

Anzahl der einzustellenden Auszubildenden = (Fachkräfte × Fachkräftefaktor × Fluktuationsquote × Deckungsgrad) / (Verbleibquote × Übernahmequote × 100)

Beispiel für gewerblich-technischen Einstellbedarf:
In vier Jahren wird mit 500 gewerblich-technischen Arbeitskräften geplant, davon sind 80 % ausgebildete Fachkräfte. Die Fluktuation im gewerblich-technischen Bereich beträgt 3 %. 90 % der künftigen Fachkräfte sollen selbst ausgebildet werden. Es wird davon ausgegangen, dass 90 % die Ausbildung erfolgreich schaffen und ebenso, dass 90 % der Auszubildenden übernommen werden.
$(500 \times 80 \times 3 \times 90) / (90 \times 90 \times 100) = 13$ (gerundet)
Es müssten demnach 13 gewerblich-technische Auszubildende eingestellt werden.

Weiterbildung

Wie beim Ausbildungsbedarf sind auch beim Bedarf an einer Weiterbildung Indikatoren auf Grundlage der Geschäftsstrategie für eine systematische Bildungsbedarfsanalyse zu berücksichtigen. Es muss ein Abgleich der aktuellen und künftig notwendigen Qualifikationen (Soll) und dem derzeitigen Bestand an Qualifikationen (Ist) der Beschäftigten erfolgen. Stellenbesetzungspläne, Arbeitsplatzbeschreibungen und Personalkennziffern müssen ausgewertet und anhand der Unternehmensziele müssen die notwendigen Soll-Qualifikationen und Ist-Qualifikationen festgelegt werden. Es muss dargestellt werden, welcher Bildungsbedarf aufgrund von betrieblichen Notwendigkeiten oder persönlichen Bedürfnissen besteht. Um die persönlichen Bedürfnisse zu ermitteln, müssen die Beschäftigten selbst die Möglichkeit haben, ihre Bildungsanforderungen zu formulieren. Dazu eignen sich beispielsweise Befragungen, Mitarbeitergespräche oder Gruppengespräche.

Bedeutung für den Betriebsrat/die JAV

Auf Verlangen des Betriebsrats hat der Arbeitgeber nach § 96 Abs. 1 BetrVG den Berufsbildungsbedarf zu ermitteln. Damit wird die Pflicht von Arbeitgeber und Betriebsrat konkretisiert, im Rahmen der Personalplanung (§ 92 BetrVG) die betriebliche Berufsbildung der Arbeitnehmer/innen zu fördern. Eine Weigerung des Arbeitgebers, den Bedarf zu ermitteln, stellt einen Gesetzesverstoß dar (§ 23 Abs. 3 BetrVG). Die Ermittlung des Berufsbildungsbedarfs ist für den Betriebsrat also auch mit rechtlichen Mitteln durchsetzbar.
Der Betriebsrat sollte die Bedarfsermittlung aktiv unterstützen und dafür sorgen, dass auch die individuellen Bildungsbedarfe der Beschäftigten berücksichtigt werden. Personalfragebogen unterliegen dabei der Mitbestimmung und erfordern die Zustimmung des Betriebsrats (§ 94 BetrVG).

Bedeutung für die Beschäftigten

Beschäftigte haben das Recht, über betriebliche Angelegenheiten, die seine Person betreffen, gehört zu werden. Die Beschäftigten sind berechtigt, zu Maßnahmen des Arbeitgebers Stellung zu nehmen sowie Vorschläge für die Gestaltung des Arbeitsplatzes und des Arbeitsablaufs zu machen (§ 82 Abs. 1 BetrVG). Ebenso haben sie ein Recht darauf, dass der Arbeitgeber mit ihnen ihre berufliche Entwicklung und somit auch mögliche Qualifizierungen erörtert. Der Betriebsrat kann dabei hinzugezogen werden (§ 82 Abs. 2 BetrVG).

Berufsbildungsgesetz

Grundlagen

Das Berufsbildungsgesetz (BBiG) von 2005 bildet die Rechtsgrundlage für eine bundeseinheitliche Regelung der → **Berufsbildung**, soweit diese nicht im berufsbildenden Schulbereich unter Länderhoheit oder in öffentlich-rechtlichen Dienstverhältnissen ausgeführt wird.
Es regelt sehr detailliert, wie ein Ausbildungsverhältnis zustande kommt, welche Pflichten daraus für den Ausbildenden und den Auszubildenden entstehen und wie ein ordnungsgemäßes Ablaufen der Ausbildung gewährleistet werden soll (→ **Ausbildungsordnung**, → **Ausbilder**, → **Anrechnung der Berufsschulzeit**, → **Berufsbildung**, → **Berufsschule**, → **Berufsschulpflicht**, → **Duales Ausbildungssystem**).
Aus Sicht der Gewerkschaften war die Novellierung des BBiG in 2005 dringend notwendig, von den gewerkschaftlichen Eckpunkten zur Novellierung des BBiG sind aber einige wichtige Forderungen auf der Strecke geblieben:

- Menschen mit Behinderungen erfahren durch das neue BBiG keine Verbesserung. Es gibt weiter Sonderregelungen auf Kammerebene, die keine bundesweite Gültigkeit besitzen;
- Ehrenamtlichkeit ist nicht gestärkt worden. Die Gewerkschaften forderten, die Bedingungen für Freistellung und Qualifizierung vor allem für Prüfer und Mitgliedern von Berufsbildungsausschussen zu verbessern. Das Gesetz sieht keine Veränderungen in diesem Bereich vor. Gleiches gilt für die Arbeitsmöglichkeiten der Aufgabenerstellerinnen und Aufgabenersteller;
- Das System der Prüfungsaufgabenerstellung ist nicht in das BBiG integriert worden;
- Die AEVO ist weiter nur als Kann-Bestimmung vorgesehen;
- Die Dauer der Ausbildungszeit ist nicht auf eine Mindestgrenze von drei Jahren festgeschrieben worden;
- keine sachgerechte Anrechnung der Berufsschulzeiten auf die betriebliche Ausbildungszeit;

- keine neuen Anreize zur Steigerung des Angebots an betrieblichen Ausbildungsplätzen. Die Gewerkschaften haben – analog zu den »Eckpunkten zur Finanzierung einer Ausbildungsumlage« (→ **Umlagefinanzierung**) – eine gesetzliche Rahmenregelung vorgeschlagen, die tarifvertragliche oder andere Branchenregelungen einbezieht;
- Bundes- und landesrechtlich geregelte Berufe des Sozial- und Gesundheitswesens unterliegen weiter nicht dem Geltungsbereich des BBiG;
- Die Durchstiegsmöglichkeiten zur Hochschule und damit Aufstiegsmöglichkeiten sind nicht verbessert worden. Das Gesetz greift dieses Problem nicht auf;
- es gibt keine Veränderung in den Regelungen der beruflichen Fort- und Weiterbildung;
- Die Berufsbildungsausschüsse sind durch das neue Gesetz nicht gestärkt worden. Die Gewerkschaften forderten, dass Berufsbildungsausschüsse grundsätzlich zu allen Fragen der Berufsbildung Stellung nehmen können und alle Bänke Klagemöglichkeit erhalten.

Wo sind Veränderungen erzielt worden?

- Internationale Öffnung des dualen Systems durch die Möglichkeit, Teile der Ausbildung im Ausland durchzuführen;
- Teilmodernisierung des Prüfungsrechts durch Zulassung der gestreckten Abschlussprüfung;
- verbesserte Anrechnung von Vorqualifikationen;
- Integration des Berufsbildungsförderungsgesetzes (BerBiFG) in das BBiG;
- Qualitätssicherung ist in den Aufgabenkatalog von Berufsbildungsausschüssen und Landesauschüssen für Berufsbildung aufgenommen worden;
- verbesserte Statistikgrundlagen;
- Verbundausbildung ist gestärkt worden;
- Lernortkooperation wurde aufgenommen;
- Zulassung vollzeitschulischer Ausbildungsgänge zur Kammerprüfung nur im Benehmen mit dem Landesausschuss für Berufsbildung und unter Beachtung struktureller Vorgaben;
- Abschlussnoten der Berufsschule werden auf Wunsch der/des Auszubildenden auf dem Kammerzeugnis gesondert ausgewiesen.

2013 hat die große Koalition aus CDU/CSU und SPD im Koalitionsvertrag die Evaluation des BBiG vereinbart (»Wir werden das Berufsbildungsgesetz evaluieren und Anpassungen prüfen, insbesondere in Hinblick auf die Erhöhung der Durchlässigkeit, die Stärkung der Ausbildungsqualität und gestufter Ausbildungen, die Bildung von Berufsfamilien und die Sicherung des Ehrenamtes in den Prüfungsgremien.«, Koalitionsvertrag Seite 31). In dem im März 2016 vom BMBF vorgelegten Evaluationsbericht wird kein zwingender Novellierungsbedarf festgestellt. »*Das Berufsbildungsgesetz hat sich bewährt. … Ein Bedarf für grundlegende oder systemische Änderungen im BBiG wurde daher im Rahmen der Überprüfung nicht festgestellt.«* (vgl. BMBF, Evaluierungsbericht, Seite 4, *https://www.bmbf.de/files/2016–03–23_Evaluationsbericht_BBiG.pdf*). Das Evaluationsverfahren und insbesondere auch der späte Zeitpunkt der Evaluation deuten darauf hin, dass eine tatsächliche Novellierung nicht gewollt ist. Die Gewerkschaften haben sich für eine Reform des BBiG positioniert und Vorschläge entwickelt. Daran werden sie weiter festhalten. Wesentliche Forderungen der Gewerkschaften zur Novellierung des Berufsbildungsgesetzes:

- Ausbildungsgarantie, Ausbildungsfinanzierung und Lernmittelfreiheit regeln;
- Geltungsbereich des BBiG auf dual Studierende erweitern;
- Stufenausbildung funktionsfähig und rechtssicher machen;
- Verbindlich Qualität sichern und weiterentwickeln;
- Ehrenamt in der Berufsbildung stärken;
- Durchlässigkeit und Inklusion befördern;
- Tarifliche Vergütung verankern;
- Freistellung für den Unterricht an den Berufsschulen klarer fassen.

Bedeutung für den Betriebsrat/die JAV

Betriebsrat und JAV haben nach dem BetrVG weitreichende Mitbestimmungs- und Mitwirkungsrechte bei der betrieblichen Umsetzung der → **Berufsbildung** (§§ 96 bis 98 BetrVG). Eine wichtige Grundlage ist das BBiG.

Bedeutung für Auszubildende

Für alle Fragen der beruflichen Erstausbildung ist das BBiG die rechtliche Grundlage. Hier sind die Standards für eine ordnungsgemäße berufliche Ausbildung beschrieben.

Berufsgenossenschaften

Die Berufsgenossenschaften sind der Träger der Gesetzlichen Unfallsversicherung. Ihre Aufgabe ist es:

- mit allen geeigneten Mitteln Arbeitsunfälle und Berufskrankheiten sowie arbeitsbedingte Gesundheitsgefahren zu verhüten,
- bei Arbeitsunfällen oder Berufskrankheiten die Gesundheit und die Leistungsfähigkeit der in der gesetzlichen Unfallversicherung Versicherten mit allen geeigneten Mitteln wiederherzustellen und sie oder ihre Hinterbliebenen durch Geldleistungen zu entschädigen (§ 1 SGB VII).

Sie arbeiten mit den Gewerbeaufsichtsbehörden im Bereich des Arbeitsschutzes zusammen.

Die Berufsgenossenschaften erlassen Vorschriften über Einrichtungen, Anordnungen und Maßnahmen, welche die Unternehmer zur Verhütung von Arbeitsunfällen zu treffen haben (Unfallverhütungsvorschriften).

Zur Umsetzung des gesetzlichen Schutzes vor Berufsunfällen und Berufskrankheiten hat der Arbeitgeber in Unternehmen mit regelmäßig mehr als 20 Beschäftigten Sicherheitsbeauftragte zu bestellen (§ 22 SGB VII). Der Betriebsrat ist zu beteiligen. Die Zahl der Sicherheitsbeauftragten wird in der jeweiligen Unfallverhütungsvorschrift geregelt. Die Berufsgenossenschaft kann den Schwellenwert von 20 Arbeitnehmern erhöhen, aber auch umgekehrt die Bestellung von Sicherheitsbeauftragten auch in kleineren Unternehmen anordnen. Die Sicherheitsbeauftragten haben den Unternehmer in Bezug von Arbeitsunfällen und Berufskrankheiten zu unterstützen und auf Gefahren aufmerksam zu machen. Wegen der Erfüllung ihrer Aufgaben dürfen sie nicht benachteiligt werden. Dies führt zu einem besonderen Kündigungsschutz, wobei allerdings der betroffene Arbeitnehmer den Zusammenhang darzulegen hat.

Bedeutung für den Betriebsrat/die JAV

Nach § 89 BetrVG hat der Betriebsrat bei der Bekämpfung von Unfall- und Gesundheitsgefahren neben den für den Arbeitsschutz zuständigen Behörden auch die Berufsgenossenschaft als Träger der gesetzlichen Unfallsversicherung durch Anregung, Beratung und Auskunft zu unterstützen. Diese Stellen sind ebenso wie der Arbeitgeber verpflichtet, den Betriebsrat bei allen im Zusammenhang mit dem Arbeitsschutz oder der Unfallverhütung stehenden Besichtigungen und Fragen bei der Unfalluntersuchung hinzuzuziehen.

Berufsgrundbildungsjahr

Grundlagen

Das Berufsgrundbildungsjahr hat zum Ziel, in schulischer Form auf die spätere Berufswahl vorzubereiten und ermöglicht auch, den Beruf kennen zu lernen.
Insoweit sieht § 7 Abs. 1 BBiG vor, dass durch Rechtsverordnung des Landes bestimmt werden kann, »dass der Besuch einer berufsbildenden Schule oder die Berufsausbildung in einer sonstigen Einrichtung ganz oder teilweise auf die Ausbildungszeit anzurechnen ist«.
Die Entscheidung, ob eine Vorbildung in einer berufsbildenden Schule, etwa einer Berufsfachschule oder einer sonstigen Berufseinrichtung, auf eine sich anschließende Berufsausbildung angerechnet wird, liegt im Verantwortungsbereich der Länder. Diese können durch Rechtsverordnung der Landesregierungen entscheiden, ob und in welchem zeitlichen Umfang Bildungsabschnitte an berufsbildenden Schulen oder an sonstigen Einrichtungen auf die Ausbildungszeit einer betrieblichen Erstausbildung anzurechnen sind.
Aus einer entsprechenden Verordnung ergibt sich die Möglichkeit für einen gemeinsamen Antrag von Ausbildenden und Auszubildenden.

Hinweis:
Das BBiG bietet in der Fassung von 2005 keine Grundlage für Individualentscheidungen der zuständigen Stelle, wie dies zum Beispiel in § 8 BBiG für die Verkürzung der Ausbildungszeit geregelt ist. Im laufenden Novellierungsverfahren (Anmerkung: Zum Redaktionsschluss noch nicht abgeschlossen) soll eine solche Regelung geschaffen werden und damit eine Einzelfallentscheidung der zuständigen Stelle möglich gemacht werden, auch wenn keine Rechtsverordnung des Landes vorliegt.

Bedeutung für den Jugendlichen bzw. den Auszubildenden

Das Jugendarbeitsschutzgesetz, welches in § 32 JArbSchG zwingend eine Erstuntersuchung (vgl. → **Gesundheitliche Betreuung Jugendlicher**) vor Eintritt in das Berufsleben vorsieht, gilt in diesen Fragen nicht für das Berufsgrundbildungsjahr, weil hier der schulische Charakter im Vordergrund steht.
Etwas anderes kann gelten, wenn vor Beginn des Grundbildungsjahres bereits ein Ausbildungsvertrag abgeschlossen worden ist. Da hier die Berufswahl schon feststeht, ist die Feststellung der gesundheitlichen Eignung für den vorgesehenen Beruf für den Jugendlichen selbst sehr wichtig. In diesem Fall ist die Erstuntersuchung vor Beginn der Maßnahme durchzuführen.

Berufsschule

Grundlagen

Berufsschulen werden von Berufsschulpflichtigen und Berufsschulberechtigten besucht. Sie haben die Aufgabe, den Schülern und Schülerinnen allgemeine und fachliche Lerninhalte unter der besonderen Berücksichtigung des jeweiligen Berufsbildes zu vermitteln.
Die Berufsschule ist eine der beiden Säulen des → **dualen Systems** der Berufsausbildung und neben dem Betrieb der zweite Ausbildungsort in einer beruflichen Erstausbildung. Die Durchführung des Berufsschulunterrichts obliegt den Bundesländern.
Wöchentlich werden acht bis zwölf Stunden Unterricht erteilt. Die jährliche Sollstundenzahl liegt bei 480 Unterrichtsstunden. Hierbei erfolgt der Unterricht in Teilzeitform an einem oder mehreren Wochentagen oder in zusammenhängenden Teilabschnitten (Blockunterricht).
Arbeitgeber beklagen immer wieder, dass die Auszubildenden zu lange in der Berufsschule und zu selten im Betrieb seien. Insbesondere werden allgemein bildende Fächer wie z. B. Sport, Religion und der sozialkundlich-politische Unterricht in Frage gestellt. Des Weiteren wird eine flexiblere Aufteilung der Unterrichtsstunden eingefordert. So sollen den Arbeitgeberwünschen zufolge z. B. im ersten Ausbildungsjahr mehr Unterrichtseinheiten und im zweiten Ausbildungsjahr keine Unterrichtseinheiten erteilt und auf einen zweiten Berufsschultag in der Woche generell verzichtet werden. Aus Sicht des Deutschen Gewerkschaftsbundes ist die Rolle der Berufsschule im → **dualen System** aufzuwerten. Dabei sind u. a. folgende Verbesserungen durchzusetzen:

- Abbau des Unterrichtsausfalles;
- verstärkte Weiterbildung für die Lehrkräfte;
- bessere technische Ausstattung der Berufsschulen sowie
- bessere Verzahnung der beiden Lernorte.

Die rechtlichen Grundlagen bilden in der Regel die allgemeinen Schulgesetze der Bundesländer.

Bedeutung für den Betriebsrat/die JAV

Für die Ausführung der Berufsausbildung ist die Verzahnung der betrieblichen Theorie- und Praxisvermittlung mit den Unterrichtseinheiten in der Berufsschule wichtig. Hier tut sich ein Aufgabenfeld für Betriebsrat und JAV auf, wobei sich allerdings keine direkten Einflussmöglichkeiten auf die Schule durch das BetrVG ergeben.
Häufig auftretende Probleme in der Berufsschule sind der Ausfall von Unterrichtsstunden und schlechte technische Ausstattung der Berufsschule. Fehlende Finanzierungsmöglichkeiten der öffentlichen Hand sind kein Grund, nicht auf Missstände aufmerksam zu machen. In Kooperation mit → **Schülervertretungen**, anderen JAVen und der Unterstützung der örtlichen Gewerkschaften kann z. B. mit öffentlichen Aktionen und/oder Presseerklärungen der Druck zur Problembeseitigung erhöht werden.
JAVen und Betriebsräte haben darüber hinaus die Möglichkeit, gemeinsam mit den Ausbildern und Unternehmen den Druck auf die Berufsschulen zu erhöhen. Dieses Zweckbündnis erhöht die Möglichkeiten und die Durchsetzungsfähigkeit gegenüber den Berufsschulen und den verantwortlichen Trägern. Dabei sollte versucht werden, die Berufsschullehrer als Verbündete zu gewinnen und diese nicht an den Pranger zu stellen.

Bedeutung für die Auszubildenden

Eine Einflussnahme – wenn auch eine geringe – auf das Schulgeschehen besteht über die → **Schülervertretung**, dem Mitbestimmungsorgan der Schülerschaft.

Berufsschulpflicht

Grundlagen

Berufsschulpflicht ist die Pflicht zum Besuch einer → **Berufsschule**. Diese ist in den Schulpflichtgesetzen der Bundesländer verankert, baut i. d. R. auf der Vollzeitschulpflicht (neun oder zehn Jahre) auf und dauert drei Jahre bzw. bis zum Ende der Berufsausbildung bzw. bis zum Ablauf des Schuljahres, in dem der Schüler bzw. die Schülerin das 18. Lebensjahr vollendet.
Verantwortlich für die Einhaltung der Berufsschulpflicht sind der Ausbildende bzw. die Ausbilder, die Eltern und die Berufsschulpflichtigen selbst. Verstöße werden mit Bußgeld oder Strafen geahndet.
Die Berufsschulpflicht ist vor allem für diejenigen von Belang, die nach dem Besuch einer allgemein bildenden Schule keinen Ausbildungsplatz finden. Sie müssen dann, wenn sie keine weiterführende Schule besuchen wollen oder können – um der Schulpflicht zu genügen – eine Berufsschule besuchen. Dies kann in Form eines Berufsvorbereitungsjahres (BVJ) oder eines Berufsgrundschuljahres (BGS) geschehen.

Beschäftigungsverbote und -beschränkungen

Grundlagen

Das Jugendarbeitsschutzgesetz regelt im zweiten Titel des dritten Abschnitts in den §§ 22ff. verschiedene Beschäftigungsverbote und Beschäftigungsbeschränkungen.

Um die Jugendlichen vor Überforderung und vor gesundheitlichen Gefahren zu schützen, verbietet § 22 die Beschäftigung mit »gefährlichen Arbeiten«, nämlich mit Arbeiten, die die physische oder psychische Leistungsfähigkeit übersteigen oder die mit Unfallgefahren verbunden sind, von denen anzunehmen ist, dass Jugendliche sie wegen mangelnden Sicherheitsbewusstseins oder mangelnder Erfahrung nicht erkennen oder nicht abwenden können, oder mit Arbeiten, bei denen ihre Gesundheit durch schädliche Einwirkungen der verschiedensten Art gefährdet wird.

Teilweise gelten Ausnahmen vom Beschäftigungsverbot, wenn nämlich die Beschäftigung zur Erreichung des Ausbildungszieles erforderlich ist und der Schutz durch Aufsichtspersonen gewährleistet ist und ihre betriebsärztliche oder sicherheitstechnische Betreuung sichergestellt ist.

Beschäftigungsverbote bestehen auch hinsichtlich der Beschäftigung Jugendlicher mit → **Akkordarbeiten** und Arbeiten, bei denen durch ein gesteigertes Arbeitstempo ein höheres Entgelt erzielt werden kann. Gleiches gilt auch für die Beschäftigung in einer Arbeitsgruppe mit erwachsenen Arbeitnehmern, die mit Akkordarbeiten beschäftigt sind.

Hier ist als Ausnahme die Beschäftigung erlaubt, wenn dies zur Erreichung des Ausbildungszieles erforderlich ist oder eine Berufsausbildung für die Beschäftigung abgeschlossen wurde und der Schutz der Jugendlichen durch die Aufsicht eines Fachkundigen gewährleistet ist.

Ebenfalls aus Gründen des Gesundheitsschutzes und der ungestörten körperlichen Entwicklung sind für Jugendliche unter 16 Jahren Arbeiten unter Tage verboten.

Neben diesen Beschäftigungsverboten mit gefährlichen Arbeiten regelt das Jugendarbeitsschutzgesetz in § 25 JArbSchG auch Verbote der Beschäftigung durch

bestimmte Personen. Hier werden insbesondere Personen aufgeführt, die straffällig geworden sind und hier insbesondere wegen Straftaten nach dem Jugendarbeitsschutzgesetz rechtskräftig verurteilt wurden.
Im Übrigen kann der Bundesminister für Arbeit und Sozialordnung über die genannten Beschäftigungsverbote hinaus die Beschäftigung Jugendlicher in bestimmten Betriebsarten oder mit bestimmten Arbeiten verbieten, wenn die Jugendlichen durch die Beschäftigung in besonderem Maße Gefahren ausgesetzt werden oder wenn infolge der technischen Entwicklung oder neuerer arbeitsmedizinischer oder sicherheitstechnischer Erkenntnisse ein Beschäftigungsverbot notwendig erscheint.

Beschwerderecht

Begriff

Wenn sich ein Arbeitnehmer vom Arbeitgeber oder von Arbeitnehmern des Betriebs benachteiligt und ungerecht behandelt oder in sonstiger Weise beeinträchtigt fühlt, hat er das Recht, sich beim Arbeitgeber zu beschweren. Der Arbeitnehmer kann jedoch auch direkt die Beschwerde beim Betriebsrat anbringen. Das Beschwerderecht umfasst jedoch nicht Vorgänge, die den Arbeitnehmer nicht persönlich, sondern andere Arbeitnehmer betreffen oder auch nur über allgemeine Missstände geführt werden. Das Beschwerderecht, das im BetrVG in den §§ 84 und 85 BetrVG geregelt ist, setzt voraus, dass der sich beschwerende Arbeitnehmer eine Beeinträchtigung seiner persönlichen Position empfindet. Dabei kann es sich sowohl um tatsächliche als auch um rechtliche Beeinträchtigungen handeln, wie z. B. sexuelle Belästigung, Mobbing oder ausländerfeindliches Verhalten.
Der Arbeitnehmer hat dabei das Wahlrecht, ob er sich direkt mit seiner Beschwerde an den Arbeitgeber wendet oder aber an den Betriebsrat.

Beschwerdeverfahren nach § 84 BetrVG

Das Beschwerderecht nach § 84 BetrVG, das sich direkt an den Arbeitgeber als Adressaten wendet, steht dem Arbeitnehmer auch in den Betrieben zu, in denen ein Betriebsrat nicht besteht bzw. die Voraussetzung für die Bildung eines Betriebsrats nicht gegeben sind.
Im Rahmen des individuellen Beschwerdeverfahrens ist die Beschwerde an keine besondere Form oder Frist gebunden. Durch die Einbringung der Beschwerde ist der Arbeitgeber gehalten, zu überprüfen, ob die Beschwerde berechtigt ist. Das Ergebnis seiner Prüfung hat er dem Arbeitnehmer mitzuteilen. Erkennt er die Beschwerde als berechtigt an, hat er ihr abzuhelfen.
Der Arbeitnehmer kann ein Betriebsratsmitglied zur Unterstützung oder Vermittlung hinzuziehen (§ 84 Abs. 1 Satz 2 BetrVG).
Im Falle der Ablehnung einer Beschwerde kann durch den Arbeitnehmer der Be-

triebsrat nach § 85 BetrVG angerufen werden. Daneben hat der Arbeitnehmer die Möglichkeit, ein Klageverfahren einzuleiten. Dieses setzt jedoch voraus, dass Gegenstand der Beschwerde ein Rechtsanspruch ist (z. B. Entfernung einer Abmahnung aus der Personalakte).
Durch die Erhebung einer Beschwerde dürfen dem Arbeitnehmer keine Nachteile entstehen. Leider ist die Erfahrung jedoch eine andere, sodass grundsätzlich jedem Arbeitnehmer empfohlen wird, das kollektive Beschwerdeverfahren nach § 85 BetrVG in Anspruch zu nehmen.

Beschwerdeverfahren nach § 85 BetrVG

Neben dem individuellen Beschwerdeverfahren nach § 84 steht unabhängig das kollektive Beschwerdeverfahren nach § 85.
Wenn sich ein Arbeitnehmer mit einer Beschwerde an den Betriebsrat wendet, hat sich der Betriebsrat als Organ mit der Beschwerde zu befassen. Dabei ist der Beschwerdegegenstand identisch mit dem Beschwerdegegenstand nach § 84 BetrVG. Somit können auch Rechtsansprüche Gegenstand einer Beschwerde sein, wie z. B. die Ablehnung eines Sonderurlaubs durch den Arbeitgeber.
Der Betriebsrat hat, falls er die Beschwerde für berechtigt hält, beim Arbeitgeber auf Abhilfe hinzuwirken.
Die Einigungsstelle kann durch den Betriebsrat angerufen werden, wenn zwischen dem Betriebsrat und dem Arbeitgeber Meinungsverschiedenheiten über die Berechtigung der Beschwerde bestehen. Nach richtiger Auffassung ist die Einigungsstelle neben tatsächlichen Beeinträchtigungen auch dann anzurufen, wenn Rechtsansprüche betroffen sind. Soweit die Auffassung vertreten wird, dass bei Rechtsansprüchen die Einigungsstelle überhaupt nicht tätig werden darf (so aber das BAG), steht dem der Wortlaut des § 80 Abs. 2 BetrVG entgegen. Bei Rechtsansprüchen kann jedoch die Einigungsstelle die Einigung zwischen Arbeitgeber und Betriebsrat nicht durch einen Einigungsstellenspruch ersetzen (§ 85 Abs. 2 Satz 3 BetrVG). In diesen Fällen muss vielmehr der Arbeitnehmer seine Rechtsansprüche selber durch Klage vor dem Arbeitsgericht geltend machen.
In den übrigen Fällen kann die Einigungsstelle durch einen Spruch entscheiden, der sich jedoch nur auf die Berechtigung der Beschwerde beziehen kann, nicht aber auf mögliche Abhilfemaßnahmen. Der Arbeitgeber muss dann vielmehr der Beschwerde abhelfen. Falls er dem nicht nachkommt, kann der Arbeitnehmer die Abhilfe im Klagewege durchsetzen. Der Betriebsrat selbst kann im arbeitsgerichtlichen Beschlussverfahren bzw. in einem Verfahren nach § 77 Abs. 1 die Durchführung des Einigungsstellenspruchs erzwingen.

Beschwerdeverfahren nach § 13 AGG

Neben dem betriebsverfassungsrechtlichen Beschwerderecht hat ein Arbeitnehmer ein besonderes Beschwerderecht nach § 13 AGG. Danach besteht das Recht, sich bei der zuständigen Stelle zu beschweren, wenn der Arbeitnehmer sich im Zusammenhang mit seiner Beschäftigung vom Arbeitgeber, von Vorgesetzten, anderen Beschäftigten oder Dritten benachteiligt fühlt (→ **Allgemeines Gleichbehandlungsgesetz**). Voraussetzung ist dafür, dass es um eine Benachteiligung aus Gründen der Rasse oder wegen der ethnischen Herkunft, des Geschlechts, der Religion oder Weltanschauung, einer Behinderung, des Alters oder der sexuellen Identität geht (§ 1 AGG). Dabei ist in § 13 Abs. 2 AGG klargestellt, dass solche Benachteiligungen auch zu den Gegenständen der §§ 84, 85 BetrVG gehören.

Bedeutung für die Beschäftigten

Die praktische Bedeutung sowohl des individuellen (§ 84 BetrVG; § 13 AGG) als des kollektiven (§ 85 BetrVG) Beschwerdeverfahrens ist sehr unterschiedlich. Es besteht immer die Gefahr, dass ein seine Rechte voll in Anspruch nehmender Arbeitnehmer Repressalien ausgesetzt ist. Der Vorteil des kollektiven Beschwerdeverfahrens liegt darin, dass mithilfe des Betriebsrats betriebliche Lösungen durchgesetzt werden. Beschwerden, die vom Betriebsrat aufgegriffen werden und Reaktionen im ganzen Betrieb u. U. auslösen, bringen einen Arbeitgeber eher in eine Situation, Beschwerden nachzugehen und sie abzustellen. Dann steht im Mittelpunkt der Beschwerde nicht mehr der einzelne Arbeitnehmer, sondern der Betriebsrat als Organ bzw. die gesamte Belegschaft des Betriebs. Hierin liegt der besondere Wert des kollektiven Beschwerdeverfahrens.

Betriebliche Sozialleistungen

Betriebliche Sozialleistungen sind Leistungen, die von Arbeitgebern an aktive Arbeitnehmer oder aber Rentner zusätzlich zum regulären Arbeitsentgelt gezahlt werden.

Solche Leistungen können aufgrund einer gesetzlichen Verpflichtung gezahlt werden, so die Arbeitgeberbeiträge zu den Zweigen der gesetzlichen Sozialversicherung (Kranken-, Renten-, Arbeitslosen- und Pflegeversicherung sowie die Beiträge zur Berufsgenossenschaft). In Tarifverträgen finden sich häufig Regelungen über Gratifikationen, wie etwa 13. Monatsgehalt oder Urlaubsgeld.

Gibt es für die Leistung keine Grundlage im Gesetz oder Tarifvertrag, spricht man häufig auch von »freiwilligen« betrieblichen Sozialleistungen. Dies ist jedoch missverständlich, weil zwar die Einführung der Leistung freiwillig ist. Ist sie aber einmal im Arbeitsvertrag oder in einer Betriebsvereinbarung verankert oder ist sie zur betrieblichen Übung geworden, so ist der Arbeitgeber verpflichtet, sie weiter zu gewähren. Insoweit kann dann von Freiwilligkeit keine Rede mehr sein. Will der Arbeitgeber verhindern, dass eine betriebliche Übung entsteht, muss er deutlich darauf hinweisen, dass ein Rechtsanspruch für die Zukunft nicht begründet werden soll.

Die in der Praxis wichtigste und kostenintensivste betriebliche Sozialleistung in diesem Bereich ist die betriebliche Altersversorgung. Sie soll dem Arbeitnehmer ein zusätzliches Einkommen im Alter ermöglichen, insbesondere die Versorgungslücke zur gesetzlichen Rentenversicherung schließen.

Weitere betriebliche Sozialleistungen sind die Einrichtungen von Kantinen, die Gewährung von Essenszuschüssen und Fahrkostenzuschüssen, Personalrabatte und Belegschaftsverkäufe als geldwerte Leistungen, auch die zinsfreie oder zinsgünstige Gewährung von Arbeitgeberdarlehen. Auch bei der Einrichtung von Betriebskindergärten handelt es sich um eine betriebliche Sozialleistung. Sofern die Leistungen des Arbeitgebers nicht allein in der Zahlung von Geld besteht, sondern eine Einrichtung geschaffen wird, eine eigene Organisation erfordert, besteht ein Mitbestimmungsrecht des Betriebsrats bei der Form, Ausgestaltung und Verwaltung nach § 87 Abs. 1 Nr. 8 BetrVG. Das gilt z. B. für Kantinen oder

Betriebskindergärten, für die betriebliche Altersversorgung dann, wenn hierzu eine Unterstützungs- oder Pensionskasse eingerichtet wird.

Betriebliches Eingliederungsmanagement (BEM)

Grundlagen

Kehrt ein Arbeitnehmer nach längerer Erkrankung an seinen Arbeitsplatz zurück, stellt sich häufig die Frage, ob er künftig seine Arbeitsleistung erbringen kann, ohne dass erneut mit gesundheitlichen Beeinträchtigungen gerechnet werden muss.

Negativ zu bewerten sind sogenannte Krankenrückkehrgespräche, die der Arbeitgeber allein mit dem betroffenen Arbeitnehmer führt. Er vertritt dabei regelmäßig seine eigenen Interessen und weist auf den finanziellen Schaden hin, der ihm durch die Krankheit entsteht. Er baut Druck auf und führt dem Arbeitnehmer die Gefahr vor Augen, dass das Arbeitsverhältnis krankheitsbedingt enden kann.

Betriebliche Interessenvertretungen sollten dieses Feld nicht dem Arbeitgeber und seinen Interessen allein überlassen. Sie sollten gemeinsam mit dem Arbeitgeber ein Betriebliches Eingliederungsmanagement vornehmen, bei dem es hauptsächlich um den Schutz vor künftigen gesundheitlichen Gefahren geht und bei dem alle Beteiligten an einem runden Tisch sitzen.

Das Betriebliche Eingliederungsmanagement (BEM) ist in § 84 SGB IX geregelt, also im Schwerbehindertenrecht. Es besteht aber Einigkeit, dass diese Regelungen nicht nur für Schwerbehinderte, sondern für alle Arbeitnehmer gelten.

Danach klärt der Arbeitgeber mit dem Betriebsrat, bei schwerbehinderten Menschen außerdem mit der Schwerbehindertenvertretung, die Möglichkeiten, wie die Arbeitsunfähigkeit möglichst überwunden und mit welchen Leistungen oder Hilfen einer erneuten Arbeitsunfähigkeit vorgebeugt und der Arbeitsplatz erhalten werden kann.

Das BEM findet nur mit Zustimmung des betroffenen Arbeitnehmers statt. Wenn dieser sich davon nichts verspricht, braucht er sich dem nicht zu stellen.

Der Arbeitsunfähigkeit soll vorgebeugt werden, indem arbeitsbedingte Gesundheitsgefahren vermieden werden, gesundheitsfördernde Maßnahmen am Arbeitsplatz vorgenommen und Fehlbeanspruchungen, die Gesundheitsrisiken beinhalten, ermittelt werden.

Die Gesundheit soll gefördert werden, indem ambulante und stationäre Maßnahmen der medizinischen und beruflichen Rehabilitation ermöglicht werden und der Arbeitnehmer ggf. stufenweise wieder eingegliedert wird.
Im Wege der Rehabilitation soll gesichert werden, dass der Arbeitnehmer seinen Arbeitsplatz nicht verliert. Hierzu können Veränderungen am Arbeitsplatz vorgenommen werden, die Arbeitszeit (Schichtbetrieb) kann anders gelegt werden oder der Arbeitnehmer kann an einen anderen Arbeitsplatz versetzt werden, an dem vergleichbare gesundheitliche Gefahren nicht drohen. Der Arbeitnehmer soll an innerbetrieblichen Qualifizierungsmaßnahmen teilnehmen, wenn dies auch der Rehabilitation dient.
Das BEM dient nicht nur dazu, andere krankheitsgerechte Arbeitsplätze zu finden, auf denen der Arbeitnehmer eingesetzt werden kann, sondern auch, um die auf dem bisherigen Arbeitsplatz krankmachenden Faktoren auszuschalten (LAG Köln v. 26.10.2009 – 2 Sa 292/09).
Verstößt der Arbeitgeber gegen seine Pflicht, das BEM auszuführen, ist eine nachfolgende krankheitsbedingte Kündigung nicht allein deswegen unwirksam. Aber die Arbeitsgerichte verlangen vom Arbeitgeber deutlich mehr Informationen bei einer krankheitsbedingten Kündigung, als wenn der Arbeitgeber das BEM versucht hat (BAG v. 10.12.2009 – 2 AZR 400/08).
Hat der Arbeitgeber eine freie Stelle, die für die Weiterbeschäftigung und die Reintegration eines gesundheitlich gefährdeten Arbeitnehmers geeignet ist, muss er ihm diese anbieten. Ist ihm die Eignung dieser Stelle deswegen unbekannt, weil er kein BEM vorgenommen hat und vergibt er diese Stelle deshalb an einen anderen Arbeitnehmer, muss er sich das in einem Kündigungsschutzprozess des krankheitsbedingt gekündigten Arbeitnehmers entgegenhalten lassen. Die anderweitig besetzte Stelle gilt dann als »frei«, sodass der Arbeitnehmer gute Chancen hat, seinen Prozess zu gewinnen (LAG Berlin Brandenburg v. 17.8.2009 – 10 Sa 592/09).

Bedeutung für Betriebsrat/JAV

Der Arbeitgeber muss das BEM lediglich ausführen, er ist nicht verpflichtet, Lösungsvorschläge zu unterbreiten (BAG v. 10.12.2009 – 2 AZR 10.12.2009, dbr 2010, Nr. 12, 41 mit Anmerk. Lenz). Hier sind der Betriebsrat und die Schwerbehindertenvertretung gefordert, eigene Vorschläge zu entwickeln, damit das BEM tatsächlich fruchten kann.
Nach § 83 SGB IX ist der Arbeitgeber verpflichtet, mit Schwerbehindertenvertretung und Betriebsrat eine Integrationsvereinbarung abzuschließen. In diesem Zusammenhang kann auch das BEM geregelt werden.

Zur Einführung des BEM kann auch gegen den Willen des Arbeitgebers die Einigungsstelle angerufen werden (LAG Hamm v. 17.12.2013 – 7 TaBV 91/13).

Betriebsbegehung

Grundlagen

Zur Erfüllung ihrer Aufgaben kann es für die JAV erforderlich sein, im Rahmen einer Betriebsbegehung Kontakt zu den Wahlberechtigten zu halten. Gemäß § 65 i.V.m. § 37 Abs. 2 BetrVG müssen Mitglieder der JAV von ihrer beruflichen Tätigkeit befreit werden, soweit dieses zur ordnungsgemäßen Ausführung ihrer Aufgaben erforderlich ist. Dazu gehört beispielsweise auch die Freistellung für Betriebsbegehungen.
Die JAV kann, um die Einhaltung von Gesetzen, Verordnungen, Tarifverträgen usw. zu überwachen, Betriebsbegehungen vornehmen.

Bedeutung für den Betriebsrat/die JAV

Eine Betriebsbegehung sollte von der JAV gut vorbereitet werden. Zuerst ist ein Versetzungsplan zu besorgen. Er ist bei der Ausbildungsleitung bzw. bei den Ausbildungsverantwortlichen erhältlich. Dadurch erfährt die JAV, in welchen Abteilungen die Auszubildenden gerade eingesetzt sind.
Bevor ein Betriebsrundgang stattfindet, muss der Betriebsrat informiert werden. Ebenso muss eine Abmeldung beim Vorgesetzten erfolgen. Es sollte auch der örtliche Betriebsrat, in dessen Bereich die Betriebsbegehung stattfindet, informiert werden bzw. er sollte an der Betriebsbegehung teilnehmen.
Die JAV sollte sich bereits im Voraus überlegen, mit welchen Fragestellungen sie mit den Auszubildenden Kontakt aufnimmt. Sinnvoll kann es sein, sich einfach Arbeitsabläufe und den Ablauf des Arbeitstags schildern zu lassen. Dadurch erfährt man, wie die örtlichen Ausbildungsbedingungen sind und ob möglicherweise Verstöße gegen Gesetze, Verordnungen, Tarifverträge usw. vorliegen.
Während der Betriebsbegehung sollte sich die JAV Notizen über die vorgefundene bzw. geschilderte Ausbildungssituation machen. Dies könnte beispielsweise wie folgt aussehen:

Datum: 15. April 2015
Abteilung: Produktionsbereich XY
Kollege/in: Marcel Mustermann, 3. Ausbildungsjahr, Industriemechaniker
Problem: Umgang mit gefährlichen Stoffen (Umwelt- und Gesundheitsgefährdung) ohne Hinweis und Information, ausbildungsfremde Tätigkeiten, tägliche Kantinengänge für Beschäftigte im Produktionsbereich

Wichtig ist, dass im Anschluss an eine Betriebsbegehung die Probleme ausgewertet, analysiert und bearbeitet werden. Die Auszubildenden sollten unbedingt regelmäßig, beispielsweise im Rahmen weiterer Betriebsrundgänge, über den Bearbeitungsstand informiert werden.

Bedeutung für die Auszubildenden

Auszubildende haben die Möglichkeit, auch während ihres betrieblichen Einsatzes Kontakt zur JAV zu halten. Sie können die JAV bei Betriebsbegehungen über Missstände informieren. Sie erhalten von der JAV Informationen zu aktuellen Themen.
Auszubildende sollten im Rahmen der nächsten Betriebsbegehung der JAV gezielt nachfragen, was zwischenzeitlich getan wurde.

Betriebsbegriff

Begriff

Der Betriebsbegriff wird im BetrVG selbst nicht erläutert. Er wird vorausgesetzt. Wie bei vielen anderen Begriffen ist deswegen die Rechtsprechung des BAG für den Begriff entscheidend. Nach dem BAG wird der Betrieb wie folgt festgelegt:

Unter Betrieb ist die organisatorische Einheit zu verstehen, innerhalb derer ein Arbeitgeber allein oder mit seinen Arbeitnehmern mithilfe von technischen und immateriellen Dingen bestimmte arbeitstechnische Zwecke fortgesetzt verfolgt, die sich nicht in der Befriedigung von Eigenbedarf erschöpfen.

Kurz gesagt: Darunter ist eine technische und organisatorisch einheitliche Betriebsorganisation zu verstehen. Es kommt somit auf zwei Kriterien an:

1. In dem Betrieb müssen die Betriebsmittel zusammengefasst, geordnet und gezielt für den beabsichtigten arbeitstechnischen Zweck eingesetzt werden.
2. Der Einsatz der Arbeitnehmer muss von einem einheitlichen Leitungsapparat aus erfolgen.

Dabei kommt es nicht darauf an, ob der Betrieb zu einem Produktions- oder Dienstleistungsbereich gehört oder ob eine reine Verwaltungsaufgabe in dem Betrieb erfüllt wird.
Genauso wenig ist für den Betrieb entscheidend, ob der Betrieb identisch ist mit dem Unternehmen, zu dem der Betrieb gehört.

Bedeutung für die JAV

Der Betriebsbegriff ist von ganz zentraler Bedeutung, da nur in einem Betrieb eine JAV gewählt werden kann.
Dabei kommt es immer wieder zu der Frage, ob auch Betriebsteile als selbststän-

dige Betriebe gelten, wenn es um die Frage der Wahl geht. Nach § 4 BetrVG ist dieses dann zu bejahen, wenn

- sie räumlich weit vom Hauptbetrieb entfernt sind oder
- durch den Aufgabenbereich und durch die Organisation eigenständig sind.

Dabei sind Betriebsteile auf den Zweck des Hauptbetriebs ausgerichtet und in dessen Organisation eingegliedert, ihm gegenüber aber organisatorisch abgrenzbar und relativ selbständig.

In beiden Fällen kommt es darauf an, dass überhaupt eine Leitung besteht, die Weisungsrechte des Arbeitgebers ausübt.

Es wird den jugendlichen Arbeitnehmern und Auszubildenden eines Betriebsteiles freigestellt, ob sie eine eigene JAV wählen wollen oder sich an der JAV-Wahl im Hauptbetrieb beteiligen wollen. Dazu bedarf es einer vorherigen Abstimmung im Betriebsteil, die auch von dem Betriebsrat des Hauptbetriebs veranlasst werden kann (§ 4 Abs. 1 BetrVG), und der Stimmenmehrheit der jugendlichen Arbeitnehmer und Auszubildenden. Ein Rückgängigmachen des Beschlusses erfolgt entsprechend.

Das BetrVG nennt neben dem Betriebsteil auch noch den Kleinstbetrieb. Durch die Zuordnung wird sichergestellt, dass auch die in einem Kleinbetrieb Tätigen von der Anwendung des BetrVG nicht ausgeschlossen werden, sondern vom Betriebsrat des Hauptbetriebs vertreten werden. An und für sich ist ein Kleinstbetrieb ein selbstständiger Betrieb. Nach § 4 Abs. 2 BetrVG ist er dann jedoch dem Hauptbetrieb zuzuordnen, wenn in der Regel weniger als fünf wahlberechtigte Arbeitnehmer in ihm beschäftigt sind. In diesem Fall wählen die im Nebenbetrieb Wahlberechtigten die JAV des Hauptbetriebs mit, und zwar unabhängig von der räumlichen Lage des Nebenbetriebs.

Die Aufspaltung des Betriebs in verschiedene juristisch selbstständige Kleinbetriebe ist ein beliebtes Unternehmermittel, um das BetrVG zu unterlaufen. Die Rechtsprechung des BAG hat dieses sehr frühzeitig gesehen und deshalb die Bildung eines Betriebsrats auch in einem so aufgespalteten Betrieb bejaht. In diesem Fall wird von einem gemeinsamen Betrieb mehrerer Unternehmen gesprochen.

Dieser Gemeinschaftsbetrieb ist gesetzlich in § 1 Abs. 2 BetrVG geregelt.

Nach dieser Vorschrift wird ein gemeinsamer Betrieb mehrerer Unternehmen in folgenden 2 Fällen vermutet:

- Von den Unternehmen werden zur Verfolgung arbeitstechnischer Zwecke sowohl die Betriebsmittel als auch die Arbeitnehmer gemeinsam eingesetzt, oder
- ein Unternehmen wird mit der Folge gespalten, dass von einem Betrieb ein oder mehrere Betriebsteile einem anderen Unternehmen zugeordnet werden, das an der Spaltung beteiligt ist. Dabei darf sich die Organisation des betroffenen Betriebs nicht wesentlich ändern.

Im ersten Fall wird bei Vorlage dieser gemeinsamen Nutzung eine einheitliche Leitung des Betriebs durch die Unternehmen vermutet.
Im zweiten Fall umfasst der Begriff der Spaltung die Fälle der Aufspaltung, Abspaltung und der Ausgliederung. Werden die wesentlichen materiellen und immateriellen Betriebsmittel gemeinsam weiterhin genutzt oder die personellen, technischen oder organisatorischen Verbindungen bei den Arbeitsabläufen im Wesentlichen beibehalten, so hat sich auch die Organisation des Betriebs bzw. Betriebsteiles nicht wesentlich geändert.
Aber auch wenn keiner der Vermutungstatbestände vorliegt, kann ein gemeinsamer Betrieb gegeben sein. Voraussetzung ist, dass zwischen den Unternehmen eine Koordination dergestalt stattfindet, dass Unternehmerfunktionen im sozialen und personellen Bereich von einem einheitlichen Leitungsapparat ausgeübt werden. Indizien für das Bestehen einer Betriebseinheit können deshalb sein:

- Identität des Geschäftsführers bzw. des Betriebsleiters,
- Zuständigkeit einer Personalabteilung für alle Arbeitnehmer,
- Austausch und Versetzbarkeit der Arbeitnehmer,
- Benutzung gemeinsamer Sozialeinrichtungen,
- gemeinsame Nutzung der Betriebs-, Büro- und Kommunikationseinrichtungen,
- räumlich-technisch verbundene Arbeit.

Der Arbeitgeber hat im Wege eines Beschlussverfahrens (§ 18 Abs. 2 BetrVG) die Möglichkeit, die Vermutungstatbestände zu widerlegen. Dadurch kann der Wahlvorstand erst einmal in Ruhe die JAV-Wahlen (→ **Wahl der JAV**) durchführen, da nur eine rechtskräftige Entscheidung des Arbeitsgerichts (bzw. des LAG oder BAG) vor Abschluss des Wahlverfahrens auch für den Wahlvorstand bindend wäre. Käme das Arbeitsgericht aber zu einer anderen, rechtskräftigen Beurteilung der Betriebsstruktur, müsste in diesem Fall die JAV-Wahl abgebrochen und ein neues Wahlverfahren eingeleitet werden. Da eine rechtskräftige gerichtliche Entscheidung in der Regel aber während der Amtszeit der JAV ergeht, ist eine negative Entscheidung des Arbeitsgerichtes (bzw. des LAG oder BAG) erst für die nächste JAV-Wahl maßgebend.

Betriebsbußen

Will der Arbeitgeber ein Fehlverhalten eines Arbeitnehmers ahnden, so erfolgt dies in der Regel durch Abmahnung oder Kündigung. Beide betreffen das individuelle Vertragsverhältnis zwischen Arbeitgeber und Arbeitnehmer. Daher besteht bei der Abmahnung nach Auffassung des BAG überhaupt kein Mitbestimmungsrecht und beim Ausspruch der Kündigung nur ein Anhörungsrecht nach § 102 BetrVG.

Wenn der Betriebsrat einen Einfluss darauf ausüben möchte, unter welchen Voraussetzungen generell Sanktionen verhängt werden und wie diese im Einzelfall ausgestaltet werden, so muss er mit dem Arbeitgeber über eine Betriebsbußenordnung verhandeln, gesetzliche Grundlage hierfür ist § 87 Abs. 1 BetrVG. Solche Betriebsbußen können etwa in Verwarnungen, Verweisen oder Missbilligungen bestehen. Auch die Verhängung einer Geldbuße wird als zulässig angesehen, sofern sie einen Tagesverdienst nicht überschreitet. Schikanen, etwa die Veröffentlichung von Namen, ist auch mit Zustimmung des Betriebsrats nicht möglich. Das Verfahren, welches zur Buße führt, muss rechtsstaatlichen Grundsätzen entsprechen. Dem Beschuldigten muss rechtliches Gehör gewährt werden.

Betriebsrat

Grundlagen

Der Betriebsrat ist die Interessenvertretung der Arbeitnehmer einschließlich der Auszubildenden des Betriebs. Ziel seiner Arbeit ist es, die betrieblichen Arbeitsbedingungen zu verbessern und langfristig zu sichern. Dazu sind alle tatsächlichen und rechtlichen Möglichkeiten durch den Betriebsrat auszunutzen, um dieses Ziel zu erreichen. Der Betriebsrat hat aktuelle Probleme der Belegschaft – das betrifft sowohl die Kernbelegschaft als auch verstärkt die atypisch Beschäftigten – aufzugreifen und gemeinsame Lösungen anzustreben. Daneben gewinnt jedoch auch die langfristige Sicherung der materiellen Arbeitsbedingungen an Bedeutung, soweit wie diese auf betrieblicher Ebene regelbar sind. Dazu gehören die Sicherung und der Ausbau der Sozialleistungen und der Beschäftigung.
Betriebsräte müssen sich heute mit mehr und auch anderen Themen beschäftigen. Die sinkende Tarifbindung, die abnehmende Normierungskraft von Tarifverträgen sowie die häufiger anzutreffenden Öffnungs- und Differenzierungsklauseln sind ein Grund dafür, das betriebliche Regelungen in den letzten Jahrzehnten gegenüber tariflichen Regelungen an Bedeutung gewonnen haben.
Gerade im Zeichen von »Industrie 4.0« sind der Betriebsrat und mit ihm die JAV, die Gewerkschaften, aber auch die Belegschaft, gefordert, denn die Digitalisierung verändert momentan die Arbeitswelt rasant. Das Ziel ist die intelligente Fabrik mit intelligenten selbststeuernden und selbst-optimierenden Systemen und Fertigungsprozessen. Aber: Industrie 4.0 fällt nicht plötzlich vom Himmel, die zunehmende Digitalisierung hat bereits in den vergangenen Jahren zu tiefgreifenden Veränderungen in der Arbeitswelt geführt. Es gilt die Chancen und Risiken dieser sog. vierten industriellen Revolution für die arbeitenden Menschen sorgfältig auszuloten und die Risiken soweit wie möglich zu begrenzen. Industrie 4.0 braucht Arbeit 4.0. Mit dem Konzept Arbeit 4.0 soll der Mensch und der Stellenwert menschlicher Arbeit wieder mehr in den Mittelpunkt der Diskussion gerückt werden. Dabei ist die berufliche Bildung die beste Beschäftigungssicherung (→ **Mitbestimmungsrechte und Bildung**).
Betriebsräte sind demokratisch gewählte Vertretungsorgane der Arbeiter und

Angestellten sowie der Auszubildenden des Betriebs. Als deren Interessenvertretung sind sie verpflichtet, ihre Arbeit allein an den Forderungen und Anliegen der Arbeitnehmer zu orientieren. So ist es auch kein Wunder, das Firmen, in denen Betriebsräte existieren, mehr in die Ausbildung investieren und weniger Auszubildende nach der Lehre den Arbeitgeber wechseln (Böcklerimpuls 8/2014, S. 3).

Aus dem Gebot der vertrauensvollen Zusammenarbeit gem. § 2 Abs. 1 BetrVG wird häufig von Arbeitgeberseite aus versucht, den Betriebsrat in eine Rolle zu drängen, in der er auch die Interessen des Arbeitgebers zu vertreten bzw. eine lediglich vermittelnde Rolle im Verhältnis zwischen Arbeitgeber und Arbeitnehmer einzunehmen habe. Eine Rolle also, die gegen eine konsequente und aktive Interessenvertretung der Arbeitnehmer durch den Betriebsrat zielt und im Widerspruch zu dem realen wirtschaftlichen und sozialen Interessengegensatz zwischen Arbeitgebern und Arbeitnehmern steht.

Dieser Interessengegensatz wird selbst von der Rechtsprechung bejaht, wie sich aus dem Urteil des BAG v. 21.4.1983 – 6 ABR 70/82 – AP Nr. 20 zu § 40 BetrVG 1972 ergibt. Dort heißt es u.a.:

»Das geltende Arbeitsrecht wird auch durchgängig von 2 gegenüberstehenden Grundpositionen beherrscht, mit denen unterschiedliche Interessen von Arbeitgeber- und Arbeitnehmerseite verfolgt werden. Ohne diesen Interessengegensatz wären im Übrigen gesetzliche Regelungen über die Mitwirkung der Arbeitnehmerseite an sozialen, personellen und wirtschaftlichen Entscheidungen des Arbeitgebers gegenstandslos. Auch das Betriebsverfassungsgesetz setzt diesen Interessengegensatz voraus. Im Betrieb hat der Betriebsrat die Interessen der von ihm repräsentierten Belegschaft wahrzunehmen.

Das wird durch § 2 Abs. 1 BetrVG sowie auch durch § 74 Abs. 1 Satz 1 und § 76 BetrVG nur insoweit modifiziert, dass anstelle möglicher Konfrontationen die Pflicht zur beiderseitigen Kooperation tritt. Dennoch bleibt der Betriebsrat Vertreter der Belegschaft gegenüber dem Arbeitgeber. Der ist zu vertrauensvoller Zusammenarbeit, nicht aber dazu verpflichtet, die Interessen der Belegschaft zurückzustellen. Damit obliegt dem Betriebsrat eine ›arbeitnehmerorientierte Tendenz‹ der Interessenvertretung …«

Für diese Interessen einzustehen, ist die tägliche Aufgabe der Betriebsräte, wobei folgende Schwerpunkte für den Betriebsrat im Vordergrund stehen dürften:

1. Aktive Standort- und Beschäftigungssicherung
2. Faire Einkommen und sichere Tarifverträge
3. Mehr Mitbestimmung in Betrieb und Unternehmen
4. Zukunftssicherung durch innovative Konzepte
5. Sozialverträgliche Arbeitszeiten

6. Gute Arbeit, die nicht krank macht
7. Qualifizierung für alle

Die Aufgabenstellung des Betriebsrats

Das Gesetz weist dem Betriebsrat eine Reihe von Aufgaben und Rechten zu. Die allgemeinen Aufgaben des Betriebsrats nach § 80 BetrVG verdeutlichen dabei am besten seinen betriebsverfassungsrechtlichen Auftrag, wonach dem Betriebsrat die Überwachung und Kontrolle der Einhaltung aller zum Schutze der Arbeitnehmer geltenden Gesetze, Verordnungen, Tarifverträge, Vereinbarungen und sonstigen Vorschriften obliegt (**Schutzfunktion**). Diese beinhaltet auch ein Initiativrecht, um notfalls vom Arbeitgeber Maßnahmen zu verlangen, die die Rechtsstellung der Arbeitnehmer im Betrieb sichern und dem Betrieb und der Belegschaft dienen.
Diese Schutzfunktion, die sich aus dem Interessengegensatz zwischen Arbeitgeber und Belegschaft ergibt, berechtigt und verpflichtet den Betriebsrat auch, für die Eingliederung von Schwerbehinderten und sonstigen Personen in den Betrieb zu sorgen, die besonders schutzbedürftig sind (§ 80 Abs. 1 Nr. 4 BetrVG).
Ein weiterer Schwerpunkt der Rechte des Betriebsrats liegt in der **Gestaltungsfunktion**. Ein Betriebsrat kann nur dann seine Aufgaben wirksam wahrnehmen, wenn er nicht nur auf Maßnahmen des Arbeitgebers reagiert, sondern wenn er selber tätig wird, also agiert. Dieses erfolgt zum einen über die Wahrnehmung seines Initiativrechtes nach § 80 Abs. 1 Nr. 2 BetrVG. Um in diesem Sinne wirksam werden zu können, sind dem Betriebsrat umfassende Informationsrechte gegeben. Zur Durchführung seiner Aufgaben kann er nach § 80 Abs. 3 BetrVG nach Vereinbarung mit dem Arbeitgeber Sachverständige sowie nach § 80 Abs. 2 BetrVG sachkundige Arbeitnehmer als Auskunftspersonen hinzuziehen. Im Falle einer Betriebsänderung kann der Betriebsrat in Unternehmen mit mehr als 300 Arbeitnehmern einen externen Berater (= Sachverständigen) ohne vorherige Vereinbarung mit dem Arbeitgeber hinzuziehen (§ 111 Satz 2 BetrVG).
Diese »Generalklausel« für eine aktive Interessenvertretung der Belegschaft durch den Betriebsrat in § 80 BetrVG wird ergänzt durch die konkreten Mitwirkungs- und Beteiligungsrechte in sozialen, personellen und wirtschaftlichen Angelegenheiten. Der Wirkungsbereich des Betriebsrats reicht dabei von Fragen der Ordnung des Betriebs, der Lohngestaltung (§ 87 Abs. 1 BetrVG), Problemen der Arbeitsorganisation (§§ 90, 91 BetrVG) und Qualifikation (§§ 97, 98 BetrVG) über personelle Maßnahmen (§§ 99, 102 BetrVG) und die Beschäftigungssicherung und -förderung (§ 92a BetrVG) bis hin zu Betriebsänderungen (§§ 111 ff. BetrVG; → **Mitbestimmungsrechte – JAV und Betriebsrat**).
Diese Mitwirkungs- und Mitbestimmungsrechte sind hinsichtlich ihrer Beteiligung abgestuft. Die Einflussnahme des Betriebsrats auf den Arbeitgeber ist da-

durch unterschiedlich ausgestaltet. So räumt das Gesetz dem Betriebsrat Rechte ein, die den Arbeitgeber lediglich zur Unterrichtung und Beratung verpflichten (§§ 90, 92a, 97 Abs. 1 BetrVG). Eine weitere Stufe der Beteiligungsrechte ergibt sich im Rahmen eines Vetorechtes. In diesen Fällen kann der Betriebsrat durch ein Zustimmungsverweigerungs- oder Widerspruchsrecht seine Interessenwahrnehmung vornehmen (§§ 99, 102 BetrVG). U.a. in sozialen Angelegenheiten und Fragen der Qualifikation hat der Betriebsrat ein Mitbestimmungsrecht dahingehend, dass er eine Einigungsstelle anrufen kann, wenn es zwischen ihm und dem Arbeitgeber zu keiner Einigung kommt. Die Einigungsstelle hat in diesen Fällen ein Letztentscheidungsrecht.

Bedeutung für den Betriebsrat/die JAV

Da die JAV nach den Vorschriften des BetrVG kein selbstständiges Organ ist, bestehen die der JAV im Gesetz eingeräumten Rechte gegenüber dem Betriebsrat, nicht jedoch gegenüber dem Arbeitgeber. Da somit die Aufgabenwahrnehmung und auch die Arbeit der JAV sich an dem Betriebsrat ausrichten, hängt der Erfolg dieser Arbeit ganz entscheidend davon ab, wie die Zusammenarbeit zwischen Betriebsrat und JAV sich gestaltet. Je besser das Verhältnis zwischen JAV und Betriebsrat ist, umso besser kann die JAV auch ihre Aufgaben wahrnehmen und gestalten. Auch das BetrVG geht von einer engen Zusammenarbeit aus, wenn in § 80 Abs. 1 Nr. 3 u. 5 BetrVG dem Betriebsrat die Zusammenarbeit mit der JAV zur besonderen Aufgabe gemacht wird.

Nach § 67 BetrVG kann die JAV zu allen Betriebsratssitzungen, einschließlich der Betriebsratsausschüsse, einen Vertreter entsenden. Es handelt sich dabei um ein Teilnahmerecht, das der JAV ohne Einschränkung zusteht. Wenn der Betriebsrat damit einverstanden ist, können auch weitere Mitglieder der JAV an der Betriebsratssitzung teilnehmen. In den Fällen, in denen Angelegenheiten im Betriebsrat besprochen werden, die besonders die jugendlichen Arbeitnehmer und die Auszubildenden betreffen, hat die gesamte JAV ein Teilnahmerecht an der Betriebsratssitzung. Betreffen zudem diese Angelegenheiten überwiegend die jugendlichen Arbeitnehmer und Auszubildenden, hat die JAV auch ein volles Stimmrecht (§ 67 Abs. 2 BetrVG).

Die JAV kann beim Betriebsrat grundsätzlich beantragen, dass Angelegenheiten, die besonders die jugendlichen Arbeitnehmer und die Auszubildenden betreffen und über die die JAV beraten hat, auf die nächste Tagesordnung des Betriebsrats gesetzt werden (§ 67 Abs. 3 BetrVG). Zudem soll der Betriebsrat Angelegenheiten, die die jugendlichen Arbeitnehmer und Auszubildenden betreffen, der JAV zur Beratung zuleiten.

Die JAV ist vom Betriebsrat zu allen Besprechungen mit dem Arbeitgeber hinzuzuziehen, die besonders die Angelegenheiten der jugendlichen Arbeitnehmer und Auszubildenden betreffen (§ 68 BetrVG). Dieses kann z. B. beim Monatsgespräch oder aber bei einer Besprechung im Berufsbildungsausschuss der Fall sein.
Wenn die JAV der Auffassung ist, dass ein Beschluss des Betriebsrats wichtigen Interessen der jugendlichen Arbeitnehmer und Auszubildenden zuwiderläuft, ist auf Antrag der JAV der Beschluss für die Dauer von einer Woche (§§ 35, 66 BetrVG) auszusetzen (→ **Aussetzen von Beschlüssen des Betriebsrats**). In dieser Woche soll die Gelegenheit zur Klärung von Missverständnissen und ausgiebigen Diskussionen gegeben sein. Die JAV hat die Möglichkeit, ihre Argumente gegenüber dem Betriebsrat ausführlich darzulegen und zu begründen. Wichtig ist dabei, dass mithilfe der im Betrieb vertretenen Gewerkschaft versucht wird, eine Einigung herbeizuführen.
Wenn es zu keiner Einigung zwischen dem Betriebsrat und der JAV kommt, kann der Betriebsrat nach Ablauf der einen Woche erneut darüber beschließen; wenn der erste Beschluss bestätigt wird, wird er wirksam. Ein Antrag auf Aussetzung kann durch die JAV in diesem Fall nicht wiederholt werden. Dieses gilt auch dann, wenn der erste Beschluss nur unerheblich geändert wird.
Bevor die JAV von der Möglichkeit der Aussetzung eines Beschlusses des Betriebsrats Gebrauch macht, sollte dieses vorher eingehend geprüft werden und insbesondere auch überlegt werden, welche Auswirkungen dieses auf das Verhältnis zum Betriebsrat hat. Es ist im Einzelfall abzuwägen, ob von der Aussetzungsmöglichkeit Gebrauch gemacht werden sollte oder nicht.

Beispiel für einen Aussetzungsantrag:

An den Betriebsrat — Düsseldorf, den …
z. H. des Vorsitzenden
Betr.: Aussetzung des Beschlusses zur Senkung des Fahrtkostenzuschusses

Liebe Kolleginnen und Kollegen,

die JAV wurde auf der Sitzung … darüber informiert, dass der Betriebsrat der Senkung des Fahrtkostenzuschusses zugestimmt hat. Entsprechend der §§ 35, 66 des BetrVG beantragt die JAV die Aussetzung des Beschlusses von einer Woche. Gleichzeitig beantragt die JAV eine erneute Sitzung des Betriebsrats mit dem Tagesordnungspunkt »Fahrtkostenzuschuss für Auszubildende«, zu der alle Mitglieder der JAV eingeladen werden.

Mit freundlichen Grüßen
Jugend- und Auszubildendenvertretung

Literaturhinweis

Baumann/Brehmer, Betriebliche Mitbestimmung: eine Bestandsaufnahme, WSI Mitteilungen 16, S. 160.

Betriebsübergang – Arbeitgeberwechsel

Geht der Betrieb z. B. durch Verkauf auf einen anderen Inhaber (z. B. eine andere AG, GmbH usw.) über, so richten sich die Rechte und Pflichten der betroffenen Arbeitnehmer nach § 613a BGB. Hiervon zu unterscheiden ist die interne Veränderung innerhalb der GmbH oder AG, der Wechsel der Gesellschafter oder der Mehrheitsanteile lässt das Arbeitsverhältnis zu der Gesellschaft völlig unberührt. Ein Inhaberwechsel und damit ein Betriebsübergang finden nicht statt.

§ 613a BGB besagt grundsätzlich, dass die Rechte und Pflichten der betroffenen Arbeitnehmer unberührt bleiben (§ 613a Abs. 1 Satz 1 BGB). Diese Regelung gilt nur für bestehende Arbeits- oder Ausbildungsverhältnisse, nicht z. B. für Rentner.

Eine Kündigung aus Anlass des Betriebsübergangs ist unwirksam (§ 613a Abs. 4 BGB).

Sind Rechte und Pflichten der Arbeitnehmer durch Tarifvertrag oder Betriebsvereinbarung geregelt, so bestimmt § 613a Abs. 1 Satz 2 BGB, dass diese Inhalt des Arbeitsverhältnisses zwischen dem neuen Inhaber und dem Arbeitnehmer werden und nicht vor Ablauf eines Jahres nach dem Zeitpunkt des Übergangs zum Nachteil des Arbeitnehmers abgeändert werden dürfen, auch nicht durch eine einvernehmliche Regelung. Die Bedeutung dieser Jahresfrist wird häufig überschätzt.

Dieser Schutz läuft nämlich leer, wenn der übernommene Betrieb bei dem neuen Inhaber in eine vorhandene betriebliche Einheit eingegliedert wird und dort eigene Betriebsvereinbarungen gelten. Soweit sie sich auf dasselbe Thema beziehen, gelten sie sofort auch für die neu hinzugekommenen Arbeitnehmer, auch wenn sie ungünstiger sind.

Auch für den neuen Inhaber geltende Tarifverträge gehen bei dem Bestandsschutz nach § 613a Abs. 1 Satz 2 BGB grundsätzlich vor. Allerdings nur insoweit, als die Arbeitnehmer ebenfalls tarifgebunden, also Mitglied der den Tarif schließenden Gewerkschaft sind. Auch hier spielt die Jahresfrist keine Rolle.

Umgekehrt ändern sich die Arbeitsbedingungen nach Ablauf eines Jahres nicht etwa automatisch oder auf einseitige Anordnung des Arbeitgebers. Will er den Arbeitsvertrag inhaltlich verändern, etwa das Arbeitsentgelt senken oder die Arbeitszeit erhöhen, kann er dies gegen den Willen des Arbeitnehmers nur durch Änderungskündigung, für die er gewichtige Gründe braucht.

Wichtig ist in diesem Zusammenhang noch: bleibt die betriebliche Identität erhalten, wird der Betrieb also nicht in eine vorhandene Einheit des neuen Inhabers integriert, bleibt der Betriebsrat im Amt und die bisherigen Betriebsvereinbarungen in Kraft, sie werden nicht (lediglich) Bestandteil des Arbeitsvertrages.

§ 613a Abs. 5 BGB regelt, dass die betroffenen Arbeitnehmer beim Betriebsübergang vom bisherigen Arbeitgeber oder den neuen Inhaber umfassend über den Zeitpunkt und den Grund für den Übergang zu informieren sind, sowie über die rechtlichen, wirtschaftlichen und sozialen Folgen des Übergangs und die hinsichtlich der Arbeitnehmer in Aussicht genommenen Maßnahmen. Der Arbeitnehmer kann innerhalb eines Monats nach dem Zugang dieser Unterrichtung dem Übergang seines Arbeitsverhältnisses schriftlich widersprechen (§ 613a Abs. 6 BGB). Der Arbeitnehmer geht in diesem Fall nicht über, sondern bleibt bei seinem bisherigen Arbeitgeber. Kann dieser ihn jedoch nicht weiter beschäftigen, kommt eine betriebsbedingte Kündigung des Arbeitsverhältnisses in Betracht.

Betriebsräte sollten beim Betriebsübergang einen Interessenausgleich anstreben, um den Schutz der betroffenen Arbeitnehmer über die gesetzliche Basis hinaus zu verbessern.

Betriebsvereinbarung

Grundlagen

Unter einer Betriebsvereinbarung wird eine kollektive Regelung (Vertrag) zwischen dem Arbeitgeber und dem Betriebsrat/Gesamtbetriebsrat/Konzernbetriebsrat verstanden. In ihren Rechtswirkungen ist die Betriebsvereinbarung dem Tarifvertrag vergleichbar. Die Grundsätze einer Betriebsvereinbarung sind in § 77 BetrVG geregelt. Dabei umfasst der Regelungsbereich von Betriebsvereinbarungen zum einen die Rechte und Pflichten von Arbeitgeber und Betriebsrat, zum anderen bestimmt er Rechte und Pflichten der Arbeitnehmer des Betriebs.

Dabei wird zwischen zwei Formen von Betriebsvereinbarungen unterschieden. Zum einen wird von zwingenden Betriebsvereinbarungen gesprochen, die im Rahmen eines Mitbestimmungsrechtes des Betriebsrats (z. B. § 87 BetrVG) abgeschlossen werden. Diese sind in § 77 BetrVG geregelt. Zum anderen können auch kollektive Regelungen zwischen Betriebsrat und Arbeitgeber in Bereichen, die nicht der Mitbestimmung des Betriebsrats unterliegen, durch sogenannte »freiwillige« Betriebsvereinbarungen (§ 88 BetrVG) geregelt werden. Auch für freiwillige Betriebsvereinbarungen gelten die allgemeinen Vorschriften des § 77 BetrVG zu Abschluss, Wirkung und Kündigung. Eine Nachwirkung besteht bei »freiwilligen« Betriebsvereinbarungen jedoch nur dann, wenn sie in der Betriebsvereinbarung vereinbart worden ist.

Der Betriebsrat kann mit dem Arbeitgeber im Rahmen seines Aufgabenbereiches Betriebsvereinbarungen abschließen, durch die unmittelbar der Inhalt, der Abschluss sowie die Beendigung von Arbeitsverhältnissen geregelt werden. Gleiches betrifft auch betriebliche bzw. betriebsverfassungsrechtliche Fragen. Dabei ist zu beachten, dass kein Vorrang gesetzlicher oder tariflicher Regelungen besteht (**Tarifvorrang**, §§ 77 Abs. 3, 87 Abs. 1 Eingangssatz BetrVG). Nach § 77 Abs. 3 BetrVG dürfen Arbeitsentgelte und sonstige Arbeitsbedingungen, die durch Tarifvertrag geregelt sind oder üblicherweise geregelt werden, nicht zum Gegenstand einer Betriebsvereinbarung gemacht werden. Dies gilt dann jedoch nicht, wenn der Tarifvertrag den Abschluss ergänzender Betriebsvereinbarungen ausdrücklich zulässt. Diese Vorschrift regelt den Kernbereich des Verhältnisses zwischen Tarifautonomie und Betriebsvereinbarung. Dadurch soll die Sicherung der Tarifautonomie gewährleistet und ein Unterlaufen von Tarifverträgen verhindert werden. Die Betriebsvereinbarung soll nicht als ein Ersatztarifvertrag für nicht organisierte Arbeitnehmer wirken können. Dadurch würde die Stellung gerade der Gewerkschaften und ihre Funktionsfähigkeit entscheidend getroffen werden. Es gilt deshalb, diese Kernbestimmung zu erhalten und zu schützen.

Um wirksam zu sein, bedarf die Betriebsvereinbarung der Schriftform. Sie ist ferner nur dann wirksam, wenn sie sowohl vom Arbeitgeber als auch vom Betriebsrat (vertreten durch den Betriebsratsvorsitzenden) unterschrieben ist.

Die Betriebsvereinbarung muss wie ein Tarifvertrag vom Arbeitgeber im Betrieb an geeigneter Stelle ausgelegt werden. Unabhängig davon sollte eine JAV bzw. ein Betriebsrat dafür Sorge tragen, dass auch über seine Informationswege die Jugendlichen und Auszubildenden sowie Arbeitnehmer im Betrieb über die Betriebsvereinbarungen informiert werden.

Die Betriebsvereinbarung gilt nach § 77 Abs. 4 Satz 1 BetrVG unmittelbar und zwingend für und gegen die Arbeitnehmerinnen und Arbeitnehmer im Betrieb; d. h., dass sie direkt und bindend wirksam ist. Durch die unmittelbare Wirkung wird automatisch auf die Arbeitsverhältnisse eingewirkt, ohne dass es einer entsprechenden Umsetzung zwischen dem Arbeitgeber und den Arbeitnehmern bedarf. Aus der zwingenden Wirkung einer Betriebsvereinbarung folgt, dass der Arbeitgeber und die Arbeitnehmer nichts vereinbaren können, was gegen eine Betriebsvereinbarung verstößt bzw. sie verschlechtert. Zwischen einer Betriebsvereinbarung und einem Einzelvertrag gilt grundsätzlich das Günstigkeitsprinzip, wonach die für die Arbeitnehmer günstigeren Regelungen wirksam sind. Ein Verzicht auf Rechte aus einer Betriebsvereinbarung ist nur mit Zustimmung des Betriebsrats zulässig. Durch Betriebsvereinbarung geregelte Rechte können nicht verwirken. Soweit Ausschlussfristen für Rechte einer Betriebsvereinbarung in Einzelverträgen enthalten sind, sind sie nur dann zulässig, wenn sie in einem Tarifvertrag oder in einer Betriebsvereinbarung vereinbart sind. Gleiches gilt auch für die Abkürzung von Verjährungsfristen.

Beendet werden kann eine Betriebsvereinbarung:

- mit dem Ablauf der Zeit oder dem Erreichen des Zwecks, für die sie abgeschlossen wurde (z. B. Vereinbarung von Betriebsurlaub),
- durch Abschluss einer nachfolgenden Betriebsvereinbarung oder Inkrafttreten eines Tarifvertrags oder Gesetzes über denselben Regelungsgegenstand,
- durch einen Aufhebungsvertrag zwischen dem Betriebsrat und dem Arbeitgeber, der der Schriftform bedarf,
- mit der Stilllegung des Betriebs, mit Ausnahme des Sozialplans und sonstiger Betriebsvereinbarungen, die im Zusammenhang mit der Betriebsstilllegung

abgeschlossen worden sind oder unabhängig von der Stilllegung des Betriebs die Arbeitsbedingungen gestalten (z. B. betriebliche Altersversorgung),
- durch deren Kündigung, wobei die Kündigung von jeder Seite mit einer Frist von drei Monaten erklärt werden kann, wenn die Betriebsvereinbarung selbst keine Vorschriften über Kündigungsfristen enthält (aber Möglichkeit der Nachwirkung).

Nachwirkung

Regelungen einer Betriebsvereinbarung, die durch den Spruch einer Einigungsstelle erzwungen werden können (→ **Mitbestimmungsrechte**), gelten nach einer Kündigung weiter, bis sie durch eine andere Abmachung ersetzt werden (§ 77 Abs. 6 BetrVG; sogenannte zwingende Betriebsvereinbarungen). Es wird dabei von einer »Nachwirkung« gesprochen. Die Nachwirkung erstreckt sich dabei auf alle Normen einer Betriebsvereinbarung. Rechtsansprüche für Arbeitnehmer werden aus einer solchen »Nachwirkung« auch dann begründet, wenn sie erst im Nachwirkungszeitraum in den Betrieb eintreten.
Unter »einer anderen Abmachung« in § 77 Abs. 6 BetrVG ist dabei nicht nur ein Tarifvertrag oder eine neue Betriebsvereinbarung zu verstehen, sondern u. U. auch ein Einzelvertrag. Dabei kann der Abschluss von Einzelarbeitsverträgen jedoch eine Umgehung des Mitbestimmungsrechtes des Betriebsrats bedeuten, was zu einer entsprechenden Unwirksamkeit dieser Arbeitsverträge in diesen Punkten führt.
Beachtet werden muss, dass die »Nachwirkung« nicht bei freiwilligen Betriebsvereinbarungen gilt. Es sei denn, dass in der freiwilligen Betriebsvereinbarung die Nachwirkung vereinbart worden ist.
Richtigerweise ist auch dann von einer »Nachwirkung« auszugehen, wenn in einer Betriebsvereinbarung erzwingbare und freiwillige Regelungstatbestände gleichzeitig enthalten sind.

Regelungsabrede

Neben der Betriebsvereinbarung existiert eine weitere Vereinbarungsform zwischen Betriebsrat und Arbeitgeber, die sogenannte Regelungsabrede (auch Betriebsabsprache oder betriebliche Einigung genannt). Mit dieser weiteren Form können Einzelfallangelegenheiten zwischen dem Arbeitgeber und dem Betriebsrat geregelt werden. Zu diesen Einzelfallangelegenheiten zählen u. a.:
- die Freistellung von Betriebsratsmitgliedern gem. § 38 Abs. 2 BetrVG,
- die Teilnahme von JAV-Mitgliedern bzw. Betriebsratsmitgliedern an Schulungsveranstaltungen gem. § 37 Abs. 6 oder 7 BetrVG,

- die Einigung über die Hinzuziehung eines bestimmten Sachverständigen für den Betriebsrat gem. § 80 Abs. 3 BetrVG,
- die Einigung über die Zurverfügungstellung eines sachkundigen Arbeitnehmers als Auskunftsperson gem. § 80 Abs. 2 BetrVG.

Durch die Regelungsabrede werden nur Rechte und Pflichten zwischen dem Arbeitgeber und dem Betriebsrat begründet (schuldrechtliche Beziehung). Demgegenüber können mit einer Regelungsabrede keine unmittelbaren und zwingenden Rechte und Pflichten von Arbeitnehmern begründet werden. Denn der Regelungsabrede fehlt die normative Wirkung einer Betriebsvereinbarung.
Eine Regelungsabrede kann – anders als eine Betriebsvereinbarung – auch formlos vereinbart werden, d.h. auch mündlich. Dabei ist jedoch zu beachten, dass der Betriebsratsvorsitzende für sich allein nicht zu ihrem Abschluss ermächtigt ist. Der Betriebsrat hat als Organ durch Beschluss zu entscheiden. Zwecks Vermeidung von Schwierigkeiten empfiehlt es sich zudem, auch solche Regelungsabreden schriftlich abzufassen und von Arbeitgeber und Betriebsrat unterzeichnen zu lassen.

Beachte:
Generelle und kollektive Tatbestände, die direkt und unmittelbar Rechte und Pflichten für die Arbeitnehmer begründen, können nur durch eine Betriebsvereinbarung geregelt werden, niemals jedoch durch eine Regelungsabrede.

Bedeutung für den Betriebsrat/die JAV

Betriebsvereinbarungen können nach dem BetrVG nur zwischen dem Betriebsrat/Gesamtbetriebsrat/Konzernbetriebsrat und dem Arbeitgeber vereinbart werden. Als wichtigste Form der Ausübung von Mitbestimmungsrechten des Betriebsrats stellt der Abschluss einer Betriebsvereinbarung ein zentrales Instrument dar, um betriebliche Belange der Arbeitnehmer in dem Betrieb zu regeln. Die Betriebsvereinbarungen bieten die Möglichkeit, unter Beachtung des grundsätzlichen Vorranges des Tarifvertrags und im Rahmen der Zuständigkeit des Betriebsrats auf betrieblicher Ebene die Arbeitsbedingungen der Arbeitnehmer kollektiv zu gestalten, um in ihrem Interesse Einfluss auf die betriebliche Organisation und Ordnung zu nehmen. Da die JAV selber keine Möglichkeit hat, mit dem Arbeitgeber direkt Betriebsvereinbarungen abzuschließen, ist es notwendig, mit dem Betriebsrat konstruktiv und zielgerichtet die Interessen der jugendlichen Arbeitnehmer und Auszubildenden wahrzunehmen. Auch wenn die Zusammenarbeit nicht immer konfliktfrei erfolgen sollte, muss die Interessenwahr-

nehmung der jugendlichen Arbeitnehmer und Auszubildenden sowohl für die JAV als auch für den Betriebsrat im Vordergrund stehen.
Betriebsvereinbarungen spiegeln häufig das Kräfteverhältnis zwischen Belegschaft und Betriebsrat auf der einen Seite und dem Unternehmen auf der anderen Seite wider. So muss immer wieder festgestellt werden, dass Unternehmer dann weit reichende Zugeständnisse durch den Betriebsrat im Rahmen der Betriebsvereinbarung erhalten, wenn der Betriebsrat nur eine schwache Position hat. In aller Regel ist dann von einer starken Verhandlungsposition auf Seiten des Betriebsrats auszugehen, wenn der Betriebsrat zum einen im Rahmen einer Handlungsstrategie an die Verhandlung von Betriebsvereinbarungen herangeht und zum anderen nicht alleine die Verhandlungen durchführt, sondern während der Vorbereitung und der Verhandlung die Arbeitnehmer, insbesondere auch die jugendlichen Arbeitnehmer und Auszubildenden eng einbezieht. Dazu ist es besonders wichtig, regelmäßige Informationen und Diskussionen z. B. im Rahmen von Betriebs-, Abteilungs- und JAV-Versammlungen, Gesprächen am Arbeitsplatz und anderen Möglichkeiten mit der Belegschaft zu suchen. Auf diese Art und Weise können sowohl die JAV als auch der Betriebsrat verhindern, dass der Betriebsrat aufgrund der starken Machtposition des Arbeitgebers in den Verhandlungen sehr weitgehende Zugeständnisse machen muss.

Bedeutung für die jugendlichen Arbeitnehmer und Auszubildenden

Da die Bedingungen sowohl für die Ausbildung als auch für die Arbeit durch die Betriebsvereinbarungen sehr umfangreich geregelt werden können, ist es für jeden jugendlichen Arbeitnehmer und Auszubildenden wichtig, sich über die im Betrieb existierenden Betriebsvereinbarungen zu informieren.
Weil durch die Betriebsvereinbarungen die Rechte und Pflichten unmittelbar im Ausbildungsvertrag bzw. im Arbeitsvertrag gelten, kann jeder diese Rechte geltend machen. Der Einzelne kann dieses sogar notfalls im Wege einer Klage beim Arbeitsgericht durchsetzen.
Auf Rechte aus einer Betriebsvereinbarung kann nach § 77 Abs. 4 Satz 2 BetrVG nur dann verzichtet werden, wenn der Betriebsrat zugestimmt hat. Selbst Ausschlussfristen für die Geltendmachung sind nur insoweit zulässig, als sie in einem Tarifvertrag oder in einer Betriebsvereinbarung ausdrücklich vereinbart werden (§ 77 Abs. 4 Satz 4 BetrVG).

Betriebsverfassungsgesetz

Das Betriebsverfassungsgesetz 2001 ist Ausfluss der sozialstaatlichen Verpflichtung des Gesetzgebers, die Grundrechte der Arbeitnehmer durch einen kollektiven Mindestschutz zu wahren und zu fördern. Das Betriebsverfassungsrecht ist somit Arbeitnehmerschutzrecht, da die Arbeitnehmer, die persönlich und wirtschaftlich vom Arbeitgeber abhängig sind, ohne einen solchen rechtlichen Schutz eine betriebliche Mitbestimmung grundsätzlich nicht hätten.
Auf der Grundlage des Betriebsverfassungsgesetzes wird die Zusammenarbeit zwischen Arbeitgeber und Arbeitnehmern im Betrieb geregelt. Das Gesetz ermöglicht die Errichtung von Betriebsräten zur Interessenvertretung der Arbeitnehmer.
Für die Interessenwahrung der jugendlichen Arbeitnehmer und Auszubildenden ist die Errichtung von JAVs vorgesehen. Die Arbeitnehmer wirken über den Betriebsrat, die JAV und die übrigen Organe, wozu auch die Betriebsversammlung zählt, an der Willensbildung und an den Entscheidungen des Arbeitgebers mit. Diese Mitwirkung erfolgt u. a. auch im Rahmen der Mitwirkungs- und Mitbestimmungsrechte (→ **Mitbestimmungsrechte**) des Betriebsrats, die im Einzelnen u. a. im Betriebsverfassungsgesetz geregelt sind. Dabei sind die Möglichkeiten des Betriebsrats, auf die Entscheidung des Arbeitgebers Einfluss zu nehmen, unterschiedlich stark ausgeprägt. So gibt es bloße Informationspflichten des Arbeitgebers, aber auch Fälle der Mitbestimmung, z. B. in § 87 BetrVG, bei denen im Falle der Nichteinigung die Einigungsstelle verbindlich entscheidet.
Darüber hinaus sind im Betriebsverfassungsgesetz auch die Rechte des einzelnen Arbeitnehmers festgelegt (§§ 81–86 a BetrVG).

Betriebsversammlung

Grundlagen

Die Betriebsversammlung dient als Organ der Betriebsverfassung der gegenseitigen Information, Aussprache und Meinungsbildung von Betriebsrat, Arbeitnehmern sowie von Gewerkschaften. Darüber hinaus hat der Betriebsrat auf der Betriebsversammlung einen Tätigkeitsbericht zu erstatten und somit Rechenschaft über seine Tätigkeit zu geben.
Auch wenn die Betriebsversammlung selber kein handelndes Organ ist, insbesondere nicht dem Betriebsrat übergeordnet ist, ist die Betriebsversammlung doch ein für die Standortbestimmung des Betriebsrats sehr wichtiges Instrument. Eine Betriebsversammlung gibt zudem auch dem Betriebsrat die Möglichkeit, dem Arbeitgeber zu zeigen, dass der Betriebsrat und die Arbeitnehmer des Betriebs geschlossen zusammenstehen.
Das BetrVG regelt neben der regelmäßigen Betriebsversammlung auch Teilversammlungen sowie Abteilungsversammlungen (§ 42 BetrVG).
Die Betriebsversammlung ist dabei einmal in jedem Kalendervierteljahr einzuberufen, wobei auf ihr der Betriebsrat einen Tätigkeitsbericht zu erstatten hat.
An der Betriebsversammlung nehmen alle im Betrieb beschäftigten Arbeitnehmer teil. Hierzu zählen Arbeiter, Angestellte, Auszubildende sowie Heimarbeiter, die in der Hauptsache für den Betrieb arbeiten. Auch Auszubildende, die zu dem Inhaber eines reinen Ausbildungsbetriebs in einem Vertragsverhältnis stehen und von diesem zur praktischen Ausbildung in den Betrieb eines anderen Betriebsinhabers entsandt werden, sind nach der Rechtsprechung des BAG berechtigt, während ihrer Ausbildungszeit an den dort stattfindenden Betriebsversammlungen teilzunehmen (BAG v. 24. 8. 11 – 7 AZR 8/10). Ein Teilnahmerecht haben zudem auch die Leiharbeitnehmer und andere überlassene Arbeitnehmer, die im Betrieb beschäftigt sind (vgl. § 7 Satz 2 BetrVG). Dabei spielt es keine Rolle, ob die Arbeitnehmer im Zeitpunkt der Betriebsversammlung zur Arbeit verpflichtet sind oder nicht. Auch diejenigen, die sich z. B. in der Elternzeit befinden, können an einer Betriebsversammlung teilnehmen.
Die Einberufung einer Betriebsversammlung erfolgt grundsätzlich durch den

Betriebsrat. Diese Verpflichtung entsteht mindestens viermal im Jahr, da pro Quartal eine sogenannte »ordentliche« Betriebsversammlung durchzuführen ist (§ 43 Abs. 1 BetrVG).
Zudem kann der Betriebsrat in jedem Kalenderhalbjahr eine weitere Betriebsversammlung durchführen, wenn er dies aus besonderen Gründen als zweckmäßig erachtet (§ 43 Abs. 1 Satz 4 BetrVG).
Des Weiteren kann der Betriebsrat sogenannte »außerordentliche« Betriebsversammlungen anberaumen, falls er dies für notwendig erachtet (§ 43 Abs. 3 Satz 1 BetrVG). Wenn dieses der Arbeitgeber oder ein Viertel der wahlberechtigten Arbeitnehmer beantragt, ist zudem der Betriebsrat verpflichtet, eine sogenannte »außerordentliche« Betriebsversammlung durchzuführen (§ 43 Abs. 3 Satz 1 BetrVG). Solche sogenannten »außerordentlichen« Betriebsversammlungen sind immer dann angezeigt, wenn Angelegenheiten behandelt werden müssen, die für die Arbeitnehmer von unmittelbarem aktuellem Interesse sind und daher nicht bis zu der nächsten ordentlichen Betriebsversammlung verschoben werden können. Dieses ist z. B. der Fall, wenn Kurzarbeit geplant ist, Massenentlassungen drohen, Umstrukturierungen geplant sind oder wichtige tarifpolitische Ereignisse anstehen.
Während der Arbeitgeber ein Teilnahmerecht an den regelmäßigen und den zusätzlichen Betriebs- und Abteilungsversammlungen hat, besteht ein Teilnahmerecht nicht bei den sogenannten »außerordentlichen« Betriebsversammlungen. Nur in dem Fall, dass die sogenannte »außerordentliche« Betriebsversammlung auf Wunsch des Arbeitgebers einberufen wurde oder der Betriebsrat ihn dazu einlädt, hat der Arbeitgeber einen Anspruch auf Teilnahme.
Die vom Betriebsrat bzw. auf Wunsch von mindestens einem Viertel der wahlberechtigten Arbeitnehmer einberufene sogenannte »außerordentliche« Betriebsversammlung kann nur im Einvernehmen mit dem Arbeitgeber während der Arbeitszeit stattfinden. Ist der Arbeitgeber damit einverstanden, so darf den teilnehmenden Arbeitnehmern das Arbeitsentgelt nicht gemindert werden. Es besteht jedoch kein Anspruch auf Vergütung der zusätzlichen Wegezeiten bzw. Erstattung zusätzlicher Fahrtkosten (§ 44 Abs. 1 BetrVG).
Es ist deshalb im Einzelfall durch den Betriebsrat abzuwägen, ob er eine sogenannte »außerordentliche« Betriebsversammlung nicht als eine ordentliche oder zusätzliche Betriebsversammlung nach § 43 Abs. 1 BetrVG durchführt, sofern eine solche Versammlung in dem betreffenden Vierteljahr noch nicht stattgefunden hat. In einer ordentlichen oder zusätzlichen Betriebsversammlung nach § 43 Abs. 1 BetrVG ist die Zeit der Teilnahme einschließlich der zusätzlichen Wegezeiten den Arbeitnehmern wie Arbeitszeit zu vergüten. Dieses trifft selbst dann zu, wenn die Versammlung wegen der Eigenart des Betriebs außerhalb der Arbeitszeit stattfinden muss.

Der Arbeitgeber hat mindestens einmal in jedem Kalenderjahr in einer ordentlichen Betriebsversammlung zu berichten über

- das Personal- und Sozialwesen einschließlich des Standes der Gleichstellung von Frauen und Männern im Betrieb,
- die Integration der im Betrieb beschäftigten ausländischen Arbeitnehmer,
- die wirtschaftliche Lage und Entwicklung des Betriebs,
- über den betrieblichen Umweltschutz.

Dabei ist insbesondere wichtig, dass der Arbeitgeber verpflichtet ist, in allen Betrieben mit mehr als 20 wahlberechtigten Arbeitnehmern in jedem Kalendervierteljahr mündlich und ab 1000 Beschäftigten schriftlich über die wirtschaftliche Lage und Entwicklung des Unternehmens zu berichten (§ 110 BetrVG). Dieser Bericht ist vorher mit dem Wirtschaftsausschuss bzw. mit dem Betriebsrat abzustimmen.

Die im Betrieb vertretene Gewerkschaft hat bei Betriebs- oder Abteilungsversammlungen ein eigenständiges Teilnahmerecht. Sie kann zusammen einen oder mehrere von ihr bestimmte Vertreter zu den Betriebsversammlungen entsenden, wobei sie selbstständig entscheidet, wer entsandt wird. Das Teilnahmerecht bezieht sich dabei sowohl auf die ordentlichen als auch auf die außerordentlichen Betriebs- und Abteilungsversammlungen (§ 46 BetrVG).

Die Betriebsversammlung selbst ist nicht öffentlich. Leitende Angestellte können deshalb nur dann an der Betriebsversammlung teilnehmen, wenn der Betriebsrat dem nicht widerspricht.

Die Betriebs- und Abteilungsversammlungen finden grundsätzlich während der Arbeitszeit statt. Der Betriebsrat legt den konkreten Zeitpunkt nach pflichtgemäßem Ermessen durch Beschluss fest. Der Betriebsrat hat rechtzeitig einzuladen, wobei eine gesetzlich festgelegte Frist nicht vorgegeben ist. Es kommt insoweit bezüglich der Einladungsfrist stets auf die Gegebenheiten des Einzelfalles an.

Der Betriebsratsvorsitzende (bei seiner Verhinderung sein Stellvertreter) leitet die Betriebsversammlung. Ihm obliegt auch das Hausrecht während der Versammlung, was auch die Zugangswege zum Versammlungsraum mit einschließt. Soweit eine Abteilungsversammlung durchgeführt wird, wird diese von einem vom Betriebsrat bestimmten Betriebsratsmitglied geleitet.

Wesentliche Inhalte der Betriebsversammlung sind:

- die Unterrichtung der Arbeitnehmer über sie betreffende Fragen durch Betriebsrat, Gewerkschaftsvertreter und Arbeitgeber,
- betriebliche Fragen sowie Angelegenheiten einschließlich tarifpolitischer, sozialpolitischer, umweltpolitischer und wirtschaftlicher Art sowie Fragen der Förderung der Gleichstellung von Frauen und Männern und der Vereinbarkeit von Familie und Erwerbstätigkeit sowie der Integration der im Betrieb beschäftigten ausländischen Arbeitnehmer, die den Betrieb oder seine Arbeitnehmer unmittelbar betreffen,

- Diskussionen über den Tätigkeitsbericht des Betriebsrats sowie über die anderen zur Diskussionen gestellten Themen.

Die Dauer der Betriebsversammlung ist von mehreren Faktoren abhängig. Sie richtet sich nach Art, Umfang und Schwierigkeit der auf der Betriebsversammlung zu behandelnden Themen. Von daher kann es ohne weiteres möglich sein, dass z. B. bei einer drohenden Betriebsschließung eine Betriebsversammlung über mehrere Tage geht.
Auch wenn die Betriebsversammlung nicht öffentlich ist, besteht grundsätzlich die Möglichkeit, dass außerbetriebliche Personen vom Betriebsrat eingeladen werden, für deren Teilnahme ein sachlicher Grund vorliegt. Dieses trifft z. B. für Mitglieder des Gesamtbetriebsrats, des Wirtschaftsausschusses und für Arbeitnehmervertreter im Aufsichtsrat sowie für Referenten oder Sachverständige zu.

Bedeutung für den Betriebsrat/die JAV

Neben der → **Jugend- und Auszubildendenversammlung** (§ 71 BetrVG) besteht im Rahmen einer Betriebs- bzw. Abteilungsversammlung für die JAV die Möglichkeit, die jugendlichen und auszubildenden Arbeitnehmer umfassend, regelmäßig und rechtzeitig zu informieren. Die JAV hat die Möglichkeit, Fragen und Probleme für die Arbeitnehmer des Betriebs transparent zu machen. Ein solches Thema ist z. B. die Frage der Übernahme von Auszubildenden. Da dieses Thema alle Arbeitnehmer des Betriebs bzw. der Verwaltung betrifft, sollte es regelmäßig Gegenstand einer ordentlichen Betriebsversammlung sein. Das Vorgehen ist mit dem Betriebsrat abzustimmen, damit er in der Betriebsversammlung die Auszubildenden unterstützen kann. Dieses kann z. B. durch die Vorlage von aktuellen Mehrarbeitszahlen geschehen. Des Weiteren könnte durch den Gewerkschaftsvertreter auch auf mögliche tarifvertragliche Übernahmeverpflichtungen hingewiesen werden.
Auf diese Weise kann dem Arbeitgeber deutlich gemacht werden, dass die Arbeitnehmer des Betriebes, der Betriebsrat und die Gewerkschaft zusammenstehen und sich gemeinsam für die Interessen der jugendlichen und auszubildenden Arbeitnehmer einsetzen.

Möglichkeiten für die JAV, aktiv zu werden

Die Betriebsversammlung sollte dabei lebendig gestaltet werden, um möglichst viele jugendliche und auszubildende Arbeitnehmer mit einzubeziehen und für die Themen zu begeistern. Das beginnt schon mit der Einladung, die ideenreich und ansprechend gestaltet werden sollte. Plakate und Vordrucke gibt es u.a. bei den örtlichen Stellen der DGB-Mitgliedsgewerkschaften. Wenn es im Betrieb Medien zur internen Kommunikation gibt, wie zum Beispiel Intranet, einen digitalen Newsletter oder E-Mail-Verteiler, sollten diese zur Einladung genutzt werden.

Für eine lebendige Betriebsversammlung könnten folgende Möglichkeiten genutzt werden:

Für die JAV gibt es mehrere Möglichkeiten, die eigene Arbeit auf einer Betriebsversammlung vorzustellen. Klassisch ist ein Wortbeitrag im Rahmen eines eigenen Tagesordnungspunktes, der vom Versammlungsleiter eingeleitet wird. Daneben kann sich die JAV auch mit verschiedenen Aktionsformen an der Versammlung beteiligen. In jedem Fall sollte es sich um ein konkretes Anliegen handeln mit dem Ziel, emotionalen Druck auf die Arbeitgeberseite auszuüben.

Der Schwerpunkt der Vorbereitung eines Redebeitrags sollte in jedem Fall darin liegen, einen attraktiven Punkt zu gestalten, der alle Beschäftigten anspricht. Neben dem klassischen Wortbeitrag besteht die Möglichkeit, auch aktivierende Elemente einzubauen. Neben der reinen Symbolsprache (frei bleibende Plätze, um auf die Reduzierung von Einstellzahlen bei den Auszubildenden hinzuweisen; selbstgebastelte Särge, um auf die Übernahmesituation hinzuweisen, siehe unten), kann auch ein Dialog mit dem Publikum gestartet werden. Durch gezielte Fragen kann hier die Unterstützung der Beschäftigten eingefordert werden. Vorbereitete Statements von im Publikum platzierten Kollegen können als Sicherheit dienen, falls die Beiträge der Beschäftigten ausbleiben. Ferner können Arbeitsgruppen zu unterschiedlichen Themen – auch mit Referenten – organisiert werden. So wird konkreter diskutiert und schneller etwas auf den Punkt gebracht. Zu überlegen ist, ob hierfür extra Räume benötigt werden, damit die Arbeitsgruppen auch in Ruhe arbeiten können.

Es können auch Abstimmungen herbeigeführt werden. Dazu können vor der Versammlung rote Karten auf den Stühlen verteilt werden und der Redner kann die Beschäftigten auffordern, dem Arbeitgeber die rote Karte zu zeigen. Ebenso können Kartons zum Beschriften verteilt werden und der Redner kann die Beschäftigten auffordern, ihre Gedanken und Wünsche darauf zu notieren und anschließend für ein Foto hochzuhalten.

Mit dem Betriebsrat kann geklärt werden, dass die gesamte JAV bzw. weitere Auszubildende zur Unterstützung auf die Bühne gehen. Diese sollten sich hinter dem Redner platzieren, um ihm Sicherheit zu geben und um eine breite Unterstützung zu signalisieren. Die Kleidung sollte dabei einheitlich sein, mit spezifischen T-Shirts kann zum Beispiel auf das Anliegen hingewiesen werden.

Es gibt immer wieder aktions- oder kampagnenbezogene Clips und Trailer.

Manchmal gibt es auch etwas cooles Selbstgedrehtes. Fragt doch einfach euren Jugendsekretär.
Mit wenig Aufwand kann mit den richtigen Aktionen die Betriebsversammlung richtig lebendig werden. Themen, die immer wieder anstehen sind zum Beispiel die Übernahme nach der Ausbildung sowie Fragen zur Qualität der Ausbildung. Hierzu findet ihr auch jede Menge aktueller Materialen bei eurer DGB-Mitgliedsgewerkschaft. Bei der IG Metall wird man bei der Reihe »Aktiv für Ausbildungsqualität« fündig oder bei den Kampagnenmedien der »Operation Übernahme«. Bei den Fragen zur Übernahme oder der Ausbildungsqualität gibt es immer wieder Auseinandersetzungen mit dem Management. Hier sollte keine Rücksicht auf das Management genommen werden. Ein Beispiel zur Übernahme: Ermittelt die Zahl der Azubis, die nicht übernommen werden sollen. Lasst auf der Betriebsversammlung diese Anzahl von Stühlen leer und bestückt sie mit Schildern, auf denen zum Beispiel steht »Denkmal für einen nicht übernommenen Azubi« oder »Ein vernichteter Arbeitsplatz«. Ein guter Anblick für die Geschäftsleitung, wenn sie ihren Bericht gibt.
Auch mit Aktionen rund um die Betriebsversammlung kann ein Ereignis gestaltet werden, das in Erinnerung bleibt. Zum Beispiel kann der Eingangsbereich bunt gestaltet werden. Mit Hürden oder Stolpersteinen kann zum Beispiel auf die schwierige Weiterbildungssituation im Unternehmen hingewiesen werden. Mit transparenten Röhren und farbigen Bällen oder mit Planschbecken und Gummienten kann eine Abstimmung vorgenommen werden. Da das Hausrecht für die Versammlung beim Betriebsrat liegt, sollte alles vorher auch entsprechend abgesprochen werden.
Wichtig ist dabei Folgendes: Überzeugt den Betriebsrat von euren Forderungen und weiht ihn in eure Aktionspläne ein. Wenn ihr Aktionen auf der Betriebsversammlung plant, benötigt ihr die Zustimmung des Betriebsrats. Zum einen hat er in diesem Fall das Hausrecht, zum anderen wäre es politisch unklug, den Betriebsrat bei solchen Vorhaben außen vor zu lassen.

Literaturhinweise

Windirsch, So wird die Pflicht zur Kür, AiB 15/1, S. 53
Müller, Ein juristisches Muss, AiB 15/1, S. 15
Windirsch, Tue, Gutes und rede darüber, AiB 14, S. 59
Bossmann, Vorhang auf für den Betriebsrat, AiB 11, S. 672

Beurteilungsverfahren

Grundlagen

In § 94 BetrVG ist geregelt, dass für die Aufstellung allgemeiner Beurteilungsgrundsätze die Zustimmung des Betriebsrats erforderlich ist.
Wenn ein betriebliches Beurteilungssystem für die Berufsausbildung eingeführt werden soll, bedarf dieses der Zustimmung des Betriebsrats. Kommt eine Einigung zwischen Betriebsrat und Arbeitgeber nicht zustande, entscheidet die Einigungsstelle.
Da ein Beurteilungssystem in der Ausbildung die Wahlberechtigten für die JAV betrifft, muss die JAV entsprechend bei den Verhandlungen einbezogen werden. Auch hat die JAV nach § 67 Abs. 1 und 2 ein Teilnahme- und Stimmrecht, wenn eine entsprechende Betriebsvereinbarung für ein Beurteilungssystem in der Betriebsratssitzung beraten und verabschiedet wird.

Bedeutung für den Betriebsrat/die JAV

Bei der Erarbeitung und Verabschiedung eines Beurteilungssystems sollte die JAV sich zunächst einmal darüber klar werden, welche Zielsetzung ein solches System haben soll. Dabei sollte sich die JAV daran orientieren, dass eine Beurteilung den Auszubildenden und auch dem Ausbilder einen Überblick über den jeweiligen Ausbildungsstand geben soll. Dadurch können Defizite bei Auszubildenden erkannt und durch gezielte Fördermaßnahmen beseitigt werden. Ein Beurteilungssystem sollte auch dazu beitragen, dass es den an der Ausbildung Beteiligten ermöglicht wird, die Qualität der Ausbildung zu kontrollieren. Das bedeutet beispielsweise überprüfen zu können, ob alle Inhalte aus dem Ausbildungsrahmenplan vermittelt werden.
Bewertet werden sollten die Inhalte der Ausbildung (Fachkompetenz), wie z. B. Bohren, Pläne lesen, Leitungen verlegen, Buchungen am PC, die messbar sind. Eigene Kriterien für die Handlungs- bzw. Methodenkompetenz wie »Fähigkeit

zum eigenständigen Planen« sind überflüssig. Bei einer Bewertung unterliegen sie immer der subjektiven Einschätzung des Beurteilers. Denn auch und gerade ein optimales Team besteht aus lauter eigenständigen, völlig unterschiedlichen Persönlichkeiten, von denen jede ihre Fähigkeiten einbringt, um zum gemeinsamen Erfolg beizutragen. Einen solchen Prozess zu beurteilen und an alle eine einheitliche Messlatte anzulegen, steht im Widerspruch zur Förderung von sozialen Kompetenzen. Stattdessen würde dann Konkurrenz gefördert.

Das herkömmliche Notensystem ist für eine Beurteilung in dem beschriebenen Sinn nicht förderlich und auch nicht notwendig; denn jede Art von Noten oder Punktsystem gibt der Beurteilung einen objektiven Anstrich, obwohl auch Noten subjektiv, d. h. von Erwartungen des Beurteilers abhängig sind. So soll es beispielsweise vorgekommen sein, dass zwei Auszubildende ein und dasselbe Werkstück nacheinander zum Bewerten abgegeben haben und vollkommen unterschiedliche Noten erhalten haben. Das ist bei der Feststellung des eigenen Ausbildungsstandes mit Sicherheit nicht hilfreich.

Oftmals wird bei der Argumentation für Noten die Motivation, die daraus geschöpft wird, angeführt. Die Motivation, die hier gemeint ist, entsteht durch den Vergleich oder – treffender – die Konkurrenz. Nicht das Erlernen von Fähigkeiten für den späteren Beruf rückt in den Vordergrund, sondern die Ansammlung vieler guter Noten, um möglichst weit oben in der Bestenliste zu liegen. Was damit erreicht wird, ist Bestenauslese, die Auszubildende mit schlechteren schulischen oder persönlichen Voraussetzungen von vornherein benachteiligt. Der Leistungsdruck in der Ausbildung wird verstärkt und ebenso der Anpassungsdruck.

Deshalb ist es wesentlich sinnvoller, nach dem Prinzip »Fördern statt Auslesen« zu verfahren. Jeder Ausbildungsabschnitt sollte besprochen werden und Lernziele daraufhin kontrolliert werden, inwiefern sie »erreicht« oder »nicht erreicht« sind. Bei wichtigen Lernzielen muss bei Nichterreichen gezielt gefördert werden. So wird gewährleistet, dass der Auszubildende wesentlich genauere Information über den Ausbildungsfortschritt erhält als dies durch die Ziffern wie »2« oder »3« wiedergegeben werden kann.

Eckpunkte für ein Beurteilungssystem

11 Ein Beurteilungssystem soll für Auszubildende bedeuten:

- Es findet eine regelmäßige Erfolgskontrolle statt.
- Eventuelle Schwächen werden schnell erkannt und ausgeglichen.
- Das Beurteilungssystem sollte rein fachbezogen sein, d. h. keine Disziplinierungsinstrumente (Verhaltensbeurteilung) beinhalten.

Das Beurteilungssystem bedeutet für Ausbilder:

- Es ist ständig ein aktueller Überblick über den Ausbildungsstand der Auszubildenden vorhanden.

- Ein gleichmäßiger Ausbildungsfortschritt wird sichergestellt.
- Das Verhältnis zwischen Auszubildenden und Ausbilder verbessert sich.

Ein Beurteilungssystem bedeutet für die Ausbildungsleitung:

- Der Ablauf der Ausbildung wird nachvollziehbar.
- Ein ständiger Informationsfluss ist gewährleistet.
- Die Verteilung der Zuständigkeiten (z.B. bei Fördermaßnahmen oder Meinungsverschiedenheiten) ist klarer geregelt.

Musterbetriebsvereinbarung: Qualifikations- und Förderbogen

Geltungsbereich
Die Betriebsvereinbarung gilt:

räumlich:	für ________
persönlich:	für alle gewerblichen, kaufmännischen und technischen Auszubildenden im Sinne des BBiG sowie alle weiteren zur Berufsausbildung beschäftigten Arbeitnehmer.

Grundsätze
Die Ausbildungsleitung verpflichtet sich, jedem Auszubildenden zu Beginn der Berufsausbildung einen Ausbildungsrahmenplan der IHK und einen zeitlich und sachlich gegliederten Ausbildungsplan auszuhändigen.
Mit Inkrafttreten dieser Betriebsvereinbarung verpflichtet sich die Ausbildungsleitung, den Abteilungen den entsprechenden Qualifikations- und Förderbogen auszuhändigen. Die Vervielfältigung des Qualifikations- und Förderbogens erfolgt dann in der jeweiligen Ausbildungsabteilung.
Das Qualifikations- und Fördersystem soll die erfolgreiche Berufsausbildung im fachlichen und im überfachlichen Bereich gewährleisten.
Wesentliches Ausbildungsziel ist die Befähigung zur Ausübung einer qualifizierten beruflichen Tätigkeit, die das selbstständige Planen, Durchführen und Kontrollieren einschließt. Neben den fachlichen Kompetenzen sind auch personale Selbstständigkeit) und soziale Kompetenzen von besonderer Bedeutung, um die Auszubildenden in ihrem Lernverhalten auf die Gegebenheiten des Berufslebens und die des Betriebs vorzubereiten. Die Auszubildenden sollen lernen, sich neue Lerninhalte selbstständig zu erarbeiten.
Die Sicherstellung dieser Ziele erfolgt durch Kontrollen des Ausbildungsstandes und Förderung der Qualifikation und Lernziele. Die Auszubildenden erhalten eine Kopie über ihren individuellen Ausbildungsstand und werden dadurch angeregt, eigenverantwortlich Schlüsse für ihre weitere Ausbildung zu ziehen. Die Ausbilder erhalten Aufschluss über den Ausbildungserfolg.
Bei der Vermittlung der Ausbildungsinhalte werden fachliche und übergreifende Qualifikationen in konkreten Arbeitssituationen und -aufgaben systematisch zusammengeführt und miteinander verknüpft.
Die Lern- und Qualifikationsziele sind im betrieblichen Ausbildungsplan für die einzelnen Ausbildungsabschnitte festgelegt. Sie sind aus dem für den jeweiligen Beruf gül-

tigen Ausbildungsrahmenplan abgeleitet und ständig den Gegebenheiten der Berufsausbildung mit Zustimmung des Betriebsrats anzupassen. Zur Vermittlung von Schlüsselqualifikationen ist es notwendig, die Ausbildungsmethoden zu erweitern und zu verändern. Es sind Ausbildungsmethoden einzusetzen, die selbstständiges Lernen fördern und das Erlernen der Schlüsselqualifikationen ermöglichen.

Beurteilungsgrundlage
Die für die einzelnen Ausbildungsabschnitte im Ausbildungsplan festgelegten Lern- und Qualifikationsziele werden in einem jeweiligen Qualifikations- und Förderbogen dokumentiert, hierauf bezieht sich der jeweilige Qualifikations- und Förderbogen.
Anhand objektiver Beurteilungsmerkmale wird die Fachkompetenz beurteilt. Die Methodenkompetenz wird anhand der vorgegebenen Lernziele überprüft.
Die Sozialkompetenz wird durch Gruppengespräche, Gruppenarbeit in Form der Planung, Durchführung, Auswertung und der kritischen Nachbetrachtung von Projektarbeit, die der Ausbilder moderiert, gefördert. Sozialkompetenz darf nicht beurteilt werden.

Ausbildungsablauf
Sollten Veränderungen im Ausbildungsablauf der folgenden Ausbildungsberufe die Formulierung ergänzender Ausbildungsziele notwendig machen, so bedarf es hierzu der Zustimmung des Betriebsrats.

Ausbilder/Ausbildungsbeauftragte
Dem Betriebsrat sind alle Ausbilder (haupt- und nebenberuflich) und Ausbildungsbeauftragte schriftlich zu benennen. Neu einzustellende hauptberufliche sowie neu betrieblich eingesetzte hauptberufliche Ausbilder haben nach § 30 BBiG ihre Eignung entsprechend der Ausbildereignungsverordnung nachzuweisen. Das Gleiche gilt für die im Betrieb beschäftigten Ausbildungsbeauftragten. Ausbildungsbeauftragte sind alle die, die damit beauftragt wurden, dem Auszubildenden die Ausbildungsziele zu vermitteln. Alle hauptberuflichen Ausbilder und die mit der Ausbildung beauftragten Arbeitnehmer sind rechtzeitig und während der Arbeitszeit über die Grundsätze und das Verfahren des Qualifikations- und Förderbogens zu unterweisen.
Die dem Betriebsrat benannten haupt- und nebenberuflichen Ausbilder werden entsprechend ihrer Ausbildungsaufgabe im erforderlichen Maße durch geeignete innerbetriebliche bzw. außerbetriebliche Weiterbildungsmaßnahmen auf die Vermittlung der Fertigkeiten, Kenntnisse und Qualifikationen vorbereitet. Um auch auf Dauer eine den Anforderungen der Neuordnung entsprechende Ausbildung zu gewährleisten, ist es notwendig, allen haupt- und nebenberuflichen Ausbildern eine fachliche und pädagogische Weiterbildung zu garantieren. Um dieses sicherzustellen, ist allen haupt- und nebenberuflichen Ausbildern und deren Stellvertretern jährlich mindestens eine Woche Freistellung zu gewährleisten.
Kosten, die aufgrund der Weiterbildungsmaßnahmen (inklusive Lohn- und Gehaltsforderungen) entstehen, werden vom Arbeitgeber übernommen. Der jährliche Weiterbildungsbedarf wird zwischen Ausbildungsleitung, Betriebsrat (Berufsbildungsaus-

schuss) und der JAV beraten. Den Ausbildungsbeauftragten ist zur ordnungsgemäßen Durchführung ihrer Ausbildungstätigkeit ausreichend Zeit zur Verfügung zu stellen. Alle sechs Monate soll ein Gespräch zwischen Ausbildungsleitung, Ausbildungsbeauftragten, JAV und Betriebsrat (Berufsbildungsausschuss) stattfinden.

Fachliche und pädagogische Betreuung der Auszubildenden
Um die Qualität der Ausbildung zu sichern, sind die Ausbildungsgruppen zahlenmäßig so zusammenzusetzen, dass entsprechend der Ausbildungsinhalte eine gute fachliche und pädagogische Betreuung erreicht wird.
Das Verhältnis hauptberuflicher Ausbilder zu Auszubildenden in den jeweiligen Ausbildungsgruppen soll 1:12 nicht überschreiten.
Die Ausbildungsmittel sind für alle Ausbildungsberufe ständig und zu Beginn der Ausbildung kostenlos zur Verfügung zu stellen. Dies betrifft unter anderem: Fachliteratur (Formelsammlungen, Tabellenbuch, Palbücher etc.), Büromaterial (fachspezifische Schablonen, Schreibgeräte, Papier etc.), Werkstoffe, Werkzeuge und Sonstiges.

Ausbildungsstandkontrolle/Zeiträume
Die Überprüfung des Ausbildungsstandes nimmt der für den jeweiligen Ausbildungsabschnitt verantwortliche Ausbilder bzw. der Ausbildungsbeauftragte in Absprache mit den Auszubildenden vor.
Die Kontrolle der Ausbildungsziele erfolgt entsprechend der in der Anlage beigefügten Qualifikations- und Förderbogen. Sie sind Bestandteil der Betriebsvereinbarung. Das Bewerten der im Qualifikations- und Förderbogen aufgeführten Ausbildungsziele hat vom vermittelnden Ausbildungsbeauftragten unmittelbar nach Vermittlung des jeweiligen Ausbildungszieles zu erfolgen. Der Qualifikations- und Förderbogen darf nicht in die Personalakte abgelegt werden. Ein ausgefüllter Qualifikations- und Förderbogen darf nur für den Auszubildenden kopiert oder vervielfältigt werden.

Ausbildungsgespräch
Die Auszubildenden sind zu Beginn der Ausbildung über die Grundsätze und das Verfahren des Qualifikations- und Förderbogens unter Beteiligung des Betriebsrats (Berufsbildungsausschusses) und der JAV zu informieren.
Der Ausbilder muss mit dem Auszubildenden zum Abschluss des Ausbildungsabschnittes das Ergebnis des Qualifikations- und Förderbogens besprechen.
Längere Ausbildungsabschnitte sind in übersichtliche Unterabschnitte aufzuteilen, die zwei Wochen nicht unter-, sechs Wochen nicht überschreiten sollen.
Der Auszubildende erhält die Möglichkeit, zum Ausbildungsgespräch unabhängig Stellung zu nehmen. Diese Stellungnahme wird in schriftlicher Form an die Ausbildungsleitung weitergeleitet. Diese hat, wenn nötig, Konsequenzen zu ziehen (Gespräche mit den Beteiligten unter Teilnahme JAV/BR).
§ 84 BetrVG (Beschwerderecht) ist hiervon nicht berührt. Auf Wunsch des Auszubildenden müssen Streitfälle, die sich aus dem Qualifikations- und Förderbogen ergeben, in einer paritätisch besetzten Kommission (Betriebsrat und Ausbildungsleitung) behandelt und geregelt werden.

Beurteilungsverfahren

Förderungsmaßnahmen
Wurde das Lernziel nur teilweise erreicht, müssen von der Ausbildungsleitung Maßnahmen zur Förderung eingeleitet werden. Handelt es sich um überbetriebliche oder außerbetriebliche Maßnahmen, so müssen diese mit dem Betriebsrat (Berufsbildungsausschuss) und der JAV abgestimmt werden. Die jeweilige Maßnahme ist dem Auszubildenden zu erläutern. Bei der Stellungnahme »Ausbildungsziele nicht erreicht«, sind hierzu Erläuterungen über Art und Umfang anzugeben. Gründe wie z. B.: Krankheit, Urlaub, fehlende Arbeitsmittel usw. sind ebenfalls zu dokumentieren.
Wurden Ausbildungsziele nicht erreicht, so sind Vorschläge für entsprechende Maßnahmen zur Beseitigung der Mängel auszuführen (z.B. Verlängerung des Ausbildungsabschnittes, spezielle Fördermaßnahmen in folgendem Ausbildungsabschnitt etc.).

Aufbewahrung
Die Qualifikations- und Förderbogen werden der Ausbildungsleitung zugeleitet, dort bis zur Beendigung der Ausbildung aufbewahrt und nach Beendigung der Ausbildungszeit vernichtet.
Mitbestimmung des Betriebsrats
§§ 95–98 des BetrVG bleiben von vorstehenden Regelungen unberührt.

Inkrafttreten und Geltungsbereich
Diese Betriebsvereinbarung gilt vom .... für alle Auszubildenden bei .... und kann mit einer Frist von drei Monaten zum Jahresende gekündigt werden.
Bis zum Inkrafttreten einer neuen Betriebsvereinbarung gilt die vorstehende Vereinbarung weiter.

Muster: Lernzielkontrollbogen

Ausbildungsberuf
Name
Ausbildungsabteilung

Nachfolgend aufgeführte Ausbildungsziele beziehen sich nur auf die o.g. Abteilung

Zu vermittelnde Ausbildungsziele gemäß dem sachlich und zeitlich gegliederten Ausbildungsplan	Nr.	erreicht	nicht erreicht

	Vermittelt im Abschnitt Nr.					
	Datum					
Geltende Arbeitssicherheitsvorschriften beachten						
Umweltschutz und rationelle Energieverwendung						

Werden Ausbildungsziele nicht erreicht, so sind hierzu Erläuterungen über Art und Umfang zu geben:

Werden Ausbildungsziele nicht erreicht, so sind Vorschläge für entsprechende Maßnahmen zur Beseitigung der nicht erreichten Ausbildungsziele aufzuführen:

Ausbildungsabteilung	Betriebsrat/JAV	Auszubildende/r
Datum, Unterschrift	Datum, Unterschrift	Datum, Unterschrift

Bildungsurlaub

Grundlagen

Bis auf Bayern und Sachsen gibt es zwischenzeitlich in allen anderen Bundesländern Bildungsurlaubsgesetze (siehe Tabelle). In diesen Gesetzen ist eine bezahlte Freistellung des Arbeitnehmers von der Arbeit zum Zweck der Teilnahme an einer beruflichen, allgemeinen oder politischen Bildung geregelt. Ein bundesweites Bildungsurlaubsgesetz gibt es nicht.
Neben den Bildungsurlaubsgesetzen auf Ebene der Bundesländer gibt es einen speziellen bundesweit geregelten Anspruch auf bezahlte Freistellung für die Teilnahme an Bildungsmaßnahmen für betriebliche Interessenvertreter. So haben Mitglieder der JAV nach § 65 i. V. m. § 37 Abs. 6 und 7 BetrVG einen Anspruch auf bezahlte und unbezahlte Freistellung von ihrer beruflichen Tätigkeit, um an Bildungsmaßnahmen teilzunehmen.
Einige Tarifverträge sehen einen Anspruch auf zumeist unbezahlte Freistellung für die Teilnahme an einer Bildungsurlaubsmaßnahme vor. So ist beispielsweise in § 10 Abs. 6 des Manteltarifvertrags für die Bayerische Metallindustrie ein Bildungsurlaubsanspruch von zwei Wochen im Jahr für alle Arbeitnehmer geregelt.
Eine bundesweite Freistellungsregelung für Fortbildungsmöglichkeiten gibt es für Fachkräfte für Arbeitssicherheit nach § 23 SGB VII und für Schwerbehindertenvertrauensleute nach § 96 Abs. 4 SGB IX.
Der Übersicht auf der folgenden Seite können die jeweiligen Regelungen (mit Ausnahme der tariflichen) für die Teilnahme an Bildungsmaßnahmen entnommen werden.

Wo?	Wer?	Wonach?	Wie lange?
alle Bundesländer	Betriebsräte, JAV	§ 37 Abs. 6 BetrVG	unbegrenzt
alle Bundesländer	Betriebsräte, JAV	§ 37 Abs. 7 BetrVG	3 bzw. 4 Wochen pro Legislaturperiode
alle Bundesländer	Fachkräfte für Arbeitssicherheit; Sicherheitsbeauftragte	§ 23 SGB VII	unbegrenzt
alle Bundesländer	Vertrauenspersonen der Schwerbehinderten	§ 96 Abs. 4 SGB IX	unbegrenzt
Baden-Württemberg	Alle Arbeitnehmer	Bildungszeitgesetze	5 Arbeitstage/Jahr; Auszubildende 5 Arbeitstage während der gesamten Ausbildungsdauer
Berlin	Arbeitnehmer bis 25. Lebensjahr	Bildungsurlaubsgesetz	10 Arbeitstage/Jahr
	alle anderen Arbeitnehmer		10 Arbeitstage/2 Jahre
Brandenburg	alle Arbeitnehmer	Weiterbildungsgesetz	10 Arbeitstage/2 Jahre
Bremen	alle Arbeitnehmer	Bildungsurlaubsgesetz	10 Arbeitstage/2 Jahre
Hamburg	alle Arbeitnehmer	Bildungsurlaubsgesetz	10 Arbeitstage/2 Jahre
Hessen	alle Arbeitnehmer	Bildungsurlaubsgesetz	5 Arbeitstage/Jahr
Mecklenburg-Vorpommern	alle Arbeitnehmer	Bildungsfreistellungsgesetz	5 Arbeitstage/Jahr
Niedersachsen	alle Arbeitnehmer	Bildungsurlaubsgesetz	5 Arbeitstage/Jahr
NRW	alle Arbeitnehmer, Auszubildende *nicht*	Arbeitnehmerweiterbildungsgesetz	5 Arbeitstage/Jahr

Wo?	Wer?	Wonach?	Wie lange?
Rheinland-Pfalz	Auszubildende, alle anderen Arbeitnehmer	Bildungsfreistellungsgesetz	3 Arbeitstage in der Ausbildung, alle anderen Arbeitnehmer 10 Tage/2 Jahre
Saarland	alle Arbeitnehmer	Bildungsfreistellungsgesetz	6 Arbeitstage/Jahr, Arbeitnehmer müssen die Hälfte der Bildungsmaßnahme mit arbeitsfreier Zeit einbringen
Sachsen-Anhalt	alle Arbeitnehmer	Bildungsfreistellungsgesetz	5 Arbeitstage/Jahr
Schleswig-Holstein	alle Arbeitnehmer	Bildungsfreistellungs- und Qualifizierungsgesetz	5 Arbeitstage/Jahr
Thüringen	Alle Arbeitnehmer	Bildungsfreistellungsgesetz	5 Arbeitstage/Jahr Auszubildende nur 3 Tage/Jahr

Bedeutung für den Betriebsrat/die JAV

Um als Mitglied der JAV eine kompetente Interessenvertretung der Wahlberechtigten gegenüber dem Arbeitgeber zu gewährleisten, ist eine Qualifizierung unerlässlich. Aus diesem Grund wurde im BetrVG bewusst die Regelung des § 37 Abs. 6 und 7 aufgenommen. Jugend- und Auszubildendenvertreter haben damit einen Rechtsanspruch, sich entsprechend zu qualifizieren. Bei einer Bildungsmaßnahme nach § 37 Abs. 6 BetrVG hat der Arbeitgeber das Mitglied der JAV bezahlt freizustellen. Auch die Kosten der Bildungsmaßnahme müssen vom Arbeitgeber getragen werden.

Die zeitliche Lage der Bildungsveranstaltung muss rechtzeitig dem Arbeitgeber mitgeteilt werden. Der Betriebsrat beschließt über die Teilnahme von Mitgliedern der JAV an Schulungen nach § 37 Abs. 6 BetrVG. Die Bildungsmaßnahme muss dazu dienen, die erforderlichen Kenntnisse für die JAV-Arbeit zu vermitteln. Vertritt der Arbeitgeber die Auffassung, dass die betrieblichen Notwendig-

keiten nicht ausreichend berücksichtigt sind und will er die Teilnahme eines Mitglieds der JAV an einer Bildungsmaßnahme verweigern, muss er die Einigungsstelle anrufen. Der Spruch der Einigungsstelle ersetzt in diesem Fall die Einigung zwischen Arbeitgeber und Betriebsrat.
Neben den erforderlichen Kenntnissen für die JAV-Arbeit ist es aber für Mitglieder der JAV auch wichtig, sich allgemein politisch zu qualifizieren. Für diesen Fall gibt es die Regelung des § 37 Abs. 7 BetrVG, wonach das Mitglied der JAV für insgesamt drei Wochen einen Anspruch auf bezahlte Freistellung während der zweijährigen Amtszeit hat. Für erstmals in das Amt eines Jugend- und Auszubildendenvertreters Gewählte erhöht sich dieser Anspruch auf vier Wochen. Die Kosten dieser Bildungsmaßnahme werden jedoch nicht vom Arbeitgeber getragen. Er ist lediglich zu einer bezahlten Freistellung verpflichtet. Die Bildungsmaßnahmen nach § 37 Abs. 7 BetrVG müssen von der zuständigen obersten Arbeitsbehörde des Landes nach Beratung mit den Spitzenorganisationen der Gewerkschaften und Arbeitgebervereinigungen als geeignet anerkannt sein. Dies trifft in der Regel für die überwiegende Anzahl der von den Gewerkschaften angebotenen Jugendseminare zu. Entsprechende Informationen sind bei den jeweiligen Gewerkschaften zu erfragen.

Bedeutung für die Auszubildenden

Auch für die Auszubildenden bieten die jeweiligen Bildungsurlaubsgesetze in den Bundesländern sowie tarifvertragliche Regelungen eine gute Möglichkeit, sich beruflich, politisch oder allgemein weiterzubilden. Die jeweiligen Bildungsmaßnahmen müssen jedoch in den Bundesländern anerkannt sein. Entsprechende Informationen gibt der jeweilige Träger der Bildungsmaßnahme. Auszubildende sollten bei beabsichtigter Inanspruchnahme von Bildungsurlaub den Arbeitgeber frühzeitig hiervon in Kenntnis setzen. Verweigert der Arbeitgeber die Freistellung, kann gerichtlich dagegen vorgegangen werden. Der Betriebsrat bzw. die JAV sollten darüber umgehend informiert werden. Gegebenenfalls kann Rechtsschutz bei der zuständigen Gewerkschaft beantragt werden.
Wird ein Auszubildender vom Arbeitgeber für die Teilnahme an einer Bildungsmaßnahme nach dem Bildungsurlaubsgesetz freigestellt, besteht ein Anspruch auf Entgeltfortzahlung.

Blockunterricht

Grundlagen

Der Begriff des Blockunterrichts findet sich in § 9 Abs. 1 Nr. 3 JArbSchG. Dort wird der »planmäßige Blockunterricht« genannt. Ob der Unterricht in Teilzeitform oder als Blockunterricht erteilt wird, richtet sich nach den jeweiligen Bestimmungen des Kultusministeriums des jeweiligen Bundeslandes. Unter Blockunterricht ist der zu einem oder mehreren Unterrichtsblöcken zusammengefasste Berufsschulunterricht eines Schuljahres zu verstehen, wie z. B. die Blockunterrichtsverordnung Nordrhein-Westfalen bestimmt. Es wird dann ein Vollzeitunterricht erteilt, der in der Regel wöchentlich 30 bis 35 Stunden an mindestens fünf Unterrichtstagen in der Woche beträgt. Die Mindeststundenzahl muß 25 Unterrichtsstunden betragen, wobei ein unvorhergesehener Ausfall von Unterrichtsstunden unschädlich ist.

Dieser Vollzeit- oder Blockunterricht, der in der Praxis zunehmend an Bedeutung gewonnen hat, ersetzt den wöchentlichen ein- oder zweitägigen Berufsschulunterricht durch z. B. jährlich einen Block von etwa zehn zusammenhängenden Wochen mit 25 bis 36 Unterrichtsstunden wöchentlich oder mit jährlich mehreren kürzeren Unterrichtsblöcken.

Nach § 9 Abs. 1 Nr. 3 JArbSchG hat der Arbeitgeber den Jugendlichen für die Teilnahme am Berufsschulunterricht freizustellen. Dies gilt auch für den Blockunterricht. Insoweit bestimmt die genannte Nr. 3, dass der Jugendliche nicht beschäftigt werden darf in Berufsschulwochen mit einem planmäßigen Blockunterricht von mindestens 25 Stunden an mindestens fünf Tagen; zusätzliche betriebliche Ausbildungsveranstaltungen bis zu zwei Stunden wöchentlich sind zulässig.

Solche Berufsschulwochen werden nach § 9 Abs. 2 JArbSchG mit 40 Stunden auf die Arbeitszeit angerechnet. Ferner bestimmt Abs. 3, dass ein Entgeltausfall durch den Besuch der Berufsschule nicht eintreten darf. Die Jugendlichen sind also finanziell so zu stellen, als ob sie in dieser Zeit im Betrieb beschäftigt gewesen wären.

Dauert der Blockunterricht in der Woche weniger als 25 Stunden oder weniger

als fünf Tage, sind nur diese Unterrichtsstunden einschließlich der Pausen auf die Arbeitszeit anzurechnen.
Für die Freistellung ist der planmäßige und nicht der tatsächlich durchgeführte Unterricht entscheidend, sodass auch bei ausfallenden Stunden eine Anrechnung zu erfolgen hat. Gleiches gilt für die Anrechnung auf die Arbeitszeit.

Bußgeldvorschriften/ Strafvorschriften

Verstöße gegen die Bestimmungen des Jugendarbeitsschutzgesetzes werden als Ordnungswidrigkeiten mit Geldbußen geahndet.
Die Bestimmung des § 58 JArbSchG enthält in 29 Fällen des Absatzes 1 den Katalog der Ordnungswidrigkeiten, die eine Geldbuße bis zu 15 000,00 EUR auslösen können, § 59 JArbSchG kennt weitere zwölf Tatbestände, mit einer Geldbuße bis zu 2500,00 EUR.
Die Ordnungswidrigkeiten nach § 58 JArbSchG können zu Straftaten werden, wenn sie vorsätzlich begangen wurde und dadurch ein Kind oder ein Jugendlicher in seiner Gesundheit oder Arbeitskraft gefährdet wird, aber auch dann, wenn die Verstöße gegen die Bestimmungen des Jugendarbeitsschutzgesetzes beharrlich wiederholt werden (58 Abs. 5 JArbSchG).
Ausführlich zu den §§ 58, 59 JArbSchG siehe Lakies/Schoden, Jugendarbeitsschutzgesetz, 6. Auflage, Bund-Verlag 2010.

Datenschutz

Die heutigen technischen Überwachungsmöglichkeiten von Arbeitszeiten, von Leistungen, aber auch vom Verhalten der Arbeitnehmer am Arbeitsplatz durch Personalcomputer, durch Chipkarten und durch computergesteuertes Arbeiten in Verbindung mit dem Einsatz moderner Informations- und Kommunikationstechnologien verlangen einen verstärkten Arbeitnehmerdatenschutz. Dies gilt nicht nur für die bewusste Installation von Überwachungseinrichtungen, wie Videokameras oder PC-Kontrollsysteme. Die durch die neue Technik gegebenen vielfältigen Möglichkeiten der Überwachung müssen bewusst beschränkt werden, um Datenmissbrauch zu Lasten der Arbeitnehmer auszuschließen.

Das Gesetz zum Schutz vor Missbrauch personenbezogener Daten bei der Datenverarbeitung, das sogenannte Bundesdatenschutzgesetz (BDSG), will nach seinem Zweck die informationelle Selbstbestimmung des Menschen verwirklichen. Es gibt dem Arbeitnehmer eine Reihe von Rechten:

Nach § 33 BDSG ist der Betroffene von der Datenspeicherung zu benachrichtigen, wenn erstmals personenbezogene Daten über ihn gespeichert werden oder erstmals an Dritte übermittelt werden. Das gilt auch dann, wenn der Arbeitnehmer bereits auf andere Weise von der Speicherung oder Übermittlung erfahren hat. Der Betroffene hat nach § 34 BDSG gegenüber allen Stellen, die Daten über ihn gespeichert haben, einen Auskunftsanspruch. Dieser umfasst die zu seiner Person gespeicherten Daten, die Herkunft, den Empfänger, den Zweck der Speicherung sowie Auskunft über diejenigen Stellen, an die die Daten regelmäßig übermittelt werden.

Nach § 35 Abs. 1 BDSG besteht ein Rechtsanspruch darauf, dass unrichtige Daten zu berichtigen sind. Die regelmäßigen Datenempfänger sind hierüber zu benachrichtigen (§ 35 Abs. 7 BDSG). Die Daten sind nach § 35 Abs. 2 BDSG zu löschen, wenn ihre Speicherung unzulässig war, sie angesichts des Speicherungszwecks nicht mehr erforderlich sind oder wenn es um sich Daten über gesundheitliche Verhältnisse, strafbare Handlungen, religiöse oder politische Anschauungen handelt, es sei denn, dass die speichernde Stelle die Richtigkeit beweisen kann. Schließlich sind die Daten zu löschen, wenn sich nach Ende des 5. Kalenderjahres der erstmaligen Speicherung herausstellt, dass eine längere Speiche-

rung nicht erforderlich ist. Daten von Personen, die sich auf ein Arbeitsverhältnis beworben haben, können weiter gespeichert bleiben, wenn die Verjährungsfrist des AGG noch nicht abgelaufen ist.
Des Weiteren hat der Arbeitnehmer einen Anspruch, dass seine Daten gesperrt werden (§ 35 Abs. 8 BDSG). Das kommt vor allem dann in Betracht, wenn nach § 35 Abs. 4 BDSG die Richtigkeit der Daten vom Betroffenen bestritten wird und sich weder die Richtigkeit noch die Unrichtigkeit beweisen lässt.
Ein Schadensersatzanspruch ist schließlich dann gegeben, wenn durch unrichtige oder unzulässige Datenerhebung, -speicherung, -nutzung, -verarbeitung oder -übermittlung der Betroffene geschädigt worden ist und ein Verschulden vorliegt. Hierbei ist die Beweislast umgekehrt. Die verantwortliche Stelle muss beweisen, dass sie die erforderliche Sorgfalt beachtet hat (§ 7 Abs. 2 BDSG). Unter Umständen kommt sogar ein Schmerzensgeldanspruch in Betracht (§ 8 BDSG).

Bedeutung für den Betriebsrat/die JAV

Der Betriebsrat hat bei der Speicherung, Nutzung und Verarbeitung von personenbezogenen Daten ein umfassendes erzwingbares → **Mitbestimmungsrecht** nach § 87 Abs. 1 Nr. 6 BetrVG (BAG, Urt. v. 14.11.2006 – 1 ABR 4/06). Das Mitbestimmungsrecht greift bereits dann ein, wenn leistungs- oder arbeitnehmerbezogene Daten verarbeitet werden. Das Kontrollrecht des betrieblichen Datenschutzbeauftragten erstreckt sich nicht auf die Betriebsratstätigkeit (BAG, Urt. v. 11.11.1997 – 1 ABR 21/97).
So ist die Telefondatenerfassung mitbestimmungspflichtig (BAG, Urt. v. 27.5.1986 – 1 ABR 48/84). Das Gleiche gilt für die Daten aus Arbeitsberichten der Arbeitnehmer (BAG, Urt. v. 23.4.1985 – 1 ABR 2/82). Unrechtmäßig erhobene Daten dürfen in einem Arbeitsgerichtsverfahren nicht zum Nachteil des Arbeitnehmers verwertet werden (BAG, Urt. v. 13.12.2007 – 2 AZR 537/06).
Der Arbeitgeber aber kann sich den Informationsrechten des Betriebsrats gegenüber nicht auf Datenschutz berufen. Der Betriebsrat ist unselbstständiger Teil der verantwortlichen Stelle im Sinne des § 3 Abs. 7 BDSG und kein Dritter. Die Unterrichtung des Betriebsrats als Betriebsverfassungsorgan ist keine Datenübermittlung.

Literaturhinweise

Däubler, Gläserne Belegschaften? Datenschutz in Betrieb und Dienststelle, 6. Aufl. 2015
Haverkamp, Datenschutz – Grundlagen und Arbeitshilfen für Betriebs- und Personalräte, aktiv im Betriebsrat, 2016

Deutscher Qualifikationsrahmen

Grundlagen

Der Deutsche Qualifikationsrahmen (DQR) ist die nationale Umsetzung des → **Europäischen Qualifikationsrahmens** (EQR) und soll die Besonderheiten des deutschen Bildungssystems berücksichtigen und zur angemessenen Bewertung und Vergleichbarkeit deutscher Qualifikationen in Europa beitragen. Alle formalen Qualifikationen des deutschen Bildungssystems in den Bereichen Schule, Berufliche Bildung, Hochschulbildung und Weiterbildung werden im DQR eingestuft. Zukünftig sollen auch Ergebnisse des non-formalen (z. B. Seminarbesuch mit Zertifikat) und informellen Lernens (z. B. Lernen im Arbeitsprozess) berücksichtigt werden.
Der DQR steht im Bezug zum EQR, damit werden die nationalen Abschlüsse in einen europäischen Vergleichsrahmen eingeordnet. Ziel ist es, eine Verbesserung der grenzüberschreitenden Mobilität von Beschäftigten sowie Lernenden und eine höhere Transparenz zwischen den unterschiedlichen Bildungsabschlüssen zu erreichen. Auch soll der DQR die Durchlässigkeit im Bildungssystem und die Anrechnung erworbener Qualifikationen erhöhen.
Der EQR bildet die Leistungen der jeweiligen nationalen Bildungssysteme auf europäischer Ebene in acht Niveaustufen sowie in den Kategorien Kenntnisse, Fertigkeiten und Kompetenz ab. Auch der DQR hat acht Niveaustufen, allerdings mit anderen Kategorien als der EQR. Die im DQR gewählten Kategorien unterscheiden zwischen Fachkompetenz, die das Wissen und die Fertigkeiten beinhaltet, sowie der personalen Kompetenz, die die Sozialkompetenz und Selbstständigkeit abbildet. Die Kategorien sind mit Blick auf das deutsche Bildungssystem geeigneter, die Qualifikationen einzuordnen.
Die acht Niveaus im DQR:

Niveau 1
beschreibt Kompetenzen zur Erfüllung einfacher Anforderungen in einem überschaubar und stabil strukturierten Lern- oder Arbeitsbereich. Die Erfüllung der Aufgaben erfolgt unter Anleitung.

Niveau 2
beschreibt Kompetenzen zur fachgerechten Erfüllung grundlegender Anforderungen in einem überschaubar und stabil strukturierten Lern- oder Arbeitsbereich. Die Erfüllung der Aufgaben erfolgt weitgehend unter Anleitung.

Niveau 3
beschreibt Kompetenzen zur selbstständigen Erfüllung fachlicher Anforderungen in einem noch überschaubaren und zum Teil offen strukturierten Lernbereich oder im beruflichen Tätigkeitsfeld.

Niveau 4
beschreibt Kompetenzen zur selbstständigen Planung und Bearbeitung fachlicher Aufgabenstellungen in einem umfassenden, sich verändernden Lernbereich oder im beruflichen Tätigkeitsfeld.

Niveau 5
beschreibt Kompetenzen zur selbstständigen Planung und Bearbeitung umfassender fachlicher Aufgabenstellungen in einem komplexen, spezialisierten, sich verändernden Lernbereich oder im beruflichen Tätigkeitsfeld.

Niveau 6
beschreibt Kompetenzen zur Planung, Bearbeitung und Auswertung von umfassenden fachlichen Aufgaben- und Problemstellungen sowie zur eigenverantwortlichen Steuerung von Prozessen in Teilbereichen eines wissenschaftlichen Faches oder in einem beruflichen Tätigkeitsfeld. Die Anforderungsstruktur ist durch Komplexität und häufige Veränderungen gekennzeichnet.

Niveau 7
beschreibt Kompetenzen zur Bearbeitung von neuen komplexen Aufgaben- und Problemstellungen sowie zur eigenverantwortlichen Steuerung von Prozessen in einem wissenschaftlichen Fach oder in einem strategieorientierten beruflichen Tätigkeitsfeld. Die Anforderungsstruktur ist durch häufige und unvorhersehbare Veränderungen gekennzeichnet.

Niveau 8
beschreibt Kompetenzen zur Gewinnung von Forschungserkenntnissen in einem wissenschaftlichen Fach oder zur Entwicklung innovativer Lösungen und Verfahren in einem beruflichen Tätigkeitsfeld. Die Anforderungsstruktur ist durch neuartige und unklare Problemlagen gekennzeichnet.

Bedeutung für den Betriebsrat/die JAV

Wie und ob sich der DQR auf die Gestaltung von betrieblicher Aus- und Weiterbildung auswirkt, muss sich erst noch zeigen. Wichtig ist, dass Bildungsgänge und -abschlüsse als Ganzes bewertet und eingestuft werden. Ansonsten gerät die ganzheitliche Ausbildung in Gefahr. Wenn die Ausbildung in Qualifikationsmodulen, die einzeln zertifiziert werden, organisiert wird, haben die Lernenden keinen Anspruch auf eine ganzheitliche Ausbildung mehr. Der Beruf, wie wir ihn in Deutschland kennen, mit einer umfassenden Ausbildung bliebe dabei auf der Strecke. Die Summe einzelner Qualifikationen, die an unterschiedlichen Orten und zu verschiedenen Zeiten erworben werden, ergibt keinen ganzheitlichen Berufsabschluss.
Zu beachten ist auch, ob die Zuordnung von Abschlüssen zu den Niveaustufen Auswirkungen auf die zukünftige Tarifpolitik hat. Denn auch tarifpolitisch werden Einstufungen von Abschlüssen in Entgeltgruppen vorgenommen.

Bedeutung für Auszubildende

Der DQR hat keine Gesetzeskraft. Die Zuordnung von Kompetenzen und Qualifikationen zu den acht Niveaus des DQR heben nicht das bestehende System der Zugangsberechtigungen auf, d.h. das Erreichen eines bestimmten Niveaus des DQR berechtigt nicht automatisch zum Zugang in Bildungsgänge, die Qualifikationen im nächst höheren Niveau vermitteln. Den Akteuren im Bildungs- und Beschäftigungssystem soll mit dem DQR ein Übersetzungsinstrument an die Hand gegeben werden, um Qualifikationen besser einordnen zu können.
Auf den Zeugnissen aller staatlich anerkannten Ausbildungsberufe wird ab 2014 das DQR-Niveau ausgewiesen. Ebenso auf einer Anzahl von bundesweiten Fortbildungsabschlüssen nach § 53 BBiG sowie §§ 42, 45, 51a HwO. Eine Übersicht der zugeordneten Abschlüsse gibt es auf der Webseite des DQR.

Internethinweis

www.deutscherqualifikationsrahmen.de

Drogentests

Grundlagen

Drogentests bei Einstellung von Auszubildenden, bei der Übernahme oder auch während der Ausbildung sind nur zulässig, wenn die Einwilligung des Betroffenen vorliegt. Obwohl keine rechtliche Verpflichtung des Betroffenen besteht, derartigen Tests zuzustimmen, ist der Druck, der auf ihm lastet, oftmals so groß, dass keine andere Möglichkeit erscheint – schließlich möchte der Auszubildende einen Ausbildungs- oder Arbeitsplatz.

Drogentests stellen einen Eingriff in das Persönlichkeitsrecht und in die Intimsphäre eines Menschen dar. Ohne Einwilligung eines Betroffenen dürfen sie auch mit Zustimmung des Betriebsrats nicht durchgeführt werden. Bei gesetzlich vorgeschriebenen Einstellungsuntersuchungen, beispielsweise gem. § 32 JArbSchG, darf der Arbeitgeber vom Arzt nur über das Untersuchungsergebnis und nicht über den eigentlichen Untersuchungsbefund informiert werden. Das bedeutet, der Arzt darf nur mitteilen, ob der Bewerber geeignet, nicht geeignet, befristet oder bedingt mit/ohne Auflagen geeignet ist. Aussagen des Arztes über den Befund würden nach § 203 StGB einen strafbaren Verstoß gegen die ärztliche Schweigepflicht darstellen (DKKW-Klebe, § 94 Rn. 38ff, 13. Aufl.).

Bei nicht vorgeschriebenen Untersuchungen und bei über den in den gesetzlichen Einstellungsuntersuchungen vorgeschriebenen Rahmen hinausgehenden Untersuchungen muss der Arzt die Bewerber über den Umfang der Untersuchungen zuvor aufklären. Nur wenn dies ordnungsgemäß erfolgt ist, kann der Bewerber wirksam seine Zustimmung zur Blut- oder Urinentnahme erteilen. Ein Verstoß kann eine Strafbarkeit des Arztes nach § 203 StGB (Verstoß gegen die Schweigepflicht) oder § 223 StGB (Körperverletzung z. B. durch Blutentnahme/Stichverletzung ohne Aufklärung über den Umfang der Untersuchung) begründen.

Bedeutung für den Betriebsrat/die JAV

Bei gesetzlich vorgeschriebenen Untersuchungen ergibt sich in der Regel kein Mitbestimmungsrecht des Betriebsrats, ob und in welchen Umfang die Untersuchung erfolgt. Anders bei nicht vorgeschriebenen Einstellungsuntersuchungen bzw. bei Untersuchungen im Laufe der Ausbildung oder wenn der Arzt mehr Untersuchungen vornimmt als gesetzlich vorgeschrieben sind. Dann besteht ein Mitbestimmungsrecht des Betriebsrats.
Nach § 99 Abs. 1 BetrVG müssen dem Betriebsrat sämtliche Bewerbungsunterlagen des zur Einstellung vorgesehenen und des zur Ablehnung vorgesehenen Bewerbers vorgelegt werden. Hierzu gehört auch das Ergebnis einer Einstellungsuntersuchung (DKKW-Bachner, § 99 Rn. 146, 13. Aufl.). Der Arbeitgeber muss dem Betriebsrat den ihm bekannten Wissensstand mitteilen. Unterlässt er dies, wurde der Betriebsrat nicht ordnungsgemäß angehört. Eine dennoch erfolgte Einstellung wäre unwirksam und kann auf Antrag des Betriebsrats vom Arbeitsgericht nach § 101 BetrVG aufgehoben werden.
Sollte der Arbeitgeber Blut- oder Urinuntersuchungen bei Einstellung veranlassen, kann hierin eine mitbestimmungspflichtige Auswahlrichtlinie nach § 95 Abs. 1 BetrVG liegen, wenn allen drogenauffälligen Bewerbern eine Absage erteilt wird (→ **Auswahlrichtlinien**).
Handelt es sich bei den Betroffenen um Wahlberechtigte zur JAV, ist die JAV nach § 70 Abs. 2 BetrVG vom Betriebsrat rechtzeitig und umfassend zu unterrichten. Ebenso hat sie nach § 67 BetrVG ein Teilnahme- und Stimmrecht an Betriebsratssitzungen.
JAV und Betriebsrat sollten im Sinne von Suchtprävention frühzeitig tätig werden. Denkbar wären beispielsweise eine Behandlung des Themas in Betriebs- und Jugend- und Auszubildendenversammlungen. Möglich ist die Zusammenarbeit mit der örtlichen Drogenhilfe.
In keinem Fall sollten der Betriebsrat und die JAV in Betriebsvereinbarungen die Vornahme von Drogentests bei Einstellung oder bei Übernahme von Auszubildenden bzw. bei der Umwandlung in ein unbefristetes Arbeitsverhältnis festschreiben.

Bedeutung für die Auszubildenden

Sollte aufgrund der besonderen Situation bei einer Einstellungsuntersuchung eine Einwilligung bezüglich einer Blut- und Urinuntersuchung auf Drogen und die Entbindung des Arztes von der Schweigepflicht gegeben worden sein, sollte

die JAV bzw. der Betriebsrat von diesem Verfahren informiert werden. Es besteht natürlich auch die Möglichkeit einer individualrechtlichen Klage in Berufung darauf, dass die Einwilligung nur aufgrund der besonderen Drucksituation gegeben wurde und die Untersuchung einen unzulässigen Eingriff in die Persönlichkeitsrechte darstellt. Gewerkschaftsmitglieder erhalten hierfür in der Regel Rechtsschutz.
In einer Anzahl von Tarifverträgen wurde ein Übernahmeanspruch von Auszubildenden geregelt. Das LAG Hamm hat in einem Urteil vom 31. 5. 1999 – 16 Sa 2357/97 im Falle einer Heroinsucht diese als Nichtübernahmegrund (personenbedingter Grund) nicht anerkannt, da der Betreffende an einem Methadon-Programm teilnahm und somit von einer positiven Zukunftsprognose auszugehen sei, wenn die krankheitsbedingten Fehlzeiten nicht über das durchschnittliche Maß hinausgingen.

Duale Studiengänge

Grundlagen

Duale Studiengänge verknüpfen ein Studium an einer Hochschule oder (Berufs-)Akademie mit regelmäßigen Praxisphasen in einem Betrieb oder gar einer anerkannten betrieblichen Berufsausbildung. Dabei wechseln sich Theoriephasen an der Hochschule oder Akademie und praktischen Phasen im Ausbildungsbetrieb ab.

Die Zahl der dualen Studiengänge und Studierenden in dualen Studiengängen nimmt seit Jahren deutlich zu. In 2014 waren 94 700 dual Studierende an Hochschulen eingeschrieben. Damit hat sich die Zahl der Studienanfänger/innen in einem dualen Studium in zehn Jahren mehr als verdoppelt. Die Tendenz ist weiter steigend.

Daraus resultiert eine steigende Bedeutung der dualen Studiengänge in der betrieblichen Erstausbildung. Vor allem in der Frage der Mitbestimmung des Betriebsrats und der JAV gibt es weitreichende Möglichkeiten, für qualitative Standards zu sorgen.

Es gibt insgesamt drei Arten des Dualen Studiums. Mit Blick auf die Mitbestimmungsrechte des Betriebsrats sind diese wie folgt abzugrenzen:

- Ein praxisintegrierendes duales Studium umfasst neben der Hochschulausbildung zahlreiche Praxisphasen in einem Betrieb. Das Studium ist als berufliche Erstausbildung zu sehen und praxisnäher als die klassischen Fachhochschulstudiengänge gestaltet. Durch die vertragliche Bindung zum Betrieb, sind die Chancen auf eine Weiterbeschäftigung in der Regel gut.
- Ein ausbildungsintegrierendes duales Studium umfasst neben dem Studium eine anerkannte betriebliche Berufsausbildung. Neben Veranstaltungen an der Hochschule und Praxisphasen im Betrieb besteht teilweise auch die Pflicht zum Besuch der Berufsschule. In manchen Fällen werden die theoretischen Inhalte des Ausbildungsberufs an der Hochschule vermittelt. Auch in diesem Fall handelt es sich um eine berufliche Erstausbildung an deren Ende man einen Hochschulabschluss und zugleich einen anerkannten Berufsabschluss erworben hat.

- Bei einem berufsintegrierenden dualen Studiengang besteht bereits ein Berufsabschluss, weshalb es nicht zur beruflichen Erstausbildung zu zählen ist. Neben dem Studium wird meist eine Teilzeittätigkeit mit inhaltlichem Bezug zum Studienfach ausgeübt.

Häufig wird auch das berufsbegleitende Studium zu den Modellen des dualen Studiums gezählt. Ein berufsbegleitender dualer Studiengang wird – einem klassischen Fernstudium vergleichbar – neben dem regulär ausgeübten Beruf aufgenommen. Allerdings sind Studium und Beruf nicht aufeinander abgestimmt. Im Unterschied zum ganz normalen nebenberuflichen Studium gibt es hier aber Unterstützung vom Arbeitgeber, z. B. durch Freistellungen oder Sachmittel. Hier handelt es sich wie beim berufsintegrierenden dualen Studium um eine Weiterbildung.

Voraussetzung für die Zulassung zu einem dualen Studium ist in der Regel, dass nicht nur die Hochschule einen Studienplatz bereitstellt, sondern auch ein Betrieb sich bereit erklärt, die Praxisbetreuung zu übernehmen bzw. einen Ausbildungsplatz zur Verfügung zu stellen. In der Regel entsteht ein separates Vertragsverhältnis zwischen Studierendem und Betrieb sowie Studierendem und Hochschule.

Arbeitsrechtlicher Status von dual Studierenden

Dual Studierende sind Beschäftigte im Sinne des § 5 Abs. 1 BetrVG. Dieser setzt für die Arbeitnehmereigenschaft lediglich einen privatrechtlichen Vertrag voraus, dessen Gegenstand eine Ausbildung in Form eines dualen Studiums ist. Dual Studierende sind dem Weisungsrecht der Ausbildenden in Bezug auf den Inhalt, die Zeit und den Ort der Tätigkeit unterworfen. Diese Bedingung ist in den Verträgen zwischen dual Studierenden und dem Betrieb in der Regel gegeben. Demzufolge sprechen alle Umstände für eine persönliche Abhängigkeit der dual Studierenden und für das Vorliegen eines Arbeitsverhältnisses im Sinne des Betriebsverfassungsgesetzes.

Entscheidend in dieser Frage ist nicht, welche Bezeichnung das Ausbildungsverhältnis im Vertrag hat, sondern wie sich die konkrete Umsetzung gestaltet. Auch wenn dual Studierende im Vertrag als Praktikanten oder Volontäre bezeichnet werden, ist das nicht maßgeblich. Es zählt der konkrete Zweck des Vertragsverhältnisses.

Sind die Bedingungen des § 5 Abs. 1 BetrVG gegeben, haben dual Studierende das aktive und passive Wahlrecht zur JAV, sofern sie eine berufliche Ausbildung durchlaufen und die Bedingungen des § 61 BetrVG zutreffen. Wenn dual Stu-

dierende Mitglieder des Betriebsrats oder der JAV sind, gelten für sie gem. § 78a BetrVG die Regelungen zur Übernahme in ein unbefristetes Arbeitsverhältnis. Ebenfalls werden dual Studierende von allen Regelungen in Betriebsvereinbarungen erfasst, außer, sie werden ausdrücklich aus dem Geltungsbereich ausgeschlossen. Tarifverträge gelten unmittelbar und zwingend für dual Studierende, wenn sie in der abschließenden Gewerkschaft organisiert sind und die Arbeitgeber im Verband bzw. Haustarifvertrag und dual Studierende vom Geltungsbereich des Tarifvertrags umfasst sind.
Für dual Studierende im ausbildungsintegrierenden dualen Studium gelten bis zum Abschluss ihrer dualen Berufsausbildung nach BBiG/HwO im Betrieb alle gesetzlichen, tariflichen und betrieblichen Regelungen, nach denen auch Auszubildende behandelt werden. Nach dem Abschluss der dualen Berufsausbildung haben sie den Status von dual Studierenden (siehe oben).

Bedeutung für den Betriebsrat/die JAV

Der Betriebsrat hat für die Gestaltung und Ausführung der betrieblichen Phasen von ausbildungs- und praxisintegrierenden dualen Studiengängen die gleichen Mitbestimmungsrechte wie bei Auszubildenden. Das gilt für alle unter → **Mitbestimmungsrechte – JAV und Betriebsrat** beschriebenen Punkte. Vor allem der Gestaltungsauftrag an den Betriebsrat und die JAV gemäß der §§ 96–98 BetrVG ist hier hervorzuheben.
Im Rahmen der betrieblichen Ausführung eines dualen Studiums sollte darauf hingewirkt werden, dass ein betrieblicher Praxis bzw. → **Ausbildungsplan** erstellt wird und das → **Ausbildungspersonal** sowie die → **ausbildenden Fachkräfte** im Betrieb konkret benannt werden.
Über die Mitbestimmung bei der Förderung, Einrichtung und Umsetzung betrieblicher Bildungsmaßnahmen hinaus haben der Betriebsrat und die JAV vielfältige Möglichkeiten, die Ausbildungsinteressen von dual Studierenden wahrzunehmen und dabei die Rahmenbedingungen des dualen Studiums im Betrieb zu gestalten. So lassen sich die Mitsprache- und Mitwirkungsrechte des Betriebsrats hinsichtlich der Beschäftigten auf die dual Studierenden übertragen.
Der Betriebsrat kann die Rahmenbedingungen des dualen Studiums im Betrieb beeinflussen, indem er zum Beispiel folgende Gestaltungsmöglichkeiten nutzt:

- Mitbestimmungsrechte bei Beginn und Ende der täglichen Arbeitszeiten nach § 87 BetrVG,
- Mitbestimmungsrechte bei Zeit, Ort und Art der Auszahlung von Arbeitsentgelten sowie Aufstellung allgemeiner Urlaubsgrundsätze,

- Mitbestimmung bei der Aufstellung von Richtlinien über die personelle Auswahl bei Einstellungen nach § 95 BetrVG. Dies trifft bei → **Auswahlverfahren/ Auswahlrichtlinien/Einstellungstests** und auch bei der Umsetzung von → **Assessmentcentern** zu.
- Mitbestimmung bei Einstellung, Eingruppierung, Umgruppierung und Versetzung nach § 99 Abs. 1 BetrVG und
- Mitbestimmung nach § 94 BetrVG bei → **Beurteilungsverfahren**.
- Mitbestimmung bei Kündigungen nach § 102 BetrVG.

Das Spektrum weiterer Gestaltungsmöglichkeiten ist gewaltig. Dazu sollte der Betriebsrat den Kooperationsvertrag mit der Hochschule und das Modulhandbuch des Studiengangs genau kennen und verstehen. Der Betriebsrat hat Mitbestimmungsrechte zum Beispiel bei:

- der Erstellung und Kontrolle des betrieblichen Praxisplans und eines betrieblichen Versetzungsplans analog → **Ausbildungsplan** bei Auszubildenden,
- der inhaltlichen Abstimmung mit den Ausbildungsinhalten an der Hochschule,
- der Auswahl geeigneter Projekte und Ausbildungsformen,
- der Vermittlung und praktischen Vertiefung von Ausbildungsinhalten wie Aufgaben des Betriebsrats und der JAV,
- der ausreichenden Bereitstellung von Lehr- und Lernmitteln,
- dem Medieneinsatz oder Lehr- und Lernmethoden,

Der Betriebsrat beeinflusst die Qualität des betrieblichen Teils des dualen Studiums nach § 98 Abs. 2 BetrVG auch über die Bestellung und Abberufung von → **Ausbildern** und → **ausbildenden Fachkräften**. Auch die JAV kann indirekt durch eigene Beschlussfassung über den Betriebsrat auf die Bestellung und Abberufung des Ausbildungspersonals Einfluss nehmen.

Die Mitbestimmungsfunktion des Betriebsrats bei der Umsetzung betrieblicher Bildungsmaßnahmen erstreckt sich gem. § 94 Abs. 2 BetrVG auch auf die Aufstellung allgemeiner Beurteilungsgrundsätze. So soll sich ein System zur Evaluation der Ausbildungsqualität an den Prinzipien der Förderung, der Ursachenanalyse (bei »Schwächen«) und der Verantwortlichkeit der Ausbildenden orientieren.

Internethinweis

www.hochschulinformationsbuero.de für weiterführende Informationen (Broschüre »Erfolgreiche Interessenvertretung für dual Studierende«)

Duales Ausbildungssystem

Grundlagen

Darunter versteht man in Deutschland das System der gleichzeitigen Ausbildung im Betrieb und in der → **Berufsschule.** Geprägt wurde dieser Begriff 1964 vom Deutschen Ausschuss für das Erziehungs- und Bildungswesen.

Die rechtliche Grundlage für die duale Ausbildung bilden das → **Berufsbildungsgesetz (BBiG)** und die Schulgesetze der Bundesländer (→ **Berufsschulpflicht,** → **Berufsbildung,** → **Anrechnung der Berufsschulzeit**).

Für die Ausbildung im dualen System sind die Arbeitgeber und die Bundesländer als die beiden Träger verantwortlich.

Nach dem gesetzlichen Ordnungsrahmen des dualen Ausbildungssystems der Bundesrepublik Deutschland finanzieren die Unternehmen einzelbetrieblich die Personalkosten der Ausbilderinnen und Ausbilder sowie die sachliche Ausstattung der betrieblichen Ausbildung und die Ausbildungsvergütungen der Auszubildenden. Die öffentlichen Gebietskörperschaften – in diesem Fall Länder und Kommunen – tragen die Personalkosten für die Berufsschullehrerinnen und -lehrer sowie die Kosten der sachlichen Ausstattung für die Berufsschulzentren.

Die Entscheidung darüber, ob überhaupt ausgebildet wird und – wenn ja – wie viel und wer ausgebildet wird, liegt allein bei den einzelnen Arbeitgebern.

Das Bundesverfassungsgericht hat in seinem Urteil vom 10. 12. 1980 festgestellt:

»Wenn der Staat in Anerkennung dieser Aufgabenteilung den Arbeitgebern die praxisbezogene Berufsausbildung der Jugendlichen überläßt, so muß er erwarten, dass die gesellschaftliche Gruppe der Arbeitgeber diese Aufgabe nach Maßgabe ihrer objektiven Möglichkeiten und damit so erfüllt, daß grundsätzlich alle ausbildungswilligen Jugendlichen die Chance erhalten, einen Ausbildungsplatz zu bekommen. Das gilt auch dann, wenn das freie Spiel der Kräfte zur Erfüllung der übernommenen Aufgabe nicht mehr ausreichen sollte.« (BVerfG, Urt. v. 10. 12. 1980 – 2 BvF 3/77).

Die bundesweite Entwicklung belegt, dass das Ausbildungssystem schon längst nicht mehr allein einzelbetrieblich entsprechend der vom Bundesverfassungsgericht 1980 angenommenen Kompetenzverteilung zwischen Staat und Wirtschaft organisiert und finanziert wird. Der Selbstverantwortungsanspruch der Wirtschaft reduziert sich auf die Sicherstellung des kurzfristigen Eigenbedarfs der Unternehmen – so fehlerhaft dieser auch wahrgenommen wird. Es geht nachweislich nicht mehr um die Sicherstellung des Ausbildungsbedarfs der Jugendlichen. Wenn aber die Unternehmen ihre Ausbildungsanstrengungen lediglich am Eigenbedarf messen, führt das notwendig zu volkswirtschaftlich widersinnigen Resultaten. Unternehmen versuchen sich auch bei der Ausbildung von Kosten zu entlasten. Die Investitionen in die Ausbildung von benötigten Fachkräften werden möglichst anderen überlassen.
Die zahlreichen öffentlichen Förderprogramme, die natürlich im Sinne der jugendlichen Ausbildungsplatzsuchenden notwendig sind, unterstützen ein solches Verhalten von Unternehmen. Die Kosten für eine Berufsausbildung werden so allerdings immer mehr auf die Allgemeinheit der Steuer- und Beitragszahler abgewälzt. Nur noch rund 20 % aller Unternehmen beteiligen sich an der Berufsausbildung. Von der verfassungsrechtlich garantierten Berufswahlfreiheit kann längst keine Rede mehr sein.
Ungelöst bleibt dabei gleichermaßen das Problem der Wettbewerbsverzerrung zwischen Unternehmen durch die unentgeltliche Nutzung von erbrachten Ausbildungsleistungen durch nicht ausbildende Betriebe.
Die Gewerkschaften haben deshalb einen gesetzlichen bundesweiten Lastenausgleich zwischen ausbildenden und nicht ausbildenden Betrieben und Verwaltungen (→ **Umlagefinanzierung**) und verstärkte Ausbildung im Verbund vorgeschlagen (→ **Verbundausbildung**). Die Voraussetzungen für die Verbundausbildung konnten durch das Einfügen des § 10 Abs. 5 in das BBiG erleichtert werden. Für eine gesetzliche Umlagefinanzierung gibt es aufgrund des Widerstands der Wirtschaft bisher keine politischen Mehrheiten.

Bedeutung für den Betriebsrat/die JAV

Das Vorschlagsrecht des Betriebsrats bei der Personalplanung und ihrer Umsetzung (§ 92 Abs. 2 BetrVG) kann zwar den Bedarf nach Nachwuchskräften im Betrieb offen legen und so die Unternehmerentscheidung beeinflussen, letztlich bleibt die Entscheidung aber beim einzelnen Arbeitgeber. Außerdem kann sich die Argumentation des Betriebsrats dabei lediglich auf den Betrieb, seine abhängig Beschäftigten und deren Angehörigen beziehen, nicht auf eine gesamtgesellschaftliche Notwendigkeit.

Einfachberufe/ Schmalspurausbildung

Grundlagen

Die Ausbildungsform der zweijährigen Einfachberufe zielt auf Jugendliche mit schlechten Schulabschlüssen oder mangelnder Ausbildungseignung ab. Diese Jugendlichen seien einer anspruchsvollen Ausbildung nicht gewachsen, sondern eher praktisch begabt und nur auf diese Weise in den Arbeitsmarkt zu integrieren, so die Vertreter der Einfachberufe.
Einfach ausgebildete junge Menschen haben allerdings kaum eine berufliche Entwicklungsperspektive; sie werden auch beim Einkommen und damit in ihrer Lebensgestaltung benachteiligt bleiben. Untersuchungen zeigen, dass einfache Tätigkeiten keine Zukunft in der Informations- und Wissensgesellschaft haben und Menschen mit geringeren Qualifikationen stärker von Arbeitslosigkeit betroffen sind als gut Qualifizierte. In den Unternehmen werden qualifizierte Fachkräfte benötigt, die flexibel sind und Prozesskompetenz haben. Mit der Digitalisierung der Arbeitswelt (Industrie 4.0) erwarten Experten weiter wachsende Anforderungen, insbesondere bezogen auf Systemverständnis und IT-Kompetenzen. Für in zweijährigen Berufen Ausgebildete wird es damit schwierig, Anschluss in der digitalen Arbeitswelt zu finden bzw. zu halten.
Die Gestaltung qualifizierter Ausbildungsberufe sollte sich an den Anforderungen der Arbeitswelt orientieren und nicht an sozialpädagogischer Benachteiligtenförderung. Eine erfolgreiche Benachteiligtenförderung bringt nicht die besondere Art des Berufes, sondern eine besondere Art der Ausbildungsvorbereitung und -begleitung. Eine Ausbildungsordnung ist kein Instrument zur Förderung von Benachteiligten!
Benachteiligte Jugendliche sind keine homogene Gruppe. Verschiedene Faktoren kommen zum Tragen, wie beispielsweise die schulische Entwicklung, das soziale Umfeld und die gesellschaftlichen Verhältnisse. Eine Trennung in theoretisch und praktisch Begabte bzgl. der Benachteiligten ist wissenschaftlich nicht haltbar.
Die bestehenden qualifizierten drei- bzw. dreieinhalbjährigen Ausbildungsberufe sind bereits sehr differenziert in ihren Anforderungen. So werden beispiels-

weise beim Bäcker und IT-Systemelektroniker oder beim Einzelhandelskaufmann und Maßschneider ganz unterschiedliche Schwerpunkte in der Ausbildung gesetzt. Gemeinsam haben sie allerdings, dass sie auf eine qualifizierte berufliche Tätigkeit vorbereiten und aufbauende Weiterbildungen ermöglichen.
Auch in europäischer Sicht sind die Einfachberufe mehr als problematisch. In einem internen Ergebnisprotokoll (Sitzung vom 09.02.2005 im BMBF zur »Umwandlung von Ausbildungsprofilen in Zeugniserläuterungen«) stellt das Bildungsministerium in Übereinstimmung mit den Wirtschaftsverbänden ZDH, DIHK und KWB fest, dass die zweijährigen Berufe in Europa nur einen äußerst geringen Stellenwert haben und deshalb im Niveau nur auf niedrigster Stufe angesetzt werden können. Außerdem erklärt das Ministerium offiziell, dass diese Berufe direkt keine beruflichen Aufstiegschancen eröffnen. Entsprechend werden die zweijährigen Ausbildungsberufe im → **Deutschen Qualifikationsrahmen** auch auf der Niveaustufe 3 eingeordnet, die drei- und dreieinhalbjährigen Berufe befinden sich auf Niveaustufe 4.
Benachteiligte Jugendliche brauchen mehr statt weniger Bildung. Deshalb sollte der Schwerpunkt einer systematischen Förderung der Berufsreife bei einer zielgruppenorientierten Berufsvorbereitung benachteiligter Jugendlicher liegen. Das bedeutet für den allgemeinbildenden Schulbereich Maßnahmen zur Verringerung der Zahl der Schulabgänger ohne Hauptschulabschluss und Verbesserung des Übergangs in die Ausbildung, beispielsweise durch kleine Klassengrößen, pädagogisch-didaktische Lernkonzepte, Aufstockung und Qualifizierung des Lehrpersonals, Erweiterung von Betriebspraktika, Ausbau der Schulsozialarbeit. Berufsvorbereitungsmaßnahmen müssen gezielt auf eine berufliche Ausbildung oder Beschäftigung vorbereiten und vor allem auch allgemeinbildende und berufsbezogene Grundqualifikationen vermitteln. Bei der betrieblichen Ausbildung von benachteiligten Jugendlichen sollte eine sozialpädagogische Förderung durch speziell geschultes Ausbildungspersonal integriert werden und die Jugendlichen sollten mehr Zeit zum Lernen bekommen.
Qualifizierte Ausbildungsberufe müssen folgenden Kriterien entsprechen:

- sie müssen arbeitsmarktfähig sein und auf die Ausübung einer qualifizierten »branchen- und bereichsübergreifenden Berufstätigkeit« vorbereiten. Dies erfordert breit angelegte Kernqualifikationen und Qualifikationsinhalte, die ein eigenständiges Arbeiten in einer Vielzahl von Einsatzbereichen ermöglichen;
- sie müssen so geschaffen sein, dass sie Grundlagen für eine spätere Weiter- und Anschlussausbildung vermitteln und auf sich verändernde Anforderungen der betrieblichen und überbetrieblichen Facharbeitsmärkte vorbereiten;
- sie müssen einem quantitativ ausreichenden und nicht nur kurzfristigen Bedarf an Tätigkeiten entsprechen und auf die von Arbeitsmarkt- und Berufsexperten prognostizierten Entwicklungen veränderter Tätigkeitsanforderungen vorbereiten;

- sie müssen zu einer vollwertigen gesellschaftlichen Anerkennung führen und dürfen die Absolventen nicht als geringer qualifiziert stigmatisieren sowie
- zu Verdienstmöglichkeiten führen, die der Eingruppierung in die Fachkräftegruppen entsprechen (Facharbeitertecklohn).

Bedeutung für den Betriebsrat/die JAV

Der Betriebsrat und die JAV müssen darauf achten, dass qualifizierte Ausbildungsberufe, die den angeführten Kriterien entsprechen, ausgebildet werden. Ein Mitbestimmungsrecht besteht allerdings nicht.
Mitbestimmen müssen der Betriebsrat und die JAV allerdings bei der Auswahl von Auszubildenden (→ **Auswahlrichtlinien**). Nach § 95 BetrVG kann über die Gestaltung der Auswahlrichtlinien sichergestellt werden, dass benachteiligte Jugendliche eine Chance erhalten, einen qualifizierten Ausbildungsberuf zu erlernen.
Die Einstellung benachteiligter Jugendlicher bedeutet allerdings auch, dass Förderkonzepte eingesetzt werden. Bei der Durchführung der Ausbildung haben Betriebsrat und JAV ein Mitbestimmungsrecht nach § 98 BetrVG.
Informationen zu Förderkonzepten und Modellversuchen sind auf den folgenden Internetseiten zu finden:
www.good-practice.de – Seite des Bundesinstituts für Berufsbildung zur Förderung von Benachteiligten;
https://www.bibb.de/de/1301.php – Information des BIBB zur Assistierten Ausbildung.

Einigungsstelle

Begriff

Nach dem Betriebsverfassungsgesetz ist die Einigungsstelle ein Organ der Betriebsverfassung, das von Arbeitgeber und Betriebsrat gemeinsam mit einem unparteiischen Vorsitzenden gebildet wird. Aufgabe der Einigungsstelle ist es dabei, Meinungsverschiedenheiten zwischen dem Arbeitgeber einerseits und dem Betriebsrat (Gesamtbetriebsrat, Konzernbetriebsrat) andererseits beizulegen. Dabei muss die Existenz der Einigungsstelle im Zusammenhang damit gesehen werden, dass der Betriebsrat seine Rechte und Forderungen nicht mittels Arbeitskämpfen durchsetzen kann. Die nach dem Betriebsverfassungsgesetz dem Betriebsrat auferlegte Friedenspflicht sowie die Einrichtung der Einigungsstelle zielen darauf ab, dass Konflikte im Betrieb ausschließlich im Verhandlungswege bzw. durch eine Entscheidung in der Einigungsstelle beigelegt werden. Bei der Einigungsstelle handelt es sich somit um ein Modell der Konfliktaustragung, das sehr stark durch eine Schlichtungsfunktion bestimmt wird. Dabei hat die Einigungsstelle ihre Beschlüsse unter angemessener Berücksichtigung der Belange des Betriebs und der betroffenen Arbeitnehmer nach billigem Ermessen zu fassen (§ 76 Abs. 5 BetrVG).

Die Zuständigkeit der Einigungsstelle bezieht sich nur auf die Beilegung von Meinungsverschiedenheiten zwischen dem Arbeitgeber und dem Betriebsrat (GBR oder KBR).

Der Regelfall für die Anrufung einer Einigungsstelle liegt vor, wenn eine Einigung mit dem Arbeitgeber durch den Betriebsrat in Fragen der zwingenden Mitbestimmung nicht erfolgen kann. Von einem zwingenden Mitbestimmungsrecht ist in den Fällen auszugehen, in denen ein Spruch der Einigungsstelle die Einigung zwischen Arbeitgeber und Betriebsrat ersetzt (§ 76 Abs. 5 Satz 1 BetrVG). In diesem Fall wird die Einigungsstelle auf Antrag auch nur einer Seite tätig. Solche zwingenden Mitbestimmungsrechte ergeben sich z. B. hinsichtlich der Schulungs- und Bildungsveranstaltungen für die JAV (§ 65 Abs. 1 BetrVG), Zeit und Ort der Sprechstunden der JAV (§ 69 BetrVG), Herabsetzung der Zahl der Gesamtjugend- und Auszubildendenvertretung (§ 72 Abs. 6 BetrVG).

Auch die Mitbestimmungsrechte in sozialen Angelegenheiten nach § 87 BetrVG sowie in Fragen der betrieblichen Berufsbildung (§§ 97 Abs. 2; 98 BetrVG) zählen dazu.
Darüber hinaus gibt es auch die Möglichkeit, in nicht mitbestimmungspflichtigen Angelegenheiten eine Einigungsstelle anzurufen. Dieses setzt voraus, dass sowohl Arbeitgeber als auch Betriebsrat sich über das Tätigwerden einer Einigungsstelle einig sind (§ 76 Abs. 6 BetrVG). Aufgrund des notwendigen Einverständnisses insbesondere von Arbeitgeberseite ist eine solche Einigungsstelle jedoch nur selten anzutreffen. In diesen Fällen neigen Arbeitgeber viel lieber dazu, ihre eigene Position durchzusetzen, als sich in die Unwägbarkeit eines Einigungsstellenspruches zu begeben.
Weiter ist es möglich, die Einigungsstelle als ständige Einrichtung zu berufen. Dieses setzt jedoch den Abschluss einer Betriebsvereinbarung zwischen dem Arbeitgeber und dem Betriebsrat voraus. Bei einer solchen ständigen Einigungsstelle muss bedacht werden, dass sie die Gefahr in sich trägt, dass der Arbeitgeber statt ernsthaft mit dem Betriebsrat zu verhandeln, gerade in sehr konfliktträchtigen Angelegenheiten sofort die Einigungsstelle anruft. Im Hinblick darauf sollte sehr genau abgewogen werden, inwieweit die Errichtung einer ständigen Einigungsstelle wirklich von Vorteil ist.
Hinsichtlich der Mitglieder der Einigungsstelle wird durch das Gesetz lediglich vorgegeben, dass die Mitgliederzahl auf Seiten des Arbeitgebers und auf Seiten des Betriebsrates gleich sein muss. Zusätzlich kommt noch ein Vorsitzender der Einigungsstelle hinzu, auf den sich Arbeitgeber und Betriebsrat einigen müssen. Falls es nicht zu einer Einigung kommt, wird der Einigungsstellenvorsitzende auf Antrag durch das Arbeitsgericht eingesetzt. Gleiches betrifft auch die Frage der Anzahl der Beisitzer, wenn hier ebenfalls keine Einigung zwischen Arbeitgeber und Betriebsrat erfolgt. Auch die Anzahl der Beisitzer kann auf Antrag durch das Arbeitsgericht festgesetzt werden. Auf Betriebsratsseite ist es sehr wichtig, dass sachkundige Vertreter als Beisitzer vom Betriebsrat benannt werden. Dieses können z. B. auch sachkundige Gewerkschaftssekretäre, Rechtssekretäre oder Rechtsanwälte sein.
Die Anrufung der Einigungsstelle kann erst dann erfolgen, wenn z. B. von Seiten des Betriebsrates das Scheitern der Verhandlungen festgestellt worden ist. Dieses muss durch den Betriebsrat per Betriebsratsbeschluss (§ 33 BetrVG) erfolgen. Der Betriebsrat muss des Weiteren darüber beschließen,

- dass die Einigungsstelle wegen der Angelegenheit angerufen wird,
- wer als Einigungsstellenvorsitzender nach der Vorstellung des Betriebsrates tätig sein soll,
- wie viele Beisitzer (zahlenmäßig) die Einigungsstelle haben soll.

Für den Fall, dass zu diesem Zeitpunkt schon feststeht, welcher externe Beisitzer auf Betriebsratsseite in der Einigungsstelle mit auftreten soll, ist sowohl die Be-

auftragung dieses externen Beisitzers als auch seine Honorarhöhe durch den Betriebsrat zu beschließen. Dieser Beschluss muss zu einem späteren Zeitpunkt nachgeholt werden, wenn erst später der externe Beisitzer durch den Betriebsrat bestimmt wird.
Dem Arbeitgeber ist dann der Beschluss mit seinem zuvor genannten Inhalt mitzuteilen.
Die Einigungsstelle hat unverzüglich tätig zu werden.

Bedeutung für den Betriebsrat/die JAV

Die Wahrnehmung der Beteiligungs- und Mitbestimmungsrechte steht nach dem Betriebsverfassungsgesetz grundsätzlich nur dem Betriebsrat zu. Wichtig ist jedoch, dass in allen Angelegenheiten, die die jugendlichen Arbeitnehmer und Auszubildenden betreffen, die JAV frühzeitig in den Verhandlungsprozess mit einbezogen wird und bei entsprechenden Themenfeldern auch JAV-Vertreter in die Einigungsstelle auf Betriebsratsseite entsandt werden. Dadurch wird sichergestellt, dass eine bestmögliche Interessenvertretung im Rahmen der Einigungsstelle erfolgen kann.
Dieses ist notwendig, da die Einigungsstelle das Instrument zur Regelung von Konflikten zwischen Arbeitgeber und Betriebsrat ist, wenn aufgrund der widerstreitenden Interessenlage eine Einigung zwischen Arbeitgeber und Betriebsrat nicht möglich ist. Die Einigungsstelle entspricht somit dem »Ultima-ratio-Prinzip«. Häufig reicht es schon, dem Arbeitgeber nur anzukündigen, im Falle einer Nichteinigung die Einigungsstelle anzurufen, um ihn zu einer weiteren Verhandlungsbereitschaft zu bewegen.
Aber auch für den Betriebsrat kann es von Fall zu Fall notwendig sein, zu entscheiden, ob er mit dem Arbeitgeber vor die Einigungsstelle gehen will. Wichtig ist dabei, dass der Betriebsrat zunächst die Problemsituation konkretisiert, dann seine Zielvorstellungen entwickelt und auf dieser Basis die Handlungsmöglichkeiten und ihre Zweckmäßigkeiten abwägt. Es ist dabei richtig, wenn diese einzelnen Schritte mit der JAV, der Belegschaft, der im Betrieb vertretenen DGB-Gewerkschaft sowie gewerkschaftlichen Vertrauensleuten im Einzelfall abgestimmt werden.
Je besser ein Einigungsstellenverfahren von Seiten des Betriebsrates vorbereitet wird, desto eher besteht die Möglichkeit, durch das Einigungsstellenverfahren die eigenen Positionen zu halten bzw. zu verbessern. Während des Einigungsstellenverfahrens ist darauf zu achten, dass der Betriebsrat regelmäßig die Belegschaft über den Stand des Verfahrens informiert, um auf diese Weise seine Verhandlungsposition zu stärken.

Bedeutung für die Beschäftigten

Da das Verfahren in der Einigungsstelle entweder durch eine Einigung zwischen Arbeitgeber und Betriebsrat oder aber durch einen Spruch der Einigungsstelle endet, die in beiden Fällen als Betriebsvereinbarung wirkt, hat die Einigungsstelle auch für die Beschäftigten eine große Bedeutung. Es ist deswegen auch für den einzelnen Beschäftigten von sehr großer Bedeutung, zu welchem Ergebnis eine Einigungsstelle kommt. Die Zuständigkeit des Betriebsrates ist zudem nicht nur auf kollektive Angelegenheiten beschränkt. Es gibt auch Mitbestimmungsrechte für die Regelung von Einzelfällen, in denen bei Nichteinigung zwischen Arbeitgeber und Betriebsrat die Einigungsstelle angerufen werden kann. Dieses ist der Fall z. B. bei der Behandlung von Beschwerden (§ 85 Abs. 2 BetrVG), Festsetzung der zeitlichen Lage des Urlaubs einzelner Arbeitnehmer (§ 87 Nr. 5 BetrVG), Zuweisung und Kündigung von Wohnräumen (§ 87 Nr. 9 BetrVG) sowie bei der Einführung und Durchführung betrieblicher Bildungsmaßnahmen (§§ 97 Abs. 2, 98 Abs. 3 BetrVG).

Einstiegsqualifizierungen für Jugendliche – EQ

Grundlagen

Die Einstiegsqualifizierung für Jugendliche (EQ) ist ein betriebliches Praktikum, bei dem diese in einem Betrieb arbeiten und Grundkenntnisse für einen anerkannten Ausbildungsberuf erwerben. Die EQ kann in den meisten Berufen absolviert werden, aber nicht in schulischen Ausbildungsgängen (z. B. Altenpfleger/in) und nicht im öffentlichen Dienst.
Während der Einstiegsqualifizierung sind die Jugendlichen sozialversicherungspflichtig beschäftigt und erhalten eine Vergütung, die zwischen dem Betrieb und der EQ-Teilnehmerin bzw. dem EQ-Teilnehmer vereinbart wird. Tarifliche Vereinbarungen müssen beachtet werden. Die Agentur für Arbeit oder das jeweilige Jobcenter erstattet dem Arbeitgeber auf Antrag einen Zuschuss zur EQ-Vergütung bis zur Höhe von 216 Euro monatlich gemäß § 54a SGB III.
Einstiegsqualifizierungen sind eine Art Langzeitpraktikum von mindestens sechs und höchstens zwölf Monaten Dauer. Sie sollen Jugendlichen mit eingeschränkter Vermittlungsperspektive den Einstieg in eine Ausbildung erleichtern und Einblicke ins Unternehmen sowie erste Qualifikationen ermöglichen. Im besten Falle beginnen die Jugendlichen im Anschluss eine Ausbildung. Es handelt sich bei den EQ-Teilnehmenden nicht um Auszubildende nach BBiG. Soweit die betriebliche Einstiegsqualifizierung als Berufsausbildungsvorbereitung nach § 1 Abs. 2 BBiG durchgeführt wird, gelten die §§ 68 bis 70 des Berufsbildungsgesetzes.

Bedeutung für den Betriebsrat/die JAV

Der Betriebsrat und die Jugend- und Auszubildendenvertretungen im Betrieb vertreten auch die Teilnehmenden der Einstiegsqualifizierungen.
Die Einstellung von EQ-Teilnehmenden fällt unter das Mitbestimmungsrecht nach § 99 BetrVG, da sie mit einer vom Arbeitgeber vorzunehmenden betrieblichen Eingliederung einhergeht.

Bei der Durchführung von Maßnahmen der betrieblichen Berufsbildung – wozu ebenfalls die EQ zählt – steht dem Betriebsrat generell ein Mitbestimmungsrecht zu (§ 98 Abs. 1 BetrVG). Das bedeutet, der Betriebsrat kann auf die inhaltliche und zeitliche Ausgestaltung der EQ Einfluss nehmen.
EQ-Teilnehmer sind wahlberechtigt für die Wahl des Betriebsrats und der JAV, sofern sie die Voraussetzungen nach BetrVG hierzu erfüllen. Stimmberechtigt für die JAV-Wahlen sind alle Arbeitnehmer/-innen des Betriebes, die das 18. Lebensjahr noch nicht vollendet haben oder die zu ihrer Berufsausbildung beschäftigt sind und das 25. Lebensjahr noch nicht vollendet haben (vgl. § 60 Abs. 1 BetrVG).

Bedeutung für die Jugendlichen und Auszubildenden

Erfolgt im Anschluss an die absolvierte Einstiegsqualifizierung die angestrebte Berufsausbildung, so besteht die Möglichkeit, die EQ auf die Dauer der Berufsausbildung anzurechnen – zwingend vorgeschrieben ist dies jedoch nicht. Die mögliche Anrechnung erfolgt auf der Grundlage von § 8 Abs. 1 BBiG bzw. § 27b Abs. 1 Handwerksordnung.
Die EQ-Teilnehmenden haben leider keinen Anspruch darauf, vom Betrieb in ein Ausbildungs- oder Arbeitsverhältnis übernommen zu werden.
Führt eine JAV eigene → **Sprechstunden** durch (Voraussetzung siehe § 69 S. 1 BetrVG), so können EQ-Teilnehmende auch zu der JAV-Sprechstunde gehen. Dieses Recht haben alle im Betrieb Beschäftigten, die von der JAV vertreten werden – somit auch die EQ-Teilnehmenden.

Allgemeine Bewertung

Die Einstiegsqualifizierungen bilden eine schlechte Alternative für Bewerber/innen, die sich in erster Linie auf einen betrieblichen Ausbildungsplatz bewerben. Sie führen zu keiner abgeschlossenen Qualifikation für die Jugendlichen, sondern stellen einzig einen prekären Einstieg ins Berufsleben ohne gute Perspektive dar.
Bei der Förderung von EQ ist unbedingt auf den gesetzlich vorgeschriebenen Personenkreis zu achten. Es darf nicht zu einer staatlichen Subventionierung für reguläre Ausbildungsbewerber/-innen kommen, die lediglich unter Passungsproblemen am Ausbildungsmarkt leiden. Im Rahmen der EQ erworbene Teilqualifikationen sollten auf nachfolgende Ausbildungsverträge angerechnet wer-

den. Außerdem müssen wichtige Qualitätskriterien auch für Einstiegsqualifikationen gelten. Hierzu gehören insbesondere die persönliche und fachliche Eignung des Ausbildungspersonals sowie die Eignung der Ausbildungsstätte einschließlich deren Überwachung.
Die Analysen des Ausbildungsmarktes (vgl. → **Ausbildungsplatzsituation**) der letzten Jahre haben gezeigt, dass eine Lösung der Ausbildungsplatzkrise durch freiwilliges Engagement der Wirtschaft nicht zu erwarten ist.

Europäische Kernberufe

Grundlagen

Innovation und Qualifikation sind der Schlüssel zur Zukunftssicherung in der Arbeitswelt und Facharbeit Europas. Eine qualifizierte, umfangreiche Ausbildung und innovative Arbeitskonzepte, die auf die Kompetenz der Arbeitnehmer setzen, gehören zusammen. Ausbildungskonzepte für Berufe müssen aus den Anforderungen der unterschiedlichsten Aufgaben in Geschäfts- und Arbeitsprozessen entwickelt werden. Gleichzeitig müssen Berufe so angelegt sein, dass sich eine berufliche und persönliche Identität der jeweiligen Fachkräfte herausbildet.
Die zu erfüllenden Aufgaben in den unterschiedlichsten Arbeitsprozessen sind nicht an nationale Grenzen gebunden. Ein Kfz-Mechatroniker oder eine Informatikerin müssen in der Arbeitswelt, egal in welchen Staat, gleiche Anforderungen erfüllen. Die auf Arbeitsprozesse bezogenen Berufe ermöglichen es, über die Ländergrenzen hinweg europäische Kernberufe herauszubilden, ohne mit den unterschiedlichen Bildungssystemen zu kollidieren. Zu beschreiben sind die Kompetenzen, die eine Fachkraft beispielsweise als Kfz-Mechatroniker, zu erfüllen hat. Dazu ist es notwendig, dass zwischen den Sozialparteien ein Dialog über Berufe auf europäischer Ebene geführt wird.
Bereits seit Ende der 1990er Jahre setzen sich die Gewerkschaften dafür ein, in den Ausbildungsordnungen möglichst keine detaillierten Qualifikationsanforderungen wie Normen, Maschinen, Anlagen etc. zu beschreiben. Technologiesprünge in immer kürzeren Zeiträumen und damit verbunden immer neues Wissen erfordert von Fachkräften ein ständiges Umgehen damit. Eine aktuelle Technologie oder Norm festzuschreiben ist deshalb wenig hilfreich, wichtig ist es, die Kompetenz zu entwickeln, unter sich ändernden Bedingungen zu handeln.
Die industriellen Metall- und Elektroberufe sind ein erfolgreiches Beispiel für Kernberufe in Berufsfamilien. Kernqualifikationen sind dabei für alle Berufe einer Familie gleich und die Fachqualifikationen machen die Besonderheit des Kernberufs aus. Alle Mechaniker müssen in der Lage sein, die richtigen Werkzeuge für den jeweiligen Arbeitsauftrag auszuwählen. Es handelt sich also um

eine Kernqualifikation. Die Werkzeuge dann aber zur Verrichtung einer konkreten Arbeitsaufgabe einzusetzen, ist das Fachliche eines Berufes. Beispielsweise ein Industriemechaniker wählt die Werkzeuge aus, um eine Maschine zu warten.
Berufliche Herausforderungen im Betrieb sind immer ganzheitlich, entsprechend werden Kern- und Fachqualifikationen immer zusammen gelernt. Einzelne Qualifikationen können in der betrieblichen Wirklichkeit nie isoliert vermittelt, und damit auch nicht ausschließlich bestimmten zeitlichen Phasen der Ausbildung zugeordnet werden.
Bewährt hat sich eine Regelausbildungszeit von mindestens drei Jahren. Ausschlaggebend dafür sind einerseits die Breite der geforderten Qualifikationen in einem Kernberuf sowie die Zeit, die benötigt wird, zu einem kompetenten beruflichen Handeln zu gelangen. Berücksichtigt werden muss auch, dass der Übergang aus der Schule in die Arbeitswelt für junge Menschen einen gravierenden Entwicklungsschritt darstellt.

Bedeutung für Auszubildende

Eine qualifizierte mindestens dreijährige Berufsausbildung ist der Einstieg für eine erfolgreiche berufliche Entwicklung, verbunden mit lebensbegleitendem Lernen. Sie schafft die Voraussetzungen für ein gesichertes und ausreichendes Einkommen und eine Arbeit, bei der sich der ganze Mensch einbringen kann.
Die Reduzierung auf wesentliche Kernberufe, möglichst in Europa, stärkt die Beschäftigungsfähigkeit und Mobilität von Arbeitnehmern.

Europäischer Qualifikationsrahmen

Grundlagen

Der Europäische Qualifikationsrahmen (EQR, engl. European Qualifications Framework, EQF) geht auf einen Beschluss der Bildungsminister aus 32 europäischen Staaten in Maastricht im Dezember 2004 zurück. Ziel ist die Förderung von Transparenz und Mobilität innerhalb und zwischen den nationalen Bildungs- und Beschäftigungssystemen.
Der EQR beschreibt auf acht Niveaustufen Kenntnisse, Fertigkeiten und Kompetenzen. Die Zuordnung erfolgt auf Grundlage von Lernergebnissen (Learning Outcomes), also was Lernende wissen, verstehen und in der Lage sind zu tun, nachdem sie einen Lernprozess abgeschlossen haben. Wie die Lernergebnisse erzielt wurden, ist dabei nicht von Interesse.
Im Beschluss des Europäischen Parlaments werden Kenntnisse, Fertigkeiten und Kompetenzen wie folgt beschrieben:

- »Kenntnisse«: bezeichnet das Ergebnis der Verarbeitung von Information durch Lernen. Kenntnisse bezeichnet die Gesamtheit der Fakten, Grundsätze, Theorien und Praxis in einem Lern- oder Arbeitsbereich. Im Europäischen Qualifikationsrahmen werden Kenntnisse als Theorie- und/oder Faktenwissen beschrieben.
- »Fertigkeiten«: bezeichnet die Fähigkeit, Kenntnisse anzuwenden und Know-how einzusetzen, um Aufgaben auszuführen und Probleme zu lösen. Im Europäischen Qualifikationsrahmen werden Fertigkeiten als kognitive Fertigkeiten (logisches, intuitives und kreatives Denken) und praktische Fertigkeiten beschrieben (Geschicklichkeit und Verwendung von Methoden, Materialien, Werkzeugen und Instrumenten).
- »Kompetenz«: bezeichnet die nachgewiesene Fähigkeit, Kenntnisse, Fertigkeiten sowie persönliche, soziale und methodische Fähigkeiten in Arbeits- oder Lernsituationen und für die berufliche und/oder persönliche Entwicklung zu nutzen. Im Europäischen Qualifikationsrahmen wird Kompetenz im Sinne der Übernahme von Verantwortung und Selbstständigkeit beschrieben.

Im Oktober 2007 hat das Europäische Parlament folgende Empfehlung zum EQR an seine Mitgliedsstaaten verabschiedet:

1. den EQR als Referenzinstrument zu verwenden, um die Qualifikationsniveaus verschiedener Qualifikationssysteme zu vergleichen und sowohl das lebenslange Lernen und die Chancengleichheit in der Wissensgesellschaft, als auch die weitere Integration des europäischen Arbeitsmarktes zu fördern, wobei die Vielfalt der nationalen Bildungssysteme zu respektieren ist;
2. ihre nationalen Qualifikationssysteme bis 2010 an den EQR zu koppeln, vor allem indem sie ihre Qualifikationsniveaus auf transparente Art und Weise mit den aufgeführten Niveaus verknüpfen und ggf. und in Übereinstimmung mit der nationalen Gesetzgebung und Praxis nationale Qualifikationsrahmen erstellen;
3. die erforderlichen Maßnahmen zu erlassen, um bis 2012 dafür zu sorgen, dass alle neuen Qualifikationsnachweise, Zeugnisse und Europass-Dokumente, die von den dafür zuständigen Stellen ausgestellt werden, über die nationalen Qualifikationssysteme einen klaren Verweis auf das zutreffende Niveau des EQR enthalten;
4. bei der Beschreibung und Definition von Qualifikationen einen Ansatz zu verwenden, der auf Lernergebnissen beruht, und die Validierung nicht formalen und informellen Lernens gemäß den gemeinsamen europäischen Grundsätzen zu fördern, wobei besonderes Augenmerk auf die Bürger zu richten ist, die sehr wahrscheinlich von Arbeitslosigkeit und unsicheren Arbeitsverhältnissen bedroht sind, für die ein derartiger Ansatz zu einer stärkeren Teilnahme am lebenslangen Lernen und zum Zugang zum Arbeitsmarkt beitragen kann;
5. bei der Koppelung der im Rahmen der Hochschulbildung und der beruflichen Aus- und Weiterbildung erworbenen Qualifikationen innerhalb der nationalen Qualifikationssysteme an den EQR die dargelegten Grundsätze für die Qualitätssicherung in der allgemeinen und beruflichen Bildung zu fördern und anzuwenden;
6. nationale, mit den Strukturen der Mitgliedstaaten verbundene und ihren jeweiligen Anforderungen genügende Koordinierungsstellen zu benennen, die die Beziehung zwischen dem nationalen Qualifikationssystem und dem EQR unterstützen und zusammen mit anderen zuständigen nationalen Behörden lenken, um die Qualität und die Transparenz dieser Beziehung zu fördern.

Einzelne Bildungsgänge sollen nicht direkt EQR-Niveaus zugeordnet werden, sondern in nationale oder sektorale Qualifikationsrahmen eingestuft werden, die wiederum dem EQR zugeordnet werden. Nationale Qualifikationsrahmen gibt es bisher nur in wenigen EU-Ländern (Irland, Schottland, England). In Deutschland wurde ein nationaler Qualifikationsrahmen entwickelt, der → **Deutsche Qualifikationsrahmen**.

Es bleibt abzuwarten, ob der EQR die gesteckte Erwartung in eine Förderung von Transparenz und Mobilität innerhalb und zwischen den nationalen Bildungs- und Beschäftigungssystemen erfüllen wird. Die IG Metall tritt dafür ein, zur Förderung von Transparenz und Mobilität → **europäische Kernberufe** zu entwickeln.

Internethinweis

http://www.na-bibb.de/eu_bildungsthemen.html

Fahrtkosten

Grundlagen

In Zusammenhang mit der Berufsausbildung entstehen dem Auszubildenden verschiedene Fahrtkosten.
Für Fahrtkosten, die entstehen, um in den Ausbildungsbetrieb zu gelangen, gibt es keinen gesetzlichen Anspruch auf Erstattung gegenüber dem Arbeitgeber. Die Fahrtkosten können jedoch im Rahmen des Lohnsteuerjahresausgleichs als Werbungskosten geltend gemacht werden.
Findet die Ausbildung auf Montage statt, besteht allerdings oft ein tariflicher Erstattungsanspruch, beispielsweise nach dem Bundesmontagetarifvertrag für die Metallindustrie.
Für Fahrten im Zusammenhang mit dem Besuch der Berufsschule oder der Teilnahme an Prüfungen besteht grundsätzlich kein gesetzlicher Anspruch auf Erstattung durch den Arbeitgeber. Wenn der Arbeitgeber jedoch veranlasst, dass der Auszubildende eine andere als die für ihn zuständige Berufsschule besucht und entstehen ihm dadurch ggf. höhere Fahrtkosten, ist der Arbeitgeber verpflichtet, diese zu übernehmen (vgl. auch BAG v. 25. 7. 2002 – 6 AZR 381/00, AP Nr. 9 zu § 5 BBiG).
Ein Auszubildender, der, ohne dass er der Schulpflicht unterliegt, auf Veranlassung des Arbeitgebers dennoch die Berufsschule besucht, hat vom Arbeitgeber die dadurch zusätzlich entstehenden Kosten erstattet zu bekommen. Findet eine Ausbildungsmaßnahme außerhalb der Ausbildungsstätte statt und dient sie der Erfüllung der Ausbildungspflicht, muss der Arbeitgeber ebenso die Fahrtkosten übernehmen.
In einer Anzahl von Manteltarifverträgen wurden weitergehende Regelungen zur Fahrtkostenerstattung vereinbart. Oftmals ist geregelt, dass auf Nachweis unvermeidbare Fahrtkosten bei Benutzung von öffentlichen Verkehrsmitteln oder die Mehrkosten gegenüber der Fahrt in den Ausbildungsbetrieb beim Besuch der Berufsschule vom Arbeitgeber erstattet werden.
Neben tariflichen Regelungen gibt es auch eine Anzahl von Betriebsvereinbarungen, die eine Fahrtkostenerstattung berücksichtigen.

Bedeutung für den Betriebsrat/die JAV

Die JAV hat nach § 70 Abs. 1 Nr. 2 BetrVG darauf zu achten, dass die gesetzlichen Bestimmungen, Tarifverträge oder Betriebsvereinbarungen eingehalten werden. Dies muss auch in Bezug auf die Fahrtkosten sichergestellt werden.
Die JAV kann auch nach § 70 Abs. 1 Nr. 1 BetrVG beim Betriebsrat beantragen, eine Betriebsvereinbarung zum Thema Fahrtkostenerstattung und Ausbildungsmittel mit dem Arbeitgeber zu verhandeln.

Familienbetrieb, -haushalt

Das Jugendarbeitsschutzgesetz gilt nach § 1 für die Beschäftigung von Personen unter 18 Jahren in der Berufsausbildung oder als Arbeitnehmer oder Heimarbeiter, oder für die Beschäftigung mit Dienstleistungen, die der Arbeitsleistung von Arbeitnehmern oder Heimarbeitern ähnlich sind, oder auch für die Beschäftigung in einem der Berufsausbildung ähnlichen Ausbildungsverhältnis.
Ausnahmen von diesem Geltungsbereich regelt § 1 Abs. 2, wonach das Gesetz u. a. nicht gilt für geringfügige Hilfeleistungen, die gelegentlich aufgrund familienrechtlicher Vorschriften erbracht werden und für die Beschäftigung durch die Personensorgeberechtigten im Familienhaushalt.
Wenn also eine Beschäftigung in einem Familienbetrieb oder -haushalt nicht durch die Personensorgeberechtigten, also in der Regel die Eltern, sondern durch Dritte erfolgt, findet das Gesetz Anwendung.
Allerdings gibt es weitere Ausnahmen und Sonderregelungen für die Beschäftigung von Kindern, nämlich Personen, die noch nicht 15 Jahre alt sind, wobei auf Jugendliche, also Personen, die 15, aber noch nicht 18 Jahre alt sind, soweit sie der Vollzeitschulpflicht noch unterliegen, die für Kinder geltenden Vorschriften Anwendung finden. Ob ein Jugendlicher der Vollzeitschulpflicht unterliegt, richtet sich nach den Schulgesetzen der Länder.
Das grundsätzliche Beschäftigungsverbot für Kinder gilt nicht für die Beschäftigung von Kindern über 13 Jahre mit Einwilligung des Personensorgeberechtigten, soweit die Beschäftigung leicht und für Kinder geeignet ist.
In landwirtschaftlichen Familienbetrieben dürfen die Kinder u. a. nicht mehr als drei Stunden täglich beschäftigt werden. Landwirtschaftliche Familienbetriebe sind Betriebe, die über den Rahmen einer reinen Selbstversorgung, z. B. durch einen Gemüsegarten, hinausgehen. Es muss sich um einen Betrieb handeln, bei dem die familiäre Bindung der dort Arbeitenden im Vordergrund steht.

Ferienjobs

Grundlagen

Ferienjobs gibt es in den unterschiedlichen Branchen und in unterschiedlicher Art, aber nicht jeder Schüler und jede Schülerin darf jede Tätigkeit ausüben. Das Jugendarbeitsschutzgesetz regelt, unter welchen Bedingungen Kinder und Jugendliche arbeiten dürfen.
Das Gesetz verbietet Kindern, bis zur Vollendung des 15. Lebensjahres zu arbeiten. Es gibt aber geregelte Ausnahmen. Mit Zustimmung der Eltern dürfen Kinder über 13 Jahren bis zu zwei Stunden täglich zwischen 8 und 18 Uhr arbeiten. Im landwirtschaftlichen Familienbetrieb sind drei Stunden täglich innerhalb dieses Zeitraums erlaubt. Voraussetzung ist, dass es sich um leichte Tätigkeiten handelt – das kann zum Beispiel Zeitungen austragen, Gartenarbeit oder ein Botengang sein.
Für Jugendliche, also 15- bis 17-Jährige, die einen Ferienjob annehmen, gibt es weniger Einschränkungen. Sind die 15- bis 17-Jährigen noch schulpflichtig, dürfen sie nicht länger als vier Wochen pro Jahr in den Ferien jobben.
Wichtig: Für Jugendliche ist schwere körperliche oder gefährliche Arbeit nicht erlaubt. Dazu zählt das Tragen von Gewichten, das Hantieren mit Chemikalien oder Akkordarbeit.
Die → **Arbeitszeit** von 8 Stunden am Tag und 40 Stunden pro Woche darf nicht überschritten werden, auch nicht der Arbeitszeitraum zwischen 6 und 20 Uhr.
Allerdings gibt es auch hier Ausnahmen, wenn der Schüler oder die Schülerin bereits 16 Jahre alt ist. Dann darf er oder sie im Gaststättengewerbe bis 22 Uhr und in mehrschichtigen Betrieben bis 23 Uhr arbeiten. Wochenendarbeit ist ebenfalls tabu – außer z. B. bei Sportveranstaltungen.
Arbeitgeber sind nicht nur verpflichtet, auf das Jugendarbeitsschutzgesetz zu achten, sie müssen Schülerinnen und Schüler für ihren Ferienjob auch über den Betrieb unfallversichern.

Bedeutung für den Jugendlichen

Vor allem mit Blick auf den sozialversicherungspflichtigen Status und die Steuerfreibeträge gilt es für Ferienbeschäftigte, einige Punkte zu beachten:
- Beiträge zur Rentenversicherung müssen gezahlt werden, wenn man innerhalb eines Kalenderjahres länger als zwei Monate oder 50 Arbeitstage beschäftigt war. Die Höhe des Verdienstes ist unerheblich.
- Bei der Krankenversicherung gilt: Wenn die Beschäftigung ausschließlich auf die Semesterferien bzw. unterrichtsfreie Zeit beschränkt ist, kann sie auch länger als zwei Monate bzw. 50 Tage dauern, ohne dass Beiträge zur Krankenversicherung gezahlt werden müssen. Das gilt nicht mehr, wenn der/die Ferienbeschäftigte nicht mehr als Schüler/Studierender krankenversichert ist. Es gelten dann die allgemeinen Regeln der Steuer- und Sozialversicherungspflicht wie für alle Arbeitsverhältnisse. Studierende sind verpflichtet, die Änderung dem Arbeitgeber mitzuteilen.
- Liegt der Verdienst nicht über 450 € pro Monat, liegt eine geringfügige Beschäftigung vor. Eine Stundengrenze muss nicht beachtet werden. Eine geringfügige Beschäftigung kann über das ganze Jahr versicherungsfrei ausgeübt werden. Bei 450-€-Jobs zahlt der Arbeitgeber die notwendigen Sozialversicherungsbeiträge (Arbeitslosen-, Kranken-, Renten- und Pflegeversicherung).
- Wer mehr als 450 € im Monat verdient, muss auch Sozialversicherungsbeiträge und Steuern zahlen. Die Beiträge zur Sozialversicherung steigen entsprechend der Höhe des Verdienstes an und das Einkommen ist individuell zu versteuern. Da aber meist der geltende Freibetrag für die Besteuerung nicht überschritten wird, bekommen Schüler/innen und Studierende ihre voraus bezahlte Lohnsteuer zurückerstattet.

Neben der Steuerpflicht muss auch auf die Hinzuverdienstgrenze beim BAföG geachtet werden. Diese liegt (Stand: 1. Oktober 2016) bei 450,00 EUR durchschnittlich im Monat bzw. bei 5400 EUR im Jahr.
Auch Ferienbeschäftigte müssen eine Unfallversicherung haben. Die Beiträge muss ausschließlich der Arbeitgeber zahlen und zwar direkt an die zuständige Berufsgenossenschaft.

Insgesamt lassen sich Fragen zu Steuern und Versicherungen nicht pauschal beantworten. Deshalb sollte sich jeder Ferienbeschäftigte individuell informieren und beraten lassen. Mögliche Ansprechpartner sind Betriebsräte/JAV und DGB-Gewerkschaften. Bei letztgenannten kann vor allem der Arbeits- und Sozialrechtsschutz eine große Hilfe bei den vorgenannten Punkten sein.

Bedeutung für den Betriebsrat/die JAV

Ferienbeschäftigte sind für die Zeit ihrer Tätigkeit im Unternehmen Beschäftigte nach § 5 Abs. 1 BetrVG. Sie müssen fair entlohnt werden und wollen akzeptable Arbeitsbedingungen vorfinden. Der Betriebsrat und die JAV haben hier ihre → **Mitbestimmungsrechte** in vollem Umfang wahrzunehmen.

Betriebsvereinbarungen für Ferienbeschäftigte über die Bezahlung können nicht abgeschlossen werden. Das Entgelt steht unter dem Tarifvorbehalt des § 77 Abs. 3 BetrVG. Dennoch versuchen Arbeitgeber, die tarifliche Entgeltlinie mit individuellen bzw. betrieblichen Vereinbarungen zu unterschreiten. Hierbei haben Betriebsrat und JAV eine Informationspflicht gegenüber Ferienbeschäftigten, um diese über ihre Rechte und Pflichten aus dem Arbeitsverhältnis aufzuklären. Die Mitgliedschaft in einer DGB-Gewerkschaft kann darüber hinaus für Sicherheit bei Streitigkeiten mit dem Arbeitgeber sorgen.

Freistellung

Grundlagen

Damit Mitglieder der JAV ihre Aufgaben nach dem BetrVG erfüllen können, haben sie einen Anspruch auf Freistellung von ihrer beruflichen Tätigkeit bzw. von der Ausbildung. Ebenso haben sie einen Anspruch auf Freistellung, wenn sie sich die notwendigen Qualifikationen, die zur Erfüllung ihrer Aufgaben erforderlich sind, aneignen wollen.
In § 65 Abs. 1 BetrVG (Geschäftsführung) i.V.m. § 37 BetrVG (ehrenamtliche Tätigkeit, Arbeitsversäumnis) sind die rechtlichen Möglichkeiten der Freistellung von Mitgliedern der JAV benannt.
Nach § 37 Abs. 2 und 3 BetrVG sind Mitglieder der JAV von ihrer beruflichen Tätigkeit ohne Minderung ihres Arbeitsentgelts zu befreien, soweit es zur ordnungsgemäßen Ausführung ihrer betriebsverfassungsrechtlichen Aufgaben erforderlich ist. Wird es erforderlich infolge betriebsbedingter Gründe, dass die JAV-Tätigkeit außerhalb der Arbeitszeit stattfindet, haben die Mitglieder der JAV einen Ausgleichsanspruch auf Arbeitsbefreiung unter Fortzahlung der Vergütung innerhalb eines Monats bzw., sofern dies nicht möglich ist, einen Anspruch auf Vergütung dieser Zeit als Mehrarbeit.
Unter § 37 Abs. 6 und 7 BetrVG ist die Freistellung von Mitgliedern der JAV für Schulungs- und Bildungsveranstaltungen geregelt (→ **Bildungsurlaub**).
Einen grundsätzlichen Freistellungsanspruch von Mitgliedern der JAV ab einer bestimmten Anzahl Wahlberechtigter, wie dies beispielsweise für den Betriebsrat in § 38 BetrVG geregelt ist, besteht nicht. Nach § 37 Abs. 4 und 5 BetrVG dürfen einem Mitglied der JAV durch seine Tätigkeit und die damit verbundenen Freistellungen keine finanziellen und beruflichen Nachteile entstehen. Diese Schutzbestimmung gilt bis ein Jahr nach Beenden der Amtszeit.
Die Bestimmungen aus § 37 BetrVG gelten auch für Ersatzmitglieder der JAV, sofern sie ersatzweise als JAV-Mitglied tätig werden bzw. geworden sind.

Bedeutung für die JAV

Es gibt eine Anzahl von betriebsverfassungsrechtlichen Gründen, warum sich JAV-Mitglieder von ihrer üblichen beruflichen Tätigkeit freistellen lassen können. Zum einen natürlich für die Teilnahme an Sitzungen, Besprechungen, Versammlungen etc., zum anderen aber auch für die Vorbereitung bzw. Nachbereitung von solchen Veranstaltungen, für Gespräche mit ihren Wahlberechtigten usw. Bei diesen Beispielen handelt es sich nicht um eine erschöpfende Darstellung, sondern es soll lediglich auf die Vielfalt aufmerksam gemacht werden, die sich aus einer Formulierung »betriebsverfassungsrechtlicher Aufgaben« ergibt. Die wesentlichen Aufgaben der JAV sind in § 70 BetrVG benannt (→ **JAV**).
Für die Freistellung eines Mitglieds der JAV von seiner beruflichen Tätigkeit ist keine Zustimmung des Arbeitgebers erforderlich. Der Arbeitgeber ist lediglich so rechtzeitig wie möglich über die Erfordernisse der Freistellung zu informieren. Dabei reicht es aus, wenn in groben Zügen der Grund der Freistellung mitgeteilt wird. Es müssen keine inhaltlichen Beschreibungen vorgenommen werden, auch brauchen keine Namen, z. B. von Auszubildenden, die ein Gespräch mit der JAV wünschen, genannt werden. Der Arbeitgeber muss lediglich erkennen können, dass es sich bei dem Freistellungsgrund um eine betriebsverfassungsrechtliche Tätigkeit handelt.
Das Mitglied der JAV hat sich bei seinen Vorgesetzten abzumelden. Ist betriebsbedingt eine Freistellung nicht möglich, ist es entscheidend, wie dringlich die JAV-Tätigkeit ist. Das Mitglied der JAV muss die Dringlichkeit darlegen. Hier gibt es oftmals Konflikte, wenn der Arbeitgeber diese Dringlichkeit bezweifelt.
Der Betriebsrat sollte vom Mitglied der JAV immer über die Freistellung informiert werden. Es ist hilfreich und wichtig, wenn man die Unterstützung des Betriebsrats hat, da vor allem bei Konflikten mit dem Arbeitgeber vom Betriebsrat Rückhalt gegeben werden kann. Sollte es dennoch zu einem Konflikt kommen, ist die zuständige Gewerkschaft umgehend zu informieren, damit ggf. auch Rechtsschutz gewährt werden kann.
Nach Erledigung der JAV-Tätigkeit muss sich das JAV-Mitglied bei seinen Vorgesetzten zurückmelden. Eine darüber hinausgehende Rückmeldung, beispielsweise gegenüber der Personalabteilung, ist nicht erforderlich.
Kommt es im Rahmen der Freistellung für JAV-Tätigkeiten häufig zu Konflikten mit dem Arbeitgeber, empfiehlt es sich, ein Tagebuch über die JAV-Arbeit zu führen. Hierin sollte man vermerken, von wann bis wann eine Freistellung in Anspruch genommen wurde, in Stichpunkten, welche JAV-Tätigkeit erledigt wurde und bei wem sich abgemeldet bzw. rückgemeldet wurde. Enden Freistellungskonflikte mit dem Arbeitgeber vor Gericht, können die Aufzeichnungen eine große Hilfe sein.

Besondere Freistellungsschwierigkeiten können in mehrschichtigen Betrieben auftreten. Hier ist ggf. zu prüfen, ob auf Grundlage des § 37 Abs. 2 BetrVG eine generelle Schichtverlegung erfolgen kann, beispielsweise von Wechselschicht auf Normalschicht. Sollte dies vom Arbeitgeber verweigert werden, müssen in jedem Fall die Bestimmungen aus dem Arbeitszeitgesetz (z. B. maximal zulässige gesetzliche Höchstarbeitszeit, Ruhezeiten) eingehalten werden. Im Einzelfall kann dies dazu führen, dass Schichtverlegungen für bestimmte Tage für Mitglieder der JAV erforderlich werden (z. B. bei Jugend- und Auszubildendenversammlungen, JAV-Sitzungen).
Über die gesetzliche Freistellungsregelung hinaus besteht die Möglichkeit einer freiwilligen Freistellungsregelung in einer → **Betriebsvereinbarung**. Hier kann jedem JAV-Mitglied ein bestimmter Zeitrahmen für seine Tätigkeit fest zugeschrieben werden. Sollte sich jedoch ein darüber hinausgehender Bedarf ergeben, ist dieser unabhängig von dieser Betriebsvereinbarung durch den § 37 Abs. 2 BetrVG abgedeckt.

Fristlose Kündigung

Grundlagen

Eine fristlose oder außerordentliche Kündigung soll ein Arbeitsverhältnis vorzeitig ohne Beachtung von → **Kündigungsfristen**, seien es gesetzliche, vertragliche oder tarifvertragliche Kündigungsfristen, beenden. Auch die fristlose Kündigung hat – wie die ordentliche → **Kündigung** – schriftlich zu erfolgen.
Rechtliche Grundlage ist § 626 BGB. Danach kann ein Arbeitsverhältnis fristlos gekündigt werden, wenn ein wichtiger Grund vorliegt. Dies ist der Fall, wenn die Kündigung auf Tatsachen gestützt werden kann, aufgrund derer dem Kündigenden unter Berücksichtigung aller Umstände des Einzelfalles und unter Abwägung der Interessen beider Vertragsteile die Fortsetzung des Dienstverhältnisses bis zum Ablauf der Kündigungsfrist oder bis zur vereinbarten Beendigung des Dienstverhältnisses nicht zugemutet werden kann.
Bei der Abwägung des wichtigen Grundes kommt es auf alle Umstände des Einzelfalles an.

> **Beispiele:**
> Fristlose Kündigung wegen schweren Betrugs oder Diebstahls zum Nachteil des Arbeitgebers, fristlose Kündigung eines Arbeitnehmers wegen sexueller Belästigung einer Arbeitnehmerin oder fristlose Kündigung wegen ausländerfeindlichen, rassistischen Verhaltens.

Die fristlose Kündigung kann nach § 626 Abs. 2 BGB nur innerhalb einer Frist von zwei Wochen erfolgen. Die Frist beginnt mit dem Zeitpunkt, in dem der Kündigungsberechtigte von den für die Kündigung maßgebenden Tatsachen Kenntnis erlangt hat. Der Kündigende muss dem anderen Teil auf Verlangen den Kündigungsgrund unverzüglich schriftlich mitteilen.
Nach ständiger Rechtsprechung des BAG ist ein Diebstahl oder eine Unterschlagung grundsätzlich als wichtiger Grund für eine fristlose Kündigung geeignet, selbst wenn es sich nur um einen geringfügigen Schaden handelt. Traurige Berühmtheit erlangt hat der unberechtigte Verzehr eines Stücks Bienenstichs, wo-

durch die Arbeitnehmerin ihren Arbeitsplatz verlor. Allerdings – so das BAG – seien stets alle Umstände des Einzelfalls zu würdigen. An dieser Rechtsprechung hat die »Emmely«-Entscheidung (BAG v. 10.6.2010 – 2 AZR 541/09) nichts geändert. Dort wurde einer Kassiererin im Einzelhandel vorgeworfen, für sich selbst Pfandbons im Werte von 1,30 Euro unberechtigt eingelöst zu haben. Erstmals hat das BAG zwar der Kündigungsschutzklage in einem solchen Fall stattgegeben, allerdings wiederum nur bezogen auf die besonderen Umstände dieses konkreten Einzelfalls (sehr lange Betriebszugehörigkeit). Nach wie vor können Arbeitgeber wirkliche oder vermeintliche Bagatelldelikte zum Vorwand für eine außerordentliche Kündigung nehmen und damit den Versuch unternehmen, sich gewerkschaftlich engagierter Kolleginnen und Kollegen (so im Fall Emmely) zu entledigen oder aber den Kündigungsschutz von Mitgliedern der betriebsverfassungsrechtlichen Organe, der sich ja nur auf die ordentliche Kündigung bezieht, auszuhebeln. Hier ist also für alle Mitglieder des Betriebsrats, aber auch der JAV und aller anderer Organe besondere Vorsicht geboten. Nur wer sich auch bei geringsten Beträgen absolut korrekt verhält, ist vor einer außerordentlichen Kündigung sicher.

Bedeutung für den Betriebsrat/die JAV

Auch bei einer fristlosen Kündigung ist der Betriebsrat wie vor jeder anderen Kündigung zu hören. Lediglich bei den Rechtsfolgen wird zwischen einer fristlosen und fristgemäßen Kündigung unterschieden. So kommt nach einer fristlosen Kündigung trotz Widerspruch des Betriebsrats ein Weiterbeschäftigungsanspruch bis zur rechtskräftigen Entscheidung über eine Kündigungsschutzklage nicht in Betracht.

Bedeutung für Auszubildende

Ein Berufsausbildungsverhältnis ist nach unserer Rechtsordnung ein befristetes Arbeitsverhältnis, welches mit dem Ablauf der Ausbildungszeit endet bzw. mit Bestehen der Abschlussprüfung, wie dies § 21 BBiG bestimmt.
Nur während der Probezeit kann das Berufsausbildungsverhältnis jederzeit ohne Einhaltung einer Kündigungsfrist nach § 22 Abs. 1 BBiG gekündigt werden. Nach § 22 Abs. 2 BBiG kann das Berufsausbildungsverhältnis nach der Probezeit nur fristlos, nämlich aus wichtigem Grund ohne Einhaltung einer Kündigungs-

frist gekündigt werden oder vom Auszubildenden mit einer Frist von vier Wochen, wenn er die Berufsausbildung aufgeben will.
Eine fristlose Kündigung ist unwirksam, wenn die ihr zugrunde liegenden Tatsachen dem zur Kündigung Berechtigten länger als zwei Wochen bekannt sind. Gegebenenfalls kommen auch Schadenersatzansprüche nach § 23 BBiG in Betracht.

Gefährliche Arbeiten

Grundlagen

§ 22 des → **Jugendarbeitsschutzgesetzes (JArbSchG)** verbietet für Jugendliche die Beschäftigung mit gefährlichen Arbeiten. Danach dürfen Jugendliche nicht beschäftigt werden mit Arbeiten:

1. die ihre physische und psychische Leistungsfähigkeit übersteigen,
2. bei denen sie sittlichen Gefahren ausgesetzt sind,
3. die mit Unfallgefahren verbunden sind, von denen anzunehmen ist, dass Jugendliche sie wegen mangelnden Sicherheitsbewusstseins oder mangelnder Erfahrung nicht erkennen oder nicht abwenden können,
4. bei denen ihre Gesundheit durch außergewöhnliche Hitze oder Kälte oder starke Nässe gefährdet wird,
5. bei denen sie schädlichen Einwirkungen von Lärm, Erschütterungen oder Strahlen ausgesetzt sind,
6. bei denen sie schädlichen Einwirkungen von Gefahrstoffen im Sinne des Chemikaliengesetzes ausgesetzt sind,
7. bei denen sie schädlichen Einwirkungen von biologischen Arbeitsstoffen im Sinne der Richtlinie 90/679/EWG des Rates vom 26. November 1990 zum Schutze der Arbeitnehmer gegen Gefährdung durch biologische Arbeitsstoffe bei der Arbeit ausgesetzt sind.

Die Punkte 3–7 gelten nicht für die Beschäftigung Jugendlicher, soweit dies zur Erreichung ihres Ausbildungszieles erforderlich ist, ihr Schutz durch die Aufsicht eines Fachkundigen gewährleistet ist und der Luftgrenzwert bei gefährlichen Stoffen (Punkt 6) unterschritten wird.

Bedeutung für die Beschäftigten

Der Arbeitgeber ist verpflichtet, die Jugendlichen vor der erstmaligen Beschäftigung über konkrete Gefahren der Arbeit und der Arbeitsumgebung zu informie-

ren. Dabei muss er auch über die Möglichkeiten informieren, wie drohenden Gefahren ausgewichen werden kann.
Auf keinen Fall darf er Jugendliche einem erhöhten Unfallrisiko aussetzen oder mit Dingen beschäftigen, die ihre Leistungsfähigkeit übersteigen. Dies gilt z. B. für Berufe, bei denen allergisierende Stoffe verwendet werden, die auf Haut oder Atmung einwirken können oder für Beschäftigungen, die mit Lösungsmitteln in Klebern, Lacken, Baustoffen etc. zu Schädigungen des Nervensystems, der Niere, Leber und des Erbgutes führen können.
Jugendliche dürfen ebenfalls grundsätzlich nicht mit einer Arbeit beschäftigt werden, bei der ihr Arbeitstempo irgendwie vorgegeben ist oder das Arbeitstempo die Höhe des Lohnes bestimmt oder beeinträchtigt. Auch dürfen sie nicht in Gruppen Erwachsener mitarbeiten, die in Geld-, Stück-, Zeit- oder Gruppenakkord arbeiten.
Wie bei vielen Vorschriften des JArbSchG gibt es auch hier Ausnahmeregelungen. So können gefährliche Arbeiten angeordnet werden, wenn sie helfen, das Ausbildungsziel zu erreichen. Dann muss aber in jedem Fall die Aufsicht durch fachkundiges Personal gewährleistet sein. Bei der Gruppenarbeit bedeutet dies, dass der Jugendliche dann in einer solchen Gruppe arbeiten, er selbst aber nicht dem erhöhten Arbeitstempo unterworfen sein darf. Der Arbeitgeber muss in einem solchen Fall nachweisen, dass die Beschäftigung eines Jugendlichen in einer Akkordgruppe zur Erreichung des Ausbildungszieles notwendig ist.

Gesamtjugend- und Auszubildendenvertretung

Grundlagen

Für die Arbeit der Gesamtjugend- und Auszubildendenvertretung (GJAV) gelten weitestgehend die gleichen rechtlichen Bestimmungen wie für die Arbeit der JAV. In §§ 72 und 73 BetrVG sind die Voraussetzung der Errichtung, die Zusammensetzung, die Geschäftsführung und das Verfahren bei Abstimmungen geregelt.
Bestehen in einem Unternehmen mehrere JAVen, so ist eine GJAV zu errichten. Die Bildung einer GJAV ist dann zwingend vorgeschrieben.
Die GJAV vertritt die besonderen Interessen der Jugendlichen und Auszubildenden unter 25 Jahren auf der Ebene des gesamten Unternehmens. Bei betriebsübergreifenden Angelegenheiten ist die GJAV auch für Betriebe ohne eigene JAV zuständig (§ 73 Abs. 2 i. V. m. § 50 BetrVG).
Die GJAV ist den einzelnen JAVen nicht übergeordnet; sie stehen mit unterschiedlichen Aufgaben nebeneinander. Die GJAV ist nur dann zuständig, wenn zwei Voraussetzungen erfüllt sind:

1. Die Angelegenheiten betreffen das Gesamtunternehmen oder mehrere Betriebe.
2. Die Angelegenheiten können nicht durch die einzelnen Betriebsräte innerhalb ihrer Betriebe geregelt werden können.

Entsendet eine JAV kein Mitglied in die GJAV und weigert sie sich nach Aufforderung weiterhin, liegt eine Pflichtverletzung nach § 23 BetrVG (in Verbindung mit § 65 BetrVG) vor. In die GJAV entsendet jede JAV ein Mitglied. Die JAV hat für das Mitglied der GJAV mindestens ein Ersatzmitglied zu bestellen und die Reihenfolge des Nachrückens festzulegen. Für die Entsendung ist ein einfacher Mehrheitsbeschluss ausreichend. Ersatzmitglieder können nicht entsandt werden. Durch Tarifvertrag oder Betriebsvereinbarung kann die Mitgliederzahl der GJAV abweichend von der grundsätzlichen Regelung des § 72 Abs. 2 BetrVG geregelt werden.
Besteht eine GJAV aus mehr als 20 Mitgliedern und gibt es keine tarifliche Regelung zur Zusammensetzung der GJAV, so ist zwischen Gesamtbetriebsrat und Arbeitgeber eine Betriebsvereinbarung über die Mitgliederzahl abzuschließen.

Darin soll bestimmt werden, dass JAVen mehrerer Betriebe eines Unternehmens, die regional oder durch gleichartige Interessen miteinander verbunden sind, gemeinsam Mitglieder in die GJAV entsenden. Kommt es bezüglich einer solchen Betriebsvereinbarung nicht zu einer Einigung zwischen Arbeitgeber und Gesamtbetriebsrat, so entscheidet eine auf Ebene des Gesamtunternehmens zu bildende Einigungsstelle.

Bei Abstimmungen in der GJAV hat jedes Mitglied so viele Stimmen wie in dem Betrieb, in dem es gewählt wurde, Wahlberechtigte in der Wählerliste eingetragen sind. Ist ein Mitglied der GJAV für mehrere Betriebe zuständig, so hat es so viele Stimmen wie Wahlberechtigte in den Betrieben, für die es entsandt ist. Maßgeblich ist also die Anzahl der in die Wählerlisten eingetragenen Wahlberechtigten und nicht die Anzahl der tatsächlich Beschäftigten zum Zeitpunkt der Entsendung oder zum Zeitpunkt der Stimmenabgabe. Bei mehreren Mitgliedern der JAV eines Betriebs in der GJAV haben sie bei Abstimmungen entsprechend anteilig die Stimmen der Wahlberechtigten aus ihrem Betrieb.

Von diesen Abstimmungsverfahren kann durch Tarifvertrag oder Betriebsvereinbarung eine abweichende Regelung getroffen werden, die das Stimmengewicht von Mitgliedern der GJAV, die aus einem gemeinsamen Betrieb mehrerer Unternehmen entsandt werden, neu fasst. Damit soll sichergestellt werden, dass bei Abstimmungen in der GJAV über Angelegenheiten, die nur die Wahlberechtigten eines des am gemeinsamen Betrieb beteiligten Unternehmens betreffen, auch nur die Stimmenzahl dieser Wahlberechtigten berücksichtigt wird.

In § 73 BetrVG »Geschäftsführung der Gesamtjugend- und Auszubildendenvertretung« ist geregelt, dass die Sitzungen der GJAV auf Einladung der/des Vorsitzenden nach Verständigung des Gesamtbetriebsrats stattfinden. Die Häufigkeit von GJAV-Sitzungen ist unterschiedlich. Die Häufigkeit und die Dauer der Sitzungen sollten von den anfallenden Aufgaben abhängig gemacht werden. Zu den Sitzungen muss der bzw. die Vorsitzende des Gesamtbetriebsrats oder ein beauftragtes GBR-Mitglied eingeladen werden. Grundsätzlich sollte der GBR möglichst ein Mitglied fest für die Betreuung der GJAV benennen.

Nach § 73 i. V. m. § 31 BetrVG ist ein Vertreter bzw. eine Vertreterin der zuständigen Gewerkschaften zu den Sitzungen einzuladen.

§ 73 i. V. m. § 34 BetrVG sieht vor, dass von jeder GJAV-Sitzung ein Protokoll anzufertigen ist.

§ 73 i. V. m. § 28 Abs. 1 Satz 1 sieht vor, dass die GJAV Ausschüsse bilden kann.

§ 73 i. V. m. § 67 BetrVG regelt die Teilnahme der GJAV an Sitzungen des Gesamtbetriebsrats.

§ 73 i. V. m. § 40 BetrVG regelt die Übernahme der Kosten und des Sachaufwandes für die GJAV-Arbeit durch den Arbeitgeber.

§ 73 i. V. m. § 37 BetrVG regelt die Freistellung für Mitglieder der JAV für die GJAV-Arbeit.

§ 73 i. V. m. § 36 BetrVG regelt, dass die Mitglieder der GJAV die Prinzipien ihrer Zusammenarbeit in einer Geschäftsordnung festlegen.
§ 73 i. V. m. § 51 Abs. 2 BetrVG regelt, dass zur ersten konstituierenden GJAV-Sitzung die JAV bei der Hauptverwaltung einlädt. Gibt es dort keine, dann lädt die JAV des nach Wahlberechtigten größten Betriebs ein und der GBR.
Die Interessenvertretung auf Unternehmensebene ist eine notwendige Ergänzung zur betrieblichen Arbeit der JAV. Die wesentlichen Aufgaben der GJAV sind der Austausch von Informationen aus den einzelnen Betrieben und die gemeinsame Vertretung der Interessen der Wahlberechtigten des Unternehmens im Gesamtbetriebsrat und mit diesem zusammen gegenüber der Unternehmensleitung.

Bedeutung für den Betriebsrat/die JAV

Die JAVen sollte darauf achten, dass Forderungen, die in der GJAV aufgestellt werden, im Betrieb bei den Wahlberechtigten mitgetragen werden und der örtliche Betriebsrat bereits informiert ist. Forderungen, die von der JAV im eigenen Betrieb nicht durchgesetzt werden können oder denen der Rückhalt bei den jugendlichen Beschäftigten und Auszubildenden fehlt, werden in der Regel auf Ebene der GJAV ohne den jeweiligen betrieblichen Rückhalt erst recht nicht durchsetzbar sein. In diesem Sinne ist die GJAV als Einrichtung zur Stärkung der örtlichen JAV-Arbeit zu sehen. Durch eine in der GJAV koordinierte Interessenvertretung werden die Durchsetzungsbedingungen verbessert.
Die Transparenz der Arbeit einer GJAV ist von großer Bedeutung. Nur durch eine kontinuierliche Kommunikationsarbeit in Richtung der JAVen und Auszubildenden kann eine Unterstützung und Akzeptanz der GJAV-Arbeit gesichert werden. Als ein geeignetes Mittel für mehr Transparenz bietet sich eine regelmäßig erscheinende GJAV-Zeitung oder ein Newsletter an. Auch die Nutzung von Social-Media-Kanälen, wie z. B. Facebook ist denkbar. Hierdurch kann die GJAV ständig über ihre Arbeit und Erfolge berichten und bleibt präsent. Außerdem sollten auf örtlichen Jugend- und Auszubildendenversammlungen die Themen aus der GJAV-Arbeit vorgestellt und rückgekoppelt werden.
Eine umfassende Berichterstattung über die Probleme und Arbeit der örtlichen JAVen in der GJAV trägt dazu bei, dass Standorte nicht gegeneinander ausgespielt werden. Für eine solche Berichterstattung aus den örtlichen JAVen kann der auf der vorhergehenden Seite abgedruckte Musterberichtsbogen hilfreich sein.

GJAV-Berichtsbogen

Stand: ______

1. Gesellschaft, Betrieb, Bereich oder Außenbüro: ______
2. Name des Mitgliedes der GJAV: ______
3. Anzahl der Mitglieder der eigenen JAV: ______
4. Stand der Anzahl der Auszubildenden: ______
   insgesamt: ______
   gewerbliche Azubis: ______
   kaufmännische Azubis: ______
   technische Azubis: ______
5. Geplante oder durchgeführte Einstellungen im laufenden Jahr:
   insgesamt: ______
   gewerbliche Azubis: ______
   kaufmännische Azubis: ______
   technische Azubis: ______
6. Geplante Übernahmen von Azubis:
   zum Juni/Juli ______ oder Januar/Februar

unbefristet	Befristet für ______ Monate
insgesamt: ______	insgesamt: ______
gewerbliche Azubis: ______	gewerbliche Azubis: ______
kaufmännische Azubis: ______	kaufmännische Azubis: ______
technische Azubis: ______	technische Azubis: ______

7. Aktuelle Handlungsfelder der eigenen JAV:
   ______
   ______
   ______
8. Was unterstützt uns/was erschwert unsere Arbeit vor Ort?
   ______
   ______
   ______
   ______
9. Bearbeiten/Anträge von Handlungsfeldern/Tagesordnungspunkten in der nächsten GJAV-Sitzung:
   ______
   ______
   ______

Geschäftsordnung

Grundlagen

Nach § 65 i. V. m. § 36 BetrVG soll sich die JAV eine schriftliche Geschäftsordnung geben, die die Grundlage für die Zusammenarbeit innerhalb der JAV bildet.
In der Geschäftsordnung sind Fragen der Aufgabenverteilung, die Durchführung von Sitzungen, das Anfertigen von Niederschriften, die Vertretung gegenüber dem Betriebsrat, die Durchführung einer Jugend- und Auszubildendenversammlung usw. zu regeln. Dabei müssen natürlich die geltenden Bestimmungen aus dem BetrVG beachtet werden, wie beispielsweise die in § 65 i. V. m. § 26 BetrVG in Bezug auf die Wahlen eines Vorsitzenden und stellvertretenden Vorsitzenden der JAV oder § 65 i. V. m. § 28 Abs. 1 Satz 1 und 2 BetrVG über die Bildung von Ausschüssen.
Wie bei der JAV kann sich auch die Gesamtjugend- und Auszubildendenvertretung eine Geschäftsordnung nach § 73 Abs. 2 i. V. m. § 36 BetrVG geben. Das gilt ebenfalls für die Konzernjugend- und Auszubildendenvertretung, sofern eine vorhanden ist.
Die Geschäftsordnung kann jederzeit durch Beschluss geändert oder ergänzt werden. Sie gilt für die Amtszeit der JAV und ist für alle Mitglieder der JAV verbindlich. Eine neu gewählte JAV kann die bisherige Geschäftsordnung durch Beschluss übernehmen, sie ist jedoch nicht dazu verpflichtet.
Erarbeitung, Diskussion und Verabschiedung einer Geschäftsordnung können für die JAV bedeuten, Klarheit über die Aufgabenverteilung für die einzelnen Mitglieder der JAV herzustellen. Organisation und Arbeit der JAV werden für alle JAV-Mitglieder, aber auch für die Ersatzkandidaten/innen transparent. Sie trägt zu einer höheren Verbindlichkeit und Verlässlichkeit in der JAV-Arbeit bei.

Geschäftsordnung für die Jugend- und Auszubildendenvertretung

Die Jugend- und Auszubildendenvertretung (JAV) der Firma

______________________, den ______________

(Ort) (Datum)

GESCHÄFTSORDNUNG
für die Jugend- und Auszubildendenvertretung der Firma

____

Die Jugend- und Auszubildendenvertretung (JAV) der Firma

____

gibt sich gemäß § 65 Abs. 1 in Verbindung mit § 36 BetrVG nachstehende Geschäftsordnung:

I. Allgemeines
II. Konstituierung
III. Wahlen
IV. Vertretung
V. Geschäftsführung
VI. Ausschüsse
VII. Sitzung der JAV
VIII. Beschlüsse
IX. Niederschrift
X. Betriebsrat (BR)
XI. Bekanntmachung
XII. Jugend- und Auszubildendenversammlung
XIII. Inkrafttreten

I. Allgemeines

Eine wirksame Interessenvertretung aller Beschäftigten kann nur erreicht werden durch eine gute Zusammenarbeit von Jugend- und Auszubildendenvertretung und Betriebsrat. Um eine sachgemäße Information über alle Jugend- und Berufsbildungsfragen zu gewährleisten, informiert die Jugend- und Auszubildendenvertretung und der Betriebsrat in den einzelnen Abteilungen, in denen Auszubildende beschäftigt sind.

Die Jugend- und Auszubildendenvertretung führt ihre Aufgaben in enger Zusammenarbeit mit der zuständigen Gewerkschaft durch.

II. Konstituierung

Die JAV konstituiert sich unmittelbar nach erfolgter Wahl.

III. Wahlen

1. Die JAV wählt jeweils in einem besonderen Wahlgang ihre/n Vorsitzende/n, die/den stellvertretende/n Vorsitzende/n und eine/n Schriftführer/in.
2. Die Wahl der/des Vorsitzende/n wird gemäß § 29 Abs. 1 BetrVG durchgeführt.
3. Die weiteren Wahlen leitet der/die Vorsitzende bzw. seine/ihre Stellvertreter/in.

Gewählt ist, wer die meisten Stimmen auf sich vereinigt, mindestens jedoch die Mehrheit der Stimmen der anwesenden Mitglieder.

IV. Vertretung

1. Der/die Vorsitzende und sein/ihre Stellvertreter/in vertreten die JAV im Rahmen der gefassten Beschlüsse gemeinsam. Bei Verhinderung einer/s Vorgenannten ist ein anderes JAV-Mitglied hinzuzuziehen. Ein weiteres JAV-Mitglied ist auch hinzuzuziehen, wenn ein Sachverhalt zur Verhandlung ansteht, für den das JAV-Mitglied in besonderer Weise zuständig ist.
2. Gegenüber Behörden und anderen außerbetrieblichen Einrichtungen vertritt die/der Vorsitzende die JAV gemeinsam mit der/dem BR-Vorsitzende(n).
3. In allen Fällen der Verhinderung der/des Vorsitzenden übernimmt die/der stellvertretende Vorsitzende deren/dessen Aufgabenpunkt.
4. Über alle Verhandlungen, die in Vertretung der JAV erfolgen, ist eine Notiz anzufertigen und in der nächsten JAV-Sitzung hierüber zu berichten.
5. Einzelne JAV-Mitglieder können keinerlei verbindliche Erklärungen der JAV Dritten gegenüber abgeben, soweit sie nicht nach **V.** ermächtigt wurden.
6. § 66 BetrVG bleibt von den vorstehenden Bestimmungen unberührt.

V. Geschäftsführung

1. Die JAV überträgt der/dem Vorsitzenden, der/dem stellvertretenden Vorsitzenden und der/dem Schriftführer/in die Geschäftsführung.
2. Zu der Geschäftsführung zählen: die Verwaltungstätigkeit im Bereich der Geschäftsordnung der Geschäftsführung nach § 26 Abs. 2 BetrVG sowie die Vorbereitung der JAV-Sitzungen.
3. Die JAV nimmt eine Aufgabenteilung entsprechend besonderer Sachgebiete vor. Als Sachgebiete zählen insbesondere folgende:
   a) Berufsbildung
   b) Unfall-, Gesundheits- und Umweltschutz
   c) Jugendarbeitsschutz
   d) Sozialangelegenheiten
   e) Lohn- und Gehaltsfragen/Vergütung für Auszubildende
   f) Verbindung zur Gewerkschaft
4. In jeder JAV-Sitzung und in jeder Jugend- und Auszubildendenversammlung geben die einzelnen Jugend- und Auszubildendenvertreter/innen über ihr Sachgebiet einen Bericht.

VI. Ausschüsse

Zur effizienten Erledigung von Aufgaben können diese an Ausschüsse delegiert werden (§ 65 i. V. m. § 28 Abs. 1 Satz 1 u. 2 BetrVG). Die Ausschüsse bereiten eine sachgerechte Beschlussfassung der JAV vor. Die JAV beschließt mit einfacher Mehrheit die Einrichtung, Besetzung und den Vorsitz von Ausschüssen. Sofern nichts anderes festgelegt wird, werden Ausschüsse für die Dauer der Amtszeit der JAV gebildet.

VII. Sitzungen der JAV

1. Die Sitzungen der JAV finden regelmäßig wöchentlich am ... um ... Uhr statt, mindestens jedoch vor jeder Betriebsratssitzung, auf der Fragen behandelt werden, die Jugendliche, Auszubildende oder dual Studierende betreffen.
2. Die sonstigen Sitzungen finden nach Bedarf statt.
3. Zusätzlich muss auf Antrag von einem Viertel der Mitglieder der JAV eine JAV-Sitzung einberufen und der beantragte Gegenstand auf die Tagesordnung gesetzt werden.
4. Die/der Vorsitzende der JAV, im Falle ihrer/seiner Verhinderung ihre/seine Stellvertreter/in oder bei beider Verhinderung die/der Schriftführer/in, lädt in der Regel zwei Tage vor der Sitzung die Mitglieder der JAV unter Bekanntgabe der Tagesordnung ein.
5. Die Teilnahmeverhinderung ist der/m Einladenden unverzüglich mitzuteilen.
6. Für Verhinderte ist umgehend das entsprechende Ersatzmitglied einzuladen.
7. Die/der Vorsitzende des BR oder die/der mit der Wahrnehmung von Fragen der Auszubildenden, dual Studierenden oder Jugendlichen Beauftragte ist ebenfalls einzuladen.
8. Sind bei der Behandlung der Tagesordnung sachliche oder fachliche Informationen erforderlich, kann die/der Vorsitzende sachkundige oder betroffene Arbeitnehmer/innen zur Anhörung in die JAV-Sitzung einladen. Sofern sachkundige oder betroffene Arbeitnehmer/innen gehört werden, hat die/der Vorsitzende in Absprache mit der/dem BR-Vorsitzenden die/den zuständige/n Vorgesetzte/n zu unterrichten und für die Freistellung dieser Arbeitnehmer/innen unter Fortzahlung des Arbeitsentgelts bzw. der Ausbildungsvergütung (§ 39 Abs. 3 i. V. m. § 69 BetrVG) zu sorgen.
9. Ein/e Vertreter/in der Gewerkschaft ist rechtzeitig unter Mitteilung der Tagesordnung einzuladen. Sie/Er kann an allen JAV-Sitzungen mit beratender Stimme teilnehmen.

VIII. Beschlüsse

1. Die Beschlüsse der JAV werden im Rahmen des § 33 Abs. 1 und 2 BetrVG gefasst.
2. Die Abstimmungen erfolgen in der Regel durch Handzeichen. Liegt ein Antrag auf geheime Abstimmung vor, so ist diese durchzuführen.
3. Umlaufbeschlüsse sind unzulässig.
4. Abstimmungen und Beratungen in Gegenwart des Arbeitgebers oder seines Vertreters dürfen nicht durchgeführt werden.
5. Die Abstimmungsergebnisse hat die/der Vorsitzende sofort festzustellen und in der

Niederschrift eintragen zu lassen. Festzustellen sind alle Ja- und alle Nein-Stimmen sowie die Enthaltungen.

IX. Niederschrift

1. Von jeder Sitzung der JAV ist eine Niederschrift anzufertigen.
2. Bei der Niederschrift sind die Formvorschriften des § 34 Abs. 1 und 2 BetrVG zu beachten.
3. Einwendungen von JAV-Mitgliedern gegen die Niederschrift müssen spätestens in der Sitzung erfolgen, die der der Niederschrift zugrunde liegenden Sitzung folgt.
4. Schriftliche Erklärungen von JAV-Mitgliedern zur Niederschrift müssen dieser beigefügt werden.

X. Betriebsrat

1. Die Sitzungen der JAV werden nach Verständigung des BR einberufen.
2. Ein/e von der JAV benannte/r Vertreter/in nimmt an allen BR-Sitzungen mit beratender Stimme teil.
3. Werden in der BR-Sitzung Angelegenheiten behandelt, die besonders Auszubildenden, dual Studierenden und jugendlichen Arbeitnehmer/innen betreffen, so nimmt zu diesem Tagesordnungspunkt die gesamte JAV an der BR-Sitzung stimmberechtigt teil.
4. In die Ausschüsse des BR, von deren Beschlüssen auch die Auszubildenden, dual Studierenden und/oder Jugendlichen betroffen sind, entsendet die JAV entsprechend ihrer Aufgabenverteilung im Einvernehmen mit dem BR stimmberechtigte Vertreter/innen.
5. An allen Verhandlungen des BR mit dem Arbeitgeber über Jugend- und Berufsbildungsfragen nimmt die JAV teil.

XI. Bekanntmachungen

Bekanntmachungen erfolgen an den mit dem Arbeitgeber vereinbarten Stellen. Sie sind von der/dem JAV-Vorsitzenden oder deren/dessen Stellvertreter/in sowie einem weiteren Mitglied der Jugend und Auszubildendenvertretung zu unterzeichnen.

XII. Jugend- und Auszubildendenversammlungen

1. In jedem Kalendervierteljahr führt die JAV im Einvernehmen mit dem BR eine Jugend- und Auszubildendenversammlung durch.
2. Der Termin und die Tagesordnung der Jugend- und Auszubildendenversammlung sind durch die JAV zu beschließen und mit dem BR abzustimmen. Die Vorbereitungen der Jugend- und Auszubildendenversammlung sind gemeinsam zu treffen.
3. In jeder Jugend- und Auszubildendenversammlung legt die JAV den Auszubildenden, dual Studierenden und Jugendlichen in Berichten Rechenschaft über ihre geleistete Arbeit ab.
4. Jugend- und Auszubildendenversammlungen finden während der Arbeitszeit statt und sind zeitlich so festzulegen, dass möglichst alle Auszubildenden, dual Studierenden und Jugendlichen des Betriebes an ihnen teilnehmen können. Es muss aus-

reichend Zeit gegeben sein, damit die Auszubildenden, dual Studierenden und Jugendlichen zu den Berichten Stellung nehmen und der JAV Anträge unterbreiten können.

5. Die Leitung der Jugend- und Auszubildendenversammlung obliegt der/dem Vorsitzenden der JAV oder einer/einem von der Jugend- und Auszubildendenvertretung beauftragten Jugend- und Auszubildendenvertreter/in.
6. Die/der Vorsitzende der JAV lädt zu der Jugend- und Auszubildendenversammlung ein. Die Einladung ist unter Angabe des Ortes und der Zeit der Jugend- und Auszubildendenversammlung sowie der Tagesordnung an gut sichtbarer Stelle im Betrieb auszuhängen. Die/der Vorsitzende des BR oder ein beauftragtes Mitglied des BR sind ebenfalls einzuladen.
7. Die zuständige Gewerkschaft ist gemäß § 71 i. V. m. § 46 BetrVG rechtzeitig vom Stattfinden jeder Jugend- und Auszubildendenversammlung zu unterrichten.

XIII. In-Kraft-Treten

Diese Geschäftsordnung wurde am ...... von der JAV beschlossen. Sie tritt am ...... in Kraft.

Die Jugend- und Auszubildendenvertreter/innen.

____________________	______________________________	____________________
Vorsitzende(r)	Stellvertretende(r) Vorsitzende(r)	Schriftführer(in)

Gesundheitliche Betreuung Jugendlicher

Grundlagen

Das Jugendarbeitsschutzgesetz (JArbSchG) regelt im vierten Titel die gesundheitliche Betreuung der Jugendlichen. Der Gesetzgeber hat zu Recht im Jugendarbeitsschutzgesetz diesem Bereich eine besondere Bedeutung beigemessen und die Fragen, die im Zusammenhang mit der gesundheitlichen Betreuung der Jugendlichen stehen, in den §§ 32 bis 46 JArbSchG geregelt.
Die gesundheitliche Betreuung wird zunächst verwirklicht durch eine Erstuntersuchung. Ein/e Jugendliche/r, der in das Berufsleben eintritt, darf nur beschäftigt werden, wenn er innerhalb der letzten 14 Monate von einem Arzt untersucht worden ist und dem Arbeitgeber eine von diesem Arzt ausgestellte Bescheinigung vorlegt.
Ausnahme: Wenn der Jugendliche geringfügig oder nicht länger als zwei Monate mit leichten Arbeiten beschäftigt werden soll, von denen keine gesundheitlichen Nachteile zu befürchten sind, etwa bei Ferienjobs.

Bedeutung für die Jugendlichen

Ein Berufsausbildungsverhältnis wird erst in das Verzeichnis der Berufsausbildungsverhältnisse oder in die Handwerksrolle eingetragen, wenn die Bescheinigung des Arztes über die Erstuntersuchung vorliegt.
Ziel der Untersuchung ist es festzustellen, ob die Gesundheit oder die Entwicklung des Jugendlichen durch die Ausführung bestimmter Arbeiten gefährdet wird, ob es also der Gesundheits- und Entwicklungsstand des Jugendlichen zulassen, dass er die vorgesehene Tätigkeit aufnimmt.
Neben dieser Erstuntersuchung ist nach § 33 JArbSchG ein Jahr nach Aufnahme der ersten Beschäftigung eine erste Nachuntersuchung vorzunehmen und nach Ablauf jedes weiteren Jahres besteht die Möglichkeit des Jugendlichen, sich erneut nachuntersuchen zu lassen.

Außerdem kommt noch eine außerordentliche Nachuntersuchung in Betracht, die vom Arzt angeordnet werden kann, wenn eine Untersuchung ergibt, dass der Jugendliche im Entwicklungsstand zurückgeblieben ist oder gesundheitliche Schwächen oder Schäden vorhanden sind.
Der Arbeitgeber hat den Jugendlichen für alle ärztlichen Untersuchungen nach § 43 JArbSchG freizustellen. Ein Entgeltausfall darf hierdurch nicht eintreten. Daraus ergibt sich, dass der Jugendliche den Arztbesuch während der Arbeitszeit vornehmen kann. Andernfalls wäre die Bestimmung, dass ein Entgeltausfall durch die Freistellung zum Arztbesuch nicht eintreten darf, unverständlich und überflüssig.

Gewerbeaufsicht

Unter dem Oberbegriff Gewerbeaufsicht versteht man die zuständigen Behörden für die Einhaltung der Vorschrift des Arbeitsschutzes. Dieses Behörden sind als wichtigste Institutionen des staatlichen Arbeitsschutzes zuständig für die Kontrolle etwa der Arbeitsstätten, des Arbeits-, des Mutter- und des Jugendarbeitsschutzrechts.

Die konkrete Bezeichnung der Behörde ist in den einzelnen Bundesländern unterschiedlich, häufig heißt sie »Amt für Arbeitsschutz«. Sie sind nicht zu verwechseln mit den Ordnungsämtern bzw. den Gewerbeämtern, die dafür zuständig sind, die Ausübung eines bestimmten Gewerbes zuzulassen.

Grundlage für die Tätigkeit der Gewerbeaufsicht ist eine Reihe von Gesetzen, allen voran das Arbeitsschutzgesetz sowie das Gesetz über Betriebärzte, Sicherheitsingenieure und andere Fachkräfte für Arbeitssicherheit (ASiG). Eine Reihe von Rechtsverordnungen konkretisiert die gesetzlichen Vorgaben (z. B. ArbeitsstättenVO, GefahrstoffVO, BildschirmarbeitsVO). Die ebenfalls auf dem Feld der Arbeitssicherheit und des beruflichen Gesundheitsschutzes tätigen Berufsgenossenschaften (siehe dort) befassen sich vorrangig mit den Belangen der bei ihnen versicherten Arbeitnehmer und ihren Arbeitsbedingungen.

Wegen dieser aufgeteilten Zuständigkeiten spricht man in Deutschland von einem dualen System des Arbeitsschutzes. Es hat immer wieder Bestrebungen gegeben, diesen Dualismus zu beseitigen, was aber an der unterschiedlichen Struktur und der Finanzierung der beiden Systeme gescheitert ist.

Gewerkschaften

Grundlagen

Die Gewerkschaften sind historisch und traditionell als Organisationen entstanden, um als Gegengewicht zur wirtschaftlichen Übermacht des Arbeitgebers die Interessen der Arbeitnehmer zu vertreten. Das vorrangige Ziel der Gewerkschaften ist dabei die tarifautonome Gestaltung und sinnvolle Ordnung des Arbeits- und Wirtschaftslebens.

Der allgemeine Koalitionsbegriff ist in Art. 9 Abs. 3 GG definiert, wonach jedermann das Recht zusteht, zur Wahrung und Förderung der Arbeits- und Wirtschaftsbedingungen Vereinigungen zu bilden.

Demgegenüber ist der Gewerkschaftsbegriff im BetrVG enger zu verstehen. Die Gewerkschaftseigenschaft kommt im Rahmen des § 2 BetrVG sowie bei den gewerkschaftlichen Unterstützungs- und Beratungsfunktionen im Rahmen des BetrVG nur denjenigen Arbeitnehmervereinigungen zu, die auch tariffähig sind. Neben der Erfüllung der Voraussetzungen des Art. 9 Abs. 3 GG (Koalitionen) ist somit Voraussetzung für den Gewerkschaftsbegriff im Sinne des BetrVG, dass diese Gewerkschaft auch tariffähig ist.

Nach der Rechtsprechung des BAG müssen Gewerkschaften im Sinne des BetrVG somit folgende Voraussetzungen erfüllen:

- freiwilliger Zusammenschluss,
- unabhängig in ihrem Bestand vom Wechsel der Mitglieder,
- gegnerfrei (unabhängig in der Willensbildung von Arbeitgeberseite),
- unabhängig von Parteien, Staat und Kirchen,
- Eintreten für eine Verbesserung der Arbeits- und Wirtschaftsbedingungen der Mitglieder auf kollektiv-vertraglicher Basis,
- tariffähig,
- überbetriebliche Organisation,
- Bereitschaft zum Arbeitskampf mit einer entsprechenden sozialen Mächtigkeit und Durchsetzungsfähigkeit (Mitgliederanzahl, Finanzkraft), damit auf die Arbeitgeberseite wirkungsvoller Druck ausgeübt werden kann,

- ein organisatorischer Aufbau, der die Gewerkschaft in die Lage versetzt, die ihr gestellten Aufgaben zu erfüllen und
- ihren Willen selbst bilden kann und sich diese Willensbildung innerhalb der Gewerkschaft auf einer demokratischen Grundlage vollzieht.

Bedeutung für den Betriebsrat/die JAV

Nach § 2 BetrVG hat der Betriebsrat mit der im Betrieb vertretenen Gewerkschaft zusammenzuwirken. Gleiches gilt auch für die JAV. Eine solche enge Zusammenarbeit zwischen Betriebsrat und Gewerkschaft ist auch entscheidend für die volle Ausschöpfung des BetrVG. Für die Gewerkschaften ist es auf der anderen Seite von existenzieller Notwendigkeit, die Rechte aus dem BetrVG auszuschöpfen, um in den Betrieben als Gewerkschaften optimal tätig sein zu können. Der Aufbau gewerkschaftlicher Vertrauenskörper und die Einbindung der Betriebsrätetätigkeit in die gewerkschaftliche Betriebspolitik sind gewerkschaftspolitisch dringend notwendig, um den Tendenzen des BetrVG entgegenzuwirken, die Gewerkschaften aus dem Handlungsfeld Betrieb bzw. Verwaltung zu verdrängen.
Der durch Art. 9 Abs. 3 GG verfassungsrechtlich garantierte Schutz der Gewerkschaft und der Tarifautonomie wird dabei insbesondere auch durch die §§ 77 Abs. 3 und 87 Abs. 1 BetrVG (»Tarifvorrang«) gewährleistet. Durch diese Vorschriften wird sichergestellt, dass die Tarifautonomie durch kollektive betriebliche Regelungen nicht beeinträchtigt oder gar ausgehöhlt wird. Der Betriebsrat hat nur dort Handlungsmöglichkeiten, wo Tarifverträge nicht existieren oder üblich sind bzw. dieses zulassen (»Öffnungsklauseln«). Darüber hinaus bieten aber gerade die Tarifverträge eine verlässliche Arbeitsgrundlage für die Betriebsräte, ohne die sie ihre betriebliche Interessenvertretung nur schwerlich wahrnehmen und realisieren könnten.
Die Stellung der Gewerkschaften im BetrVG wird durch zwei grundlegende Aussagen bestimmt. So werden die Aufgaben der Gewerkschaften, besonders auch die Wahrnehmung der Interessen ihrer Mitglieder, durch das BetrVG nicht berührt (§ 2 Abs. 3 BetrVG). Zum anderen werden Arbeitnehmer, die betriebsverfassungsrechtliche Aufgaben wahrnehmen, hierdurch in ihrer Betätigung für ihre Gewerkschaft auch im Betrieb nicht beschränkt (§ 74 Abs. 3 BetrVG). So können u. a. Mitglieder des Betriebsrats bzw. der JAV auch wie andere Arbeitnehmer an der grundrechtsgeschützten Betriebsarbeit ihrer Gewerkschaft teilnehmen, indem sie z. B. für ihre Gewerkschaft im Betrieb werben. Ebenso können sie an Arbeitskämpfen teilnehmen, wobei ihnen nur untersagt ist, dass sie dabei ihr betriebsverfassungsrechtliches Amt ausnutzen oder herausstellen.

Neben dieser koalitionsrechtlichen Betätigungsmöglichkeit stehen der Gewerkschaft nach dem BetrVG unterschiedliche Rechte zu. Beispielhaft seien hier aufgeführt:

- Einberufung einer Betriebsversammlung zur Bestellung eines Wahlvorstandes in einem betriebsratslosen Betrieb (§ 17 Abs. 3 BetrVG),
- Feststellung, ob eine betriebsratsfähige Organisationseinheit vorliegt oder nicht (§ 18 Abs. 2 BetrVG),
- Anfechtung der Betriebsrats- und JAV-Wahl (§ 19 Abs. 2 BetrVG),
- Antrag beim Arbeitsgericht gegen den Arbeitgeber bei groben Verstößen gegen dessen betriebsverfassungsrechtliche Verpflichtungen (§ 23 Abs. 3 BetrVG),
- Teilnahme an Betriebsratssitzungen auf Antrag von einem Viertel der Mitglieder oder der Mehrheit einer Gruppe des Betriebsrats (§ 31 BetrVG),
- Antrag beim Betriebsrat auf Einberufung einer Betriebsversammlung, wenn im vorhergegangenen Kalenderhalbjahr keine Betriebsversammlung oder keine Abteilungsversammlung durchgeführt worden ist (§ 43 Abs. 4 BetrVG),
- Teilnahme an Betriebs- oder Abteilungsversammlungen sowie an Jugend- und Auszubildendenversammlungen (§§ 46 Abs. 1, 71 BetrVG),
- Strafantragsrecht wegen Straftaten gegen Betriebsverfassungsorgane (§ 119 Abs. 2 BetrVG).

Zur Wahrnehmung ihrer betriebsverfassungsrechtlichen Aufgaben hat die Gewerkschaft ein ausdrücklich normiertes Zugangsrecht zum Betrieb (§ 2 Abs. 2 BetrVG). Dieses Zugangsrecht der Gewerkschaft zum Betrieb ist dabei nicht nur dann gegeben, wenn es sich um die Wahrnehmung einer ausdrücklich im Gesetz aufgeführten Aufgabe der Gewerkschaft handelt. Die Gewerkschaft hat vielmehr dann schon ein Recht auf Zugang zum Betrieb, wenn sie Aufgaben wahrnimmt, die in irgendeinem Zusammenhang, gleich welcher Art, mit dem BetrVG stehen. Voraussetzung ist dabei jedoch, dass es sich um eine Gewerkschaft handelt, die im Betrieb vertreten ist. Dieses ist dann gegeben, wenn die Gewerkschaft mindestens ein Mitglied im Betrieb hat.

Dabei entscheidet die Gewerkschaft selbst, wen sie als Beauftragten in den Betrieb entsenden will. Der Arbeitgeber ist dabei über den betrieblichen Zugang der Gewerkschaft zum Betrieb zu unterrichten. Sein Einverständnis ist jedoch keine Voraussetzung für das Zutrittsrecht selbst. Nur in besonderen Ausnahmefällen kann der Arbeitgeber einem bestimmten Gewerkschaftsbeauftragten den Zutritt zum Betrieb verweigern, z. B. dann, wenn der Gewerkschaftsbeauftragte den Arbeitgeber oder dessen Vertreter grob beleidigt hat. Die Verweigerung des Zutrittsrechts kann aber immer nur einzelne Personen betreffen, niemals die Gewerkschaft selbst. Sie verliert auf diese Weise nicht ihr Zutrittsrecht. Beschränkungen bestehen ebenfalls nicht vor oder während eines Arbeitskampfes. Auch in diesen Fällen steht der Gewerkschaft das betriebsverfassungsrechtliche Zugangsrecht zu.

Die Frage, ob und in welchem Maße sich Gewerkschaften im Betrieb betätigen können, ist hinsichtlich der Frage Gewerkschaft und Betriebsrat in § 2 Abs. 3 BetrVG geregelt. Danach ist eine Gewerkschaft im Betrieb dazu berechtigt, die Interessen ihrer Mitglieder in vollem Umfang zu vertreten. Dieses erfolgt z. B. durch gewerkschaftliche Vertrauensleute.
Darüber hinaus ist diese Frage durch die Rechtsprechung des Bundesverfassungsgerichtes beantwortet worden. Ausgehend von Art. 9 Abs. 3 GG (»Koalitionsfreiheit«) steht den Gewerkschaften als auch ihren Mitgliedern (vgl. § 74 Abs. 3 BetrVG) ein umfassendes Betätigungsrecht neben § 2 Abs. 3 BetrVG zu. Dieses wird begrenzt von grundrechtlich geschützten Rechten des Arbeitgebers, es ist somit nicht grenzenlos. So spielt bei der Begrenzung des Betätigungsrechts z. B. eine Rolle, ob die wirtschaftliche Betätigungsfreiheit eines Arbeitgebers vor allem durch eine Störung des Arbeitsablaufs und/oder des Betriebsfriedens berührt wird.
Somit ist der Arbeitgeber nach Art. 9 Abs. 3 GG grundsätzlich verpflichtet, die zulässige gewerkschaftliche Information, wie das Verteilen von Infomaterial, die Plakatwerbung als auch die Mitgliederwerbung, in seinem Betrieb zu dulden. Das Überreichen einer Gewerkschaftsbroschüre und in dem Zusammenhang ein kurzes Gespräch darüber ist vom Arbeitgeber nicht zu beanstanden, ebenso wenig wie die Versendung von gewerkschaftsbezogenen E-Mails vom heimischen PC eines Arbeitnehmers aus an die betrieblichen PCs seiner Kolleginnen und Kollegen. Eine Abmahnung des Arbeitgebers ist rechtswidrig.

Gleichberechtigung

Begriff

Als Unterfall des allgemeinen Gleichheitsgrundsatzes wird die Gleichberechtigung von Mann und Frau durch Art. 3 Abs. 2 Satz 1 GG garantiert. Ergänzt wird sie durch das Benachteiligungs- bzw. Bevorzugungsverbot des Art. 3 Abs. 3 GG, wonach niemand wegen seines Geschlechts benachteiligt oder bevorzugt werden darf. Der Gleichberechtigungssatz des Art. 3 Abs. 2 Satz 1 GG stellt darüber hinaus ein Gleichberechtigungsgebot auf, wonach für die Zukunft eine Gleichberechtigung der Geschlechter durchgesetzt werden muss. Dieses Gleichberechtigungsgebot zielt auf die Angleichung der Lebensverhältnisse ab. Dieses ist nunmehr auch in Art. 3 Abs. 2 Satz 2 GG normiert, der anlässlich der Verfassungsreform von 1994 in das Grundgesetz eingefügt wurde. Danach hat der Staat die tatsächliche Durchsetzung der Gleichberechtigung von Frauen und Männern zu fördern und auf die Beseitigung bestehender Nachteile hinzuwirken.
Die Gleichberechtigung ist zudem in den EG/EU-Verträgen, in den daraus abgeleiteten Richtlinien und in den Entscheidungen des EuGH begründet. In Artikel 157 des Vertrags zur Arbeitsweise der Europäischen Union (AEUV) ist z. B. die Entgeltgleichheit, also der Anspruch auf gleiches Entgelt für »gleiche und gleichwertige« Arbeit verankert.
Durch das im Jahre 2006 verabschiedete Allgemeine Gleichbehandlungsgesetz (AGG; → **Allgemeines Gleichbehandlungsgesetz**) ist dieses Benachteiligungsverbot umfassend geregelt worden. Ziel des AGG ist es, die Benachteiligung u. a. aus Gründen des Geschlechts zu verhindern oder zu beseitigen. Benachteiligungsverbote bestehen dabei insbesondere für folgende Bereiche (vgl. § 2 AGG):

- Zugang zur Berufsbildung einschließlich der Berufsausbildung, der beruflichen Weiterbildung, der Umschulung sowie der praktischen Berufserfahrung;
- Zugang zu einem Arbeitsverhältnis einschließlich der Auswahlkriterien und Einstellungsbedingungen sowie für den beruflichen Aufstieg;
- bei den Arbeitsbedingungen einschließlich Entgelt sowie den Entlassungsbedingungen.

Weder der Arbeitgeber, Vorgesetzte, Arbeitnehmer noch Dritte dürfen Arbeitnehmer wegen ihres Geschlechts (§ 3 AGG)

- unmittelbar oder mittelbar (z. B. Ausschluss von Teilzeitbeschäftigten bei der betrieblichen Altersversorgung) benachteiligen,
- belästigen oder
- eine Benachteiligung anweisen.

Dieses hat zur Folge, dass die Gestaltungsfreiheit eines Arbeitgebers, aus sachlichen Gründen zu unterscheiden, insoweit ausgeschlossen ist, als das das Geschlecht als Unterscheidungsmerkmal dienen soll. Die biologischen und sonstigen Unterschiede der Geschlechter sind also grundsätzlich unbeachtlich, solange sie nicht ganz ausnahmsweise unterschiedliche Regelungen geradezu gebieten. Eine unmittelbare Benachteiligung wegen des Geschlechts liegt auch bei einer ungünstigeren Behandlung einer Frau wegen Schwangerschaft oder Mutterschaft vor. Im Zweifel ist eher davon auszugehen, dass eine Benachteiligung nicht sachlich gerechtfertigt ist. Das ist z. B. im Falle des Mutterschutzes gegeben.
Eine Benachteiligung wegen des Geschlechts bei Einstellung oder beim beruflichen Aufstieg ist bereits dann gegeben, wenn eine rechtliche Ungleichbehandlung an das Geschlecht anknüpft. Es ist dabei unerheblich, ob andere Gründe daneben maßgeblich waren. So wäre es z. B. mittelbar diskriminierend, alle Beschäftigten, die länger als ein halbes Jahr ihre Erwerbstätigkeit wegen Erziehungs- oder Pflegearbeit unterbrechen, von beruflichen Karrierewegen auszuschließen oder alle Teilzeitbeschäftigte für nicht so leistungsfähig zu halten und sie deshalb schlechter zu beurteilen. Es ist somit dem Arbeitgeber verwehrt, das Geschlecht der Bewerberin bzw. des Bewerbers bei seiner Entscheidung überhaupt zu ihren bzw. seinen Lasten zu berücksichtigen. Unzulässig ist es daher, in einer Ausschreibung festzulegen, dass Frauen generell bevorzugt werden. Anders verhält es sich, wenn Frauen bei bestehender Unterrepräsentation und bei gleicher Leistung und Qualifikation bevorzugt eingestellt werden.
Nach § 2 und § 7 AGG ist es dem Arbeitgeber ausdrücklich verboten, einen Arbeitnehmer bei einer Vereinbarung oder Maßnahme, insbesondere bei der Begründung des Ausbildungsverhältnisses oder Arbeitsverhältnisses, bei der Arbeitsplatzausschreibung (§ 11 AGG), beim beruflichen Aufstieg, bei einer Weisung oder Kündigung wegen des Geschlechts zu benachteiligen. Dieses Verbot umfasst dabei sowohl die unmittelbare als auch die mittelbare Benachteiligung wegen des Geschlechts. Unterscheidungen, die auf anderen Gründen als in der Person oder auf Unterschiedlichkeiten des Arbeitsplatzes beruhen, sind von dem Benachteiligungsverbot nicht betroffen, wenn sie eine unverzichtbare Anforderung für die Tätigkeit darstellen (vgl. § 8 AGG).
Um eine Benachteiligung von Anfang an zu unterbinden, ist der Arbeitgeber verpflichtet (§ 12 Abs. 1 AGG), die erforderlichen Maßnahmen zum Schutz vor Benachteiligungen zu treffen, wobei dieser Schutz auch und gerade vorbeugende

Maßnahmen umfasst. Dazu gehören eine Sensibilisierung der Vorgesetzten, eine Aufklärung über das AGG und seinen Inhalt, als auch die Durchführung von Aus- und Fortbildungsmaßnahmen.
Eine Frage der Gleichberechtigung ist die Verbesserung des Zugangs von Frauen zu Führungspositionen. Frauen in Führungspositionen sind immer noch die Ausnahme. Der Anteil von Frauen in den Vorständen der 200 größten Unternehmen in Deutschland betrug Ende 2014 5,4 Prozent. In Aufsichtsräten börsennotierter Gesellschaften liegt der Frauenanteil bei knapp 22 Prozent (2016).
Seit dem 1. Januar 2016 gilt nun die feste Geschlechterquote von 30 Prozent für neu zu besetzende Aufsichtsratsposten in börsennotierten und voll mitbestimmten Unternehmen. Das betrifft 101 Unternehmen. Weitere rund 3500 Unternehmen, die entweder börsennotiert oder mitbestimmungspflichtig sind, müssen sich eigene Zielgrößen zur Erhöhung des Frauenanteils in Aufsichtsräten, Vorständen bzw. Geschäftsführungen und obersten Management-Ebenen setzen. Und auch für den öffentlichen Dienst gilt ab 2016 für die Besetzung von Aufsichtsgremien, in denen dem Bund mindestens drei Sitze zustehen, eine Geschlechterquote von mindestens 30 Prozent für alle Neubesetzungen dieser Sitze.
Grundlage dieser Regelungen ist das Gesetz für die gleichberechtigte Teilhabe von Frauen und Männern an Führungspositionen in der Privatwirtschaft und im öffentlichen Dienst, das am 1. Mai 2015 in Kraft getreten ist. Ziel des Gesetzes ist es, den Anteil von Frauen an Führungspositionen signifikant zu verbessern und letztlich eine Geschlechterparität herzustellen.
Eine bessere Vereinbarkeit von Beruf und Familie ist eine weitere wichtige Voraussetzung, um Gleichberechtigung herzustellen. Eine partnerschaftliche Kinderbetreuung wirkt sich positiv auf Frauenerwerbstätigkeit aus. Das Bundeselterngeld- und Elternzeitgesetz (BEEG) orientiert sich deshalb an einem partnerschaftlichen Modell, an der Erwerbstätigkeit beider Eltern. Dadurch soll mehr Wahlfreiheit bei der Aufgabenverteilung in der Familie, eine größere ökonomische Unabhängigkeit, eine bessere Vereinbarkeit von Familie und Beruf sowie eine Attraktivitätssteigerung der Inanspruchnahme von Elternzeit für Väter erzielt werden.
Elternzeit und Elterngeld sind grundsätzlich voneinander zu unterscheiden.
Das Elterngeld ist eine sozialrechtliche Entgeltersatzleistung, die bei der zuständigen Elterngeldstelle beantragt wird. Bei der Elternzeit handelt es sich um einen arbeitsrechtlichen Anspruch auf unbezahlte Freistellung gegenüber dem Arbeitgeber.
Der Anspruch auf Elternzeit besteht für jeden Elternteil drei Jahre bis zur Vollendung des 3. Lebensjahres eines Kindes. Bis zu 24 Monate der Elternzeit können bis zur Vollendung des 8. Lebensjahres des Kindes übertragen werden, ohne dass eine Zustimmung des Arbeitgebers notwendig ist.

Elternzeit wird auf Berufsbildungszeiten nicht angerechnet (§ 20 BEEG). Ausbildungszeiten verlängern sich in der Regel dementsprechend. Das bedeutet: Die Zeit der Elternzeitpause wird einfach hinten angehängt.
Beim Elterngeld können Eltern zwischen Basiselterngeld und dem Bezug von Elterngeld Plus wählen oder beide Möglichkeiten miteinander kombinieren.
Das Basiselterngeld wird grundsätzlich in Höhe von 65 bis 67 Prozent des bereinigten Einkommens für zwölf Lebensmonate bezahlt, mindestens 300 € und max. 1800 € pro Monat (im Elterngeld Plus-Bezug mind. 150 Euro und höchstens 900 Euro monatlich).Weitere zwei Monate werden dann geleistet, wenn auch der andere Elternteil für mindestens zwei Monate die Arbeitszeit reduziert.
Das Elterngeld Plus gibt es für den doppelten Zeitraum: Ein bisheriger Elterngeldmonat entspricht zwei Elterngeld Plus-Monaten. Das Elterngeld Plus ist in seiner monatlichen Höhe aber begrenzt auf die Hälfte des Elterngelds, das Eltern bei vollständiger Erwerbsunterbrechung (also ohne Teilzeittätigkeit) bekämen.
Es gibt zusätzlich noch den Partnerschaftsbonus in Höhe von vier Monaten Elterngeld Plus pro Elternteil, wenn neben weiteren Voraussetzungen beide Partner parallel vier Monate am Stück zwischen 25 und 30 Wochenstunden arbeiten.

Bedeutung für den Betriebsrat/die JAV

Nach § 80 Abs. 1 Nr. 2a und 2b BetrVG ist der Betriebsrat verpflichtet, die Durchsetzung der tatsächlichen Gleichstellung von Frauen und Männern, insbesondere bei der Einstellung, Beschäftigung, Aus-, Fort- und Weiterbildung und dem beruflichen Aufstieg zu fördern; diese Verpflichtung erstreckt sich auch auf die Förderung der Vereinbarkeit von Familie und Erwerbstätigkeit. Dabei stehen ihm entsprechende Initiativrechte zur Verfügung. Die Durchsetzung der tatsächlichen Gleichstellung ist als Aufgabe der JAV durch die Novellierung 2001 hervorgehoben worden (§ 70 Abs. 1 Nr. 1a BetrVG). Diese Aufgabenstellung wird durch das AGG unterstrichen. Nach § 17 Abs. 1 AGG sind die Interessenvertretungen aufgefordert, in einer gemeinsamen Strategie mit dem Arbeitgeber und den Beschäftigten auf eine neue Unternehmenskultur (»Diversity«) hinzuwirken, um umfassend vor Diskriminierungen/Benachteiligungen im Erwerbsleben bzw. im Unternehmen zu schützen.
Diese Regelungen geben sowohl dem Betriebsrat als auch der JAV eine umfassende Förderungspflicht, wonach der Betriebsrat bzw. die JAV alle möglichen Aktivitäten zu unternehmen hat, die ihm bzw. ihr zur Erreichung dieses Ziels sinnvoll erscheinen. Dabei geht es insbesondere auch darum, die tatsächliche

Gleichstellung, also die tatsächlichen Bedingungen in der Gleichberechtigung, herzustellen.
Zur Umsetzung dieser Aufgabenstellung sollten der Betriebsrat zusammen mit der JAV einen »Gleichstellungsausschuss« nach § 28 BetrVG bilden. Die Aufgaben dieses Ausschusses sind dabei wie folgt zu beschreiben:

- Bestandsaufnahme einschließlich Datenanalyse zur Situation der Frauen im Betrieb,
- gemeinsame Aktionen mit dem gewerkschaftlichen Vertrauenskörper zum Thema, um Problembewusstsein zu schaffen und Vorurteile zu beseitigen,
- Entwicklung eines Forderungskatalogs,
- davon abgeleitet die Erarbeitung eines Entwurfs einer Betriebsvereinbarung und eventuell Verhandlungen mit dem Arbeitgeber.

Der Abschluss der Betriebsvereinbarung liegt in den Händen des Betriebsrats (Beachte: § 28 Abs. 1 i. V. m. § 27 Abs. 2 BetrVG). Ein Muster für eine Betriebsvereinbarung ist auf den folgenden Seiten abgedruckt.
Mit der Novellierung 2001 ist die Berichtspflicht des Arbeitgebers auf der Betriebsräteversammlung hinsichtlich des Standes der Gleichstellung von Frauen und Männern im Unternehmen erweitert worden (§ 53 Abs. 2 Nr. 2 BetrVG). Diese Berichtspflicht betrifft ebenfalls die Betriebsversammlung (§ 43 Abs. 2 BetrVG). In seinem Gleichstellungsbericht soll der Arbeitgeber unter anderem die Unterschiede beim Einkommen und der Art der Beschäftigung (Vollzeit/Teilzeit, unbefristet/befristet) darlegen und den Anteil von Frauen in Führungspositionen nennen. Die Regelungen zur Gleichstellung bzw. zur Förderung der Frauen im Rahmen der Personalplanung sind durch § 92 Abs. 3 BetrVG verstärkt worden. Nach § 3 Abs. 4 AGG ist der Arbeitgeber besonders verpflichtet, die Beschäftigten vor sexueller Belästigung am Arbeitsplatz zu schützen. Dabei umfasst dieser Schutz auch vorbeugende Maßnahmen. Der Betriebsrat hat die Verpflichtung, Maßnahmen zum Schutz vor sexueller Belästigung am Arbeitsplatz zu beantragen. Dabei steht ihm ein Mitbestimmungsrecht gem. § 87 Abs. 1 Nr. 1 BetrVG zu.

Bedeutung für die Beschäftigten

Nach dem AGG stehen den Beschäftigten verschiedene Rechte zu, wenn es durch den Arbeitgeber, Vorgesetzte, Beschäftigte oder Dritte zu Benachteiligungen wegen des Geschlechts kommt.
So haben die Beschäftigten das Recht, sich bei der zuständigen Stelle im Betrieb (§ 13 AGG) oder beim Betriebsrat zu beschweren (→ **Beschwerderecht**). Weitere Rechte können sein:

- Leistungsverweigerungsrecht (§ 14 AGG);
- Unterlassungsklage;
- Entschädigung und Schadensersatz (§ 15 AGG).

Für die Verfolgung einer Benachteiligung muss die betroffene Person lediglich Indizien beweisen, die dafür sprechen. Der Arbeitgeber hat dann den Entlastungsbeweis zu führen.

Internethinweise

www.extranet.igmetall.de (Praxis → Frauen und Gleichstellung)
www.eg-check.de
www.lohnspiegel.de
http://www.boeckler.de/themen_33715.htm
http://www.gleichstellen-igmetall.de/
www.klimaindex-vereinbarkeit-igmetall.de

Literaturhinweise

Martini, Vereinbarkeit von Familie und Beruf, Handlungshilfe für Betriebsräte, 2011
Nollert-Borasio/Perreng, Allgemeines Gleichbehandlungsgesetz, 4. Aufl., 2014
Sexuelle Belästigung, Handlungshilfe für Betroffene und Betriebsräte, Hrsg. IG Metall Vorstand in Zusammenarbeit mit G. Klara, 2008

Beispiel für eine Betriebsvereinbarung: Betriebsvereinbarung zur Förderung von Frauen in … (Unternehmen) 16

I. Präambel

Vorstand und Gesamtbetriebsrat von … (Unternehmen) sehen die Förderung von Frauen in unserem Unternehmen als einen wichtigen Schwerpunkt, um langfristig erfolgreich zu sein und um der gesellschaftlichen Verantwortung gerecht zu werden.
Die Förderung von Frauen ist ein wichtiger Schritt zur Förderung von Chancengleichheit und zur Umsetzung unserer Personalstrategie.
Etwa die Hälfte aller Schulabgänger und über die Hälfte aller jungen Menschen mit Fachhochschul- und Hochschulreife sowie Fachhochschul- und Hochschulabschlüssen sind Frauen. Dieses Know-how und die vielfältigen Kompetenzen sollen im Unternehmen auch entsprechend eingesetzt werden.

II. Handlungsfelder

Die konkreten Handlungsbedarfe zur Erreichung der Zielkorridore und die Ableitung von Einzelmaßnahmen ergeben sich jeweils aus den Zielen und Rahmenbedingungen der handelnden Einheiten.
Vorstand und Gesamtbetriebsrat haben drei Handlungsfelder identifiziert, auf die besonderes Augenmerk gelegt werden muss und streben gemeinsam an, bis 20XX bestimmte Zielkorridore zu erreichen. Es besteht Einigkeit, dass das Erreichen der angestrebten Ziele auch von der wirtschaftlichen Entwicklung des Unternehmens und der Geschäftsbereiche und den damit verbundenen Handlungsspielräumen, wie zum Beispiel Neueinstellungen, abhängt.

III. Zielkorridore

1. Aktive Gesamtbelegschaft

Der Frauenanteil in der Belegschaft der … (Unternehmen) liegt derzeit bei Z %. Wir haben vorgesehen, den Anteil von Frauen in den nächsten Jahren zu halten bzw. kontinuierlich zu erhöhen. Bis Ende 2010 streben wir – trotz restriktiver Personalplanung – einen Frauenanteil von X % bis Y % an. Der Schwerpunkt liegt hierbei in den technischen Ausbildungsbereichen und bei Fachhochschul- und Hochschulabsolventinnen.

2. Berufsausbildung

Der Frauenanteil in der Berufsausbildung der … (Unternehmen) liegt derzeit bei Z %. Wir haben vorgesehen, den Anteil von Frauen in unserer Berufsausbildung in den nächsten Jahren kontinuierlich zu erhöhen. Bis Ende 2010 streben wir einen Frauenanteil in der Berufsausbildung von X % bis Y % an. Der besondere Schwerpunkt liegt dabei in der technischen Berufsausbildung, für die wir bis Ende 20XX einen Frauenanteil von X bis Y % erreichen wollen.

3. Personalentwicklung

Alle unsere Beschäftigten werden entsprechend ihren Fähigkeiten und Kompetenzen eingesetzt, unterstützt, gefördert und weiterentwickelt.
Entsprechend der von der Unternehmensleitung vorgesehenen Erhöhung des Frauenanteils in Führungsfunktionen streben Unternehmensleitung und Gesamtbetriebsrat gemeinsam an, den Anteil von Frauen in Führungsfunktionen der Ebene A, der derzeit bei Z % liegt, auf X % bis Y % zu erhöhen. Auch in der Ebene B wird ein höherer Frauenanteil angestrebt. Es besteht Einigung darüber, dass die Attraktivität des Meisterberufes für Frauen gesteigert werden muss. Ebenso ist die Basis für den Einstieg für Frauen in den Meisterberuf zu verbreitern, wie z. B. durch Maßnahmen wie Workshops mit Meisterinnen, Gesprächskreise mit interessierten Frauen etc. Konkrete Maßnahmen werden zwischen Unternehmensleitung und Gesamtbetriebsrat gesondert vereinbart.
Um die Personalentwicklungsziele zu erreichen, soll die berufliche und persönliche Entwicklung von Mitarbeiterinnen aktiv unterstützt werden (z. B. Projekteinsätze, Entwicklungspläne).

IV. Umsetzung

Durch die Einrichtung des Global Diversity Office sind u.a. die o.g. Handlungsfelder zur Förderung von Frauen zukünftig in die Diversity-Organisation integriert. Unter der Federführung des Global Diversity Office wird dabei auch die Aufgabe übernommen, den GBR regelmäßig zu informieren und mit ihm die Ziele, die übergreifenden Maßnahmen und die Erfahrungen (Reporting) auf dem Gebiet der Frauenförderung sowie die flankierende Öffentlichkeitsarbeit im Unternehmen zu beraten.

Auch an den Standorten werden sobald wie möglich, spätestens jedoch bis Ende 20XY die Aktivitäten in die bereits bestehenden Gremien beim örtlichen Personalbereich und Betriebsrat integriert. Übergangsweise kümmern sich standortspezifische Steuerungsgremien weiterhin um das Thema Frauenförderung am Standort. In der Verantwortung eines Standorts liegen dabei z.B.:

- die Erhebung von Daten zur Festlegung und Ausgestaltung der Handlungsschwerpunkte;
- die Ableitung von Maßnahmen und deren Umsetzung;
- die Schaffung eventuell erforderlicher ergonomischer und organisatorischer Rahmenbedingungen und Voraussetzungen;
- die Durchführung eines standortbezogenen Reportings;
- regelmäßige Information und Beratung mit dem Betriebsrat.

V. Inkrafttreten

Diese Gesamtbetriebsvereinbarung tritt zum (Datum) in Kraft. Die Vereinbarung ist befristet und endet mit Wirkung zum (Datum), ohne dass es einer Kündigung bedarf; sie hat keine Nachwirkung. Mitte des Jahres (Jahreszahl) werden Gesamtbetriebsrat und Unternehmensleitung die Ergebnisse und die Erfahrungen der durchgeführten Maßnahmen gemeinsam bewerten.

____

Ort, Datum

____________________________ ____________________________

Unternehmensleitung Gesamtbetriebsrat

Gleitende Arbeitszeit

Begriff

Von gleitender Arbeitszeit spricht man, wenn dem Arbeitnehmer oder Auszubildenden gestattet ist, den Arbeitsbeginn und das Arbeitsende in bestimmten Zeitkorridoren selbst festzulegen und nach Ablauf der vereinbarten täglichen Arbeitszeit die Arbeit danach früher oder später zu beenden und nur während einer bestimmten Kernarbeitszeit im Betrieb zu sein. Dies bringt Arbeitnehmern Vorteile, können sie doch Arbeitszeit, Freizeit, Zeit für Familie und Freunde besser planen. Nicht zu verwechseln ist die gleitende Arbeitszeit mit der Einführung eines Arbeitszeitkontos, das der Arbeitgeber dann häufig in diesem Zusammenhang auf die Tagesordnung setzt. Beim Arbeitszeitkonto sollen Überstunden in Zeiten hoher Arbeitsbelastung nicht ausbezahlt werden, sondern für Zeiten von Arbeitsrückgang aufgespart und dort verrechnet werden. Das Arbeitszeitkonto dient also in erster Linie dem Interesse des Arbeitgebers, Arbeitskraft flexibel einzusetzen und Lohnkosten einzusparen. Einführung und Durchführung der gleitenden Arbeitszeit sind im Hinblick auf die verkürzten tariflichen Arbeitszeiten auch für Jugendliche heute üblich. So bestimmt § 8 JArbSchG, dass Jugendliche nicht mehr als acht Stunden täglich und nicht mehr als 40 Stunden wöchentlich beschäftigt werden dürfen. Das Gesetz erlaubt aber bei Verkürzung der Arbeitszeit an einzelnen Werktagen eine Verlängerung der Arbeitszeit an anderen Tagen (§ 8 Abs. 2 Abs. 2a JArbSchG). Im Hinblick auf die durchweg geltende 35-Stunden-Woche lässt das Gesetz in der Praxis also auch für Jugendliche eine angemessene Beteiligung an Gleitzeitvereinbarungen zu. Für erwachsene Arbeitnehmer gilt das → **Arbeitszeitgesetz**.
Im Übrigen kann durch Tarifvertrag der Rahmen für die gleitende Arbeitszeit auch für Jugendliche auf täglich bis zu neun Stunden ausgedehnt werden.

Bedeutung für den Betriebsrat/die JAV

Nach § 87 Abs. 1 Nr. 2 BetrVG unterliegen die Festlegung von Beginn und Ende der täglichen Arbeitszeit einschließlich der Pausen sowie die Verteilung der Arbeitszeit auf die einzelnen Wochentage dem zwingenden Mitbestimmungsrecht des Betriebsrats. Damit sind also Einführung, Änderung und Modalitäten der Gleitzeitarbeit in vollem Umfang mitbestimmungspflichtig.
Zu berücksichtigen ist allerdings, dass der Betriebsrat bei der Festlegung der Modalitäten der Gleitzeit für Jugendliche die Bestimmungen des Jugendarbeitsschutzgesetzes und die dort genannten Beschränkungen zu berücksichtigen hat. Abweichungen hiervon sind grundsätzlich nur durch Tarifvertrag möglich, nur in bestimmten Ausnahmefällen durch Betriebsvereinbarung oder Arbeitsvertrag (§ 21a JArbSchG).

Handwerkskammern/ Handwerksinnungen

Begriff

Das Handwerk hat sich zu seiner Interessenvertretung in Handwerksinnungen bzw. Handwerkskammern zusammengeschlossen. Sie sind als Körperschaften des öffentlichen Rechts organisiert. Neben den Meistern gehören ihr auch Gesellen an.
Aufgabe der Handwerkskammern ist die Regelung der betrieblichen Berufsausbildung einschließlich des Erlasses der Prüfungsordnungen und der Durchführung der Prüfungen. Sie führen die Handwerksrolle, in die jeder Handwerksmeister, der einen selbstständigen Betrieb führt, eingetragen sein muss.
Die rechtlichen Grundlagen bilden die §§ 90ff. des Gesetzes zur Ordnung des Handwerks, der sogenannten »Handwerksordnung«.
In § 91 sind die Aufgaben der Handwerkskammer bestimmt. Hiernach hat sie insbesondere die Berufsausbildung zu regeln und hierfür Vorschriften zu erlassen und ihre Durchführung zu überwachen sowie eine »Lehrlingsrolle« zu führen (vgl. nachstehenden Gesetzestext).
In Handwerksinnungen haben sich nach § 52 Handwerksordnung selbstständige Handwerker des gleichen Handwerks oder solche Handwerke, die sich fachlich oder wirtschaftlich nahestehen, zur Förderung ihrer gemeinsamen gewerblichen Interessen innerhalb eines bestimmten Bezirks zusammengeschlossen. Für jedes Handwerk kann in dem gleichen Bezirk nur eine Handwerksinnung gebildet werden.
Die Aufgaben sind in § 54 Handwerksordnung beschrieben.

§ 54 Handwerksordnung lautet:
(1) Aufgabe der Handwerksinnung ist, die gemeinsamen gewerblichen Interessen ihrer Mitglieder zu fördern. Insbesondere hat sie
1. den Gemeingeist und die Berufsehre zu pflegen,
2. ein gutes Verhältnis zwischen Meistern, Gesellen und Lehrlingen anzustreben,
3. entsprechend den Vorschriften der Handwerkskammer die Lehrlingsausbildung zu regeln und zu überwachen sowie für die berufliche Ausbildung der Lehrlinge zu sorgen und ihre charakterliche Entwicklung zu fördern,

4. die Gesellenprüfungen abzunehmen und hierfür Gesellenprüfungsausschüsse zu errichten, sofern sie von der Handwerkskammer dazu ermächtigt ist,
5. das handwerkliche Können der Meister und Gesellen zu fördern; zu diesem Zweck kann sie insbesondere Fachschulen errichten oder unterstützen und Lehrgänge veranstalten,
6. bei der Verwaltung der Berufsschulen gemäß den bundes- und landesrechtlichen Bestimmungen mitzuwirken,
7. das Genossenschaftswesen im Handwerk zu fördern,
8. über Angelegenheiten der in ihr vertretenen Handwerke den Behörden Gutachten und Auskünfte zu erstatten,
9. die sonstigen handwerklichen Organisationen und Einrichtungen in der Erfüllung ihrer Aufgaben zu unterstützen,
10. die von der Handwerkskammer innerhalb ihrer Zuständigkeit erlassenen Vorschriften und Anordnungen durchzuführen.

(2) Die Handwerksinnung soll
1. zwecks Erhöhung der Wirtschaftlichkeit der Betriebe ihrer Mitglieder Einrichtungen zur Verbesserung der Arbeitsweise und der Betriebsführung schaffen und fördern,
2. bei der Vergebung öffentlicher Lieferungen und Leistungen die Vergebungsstellen beraten,
3. das handwerkliche Pressewesen unterstützen.

(3) Die Handwerksinnung kann
1. Tarifverträge abschließen, soweit und solange solche Verträge nicht durch den Innungsverband für den Bereich der Handwerksinnung geschlossen sind,
2. für ihre Mitglieder und deren Angehörige Unterstützungskassen für Fälle der Krankheit, des Todes, der Arbeitsunfähigkeit oder sonstiger Bedürftigkeit errichten,
3. bei Streitigkeiten zwischen den Innungsmitgliedern und ihren Auftraggebern auf Antrag vermitteln.

(4) Die Handwerksinnung kann auch sonstige Maßnahmen zur Förderung der gemeinsamen gewerblichen Interessen der Innungsmitglieder durchführen.

(5) Die Errichtung und die Rechtsverhältnisse der Innungskrankenkassen richten sich nach den hierfür geltenden bundesrechtlichen Bestimmungen.

Heimarbeiter/Telearbeiter

Begriff

Das Jugendarbeitsschutzgesetz findet nach § 1 auch auf die Beschäftigung jugendlicher Heimarbeiter bzw. auf sonstige Dienstleistungen Anwendung, die der Arbeitsleistung von Heimarbeitern ähnlich sind.
Heimarbeiter ist der, der in selbst gewählter Arbeitsstätte, in eigener Wohnung oder selbst gewählter Betriebsstätte allein oder mit seinen Familienangehörigen im Auftrag von Gewerbetreibenden, die Heimarbeit vergeben, z. B. Adressenschreiben, Wundertüten füllen u. ä., erwerbsmäßig arbeiten, jedoch die Verwendung des Arbeitsergebnisses dem Auftraggeber überlässt, wie § 2 Abs. 1 Heimarbeitsgesetz (HAG) bestimmt. 90 % der etwa 160 000 Heimarbeiter sind übrigens Frauen. Hinzu kommt eine zunehmende Zahl von »Telearbeitern«, die z. T. als Heimarbeiter i. S. d. HAG anzusehen sind, etwa wenn sie die Arbeiten am PC in »selbstgewählter Arbeitsstätte« verrichten.
Die Vergütung des Heimarbeiters erfolgt in der Regel als Stückentgelt, also als Leistungslohn.
Für die → **Urlaubsansprüche** des jugendlichen Heimarbeiters bestimmt § 19 Abs. 4, dass das Urlaubsentgelt bei einem Urlaub von 30 Werktagen 11,6 %, bei einem Urlaub von 27 Werktagen 10,3 % und bei einem Urlaub von 25 Werktagen 9,5 % beträgt.
Es gilt ein besonderes Kündigungsrecht nach § 29 HAG, mit Kündigungsfristen, die bei längerer Beschäftigungszeit bis zu sieben Monate betragen.
Für Betriebsräte oder Mitglieder der JAV besteht nach § 29 a HAG ein besonderer Kündigungsschutz.

Telearbeit

Es hat schon von jeher Arbeitnehmer gegeben, die ihre Arbeitsleistung außerhalb des Betriebes erbracht haben, insbesondere in ihrer Privatwohnung. Von Telearbeit spricht man, wenn der Beschäftigte mit dem Betrieb durch elektronische Kommunikationsmittel verbunden ist, auch zur Übertragung der Arbeitsergebnisse.

Die Ausgestaltung als vollwertiges Arbeitsverhältnis ist ohne weiteres möglich, etwa in § 5 Abs. 1 BetrVG ausdrücklich vorgesehen. Sie sollte unbedingt angestrebt werden. Es besteht aus Arbeitnehmersicht kein Anlass, Telearbeitnehmer in weniger geschützte Vertragsverhältnisse abzudrängen, etwa als Heimarbeiter oder sogenannte »freie Mitarbeiter«.

Industrie- und Handelskammer (IHK)

Begriff

Die Industrie- und Handelskammer ist die Interessenvertretung der gewerblichen Wirtschaft. Sie ist als Selbstverwaltungskörperschaft des öffentlichen Rechts organisiert. Im Wege der Zwangsmitgliedschaft müssen alle Unternehmen, nämlich alle Firmen, Personengesellschaften und juristische Personen des privaten oder öffentlichen Rechts, bei ihrer Gründung bei der IHK angemeldet werden.

Die Aufgaben der IHK bestehen in der Beratung der angeschlossenen Unternehmen in wirtschaftlichen Angelegenheiten. Sie nehmen außerdem die Kaufmannsgehilfenprüfungen ab.

Interessenausgleich und Sozialplan

Grundlagen

Bei einer Betriebsänderung muss der Arbeitgeber mit dem Betriebsrat über einen Interessenausgleich verhandeln. In der Regel ist er weiterhin verpflichtet, sich mit dem Betriebsrat über einen Sozialplan zu einigen.
Eine Betriebsänderung ist eine durchgreifende arbeitgeberseitige Maßnahme, die Nachteile für einen nicht unerheblichen Teil der Belegschaft zumindest zur Folge haben kann. Das Gesetz nennt in § 111 BetrVG Beispiele, in denen vom Vorliegen einer Betriebsänderung auszugehen ist.
Das ist zum Beispiel die vollständige Stilllegung des gesamten Betriebes, aber auch die Teilstilllegung abgrenzbarer Bereiche des Betriebes. Der Umzug an einen anderen Standort ist ebenfalls eine Betriebsänderung, vorausgesetzt, die Entfernung ist so weit, dass die Veränderung für die betroffenen Arbeitnehmer spürbar ist. Dies wird in der Regel anzunehmen sein, wenn der Betrieb in eine andere Stadt verlegt wird. Bei teilzeitbeschäftigten Arbeitnehmern mit geringem Arbeitsentgelt ist hierbei ein anderer Maßstab anzulegen, als bei Arbeitnehmern, die ohnehin überwiegend ihren Arbeitsplatz mit dem Kraftfahrzeug anfahren oder die gar im Außendienst oder auf Montage ohnehin ständig unterwegs sind.
Beim Interessenausgleich geht es um die Frage, ob, wann und wie der Arbeitnehmer die geplante Betriebsänderung vornimmt. Der Arbeitgeber bringt in diese Verhandlung seine Interessen ein, der Betriebsrat die der betroffenen Beschäftigten.
Dagegen geht es beim Sozialplan um den Ausgleich oder zumindest um die Milderung von Nachteilen, die sich ergeben, wenn die Betriebsänderung umgesetzt wird.
Bei dem weiten Feld der sonstigen betrieblichen Umorganisationen kann der Betriebsrat einen Interessenausgleich und einen Sozialplan verlangen, wenn er die potentiellen Nachteile, die der Belegschaft oder wesentlichen Teilen davon drohen, benennen kann.
Der Interessenausgleich kann nicht erzwungen werden. Der Arbeitgeber muss

nur jede Möglichkeit nutzen, mit dem Betriebsrat hierüber zu verhandeln. Hierzu kann ein Vertreter der Bundesagentur für Arbeit hinzugezogen werden. Es kann auch die Einigungsstelle angerufen werden, die jedoch nicht durch einen verbindlichen Spruch entscheiden kann. Der Interessenausgleich kann auch scheitern. In diesem Fall kann der Arbeitgeber die Betriebsänderung wie von ihm beabsichtigt vornehmen.
Im Gegensatz dazu ist der Sozialplan in der Einigungsstelle auch gegen den Willen des Arbeitgebers erzwingbar. Das bezieht sich auch auf das Sozialplanvolumen, wobei allerdings die wirtschaftliche Vertretbarkeit für das Unternehmen zu berücksichtigen ist und der Bestand der nach der Betriebsänderung verbleibenden Arbeitsplätze nicht gefährdet werden darf.
Häufig sind es Ausgleichszahlungen, vor allem Abfindungen, die beim Verlust des Arbeitsplatzes geleistet werden. Hierbei verpflichtet das Gesetz Arbeitgeber und Betriebsrat, den Gegebenheiten des Einzelfalls Rechnung zu tragen. Die Aussichten der betroffenen Arbeitnehmer auf dem Arbeitsmarkt sind zu berücksichtigen. Arbeitnehmer können vollständig von Leistungen ausgeschlossen werden, wenn sie in einem zumutbaren Arbeitsverhältnis im selben Betrieb oder in einem anderen Betrieb des Unternehmens oder eines Konzernunternehmens weiterbeschäftigt werden können und dies ablehnen. Nach dem Wortlaut des Gesetzes sollen sie in diesen Fällen sogar von der Abfindung ausgeschlossen werden.

Bedeutung für Betriebsrat/JAV

Bei dem Interessenausgleich ist die Position der Arbeitnehmervertretung also schwach, beim Sozialplan dagegen deutlich stärker. Obwohl beide nach der Konstruktion des Gesetzes eigentlich voneinander unabhängig sind, werden erfahrene Betriebsräte stets beide miteinander verhandeln, jedenfalls den Interessenausgleich wenn irgend möglich nicht scheitern lassen, bevor der Sozialplan steht.
Auf jeden Fall sollten Betriebsräte externe Unterstützung zu den jeweils angesprochenen Fragen hinzuziehen. Also die im Betrieb vertretene Gewerkschaft, einen Rechtsanwalt für arbeitsrechtliche Fragen usw. Sind im Unternehmen mehr als 300 Arbeitnehmer beschäftigt, braucht der Betriebsrat hierzu nicht das Einverständnis des Arbeitgebers.

Jugendarbeitsschutzausschüsse

Grundlagen

Nach den §§ 55 und 56 JArbSchG werden auf der Landesebene und auf der Ebene der Aufsichtsbehörden Ausschüsse für Jugendarbeitsschutz eingerichtet (→ **Jugendarbeitsschutzgesetz**). Ihnen gehören u. a. jeweils sechs Vertreter/innen der Arbeitgeber und der Arbeitnehmer/innen an.
Die Aufgaben der Ausschüsse ergeben sich aus § 57 JArbSchG. Danach beschränken sich die Möglichkeiten der Ausschüsse auf Beratungs-, Vorschlags- und Beteiligungsrechte bei der jeweiligen Behörde. Zusätzlich haben sie die Aufgabe, über die Inhalte und Ziele des Jugendarbeitsschutzes aufzuklären. Da die Etats der Ausschüsse i. d. R. relativ gering sind bzw. gar keine eigenen Etats existieren, ist deren Aufklärungsarbeit ebenfalls relativ beschränkt.
Die Landesausschüsse haben über ihre Tätigkeit im Zusammenhang mit dem Bericht der Aufsichtsbehörde zu berichten.

Jugendarbeitsschutzgesetz

Grundlagen

Jugendliche Beschäftigte, egal ob Angestellte, Arbeiter/innen oder Auszubildende, gelten aufgrund ihres Lebensalters und ihrer Unerfahrenheit im Arbeitsprozess als besonders schützenswert. Die rechtliche Grundlage dafür bildet das Jugendarbeitsschutzgesetz (JArbSchG).
Das JArbSchG beinhaltet das grundsätzliche Verbot der → **Kinderarbeit**, wobei einige Ausnahmen zugelassen werden (§§ 5 bis 7 JArbSchG), setzt bei der täglichen Arbeitszeit Höchstgrenzen (§§ 4 und 8 JArbSchG), regelt die Freistellung für die Teilnahme am Berufsschulunterricht (§ 9 JArbSchG, → **Anrechnung Berufsschulzeit**) und an Prüfungen und außerbetrieblichen Ausbildungsmaßnahmen (§ 10 JArbSchG), setzt Mindestnormen bei den Ruhepausen (§ 11 JArbSchG), bei der Schichtzeit (§ 12 JArbSchG), bei der täglichen Freizeit (§ 13 JArbSchG), bei der Nachtruhe (§ 14 JArbSchG), bei der wöchentlichen Arbeitszeit (§§ 15 bis 18 JArbSchG) und beim Jahresurlaub (§ 19 JArbSchG).
Es spricht Beschäftigungsverbote für Jugendliche aus bei → **gefährlichen Arbeiten** (§ 22 JArbSchG), bei Akkordarbeit (§ 23 JArbSchG) und bei Arbeiten unter Tage (§ 24 JArbSchG). § 25 JArbSchG verbietet, dass bestimmte Personen Jugendliche überhaupt beschäftigen dürfen (vgl. → **Ausbilder/Ausbildereignungsverordnung**). Es regelt, welche Pflichten ein Arbeitgeber im Umgang mit jugendlichen Beschäftigten hat, welche gesundheitliche Betreuung mindestens notwendig ist und wie dies alles überwacht werden soll (→ **Jugendarbeitsschutzausschüsse**).
Das JArbSchG ein sinnvolles und notwendiges Schutzgesetz für Kinder und Jugendliche. Dennoch beinhaltet es etliche Ausnahmeregelungen (z. B. bei der → **Kinderarbeit**), die die angestrebte Schutzwirkung auf ein Minimum reduzieren.
Außerdem sind die Gewerbeaufsichtsämter, die nach § 51 JArbSchG verpflichtet sind, angezeigten Verstößen nachzugehen und die Einhaltung der Bestimmungen ggf. durch Bußgelder oder durch Anzeige bei der Staatsanwaltschaft durchzusetzen, mit ihrer Arbeit überfordert; sie können nicht jeden Betrieb überwa-

chen. So kommen häufig nur dort Überschreitungen des JArbSchG ans Tageslicht, wo sie auch von Betriebsrat oder JAV den Gewerbeaufsichtsämtern gemeldet werden. Wo es diese betriebliche Interessenvertretung nicht gibt, wird häufig aus Furcht vor einem Arbeits- oder Ausbildungsplatzverlust geschwiegen.

Bedeutung für den Betriebsrat/die JAV

Nach dem BetrVG sind Betriebsrat (nach § 80 Abs. 1 Ziff. 1 BetrVG) und JAV (nach § 70 Abs. 1 Ziff. 2 BetrVG) verpflichtet, die Einhaltungen der Vorschriften des JArbSchG zu überwachen. Darüber hinaus handelt es sich bei dem JArbSchG um ein Schutzgesetz, d. h., wenn für die Jugendlichen bessere, günstigere Regelungen über Betriebsvereinbarungen erzielt werden können, gelten selbstverständlich diese.

Bedeutung für die Beschäftigten

Für die Jugendlichen ist es oft schwer, sich allein gegen Verstöße des JArbSchG zu wehren. Häufig sind ihnen die Bestimmungen des Schutzgesetzes gar nicht oder nur unzureichend bekannt. Oftmals befürchten sie bei Gegenwehr einen Arbeits- oder Ausbildungsplatzverlust. Die Gewerkschaften können unterstützen und Auszubildenden den Rücken stärken. JArbSchG-Verstöße sind kein Kavaliersdelikt, sie gefährden bei Jugendlichen die Gesundheit und können bei Auszubildenden auch noch das Ausbildungsziel gefährden.
Verstöße gegen das JArbSchG können mit einer Geldbuße bis zu 15 000,00 EUR oder mit einer Freiheitsstrafe von bis zu einem Jahr geahndet werden.

Literaturhinweis

Lakies, Jugendarbeitsschutzgesetz, Basiskommentar, 7. Aufl. 2014

Jugend- und Auszubildendenversammlung

Grundlagen

Die JAV kann bis zu viermal im Jahr alle Wahlberechtigten (§ 60 Abs. 1 BetrVG) zu einer Jugend- und Auszubildendenversammlung einladen (§ 71 BetrVG). Einzuladen sind somit alle jugendlichen Arbeitnehmer/innen sowie alle dual Studierenden und Auszubildenden, die das 25. Lebensjahr noch nicht vollendet haben. Die Jugend- und Auszubildendenversammlungen sollen kurz vor oder nach einer Betriebsversammlung stattfinden. Im Einvernehmen mit dem Arbeitgeber und dem Betriebsrat kann die Jugend- und Auszubildendenversammlung auch zu einem anderen Zeitpunkt durchgeführt werden.
Zweck einer Jugend- und Auszubildendenversammlung ist es, dass

- die JAV gegenüber ihren Wahlberechtigten berichtet, was sie seit der letzten Versammlung gemacht hat (Rechenschaftsbericht),
- die Wahlberechtigten gegenüber der JAV Probleme (z.B. fehlende Ausbildungsmittel, ausbildungsfremde Tätigkeiten etc.) benennen und diskutieren können,
- gemeinsam Forderungen zur Beseitigung von Problemen diskutiert und aufgestellt werden. In diesem Zusammenhang kann die Jugend- und Auszubildendenversammlung auch dazu genutzt werden, gegenüber dem Arbeitgeber deutlich zu machen, dass es sich bei einem Problem um ein gemeinsames (von allen oder vielen Jugendlichen, dual Studierenden und/oder Auszubildenden) handelt.

Im Rahmen einer Jugend- und Auszubildendenversammlung kann über alle wirtschafts-, sozial- und gewerkschaftspolitischen Fragen geredet werden, die für die Wahlberechtigten zur JAV von Bedeutung sind. Themen für die Jugend- und Auszubildendenversammlung sind neben den betrieblichen Problemfeldern beispielsweise Umweltschutz, Rassismus oder die Tarifpolitik. Es gelten die gleichen Grundsätze wie bei → **Betriebsversammlungen** und Abteilungsversammlungen (§ 71 BetrVG i.V.m. § 45 BetrVG).
Die Jugend- und Auszubildendenversammlung findet während der Arbeitszeit

statt (§ 71 i.V.m. § 44 BetrVG). Es empfiehlt sich dabei, die Versammlung nach folgenden Gesichtspunkten durchzuführen:

- vormittags, damit genügend Zeit zur Verfügung steht;
- an Tagen, an denen die wenigsten Auszubildenden Berufsschule haben; mit dem Verweis auf einen Beschluss der Kultusminister können die Auszubildenden auch von der Berufsschule freigestellt werden (Empfehlung zur Beurlaubung von Berufsschülern, Beschluss der Kultusministerkonferenz v. 30.5.1980);
- zur Information der dual Studierenden ist auch darauf zu achten, dass die Jugend- und Auszubildendenversammlung an Tagen stattfindet, an denen die dual Studierenden im Betrieb sind.
- in größeren Betrieben möglicherweise an zwei Tagen jeweils für unterschiedliche Berufsgruppen.

Schulferien bzw. vorlesungsfreie Zeiten können auch genutzt werden. Dabei muss jedoch beachtet werden, ob viele Auszubildende und/oder dual Studierende Urlaub haben.

Die Jugend- und Auszubildendenversammlung findet in einem vom Arbeitgeber gestellten Raum (§ 65 i.V.m. § 40 Abs. 2 BetrVG) statt. Der Raum muss eine ungestörte Versammlung ermöglichen und groß genug für die Teilnahme aller Wahlberechtigten zur JAV sein.

Zur Versammlung einzuladen sind:

- alle Wahlberechtigten zur JAV (die in § 60 Abs. 1 BetrVG genannten Arbeitnehmer/innen),
- der Betriebsrat, mit dem auch der Termin abzusprechen ist,
- die zuständige Gewerkschaft,
- Gäste oder Referenten (Sachverständige) mit Einverständnis des Betriebsrats,
- der Arbeitgeber unter Mitteilung der Tagesordnung (§ 71 i.V.m. § 43 Abs. 2 Satz 1 und 2 BetrVG).

Die JAV hat das Hausrecht bei der Jugend- und Auszubildendenversammlung; das heißt, sie entscheidet über den Ablauf der Versammlung, legt die Inhalte fest und leitet sie. Dies wird zwar nicht ausdrücklich im BetrVG benannt, allerdings wird in der Kommentarliteratur zum BetrVG diese Auffassung vertreten (vgl. DKKW-Trittin 15. Auflage, § 71 Rn. 17; FESTL 28. Auflage, § 71 Rn. 19).

Bedeutung für den Betriebsrat/die JAV

Es sollten möglichst regelmäßig (vier auf das Jahr verteilte) Jugend- und Auszubildendenversammlungen durchgeführt werden. Wichtig ist eine gute Vorbereitung der Versammlung. Folgendes sollte dabei beachtet werden (Thema in der vorbereitenden JAV-Sitzung):

- Was steht auf der Tagesordnung?
- Wer aus der JAV übernimmt was?
- Was berichtet der Betriebsrat bzw. wo kann der Betriebsrat unterstützen?
- Wozu soll der Vertreter der Gewerkschaft reden?
- Sollen Gäste/Referenten eingeladen werden? Zu welchem Thema?
- Gestaltung des Versammlungsraums und
- mögliche Aktionen während der Versammlung.

Gestaltungsmöglichkeiten einer Jugend- und Auszubildendenversammlung:
Um eine Jugend- und Auszubildendenversammlung lebhaft und interessant zu gestalten, stehen der JAV verschiedene Möglichkeiten zur Verfügung. Dabei sollte vor allem darauf geachtete werden, dass die Themen aller Gruppen – Auszubildende wie auch dual Studierende – gleichermaßen präsent sind.

- **Arbeitsgruppen**
  Die JAV hat die Möglichkeit, während der Jugend- und Auszubildendenversammlung Arbeitsgruppen zu unterschiedlichen Themen (auch mit Referenten) durchzuführen. Gerade bei größeren Jugend- und Auszubildendenversammlungen können hier Diskussionen besser geführt werden.
- **Videofilm**
  Ein Film zu einem bestimmten Thema bietet den Teilnehmenden eine Abwechslung, lockert die Atmosphäre und kann die JAV unterstützen, ein komplexes Thema einfach darzustellen. Eine Auswahl guter Filme erhält man oftmals über die zuständige Gewerkschaft, bei der Stadt- oder Landesbildstelle.
- **Fachreferenten und Gäste**
  Will die JAV ein bestimmtes Thema behandeln, kann es sinnvoll sein, Experten hierzu einzuladen. So zum Beispiel einen Vertreter des örtlichen Arbeitsamtes, wenn es um die Übernahmeproblematik nach der Ausbildung geht oder Fachleute zu den Themen Integration und Teilhabe, wenn es um Probleme mit rassistischen Äußerungen geht.
- **Aktionen**
  Bei betrieblichen Problemen oder Auseinandersetzungen ist auch die Beteiligung der Azubis bzw. dual Studierenden sinnvoll. Es kann beispielsweise ein Sketch vorgeführt werden oder man lässt Stühle leer, wenn der Arbeitgeber zum Beispiel angekündigt hat, dass er Ausbildungsplätze abbauen oder nach der Ausbildung nicht übernehmen will.

Bedeutung für die Jugendlichen und Auszubildenden

Im Rahmen einer Jugend- und Auszubildendenversammlung besteht die Möglichkeit, Informationen über den Bearbeitungsstand von Problemen zu erhalten. Des Weiteren können Probleme angesprochen und diskutiert werden. Wichtig ist auch, dass dort, wo es möglich ist, interessierte Jugendliche und Auszubildende von der JAV bereits in die Vorbereitung der Jugend- und Auszubildendenversammlung einbezogen werden.

Einladung für den Betriebsrat zur Jugend- und Auszubildendenversammlung

---

Jugend- und AuszubildendenvertretungDatum

An
Betriebsrat

Jugend- und Auszubildendenversammlung nach § 71 BetrVG

Liebe Kolleginnen und Kollegen,
die Jugend- und Auszubildendenvertretung beabsichtigt,
am ________
um ________ Uhr
in ____
eine Jugend- und Auszubildendenversammlung gemäß § 71 BetrVG durchzuführen.

Folgende Tagesordnung ist vorgesehen:
1.
2.
3.
Auf diesem Wege bitten wir um Zustimmung. Zugleich laden wir den/die Betriebsratsvorsitzende/n oder ein beauftragtes Betriebsratsmitglied herzlich ein, gem. § 65 Abs. 2 Satz 2 BetrVG an der Jugend- und Auszubildendenversammlung teilzunehmen.
Sobald die Zustimmung des Betriebsrats vorliegt, wird ein/e Vertreter/in der Gewerkschaft gem. § 46 BetrVG und der Arbeitgeber gem. § 43 Abs. 2 Satz 1 und 2 BetrVG eingeladen.

Mit freundlichen Grüßen

Vorsitzende/r der Jugend- und Auszubildendenvertretung

Stellvertretende/r Vorsitzende/r der Jugend- und Auszubildendenvertretung

19

Einladung für die Gewerkschaft zur Jugend- und Auszubildendenversammlung

____

Jugend- und Auszubildendenvertretung der Firma Datum

An die
Gewerkschaft

Jugend- und Auszubildendenversammlung am …

Liebe Kolleginnen und Kollegen,
hiermit teilen wir euch gem. § 71 BetrVG i. V. m. § 46 Abs. 2 BetrVG mit, dass
am ________
um ________ Uhr
in ____
eine Jugend- und Auszubildendenversammlung stattfindet.
Wir laden eine/n Vertreter/in der Gewerkschaft ein, an dieser Versammlung teilzunehmen und über das Thema
______________________________________ zu sprechen.
Dieses Thema ergibt sich ____________________ (ausführen).

Mit freundlichen Grüßen

____

Vorsitzende/r der Jugend- und Auszubildendenvertretung

Stellvertretende/r Vorsitzende/r der Jugend- und Auszubildendenvertretung

Einladung für Arbeitgeber zur Jugend- und Auszubildendenversammlung

___

Jugend- und Auszubildendenvertretung des Betriebes Datum

An
Name des Arbeitgebers

Jugend- und Auszubildendenversammlung am …

Sehr geehrte/r Herr/Frau
im Einvernehmen mit dem Betriebsrat laden wir Sie gem. § 71 in Verbindung mit § 43 Abs. 2 Satz 1 und 2 BetrVG zu der
am ________
um ________ Uhr
in ____
stattfindenden Jugend- und Auszubildendenversammlung ein.
Es werden folgende Tagesordnungspunkte behandelt:

1. ____
2. ____
3. ____

Mit freundlichen Grüßen

___

Vorsitzende/r der Jugend- und Auszubildendenvertretung

Stellvertretende/r Vorsitzende/r der Jugend- und Auszubildendenvertretung

Jugend- und Auszubildendenvertretung

Grundlagen

Die Interessenvertretung der Belegschaft ist der Betriebsrat. Speziell für Jugendliche unter 18 Jahren und für alle zur Berufsausbildung Beschäftigten, die das 25. Lebensjahr nicht vollendet haben, ist darüber hinaus die JAV zuständig. In den §§ 60 bis 71 BetrVG sind die Errichtung und die Aufgabenstellung der JAV beschrieben.

Aufgaben der Jugend- und Auszubildendenvertretung

Der JAV werden in § 70 BetrVG zwei wesentliche Aufgabenbereiche zugeordnet:

Kontrolle und Überwachung

In § 70 Abs. 1 Nr. 2 BetrVG heißt es: »Die Jugend- und Auszubildendenvertretung hat darüber zu wachen, dass die zugunsten der Wahlberechtigten geltenden Gesetze, Verordnungen, Unfallverhütungsvorschriften, Tarifverträge und Betriebsvereinbarungen durchgeführt werden.«
Dabei handelt es sich im Wesentlichen um das Berufsbildungsgesetz, das Jugendarbeitsschutzgesetz, Verordnungen (wie beispielsweise die Arbeitsstättenverordnung oder Ausbildungsverordnung), Tarifverträge (wie beispielsweise Manteltarif- oder Ausbildungsvergütungstarifverträge), Betriebsvereinbarungen (beispielsweise zu Beurteilungssystemen oder der Lage der Arbeitszeit).

Maßnahmen beantragen und Anregungen entgegennehmen

Die JAV hat auch die Aufgabe, auf die Verbesserung der Ausbildungsbedingungen Einfluss zu nehmen. In § 70 Abs. 1 Nr. 1 BetrVG heißt es: »Die Jugend- und Auszubildendenvertretung hat Maßnahmen, die den Wahlberechtigten dienen,

insbesondere in Fragen der Berufsausbildung und der Übernahme der zu ihrer Berufsausbildung Beschäftigten in ein Arbeitsverhältnis beim Betriebsrat zu beantragen.«
Maßnahmen können beispielsweise sein:

- die Schaffung zusätzlicher qualifizierter Ausbildungsplätze,
- bessere Ausstattung von Ausbildungswerkstätten und -plätzen bzw. Büroräumen,
- die Durchführung von zusätzlichem Fachunterricht im Betrieb,
- die Durchsetzung lernzielorientierter Beurteilungssysteme bzw. Ausbildungsstandkontrollen,
- die Beschaffung zusätzlicher Ausbildungsmittel wie Hard- und Software, Werkzeuge, Lehrbücher, Arbeitsblätter, Zeichenmaterialien, Taschenrechner usw.,
- die Einführung von Job-Tickets bzw. die Übernahme der Fahrtkosten,
- die Einrichtung von Sozialräumen (vgl. → **Ruhepausen**),
- die kostenlose Bereitstellung von Arbeits- und Sicherheitskleidung.

Ausdrücklich hervorgehoben wird die Übernahme von Ausgebildeten in ein Arbeitsverhältnis (§ 70 Abs. 1 Ziffer 1 BetrVG), da sie für Auslernende aufgrund des Erwerbs von Berufserfahrung und der Anspruchsfrist für Arbeitslosengeld von besonderer Bedeutung ist.
Mit § 70 Abs. 1 Ziffer 1 a und 4 BetrVG wird die große Bedeutung der Themen Gleichstellung der Geschlechter und Integration von Menschen mit Migrationshintergrund im Betrieb für die Arbeit der JAV hervorgehoben.
In § 70 Abs. 1 Ziffer 3 BetrVG heißt es darüber hinaus: Die JAV hat Anregungen der Wahlberechtigten, »insbesondere in Fragen der Berufsausbildung entgegenzunehmen und, falls sie berechtigt erscheinen, beim Betriebsrat auf eine Erledigung hinzuwirken. Die Jugend- und Auszubildendenvertretung hat die Betroffenen über den Stand und über das Ergebnis der Verhandlungen zu informieren.«
Hierzu ist es erforderlich, in engem Kontakt mit den Wahlberechtigten zu stehen. Dies kann beispielsweise durch → **Betriebsbegehungen** oder → **Sprechstunden** geschehen.

Arbeitsmöglichkeiten der Jugend- und Auszubildendenvertretung

Damit die JAV ihre Aufgaben erfüllen kann, regelt das BetrVG eine Anzahl von Arbeitsfeldern und -möglichkeiten. So ist in § 65 BetrVG die Geschäftsführung der JAV geregelt. Im Einzelnen bedeutet das:

- § 65 i. V. m. § 23 Abs. 1 BetrVG: Ausschluss eines Mitgliedes der JAV oder Auflösung der JAV.
- § 65 i. V. m. § 24 BetrVG: Erlöschen der Mitgliedschaft in der JAV.
- § 65 i. V. m. § 25 BetrVG: Tätigwerden von Ersatzmitgliedern der JAV.
- § 65 i. V. m. § 26 BetrVG: Regelung über den Vorsitz und stellvertretenden Vorsitz der JAV.
- § 65 i. V. m. § 28 Abs. 1 Satz 1 und 2 BetrVG: Übertragung von Aufgaben auf Ausschüsse.
- § 65 i. V. m. §§ 30 und 31 BetrVG: Die JAV kann regelmäßig → **Sitzungen** abhalten.
- § 65 i. V. m. § 33 Abs. 1 und 2 BetrVG: Beschlussfassung in der JAV.
- § 65 i. V. m. § 34 BetrVG: Sitzungsniederschrift anfertigen.
- § 65 i. V. m. § 36 BetrVG: Die JAV kann sich eine → **Geschäftsordnung** geben.
- § 65 i. V. m. § 37 BetrVG: Ehrenamtliche Tätigkeit, Arbeitsversäumnis bzw. Freistellung.
  Nach § 65 i. V. m. § 37 Abs. 2 BetrVG müssen Mitglieder der JAV von ihrer beruflichen Tätigkeit befreit werden, soweit es zur ordnungsgemäßen Durchführung ihrer Aufgaben erforderlich ist. Das bedeutet beispielsweise die Vor- und Nachbereitung von Sitzungen und Besprechungen oder → **Betriebsbegehungen** bzw. Rundgänge in Ausbildungswerkstätten.
  Wichtig zur Erfüllung der Aufgaben der JAV ist es, dass sich alle Mitglieder der JAV qualifizieren. Eine entsprechende Freistellungsregelung ist in § 37 Abs. 6 und 7 BetrVG vorgesehen.
- § 65 i. V. m. § 40 BetrVG: Der Arbeitgeber muss der JAV alle erforderlichen Sachmittel zur Verfügung stellen. Das betrifft unter anderem Papier, Schreibgeräte, Hefter, Ordner, Gesetze, Informations- und Kommunikationstechnik (Internet und E-Mail-Kommunikation). Für die tägliche Arbeit der JAV sind entsprechende Räumlichkeiten bereitzustellen. Dies gilt vor allem auch für das Abhalten von → **Sitzungen**.
- § 65 i. V. m. § 41 BetrVG: Die Erhebung und Leistung von Beiträgen der Arbeitnehmer/innen für Zwecke der JAV ist unzulässig.

In § 69 BetrVG ist geregelt, dass in Betrieben mit in der Regel mehr als 50 Wahlberechtigten die JAV während der Arbeitszeit → **Sprechstunden** einrichten kann.

Nach § 71 BetrVG kann die JAV vor oder nach jeder Betriebsversammlung im Einvernehmen mit dem Betriebsrat eine → **Jugend- und Auszubildendenversammlung** einberufen. Im Einvernehmen mit Betriebsrat und Arbeitgeber kann sie auch zu einem anderen Zeitpunkt stattfinden.

Zusammenarbeit von JAV und Betriebsrat

Die Zusammenarbeit zwischen JAV und Betriebsrat ist eine wesentliche Voraussetzung, um die Interessen aller Wahlberechtigten im Betrieb vertreten und durchsetzen zu können. Die JAV kann ohne den Betriebsrat keine Verhandlungen mit dem Arbeitgeber führen, geschweige denn Betriebsvereinbarungen abschließen. Der Betriebsrat ist jedoch verpflichtet, die JAV bei Belangen, die deren Wahlberechtigte betreffen, zu beteiligen, sie umfassend zu unterrichten und ihr die zur Durchführung ihrer Aufgaben erforderlichen Unterlagen zur Verfügung zu stellen (§ 70 Abs. 2 BetrVG).
Diese vom Gesetzgeber festgeschriebene enge organisatorische Verbindung des Betriebsrats mit der JAV ist eine wichtige Grundlage für eine gemeinsame Interessenvertretung der Arbeitnehmer/innen.
Daraus folgt, dass die JAV darauf zu achten hat, dass die Interessen der Jugendlichen, Auszubildenden und dual Studierenden ausreichend Berücksichtigung in der Arbeit des Betriebsrates finden. Bei allen Anliegen und Forderungen, welche die JAV mit den Wahlberechtigten diskutiert, gilt es zuerst einmal, den Betriebsrat als Unterstützer zu gewinnen.
Aus diesem Grund hat der Gesetzgeber der JAV ein Teilnahmerecht, ein Antragsrecht und unter bestimmten Voraussetzungen auch ein Stimmrecht an Sitzungen des Betriebsrats zugestanden (vgl. → **JAV und – Betriebsrat**).
Daneben ist die JAV vom Betriebsrat zu allen Besprechungen mit dem Arbeitgeber hinzuzuziehen, die besonders die Angelegenheiten der jugendlichen Arbeitnehmer/innen, dual Studierenden und Auszubildenden betreffen (§ 68 BetrVG).
Nachteilig kann sich die Pflicht zur Zusammenarbeit dann auswirken, wenn die JAV und der Betriebsrat in der Beurteilung der zu bearbeitenden Aufgaben stark voneinander abweichende Auffassungen vertreten. Dennoch ist es auch in diesem Fall für eine starke Interessenvertretung erforderlich, sich zu verständigen. Das → **Aussetzen von Beschlüssen des Betriebsrats** (§ 66 BetrVG) sollte die letzte Option in einer Reihe von Maßnahmen der Zusammenarbeit und/oder Konfliktlösung sein.

Kinderarbeit

Begriff

Nach § 5 Abs. 1 JArbSchG ist Kinderarbeit verboten. Kind im Sinne des → **Jugendarbeitsschutzgesetzes** ist, wer noch nicht 15 Jahre alt ist (§ 2 Abs. 1 JArbSchG). Auf Jugendliche (wer 15, aber noch keine 18 Jahre alt ist), die der Vollzeitschulpflicht unterliegen, finden ebenfalls die für Kinder geltenden Vorschriften Anwendung (§ 2 Abs. 3 JArbSchG).
Das Gesetz lässt allerdings einige Ausnahmen vom Verbot ausdrücklich zu (§§ 5 bis 7 JArbSchG):

1. Zum Zwecke der Beschäftigungs- und Arbeitstherapie,
2. für das Betriebspraktikum während der Vollzeitschulpflicht,
3. in Erfüllung einer richterlichen Weisung.
4. Für Kinder über 13 Jahre gilt das Verbot ebenfalls nicht, soweit eine Einwilligung der/des Personensorgeberechtigten vorliegt und die Beschäftigung leicht und für Kinder geeignet ist. Die Beschäftigung ist leicht, wenn die Sicherheit, Gesundheit und Entwicklung der Kinder, ihr Schulbesuch, ihre Beteiligung an Maßnahmen zur Berufsvorbereitung oder Berufsausbildung und ihre Fähigkeit, dem Unterricht mit Nutzen zu folgen, nicht negativ beeinträchtigt werden. Kinder dürfen nicht mehr als zwei Stunden täglich, im landwirtschaftlichen Familienbetrieb nicht mehr als drei Stunden täglich, nicht zwischen 18 und 8 Uhr, nicht vor und während des Schulunterrichtes beschäftigt werden.
5. Schulpflichtige Jugendliche dürfen während der Schulferien für höchstens vier Wochen im Kalenderjahr beschäftigt werden.
6. Behördliche Ausnahmen können auf Antrag bewilligt werden:
   a) bei Theatervorstellungen für Kinder über sechs Jahren bis zu vier Stunden täglich in der Zeit von 10 bis 23 Uhr,
   b) bei Musikaufführungen und anderen Aufführungen, bei Werbeveranstaltungen sowie bei Aufnahmen im Rundfunk (Hörfunk und Fernsehen), auf Ton- und Bildträger sowie bei Film und Fotoaufnahmen

aa) für Kinder über drei bis sechs Jahren bis zu zwei Stunden täglich in der Zeit von 8 bis 17 Uhr,

bb) für Kinder über sechs Jahren bis zu drei Stunden täglich in der Zeit von 8 bis 22 Uhr.

7. Kinder, die der Vollzeitschulpflicht nicht mehr unterliegen, dürfen im Berufsausbildungsverhältnis und ansonsten nur mit leichten und für sie geeigneten Tätigkeiten bis zu sieben Stunden täglich und 35 Stunden wöchentlich beschäftigt werden.

Nach Ansicht des DGB scheint es sehr fraglich, wie und ob diese Ausnahmen überwacht werden können. Mit der letzten Novellierung des JArbSchG gibt der Gesetzgeber, der letztlich eine Anpassung an die tatsächlichen Lebensverhältnisse erreichen wollte, geradezu den Anstoß zu noch größerem Missbrauch.
Die letzte Novellierung ist notwendig geworden, um eine Anpassung an die Europäische Richtlinie zum Jugendarbeitsschutz (Richtlinie 94/33/EWG) vorzunehmen, wobei diese ausdrücklich vorsieht, dass dabei das Jugendarbeitsschutzniveau nicht gesenkt werden darf (vgl. auch → **Anrechnung von Berufsschulzeiten auf die Arbeitszeit**). Durch die Neufassung des § 9 JArbSchG ist es allerdings eindeutig zu einer Verschlechterung gekommen.

Kinderarbeitsschutzverordnung

Kinderarbeit ist verboten. Kind im Sinne des Gesetzes ist, wer noch nicht 15 Jahre als ist (§ 2 JArbSchG). Für Jugendliche (bis zur Vollendung des 18. Lebensjahres), die der Vollzeitschuldpflicht unterliegen, finden die für Kinder geltenden Vorschriften Anwendung (§ 2 Abs. 3 JArbSchG).
Die Beschäftigung von Kindern ist verboten (§ 5 Abs. 1 JArbSchG.
Es gelten Ausnahmen für alle Kinder (§ 5 Abs. 2 JArbSchG):

- zum Zwecke der Beschäftigungs- und Arbeitstherapie,
- im Rahmen des Betriebspraktikums während der Vollzeitschulpflicht,
- in Erfüllung einer richterlichen Weisung.

Für Kinder über 13 Jahren gelten weitere Ausnahmen. Diese sind in der Kinderarbeitsschutzverordnung geregelt. Erlaubt sind danach die üblichen und gesellschaftlich anerkannten Tätigkeiten, etwas das Austragen von Zeitungen, Anzeigenblättern und Werbeprospekten, im Einzelnen genannte Tätigkeiten in privaten und landwirtschaftlichen Haushalten, in landwirtschaftlichen Betrieben, Tätigkeiten bei der Ernte und Feldbestellung, bei der Selbstvermarktung landwirtschaftlicher Erzeugnisse sowie der Versorgung von Tieren. Hilfstätigkeiten beim Sport sowie Tätigkeiten bei nichtgewerblichen Aktionen und Veranstaltungen der Kirchen, Religionsgemeinschaften, Verbände, Vereine und Parteien (§ 2 KinderArbSchVO).
Die Tätigkeit muss leicht und für Kinder geeignet sein. Die Kinder dürfen nicht mehr als zwei Stunden täglich, in landwirtschaftlichen Familienbetrieben nicht mehr als drei Stunden täglich, nicht zwischen 18 und 8 Uhr, nicht vor dem Schulunterricht und nicht während des Schulunterrichts beschäftigt werden (§ 5 Abs. 3 JArbSchG).
Jugendliche dürfen während der Schulferien für höchstens vier Wochen im Kalenderjahr beschäftigt werden (§ 5 Abs. 4 JArbSchG).

§ 1 Beschäftigungsverbot

Kinder über 13 Jahre und vollzeitschulpflichtige Jugendliche dürfen nicht beschäftigt werden, soweit nicht das Jugendarbeitsschutzgesetz und § 2 dieser Verordnung Ausnahmen vorsehen.

§ 2 Zulässige Beschäftigungen

(1) Kinder über 13 Jahre und vollzeitschulpflichtige Jugendliche dürfen nur beschäftigt werden

1. mit dem Austragen von Zeitungen, Zeitschriften, Anzeigenblättern und Werbeprospekten,
2. in privaten und landwirtschaftlichen Haushalten mit
   a) Tätigkeiten in Haushalt und Garten,
   b) Botengängen,
   c) der Betreuung von Kindern und anderen zum Haushalt gehörenden Personen,
   d) Nachhilfeunterricht,
   e) der Betreuung von Haustieren,
   f) Einkaufstätigkeiten mit Ausnahme des Einkaufs von alkoholischen Getränken und Tabakwaren,
3. in landwirtschaftlichen Betrieben mit Tätigkeiten bei
   a) der Ernte und der Feldbestellung,
   b) der Selbstvermarktung landwirtschaftlicher Erzeugnisse,
   c) der Versorgung von Tieren,
4. mit Handreichungen beim Sport,
5. mit Tätigkeiten bei nichtgewerblichen Aktionen und Veranstaltungen der Kirchen, Religionsgemeinschaften, Verbände, Vereine und Parteien,

wenn die Beschäftigung nach § 5 Abs. 3 des Jugendarbeitsschutzgesetzes leicht und für sie geeignet ist.

(2) Eine Beschäftigung mit Arbeiten nach Absatz 1 ist nicht leicht und für Kinder über 13 Jahre und vollzeitschulpflichtige Jugendliche nicht geeignet, wenn sie insbesondere

1. mit einer manuellen Handhabung von Lasten verbunden ist, die regelmäßig das maximale Lastgewicht von 7,5 kg oder gelegentlich das maximale Lastgewicht von 10 kg überschreiten; manuelle Handhabung in diesem Sinne ist jedes Befördern oder Abstützen einer Last durch menschliche Kraft, unter anderem das Heben, Absetzen, Schieben, Ziehen, Tragen und Bewegen einer Last,
2. infolge einer ungünstigen Körperhaltung physisch belastend ist oder
3. mit Unfallgefahren, insbesondere bei Arbeiten an Maschinen und bei der Betreuung von Tieren, verbunden ist, von denen anzunehmen ist, daß Kinder über 13 Jahre und vollzeitschulpflichtige Jugendliche sie wegen mangelnden Sicherheitsbewußtseins oder mangelnder Erfahrung nicht erkennen oder nicht abwenden können.

Satz 1 Nr. 1 gilt nicht für vollzeitschulpflichtige Jugendliche.

(3) Die zulässigen Beschäftigungen müssen im Übrigen den Schutzvorschriften des Jugendarbeitsschutzgesetzes entsprechen.

§ 3 Behördliche Befugnisse

Die Aufsichtsbehörde kann im Einzelfall feststellen, ob die Beschäftigung nach § 2 zulässig ist.

§ 4 Inkrafttreten

Diese Verordnung tritt am ersten Tage des auf die Verkündung folgenden Kalendermonats in Kraft.

Konzern-Jugend- und Auszubildendenvertretung

Grundlagen

Anders als bei der Gesamt-Jugend- und Auszubildendenvertretung (GJAV) ist die Errichtung der KJAV als »Kann-Bestimmung« formuliert, d.h. es besteht keine Verpflichtung (§ 73a Abs. 1 BetrVG). Aus Sicht der jugendlichen Beschäftigten bzw. Auszubildenden und ihren betrieblichen Interessenvertretungen ist sie innerhalb eines Konzerns jedoch praktisch notwendig.

Die Voraussetzungen zu deren Errichtung sowie die Regelungen über die Mitgliederzahl, das Stimmengewicht und die Geschäftsführung der KJAV sind in den §§ 73a und 73b BetrVG enthalten.

Für die Errichtung einer KJAV müssen verschiedene Voraussetzungen erfüllt sein:

1. Unternehmen gehören einem Konzern an:
   Nur wenn zwei oder mehrere Unternehmen in einem Hierarchieverhältnis zueinander stehen, d.h. ein oder mehrere abhängige Unternehmen stehen unter der einheitlichen Leitung eines ihnen übergeordneten Unternehmens, kann in diesem Konzern eine KJAV errichtet werden.
2. Mehrere (Gesamt-)Jugend- und Auszubildendenvertretungen sind vorhanden:
   Nur in Konzernen, in denen mindestens zwei GJAVen bereits vorhanden sind, kann die KJAV gegründet werden. Ausnahme: In einem der Konzernunternehmen existiert keine GJAV, weil es entweder nur aus einem Betrieb besteht oder nur in einem der Betriebe die Voraussetzungen zur Wahl einer JAV gegeben sind. Die JAV wird dann wie eine GJAV behandelt.
3. Zustimmung in Höhe von 75 %:
   Für die Gründung einer KJAV bedarf es der zustimmenden Beschlüsse der GJAVen, die mindestens 75 % aller im Konzern beschäftigten Jugendlichen und zu ihrer Berufsausbildung beschäftigten Arbeitnehmer (§ 60 Abs. 1 BetrVG) vertreten. Ausschlaggebend für die Ermittlung der erforderlichen Stimmen ist hier die tatsächliche Zahl der betreffenden Arbeitnehmer zum Zeitpunkt der Beschlussfassung (nicht die Zahl der in die Wählerlisten eingetragenen Arbeitnehmer).

> **Beispiel:**
> In einem Konzern sind zum Zeitpunkt der Beschlussfassung über die Gründung einer KJAV insgesamt 500 Arbeitnehmer nach § 60 Abs. 1 BetrVG beschäftigt, davon jeweils 100 in jedem der fünf Konzernunternehmen. In vier Konzernunternehmen wurde eine GJAV errichtet, in einem Konzernunternehmen existiert weder eine GJAV noch eine JAV.
> Für die Errichtung einer KJAV bedarf es 75 % der insgesamt 500 Stimmen, also 325 Stimmen.
> Die KJAV kann nur dann gebildet werden, wenn der entsprechende Beschluss von allen vier GJAVen getroffen wird.

Jede GJAV entsendet eines ihrer Mitglieder in die KJAV (§ 73a Abs. 2 BetrVG). Die Anzahl der Mitglieder der KJAV kann davon abweichend durch → **Tarifvertrag** oder → **Betriebsvereinbarung** bestimmt werden. Für jedes Mitglied der KJAV muss die GJAV mindestens ein Ersatzmitglied benennen und bei mehreren Ersatzmitgliedern die Reihenfolge des Nachrückens bestimmen. Wenn eine KJAV aus mehr als zwanzig Mitgliedern besteht und keine tarifliche Regelung existiert, müssen Konzernbetriebsrat und Konzernleitung eine Betriebsvereinbarung zur Verringerung der Mitgliederzahl abschließen. Dabei sollen GJAVen, die regional oder durch gemeinsame Interessen verbunden sind, gemeinsam Mitglieder in die KJAV entsenden. Andersrum ist auch eine Erhöhung der Mitgliederanzahl möglich. Eine gesetzliche Höchstgrenze für die Mitgliederzahl der KJAV gibt es jedoch nicht.
Nachdem die zur Gründung einer KJAV erforderlichen Beschlüsse gefasst wurden, hat die GJAV des herrschenden Konzernunternehmens zur konstituierenden Sitzung einzuladen (§ 73b i. V. m. § 59 BetrVG). Der/die Vorsitzende der einladenden GJAV leitet solange die Sitzung, bis die KJAV eine Wahlleiterin /einen Wahlleiter für die Wahl des/der Vorsitzenden der KJAV und seines Stellvertreters / seiner Stellvertreterin bestellt hat.
Die Anzahl der Stimmen, die ein Mitglied der KJAV bei Abstimmungen erhält, bemisst sich nach der Zahl der Stimmen, die die entsendende GJAV insgesamt hat (§ 73a Abs. 3 BetrVG). Abzustellen ist dabei auf die in den Betrieben eines Konzernunternehmens in die Wählerlisten eingetragenen jugendlichen Arbeitnehmer nach § 60 Abs. 1 BetrVG.
Ausnahme: Besteht eines der Konzernunternehmen aus mehreren Betrieben, von denen aber nur einer eine JAV gewählt hat, nimmt diese die Aufgabe einer GJAV wahr (§ 73a Abs. 1 Satz 3 BetrVG). Für Beschlussfassungen der KJAV heißt das, dass diese JAV so viele Stimmen erhält, wie jugendliche Arbeitnehmer nach § 60 Abs. 1 BetrVG zum Zeitpunkt des Entsendebeschlusses in dem Konzernunternehmen beschäftigt sind, dem die JAV angehört.
Wurden mehrere Mitglieder einer GJAV entsandt, werden die Stimmen anteilig

unter ihnen verteilt. Wenn ein Mitglied der KJAV für mehrere Unternehmen zuständig ist, erhält es die Stimmen aller Wahlberechtigten der Unternehmen, für die es entsandt wurde.
Die KJAV kann nach Verständigung des Konzernbetriebsrats Sitzungen abhalten § 73b Abs. 1 BetrVG). »Nach Verständigung« meint hier lediglich Unterrichtung; es ist keine Genehmigung des Konzernbetriebsrats dafür einzuholen. Der/die Vorsitzende oder ein beauftragtes Mitglied des Konzernbetriebsrats hat das Recht, an den Sitzungen der KJAV teilzunehmen. Sinnvoll ist, wenn ein Mitglied des Konzernbetriebsrats speziell für Fragen der jugendlichen Belegschaft und die Betreuung der KJAV benannt wird.
Die KJAV ist zuständig für solche Angelegenheiten, die den Konzern oder mehrere seiner Unternehmen betreffen und dabei nicht durch die einzelnen GJAVen geregelt werden können (§ 73b i. V. m. § 58 Abs. 1 BetrVG). Die KJAV ist den einzelnen GJAVen jedoch nicht übergeordnet. Beispiele für unternehmensübergreifende Themen können z. B. konzernweite → **Ausbildungspläne** oder → **Auswahlverfahren** bei der Einstellung von Auszubildenden sein.
Die KJAV muss ebenfalls in einer Angelegenheit tätig werden, wenn sie von der GJAV dazu beauftragt wird (§ 73b i. V. m. § 58 Abs. 2 BetrVG). Die GJAV ist aber nicht zwingend an die Entscheidung gebunden.
Die KJAV hat die Möglichkeit, Ausschüsse zu bilden und diesen bestimmte Aufgaben zu übertragen (§ 73b i. V. m. § 28 Abs. 1 Satz 1 BetrVG). Im Übrigen finden für die KJAV im Wesentlichen die Paragrafen für die Geschäftsführung der JAVen und GJAVen entsprechende Anwendung (§ 73b Abs. 2 BetrVG). Dies gilt auch für die Teilnahme von Beauftragten von Gewerkschaften an den Sitzungen der KJAV.
Bei Streitigkeiten (z. B. um die Errichtung einer KJAV) ist das örtliche Arbeitsgericht des herrschenden Unternehmens zuständig.

Bedeutung für den Betriebsrat/die JAV

Viele Entscheidungen der Arbeitgeber werden heutzutage betriebsübergreifend auf Konzernebene getroffen. Um Informationen rechtzeitig bereits in der Planungsphase zu erhalten und um bei den Planungen noch mitwirken zu können, ist eine Vertretung der Jugendlichen und Auszubildenden auf Konzernebene erforderlich und hilfreich.
Mit der Möglichkeit, sich in der KJAV über aktuelle Entwicklungen im Konzern bzw. in den einzelnen Unternehmen und Betrieben austauschen zu können, kann die Arbeit der Interessenvertretungen und ihre Durchsetzungsstärke insgesamt verbessert werden. Dies gilt umso mehr, als die KJAV in konzernübergrei-

fenden Angelegenheiten auch für solche Unternehmen bzw. Betriebe zuständig ist, die keine GJAV bzw. JAV gebildet haben (§ 73b i. V. m. § 58 BetrVG). Das gegeneinander Ausspielen verschiedener Standorte eines Konzerns ist damit nicht mehr so einfach. In der Praxis spielt vor allem die Transparenz bei der Arbeit gegenüber den GJAVen und letztendlich auch den JAVen eine große Rolle. Hier kommt von GJAVen entsandten Vertretern eine große Verantwortung zu. Tagesordnungspunkte der KJAV-Sitzungen sollten am besten gemeinsam in den GJAVen bzw. JAVen durchgesprochen und vorbereitet werden. Entsprechend sollten die Sitzungstermine wenn möglich aufeinander abgestimmt werden. Für die örtlichen Jugend- und Auszubildendenversammlungen sollte überlegt werden, wie die Themen der KJAV für die örtlichen jugendlichen Beschäftigten und Auszubildenden aufgearbeitet werden, damit die Bedeutung und Betroffenheit für sie deutlich wird.

Krankenpflegegesetz (KrPflG)

Grundlagen

Das Krankenpflegegesetz (KrPflG) in seiner Neufassung von 2004 (zuletzt geändert 2016, Stand Juli 2016) regelt gemeinsam mit der Ausbildungs- und Prüfungsverordnung für die Berufe in der Krankenpflege (KrPflAPrV) die Grundlage für die Berufsausbildung im Gesundheitswesen für die Ausbildungsberufe der Gesundheits- und Krankenpfleger/Gesundheits- und Krankenpflegerinnen sowie Gesundheits- und Kinderkrankenpfleger/Gesundheits- und Kinderkrankenpflegerinnen.

Weitere wichtige Ausbildungsgesetze im Gesundheitswesen sind das Hebammengesetz (HebG) sowie das Altenpflegegesetz (AltPflG). Diese Gesetze ersetzen faktisch das → Berufsbildungsgesetz (BBiG). Das Krankenpflegegesetz regelt die Zugangsvoraussetzungen zu den genannten Pflegeausbildungsberufen, die Dauer und Struktur der Ausbildung, die Grundlagen zum Ausbildungsverhältnis sowie die Rechte und Pflichten von Auszubildenden und Ausbildenden.

Die wichtigsten Unterschiede im Vergleich zum BBiG sind:

- Die längere → Probezeit von sechs Monaten (§ 13 KrPflG).
- Die Fehlzeitenregelungen (§ 7 KrPflG), nach denen ein/-e Krankenpflegeschüler/-in maximal 10 % des Unterrichts und 10 % der praktischen Ausbildungszeit wegen Krankheit oder aus anderen schwerwiegenden Gründen fehlen darf. Urlaub, Bildungsurlaub und Freistellungen für Aktivitäten in der Jugend- und Auszubildendenvertretung (JAV) dürfen nicht als Fehltage gewertet werden. Bei Schwangerschaft ist eine Fehlzeit von bis zu 14 Wochen erlaubt.
- Das der Träger der Ausbildung den Schüler/-innen kostenlos Ausbildungsmittel, einschließlich der Fachbücher, Instrumente und Apparate zur Verfügung stellen muss, die zur Vorbereitung und dem Ablegen der Prüfung erforderlich sind.

Seit einigen Jahren wird die Diskussion um die Weiterentwicklung der Pflegeberufe in der Fachöffentlichkeit geführt. Seit Mitte Januar 2016 liegt der Gesetzentwurf der Bundesregierung für ein Pflegeberufsgesetz vor.

Die Bundesregierung will eine neue generalistische Ausbildung mit einem ein-

heitlichen Berufsabschluss einführen. Die bisherigen Ausbildungen in der Gesundheits- und Krankenpflege, Gesundheits- und Kinderkrankenpflege und Altenpflege sollen zusammengeführt werden. Das Gesetzgebungsverfahren befindet sich in einer entscheidenden Phase (Stand Juli 2016). Ab Herbst 2016 sollen die Beratungen im Bundestag fortgeführt werden. In der Diskussion ist, dass die neue Ausbildung Anfang 2018 starten soll, eventuell 2019.
Weitere Informationen zur Reform der Pflegeausbildung finden sich unter: *https://gesundheit-soziales.verdi.de/berufe/pflegeberufe/reform-der-pflegeausbildung*

Bedeutung für den Betriebsrat/die JAV

Die JAV und der Betriebsrat haben nach dem → **Betriebsverfassungsgesetz (BetrVG)** Mitbestimmungs- und Mitwirkungsrechte bei der betrieblichen Umsetzung der → **Berufsbildung** (§§ 96 bis 98 BetrVG).
Hierbei sollte das Krankenpflegegesetz immer im Zusammenhang mit der KrPflAPrV gesehen werden. Denn hier sind weitere Anforderungen an die Struktur und Qualität der praktischen Ausbildung geregelt.

Darüber hinaus ist für die Arbeit der JAV besonders wichtig, dass die → **Freistellung** für die Arbeit der JAV und für den Besuch von Seminaren nicht als Fehlzeiten gewertet werden darf, sondern auf die Ausbildungszeit anzurechnen ist. Es liegt also auch hier allein im Ermessen der JAV-Mitglieder, in welchem zeitlichen Umfang sie ihren Aufgaben nachgehen. Dies ist durch den Gesetzgeber in § 7 KrPflG entsprechend klargestellt.
Gemäß § 4 Abs. 4 KrPflG trägt die Schule die Verantwortung für die praktische Ausbildung nach der Ausbildungs- und Prüfungsverordnung. Entsprechend ergibt sich für die JAV in der Praxis die Notwendigkeit einer engeren Zusammenarbeit/ Abstimmung.

Bedeutung für Auszubildende

Von besonderer Bedeutung sind vor allem die Fehlzeitenregelungen nach § 7 KrPflG, nach der die Zulassung zur Abschlussprüfung gefährdet ist, wenn der/die Schüler/-in jeweils mehr als 10 % des Unterrichts oder der praktischen Ausbildung fehlt. Im Zusammenhang mit § 1 Abs.1 KrPflAPrV ergibt sich, dass nicht mehr als 210 Stunden des Unterrichts oder 250 Stunden der praktischen Ausbil-

dung gefehlt werden darf. Beide Stundengrenzen können allein zu einer Gefährdung der Prüfungszulassung führen und haben untereinander keine ausgleichende Wirkung. Die zuständigen Behörden in den Ländern haben hier einen Ermessensspielraum. Sie können auf Antrag des/der Schüler/-in auch bei darüber hinausgehenden Fehlzeiten eine Teilnahme an der Prüfung zulassen. Voraussetzung dafür ist, dass das Ausbildungsziel nicht gefährdet wird, was bei der Prüfung vor allem anhand der erbrachten Leistungen bewertet wird.
Gerade wenn die Fehlzeitengrenze nur um wenige Tage überschritten ist, rechtfertigt dies nach Auffassung des Verwaltungsgerichts Gießen nicht, eine Zulassung zur Prüfung zu versagen (Dielmann, S. 132).
Nach § 14 Abs. 2 KrPflAPrV kann der/ die Schüler/-in einen Antrag auf Verlängerung der Ausbildung bis zur nächsten Wiederholungsprüfung stellen.
In § 1 Abs. 4 KrPflAPrV ist geregelt, dass in der zweiten Hälfte der Ausbildung 80 bis 120 Nachtdienststunden abzuleisten sind.
Auszubildende bzw. Schüler/-innen, die nach dem Krankenpflegegesetz ausgebildet werden, haben das Recht zur Teilnahme an Arbeitskampfmaßnahmen, z. B. wenn über die Ausbildungsvergütung verhandelt wird und die Gewerkschaft sie zur Teilnahme an Streiks aufruft. Zeitliche Unterbrechungen durch Arbeitskampfmaßnahmen sind entsprechend auf die Ausbildungszeit anzurechnen und dürfen nicht als Fehlzeiten gewertet werden. Das gilt auch für den Besuch der Berufsschule. Das durch Art. 9 Abs. 3 GG gegebene Recht zur Koalitionsfreiheit steht in jedem Fall über der Berufsschulpflicht.

Internethinweis

Weitere Informationen zur Ausbildung in den Pflegeberufen finden sich auf
www.ausbildung.info

Literaturhinweis

Dielmann, Krankenpflegegesetz, 3. Aufl.

Kündigung

Grundlagen

Die Kündigung ist eine einseitige Erklärung, die eine Vertragspartei gegenüber der anderen abgibt, um ein Arbeitsverhältnis zu einem bestimmten Zeitpunkt zu beenden.
Nach § 623 BGB bedarf die Kündigung, wie jede andere Beendigung eines Arbeitsverhältnisses, der Schriftform.
Damit hat der Gesetzgeber einen erheblichen Beitrag zur Rechtssicherheit und -klarheit im Interesse der Arbeitnehmer geschaffen, denn früher gab es keine besonderen gesetzlichen Formvorschriften, sodass die Kündigung auch mündlich erklärt und wirksam werden konnte.
Die Kündigungserklärung muss die eigenhändige Namensunterschrift des zur Kündigung Berechtigten enthalten. Hat dieser sich durch einen Rechtsanwalt oder einen Personalsachbearbeiter (»i. A.«) vertreten lassen, so muss der Kündigung eine schriftliche Vollmacht beiliegen, sonst kann sie zurückgewiesen werden (§ 174 BGB).
Ein solches im Original eigenhändig unterschriebenes Schriftstück kann dann grundsätzlich auch durch Telefax oder als Anlage zu einer E-Mail übermittelt werden (§ 127 Abs.2 BGB). Dagegen reicht nach richtiger Auffassung die Kündigung im Text der E-Mail selbst nicht aus. Wegen der insoweit nicht ganz einheitlichen Rechtsprechung sollte jedoch auch gegen eine solche Kündigung vorsorglich innerhalb von drei Wochen Kündigungsschutzklage erhoben werden.
Das Gebot der Schriftlichkeit gilt im Übrigen für jede Form der Kündigung, also auch für eine fristlose Kündigung oder für eine Änderungskündigung, aber gleichermaßen auch für die Kündigung durch den Arbeitnehmer, da § 623 BGB nur von der Kündigung als solcher spricht und nicht zwischen der Arbeitgeber- oder Arbeitnehmerkündigung unterscheidet. Die Kündigungsgründe selbst brauchen nicht schriftlich mitgeteilt zu werden. Allerdings kann nach § 626 Abs. 2 Satz 3 BGB der Gekündigte bei einer fristlosen Kündigung verlangen, dass ihm die Kündigungsgründe mitgeteilt werden.

Bei einer ordentlichen Kündigung wird das Arbeitsverhältnis nach Ablauf einer Kündigungsfrist beendet.

> **Beispiel:**
> Hiermit kündigen wir das zwischen uns bestehende Arbeitsverhältnis mit Ablauf der ordentlichen Kündigungsfrist zum …

Bei der → **fristlosen Kündigung** soll eine sofortige Beendigung des Arbeitsverhältnisses ohne Einhaltung einer → **Kündigungsfrist** durchgesetzt werden. Mit der → **Änderungskündigung** soll eine Änderung der Arbeitsbedingungen erreicht werden.
Die ordentliche Kündigung eines Arbeitsverhältnisses kann ausgeschlossen sein, z. B. bei Mitgliedern des Betriebsrats, der JAV und anderer betriebsverfassungsrechtlicher Gremien (§ 15 KSchG) und bei befristeten Arbeitsverhältnissen, wenn dies nicht ausdrücklich vereinbart ist (§ 15 Abs. 3 TzBfG). Bei langjährig beschäftigten, älteren Arbeitnehmern ist in einigen Tariferträgen die ordentliche Kündigung ausgeschlossen.
Die außerordentliche Kündigung aus wichtigem Grund (z. B. Diebstahl) kann dagegen nicht völlig ausgeschlossen werden, sie kann jedoch von behördlichen Erlaubnissen abhängig gemacht werden, z. B. für die Zeit des Mutterschutzes und der Elternzeit, bei Schwerbehinderung sowie während des Wehr- oder Bundesfreiwilligendienstes. Bei außerordentlicher Kündigung von Mitgliedern des Betriebsrats, JAV und anderer betriebsverfassungsrechtlicher Gremien ist die Zustimmung des Betriebsrats erforderlich; erhält der Arbeitgeber diese nicht, muss er das Arbeitsgericht anrufen (§ 103 BetrVG).
Die Kündigung muss darauf gerichtet sein, das Arbeitsverhältnis zu beenden und insoweit eindeutig sein. Jedoch ist es nicht nötig, dass in dem Schriftstück das Wort Kündigung erscheint.
Bei einer Kündigung durch einen Brief geht die Kündigung zu, wenn sie in den Machtbereich des Empfängers gelangt und dieser unter gewöhnlichen Umständen davon Kenntnis nehmen kann. Ein um 21:00 Uhr durch Boten eingeworfener Brief, gelangt zwar zu dieser Zeit in den Machtbereich, da jedoch normalerweise um diese Uhrzeit niemand in seinen Briefkasten schaut, geht er erst am nächsten Tag zu. Die gleichen Regeln gelten beim Einwurfeinschreiben Das Übergabeeinschreiben geht dagegen erst mit Aushändigung zu, also z. B. erst bei der Abholung bei der Post, und nicht bereits mit Hinterlegung der Benachrichtigung im Briefkasten.
Gegen eine Kündigung kann man sich mit einer → **Kündigungsschutzklage** zur Wehr setzen.

Bedeutung für den Betriebsrat/die JAV

Die Mitbestimmungsrechte des Betriebsrats sind in Betriebsratsbetrieben zu beachten. Der Betriebsrat ist gemäß § 102 BetrVG vor jeder Kündigung zu hören, andernfalls ist die Kündigung nichtig. Hat der Betriebsrat gegen eine ordentliche Kündigung oder Änderungskündigung Bedenken, muss er dies nach § 102 Abs. 2 BetrVG dem Arbeitgeber innerhalb einer Woche schriftlich mitteilen, sonst gilt seine Zustimmung zur beabsichtigten Kündigung als erteilt. Bei einer fristlosen Kündigung beträgt diese Frist drei Tage.
Der Betriebsrat kann innerhalb einer Woche einer ordentlichen Kündigung auch widersprechen. Stützt er den Widerspruch auf die in § 102 Abs. 3 BetrVG genannten Gründe und erhebt der Arbeitnehmer nach gleichwohl erfolgter Kündigung Kündigungsschutzklage, muss er vom Arbeitgeber nach § 102 Abs. 5 BetrVG bis zum rechtskräftigen Abschluss des Rechtsstreits bei unveränderten Arbeitsbedingungen weiterbeschäftigt werden. Dies gilt aber nur bei einer ordentlichen Kündigung, nicht aber bei einer fristlosen Kündigung. Hat der Betriebsrat gegen eine außerordentliche (fristlose) Kündigung Bedenken, so hat er diese nach § 102 Abs. 2 Satz 3 BetrVG unter Angabe der Gründe dem Arbeitgeber unverzüglich schriftlich mitzuteilen.

Kündigung des Ausbildungsverhältnisses

Während der Probezeit kann das Berufsausbildungsverhältnis jederzeit ohne Einhaltung der Kündigungsfrist gemäß § 22 Abs. 1 BBiG gekündigt werden.
Nach Ablauf der Probezeit kann das Berufsausbildungsverhältnis nach § 22 Abs. 2 BBiG nur gekündigt werden:

1. aus einem wichtigen Grund ohne Einhalten einer Kündigungsfrist,
2. vom Auszubildenden mit einer Kündigungsfrist von vier Wochen, wenn er die Berufsausbildung aufgeben oder sich für eine andere Berufstätigkeit ausbilden lassen will.

Die Kündigung muss schriftlich und unter Angabe der Kündigungsgründe erfolgen.
Eine Kündigung aus einem wichtigen Grund ist unwirksam, wenn die ihr zugrunde liegenden Tatsachen dem Kündigenden länger als zwei Wochen bekannt sind.

Beispiel:
Fristlose Kündigung durch den Ausbildungsbetrieb gegenüber dem Auszubildenden:
»Hiermit kündigen wir das mit Ihnen bestehende Ausbildungsverhältnis gemäß § 22 Abs. 2 Nr. 1 BBiG aus wichtigem Grund fristlos.«
Es folgt dann üblicherweise die Begründung. Als Beispiel vgl. ausländerfeindliches, rassistisches Verhalten, sowie möglicherweise ein Hinweis auf die Möglichkeit, den Schlichtungsausschuss nach § 111 ArbGG anzurufen.

Kündigungsfristen

Grundlagen

Mit Kündigungsfristen bezeichnet man den Zeitraum zwischen Zugang der Kündigung und Beendigung des Arbeitsverhältnisses. Sie können vertraglich, tarifvertraglich oder gesetzlich geregelt sein.
Gesetzliche Grundlage ist § 622 BGB.
Danach betragen die von Arbeitgeber und Arbeitnehmer einzuhaltenden Fristen für die ordentliche Kündigung innerhalb einer Betriebszugehörigkeitszeit von zwei Jahren einheitlich vier Wochen zum 15. oder zum Monatsende.
Bei längerer Betriebszugehörigkeitszeit gelten für eine Kündigung durch den Arbeitgeber für Arbeitnehmer verlängerte Fristen, nämlich:

nach 2 Jahren:	1 Monat zum Monatsende,
nach 5 Jahren:	2 Monate zum Monatsende,
nach 8 Jahren:	3 Monate zum Monatsende,
nach 10 Jahren:	4 Monate zum Monatsende,
nach 12 Jahren:	5 Monate zum Monatsende,
nach 15 Jahren:	6 Monate zum Monatsende,
nach 20 Jahren:	7 Monate zum Monatsende.

Nach dem Text des § 622 Abs. 2 Satz 2 sollen Zeiten vor der Vollendung des 25. Lebensjahres nicht berücksichtigt werden. Diese Regelung hat einen diskriminierenden Inhalt: Arbeitnehmer dürfen weder wegen zu hohen noch wegen zu jungen Lebensalters benachteiligt werden. Daher darf die Regelung nach einer Vorabentscheidung des Gerichtshofs der Europäischen Union vom 19. 1. 2010 – C-555/07 nicht mehr angewendet werden.
Sieht der Arbeitsvertrag eine Probezeit vor, so kann die Kündigungsfrist auf zwei Wochen abgekürzt werden, längstens für einen Zeitraum von sechs Monaten (§ 622 Abs. 3 BGB). Ohne ausdrückliche Vereinbarung gilt dagegen auch in den ersten sechs Monaten des Arbeitsverhältnisses die Grundkündigungsfrist von vier Wochen zum 15. oder zum Monatsende.
In Tarifverträgen finden sich Regelungen über verkürzte oder verlängerte Kündigungsfristen.

Im Arbeitsvertrag können Kündigungsfristen verlängert, jedoch nicht verkürzt werden, es sei denn, es handelt sich um Aushilfen für einen Zeitraum von höchstens drei Monaten.
In Kleinbetrieben mit bis zu 20 Arbeitnehmern kann eine vierwöchige Grundkündigungsfrist ohne festen Endtermin einzelvertraglich vereinbart werden.
Besonderheiten gelten bei Kündigungen zum Ende der Elternzeit. Hier hat der Arbeitnehmer eine Kündigungsfrist von drei Monaten einzuhalten.

Kündigungsschutz

Grundlagen

Durch den Kündigungsschutz wird die Zulässigkeit von Kündigungen bestehender Arbeitsverhältnisse durch den Arbeitgeber beschränkt. Kündigungsbeschränkungen gibt es in Arbeits- oder Tarifverträgen, vor allem aber durch das Kündigungsschutzgesetz oder besondere Kündigungsschutzbestimmungen in anderen Gesetzen für besondere Arbeitnehmergruppen, etwa in § 9 MuSchG, oder das Kündigungsverbot gegenüber Betriebsräten oder Wehr- oder Bundesfreiwilligendienstleistenden im Arbeitsplatzschutzgesetz oder der besondere Kündigungsschutz für Auszubildende nach dem Berufsbildungsgesetz oder für schwerbehinderte Menschen nach dem SGB IX.
Der Zweck des Kündigungsschutzes ist es, den Arbeitnehmern grundsätzlich den Arbeitsplatz und damit ihre Existenzgrundlage zu erhalten, indem Kündigungen nur für zulässig erachtet werden, wenn der Arbeitgeber einen hinreichenden Grund für die Kündigung hat.
Arbeitnehmer werden vor allem durch das Kündigungsschutzgesetz vor Kündigungen geschützt. Das Kündigungsschutzgesetz gilt jedoch nur in Betrieben und Verwaltungen mit mehr als zehn regelmäßig Beschäftigten, wobei Teilzeitbeschäftigte anteilig berücksichtigt werden und Auszubildende nicht mitzählen.
Ferner kann sich ein Arbeitnehmer auf die Bestimmungen des Kündigungsschutzgesetzes nur berufen, wenn sein Arbeitsverhältnis mehr als sechs Monate bestanden hat.
Findet das Kündigungsschutzgesetz Anwendung, ist eine Kündigung nur rechtswirksam, wenn sie sozial gerechtfertigt ist, d. h., wenn sie entweder auf personen- oder verhaltensbedingte Gründe gestützt werden kann, oder dringende betriebliche Interessen einer Weiterbeschäftigung des Arbeitnehmers im Betrieb entgegenstehen (vgl. § 1 KSchG).
Voraussetzung ist, dass die Frage der sozialen Rechtfertigung der Kündigung in einem → **Kündigungsschutzprozess** überprüft wird. Der Arbeitnehmer muss also binnen drei Wochen seit Zugang der Kündigung gegen die Kündigung kla-

gen, andernfalls ist das Arbeitsverhältnis nach Ablauf der Kündigungsfrist beendet, auch wenn die Kündigung nicht sozial gerechtfertigt war.
Der Zugang der schriftlichen Kündigung ist also für die 3-Wochen-Klagefrist maßgeblich, auch wenn das Arbeitsverhältnis selbst wegen der Kündigungsfristen zu einem wesentlich späteren Zeitpunkt z. B. erst zum Jahresende beendet werden soll.

Kündigungsschutzprozess

Grundlagen

Wenn ein gekündigter Arbeitnehmer geltend machen will, dass die Kündigung seines Arbeitsverhältnisses nicht gerechtfertigt ist, muss er eine Kündigungsschutzklage gegenüber dem Arbeitgeber beim Arbeitsgericht erheben mit dem Antrag, festzustellen, dass das Arbeitsverhältnis durch die Kündigung nicht aufgelöst worden ist.
Rechtliche Grundlage ist vor allem das Kündigungsschutzgesetz, wenn der Arbeitnehmer eine mangelnde soziale Rechtfertigung der Kündigung behauptet oder vortragen will, dass Fehler bei der sozialen Auswahl vorgekommen sind.
Unabhängig vom Kündigungsschutzgesetz kann man die Unwirksamkeit einer Kündigung auch auf andere Gründe stützen, etwa darauf, dass der Betriebsrat nicht oder nicht ordnungsgemäß gehört wurde, oder ein Verstoß gegen besondere Schutzgesetze vorlag, z. B. bei einem Schwerbehinderten die vorherige Zustimmung des Integrationsamtes zur Kündigung nicht vorlag, oder auch, dass die Kündigung aus anderen Gründen rechtsunwirksam ist, etwa gegen den Grundsatz von Treu und Glauben (§ 242 BGB) verstößt oder entgegen § 623 BGB nicht schriftlich erfolgte.
Das Kündigungsschutzgesetz enthält eine einschneidende Ausnahme für Kleinbetriebe:
Nach § 23 KSchG gilt das Kündigungsschutz nur für Betriebe, die regelmäßig mehr als zehn Arbeitnehmer beschäftigen, wobei die Auszubildenden nicht mitgezählt werden und Teilzeitbeschäftigte mit einer regelmäßigen wöchentlichen Arbeitszeit von nicht mehr als 20 Stunden mit 0,5 (Arbeitnehmer) und nicht mehr als 30 Stunden mit 0,75 (Arbeitnehmer) berücksichtigt werden.
Die Kündigungsschutzklage muss innerhalb von drei Wochen nach Zugang der schriftlichen Kündigung erhoben werden, sonst wird die Kündigung wirksam.
Nach § 4 muss ein Arbeitnehmer, der geltend macht, dass eine Kündigung sozial ungerechtfertigt oder aus anderen Gründen rechtsunwirksam ist, innerhalb von drei Wochen nach Zugang der schriftlichen Kündigung Klage beim Arbeitsgericht auf Feststellung erheben, dass das Arbeitsverhältnis durch die Kündigung

nicht aufgelöst ist. Entsprechendes gilt auch für eine Klage gegen eine Änderungskündigung. Eine nachträgliche Klagezulassung ist nur bei Härtefällen möglich, wenn gemäß § 5 KSchG ein Arbeitnehmer trotz Anwendung aller ihm nach Lage der Umstände zuzumutenden Sorgfalt verhindert war, die Klage innerhalb von drei Wochen nach Zugang der Kündigung zu erheben.

Beispiel:
Kündigungszugang während einer Urlaubsabwesenheit, wenn man mit einer Kündigung nicht rechnen musste.

Folgen des Kündigungsschutzprozesses

Verliert der Arbeitnehmer den Kündigungsschutzprozess, gilt das Arbeitsverhältnis als beendet.
Stellt das Gericht fest, dass die Kündigung unwirksam war, ist der Arbeitnehmer zu unveränderten Arbeitsbedingungen weiterzubeschäftigen.
Es kommt nach §§ 9 und 10 KSchG auch die Auflösung des Arbeitsverhältnisses auf Antrag des Arbeitnehmers und in besonderen Fällen auch auf Antrag des Arbeitgebers gegen Zahlung einer Abfindung in Betracht. Die Höhe der Abfindung richtet sich nach dem Gehalt und der Dauer der Betriebszugehörigkeit.
Als Abfindung ist nach § 10 KSchG ein Betrag bis zu zwölf Monatsverdiensten festzusetzen. Ist das 50. Lebensjahr vollendet und hat das Arbeitsverhältnis mindestens 15 Jahre bestanden, ist ein Betrag bis zu 15 Monatsverdiensten bzw. ab dem 55. Lebensjahr und nach mehr als 20-jähriger Betriebszugehörigkeit ist ein Betrag bis zu 18 Monatsverdiensten des Bruttoeinkommens festzusetzen.
Dieser gesetzliche Anspruch auf Abfindung, die das Gericht durch Urteil festlegt, spielt in der Praxis keine große Rolle. Viel häufiger, nämlich in über 90 % aller Kündigungsschutzprozesse einigen sich Arbeitgeber und Arbeitnehmer durch gegenseitiges Nachgeben darauf, dass sie §§ 9, 10 KSchG entsprechend anwenden wollen, wohl wissend, dass die Voraussetzungen nicht vorliegen.
Steuerfreibeträge für die Abfindung gibt es nicht mehr, lediglich die Progression ist etwas abgemildert, da die Abfindung steuerlich so behandelt wird, als wäre sie nicht in einem Kalenderjahr zugeflossen, sondern verteilt auf fünf (sog. Fünftelungsregelung).
Wenn die Kündigungsfrist eingehalten ist, wird die Abfindung nicht auf das Arbeitslosengeld angerechnet. Kündigt der Arbeitgeber nicht, sondern schließt er mit dem Arbeitnehmer einen Aufhebungsvertrag, so führt dies grundsätzlich dazu, dass das Arbeitslosengeld für zwölf Wochen gesperrt wird. Um dies zu vermeiden, werden häufig Kündigungen ausgesprochen und Prozesse eingeleitet,

obwohl sich die Arbeitsvertragsparteien längst darüber einig sind, das Arbeitsverhältnis gegen Zahlung einer Abfindung in üblicher Höhe zu beenden. Dies wiederum hat den Gesetzgeber dazu veranlasst, eine gesetzliche Regelung zu schaffen, um Arbeitgeber und Arbeitnehmer die Möglichkeit zu geben, bei der Auflösung eines Arbeitsverhältnisses ohne Anrufung der Arbeitsgerichte und ohne negative Auswirkung auf den Arbeitslosengeldanspruch einen Abfindungsanspruch zu regeln.
Nach § 1 a KSchG gilt Folgendes:
Kündigt ein Arbeitgeber wegen dringender betrieblicher Erfordernisse nach § 1 Abs. 2 Satz 1 KSchG und erhebt der Arbeitnehmer bis zum Ablauf der Frist des § 4 Satz 1 keine Klage auf Feststellung, dass das Arbeitsverhältnis durch die Kündigung nicht aufgelöst ist, hat der Arbeitnehmer mit dem Ablauf der Kündigungsfrist Anspruch auf eine Abfindung. Der Anspruch setzt den Hinweis des Arbeitgebers in der Kündigungserklärung voraus, dass die Kündigung auf dringende betriebliche Erfordernisse gestützt ist und der Arbeitnehmer bei Verstreichenlassen der Klagefrist eine Abfindung beanspruchen kann.
Die Höhe der Abfindung beträgt 0,5 Monatsverdienste für jedes Jahr des Bestehens des Arbeitsverhältnisses. Bei der Ermittlung der Dauer des Arbeitsverhältnisses ist ein Zeitraum von mehr als sechs Monaten auf ein volles Jahr aufzurunden.
Die praktische Bedeutung auch dieser Regelung darf nicht überschätzt werden. Häufig hofft der Arbeitgeber, ganz ohne Abfindung aus dem Arbeitsverhältnis herauszukommen, oder jedenfalls mit einer geringeren.
Sieht der Arbeitnehmer dagegen Mängel der Kündigungsgründe, etwa der sozialen Auswahl, hofft er jedenfalls auf eine höhere Abfindung, wenn er an dem Arbeitsverhältnis nicht festhalten will. Die Arbeitsvertragsparteien machen dann von der gesetzlichen Regelung keinen Gebrauch, sondern verhandeln im arbeitsgerichtlichen Verfahren über die Höhe der Abfindung.

Leiharbeit

Grundlagen

Die Leiharbeit ist ein prekäres Arbeitsverhältnis, also ein Arbeitsverhältnis zweiter Klasse. Trotz der gesetzlichen Regelungen zur Gleichbehandlung (insbesondere zur Gleichbezahlung) wird der Leiharbeitnehmer bereits dadurch schlechter gestellt, dass der Bestand seines Arbeitsverhältnisses zu dem Arbeitgeber, bei dem er eingesetzt wird, nicht geschützt wird.

Wird ein Arbeitsvertrag geschlossen, so integriert der Arbeitgeber den Arbeitnehmer in seine betrieblichen Abläufe und weist ihn laut Direktionsrecht an, wann und wo er welche Arbeiten zu erledigen hat. Der Arbeitnehmer hat Anspruch auf Arbeitsentgelt. Nach einem halben Jahr genießt der Stammarbeitnehmer Kündigungsschutz, d.h. der Arbeitgeber darf nur kündigen, wenn hierzu Gründe im Verhalten oder der Person des Arbeitnehmers vorliegen oder aber dringende betriebliche Gründe gegeben sind. Mit zunehmender Zugehörigkeit zum Unternehmen des Arbeitgebers erwirbt der Arbeitnehmer des Weiteren einen sozialen Schutz, so ist seine Betriebszugehörigkeit bei der sozialen Auswahl zu berücksichtigen, wenn betriebsbedingte Kündigungen anstehen.

Dagegen ist bei der Leiharbeit die Arbeitgeberstellung aufgespalten. Der Arbeitnehmer hat einen Arbeitsvertrag mit einer professionellen Verleihfirma (»Zeitarbeitsfirma«). Integriert ist er aber nicht in deren betriebliche Abläufe, sondern die eines Entleihers. Von dem bekommt er kraft Direktionsrecht seine Arbeitsanweisungen.

Die Vorteile für den Arbeitgeber liegen auf der Hand: Obwohl der Arbeitnehmer tagtäglich seine Arbeitsleistung erbringt, erwirbt er keinen Bestandsschutz gegenüber dem Unternehmen, bei dem er beschäftigt ist. Er arbeitet also beispielsweise in einem großen leistungsfähigen Unternehmen, etwa VW oder Bayer, erwirbt aber Betriebszugehörigkeitszeit nur bei seinem Verleiher.

Gelten beim Entleiher Tarifverträge, so kann sich der Leiharbeitnehmer hierauf nicht berufen. Für ihn ist nur maßgeblich, welchen Lohnanspruch er gegenüber dem Verleiher hat, denn dieser bezahlt ihn.

Ein wichtiger Grundsatz der Leiharbeit ist zwar das Gleichbezahlungsgebot (§ 9

Nr. 2 AÜG), wonach es verboten ist, dem Leiharbeitnehmer für die Zeit der Überlassung schlechtere Arbeitsbedingungen, insbesondere weniger Arbeitsentgelt zu gewähren, als einem vergleichbaren Arbeitnehmer des Entleihers. Allerdings gibt es hiervon Ausnahmen, insbesondere durch Tarifvertrag (§ 3 Abs. 1 Nr. 3 AÜG). Hierzu gibt es Tarifverträge zwischen den DGB-Tarifgemeinschaften und den Dachverbänden der Verleihunternehmen. Deutlich schlechtere Tarifverträge sogenannter »christliche Gewerkschaften« haben sich erfreulicher Weise erledigt, weil das BAG zu Recht festgestellt hat, dass diese Organisationen keine Gewerkschaften sind und keine Tarifverträge schließen können.

Gesetzliche Neuregelung dringend erforderlich

Leiharbeit ermöglicht es dem Arbeitgeber, flexibel zu reagieren, wenn z. B. der Arbeitsanfall steigt. Damit kann ein wirtschaftlich starker Entleiher seine eigene Stammbelegschaft gering halten. Leiharbeit soll nach dem Willen der Arbeitgeber dauerhaft, d. h. also auch bei langjähriger Beschäftigung verhindern, dass jemand den sozialen Schutz eines Arbeitsplatzes erwirbt.
Diesem Missbrauch wollte der Gesetzgeber dadurch begegnen, dass er Arbeitnehmerüberlassung nur vorübergehend vorsieht (§ 1 Abs. 1 Satz 2 AÜG). Bedauerlicher Weise hat das BAG jedoch entschieden, dass ein Leiharbeitnehmer auch dann nicht Arbeitnehmer des Entleihers wird, wenn der Einsatz entgegen dieser Regelung dauerhaft erfolgt (BAG 10. 12. 2013 – 9 AZR 51/13). Der Gesetzesverstoß bleibt also folgenlos. Nunmehr ist der Gesetzgeber wieder gefordert.
Es gibt zum Zeitpunkt des Redaktionsschlusses dieses Buches einen Beschluss der Bundesregierung zu einem Gesetzesentwurf, der zum 01. 01. 2017 als Gesetz in Kraft treten soll. Danach soll das Arbeitsverhältnis gegenüber der selbstständigen Erwerbstätigkeit abgegrenzt werden und damit dem verwandten Problem der Scheinselbstständigkeit begegnet werden. Ein Arbeitsverhältnis soll bei verdeckter Leiharbeit mit dem Entleiher zustande kommen. Es wird eine Höchstüberlassungsdauer, die es früher im Gesetz gab, wieder eingeführt; sie soll 18 Monate betragen. Der Einsatz von Leiharbeitnehmern als Streikbrecher soll verboten werden. Die Rechte des Betriebsrats in Bezug auf Leiharbeitnehmer werden klargestellt, aber auch die Stellung des Leiharbeitnehmers in der Betriebsverfassung. Die Zusammenarbeit der Finanzkontrolle Schwarzarbeit mit den Arbeitsschutzbehörden soll verstärkt werden.

Leiharbeitnehmer in der Betriebsverfassung

Im Rahmen des Betriebsverfassungsgesetzes bestimmt § 7 BetrVG, dass Leiharbeitnehmer – sofern ihre voraussichtliche (!) Beschäftigungsdauer drei Monate übersteigt – wahlberechtigt zur Betriebsratswahl sind. Überall, wo Entscheidungen im Entleihbetrieb fallen (dies ist insbesondere die Einteilung in Dienstpläne und die Anordnung von Mehrarbeit), liegt das Mitbestimmungsrecht beim Betriebsrat des Entleihbetriebs. Trotzdem hat das BAG lange Zeit Leiharbeitnehmer rechnerisch nicht zur Belegschaft des Entleihbetriebs gezählt. So sollte insbesondere die Größe des Betriebsrats nicht von der Anzahl der beschäftigten Leiharbeitnehmer abhängen. Nun hat das Bundesarbeitsgericht allerdings erfreulicher Weise seine Rechtsprechung geändert. Danach zählen Leiharbeitnehmer mit (BAG 13.03.2013 – 7 ABR 69/11). Der Betriebsrat ist über den Einsatz von Leiharbeitnehmern zu informieren. Ihm ist die Anzahl der Arbeitnehmer mitzuteilen sowie deren Qualifikation, ihre Aufgaben und der Einsatzbereich, Beginn und Dauer des Einsatzes. Der Arbeitgeber hat den Betriebsrat zu informieren, weshalb der Einsatz im Rahmen der Personalplanung erforderlich ist und wie sich dies auf die Stammarbeitsplätze auswirkt.

Der Betriebsrat ist bei der Einstellung eines Leiharbeitnehmers ebenso nach § 99 BetrVG zu beteiligen, wie bei einem Stammarbeitnehmer (BAG 09.03.2011 – 7 ABR 137/09). Insbesondere muss der Arbeitgeber die üblichen persönlichen Daten mitteilen, auch wenn sie ihm nicht vorliegen; er muss sie sich dann beim Verleiher besorgen. Das BAG hat insoweit seine frühere, gegenteilige Rechtsprechung aufgehoben.

Bedeutung für Betriebsrat/JAV

Der Arbeitgeber im Entleihbetrieb hat dem Betriebsrat die schriftliche Erklärung des Verleihers vorzulegen, aus der sich ergibt, dass dieser die Erlaubnis zum Verleih von Arbeitnehmern besitzt. Ob der Betriebsrat des Entleihbetriebs das Recht hat, in die Arbeitsverträge zwischen Leiharbeitnehmer und Verleiher Einblick zu nehmen, um insbesondere das Gleichbezahlungsgebot zu kontrollieren, ist nach wie vor in der Rechtsprechung umstritten. Das Verfahren nach § 99 BetrVG ist nicht ordnungsgemäß eingeleitet, wenn der Betriebsrat nicht ausreichend informiert ist. Er kann seine Zustimmung verweigern, wenn er die Gefährdung von Stammarbeitsplätzen befürchtet (§ 99 Abs. 2 Nr. 3 BetrVG).

Literatur und Internet

Rechtsgrundlage

Eine Grundvoraussetzung für die Wahrnehmung der breit gefächerten Aufgaben der JAV ist es, dass sich JAV-Mitglieder ständig mit den Fragen zu den unterschiedlichsten Problembereichen ihrer Tätigkeit, wie z. B. Fragen der Berufsausbildung, Regelungen zum besonderen Schutz Jugendlicher, Fragen der Arbeitszeit, Gestaltung des Ausbildungsplans, Verbesserung der Ausbildungsmethoden, Frauenförderung und damit verbundenen rechtlichen Themen, befassen und auseinander setzen. Dieses ist jedoch nur dann möglich, wenn vor allem eine entsprechende Ausstattung mit Literatur vorhanden ist. Dazu gehören auch sogenannte *Periodika* (regelmäßig erscheinende Zeitschriften bzw. Publikationen), die den JAV-Mitgliedern ermöglichen, sich über neuere Entwicklungen, Erkenntnisse und Entscheidungen zu informieren. Zudem bietet eine Fachzeitschrift in geordneter Fassung den Zugang zu arbeitsrechtlichen Problemen. Demgegenüber sind im Internet zwar umfassende Informationen zugänglich, aber leider in unstrukturierter Form, sodass das Internet eine Fachzeitschrift wie zum Beispiel »Arbeitsrecht im Betrieb« (AiB) nicht ersetzen kann (so BAG v. 19. 3. 14 – 7 ABN 91/13 zum Anspruch eines Betriebsrats auf die AiB).
Neben der Literatur ist das Internet zu einer zusätzlichen bedeutenden Informations- und Kommunikationsplattform geworden. Mittlerweile erkennt auch die Rechtsprechung des BAG diese Bedeutung und sieht den Zugang zum Internet und die Einrichtung einer E-Mail-Adresse – ausgehend vom betrieblichen Standard – regelmäßig als erforderlich an.
Nach § 65 Abs. 1 i. V. m. § 40 Abs. 2 BetrVG hat der Arbeitgeber die durch die Tätigkeit der JAV entstehenden Kosten zu tragen und die erforderlichen Mittel zur Verfügung zu stellen. Zur Bereitstellung von sachlichen Mitteln gehören deshalb Informations- und Kommunikationstechniken, wie z. B. PCs mit Internetzugang, aber auch Gesetzestexte, Kommentare und Fachzeitschriften. Voraussetzung ist dabei, dass es sich um erforderliche Sachmittel handelt.
Da die JAV nicht direkt beim Arbeitgeber die erforderliche Informations- und Kommunikationstechnik sowie Literatur anfordern kann, muss sie den Weg

über den Betriebsrat gehen. Die JAV hat dabei einen Überlassungsanspruch, den der Betriebsrat gegenüber dem Arbeitgeber geltend machen muss. Der Betriebsrat muss somit den Arbeitgeber auffordern, der JAV die geforderte Informations- und Kommunikationstechnik sowie Literatur zu beschaffen. Aus dem Überlassungsanspruch folgt, dass weder Betriebsrat noch die JAV berechtigt sind, die Informations- und Kommunikationstechnik bzw. Literatur für sich auf Kosten des Arbeitgebers zu bestellen.
Die der JAV zur Benutzung überlassene Literatur kann die JAV auch selbst auswählen. Dabei ist darauf zu achten, dass gerade im Bereich des Arbeitsrechts keine »wertneutrale« Literatur existiert.

Literaturhinweise

→ Betriebsverfassungsrecht

Zur Standardausstattung jeder JAV gehören:

Klebe/Ratayczak/Heilmann/Spoo, Betriebsverfassungsgesetz, Basiskommentar, 19. Aufl. 2016
Kittner, Arbeits- und Sozialordnung (Gesetzessammlung), 41. Aufl. 2016
Däubler/Kittner/Klebe/Wedde, Betriebsverfassungsgesetz, Kommentar für die Praxis, 15. Aufl. 2016 (auch in digitaler Version erhältlich)
Lakies, Jugendarbeitsschutzgesetz, Basiskommentar, 7. Aufl. 2014
Lakies/Malottke, BBiG-Berufsbildungsgesetz, Kommentar für die Praxis, 5. Aufl. 2016

Zur JAV-Literatur sind des Weiteren folgende Titel zu zählen:

Kittner/Zwanziger/Deinert, Arbeitsrecht, Handbuch für die Praxis inkl. Online-Ausgabe, 8. Aufl. 2015
Däubler, Arbeitsrecht, Ratgeber für Beruf, Praxis und Studium, 11. Aufl. 2015
Schoof, Betriebsratspraxis von A bis Z (Handwörterbuch), 12. Aufl. 2016 inkl. Online-Nutzung, auch in digitaler Version

→ Personalvertretungsrecht

Zur Standardausstattung jeder JAV gehören:

Altvater/Baden/Berg/Kröll/Noll/Seulen, BPersVG, Basiskommentar, 8. Aufl. 2016, oder der Basiskommentar für das entsprechende LPersVG
Altvater/Baden/Berg/Kröll/Noll/Seulen, BPersVG, Kommentar für die Praxis, 9. Aufl. 2016 oder der entsprechende Großkommentar für das entsprechende LPersVG
Kittner, Arbeits- und Sozialordnung (Gesetzessammlung), 41. Aufl. 2016
Lakies, Jugendarbeitsschutzgesetz, Basiskommentar, 7. Aufl. 2014
Lakies/Malottke, BBiG-Berufsbildungsgesetz, Kommentar für die Praxis, 5. Aufl. 2016

Weitere Titel sind:

Görg/Guth, Tarifvertrag für den öffentlichen Dienst, Basiskommentar, 7. Aufl. 2016

Kittner/Zwanziger/Deinert, Arbeitsrecht, Handbuch für die Praxis inkl. Online-Ausgabe, 8. Aufl. 2016

Däubler, Arbeitsrecht, Ratgeber für Beruf, Praxis und Studium, 11. Aufl. 2015

→ Wahl der JAV

Als Literatur für die Wahl der JAV ist erforderlich:

Berg/Heilmann, JAV-Wahl 2016, Wahl der Jugend- und Auszubildendenvertretung (mit CD-ROM), 11. Aufl. 2016, auch als Download-Version

Internethinweise

Bei den einzelnen Stichworten sind wichtige Internetadressen für die JAV bereits angegeben. Zusätzlich sei noch auf folgende Internetadressen hinzuweisen: Von zentraler Bedeutung für die JAV-Wahl und die Arbeit der JAV (einschl. Info- und Aktionsmaterial für die Öffentlichkeitsarbeit) ist folgende Internetadresse:

http://www.jav-portal.de

Diese Adresse ist die zentrale Kommunikationsdrehscheibe für die JAV-Wahlen und auch die JAV-Arbeit. Das Portal wird gemeinsam von den sechs DGB-Mitgliedsgewerkschaften (außer GdP und GEW) betrieben und bietet damit einen breiten Fundus an Best-Practice-Beispielen und konkreten Ideen für die Wahl und Arbeit einer JAV.

Weitere wichtige Internetadressen:

Bundesarbeitsgericht: Informationen zu Entscheidungen des BAG
http://juris.bundesarbeitsgericht.de/cgi-bin/rechtsprechung/list.py?Gericht=bag&Art=en

Bundesinstitut für Berufsbildung: Informationen zur Berufsbildung
http://www.bibb.de

Bundesministerium der Justiz: Gesetze und Verordnungen im Internet
http://www.gesetze-im-internet.de/aktuell.html

Bund-Verlag, Fachverlag für Betriebsräte
http://www.bund-verlag.de/jav

Datenschutz: Alles Wissenswerte rund um den Datenschutz befindet sich im »Virtuellen Datenschutzbüro«
https://www.datenschutz.de/

Datensicherheit: Empfehlungen der Bundesregierung zur Datensicherheit veröffentlicht das Bundesamt für Sicherheit in der Informationstechnik (BSI)
http://www.bsi-fuer-buerger.de/

Deutscher Bildungsserver: Bildungsinformationen
http://www.bildungsserver.de/
Frage-Antwort-Forum: Ein empfehlenswertes Forum, in dem sich Interessenvertretungen oft mit schnellen Antworten auf aktuelle Fragen gegenseitig unterstützen.
http://www.soliserv.de/
Hans-Böckler-Stiftung:
http://www.boeckler.de
Heise-Verlag: Fachlich fundierte Informationen über aktuelle Trends in der Internet-Technik und -Anwendung
http://www.heise.de/
IG Metall – Jugend: IG Metall und JAV
http://www.igmetall.de/jupo-index.htm
ILO: Internationale Arbeitsorganisation (ILO)
http://www.ilo.org
Verdi-Jugend: Das Portal der JAV
http://www.jav.info/
Wikipedia: Freie Online-Enzyklopädie
http://www.wikipedia.de
WSI: Wirtschafts- und sozialwissenschaftliches Institut des DGB
http://www.wsi.de
Gewerkschaften:
Deutscher Gewerkschaftsbund
http://www.dgb.de
IG Bauen-Agrar-Umwelt
http://www.igbau.de
IG Bergbau, Chemie, Energie
http://www.igbce.de
Gewerkschaft Erziehung und Wissenschaft
http://www.gew.de
EVG – Eisenbahn- und Verkehrsgewerkschaft
http://www.evg-online.org
Vereinigte Dienstleistungsgewerkschaft
http://www.verdi.de
IG Metall
http://www.igmetall.de/jugend
IG Metall Bildungsportal
http://www.wap.igmetall.de
Gewerkschaft Nahrung Genuss Gaststätten
https://www.ngg.net/
Gewerkschaft der Polizei
http://www.gdp.de

Haftungshinweis

Für alle Links gilt, dass wir keinerlei Einfluss auf die Gestaltung und die Inhalte der genannten Seiten haben. So übernehmen wir auch keinerlei Verantwortung für Inhalt und Gestaltung dieser Seiten. Diese Erklärung gilt für alle genannten Links und für alle Inhalte der Seiten, zu denen diese Links führen.

Mindestalter für Beschäftigung

Grundlagen

Das Jugendarbeitsschutzgesetz regelt in verschiedenen Bestimmungen das Mindestalter für verschiedene Arten der Beschäftigung.
Eine erste Zäsur knüpft das Gesetz daran, ob es sich um ein Kind oder um einen Jugendlichen handelt. Jugendlicher ist, wer 15, aber noch nicht 18 Jahre alt ist. Kind ist, wer noch nicht 15 Jahre alt ist. Außerdem finden die für Kinder geltenden Vorschriften auch auf die Jugendlichen Anwendung, die noch der Vollzeitschulpflicht unterliegen (§ 2 JArbSchG).
Das in § 5 JArbSchG geregelte grundsätzliche Verbot der Beschäftigung von Kindern – bzw. Jugendlichen, die noch der Vollzeitschulpflicht unterliegen – gilt nicht bei einer Beschäftigung zum Zwecke der Beschäftigungs- und Arbeitstherapie oder im Rahmen des Betriebspraktikums während der Vollzeitschulpflicht.
Ferner gilt das Beschäftigungsverbot für Kinder nicht für Kinder über 13 Jahre mit Einwilligung des Personensorgeberechtigten, soweit die Beschäftigung leicht und für Kinder geeignet ist.
Schließlich gilt das Beschäftigungsverbot nicht für die Beschäftigung von Jugendlichen über 15 Jahre – die also noch als Kinder »gelten« – während der Schulferien für höchstens vier Wochen im Kalenderjahr.
Schließlich kann die Aufsichtsbehörde auf Antrag weitere Ausnahmen vom Beschäftigungsverbot für Kinder zulassen und etwa die Beschäftigung bei Theatervorstellungen oder Musikaufführungen und anderen Aufführungen bewilligen, aber auch bei Werbeveranstaltungen und sonstigen Veranstaltungen, an denen Kinder gestaltend mitwirken. Verboten bleibt die Mitwirkung in Kabaretts, Tanzlokalen sowie Vergnügungsparks und auf Jahrmärkten oder ähnlichen Schaustellungen.
Im Übrigen dürfen Kinder, die der Vollzeitschulpflicht nicht mehr unterliegen, auch im Berufsausbildungsverhältnis beschäftigt werden. Sie dürfen auch außerhalb eines Berufsausbildungsverhältnisses beschäftigt werden, jedoch nur mit leichten und für sie geeigneten Tätigkeiten, und zwar bis zu sieben Stunden täglich und 35 Stunden wöchentlich.

Auch für Jugendliche gibt es besondere Altersbeschränkungen bei der Beschäftigung. Sie dürfen grundsätzlich nach § 8 JArbSchG nicht mehr als acht Stunden täglich und nicht mehr als 40 Stunden wöchentlich beschäftigt werden. In der Landwirtschaft dürfen Jugendliche über 16 Jahre während der Erntezeit nicht mehr als neun Stunden täglich und nicht mehr als 85 Stunden in der Doppelwoche beschäftigt werden.

Mitbestimmungsrechte – JAV und Betriebsrat

Grundlagen

Zwar stehen der JAV nach § 70 BetrVG Überwachungspflichten und -rechte (→ **Allgemeine Aufgaben**) zu, die sich insbesondere auf das Berufsbildungsgesetz und das Jugendarbeitsschutzgesetz beziehen. Soweit jedoch Maßnahmen beim Arbeitgeber zu beantragen sind oder auf eine Erledigung von Anregungen der von der JAV vertretenen jugendlichen Arbeitnehmern bzw. Auszubildenden hinzuwirken ist, kann dieses nur über den Betriebsrat geschehen. Mitbestimmungsrechte gegenüber dem Arbeitgeber können somit nicht direkt durch die JAV wahrgenommen werden; es bedarf vielmehr der Einbeziehung des Betriebsrats. Daraus folgt auch, dass die JAV ihre Aufgaben in enger Zusammenarbeit mit dem Betriebsrat zu erfüllen hat. Die JAV vertritt die Interessen somit nicht unabhängig vom Betriebsrat und nicht direkt gegenüber dem Arbeitgeber. Allein deswegen kann auch die JAV keine gegenüber dem Arbeitgeber wirksamen Beschlüsse fassen.
Der Betriebsrat ist nach § 80 Abs. 1 Nr. 3 BetrVG verpflichtet, mit der JAV eng zusammenzuarbeiten und Anregungen der JAV gegenüber dem Arbeitgeber zu verfolgen. Daraus folgt ebenfalls, dass der Betriebsrat Maßnahmen, die die Belange der jugendlichen Arbeitnehmer und Auszubildenden betreffen, nicht im Alleingang, sondern in Zusammenarbeit mit der JAV vornehmen muss. So hat er die JAV in allen Angelegenheiten zu beraten und ihr die zur sachgerechten Wahrnehmung ihrer Aufgaben notwendigen Informationen, Unterlagen und Hinweise zu geben. Ebenso kann er von der JAV Vorschläge und auch Stellungnahmen anfordern. Die verantwortliche Vertretung der Interessen der jugendlichen Arbeitnehmer und Auszubildenden gegenüber dem Arbeitgeber nimmt somit der Betriebsrat als der Stellvertreter aller Arbeitnehmer im Betrieb wahr – unter Beteiligung der JAV.
Die Mitbestimmungsrechte des Betriebsrats ergeben sich dabei vornehmlich aus den Vorschriften des Betriebsverfassungsgesetzes.
Im Folgenden sollen die für die JAV wichtigsten Mitwirkungs- und Mitbestimmungsrechte des Betriebsrats nach dem Betriebsverfassungsgesetz dargestellt werden:

§ 80 Abs. 1 Nr. 2 BetrVG – Initiativrecht

Diese Vorschrift beinhaltet für den Betriebsrat ebenso wie § 70 Abs. 1 Nr. 1 BetrVG für die JAV ein Initiativrecht, um Maßnahmen jeglicher Art, die dem Betrieb und der Belegschaft, also auch den jugendlichen Arbeitnehmern und den Auszubildenden dienen, beim Arbeitgeber zu beantragen. Die Weiterverfolgung dieses Initiativrechts durch den Betriebsrat hängt dann jedoch im Einzelfall davon ab, inwieweit die Maßnahme einem Mitwirkungs- oder sogar einem Mitbestimmungstatbestand unterliegt. Aber selbst für den Fall, dass kein Mitbestimmungsrecht die Maßnahme umfasst, können strategische und interessenpolitische Maßnahmen dafür sorgen, dass der Arbeitgeber die Angelegenheit behandeln muss und diese nicht im Papierkorb landet.

§ 87 Abs. 1 BetrVG – soziale Angelegenheiten

In dieser Vorschrift werden in bestimmten sozialen Angelegenheiten dem Betriebsrat Mitbestimmungsrechte gegeben, sodass bei Nichteinigung mit dem Arbeitgeber die Einigungsstelle entscheidet. Der Spruch der Einigungsstelle ersetzt dann die Einigung zwischen Arbeitgeber und Betriebsrat.
Die Mitbestimmungsrechte umfassen beispielsweise:

- Beginn und Ende der Arbeitszeit,
- vorübergehende Verlängerung oder Verkürzung der betriebsüblichen Arbeitszeit,
- Aufstellung allgemeiner Urlaubsgrundsätze und des Urlaubsplans sowie die Festsetzung der zeitlichen Lage des Urlaubs für einzelne Arbeitnehmer,
- Regelungen über die Verhütung von Arbeitsunfällen und Berufskrankheiten sowie über den Gesundheitsschutz im Rahmen der gesetzlichen Vorschriften oder der Unfallverhütungsvorschriften.

Bei diesen Mitbestimmungsrechten geht es um die Frage, wie günstig die Rahmenbedingungen der Arbeit im Betrieb für die Beschäftigten gestaltet werden.

§ 92 – Personalplanung

Der Betriebsrat hat nach § 92 BetrVG ein erzwingbares Beratungsrecht bei der Personalplanung. Dabei steht die Personalbedarfsplanung im Mittelpunkt, also die Frage, wie der künftige Bedarf an Personal aussieht. Somit geht es auch um die Frage, wie viel Ausbildungsverhältnisse bestehen müssen, um den zukünftigen Bedarf abzudecken. Durch die Diskussion um die Personalplanung kann auf diese Weise die gesellschaftliche Verantwortung sichtbar gemacht werden. Auch kann dafür gesorgt werden, dass der Arbeitgeber sich mit den Vorschlägen des Betriebsrats und der JAV beschäftigen muss. Der Arbeitgeber kann somit gezwungen werden, sich dazu zu äußern, falls er seine Aufgaben nicht erfüllt. Auch wenn der Betriebsrat und die JAV nicht über die Höhe der Ausbildungszahlen entscheiden, entscheiden sie doch darüber, wie stark der einzelne Arbeitgeber in der öffentlichen und betrieblichen Meinung in die Pflicht genommen wird.

§ 92a – Beschäftigungssicherung

Mit dieser Vorschrift erhält der Betriebsrat ein umfassendes Vorschlags- und Beratungsrecht zur Sicherung und Förderung der Beschäftigung im Betrieb. Die beispielhaft aufgeführten Handlungsfelder reichen von der flexiblen Gestaltung der Arbeitszeit bis hin zu Produktions- und Investitionsprogrammen. Dadurch wird der Betriebsrat in die Lage versetzt, eigene Maßnahmen und Konzepte auch mit externem Sachverstand zu entwickeln und zu präsentieren. Auch wenn damit kein Mitbestimmungsrecht direkt verbunden ist, kann der Arbeitgeber diese Vorschläge nicht einfach ignorieren. Er muss vielmehr mit dem Betriebsrat darüber beraten und sich mit den Vorschlägen auseinandersetzen. Der Betriebsrat erhält ein Gestaltungsmittel, das den Arbeitgeber zur Reaktion zwingt. Dieses insbesondere dann, wenn der Betriebsrat seine Vorschläge betriebsöffentlich und unter Einbeziehung der Belegschaft umsetzt, und gegebenenfalls einen Vertreter der Bundesagentur für Arbeit zu den Beratungen mit dem Arbeitgeber hinzuzieht.

§ 93 – Ausschreibung von Ausbildungs- und Arbeitsplätzen von Ausbildern

Nach dieser Vorschrift kann der Betriebsrat verlangen, dass Arbeitsplätze, die besetzt werden sollen, vor ihrer Besetzung innerhalb des Betriebes ausgeschrieben werden. Wenn trotz des Verlangens des Betriebsrats eine Ausschreibung nicht erfolgt ist, kann der Betriebsrat nach § 99 BetrVG die Zustimmung zur Einstellung eines außerbetrieblichen Bewerbers verweigern.
Die jugendlichen Arbeitnehmer und die Auszubildenden erhalten durch die innerbetriebliche Stellenausschreibung einen Überblick über zu besetzende Arbeitsplätze und die Möglichkeit, sich für diese Arbeitsplätze zu bewerben und Berufschancen wahrzunehmen. Voraussetzung für eine innerbetriebliche Stellenausschreibung ist aber immer das Verlangen des Betriebsrats. Die innerbetriebliche Stellenausschreibung erfolgt nicht automatisch.

§ 94 – Personalfragebogen,Beurteilungsgrundsätze

Nach dieser Vorschrift bedürfen Personalfragebogen, aber auch die Aufstellung allgemeiner Beurteilungsgrundsätze der Zustimmung des Betriebsrats. Kommt eine Einigung mit dem Arbeitgeber nicht zustande, so entscheidet die Einigungsstelle. Der Spruch der Einigungsstelle ersetzt die Einigung zwischen Arbeitgeber und Betriebsrat.

Der Betriebsrat, und somit auch die JAV, hat bei der Aufstellung von Beurteilungssystemen für Auszubildende mitzureden. Dabei umfasst das Mitbestimmungsrecht neben den materiellen Beurteilungsmerkmalen auch das Verfahren, das für deren Feststellung maßgebend sein soll. Allgemeine Verfahrensregelungen liegen insbesondere vor bei:

- dem Kreis der Beurteiler,
- dem Kreis der zu Beurteilenden,
- dem Beurteilungszeitraum,
- der Kontrolle und Auswertung der Beurteilungen,
- den Einspruchsmöglichkeiten.

Das Mitbestimmungsrecht soll der Objektivierung im Interesse der Belegschaft bei der Bewertung von Leistung und Verhalten des Arbeitnehmers dienen.

§ 95 – Auswahlrichtlinien

Nach dieser Vorschrift ist zur Einführung von Auswahlsystemen für die Einstellung von Auszubildenden (z. B. Test, Auswahlkritierien) die Zustimmung des Betriebsrats erforderlich. In Betrieben mit über 500 Arbeitnehmern kann der Betriebsrat ein Auswahlsystem auch im Rahmen seiner Mitbestimmung verlangen. Kommt eine Einigung über das Auswahlsystem nicht zustande, entscheidet die Einigungsstelle. Die Einigung zwischen Arbeitgeber und Betriebsrat wird notfalls durch den Spruch der Einigungsstelle ersetzt.

§ 96 – Förderung der Berufsbildung

Im Rahmen der Berufsbildung stehen dem Betriebsrat sowohl Mitwirkungs- als auch Mitbestimmungsrechte zu bei der:

- Förderung der Berufsbildung,
- Einrichtung und Maßnahmen der Berufsbildung,
- Einführung und Durchführung betrieblicher Bildungsmaßnahmen.

Nach § 96 haben der Arbeitgeber und der Betriebsrat die Berufsbildung zu fördern. Auf Verlangen des Betriebsrats hat der Arbeitgeber den Berufsbildungsbedarf im Betrieb zu ermitteln. Fragen der beruflichen Aus- und Weiterbildung haben in den letzten Jahren zunehmend an Bedeutung gewonnen, nicht zuletzt wegen des Mangels an Ausbildungsplätzen. Der Betriebsrat als auch die JAV sollten deswegen das Initiativrecht in allen Fragen der Berufsbildung nutzen, um eine breite Qualifizierung der jugendlichen Arbeitnehmer und Auszubildenden einschließlich genügender Ausbildungsplätze zu erreichen.

§ 97 – Einrichtungen und Maßnahmen der Berufsbildung

Diese Vorschrift gibt dem Betriebsrat ein Beratungs- und Mitbestimmungsrecht. Danach ist der Arbeitgeber verpflichtet, geplante Einrichtungen und Maßnahmen zur Berufsbildung vor ihrer Verwirklichung rechtzeitig mit dem Betriebsrat zu beraten. Bei der Frage, »ob« eine betriebliche Berufsbildung stattfindet, hat der Betriebsrat dann ein Mitbestimmungsrecht, wenn der Arbeitgeber Maßnahmen plant oder bereits durchgeführt hat, die zu einer Änderung der Tätigkeit der betroffenen Arbeitnehmer führen und deren Qualifikation für die neuen Aufgaben nicht mehr ausreicht. Durch das Mitbestimmungsrecht in Abs. 2 ist der Betriebsrat in der Lage, frühzeitig und damit präventiv zugunsten der Arbeitnehmer Maßnahmen durchsetzen zu können, um deren Weiterbeschäftigung im Betrieb zu sichern. In diesem Zusammenhang dürften betriebsbedingte Kündigungen durch einen Arbeitgeber nicht in Frage kommen, da Qualifizierung grundsätzlich der Kündigung vorgeht.

§ 98 – Durchführung betrieblicher Bildungsmaßnahmen

Zusätzlich hat der Betriebsrat ein Mitbestimmungsrecht bei der Frage, wie die betrieblichen Bildungsmaßnahmen durchgeführt werden sollen. Bei Nichteinigung mit dem Arbeitgeber entscheidet die Einigungsstelle. Der Spruch der Einigungsstelle ersetzt notfalls die Einigung zwischen Arbeitgeber und Betriebsrat.
Das Mitbestimmungsrecht des Betriebsrats erstreckt sich auf den gesamten Inhalt der Maßnahme (»wie« die Berufsbildung durchzuführen ist); ein Mitbestimmungsrecht bei der Frage, »ob« eine Maßnahme stattfindet, besteht aber – mit Ausnahme der Fälle des § 97 (siehe oben) – nicht. Dabei kann der Betriebsrat auch selbst initiativ werden und ggf. seine Vorstellungen vor die Einigungsstelle bringen.
Das Mitbestimmungsrecht des Betriebsrats umfasst die gesamte Durchführung von Bildungsmaßnahmen. Dazu zählen insbesondere:

- Lerninhalte,
- Lernmittel,
- Stoffauswahl,
- Didaktik und Methodik,
- Ausbildungsstandskontrolle und
- Auswahl der Teilnehmer.

Wegen der Vielschichtigkeit der zu regelnden Angelegenheiten empfiehlt es sich, zu den Fragen der Bildungsmaßnahmen eine Betriebsvereinbarung abzuschließen.
Weiterhin kann der Betriebsrat der Bestellung von Ausbildungspersonal widersprechen oder ihre Abberufung verlangen, wenn diese die persönliche oder fach-

liche Eignung nicht besitzen. Dazu gehören auch vorauszusetzende pädagogische Fähigkeiten, aber auch der Umstand, dass ein Ausbilder seine Aufgaben vernachlässigt. Abzustellen ist immer auf die Anforderungen, die das Berufsbildungsgesetz stellt.
Zum Thema Mitbestimmung und Ausbildung siehe auch → **Mitbestimmungsrechte und Ausbildung**.

§ 99 – Mitbestimmung bei personellen Einzelmaßnahmen

Nach dieser Vorschrift bestimmt der Betriebsrat bei der Einstellung von Auszubildenden und Ausbildern mit. So kann der Betriebsrat z. B. der Einstellung eines Ausbilders die Zustimmung verweigern, wenn er nicht die Voraussetzungen nach dem Berufsausbildungsgesetz als Ausbilder erfüllt. In diesem Fall würde die Einstellung gegen das Berufsbildungsgesetz verstoßen (§ 99 Abs. 2 Nr. 1 BetrVG).

§ 102 – Mitbestimmung bei Kündigungen

Der Betriebsrat ist nach dieser Vorschrift bei Kündigungen von jugendlichen Arbeitnehmern und Auszubildenden in der Probezeit oder aus wichtigem Grund nach der Probezeit anzuhören. Er kann der beabsichtigten Kündigung durch den Arbeitgeber widersprechen. Im Falle eines wirksamen Widerspruchs steht dem Gekündigten ein Weiterbeschäftigungsanspruch während des Kündigungsprozesses zu.

§§ 111, 112 – Betriebsänderungen

Bei Betriebsänderungen (z. B. bei der Verlegung eines Betriebes oder der grundlegenden Änderung der Betriebsorganisation) hat der Betriebsrat in Unternehmen mit mehr als in der Regel 20 wahlberechtigten Arbeitnehmern einen Anspruch auf Beratung über einen Interessenausgleich mit dem Arbeitgeber. Dieser Beratungsanspruch umfasst auch das Einigungsstellenverfahren, aber ohne möglichen Einigungsstellenspruch. Weiterhin hat der Betriebsrat ein Mitbestimmungsrecht bei der Frage des Ausgleiches oder der Milderung der wirtschaftlichen Nachteile, die den Arbeitnehmern infolge der geplanten Betriebsänderung entsteht. Diese Vereinbarung wird als Sozialplan bezeichnet, und kann notfalls in der Einigungsstelle erzwungen werden.
Durch dieses Beratungs- und Mitbestimmungsrecht können die Arbeitsplätze jugendlicher Arbeitnehmer und die Ausbildungsplätze gesichert werden. So können Ausbildungsverträge in anderen Betrieben des Unternehmens weitergeführt und das Ausbildungsziel gewährleistet werden.

Mitbestimmung und Ausbildung

Grundlagen

Mitbestimmungsrechte (→ **Mitbestimmungsrechte**) gegenüber dem Arbeitgeber können nicht direkt durch die JAV wahrgenommen werden; es bedarf vielmehr der Einbeziehung des Betriebsrats. Daraus folgt auch, dass die JAV ihre Aufgaben in enger Zusammenarbeit mit dem Betriebsrat zu erfüllen hat. Die JAV vertritt die Interessen somit nicht unabhängig vom Betriebsrat und nicht direkt gegenüber dem Arbeitgeber.

Bei der Gestaltung der Ausbildung hat der Betriebsrat weitreichende Unterrichtungs-, Beratungs- und Mitbestimmungsrechte, die in den §§ 96–98 BetrVG geregelt sind (siehe Musterbetriebsvereinbarung weiter unten).

Da aktuell die Digitalisierung die Arbeit rasant verändert (Industrie 4.0, »big data«) und bislang noch nicht im Einzelnen klar ist, welche Auswirkungen (zunehmende Vernetzung der Arbeit zwischen Arbeitnehmer, Maschinen und Werkstücken, digitale Assistenz- und Wissenssysteme u. a.) im Einzelnen damit verbunden sind, kommt der Bildung als Teil der Arbeit 4.0 eine entscheidende Schlüsselfunktion zu. Die Anforderungen an die Bildungskonzepte und damit an die Erstausbildung erhöhen sich durch die Digitalisierung erheblich. Im Mittelpunkt stehen dabei nicht neue Berufsbilder, vielmehr müssen die Auszubildenden auf die Anforderungen und die digitalen Arbeitstechniken von Morgen vorbereitet werden. Das geschieht durch qualifizierte Ausbilder und die Weiterentwicklung von Ausbildungsordnungen. Dem Betriebsrat und der JAV kommt somit eine Schlüsselfunktion bei der Bewältigung der anstehenden Anforderungen zu. Dieses geht nicht ohne eine Bestandsaufnahme, denn nur so kann der Veränderungsbedarf ermittelt werden.

Im 1. Schritt sollte – soweit noch nicht geschehen – der Betriebsrat den Arbeitgeber auffordern, den Berufsausbildungsbedarf gem. § 96 Abs. 1 BetrVG zu ermitteln. Dazu gehört auch der Bedarf an betrieblicher Erstausbildung. Ziel sollte immer sein, dass grundsätzlich immer nur in mindestens dreijährigen Ausbildungsberufen ausgebildet wird.

Dem Betriebsrat stehen Unterrichtungs- und Beratungsrechte zu bei/über:

1. Errichtung und Ausstattung betrieblicher Einrichtungen zur Berufsbildung,
2. Einführung betrieblicher Berufsbildungsmaßnahmen,
3. Entscheidung, in welchen Ausbildungsberufen ausgebildet wird,
4. Einstellungszahlen von Auszubildenden,
5. Teilnahme an außerbetrieblichen Berufsbildungsmaßnahmen.

Mitbestimmungsrechte, die grundsätzlich eine Einigung im Rahmen einer Betriebsvereinbarung vorsehen, stehen dem Betriebsrat in folgenden Themen zu:

1. Durchführung von Maßnahmen (»Wie«) der betrieblichen Berufsbildung,
2. Einstellung von neuen Ausbildern,
3. Abberufung von nicht geeigneten Ausbildern,
4. Entsendung von Teilnehmern zu betrieblichen Lehrgängen.

(Siehe Musterbetriebsvereinbarung zur Berufsausbildung weiter unten.)
Weiterhin besteht eine Mitbestimmung des Betriebsrats in Beurteilungsfragen nach § 94 Abs. 2 BetrVG sowie bei Auswahlrichtlinien (als Initiativrecht in Betrieben mit mehr als 500 Arbeitnehmern) nach § 95 BetrVG (siehe Musterbetriebsvereinbarung für die Einstellung von Auszubildenden weiter unten).
In Fragen der Einführung (»Ob«) betrieblicher Bildungsmaßnahmen steht dem Betriebsrat ein Mitbestimmungsrecht bei notwendigen Anpassungsqualifikationen zu, wenn der Arbeitgeber Maßnahmen plant oder durchgeführt hat, und die beruflichen Qualifikation des Arbeitnehmers zur Erfüllung der Arbeitsaufgaben nicht ausreicht(§ 97 Abs. 2 BetrVG).
Solche Betriebsvereinbarungen tragen wesentlich dazu bei, die Rechte und Pflichten des Arbeitgebers im Rahmen der beruflichen Ausbildung genau zu beschreiben und zu bestimmen. Betriebsvereinbarungen haben somit grundsätzlich auch die Aufgabe, die Situation der jugendlichen Arbeitnehmer und Auszubildenden im Betrieb wesentlich zu verbessern.

Bedeutung für die jugendlichen Arbeitnehmer und Auszubildenden

Da die Bedingungen sowohl für die Ausbildung als auch für die Arbeit durch Betriebsvereinbarungen sehr umfangreich geregelt werden können, ist es für jeden jugendlichen Arbeitnehmer und Auszubildenden wichtig, sich über die im Betrieb existierenden Betriebsvereinbarungen zu informieren.
Weil durch die Betriebsvereinbarungen die Rechte und Pflichten unmittelbar im Ausbildungsvertrag bzw. im Arbeitsvertrag gelten, kann jeder diese Rechte geltend machen. Der Einzelne kann dieses sogar notfalls im Wege einer Klage beim Arbeitsgericht durchsetzen.

Im Folgenden ist eine Musterbetriebsvereinbarung sowohl zu Auswahlrichtlinien für die Einstellung von Auszubildenden, als auch zur Berufsausbildung dargestellt. Sie sind der IG Metall Handlungshilfe für Betriebsräte und Vertrauensleute, Bd. 28, Der Bildungsausschuss der Betriebsrates, 2012, entnommen.

22 Musterbetriebsvereinbarung »Auswahlrichtlinien für die Einstellung von Auszubildenden«

§ 1 Ziel

Mit dieser Betriebsvereinbarung werden die Auswahlrichtlinien für die Einstellung von Auszubildenden vereinbart. Ziel dieses Verfahrens ist, jeden Auszubildenden auf den richtigen (richtig = entsprechend der Neigung und Eignung der Jugendlichen) Ausbildungsplatz zu vermitteln.

§ 2 Geltungsbereich

Diese Vereinbarung gilt

1. räumlich: Für (z. B.) die Hauptverwaltung und alle Niederlassungen/Zweigstellen/Filialen des Unternehmens …
2. persönlich: Für alle Bewerber um Ausbildungsstellen.

§ 3 Berufe und Anzahl der einzustellenden Auszubildenden

Die Ausbildungsberufe und die Zahl der einzustellenden Auszubildenden für die einzelnen Ausbildungsberufe werden gemeinsam vom Betriebsrat und der Unternehmensleitung festgelegt. Für die Besetzung der Ausbildungsstellen mit Männern/Frauen gilt der Grundsatz der Parität, d. h. 50 % der Ausbildungsplätze sollen mit männlichen, 50 % mit weiblichen Bewerbern besetzt werden.

Die Ausbildungsberufe und die Zahl der Ausbildungsplätze werden der Bundesagentur für Arbeit gemeldet und zwar jeweils am 1. September für das am 1. September des nächsten Jahres beginnende Ausbildungsjahr.

§ 4 Informationen für interessierte Jugendliche

In Zusammenarbeit mit der Bundesagentur für Arbeit und den betreffenden Schulen werden Informationsveranstaltungen durchgeführt.

(Beispiel:

a) Informationsabende

b) Tag der offenen Tür

c) Unterrichtsbesuche

d) Plätze für Betriebspraktika werden angeboten.)

§ 5 Bewerbungsschlussdatum

Das Bewerbungsschlussdatum wird festgelegt auf den xx. Dezember des jeweils laufenden Jahres.

§ 6 Auswahlregeln

Für die Auswahl der Bewerber um Ausbildungsstellen gelten folgende Regelungen: Absolventen allgemeinbildender und berufsbildender Schulen werden nach folgendem Schlüssel berücksichtigt:

a) Absolventen von Sonderschulen werden bei den entsprechenden Schulabschlüssen (Hauptschule, mittlerer Bildungsabschluss, Abitur) berücksichtigt. Absolventen von Sonderschulen für Lernbehinderte werden nach Rücksprache mit Eltern, Berufsberatern, Lehrern und Ausbildungsberatern der Industrie- und Handelskammer gesondert berücksichtigt. Ziel ist es, jedes Jahr auch Lernbehinderten die Chance einer Berufsausbildung zu geben.

b) Bewerber mit Hauptschulabschluss sind mit ... % zu berücksichtigen. Für die einzelnen Ausbildungsberufe ist folgender Anteil einzuhalten:
(Berufe mit Quote aufführen, z. B. Industriemechaniker/in ... % Energieelektroniker/in ... % Kaufmann/-frau für Bürokommunikation ... % Industriekaufmann/-frau ... %)

c) Bewerber mit mittlerem Bildungsabschluss (Sekundarstufe I) sind mit ... % zu berücksichtigen. Für die einzelnen Ausbildungsberufe gilt folgender Anteil:
(Berufe mit Quote aufführen, z. B. Industriemechaniker/in ... % Energieelektroniker/in ... % Kaufmann/-frau für Bürokommunikation ... % Industriekaufmann/-frau ... %)

d) Bewerber mit Abschluss Berufsgrundbildungsjahr sind mit ... % zu berücksichtigen.
Für die einzelnen Ausbildungsberufe gilt folgender Anteil: (Berufe mit Quote aufführen, z. B. Industriemechaniker/in ... % Energieelektroniker/in ... % Kaufmann/-frau für Bürokommunikation ... % Industriekaufmann/-frau ... %)

e) Bewerber mit Abschluss Berufsfachschule sind mit ... % zu berücksichtigen. Für die einzelnen Ausbildungsberufe gilt folgender Anteil:
(Berufe mit Quote aufführen, z. B. Industriemechaniker/in ... % Energieelektroniker/in ... % Kaufmann/-frau für Bürokommunikation ... % Industriekaufmann/-frau ... %)

f) Bewerber mit Abschluss Sekundarstufe II (Abitur) sind mit ... % zu berücksichtigen. Für die einzelnen Ausbildungsberufe gilt folgender Anteil: (Berufe mit Quote aufführen, z. B. Industriemechaniker/in ... % Energieelektroniker/in ... % Kaufmann/-frau für Bürokommunikation ... % Industriekaufmann/-frau ... %)

g) Bewerber mit sonstigen Bildungsabschlüssen werden den vergleichbaren Bewerbergruppen zugeordnet.
Sind in einer Gruppe weniger Bewerber als freie Ausbildungsstellen vorhanden, können die nicht zu besetzenden Ausbildungsplätze anteilmäßig den anderen Gruppen zugeschlagen werden.

§ 7 Bewertung der Zeugnisse

Innerhalb der Quotengruppen werden die Zeugnisse gesichtet. Bewerber für kaufmännische Ausbildungsgänge müssen im Fach Rechnen/Mathematik mindestens ausreichende Leistungen nachweisen.

§ 8 Ranglisten
Nach der Berücksichtigung der §§ 6 und 7 werden Ranglisten erstellt.

§ 9 Bewerbungsgespräch
Personalleitung und Betriebsrat führen mit den ausgewählten Bewerbern ein Gespräch.

§ 10
Soziale Auswahlkriterien
Sind in einer Gruppe bis zu diesem Zeitpunkt mehr geeignete Bewerber als freie Ausbildungsplätze vorhanden, erfolgt die Vergabe unter Berücksichtigung weiterer sozialer Gesichtspunkte. Ziel hierbei ist es insbesondere auch, für Jugendliche mit Migrationshintergrund sowie Schwerbehinderte die Zugangsmöglichkeiten zur beruflichen Bildung zu verbessern.

§ 11 Benachrichtigung der Bewerber
Alle Bewerber erhalten bis zum ... eine endgültige Nachricht darüber, ob sie einen Ausbildungsplatz erhalten oder nicht. Bei Absagen wird auf besonders sorgfältige Formulierung geachtet und ggf. auf andere Möglichkeiten und spätere Einstellung (Nachrücker) verwiesen.

§ 12
Alle in dieser Betriebsvereinbarung geregelten Punkte werden einvernehmlich zwischen Betriebsrat und Unternehmensleitung vereinbart. Kommt eine Einigung nicht zustande, entscheidet der unparteiische Vorsitzende einer zu bildenden gemeinsamen Berufsbildungskommission oder Einigungsstelle.

§ 13 Inkrafttreten und Kündigung
Diese Vereinbarung tritt am ... in Kraft. Die Vereinbarung gilt auf unbestimmte Zeit, sie kann mit einer halbjährlichen Frist zum jeweiligen Jahresende gekündigt werden. Widerspricht die andere Seite der Kündigung, so gilt die Vereinbarung entsprechend § 77 Abs. 6 BetrVG fort, bis sie durch eine andere Abmachung ersetzt wird.

Musterbetriebsvereinbarung zur Berufsausbildung

23 **§ 1 Geltungsbereich**
Die Betriebsvereinbarung gilt:
räumlich: für ...
persönlich: für alle gewerblichen, kaufmännischen und technischen Auszubildenden im Sinne des Berufsbildungsgesetzes sowie alle weiteren zur Berufsausbildung beschäftigten Arbeitnehmer.

§ 2 Grundsätze

Die Ausbildungsleitung verpflichtet sich, jedem Auszubildenden zu Beginn der Berufsausbildung einen Ausbildungsrahmenplan der IHK und einen zeitlich und sachlich gegliederten Ausbildungsplan auszuhändigen. Mit Inkrafttreten dieser Betriebsvereinbarung verpflichtet sich die Ausbildungsleitung, den Abteilungen den entsprechenden Qualifikations- und Förderbogen auszuhändigen. Die Vervielfältigung des Qualifikations- und Förderbogens erfolgt dann in der jeweiligen Ausbildungsabteilung.

Das Qualifikations- und Fördersystem soll die erfolgreiche Berufsausbildung im fachlichen und im überfachlichen Bereich gewährleisten. Wesentliches Ausbildungsziel ist die Befähigung zur Ausübung einer qualifizierten beruflichen Tätigkeit, die das selbstständige Planen, Durchführen und Kontrollieren einschließt. Neben den fachlichen Kompetenzen sind auch personale Selbstständigkeit und soziale Kompetenzen von besonderer Bedeutung, um die Auszubildenden in ihrem Lernverhalten auf die Gegebenheiten des Berufslebens und die des Betriebes vorzubereiten. Die Auszubildenden sollen lernen, sich neue Lerninhalte selbstständig zu erarbeiten.

Die Sicherstellung dieser Ziele erfolgt durch Kontrollen des Ausbildungsstandes und Förderung der Qualifikation und Lernziele. Die Auszubildenden erhalten eine Kopie über ihren individuellen Ausbildungsstand und werden dadurch angeregt, eigenverantwortlich Schlüsse für ihre weitere Ausbildung zu ziehen. Die Ausbilder erhalten Aufschluss über den Ausbildungserfolg.

Bei der Vermittlung der Ausbildungsinhalte werden fachliche und übergreifende Qualifikationen in konkreten Arbeitssituationen und -aufgaben systematisch zusammengeführt und miteinander verknüpft.

Die Lern- und Qualifikationsziele sind im betrieblichen Ausbildungsplan für die einzelnen Ausbildungsabschnitte festgelegt. Sie sind aus dem für den jeweiligen Beruf gültigen Ausbildungsrahmenplan abgeleitet und ständig den Gegebenheiten der Berufsausbildung mit Zustimmung des Betriebsrats anzupassen. Zur Vermittlung von Schlüsselqualifikationen ist es notwendig, die Ausbildungsmethoden zu erweitern und zu verändern. Es sind Ausbildungsmethoden einzusetzen, die selbstständiges Lernen fördern und das Erlernen der Schlüsselqualifikationen ermöglichen.

§ 3 Beurteilungsgrundlage

Die für die einzelnen Ausbildungsabschnitte im Ausbildungsplan festgelegten Lern- und Qualifikationsziele werden in einem jeweiligen Qualifikations- und Förderbogen dokumentiert, hierauf bezieht sich der jeweilige Qualifikations- und Förderbogen. Anhand objektiver Beurteilungsmerkmale wird die Fachkompetenz beurteilt. Die Methodenkompetenz wird anhand der vorgegebenen Lernziele überprüft. Die Sozialkompetenz wird durch Gruppengespräche, Gruppenarbeit in Form der Planung, Durchführung, Auswertung und der kritischen Nachbetrachtung von Projektarbeit, die der Ausbilder moderiert, gefördert. Sozialkompetenz darf nicht beurteilt werden.

§ 4 Ausbildungsablauf

Sollten Veränderungen im Ausbildungsablauf der folgenden Ausbildungsberufe die Formulierung ergänzender Ausbildungsziele notwendig machen, so bedarf es hierzu der Zustimmung des Betriebsrats.

§ 5 Ausbilder/Ausbildungsbeauftragte

Dem Betriebsrat sind alle Ausbilder (haupt- und nebenberuflich) und Ausbildungsbeauftragten schriftlich zu benennen. Neu einzustellende hauptberufliche sowie neu betrieblich eingesetzte hauptberufliche Ausbilder haben nach § 30 BBiG ihre Eignung entsprechend der Ausbildereignungsverordnung nachzuweisen. Das Gleiche gilt für die im Betrieb beschäftigten Ausbildungsbeauftragten. Ausbildungsbeauftragte sind alle die, die damit beauftragt wurden, dem Auszubildenden die Ausbildungsziele zu vermitteln. Alle hauptberuflichen Ausbilder und die mit der Ausbildung beauftragten Arbeitnehmer sind rechtzeitig und während der Arbeitszeit über die Grundsätze und das Verfahren des Qualifikations- und Förderbogens zu unterweisen.

Die den Betriebsrat benannten haupt- und nebenberuflichen Ausbilder werden entsprechend ihrer Ausbildungsaufgabe im erforderlichen Maße durch geeignete innerbetriebliche bzw. außerbetriebliche Weiterbildungsmaßnahmen auf die Vermittlung der Fertigkeiten, Kenntnisse und Qualifikationen vorbereitet. Um auch auf Dauer eine den Anforderungen der Neuordnung entsprechende Ausbildung zu gewährleisten, ist es notwendig, allen haupt- und nebenberuflichen Ausbildern eine fachliche und pädagogische Weiterbildung zu garantieren. Um dieses sicherzustellen, ist allen haupt- und nebenberuflichen Ausbildern und deren Stellvertretern jährlich mindestens eine Woche Freistellung zu gewährleisten. Kosten, die aufgrund der Weiterbildungsmaßnahmen (inklusive Lohn- und Gehaltsforderungen) entstehen, werden vom Arbeitgeber übernommen. Der jährliche Weiterbildungsbedarf wird zwischen Ausbildungsleitung, Betriebsrat (Berufsbildungsausschuss) und der Jugend- und Auszubildendenvertretung beraten. Den Ausbildungsbeauftragten ist zur ordnungsgemäßen Durchführung ihrer Ausbildungstätigkeit ausreichend Zeit zur Verfügung zu stellen.

Alle sechs Monate soll ein Gespräch zwischen Ausbildungsleitung, Ausbildungsbeauftragten, Jugend- und Auszubildendenvertretung und Betriebsrat (Berufsbildungsausschuss) stattfinden.

§ 6 Fachliche und pädagogische Betreuung der Auszubildenden

Um die Qualität der Ausbildung zu sichern, sind die Ausbildungsgruppen zahlenmäßig so zusammenzusetzen, dass entsprechend der Ausbildungsinhalte eine gute fachliche und pädagogische Betreuung erreicht wird. Das Verhältnis hauptberuflicher Ausbilder zu Auszubildenden in den jeweiligen Ausbildungsgruppen soll 1: 12 nicht überschreiten.

Die Ausbildungsmittel sind für alle Ausbildungsberufe ständig und zu Beginn der Ausbildung kostenlos zur Verfügung zu stellen. Dies betrifft unter anderem: Fachliteratur (Formelsammlungen, Tabellenbuch, PAL-Bücher etc.), Büromaterial (fachspezifische Schablonen, Schreibgeräte, Papier etc.), Werkstoffe, Werkzeuge und Sonstiges.

§ 7 Ausbildungsstandkontrolle/Zeiträume

Die Überprüfung des Ausbildungsstandes nimmt der für den jeweiligen Ausbildungsabschnitt verantwortliche Ausbilder bzw. der Ausbildungsbeauftragte in Absprache mit den Auszubildenden vor. Die Kontrolle der Ausbildungsziele erfolgt entsprechend der in der Anlage beigefügten Qualifikations- und Förderbogen. Sie sind Bestandteil der Betriebsvereinbarung. Das Bewerten der im Qualifikations- und Förderbogen aufgeführten Ausbildungsziele hat vom vermittelnden Ausbildungsbeauftragten unmittelbar nach Vermittlung des jeweiligen Ausbildungszieles zu erfolgen. Der Qualifikations- und Förderbogen darf nicht in der Personalakte abgelegt werden. Ein ausgefüllter Qualifikations- und Förderbogen darf nur für den Auszubildenden kopiert oder vervielfältigt werden.

§ 8 Ausbildungsgespräch

Die Auszubildenden sind zu Beginn der Ausbildung über die Grundsätze und das Verfahren des Qualifikations- und Förderbogens unter Beteiligung des Betriebsrats (Berufsbildungsausschusses) und der Jugend- und Auszubildendenvertretung zu informieren. Der Ausbilder muss mit dem Auszubildenden zum Abschluss des Ausbildungsabschnittes das Ergebnis des Qualifikations- und Förderbogens besprechen. Längere Ausbildungsabschnitte sind in übersichtliche Unterabschnitte aufzuteilen, die zwei Wochen nicht unter-, sechs Wochen nicht überschreiten sollen. Der Auszubildende erhält die Möglichkeit, zum Ausbildungsgespräch unabhängig Stellung zu nehmen. Diese Stellungnahme wird in schriftlicher Form an die Ausbildungsleitung weitergeleitet. Diese hat, wenn nötig, Konsequenzen zu ziehen (Gespräche mit den Beteiligten unter Teilnahme JAV/BR).

§ 84 BetrVG (Beschwerderecht) ist hiervon nicht berührt. Auf Wunsch des Auszubildenden müssen Streitfälle, die sich aus dem Qualifikations- und Förderbogen ergeben, in einer paritätisch besetzten Kommission (Betriebsrat und Ausbildungsleitung) behandelt und geregelt werden.

§ 9 Förderungsmaßnahmen

Wurde das Lernziel nur teilweise erreicht, müssen von der Ausbildungsleitung Maßnahmen zur Förderung eingeleitet werden. Handelt es sich um überbetriebliche oder außerbetriebliche Maßnahmen, so müssen diese mit dem Betriebsrat (Berufsbildungsausschuss) und der Jugend- und Auszubildendenvertretung abgestimmt werden. Die jeweilige Maßnahme ist dem Auszubildenden zu erläutern. Bei der Stellungnahme »Ausbildungsziele nicht erreicht«, sind hierzu Erläuterungen über Art und Umfang anzugeben. Gründe wie zum Beispiel: Krankheit, Urlaub, fehlende Arbeitsmittel usw. sind ebenfalls zu dokumentieren. Wurden Ausbildungsziele nicht erreicht, so sind Vorschläge für entsprechende Maßnahmen zur Beseitigung der Mängel auszuführen (z.B. Verlängerung des Ausbildungsabschnittes, spezielle Fördermaßnahmen in folgendem Ausbildungsabschnitt etc.).

§ 10 Aufbewahrung
Die Qualifikations- und Förderbogen werden der Ausbildungsleitung zugeleitet, dort bis zur Beendigung der Ausbildung aufbewahrt und nach Beendigung der Ausbildungszeit vernichtet.

§ 11 Mitbestimmung des Betriebsrats
§§ 95–98 des BetrVG bleiben von vorstehenden Regelungen unberührt.

§ 12 Inkrafttreten und Geltungsbereich
Diese Betriebsvereinbarung gilt vom … für alle Auszubildenden bei … und kann mit einer Frist von drei Monaten zum Jahresende gekündigt werden.
Bis zum Inkrafttreten einer neuen Betriebsvereinbarung gilt die vorstehende Vereinbarung weiter.

Mobbing

Grundlagen

Unter Mobbing versteht man das systematische Anfeinden, Schikanieren und Diskriminieren von Arbeitnehmern durch Arbeitgeber, Vorgesetzte, aber auch durch andere Arbeitnehmer. Die Bandbreite reicht von vermeintlich offener und ehrlicher, in Wirklichkeit aber überzogener Kritik über versteckte Anspielungen, unpassende Scherze, Verweigerungen von kollegialer Hilfestellung über die Missachtung allgemeiner Höflichkeitsformeln bis hin zur offensichtlichen Schikane. Der betroffene Arbeitnehmer wird ausgegrenzt.

Betriebsrat und JAV können Mobbing effektiv bekämpfen. Unerlässlich hierbei ist aber, dass Tatsachen vorliegen und bei Bedarf auch Ross und Reiter genannt werden können.

Die betrieblichen Organe sollten sich insgesamt ein Bild von der Situation machen und prüfen, wer sich konkret unangemessen verhält. Nicht jeder erhobene Mobbingvorwurf hält der Nachprüfung stand.

Mobbing selbst ist kein Straftatbestand, wohl aber kann die einzelne Mobbinghandlung strafbar sein, insbesondere als Beleidigung oder üble Nachrede. Allerdings darf man von den Strafverfolgungsbehörden keine effektive Hilfe erwarten. Zu ausgeprägt ist die Tendenz, solche Strafanzeigen als Bagatellen zu betrachten und das Verfahren wegen Geringfügigkeit oder fehlendem öffentlichen Interesse einzustellen.

Der einzelne Arbeitnehmer kann gegenüber dem Mobber eventuell Schadensersatzansprüche aus unerlaubter Handlung herleiten, wozu auch ein Schmerzensgeldanspruch gehören kann. Im Extremfall ist Schadenersatz wegen des Verlustes des Arbeitsplatzes zu leisten.

Der Arbeitgeber trägt die Verantwortung für eigene Handlungen und solche, die seine Erfüllungsgehilfen, also die Vorgesetzten, insbesondere die leitenden Angestellten, begehen. Unabhängig von der Person des Mobbers, also auch für solche Störungen, die von Arbeitskollegen ausgehen, hat der Arbeitgeber den Betroffenen vor einer Verletzung seines Persönlichkeitsrechts und seines Rechts auf kör-

perliche Unversehrtheit zu schützen und die erforderlichen organisatorischen Maßnahmen zu treffen.
Verletzt der Arbeitgeber diese Pflicht, so kann auch er auf Schadenersatz einschließlich Schmerzensgeld in Anspruch genommen werden. Daneben kommt ein Zurückbehaltungsrecht in Betracht, d. h. der Arbeitnehmer ist berechtigt, die Arbeitsleistung ohne Lohneinbuße zu verweigern. Hier ist allerdings sorgfältig der Grundsatz der Verhältnismäßigkeit zu prüfen.
Kommt es zu einer gerichtlichen Auseinandersetzung, so reicht es in keinem Fall aus, dass sich der betroffene Arbeitnehmer pauschal auf Mobbing beruft; stets muss er konkret die Tatsachen darlegen, hierzu sind zahlreiche Entscheidungen der Arbeitsgerichte ergangen (vgl. insbesondere BAG v. 23.1.2007, NZA 2007, 1166). Sind entsprechende Tatsachen detailliert vorgetragen, so hat der Arbeitgeber darzulegen und ggf. auch zu beweisen, dass Mobbing trotzdem nicht gegeben ist (LAG Thüringen v. 28.6.2005 ArbuR 2006, 31).
Mobbing ist grundsätzlich auch als wichtiger Grund anerkannt, der den Arbeitnehmer berechtigt, das Arbeitsverhältnis selbst zu kündigen, ohne Gefahr zu laufen, dass das Arbeitslosengeld gesperrt wird. Aber auch hier ist entscheidend, dass der Arbeitnehmer in der Lage ist, seine Behauptung durch konkrete Tatsachen zu untermauern (BSG v. 21.10.2003, NZS 2004, 382).

Bedeutung für den Betriebsrat/die JAV

Nach § 75 BetrVG haben Arbeitgeber und Betriebsrat gemeinsam darüber zu wachen, dass alle im Betrieb tätigen Personen nach den Grundsätzen von Recht und Billigkeit behandelt werden. Sie haben die freie Entfaltung der Persönlichkeit zu schützen und zu fördern.
Der Betriebsrat kann sich die Beschwerden von betroffenen Arbeitnehmern zu Eigen machen (§§ 84, 85 BetrVG). Er kann darauf hinwirken, dass der Arbeitgeber berechtigten Beschwerden abhilft. Kommt es zu keiner Einigung, so kann der Betriebsrat die Einigungsstelle anrufen. Dieses Verfahren ist auch gegen den Willen des Arbeitgebers erzwingbar.
Im Extremfall kann der Betriebsrat vom Arbeitgeber verlangen, dass betriebsstörende Arbeitnehmer entlassen werden (§ 104 BetrVG).
Die Teilnahme eines Betriebsratsmitgliedes an einer Schulungsveranstaltung zum Thema Mobbing kann nach § 37 Abs. 6 BetrVG erforderlich sein. Es handelt sich hier nicht um Grundwissen, über das jedes Betriebsratsmitglied verfügen muss. Andererseits braucht der Betriebsrat mit einer solchen Schulungsveranstaltung nicht abzuwarten, bis bereits konkrete Mobbingfälle vorliegen. Erfor-

derlich, aber auch ausreichend, ist eine betriebliche Konfliktlage, aus der sich ein entsprechender Handlungsbedarf ergibt (BAG v. 15. 1. 1997, AiB 1997, 410).

Modulausbildung

Grundlagen

Wenn im Zusammenhang mit der Berufsausbildung über Modularisierung gesprochen wird, sollte genau geklärt sein, was damit gemeint ist. Modularisierung kann als didaktisches Gestaltungselement von Bildungsprozessen gemeint sein. Eine solche Modularisierung findet üblicherweise in der Ausbildung statt. Problematisch ist, wenn mit Modularisierung die Zerstückelung von Ausbildungsberufen gemeint ist. Vertreter einer solchen Modularisierung wollen die ganzheitliche Berufsausbildung in eigenständig zu zertifizierende Module zerlegen. Die Summe solcher Module kann dann zu einem Berufsabschluss führen. Hintergrund für diesen Vorschlag ist, dass einige Arbeitgebervertreter tayloristische Arbeitskonzepte durchsetzen wollen, um mit einem geringeren Lohnniveau Kosten zu minimieren. Es sollen nur noch die Qualifikationen vermittelt werden, die für die Ausführung einer bestimmten Tätigkeit erforderlich sind.

Wohin dieser Weg führt, kann am Beispiel England nachvollzogen werden. In England wird die Ausbildung modularisiert mit über 7000 Modulen ausgeführt. In der Praxis zeigen sich zunehmend Probleme, ausreichend qualifizierte Fachkräfte zu bekommen. Die englische Industrie steht international nicht gut da, zuletzt fand der Ausverkauf der Automobilindustrie statt.

Der DIHK hat ein Konzept mit Wahlmodulen bei Beibehalt einer ganzheitlichen Berufsausbildung vorgeschlagen. Auch dieses Konzept »Dual mit Wahl« ist kein Fortschritt, sondern ein Rückschritt zu Berufsstrukturen der 1980er-Jahre. Es unterscheidet in Kernkompetenzen, die in ein bis zwei Jahren vermittelt werden und für alle verwandten Berufe gleich sind, sowie in profilgebende Kompetenzen, die den Beruf ausmachen. Bei letzteren soll es sich um Wahlmodule handeln, die die Gesamtausbildung auf zwei oder drei Jahre ergänzen. Zusatzqualifikationen werden in Spezialmodulen angeboten.

Welche Beruflichkeit am Ende hinter dem jeweiligen Abschluss steht, ist abhängig von den ausgewählten Wahlmodulen, was letztlich zulasten der Transparenz und Mobilität geht. Auch berücksichtigt dieser Ansatz nicht, dass eine Kompetenzentwicklung in tatsächlichen Geschäfts- und Arbeitsprozessen immer im

ganzheitlichen Handeln stattfindet. Kaufleute nehmen beispielsweise Personaleinsatzplanungen IT-gestützt mit Unternehmensteuerungssystemen (ERP) vor und kommunizieren diese im Unternehmen. Damit werden Qualifikationen aus den Bereichen Personalwirtschaft, IT und Kommunikation integriert vermittelt. Arbeiten und Lernen in ganzheitlichen Prozessen lässt sich halt nicht einfach in Fächer oder in Stufen einteilen.
Die Gewerkschaften treten für eine ganzheitliche, mindestens dreijährige qualifizierte Berufsausbildung ein. Sie schlagen → **europäische Kernberufe** als modernes und zukunftsweisendes Bildungskonzept für Europa vor. Leitbild einer qualifizierten Berufsausbildung ist dabei die fachlich und sozial kompetente Fachkraft.

Bedeutung für die Interessenvertretung

Berufsbildung gehört zu den Maßnahmen der Personalplanung. Hierbei hat der Betriebsrat das Recht auf eine umfassende und rechtzeitige Information (§ 92 Abs. 1 BetrVG) sowie ein Vorschlagsrecht bei der Planung und Durchführung (§ 92 Abs. 2 BetrVG). Es gilt, Schmalspurausbildung im Betrieb zu verhindern.

Mutterschutz/Elterngeld

Grundlagen

Der gesetzliche Mutterschutz verfolgt das Ziel, den Widerstreit zwischen den Aufgaben der Frau als Mutter und ihrer Stellung im Berufsleben als Arbeitnehmerin im Interesse der Gesunderhaltung von Mutter und Kind auszugleichen. Er umfasst die Vorschriften für Mütter und werdende Mütter, die in einem Arbeitsverhältnis stehen, und ist im Mutterschutzgesetz (MuSchG) geregelt.
Das Mutterschutzgesetz enthält in § 2 MuSchG Bestimmungen zur Gestaltung des Arbeitsplatzes und in den §§ 3 und 4 MuSchG Beschäftigungsverbote für werdende Mütter. Diese dürfen in den letzten sechs Wochen vor der Entbindung nicht beschäftigt werden, es sei denn, dass sie sich zur Arbeitsleistung ausdrücklich bereit erklären. Im Übrigen gelten weitere Beschäftigungsverbote hinsichtlich solcher Arbeiten, von denen erfahrungsgemäß nachteilige Wirkungen auf eine Schwangerschaft ausgehen, vgl. § 4 MuSchG.
Nach der Entbindung besteht ein Beschäftigungsverbot bis zum Ablauf von acht Wochen.
Von besonderer Bedeutung ist das in § 9 MuSchG geregelte Kündigungsverbot gegenüber einer Frau während der Schwangerschaft und bis zum Ablauf von vier Monaten nach der Entbindung. Die Frage nach dem Bestehen einer Schwangerschaft ist bei einer Stellenbewerberin grundsätzlich unzulässig; eine falsche Antwort rechtfertigt daher keine Anfechtung des Arbeitsverhältnisses.
Im Übrigen stellt das Mutterschutzgesetz sicher, dass Arbeitnehmerinnen durch die Mutterschaft keine finanziellen Nachteile erleiden.
Das Gesetz zum Elterngeld und zur Elternzeit (Bundeselterngeld- und Elternzeitgesetz – BEEG) ist zum 1. 1. 2007 in Kraft getreten. Die Elternzeit ermöglicht es Eltern nach § 15 Abs. 2 BEEG, für max. drei Jahre ihre Arbeitszeit zu reduzieren oder ganz zu pausieren. Dies gilt auch für Auszubildende. Des Weiteren besteht Anspruch auf Elterngeld. Anspruch darauf haben auch Auszubildende. Die Höhe des Elterngeldes richtet sich nach dem bisherigen Einkommen. Gezahlt werden 65–67 % des monatlich wegfallenden Einkommens (§ 2 BEEG), dies ma-

ximal 14 Monate (§ 4 BEEG). Ein Mindestbetrag von 300,00 EUR steht allen Eltern zu (§ 2 Abs. 4 BEEG).

Literaturhinweis

DGB-Jugend, Ausbildung, schwanger – und jetzt?, Ein Ratgeber für Schwangere in der Berufsausbildung

Nachtarbeit/Nachtruhe

Grundlagen

Jugendliche dürfen nach § 14 JArbSchG nur in der Zeit von 6.00 bis 20.00 Uhr beschäftigt werden.
Von diesem grundsätzlichen Verbot der Beschäftigung in der Nachtzeit ab 20.00 Uhr gibt es nach § 14 Abs. 2 JArbSchG Ausnahmen für Jugendliche über 16 Jahre. Diese dürfen im Gaststätten- und Schaustellergewerbe bis 22.00 Uhr beschäftigt werden; sie dürfen ferner unabhängig von der Art der Beschäftigung in mehrschichtigen Betrieben bis 23.00 Uhr beschäftigt werden.
Außerdem gibt es Ausnahmen für die Beschäftigung in der Landwirtschaft sowie in Bäckereien und Konditoreien. In der Landwirtschaft dürfen sie ab 5.00 Uhr morgens bzw. bis 21.00 Uhr abends und in Bäckereien und Konditoreien ab 5.00 Uhr morgens beschäftigt werden.
Für Jugendliche über 17 Jahre erlaubt § 14 Abs. 3 JArbSchG für Bäckereien sogar eine Beschäftigung ab 4.00 Uhr nachts.
Unabhängig von diesen Regelungen über die Nachtruhe muss den Jugendlichen nach Beendigung der täglichen Arbeitszeit eine ununterbrochene Freizeit von mindestens zwölf Stunden gewährt werden.
Eine Besonderheit gilt noch hinsichtlich des Berufsschulunterrichtes. Nach § 14 Abs. 4 JArbSchG dürfen Jugendliche an dem einem Berufsschultag unmittelbar vorangehenden Tag auch in Gaststätten oder mehrschichtigen Betrieben oder in der Landwirtschaft nicht nach 20.00 Uhr beschäftigt werden, wenn der Berufsschulunterricht am Berufsschultag vor 9.00 Uhr beginnt.
Eine generelle Ausnahmeregelung gilt für die Beschäftigung in Betrieben, in denen die übliche Arbeitszeit aus verkehrstechnischen Gründen nach 20.00 Uhr endet. Hier dürfen auch Jugendliche nach vorheriger Anzeige an die Aufsichtsbehörde bis 21.00 Uhr beschäftigt werden, soweit sie hierdurch unnötige Wartezeiten vermeiden können. In mehrschichtigen Betrieben dürfen nach vorheriger Anzeige an die Aufsichtsbehörde Jugendliche über 16 Jahre ab 5.30 Uhr oder bis 23.30 Uhr beschäftigt werden, soweit sie hierdurch unnötige Wartezeiten vermeiden können.

Ferner gibt es Ausnahmeregelungen, die die Aufsichtsbehörde auf Antrag bewilligen kann. Dies betrifft die Beschäftigung Jugendlicher bei Musikaufführungen, Theatervorstellungen, bei Film- und Fotoaufnahmen. Hier ist eine Beschäftigung bis 23.00 Uhr möglich, soweit die Jugendlichen bei diesen Veranstaltungen »gestaltend mitwirken«. Den Jugendlichen muss danach eine ununterbrochene Freizeit von mindestens 14 Stunden gewährt werden.

Hinweis:
Nacht- und Schichtarbeit von erwachsenen Auszubildenden, die das 18. Lebensjahr bereits vollendet haben, sind im Arbeitszeitgesetz (ArbZG) geregelt. Sie gelten als Mindestbestimmungen. Darüber hinaus können bessere und weitergehende Regelungen in Tarifverträgen, Betriebsvereinbarungen bzw. in einem Ausbildungsvertrag geregelt sein.

Nachweisgesetz

Grundlagen

Das Nachweisgesetz verpflichtet Arbeitgeber, Arbeitnehmern innerhalb eines Monats nach dem vereinbarten Beginn des Arbeitsverhältnisses die wesentlichen Vertragsbedingungen schriftlich mitzuteilen.
In § 2 NachwG sind die zehn wesentlichen Fragen geregelt, zu denen die schriftliche Mitteilung Antworten enthalten muss:

1. der Name und die Anschrift der Vertragsparteien,
2. der Zeitpunkt des Beginns des Arbeitsverhältnisses,
3. bei befristeten Arbeitsverhältnissen: die vorhersehbare Dauer des Arbeitsverhältnisses,
4. der Arbeitsort oder, falls der Arbeitnehmer nicht nur an einem bestimmten Arbeitsort tätig sein soll, ein Hinweis darauf, dass der Arbeitnehmer an verschiedenen Orten beschäftigt werden kann,
5. eine kurze Charakterisierung oder Beschreibung der vom Arbeitnehmer zu leistenden Tätigkeit,
6. die Zusammensetzung und die Höhe des Arbeitsentgelts einschließlich der Zuschläge, der Zulagen, Prämien und Sonderzahlungen sowie anderer Bestandteile des Arbeitsentgelts und deren Fälligkeit,
7. die vereinbarte Arbeitszeit,
8. die Dauer des jährlichen Erholungsurlaubs,
9. die Fristen für die Kündigung des Arbeitsverhältnisses und
10. ein in allgemeiner Form gehaltener Hinweis auf die Tarifverträge, Betriebs- oder Dienstvereinbarungen, die auf das Arbeitsverhältnis anzuwenden sind.

Bedeutung für Arbeitnehmer

Auch wenn das Nachweisgesetz den Abschluss eines Arbeitsvertrages nicht ersetzt und der Arbeitsvertrag formfrei, also auch mündlich abgeschlossen werden kann, verbessert die Niederschrift über die wesentlichen Arbeitsbedingungen gleichwohl die Stellung der Arbeitnehmer, da sie beispielsweise in Streitfällen zu einer Beweiserleichterung führt.

Bedeutung für den Betriebsrat/die JAV

Im Hinblick darauf, dass Betriebsräte allgemeine Überwachungsrechte nach § 80 Abs. 1 Nr. 1 BetrVG haben, ist darauf hinzuwirken, dass Betriebsräte auch darauf achten, dass Arbeitgeber die Gebote des Nachweisgesetzes erfüllen und den Beschäftigten im Rahmen der gesetzlichen Frist die Niederschrift über die wesentlichen Arbeitsbedingungen aushändigen.

Personalakte

Grundlagen

Bei einer Personalakte handelt es sich um schriftlich oder elektronisch festgehaltene Daten oder Vorgänge, die sich auf Begründung und Verlauf des Arbeitsverhältnisses sowie auf Fähigkeiten und Leistungen des Arbeitnehmers beziehen. Eine Personalakte beinhaltet insoweit alle Unterlagen über die Person des Arbeitnehmers im Betrieb, die das Arbeitsverhältnis angehen oder damit in innerem Zusammenhang stehen (BAG v. 18.11.2008 – 9 AZR 865/07). Dabei ist es unerheblich, ob diese Unterlagen in Form herkömmlicher Akten angelegt oder in elektronischen Datenbanken gespeichert sind. Es sind deshalb auch Nebenakten bzw. »Sonderakten«, persönliche Aufzeichnungen des Vorgesetzten, unter der Personalnummer des Arbeitnehmers gespeicherte und abfragbare Leistungsprofile sowie Unterlagen des Werkschutzes mit einzubeziehen. Unzulässig ist es, Geheimakten zu führen.

In den Personalakten dürfen nur solche Informationen enthalten sein, die der Arbeitgeber rechtmäßig erworben hat, z. B. im Rahmen eines Personalfragebogens, und für die auch ein sachliches Interesse des Arbeitgebers besteht. Inhalt einer Personalakte können somit Angaben zur Person des Arbeitnehmers (Personenstand, berufliche Entwicklung und Qualifizierung, Leistungen, Lohn- und Gehaltsänderungen, Abmahnungen, Arbeitsunfälle, Pfändungen u. a.), Bewerbungsunterlagen, Zeugnisse, Arbeitsvertrag, Personalfragebögen und der Schriftverkehr zwischen dem Arbeitgeber und dem Arbeitnehmer im Zusammenhang mit der Aufnahme des Ausbildungsverhältnisses bzw. Arbeitsverhältnisses sein.

Für die schriftliche Personalakte gilt das Bundesdatenschutzgesetz (BDSG), da nach § 32 Abs. 2 BDSG ausdrücklich die nicht automatisierte personenbezogene Datenerhebung und Datenverarbeitung einbezogen wird.

Zu den Personalakten gehören auch die Personaldaten, die in elektronischen Datenbanken gespeichert werden. Für diese im Rahmen eines Arbeitsverhältnisses gesammelten und verarbeiteten Daten ist das Bundesdatenschutzgesetz maßgeblich, vor allem die §§ 32 bis 35 BDSG. Der Arbeitnehmer wird durch das BDSG vor Gefahren bei der Verarbeitung personenbezogener Daten geschützt. Dabei bezieht sich dieser Schutz auf die Erhebung, Verarbeitung und Nutzung von Daten. Hinsichtlich dieser automatisierten Verarbeitung (Erhebung, Speicherung, Veränderung, Übermittlung, Nutzung, Sperrung und Löschung) von Daten stehen dem einzelnen Arbeitnehmer bestimmte Rechte zu, die neben dem Einsichtsrecht nach § 83 BetrVG stehen.

Auch wenn das BDSG die Verarbeitung von Daten erlauben würde, sind zunächst arbeitsrechtliche Schranken zu beachten (§§ 4, 32 BDSG). So darf der Arbeitgeber nur dann personenbezogene Daten erheben, verarbeiten oder nutzen, wenn sie für die Begründung, Durchführung oder Beendigung des Beschäftigungsverhältnisses erforderlich sind. Der Arbeitgeber muss sie zudem rechtmäßig erworben haben.

Dem einzelnen Arbeitnehmer gibt neben § 83 BetrVG das BDSG u. a. folgende Rechte:

- Es besteht ein Gebot der Benachrichtigung durch den Arbeitgeber von der erstmaligen Speicherung, dem Verwendungszweck und der Art der Daten (§ 33 Abs. 1 BDSG).
- Der Arbeitnehmer hat ein Auskunftsrecht über die zu seiner Person gespeicherten Daten und den Zweck der Speicherung (§ 34 Abs. 1 Nrn. 1 und 2 BDSG). Für Klagen des Arbeitnehmers auf Auskunft des Arbeitgebers über die zu seiner Person gespeicherten Daten (§ 34 BDSG) sind die Arbeitsgerichte und nicht die Zivilgerichte zuständig (BAG v. 3. 2. 14 – 10 AZB 77/13).
- Bei Unrichtigkeit besteht ein Recht auf Berichtigung der personenbezogenen Daten (§ 35 Abs. 1 BDSG).
- Wenn die Speicherung unzulässig ist, besteht ein Recht des Arbeitnehmers auf Löschung seiner Daten (§ 35 Abs. 2 Nr. 1 BDSG).
- Ein Recht auf Sperrung der Daten besteht, wenn eine Löschung aus bestimmten Gründen ausscheidet (§ 35 Abs. 3 BDSG) oder wenn weder ihre Richtigkeit noch ihre Unrichtigkeit feststellbar ist (§ 35 Abs. 4 BDSG).
- Die Ansprüche sind nicht abdingbar (§ 6 Abs. 1 BDSG).

Beachte: Die Europäische Datenschutz-Grundverordnung 2016/679 vom 04. Mai 2016, die ab dem 25. Mai 2018 unmittelbare Gültigkeit für die ganze Europäische Union hat, führt zu einer grundlegenden Veränderung des BDSG. Diese Verordnung hat im Gegensatz zu einer EU-Richtlinie unmittelbar verbindlichen Charakter. Zu den sich daraus ergebenden Fragen und Konsequenzen siehe:

Wedde, EU-Datenschutz-Grundverordnung, Kurzkommentar mit Synopse BDSG – EU-DSGVO, 2016
Däubler, Was bringt der neue EU-Datenschutz, CuA 3/2016, S. 13
Wedde, Datenschutzrecht für »Europa 4.0«, CuA 3/2016, S. 8

Der Begriff »Personalakte« wird im Gesetz selber nicht ausdrücklich geregelt. Im BetrVG wird er in § 83 vorausgesetzt. Diese Vorschrift schreibt nicht vor, dass eine Personalakte zu führen ist bzw. welchen Inhalt sie haben muss. Auch das BDSG enthält keine Definition der Personalakte. Zweck dieses Gesetzes ist es vielmehr, den Einzelnen davor zu schützen, dass er durch den Umgang mit seinen personenbezogenen Daten in seinem Persönlichkeitsrecht beeinträchtigt wird.

Bedeutung für die Beschäftigten

Nach § 83 BetrVG hat ein Arbeitnehmer das Recht, in die über ihn geführte Personalakte Einsicht zu nehmen. Dieses Recht steht ihm jederzeit zu, insbesondere innerhalb der Arbeitszeit. Dabei dürfen ihm keine Nachteile, auch finanzieller Art, aus der Einsichtnahme entstehen. Hinsichtlich gespeicherter Daten hat der Arbeitnehmer Anspruch auf Ausdruck in einer entschlüsselten und verständlichen Form.

Das Recht auf Einsichtnahme in die Personalakte beinhaltet ebenfalls das Recht zur Anfertigung von Notizen und Kopien auf eigene Kosten.

Zur Unterstützung oder Vermittlung kann der Arbeitnehmer ein Mitglied des Betriebsrats hinzuziehen. Dabei hat das Betriebsratsmitglied das Recht, Einsicht in demselben Umfang zu nehmen, wie es auch dem betreffenden Arbeitnehmer möglich ist. Das Betriebsratsmitglied hat dabei über den Inhalt der Personalakte Stillschweigen zu bewahren. Etwas anderes kann nur für den Fall gelten, dass das Betriebsratsmitglied von seiner Schweigepflicht durch den Arbeitnehmer entbunden worden ist. Von der Möglichkeit, ein Betriebsratsmitglied hinzuzuziehen, sollte regelmäßig Gebrauch gemacht werden, da dadurch z. B. eher die Möglichkeit besteht, das Führen von Sonderakten feststellen zu können. Soweit eine Betriebsvereinbarung über die Gestaltung des Einsichtnahmerechts abgeschlossen worden ist, kann das Betriebsratsmitglied auch feststellen, ob sich der Arbeitgeber an diese Betriebsvereinbarung gehalten hat oder nicht.

In § 83 Abs. 2 BetrVG wird dem Arbeitnehmer ausdrücklich das Recht zugestanden, Erklärungen zum Inhalt der Personalakte beizufügen. Dieses ist unabhängig davon, ob der Arbeitgeber die Erklärung für zutreffend hält oder der Meinung ist, dass sie nicht zu der Personalakte gehört. Dieses Recht ist von besonderer Bedeutung, da die Möglichkeit besteht, gegen Beurteilungen oder Verwarnungen und Abmahnungen durch den Arbeitgeber eine eigene Darstellung durch den Arbeitnehmer der Personalakte beizufügen.

Generell hat ein Arbeitnehmer Anspruch auf Rücknahme und Entfernung von unrichtigen Angaben und missbilligenden Äußerungen aus der Personalakte,

wenn diese unzutreffende Tatsachenbehauptungen enthalten, die ihn in seiner Rechtstellung und seinem beruflichen Fortkommen beeinträchtigen können. Dieser Beseitigungsanspruch bezieht sich insbesondere auch auf eine unberechtigt ausgesprochene Abmahnung. Entsprechendes gilt, wenn der Arbeitnehmer vor Aufnahme der Abmahnung in die Personalakte nicht angehört worden ist. Bei Nichtbeachtung dieses Anhörungsrechts kann der betroffene Arbeitnehmer die Entfernung der Schriftstücke aus der Personalakte verlangen, notfalls sogar gerichtlich durchsetzen.
Wichtig ist dabei zu wissen, dass der Arbeitnehmer nicht verpflichtet ist, gegen Abmahnungen oder Angaben in der Personalakte klageweise vorgehen zu müssen. Er kann sich zunächst auf eine Gegendarstellung beschränken oder gar nichts tun. In einem späteren Klageverfahren können dann die in dem Schreiben enthaltenen Tatsachen bestritten werden. So wird z. B. in einem Kündigungsrechtsstreit um eine verhaltensbedingte Kündigung die Berechtigung der im Abmahnungsschreiben enthaltenen Vorwürfe überprüft. Der Anspruch auf Entfernung einer Abmahnung unterliegt dabei keiner tariflichen Ausschlussfrist.
Die in § 83 BetrVG geregelten Einsichtsrechte in die Personalakte gelten auch in den Betrieben und Verwaltungen, die keinen Betriebsrat haben oder nicht einmal betriebsratsfähig sind. Es handelt sich insoweit um ein Recht, das unabhängig von der Existenz eines Betriebsrats jedem Arbeitnehmer zusteht.
Nach Beendigung des Arbeitsverhältnisses, wenn die Akten noch vorhanden sind, besteht zwar kein Einsichtsrecht mehr aus § 83 BetrVG, aber aus einer nachwirkenden Schutz- und Rücksichtnahmepflicht des Arbeitgebers (BAG v. 16. 11. 2010 – 9 AZR 573/09). Für dieses Einsichtsrecht muss der Arbeitnehmer ein konkretes berechtigtes Interesse nicht darlegen. Darüber hinaus haben ausgeschiedene Arbeitnehmer nach Beendigung des Arbeitsverhältnisses gegen den Arbeitgeber einen Anspruch auf Löschung persönlicher Daten von der Unternehmenswebsite. Ansonsten könnte bei Dritten der falsche Eindruck entstehen, dass der ausgeschiedene Arbeitnehmer noch bei dem Arbeitgeber arbeitet (Hessisches LAG, Urt. v. 24. 1. 2012 – 19 SaGa 1480/11). Der Löschungsanspruch beinhaltet auch Bildveröffentlichungen auf der Homepage des Arbeitgebers im Internet, wenn der ausgeschiedene Beschäftigte die Einwilligung zur Veröffentlichung wirksam widerrufen hat (ArbG Frankfurt v. 20. 6. 12 – 7 Ca 1649/12).

Bedeutung für den Betriebsrat/die JAV

Die Hinzuziehung zu einer Einsichtnahme bezieht sich auf ein Mitglied des Betriebsrats. Dabei hat das Betriebsratsmitglied das Recht, in demselben Umfang Einsicht zu nehmen, wie der Arbeitnehmer.

Der Betriebsrat/die JAV sollte die Arbeitnehmer im Betrieb ausdrücklich auf das Einsichtsnahmerecht aufmerksam machen, damit so viel wie möglich von diesem Recht Gebrauch gemacht und dem Vorgang durch Hinzuziehung eines Betriebsratsmitglieds besonderes Gewicht verliehen wird. Dieses gilt besonders in den Fällen, in denen es zu Problemen mit der Führung von Personalakten durch den Arbeitgeber gekommen ist bzw. berechtigter Anlass dazu besteht, dass dieses der Fall ist.

Da das Gesetz keine Einzelheiten des Einsichtsnahmerechts, der Häufigkeit und des Ortes der Einsichtnahme regelt, es sich dabei jedoch um eine Frage der Ordnung des Betriebs handelt, unterliegen diese Fragen der Mitbestimmung des Betriebsrats nach § 87 Abs. 1 Nr. 1 BetrVG. Von Betriebsratsseite sollte darauf geachtet werden, dass durch Regelungen das Einsichtsnahmerecht nicht unnötig erschwert wird. Durch Betriebsvereinbarung kann u. a. bestimmt werden, wie bei einer zentralen Verwaltung Einsicht genommen wird, wann bestimmte Vorgänge wieder gelöscht werden müssen, ob die einzelnen Seiten nummeriert werden und wo Personalakten aufzubewahren sind.

Soweit die Personalakte als Mittel der Personalplanung eingesetzt wird, kommt ein Beteiligungsrecht nach § 92 Abs. 1 BetrVG in Betracht.

Bei der elektronischen Personalakte ergibt sich ein weiteres Mitbestimmungsrecht aus § 87 Abs. 1 Nr. 6 BetrVG, da es sich bei ihr um eine technische Einrichtung handelt. Die Ermittlung von Verhaltens- und Leistungsdaten ist nach dieser Vorschrift auch bei EDV-Anlagen mitbestimmungspflichtig.

Literaturhinweise

Karg, Verfahren E-Personalakte – Roter Faden für den Datenschutz, CuA, Heft 12, 2013, 21
Däubler, Internet und Arbeitsrecht, Web 2.0, Social Media und Crowdwork, 5. Aufl., 2015
Däubler, Gläserne Belegschaften? Das Handbuch zum Arbeitnehmerdatenschutz, 6. Aufl. 2015

Personalrat

Grundlagen

Nach dem BPersVG ist der Personalrat die Interessenvertretung der Beschäftigten des öffentlichen Dienstes in den Verwaltungen des Bundes und der bundesunmittelbaren Körperschaften, Anstalten und Stiftungen des öffentlichen Rechts (vgl. → **Personalvertretungsrecht**). Entsprechendes gilt für die Personalräte, die aufgrund der LPersVG gebildet werden. Aus dieser Aufgabenstellung heraus definiert sich das Ziel seiner Arbeit. Im Mittelpunkt der Personalratsarbeit stehen die langfristige Sicherung und Verbesserung der Arbeitsbedingungen in den Dienststellen, soweit diese auf Dienststellenebene regelbar sind.
Die Personalräte sind demokratisch gewählte Interessenvertretungsorgane der Arbeitnehmer und Beamten, einschließlich der zu ihrer Berufsausbildung Beschäftigten sowie derjenigen Richter, die eine nicht richterliche Tätigkeit ausüben. Als Interessenvertretung ist der Personalrat verpflichtet, seine Arbeit an den Forderungen und Anliegen der Beschäftigten zu orientieren.
Etwas anderes ist auch nicht aus den Grundsätzen der Zusammenarbeit nach § 2 Abs. 1 BPersVG herauszulesen. Wenn dort von einer vertrauensvollen Zusammenarbeit die Rede ist, so handelt es sich lediglich um ein Gebot des Gesetzgebers. Dieser Grundsatz zielt darauf ab, dass die Personalvertretung und die Dienststelle die zwischen den Beschäftigten und dem öffentlichen Arbeitgeber bestehenden konträren Interessen offen und mit dem ernsten Willen zur Einigung behandeln. Dieses ergibt sich ausdrücklich aus § 66 Abs. 1 Satz 3 BPersVG. Das Gebot der »vertrauensvollen Zusammenarbeit« geht somit gerade von dem Interessengegensatz aus, der sich zum einen aus dem Wohl der Beschäftigten und zum anderen aus der Erfüllung der dienstlichen Aufgaben ergibt. Dieses setzt sowohl auf Seiten des Personalrates, aber insbesondere auch auf Seiten der Dienststelle, Gesprächs- und Verhandlungsbereitschaft voraus. Dienststellenleitung und Personalvertretung stehen sich dabei als gleichberechtigte Partner gegenüber (so ausdrücklich BVerwG v. 12.3.1986 – 6 P 5/85 – Der Personalrat 1986, 116ff.).

Tägliche Aufgabe der Personalräte ist es, zum Wohle der Beschäftigten zu arbeiten und ihre Interessen wahrzunehmen.

Die Aufgabenstellung des Personalrates

Das BPersVG weist dem Personalrat eine Reihe von Aufgaben und Rechten zu. Die allgemeinen Aufgaben des Personalrates nach § 68 Abs. 1 BPersVG verdeutlichen dabei am besten seinen Auftrag, wonach der Personalrat Maßnahmen, die der Dienststelle und ihren Angehörigen dienen, beantragen kann. Dieses Recht beinhaltet auch ein Initiativrecht, um notfalls vom Dienststellenleiter Maßnahmen zu verlangen, die die Rechtstellung der Beschäftigten in der Dienststelle sichern, aber auch ausbauen.
Weiterhin hat der Personalrat darüber zu wachen, dass die zugunsten der Beschäftigten geltenden Gesetze, Verordnungen, Tarifverträge, Dienstvereinbarungen und Verwaltungsanordnungen durchgeführt werden. Mit dieser Schutzfunktion soll sich der Personalrat dafür einsetzen, dass die rechtlichen und sozialen Belange der Beschäftigten nach Recht und Billigkeit gewahrt werden.
Neben dieser Schutzfunktion liegt ein weiterer Schwerpunkt der Rechte des Personalrates in seiner Gestaltungsfunktion. Ein Personalrat kann nur dann seine Aufgaben wirksam wahrnehmen, wenn er nicht nur auf Maßnahmen des Arbeitgebers reagiert, sondern wenn er von sich aus selber tätig werden kann. Er muss also in der Lage sein, agieren zu können. Dieses Agieren erfolgt zunächst einmal über die Möglichkeit, Initiativen im Zusammenhang mit der Beantragung von Maßnahmen, die der Dienststelle und ihren Angehörigen dienen, auf den Weg zu bringen. Da Agieren aber eine entsprechende Informationsbasis voraussetzt, stehen dem Personalrat nach dem BPersVG umfassende Informationsrechte zu. So ist nach § 68 Abs. 2 BPersVG der Personalrat zur Durchführung seiner Aufgaben rechtzeitig und umfassend durch die Dienststelle zu informieren. Ihm sind die hierfür erforderlichen Unterlagen vorzulegen. Auch können Personalakten eingesehen werden, wenn die Zustimmung der Beschäftigten vorliegt. Dienstliche Beurteilungen sind der Personalvertretung zur Kenntnis zu bringen, wenn dieses von Seiten der Beschäftigten verlangt wird.

Beteiligungsrechte

Diese »Generalklausel« für eine aktive Interessenvertretung der Beschäftigten durch den Personalrat in § 68 BPersVG wird ergänzt durch Beteiligungsrechte des Personalrates in personellen, sozialen und organisatorischen Angelegenheiten. Dabei reichen diese Angelegenheiten von Fragen der Personalplanung (Anhörungsrecht nach § 78 Abs. 3 BPersVG), über Fragen der Auflösung, Einschränkung, Verlegung oder Zusammenlegung von Dienststellen oder wesentlichen

Teilen von ihnen (Mitwirkungsrecht nach § 78 Abs. 1 Nr. 2 BPersVG) bis hin zu der Festlegung des Beginns und Endes der täglichen Arbeitszeit und der Pausen sowie der Verteilung der Arbeitszeit auf die einzelnen Wochentage (Mitbestimmungstatbestand nach § 75 Abs. 3 Nr. 1 BPersVG).
Diese Beteiligungsrechte sind bezüglich der Inhalte als auch der Einflussnahme des Personalrates unterschiedlich ausgestaltet und abgestuft. So werden im Bereich des Personalvertretungsrechtes – ohne die Informationsrechte mit einzubeziehen – vier Formen der Beteiligung unterschieden:

- Anhörungsrecht,
- Mitwirkungsrecht,
- eingeschränktes Mitbestimmungsrecht,
- uneingeschränktes Mitbestimmungsrecht.

Anhörungsrecht

Anhörungsrechte des Personalrates werden in § 78 Abs. 3 bis 5 sowie in § 79 Abs. 3 BPersVG definiert. Dabei ist die Anhörung des Personalrates zwingend vorgeschrieben, anderenfalls ist der auf der Maßnahme beruhende Verwaltungsakt anfechtbar. Anhörung heißt in diesen Fällen aber nicht Mitbestimmung. So ist bei diesen Anhörungsrechten die Dienststelle nach Ausübung des Anhörungsrechtes in ihrer Entscheidung frei, soweit sie auch verwaltungsintern dazu befugt ist.
Bei der außerordentlichen Kündigung (§ 79 Abs. 3 BPersVG) führt die Verletzung des Anhörungsrechtes dazu, dass die Maßnahme selbst unwirksam ist bzw. bei der Entlassung von Beamten lediglich zur Anfechtbarkeit des Entlassungsaktes.
Nach § 78 Abs. 3 bis 5 ist ein Anhörungsrecht des Personalrates in folgenden Fragen gegeben:

- Stellenanforderungen zum Haushaltsvoranschlag,
- Personalplanung,
- Neu-, Um- und Erweiterungsbauten von Diensträumen,
- grundlegende Änderungen von Arbeitsverfahren und Arbeitsabläufen.

Neben diesen Anhörungsrechten können dabei im Einzelfall weiter gehende Beteiligungsrechte stehen.

Mitwirkungsrechte

Ebenfalls in § 78 BPersVG sind die Angelegenheiten geregelt, die der Mitwirkung des Personalrates unterliegen. Dabei besteht für den Personalrat in diesen Angelegenheiten jedoch kein Initiativrecht. Das Verfahren bei der Mitwirkung selbst ist in § 72 BPersVG geregelt. Es ist grundsätzlich als dreistufiges Verfahren ange-

legt. Die endgültige Entscheidung fällt die oberste Dienstbehörde nach Verhandlungen mit dem bei ihr bestehenden Hauptpersonalrat. Die Einschaltung einer Einigungsstelle ist nicht vorgesehen.
Nach § 78 Abs. 1 BPersVG bestehen Mitwirkungsrechte bei der

- Vorbereitung von Verwaltungsanordnungen einer Dienststelle für die innerdienstlichen, sozialen und persönlichen Angelegenheiten der Beschäftigten des Geschäftsbereiches;
- Auflösung, Einschränkung, Verlegung oder Zusammenlegung von Dienststellen oder wesentlichen Teilen von ihnen;
- Einleitung eines förmlichen Disziplinarverfahrens gegen einen Beamten;
- Entlassung von Beamten auf Probe oder auf Widerruf, wenn sie die Entlassung nicht selbst beantragt haben;
- vorzeitigen Versetzung in den Ruhestand.

In § 79 Abs. 1 BPersVG (siehe: Mitbestimmung in personellen Angelegenheiten) ist für die ordentliche Kündigung ein besonderer Mitwirkungstatbestand vom Gesetzgeber geschaffen worden, der ebenso wie das nach § 78 Abs. 1 BPersVG normierte Mitwirkungsrecht im Nichteinigungsfalle bis zur obersten Dienstbehörde geführt werden kann. Gegenüber den Mitwirkungstatbeständen in § 78 Abs. 1 BPersVG hat dieses Mitwirkungsrecht jedoch eine Art aufschiebende Wirkung. Die Ausübung des Mitwirkungsrechtes durch Erheben von Einwendungen nach § 79 BPersVG verschafft dem gegen die Kündigung klagenden Beschäftigten einen Weiterbeschäftigungsanspruch.

Mitbestimmungsrechte

Das BPersVG unterscheidet bei der Mitbestimmung drei Sachbereiche. Diese lassen sich wie folgt umschreiben:
Mitbestimmung in sozialen und innerdienstlichen Angelegenheiten
Diese Tatbestände werden geregelt in § 75 Abs. 2 (soziale Angelegenheiten) sowie in § 75 Abs. 3 Nrn. 1 bis 16 mit Ausnahme der Nr. 10 sowie in § 76 Abs. 2 Nr. 10 BPersVG (Innerdienstliche Angelegenheiten).
Mitbestimmung in organisatorischen Angelegenheiten
Diese Tatbestände werden geregelt in den §§ 75 Abs. 3 Nr. 17; 76 Abs. 2 außer Nr. 4 und 10; 78 Abs. 1 Nr. 2; 78 Abs. 3, 4 und 5 BPersVG.
Mitbestimmung in personellen Angelegenheiten
Diese Tatbestände werden geregelt in den §§ 75 Abs. 1 und Abs. 3 Nr. 10; 76 Abs. 1 und Abs. 2 Nr. 4; 78 Abs. 1 Nr. 3, 4 und 5; 79 BPersVG, wobei die §§ 78 und 79 BPersVG nur als Mitwirkungstatbestände ausgestaltet sind. Durch den Gesetzgeber ist eine Unterteilung der Mitbestimmungsrechte in eingeschränkte und uneingeschränkte Mitbestimmungsrechte in Hinblick auf das unterschiedliche Mitbestimmungsverfahren vorgenommen worden. Dieses ergibt sich aus § 69

Abs. 4 BPersVG. So ist nach dieser Vorschrift in den Fällen des § 75 die Einigungsstelle zur abschließenden Entscheidung befugt, während sie in den Fällen des § 76 nur eine Empfehlung an die oberste Dienstbehörde abgeben kann, die jedoch an diese Entscheidung nicht gebunden ist.
Eine weitere Differenzierung ist durch die Entscheidung des Bundesverfassungsgerichtes (BVerfG) v. 24.5.1995 – 2 BvF 1/92 – erfolgt (abgedruckt in »Der Personalrat« 1995, 483ff.). Nach dieser Entscheidung, die zum Mitbestimmungsgesetz Schleswig-Holstein ergangen ist, soll im Personalvertretungsrecht grundsätzlich nur ein abgesenktes, sehr ausdifferenziertes Mitbestimmungsniveau verfassungsrechtlich unbedenklich sein (vgl. zu den Einzelheiten: Altvater u.a., BPersVG, Kommentar für die Praxis, 8. Aufl., § 104 Rn. 3, 28ff.).

Bedeutung für die JAV-Arbeit

Da die JAV nach den Vorschriften des BPersVG sowie der LPersVG kein selbstständiges Organ ist, bestehen die der JAV im Gesetz eingeräumten Rechte nur gegenüber dem Personalrat, nicht jedoch gegenüber dem Dienststellenleiter. Die Aufgabenwahrnehmung, aber auch die Arbeit der JAV richtet sich somit an der Interessenvertretung des Personalrates aus. Ganz entscheidend hängt letztlich der Erfolg der Arbeit davon ab, wie sich die Zusammenarbeit zwischen JAV und Personalrat gestaltet. Je besser das Verhältnis ist, umso besser kann auch die JAV ihre Aufgaben wahrnehmen und gestalten. Dabei hat die Personalvertretung nach § 68 Abs. 1 Nr. 7 BPersVG als allgemeine Aufgabe die enge Zusammenarbeit mit der JAV zur Förderung der von ihr Vertretenen zugewiesen bekommen. Somit geht auch der Gesetzgeber von einer engen und konstruktiven Zusammenarbeit aus.
Die Zusammenarbeit zwischen Personalrat und JAV gestaltet sich dabei wie folgt:
Nach § 40 Abs. 1 BPersVG kann ein Vertreter der JAV an allen Sitzungen des Personalrates beratend teilnehmen. Soweit Angelegenheiten behandelt werden, die besonders die von der JAV vertretenen Beschäftigten betreffen, kann die gesamte JAV beratend teilnehmen. In den Fällen, die überwiegend die von der JAV vertretenen Beschäftigten betreffen, haben die JAV-Vertreter bei Beschlüssen des Personalrates Stimmrecht (§ 40 Abs. 1 BPersVG).
Die JAV hat in Angelegenheiten, die besonders die von ihr vertretenen Beschäftigten betreffen, das Recht, vom Personalratsvorsitzenden die Anberaumung einer Personalratssitzung zu verlangen. Dabei ist der Gegenstand, dessen Beratung beantragt wird, gem. § 34 Abs. 3 BPersVG auf die Tagesordnung zu setzen.
Nach § 39 BPersVG kann die JAV beantragen, einen Beschluss des Personalra-

tes für die Dauer von sechs Arbeitstagen vom Zeitpunkt der Beschlussfassung an auszusetzen, wenn sie der Meinung ist, dass der Beschluss des Personalrates eine erhebliche Beeinträchtigung wichtiger Interessen der durch sie vertretenen Beschäftigten darstellt. Innerhalb dieser sechs Arbeitstage soll die Gelegenheit zur Klärung von Missverständnissen und zu ausgiebigen Diskussionen gegeben sein. Dabei hat die JAV die Möglichkeit, ihre Argumente gegenüber dem Personalrat ausführlich darzulegen und zu begründen. Wichtig ist dabei, dass mithilfe der Gewerkschaft versucht werden sollte, eine Einigung herbeizuführen (§ 39 Abs. 1 BPersVG).

Kommt es zu keiner Einigung zwischen dem Personalrat und der JAV, kann der Personalrat nach Ablauf der Frist über die Angelegenheit neu beschließen. Wird der erste Beschluss bestätigt, wird er wirksam. Ein Antrag auf Aussetzung kann in diesem Fall durch die JAV nicht wiederholt werden. Dieses gilt auch dann, wenn der Beschluss nur unerheblich von dem ersten Beschluss abweicht. Fasst jedoch der Personalrat einen anderen Beschluss, so ist ein erneuter Aussetzungsantrag möglich.

Bevor die JAV von der Möglichkeit der Aussetzung eines Beschlusses des Personalrates Gebrauch macht, sollte dieses vorher eingehend geprüft werden und insbesondere auch überlegt werden, welche Auswirkungen dieses auf das Verhältnis zum Personalrat hat. Es ist im Einzelfall abzuwägen, ob von der Aussetzungsmöglichkeit Gebrauch gemacht werden sollte oder nicht.

Eine weitere Regelung über die Zusammenarbeit zwischen Personalrat und JAV findet sich in § 61 Abs. 4 BPersVG, wonach alle Mitglieder der JAV das Recht haben, an den Besprechungen zwischen Dienststellenleiter und Personalrat nach § 66 Abs. 1 BPersVG (sogenannte Monatsgespräche) teilzunehmen, wenn Angelegenheiten behandelt werden, die die besonders von der JAV vertretenen Beschäftigten betreffen. Hier trifft den Personalrat die Pflicht, die JAV zur Besprechung auch einzuladen. Da solche Angelegenheiten in aller Regel Gegenstand jedes Monatsgespräches sind, bietet es sich an, dass von Seiten des Personalrates die gesamte JAV grundsätzlich zu jedem Monatsgespräch von Anfang an hinzugezogen wird.

Die Zusammenarbeit zwischen Personalrat und JAV wird darüber hinaus auch durch das allgemeine Antragsrecht nach § 61 Abs. 1 Nr. 1 BPersVG bestimmt. Nach erfolgter Beschlussfassung kann die JAV bei Maßnahmen, die den von ihr vertretenen Beschäftigten dienen, gegenüber dem Personalrat initiativ werden. Zu solchen Maßnahmen gehören insbesondere:

- Berufsausbildungsmaßnahmen,
- Gestaltung der Ausbildungsanweisungen,
- Nutzung der Ausbildungskapazitäten,
- Festlegung der Zahl der Ausbilder,
- Festlegung der täglichen Arbeitszeit,

- Aufstellung von Urlaubsgrundsätzen,
- Weiterbeschäftigung nach beendeter Ausbildung.

Literaturhinweise

Altvater/Baden/Berg/Kröll/Noll/Seulen, BPersVG, Basiskommentar, 8. Aufl. 2016 bzw. jeweils der Basiskommentar für das entsprechende LPersVG
Altvater/Baden/Berg/Kröll/Noll/Seulen, BPersVG, Kommentar für die Praxis, 9. Aufl. 2016 bzw. jeweils der Großkommentar für das entsprechende LPersVG

Personalvertretungsrecht

Begriff

Die Grundrechte der Beschäftigten des öffentlichen Dienstes durch einen kollektiven Mindestschutz zu wahren und zu fördern, wird im Bereich des öffentlichen Dienstes durch das Bundespersonalvertretungsgesetz (BPersVG) sowie die 16 Landespersonalvertretungsgesetze (LPersVG) gewährleistet. Das BPersVG ist dabei die Grundlage eines wegen unterschiedlicher Gesetzgebungszuständigkeiten insgesamt sehr zersplitterten Personalvertretungsrechtes, während die betriebliche Mitbestimmung in den Betrieben des privaten Rechtes einheitlich durch das → **Betriebsverfassungsgesetz** (BetrVG) geregelt wird.
Hinsichtlich ihres sachlichen Anwendungsbereiches gelten das BPersVG bzw. die Länderpersonalvertretungsgesetze in den Verwaltungen und Betrieben des Bundes, der Länder und der Körperschaften, der Anstalten und Stiftungen des öffentlichen Rechtes sowie bei den Gerichten des Bundes und der Länder. Von diesen Gesetzen werden hinsichtlich des personellen Geltungsbereiches grundsätzlich nur die Arbeitnehmer und Beamten einbezogen.
Die Interessenvertretungen in weiteren Bereichen des öffentlichen Dienstes werden wie folgt geregelt:

- Richtervertretungen sind für die Richterinnen und Richter im Deutschen Richtergesetz bzw. den Länderrichtergesetzen geregelt.
- Die Berufssoldaten und Soldaten auf Zeit können ihre Interessenvertretungen auf der Grundlage des Soldatenbeteiligungsgesetzes (Wahl von Vertrauenspersonen) regeln. Zum Teil wählen sie aber auch gemeinsam mit den Zivilbeschäftigten gemeinsame Personalräte.
- Die Beschäftigten in den Religionsgemeinschaften mit ihren privat- oder öffentlich-rechtlich organisierten karitativen und erzieherischen Einrichtungen (z. B. Caritas, Diakonie) fallen unter keine staatlich geregelte Interessenvertretung. Vielmehr bleibt es den Religionsgemeinschaften selbst überlassen, in welcher Form und mit welchem Inhalt sie eine Interessenvertretung in ihrem Bereich zulassen bzw. schaffen. So ist die Bildung von Mitarbeitervertretungen im Bereich der evangelischen und katholischen Kirche durch autonome kir-

chengesetzliche Regelungen erlassen worden. Diese Regelungen lassen in der Regel jedoch keine effektive Interessenvertretung zu, da sie den Mitarbeitervertretungen nur schwache Informations- und Konsultationsrechte geben.

Als das Personalvertretungsgesetz mit dem räumlich größten Geltungsbereich regelt das BPersVG zum einen in den §§ 1–93 die Personalvertretung der Beschäftigten im Bundesdienst. In einem weiteren Teil sind zum anderen Rahmenvorschriften in den §§ 94–106 für die Personalvertretungen der Beschäftigten in den Ländern enthalten. Die vom Bundesgesetzgeber vorgegebenen Rahmenvorschriften hatten früher die Landesgesetzgeber durch Erlass eigener Gesetze auszufüllen. Im Zuge der Föderalismusreform im Jahre 2006 (Veränderung der Verteilung der Gesetzgebungskompetenzen zwischen Bund und Ländern) ist das Recht des Bundes, in bestimmten Fällen Rahmenvorschriften zu erlassen, weggefallen. Diese »Rahmenvorschriften« im BPersVG gelten jetzt als Bundesrecht weiter, können aber durch Landesrecht ersetzt werden. Hinzu kommen die Bestimmungen der §§ 107–109, die auch weiterhin unmittelbar für alle Länder gelten.

In den Bundesländern existieren jeweils eigenständige Landespersonalvertretungsgesetze, die einen kollektiven Mindestschutz für die Beschäftigten des öffentlichen Dienstes gewährleisten sollen. Auch wenn für alle LPersVG festzuhalten ist, dass sie grundsätzlich die Einrichtung von Personalräten vorsehen, so weichen sie doch in den inhaltlichen Fragen – auch gegenüber dem BPersVG – erheblich voneinander ab. Diese Abweichungen betreffen vorrangig die Befugnisse der Personalräte als auch die organisatorischen Regelungen, die sich mit den Fragen der Wirksamkeit der Personalratsarbeit beschäftigen.

Beteiligungsrechte nach dem BPersVG

Da die Länderpersonalvertretungsgesetze hinsichtlich der Beteiligung der Personalvertretungen zum Teil sehr stark voneinander abweichen, ist es zweckmäßig, hier lediglich die Beteiligungsrechte des Personalrates nach dem Bundespersonalvertretungsgesetz darzustellen.

Die Verwirklichung der Grundrechte der Beschäftigten im öffentlichen Dienst (Arbeitnehmer sowie Beamte) erfolgt durch die Einbeziehung der Personalvertretung in personellen, sozialen und organisatorischen Angelegenheiten. Dabei sind die Beteiligungsrechte der Personalräte (→ **Personalrat**) in den §§ 66–82 BPersVG geregelt. Aber auch in anderen Gesetzen und Verordnungen werden Aufgaben des Personalrates formuliert wie z. B. im:

- Arbeitsschutzgesetz (ArbSchG),
- Sozialgesetzbuch IX (SGB IX) – Rehabilitation und Teilhabe behinderter Menschen,
- Kündigungsschutzgesetz (KSchG).

Wie stark jeweils die Beteiligungsrechte ausgestaltet sind, richtet sich nach den Durchsetzungsmöglichkeiten des Personalrates gegenüber der Dienststelle. Danach werden die Beteiligungsrechte untergliedert in:
- Anhörungsrechte,
- Mitwirkungsrechte,
- eingeschränkte Mitbestimmungsrechte,
- uneingeschränkte Mitbestimmungsrechte.

Mit diesen unterschiedlich ausgeformten Beteiligungsrechten verfolgt der Gesetzgeber das Ziel, einerseits eine den demokratischen Erfordernissen genügende Beteiligung der Beschäftigten des öffentlichen Dienstes an sie berührenden Entscheidungen zu ermöglichen und auch zu gewährleisten. Zum anderen soll ein möglichst ungestörtes Funktionieren des staatlichen Handelns sichergestellt werden. Letzteres Ziel steht dabei für den Gesetzgeber leider oft im Vordergrund. Dieses führt zu ganz beträchtlichen Mängeln und Lücken bei einer effektiven Interessenvertretung durch den Personalrat. Dazu kommt noch eine oftmals sehr einschränkende Rechtsprechung der Verwaltungsgerichte, die die gesetzlichen Regelungen häufig einengend auslegen. Diesem Ganzen hat das Bundesverfassungsgericht mit seinem Beschluss v. 24. 5. 1995 – 2 BvF I/92 – (Der Personalrat 1995, 483 ff.) die Krone aufgesetzt. Diese Entscheidung zum Mitbestimmungsgesetz Schleswig-Holstein hat ganz erhebliche Auswirkungen auch auf eine effektive Interessenverteilung. Hiernach soll dem Personalrat grundsätzlich nur ein abgesenktes Mitbestimmungsniveau zustehen (vgl. im Einzelnen hierzu: Altvater u. a., BPersVG, Kommentar für die Praxis, 8. Auflage, § 104, Rn. 3, 28 ff.). Einige Länder haben unter Berufung auf diese Entscheidung ihre LPVG zum Teil mit massiven Verschlechterungen des Mitbestimmungsniveaus novelliert.

Bedeutung für die JAV

Ebenso wie für den Bereich des BetrVG ist auch im Bereich des BPersVG sowie der LPersVGen die Errichtung sowie die Aufgabenstellung der Jugend- und Auszubildendenvertretungen (JAV) geregelt (§§ 57 bis 64 BPersVG). Die Regelungen im BPersVG zur JAV sind dabei mit denen des BetrVG identisch.

Wie im Bereich des BetrVG ist auch im Personalvertretungsrecht der Personalrat die Interessenvertretung aller Beschäftigten des öffentlichen Dienstes. Die JAV ist kein selbstständiges personalvertretungsrechtliches Organ, sondern sie wird im Zusammenwirken mit dem Personalrat tätig. Daraus folgt die Verpflichtung für den Personalrat, im Rahmen der Aufgaben der JAV mit ihr gemeinsam und auch für sie zu handeln. Dieses gilt insbesondere dem Dienststellenleiter gegenüber.

In § 61 Abs. 1 BPersVG sind die Aufgaben und Befugnisse der JAV geregelt. Als allgemeine Aufgaben hat die JAV für die jugendlichen Beschäftigten bzw. für die sich in einer beruflichen Ausbildung befindlichen und das 25. Lebensjahr noch nicht vollendeten Beschäftigten zugewiesen bekommen:

1. beim Personalrat Maßnahmen zu beantragen, die diesen Beschäftigten dienen, insbesondere in Fragen der Berufsbildung;
2. darüber zu wachen, dass die zugunsten dieser Beschäftigten geltenden Gesetze, Verordnungen und Unfallverhütungsvorschriften, Tarifverträge, Dienstvereinbarungen und Verwaltungsanordnungen durchgeführt werden;
3. Anregungen und Beschwerden dieser Beschäftigten, insbesondere in Fragen der Berufsbildung, entgegenzunehmen und, falls sie berechtigt erscheinen, beim Personalrat auf eine Erledigung hinzuwirken. Dabei hat die JAV diese Beschäftigten über den Stand und das Ergebnis der Verhandlungen zu informieren.

Der Personalrat hat die JAV für die Durchführung ihrer Aufgaben rechtzeitig und umfassend zu unterrichten. Dieser Unterrichtungsanspruch der JAV nach § 61 Abs. 3 BPersVG richtet sich nicht unmittelbar gegen den Dienststellenleiter, sondern nur gegen den Personalrat. Dabei ist die umfassende Unterrichtungspflicht des Personalrates nicht von einem entsprechenden Antrag der JAV abhängig. Wichtig ist, dass die Unterrichtung so ausfällt, dass es der JAV ermöglicht wird, ihre Aufgaben zu erfüllen. Demzufolge kann die Unterrichtung mündlich oder schriftlich erfolgen. Sie ist aber rechtzeitig und umfassend durch den Personalrat vorzunehmen. In diesem Zusammenhang ist der Personalrat ebenfalls verpflichtet, der JAV die zur Durchführung ihrer Aufgaben erforderlichen Unterlagen zur Verfügung zu stellen. Notfalls muss sich der Personalrat diese Unterlagen aber auch evtl. notwendige Auskünfte von der Dienststelle beschaffen.

Pflichten des Ausbildenden

Grundlagen

Wer einen anderen zur Berufsausbildung einstellt – der Ausbildende –, hat mit dem Auszubildenden einen Berufsausbildungsvertrag (→ **Ausbildungsvertragsmuster**) zu schließen.
Die Berufsausbildung hat nach § 1 Abs. 3 BBiG die für die Ausübung einer qualifizierten beruflichen Tätigkeit in einer sich wandelnden Arbeitswelt notwendigen beruflichen Fertigkeiten, Kenntnisse und Fähigkeiten (berufliche Handlungsfähigkeit) in einem geordneten Ausbildungsgang zu vermitteln. Sie hat ferner den Erwerb der erforderlichen Berufserfahrung zu ermöglichen. Das Ausbildungsziel ergibt sich aus den → **Ausbildungsordnungen** und den darin genannten Prüfungsanforderungen.
Der Ausbildende muss also die dort aufgeführten Fertigkeiten, Kenntnisse und Fähigkeiten vermitteln. Dabei ist die Berufsausbildung in einer durch ihren Zweck gebotenen Form planmäßig, zeitlich und sachlich gegliedert so auszuführen, dass das Ausbildungsziel in der vorgesehenen Ausbildungszeit erreicht werden kann, wie § 14 Abs. 1 BBiG bestimmt. Der Ausbildende kann selbst ausbilden oder einen Ausbilder ausdrücklich damit beauftragen. Er hat dem Auszubildenden kostenlos die → **Ausbildungsmittel**, vor allem Werkzeuge und Werkstoffe, zur Verfügung zu stellen, die zur Berufsausbildung und zum Ablegen von Zwischen- und Abschlussprüfungen erforderlich sind. Er hat ferner den Auszubildenden zum Besuch der → **Berufsschule** sowie zum Führen von → **Berichtsheften** anzuhalten, soweit solche im Rahmen der Berufsausbildung verlangt werden, und er muss diese durchsehen. Er darf im Übrigen dem Auszubildenden nur solche Aufgaben übertragen, die dem Ausbildungszweck dienen und die den körperlichen Kräften des Auszubildenden angemessen sind.
Eine weitere Pflicht des Ausbildenden ist es, dem Auszubildenden bei Beendigung des Berufsausbildungsverhältnisses ein → **Zeugnis** auszustellen. Dieses muss Angaben enthalten über Art, Dauer und Ziele der Berufsausbildung sowie über die erworbenen Fertigkeiten, Kenntnisse und Fähigkeiten des Auszubilden-

den. Auf Verlangen des Auszubildenden sind auch Angaben über Führung, Leistung und besondere fachliche Fähigkeiten aufzunehmen.
Schließlich hat der Ausbildende dem Auszubildenden eine angemessene Vergütung zu gewähren, die nach dem Lebensalter des Auszubildenden so zu bemessen ist, dass sie mit fortschreitender Berufsausbildung mindestens jährlich ansteigt.
Soweit vom Auszubildenden Überstunden erbracht werden, bestimmt § 17 Abs. 3 BBiG, dass eine über die vereinbarte regelmäßige tägliche Ausbildungszeit hinausgehende Beschäftigung besonders zu vergüten ist.

Bedeutung für den Betriebsrat/die JAV

Zu den wesentlichen Aufgaben der JAV gehört es, auf die Einhaltung der Pflichten des Ausbildenden zu achten (§ 70 BetrVG). Der Betriebsrat hat im Bereich der beruflichen Bildung umfangreiche Informations-, Beratungs- und Mitbestimmungsrechte (§§ 96 bis 98 BetrVG).

Pflichten des Auszubildenden

Grundlagen

Der Auszubildende hat sich zu bemühen, die berufliche Handlungsfähigkeit zu erwerben, die erforderlich ist, um das Ausbildungsziel zu erreichen, wie § 13 BBiG bestimmt. Er ist vor allem verpflichtet,

1. die ihm im Rahmen seiner Berufsausbildung aufgetragenen Verrichtungen sorgfältig auszuführen,
2. an Ausbildungsmaßnahmen teilzunehmen, für die er nach § 15 BBiG freigestellt wird, nämlich am Berufsschulunterricht und an Prüfungen,
3. den Weisungen zu folgen, die ihm im Rahmen der Berufsausbildung vom Ausbildenden, vom Ausbilder oder von anderen weisungsberechtigten Personen erteilt werden,
4. die für die Ausbildungsstätte geltende Ordnung zu beachten,
5. Werkzeuge, Maschinen und sonstige Einrichtungen pfleglich zu behandeln,
6. über Betriebs- und Geschäftsgeheimnisse Stillschweigen zu wahren.

Praktikum

Grundlagen

Ein Praktikum ist stets Teil einer Ausbildung, egal, ob es ein/e Schüler/in, Student/in oder arbeitslose/r Jugendliche/r absolviert. Die/der Praktikant/in soll dabei Einblick erhalten in bestimmte Berufsbilder und Branchen sowie in betriebliche Abläufe und Strukturen. Diese Kenntnisse können sowohl der Orientierung bei der Berufswahl als auch der Vorbereitung auf eine bestimmte Tätigkeit und/oder der Verbesserung der Chancen auf einen späteren Job dienen. Wichtig und einschlägige Meinung ist: Ein Praktikum ist nicht dazu da, um regelmäßig anfallende Arbeiten im Betrieb erledigen zu lassen, sondern um der Praktikantin/dem Praktikanten praxisbezogene Kenntnisse zur Vorbereitung auf den Beruf zu vermitteln.
Wie so oft im Arbeitsrecht fehlt es dann aber leider an der einen allgemeingültigen Rechtsgrundlage für Praktikant/innen. Dies hat zweierlei Gründe: Zum einen kommt es ganz genau darauf an, wer aus welchem Grund ein Praktikum absolviert. Ausschlaggebend ist, ob sich die/der Praktikant/in in einem Lern- oder Arbeitsverhältnis befindet. Zum anderen können widersprüchliche Rechtsauffassungen für Verwirrung sorgen.
Praktika können für alle Beteiligten ein Vorteil sein: Dem jungen Menschen dienen sie zur Orientierung und helfen dabei, Interessen und Fähigkeiten zu entdecken oder möglicherweise Fehlentscheidungen im Hinblick auf die Berufswahl mit unangenehmen Konsequenzen zu vermeiden. Dem Unternehmen geben sie die Möglichkeit, sich als attraktiver Arbeitgeber darzustellen und auszuloten, ob die/der Praktikant/in für eine spätere Einstellung in Frage kommt.
Andererseits hat sich jedoch der Trend entwickelt, wonach sich junge und bereits ausgebildete Menschen von einem sogenannten »Praktikum« zum nächsten hangeln, oft schlecht, nicht selten gar nicht bezahlt. Die sogenannte »Generation Praktikum« ist auf der Suche nach einem Ausbildungsplatz oder einer Stelle nach dem Studium und hofft, mit einem Praktikum den Berufseinstieg schneller oder besser zu schaffen. Viele Unternehmen nutzen die strukturellen Nachteile der Bewerberinnen und Bewerber und drängen diese in schlecht oder gar nicht be-

zahlte Praktikumsverhältnisse. Diese werden als Voraussetzung für eine Einstellung dargestellt und die Praktikanten müssen vom ersten Tag an voll mitarbeiten.
Der Gesetzgeber hat mit dem Mindestlohngesetz (MiLoG) auf diese Problematik eine Antwort gegeben. In diesem Gesetz wird seit 1. Januar 2015 ein Mindestlohn für Arbeitnehmerinnen und Arbeitnehmer in Höhe von 8,50 Euro pro Arbeitsstunde geregelt. Zum 1. Januar 2017 wird der Mindestlohn auf 8,84 Euro angehoben. Anspruch nach § 22 MiLoG haben auch Praktikantinnen und Praktikanten unter bestimmten Voraussetzungen. Zur Bewertung der Rechtsfolgen aus dem Praktikumsvertrag müssen verschiedene Gruppen von Praktikanten unterschieden werden.

Praktikanten, die ein vorgeschriebenes Pflichtpraktikum als Teil ihrer Ausbildung absolvieren

Zu dieser Gruppe von Praktikanten zählen beispielsweise Schüler/innen an allgemeinbildenden Schulen (meist im 9. Schuljahr) oder auch Studierende, die nach Studienordnung ein Pflichtpraktikum während ihres Studiums absolvieren müssen. Nach herrschender Rechtsauffassung finden weder das BetrVG bzw. die Personalvertretungsgesetze von Bund und Ländern, noch das BBiG Anwendung auf diese Praktikantengruppe, weil sich diese Praktikant/innen weniger in einem Arbeitsverhältnis als vielmehr in einem Lernverhältnis zum Arbeitgeber befinden. Dadurch entfallen einerseits einige Beteiligungsrechte von JAV und Betriebsrat (beispielsweise bei personellen Einzelmaßnahmen nach § 99 BetrVG), andererseits haben diese Praktikant/innen keinen individualrechtlichen Anspruch beispielsweise auf eine Vergütung, auf Urlaub oder auf Lohnfortzahlung im Krankheitsfall.
Was den Geltungsbereich und damit die Anwendbarkeit des BetrVG angeht, gibt es allerdings streitende Rechtsauffassungen. Denn § 5 BetrVG zählt explizit auch die zur Berufsausbildung Beschäftigten zu den Arbeitnehmer/innen im Sinne des Gesetzes, wozu eine kleinere Gruppe von Rechtsexperten eben auch die hier bezeichnete Gruppe von Praktikant/innen zählt. Entscheidend ist nach herrschender Rechtsmeinung, ob ein privatrechtlicher Vertrag zwischen Unternehmen und Praktikant/in besteht. In solchen Fällen ist die Beteiligung der JAV und des Betriebsrats bei personellen Einzelmaßnahmen wie der Einstellung einzufordern und Praktikant/innen sind zum Beispiel auch bei der Bestimmung der Belegschaftsgröße bei den Wahlen zur JAV oder dem Betriebsrat zu berücksichtigen.
Die Praktikantinnen und Praktikanten sind, wie andere Beschäftigte auch, durch den Betriebsrat und die JAV zu betreuen. Andere Vorschriften beispielsweise zum Gesundheitsschutz oder das JArbSchG sind in jedem Falle zu beachten.

Aber auch bei Fragen zur Qualität des Praktikums können sich JAV und Betriebsrat aufgrund ihrer besonderen Kompetenz einmischen.
§ 22 Abs. 1 MiLoG nimmt diese Gruppe unter folgenden Voraussetzung aus, wodurch ein Anspruch auf den Mindestlohn ausgeschlossen ist:

- Wenn sie »ein Praktikum verpflichtend auf Grund einer schulrechtlichen Bestimmung, einer Ausbildungsordnung, einer hochschulrechtlichen Bestimmung oder im Rahmen einer Ausbildung an einer gesetzlich geregelten Berufsakademie leisten« oder
- »ein Praktikum von bis zu drei Monaten zur Orientierung für eine Berufsausbildung oder für die Aufnahme eines Studiums leisten« oder
- »ein Praktikum von bis zu drei Monaten begleitend zu einer Berufs- oder Hochschulausbildung leisten, wenn nicht zuvor ein solches Praktikumsverhältnis mit demselben Ausbildenden bestanden hat« oder
- »an einer Einstiegsqualifizierung nach § 54 a SGB III oder an einer Berufsausbildungsvorbereitung nach den §§ 68 bis 70 BBiG teilnehmen«.

Praktikant/innen, die ein freiwilliges Praktikum oder ein Pflichtpraktikum vor oder nach dem Studium absolvieren

Diese Gruppe von Praktikant/innen wird arbeitsrechtlich als in einem Arbeitsverhältnis stehend behandelt. Sowohl individualrechtlich als auch kollektivrechtlich ist sie damit in vielerlei Hinsicht besser gestellt. Nach § 26 BBiG finden zahlreiche Vorschriften des BBiG auch auf Personen Anwendung, die eingestellt werden um berufliche Fertigkeiten, Kenntnisse, Fähigkeiten oder berufliche Erfahrungen zu erwerben. Konkret bedeutet dies, dass die Regelungen des BBiG wie der Anspruch auf → **Vergütung** oder das Recht auf Ausstellung eines schriftlichen → **Zeugnisses** genauso wie bei Auszubildenden auch anzuwenden sind. Diese Praktikantengruppe zählt ebenfalls zu den Arbeitnehmer/innen im Sinne des BetrVG, sodass sowohl der Betriebsrat als auch die JAV mit all ihren Rechten zuständig sind. Sie können beispielsweise darauf hinwirken, vergleichbar zu → **Ausbildungsplänen** hier Praktikumspläne zu erstellen, die Ablauf und Inhalte des Praktikums festlegen. Sogar Betriebsvereinbarungen, die Vergütung, Arbeitszeit und sonstige Arbeitsbedingungen festlegen, können verhandelt und geschlossen werden. Dies gilt allerdings nur dann, wenn dies nicht durch Tarifvertrag geregelt ist.
Darüber hinaus findet für diese Gruppe von Praktikantinnen und Praktikanten das Mindestlohngesetz Anwendung, soweit für sie nicht einer der in § 22 Abs. 1 Ziff. 1–3 MiLoG beschriebenen Sonderfälle zutrifft.

Bedeutung für den Betriebsrat/die JAV

Für den Betriebsrat und die JAV ist entscheidend, welche Tätigkeiten die Praktikant/innen ausführen, da durch Praktika ein Verdrängungseffekt gegenüber der Stammbelegschaft im Betrieb entstehen kann. Auch im Wettbewerb stehenden Unternehmen gegenüber wird ein Prozess des Lohndumpings in Gang gesetzt.
Deshalb sollten JAV und Betriebsrat stets ein Auge darauf haben, wie viele Praktikanten für welche Dauer im Betrieb eingesetzt werden und unter welchen Bedingungen sie beschäftigt werden. Nach § 80 BetrVG ist der Arbeitgeber verpflichtet, die entsprechenden Informationen zur Verfügung zu stellen.
Haben JAV und Betriebsrat Bedenken, weil sich durch den Einsatz von Praktikant/innen Nachteile für die Belegschaft ergeben könnten, können sie die Einstellung von Praktikanten nach § 99 BetrVG (vgl. → **Mitbestimmungsrechte**) verweigern. Dabei geht es nicht darum, Praktika zu verhindern, sondern lediglich ein ausgewogenes Verhältnis zwischen Belegschaft und Praktikant/innen zu gewährleisten – auch um die Qualität und Betreuung des Praktikums sicherstellen zu können. Darauf kann der Betriebsrat unter Beteiligung der JAV bereits bei der Personalplanung im Rahmen der §§ 90 und 92 BetrVG (vgl. → **Berufsbildungsbedarf**) hinwirken. Der Betriebsrat/Personalrat und die JAV können vor allem die Qualität des Praktikums beeinflussen – angefangen beim Abschluss eines Praktikumsvertrags über die Ausstellung eines Arbeitszeugnisses bis zum Aushandeln einer Betriebsvereinbarung/Dienstvereinbarung über Arbeitsbedingungen, Einsatzmöglichkeiten und tätigkeitsbezogene Entlohnung bzw. tarifliche Vergütung.
Darüber hinaus sollte jede Praktikantin und jeder Praktikant zu Beginn und möglichst am Ende des Praktikums ein Gesprächsangebot vom Betriebsrat/Personalrat oder der JAV erhalten. Bei einem Eingangsgespräch, in dem zum Beispiel die Erwartungen der Praktikantin/des Praktikanten an die Zeit im Betrieb thematisiert werden, kann eine erste Kontaktaufnahme stattfinden und es können Informationen über die Rechte gegeben werden.
Jede/r Praktikant/in kann selbstverständlich – ebenso wie alle anderen Beschäftigten des Betriebs – an den Betriebsversammlungen und Sprechstunden des Betriebsrats/Personalrats teilnehmen bzw. den Betriebsrat/ Personalrat oder die JAV aufsuchen. Des Weiteren können sie ihr Beschwerderecht auf Gleichbehandlung geltend machen, wenn sie – auch versteckt – aufgrund ihres Alters diskriminiert werden (§ 13 AGG in Verbindung mit § 75 BetrVG (vgl. → **Allgemeines Gleichbehandlungsgesetz**) und sich mit der Beschwerde auch an den Betriebsrat wenden (§ 85 BetrVG). Ein Anspruch auf Gleichbehandlung nach dem AGG besteht natürlich auch, wo eine personalrechtliche Vertretung von Praktikantinnen/Praktikanten im öffentlichen Dienst nicht zulässig ist.

Probezeit in der Berufsausbildung

Grundlagen

Die Berufsausbildung beginnt mit dem Abschluss eines Berufsausbildungsvertrags (→ **Ausbildungsvertragsmuster**), der spätestens vor Beginn der Berufsausbildung schriftlich niederzulegen ist und alle wesentlichen Angaben enthalten muss, u. a. auch die Dauer der Probezeit.
Eine solche Probezeit ist nach § 20 BBiG zwingend vorgesehen. Sie muss mindestens einen Monat betragen, höchstens aber nur vier Monate. Wie der Name sagt, dient sie zur gegenseitigen Erprobung, also aus Sicht des Auszubildenden vor allem dazu, die Umstände, unter denen der gewählte Beruf später zu verrichten ist, kennen zu lernen. Während der Probezeit kann das Berufsausbildungsverhältnis jederzeit ohne Einhaltung einer Kündigungsfrist gekündigt werden, also sowohl vom Ausbildenden wie auch vom Auszubildenden. Die Kündigung muss schriftlich erfolgen, wie § 22 Abs. 3 BBiG bestimmt. Vereinbarungen, die zuungunsten des Auszubildenden von diesen Regelungen abweichen, sind nach § 25 BBiG nichtig.

Bedeutung für den Betriebsrat/die JAV

Die Probezeit wird im Ausbildungsvertrag festgelegt. Der Betriebsrat sollte darauf hinwirken, dass sie nicht länger als drei Monate beträgt, außer der Auszubildenden wünscht explizit eine längere Probezeit.

Prozessorientierte Ausbildung

Grundlagen

Die prozessorientierte Ausbildung bietet eine gute Basis, um die Digitalisierung partizipativ zu gestalten. Arbeitszuschnitte und Arbeitsorganisation verändern sich infolge der Digitalisierung. Wie sich diese Veränderungen vollziehen, hängt auch davon ab, wie es den Arbeitnehmern gelingt, dabei mitzugestalten. Wenn die Digitalisierung primär zur Rationalisierung genutzt wird, steigen die Risiken für Beschäftigung und Arbeitsbedingungen. Wird sie jedoch für eine Humanisierungsoffensive genutzt, kann anspruchs- und gehaltvolle Arbeit eine gute Perspektive für Beschäftigte schaffen. Voraussetzung für eine humane Digitalisierung sind allerdings gut ausgebildete Fachkräfte, die auch zukünftig in der Lage sind, mit komplexen Anforderungen umzugehen und in den Prozessen kompetent zu handeln.

Die an den Arbeits- und Geschäftsprozessen orientierte Gestaltung von Ausbildungsberufen sollte deshalb auch zukünftig beibehalten werden. Die betrieblichen Lernprozesse finden überwiegend in echten Arbeits- und Geschäftsprozessen statt. Dies stellt hohe Anforderungen an die Ausbildungsverantwortlichen.

Die Prozessorientierung der Berufsausbildung hat eine lange Historie; Veränderungen von Arbeit, vor allem teilautonome Gruppenarbeit, waren Auslöser der Entwicklung. Facharbeiter sollten in der Lage sein, Gruppengespräche zu führen, Verantwortung für Entwicklungsprozesse zu übernehmen und die Qualität selbst abzusichern. Viele Ausbildungsbetriebe haben in den 1990er-Jahren eine Entwicklung begonnen, in der der dezentrale Lernort »Betrieb« gegenüber dem zentralen Lernort »Ausbildungswerkstatt« an Bedeutung gewonnen hat. Beispielhaft dafür war der Modellversuch »DELTA« (Dezentrales Lernen in Teamarbeit), der mit Unterstützung des Bundesinstituts für Berufsbildung (BIBB) bei Mercedes Benz unternommen wurde. Er ist unter dem Begriff »Lerninselausbildung« bundesweit bekannt geworden und hat viele Nachahmer gefunden.

Die Lerninseln werden produktionsnah eingerichtet – die Auszubildenden sollen an die betrieblichen Ablaufstrukturen herangeführt werden. Hierbei werden Elemente, wie z. B. Betriebsorganisation, Qualitätssicherung, Planung und Steuerung im direkten Produktionsprozess unter Berücksichtigung von methodischen und didaktischen Gesichtspunkten integriert vermittelt. Die Lerninseln sind im tatsächlichen Produktionsprozess integriert. Auszubildende sind dabei wertschöpferisch (produktiv) tätig.

Die Zunahme der Ausbildung an dezentralen Lernorten machte jedoch den zentralen Lernort Ausbildungswerkstatt in der betrieblichen Berufsausbildung keineswegs überflüssig. Die Vermittlung berufsfeldbreiter Grundbildung, die Ermöglichung ungestörter Lern- und Übungsphasen sowie ein gezielter Methoden- und Medieneinsatz unter pädagogischen Gesichtspunkten in der Ausbildungswerkstatt ist auch weiterhin notwendig.

Verschiedene Ergebnisse von Modellversuchen »Lernen am Arbeitsplatz« bzw. »Lerninselausbildung« können beim BIBB angefordert werden.

Anschrift: Bundesinstitut für Berufsbildung, Robert-Schuman-Platz 3, 53175 Bonn, Telefon 02 28/1 07–0, Fax 02 28/1 07–29 77, Internet: *www.bibb.de*.

In der digitalen Arbeitswelt werden sich die Anforderungen an qualifizierte Facharbeit weiter verändern. An Bedeutung gewinnen dabei folgende Qualifikationsanforderungen:

- Zusammenarbeit und Kommunikation in inter- und transdisziplinären Zusammenhängen;
- Systemisches Denken;
- Verständnis für IT und Datenstrukturen sowie Umgang mit Daten/Algorithmen;
- Datenschutz und Datensicherheit.

Die Arbeits- und Geschäftsprozessorientierung bietet auch zukünftig eine ideale Ausgangsbasis einerseits für curriculare Vorgaben in Ausbildungsordnungen und andererseits für das konkrete Lernen im Arbeitsprozess.

Die prozessorientierte Ausbildung (Lernen im Arbeitsprozess) stellt besondere Anforderungen an die Qualifikation von Ausbildungspersonal. Es muss:

- die Kommunikation und Kooperation zwischen Produktions- und Bildungsabteilung sicherstellen,
- vorbeugend auf Spannungen und Konflikte wirken,
- Experten für die Bereichs- und Personalstruktur sein,
- bei Störung als Moderatoren zur Verfügung stehen sowie
- in geeigneter Weise auf die Einhaltung des Datenschutzes, des Arbeitsschutzes und der Unfallverhütungsvorschriften hinwirken.

Um das Ausbildungspersonal auf diese Herausforderungen vorzubereiten, sind Fortbildungs- bzw. Personalentwicklungsmaßnahmen hilfreich.

Bedeutung für den Betriebsrat/die JAV

Nach § 97 Abs. 1 BetrVG hat der Betriebsrat ein Beratungsrecht, wenn betriebliche Einrichtungen der Berufsausbildung errichtet und ausgestattet werden bzw. bei bestehenden Ausbildungseinrichtungen Änderungen vorgenommen werden sollen. Da von den Maßnahmen überwiegend die Wahlberechtigten zur JAV betroffen sind, hat der Betriebsrat die JAV an dem Beratungsprozess zu beteiligen.
Nach § 98 Abs. 1 BetrVG hat der Betriebsrat ein Mitbestimmungsrecht bei der Umsetzung von Maßnahmen der betrieblichen Berufsausbildung. Dies bezieht sich auf deren inhaltliche und zeitliche Ausgestaltung, wobei hierfür weitgehend gesetzliche Regelungen bestehen (BBiG und Ausbildungsordnungen). Im Rahmen dieser Vorgaben für die Berufsausbildung erstreckt sich die Mitbestimmung.
Da in der Berufsausbildung überwiegend die Wahlberechtigten zur JAV betroffen sind, hat die gesamte JAV ein Teilnahme-, Stimm- und Antragsrecht an Betriebsratssitzungen, entsprechend den §§ 67 und 70 Abs. 1 Nrn. 1, 3 BetrVG. Finden Besprechungen mit dem Arbeitgeber über solche Angelegenheiten statt, ist die JAV nach § 68 BetrVG hinzuzuziehen.
Eine wichtige Aufgabe des Betriebsrats und der JAV ist es, darauf zu achten, dass die Vermittlung von Qualifikationen gewährleistet ist. Die Wertschöpfung durch produktive Tätigkeit darf nicht einer qualifizierten Ausbildung übergeordnet werden (→ **Ausbildungsfremde Tätigkeiten**).

Bedeutung für die Auszubildenden

Für die Auszubildenden ist die Ausbildung unter realen Produktionsbedingungen oftmals wesentlich interessanter als in abgeschotteten Ausbildungswerkstätten. Die Bedingungen des realen Produktionsbezugs, im Team eine Aufgabe selbstständig zu planen, auszuführen und zu kontrollieren, wirken meist motivierend für die Auszubildenden. Sie müssen jedoch selbst mit darauf achten, dass die im Ausbildungsplan vorgegebenen Fertigkeiten, Kenntnisse und Fähigkeiten vermittelt werden.

Prüfung

Grundlagen

In den anerkannten Ausbildungsberufen werden Abschlussprüfungen vorgenommen. Der Auszubildende kann die Abschlussprüfung zweimal wiederholen. Wenn die Abschlussprüfung in zwei zeitlich auseinander fallenden Teilen stattfindet (»gestreckte Abschlussprüfung«), kann der erste Teil nicht eigenständig wiederholt werden. Die Abschlussprüfung ist für den Auszubildenden gebührenfrei und dem Prüfling ist ein Zeugnis auszustellen. Auf Antrag des Auszubildenden ist eine englisch- und französischsprachige Übersetzung auszuhändigen. Auch Berufsschulleistungen werden auf Antrag des Auszubildenden ausgewiesen.
Durch die Abschlussprüfung ist festzustellen, ob der Prüfling die berufliche Handlungsfähigkeit erworben hat. Dabei ist die Ausbildungsordnung zugrunde zu legen.
Für die Abnahme der Abschlussprüfungen errichtet die zuständige Stelle Prüfungsausschüsse, welche die Prüfungsausschüsse der zuständigen Kammern nach §§ 39ff. BBiG bzw. §§ 31ff. HwO sind. Im Handwerk werden die Gesellenprüfungen vor den Prüfungsausschüssen der Handwerkskammern oder der Handwerksinnungen abgelegt.
Der Prüfungsausschuss besteht nach § 40 BBiG aus mindestens drei Mitgliedern, die für die Prüfungsgebiete sachkundig und für die Mitwirkung im Prüfungswesen geeignet sind. Außerdem müssen dem Prüfungsausschuss als Mitglieder Beauftragte der Arbeitgeber und der Arbeitnehmer in gleicher Zahl sowie mindestens ein Lehrer einer berufsbildenden Schule angehören.
Zur Abschlussprüfung wird nach § 43 BBiG zugelassen, wer die Ausbildungszeit zurückgelegt hat oder wessen Ausbildungszeit nicht später als zwei Monate nach dem Prüfungstermin endet. Außerdem müssen die vorgeschriebenen Zwischenprüfungen stattgefunden und die vorgeschriebenen → **Berichtshefte** geführt worden sein, die sogenannten schriftlichen Ausbildungsnachweise.
In besonderen Fällen kann nach § 45 BBiG der Auszubildende nach Anhörung des Ausbildenden und der Berufsschule vor Ablauf seiner Ausbildungszeit zur

Abschlussprüfung zugelassen werden, wenn seine Leistungen dies rechtfertigen.
Ferner ist zur Abschlussprüfung auch derjenige zuzulassen, der in einer berufsbildenden Schule oder in einer sonstigen Einrichtung ausgebildet worden ist, wenn diese Ausbildung der Berufsausbildung in einem anerkannten Ausbildungsberuf entspricht.
Nach § 44 BBiG gilt, dass, wenn die Abschlussprüfung in zwei zeitlich auseinander fallenden Teilen abgehalten wird (»gestreckte Abschlussprüfung«), über die Zulassung jeweils gesondert zu entscheiden ist. Für beide Teile müssen die oben genannten Voraussetzungen erfüllt sein: Erfüllung der Ausbildungszeit und Vorlage der schriftlichen Ausbildungsnachweise. Darüber hinaus ist Zulassungsvoraussetzung für den zweiten Teil der Abschlussprüfung, dass man am ersten Teil der Abschlussprüfung teilgenommen hat, es sei denn, dass der Auszubildende aus Gründen, die er nicht zu vertreten hat, am ersten Teil der Abschlussprüfung nicht teilnehmen konnte. In diesem Fall ist der erste Teil der Abschlussprüfung zusammen mit dem zweiten Teil abzulegen.
Bei der »gestreckten Abschlussprüfung« wird die bisherige Zwischenprüfung somit zum Teil 1 der Abschlussprüfung, die Ergebnisse der Prüfungsleistung in diesem Prüfungsteil werden in das Gesamtergebnis der Prüfung einbezogen. Damit erhält die Prüfung etwa in der Mitte der Ausbildungszeit eine neue Funktion. Die bisherige Zwischenprüfung hatte das Ziel, den Ausbildungsstand zu ermitteln, um den Ausbildern und Berufsschullehrern die Möglichkeit zu geben, korrigierend, ergänzend und fördernd auf die weitere Berufsausbildung einwirken zu können. Teil 1 der gestreckten Abschlussprüfung stellt darüber hinaus bereits fest, inwieweit die Prüflinge in der Lage sind, Facharbeiter- oder Gesellentätigkeiten auszuführen. Dabei wird nicht deren gesamte Qualifikation Prüfungsgegenstand, sondern nur diejenigen Qualifikationen, die bis zum Zeitpunkt dieses Teils der Prüfung nach Ausbildungsrahmenplan und schulischem Lehrplan vermitteln wurden.
Schließlich ist nach § 45 Abs. 2 BBiG zur Abschlussprüfung auch zugelassen, wer nachweist, dass er mindestens das 1½-fache der Zeit, die als Ausbildungszeit vorgeschrieben ist, in dem Beruf tätig gewesen ist, in dem die Prüfung abgelegt werden soll.
Für Soldaten und Soldatinnen auf Zeit sowie für ehemalige Soldaten und Soldatinnen kann die Zulassung zur Abschlussprüfung erfolgen, wenn das Bundesministerium der Verteidigung oder die von ihm bestimmte Stelle bescheinigt, dass der Bewerber oder die Bewerberin berufliche Fertigkeiten, Kenntnisse und Fähigkeiten erworben hat, welche die Zulassung zur Prüfung rechtfertigen.
Im Übrigen wird die Prüfung nach Prüfungsordnungen abgehalten, in der die Zulassung die Gliederung, die Bewertungsmaßstäbe, die Erteilung der Prüfungszeugnisse, die Folgen von Verstößen gegen die Prüfungsordnung und die Wie-

derholungsprüfung geregelt sind. Der Hauptausschuss des Bundesinstituts für Berufsbildung erlässt nach § 47 BBiG für die Prüfungsordnung Richtlinien (*http://www.prueferportal.org/html/548.php*).

Bedeutung für den Betriebsrat/die JAV

Die Prüfungsergebnisse sind auch ein Indikator für die Qualität der Berufsausbildung, weshalb der Betriebsrat und die JAV die Prüfungsergebnisse genauer betrachten und ggf. die betriebliche Ausbildung überprüfen sollten.
Bei Ausbildungsberufen, bei denen betriebliche Aufträge, Projekte oder Ähnliches als Prüfungsleistung vorgesehen sind, muss der Betriebsrat darauf achten, dass die Auszubildenden die entsprechenden Möglichkeiten während der Ausbildung erhalten.

Rauchen am Arbeitsplatz/ Alkoholverbot

Rauchen am Arbeitsplatz

Gesetzliche Rauchverbote gibt es zum Beispiel in bestimmten Betriebsräumen zur Verhütung von Brandgefahr.
Allgemein ist der Nichtraucherschutz nach § 5 ArbStättV zu beachten. Danach hat der Arbeitgeber die erforderlichen Maßnahmen zu treffen, damit die nichtrauchenden Beschäftigten in Arbeitsstätten wirksam vor den Gesundheitsgefahren durch Tabakrauch geschützt sind. Umgekehrt ist der Raucher durch das Recht auf die freie Entfaltung seiner Persönlichkeit geschützt. Wenn gesetzliche Rauchverbote oder aber der Nichtraucherschutz dies nicht ausschließen, ist auch ihm die Gelegenheit zu geben, in angemessenen Arbeits- und Pausenräumen zu rauchen, wenn die räumlichen Verhältnisse des Betriebes es zu lassen. Als vorrangig wird aber heute schon der Nichtraucherschutz betrachtet, der weiter im Vordringen ist. Ob künftig noch anerkannt wird, dass das Rauchen unter dem Schutz des Rechtes auf freie Entfaltung der Persönlichkeit steht, bleibt abzuwarten.
Die sich derzeit noch in einem Spannungsverhältnis gegenüberstehenden Rechte der Nichtraucher und der Raucher bedürfen konkreter betrieblicher Regelungen: Gilt unabhängig von gesetzlichen Verboten ein allgemeines Rauchverbot? Ist es für Raucher zumutbar, das Rauchen lediglich auf den Außenflächen, Innenhöfen usw. (auch diese gehören zum Betrieb und zur Arbeitsstätte) zu gestatten? Darf in den Räumen mit Publikumsverkehr allgemein geraucht werden? Welche Regelung gilt für Gänge und Pausenräume? Wenn Raucher ihren Arbeitsplatz verlassen müssen, werden diese »Raucherpausen« dann bezahlt? Haben auch die Nichtraucher dann entsprechenden Anspruch auf solche bezahlten Nichtarbeitszeiten?
Hier sind Regelungen zu treffen. Dies kann der Arbeitgeber nicht allein. Der Betriebsrat hat ein gleichberechtigtes Mitbestimmungsrecht in Bezug auf die Ordnung des Betriebes (§ 87 Abs. 1 Nr. 1 BetrVG).
Bei Verstoß gegen ein wirksam angeordnetes Rauchverbot kommt je nach den Umständen des Einzelfalls jedenfalls nach vorheriger Abmahnung eine Kündigung des Arbeitsverhältnisses in Betracht.

Alkoholverbot

Auch hier bleibt für Arbeitgeber und Betriebsrat nichts zu regeln, wenn ein allgemeines Alkoholverbot für bestimmte Berufsgruppen gilt, etwa für Kraftfahrer.

Ist dies nicht der Fall, so bedarf es einer Regelung, ob ein angemessener und sozial üblicher Alkoholgenuss erlaubt oder verboten ist (1 Flasche Bier zum Essen, das Anstoßen mit Sekt bei der Gratulation zum Geburtstag). Auch diese Regelungen kann der Arbeitgeber nicht alleine treffen, sie sind vielmehr mitbestimmungspflichtig nach § 87 Abs. 1 Nr. 1 BetrVG.

Ruhepausen

Begriff

Das Jugendarbeitsschutzgesetz bestimmt zunächst in § 4 Abs. 1 JArbSchG, dass die tägliche → **Arbeitszeit** die Zeit vom Beginn bis zum Ende der täglichen Beschäftigung ohne die Ruhepausen ist. Die Schichtzeit ist nach § 4 Abs. 2 JArbSchG die tägliche Arbeitszeit unter Hinzurechnung der Ruhepausen.
Im Übrigen heißt es in § 11 JArbSchG, dass Jugendlichen im Voraus feststehende Ruhepausen von angemessener Dauer gewährt werden müssen. Was angemessene Dauer ist, legt das Gesetz selbst fest, nämlich
1. 30 Minuten bei einer Arbeitszeit von mehr als 4 1/2 bis zu sechs Stunden,
2. 60 Minuten bei einer Arbeitszeit von mehr als sechs Stunden.

Ferner heißt es, dass als Ruhepause nur eine Arbeitsunterbrechung von mindestens 15 Minuten gilt. Dies bedeutet in Verbindung mit § 4 JArbSchG, dass Arbeitsunterbrechungen, die unter 15 Minuten liegen, keine Ruhepausen sind, sondern zur Arbeitszeit zählen.
Die Unterbrechung der Arbeit durch Pausen während der Arbeitszeit ist nicht nur für die Einnahme der Mahlzeiten, sondern auch für die Erholung von der Arbeit bedeutsam. Während der Ruhepausen muss der Jugendliche nach freier, eigener Entscheidung Gelegenheit haben, zu essen und sich zu entspannen sowie sich nach Möglichkeit an einem selbst gewählten Ort aufhalten können.
Damit die Ruhepausen ihren Erholungszweck erfüllen, bestimmt das Gesetz, dass sie nach Lage und Dauer im Voraus feststehen und in angemessener zeitlicher Lage innerhalb der Arbeitszeit gewährt werden, nämlich frühestens eine Stunde nach Beginn und spätestens eine Stunde vor Ende der Arbeitszeit.
Der Aufenthalt in Arbeitsräumen während der Ruhepausen darf den Jugendlichen nur gestattet werden, wenn die Arbeit in diesen Räumen während dieser Zeit eingestellt ist und auch sonst die notwendige Erholung nicht beeinträchtigt wird.

Hinweis:
Für die Ruhepausen und Ruhezeiten von erwachsenen Auszubildenden, die das 18. Lebensjahr bereits vollendet haben, gelten grundsätzlich die Bestimmungen des Arbeitszeitgesetzes (ArbZG). Sie gelten als Mindestbestimmungen. Darüber hinaus können bessere und weitergehende Regelungen in Tarifverträgen, Betriebsvereinbarungen bzw. in einem Ausbildungsvertrag geregelt sein.

Bedeutung für den Betriebsrat/die JAV

Das Betriebsverfassungsgesetz räumt in § 87 Abs. 1 Nr. 2 BetrVG – entsprechendes gilt für Personalräte nach § 75 Abs. 3 Nr. 1 BPersVG – dem Betriebs- bzw. Personalrat ein zwingendes Mitbestimmungsrecht über Dauer und Lage der Ruhepausen ein. Letztere müssen also mit Zustimmung des Betriebs-/Personalrats unter Einbeziehung der JAV festgelegt werden.
Verstöße des Arbeitgebers gegen die Bestimmungen des § 11 JArbSchG können als Straftat oder Ordnungswidrigkeit nach §§ 58, 59 JArbSchG geahndet werden.
Was die räumliche Beschaffenheit und Ausstattung der Pausenräume anbetrifft, regeln dies § 6 der Arbeitsstättenverordnung sowie die Europäische Arbeitsstättenrichtlinie (Richtlinie 89/654/EWG).

Samstagsarbeit/Sonntagsarbeit/ Feiertagsarbeit

Grundlagen

Für die Beschäftigung Jugendlicher gilt nach § 15 JArbSchG die 5-Tage-Woche. Die beiden wöchentlichen Ruhetage sollen nach Möglichkeit aufeinander folgen.

Diese Bestimmung wird durch die Bestimmungen des § 16 JArbSchG über die Samstagsruhe, des § 17 JArbSchG über die Sonntagsruhe und durch die Bestimmung des § 18 JArbSchG über die Feiertagsruhe ergänzt. Vorstellung des Gesetzgebers ist es, dass dem Jugendlichen grundsätzlich ein freies Wochenende ermöglicht wird.

Dies soll dadurch erreicht werden, dass Jugendliche grundsätzlich an Samstagen bzw. an Sonntagen oder an Feiertagen nicht beschäftigt werden dürfen.

Diese Grundsätze sind jedoch in vielfältiger Hinsicht durchbrochen. Ein absolutes Beschäftigungsverbot besteht nach § 18 JArbSchG nur am ersten Weihnachtsfeiertag, an Neujahr, am ersten Osterfeiertag und am 1. Mai. An Heiligabend und an Silvester darf eine Beschäftigung nach 14.00 Uhr nicht mehr erfolgen.

Das grundsätzliche Gebot der Samstagsruhe wird durch zahlreiche Ausnahmen durchlöchert. Nach § 16 Abs. 2 JArbSchG ist die Beschäftigung Jugendlicher an Samstagen zulässig:

1. in Krankenanstalten sowie in Alten-, Pflege- und Kinderheimen,
2. in offenen Verkaufsstellen, in Betrieben mit offenen Verkaufsstellen, in Bäckereien und Konditoreien, im Friseurhandwerk und im Marktverkehr,
3. im Verkehrswesen,
4. in der Landwirtschaft und Tierhaltung,
5. im Familienhaushalt,
6. im Gaststätten- und Schaustellergewerbe,
7. bei Musik-, Theater- und anderen Aufführungen,
8. bei außerbetrieblichen Ausbildungsmaßnahmen,
9. beim Sport,
10. im ärztlichen Notdienst,
11. in Reparaturwerkstätten für Kraftfahrzeuge.

Allerdings sollen mindestens zwei Samstage im Monat beschäftigungsfrei bleiben, wobei dies lediglich eine Sollvorschrift ist, von der in begründeten Fällen abgewichen werden kann.
Werden Jugendliche am Samstag beschäftigt, ist ihnen die 5-Tage-Woche durch Freistellung an einem anderen berufsschulfreien Arbeitstag derselben Woche sicherzustellen.
Ähnlich breit gefächert sind die Ausnahmen vom Gebot der Sonntagsruhe. Auch hier soll jeder zweite Sonntag beschäftigungsfrei bleiben, mindestens zwei Sonntage im Monat müssen beschäftigungsfrei bleiben. Die 5-Tage-Woche ist durch Freistellung an einem anderen berufsschulfreien Arbeitstag derselben Woche sicherzustellen.
Eine ähnliche Regelung wie bei der Sonntagsruhe gilt nach § 18 JArbSchG auch für die Feiertagsruhe.

Hinweis:
Für Arbeitszeit von erwachsenen Auszubildenden, die das 18. Lebensjahr bereits vollendet haben, gelten grundsätzlich die Bestimmungen des Arbeitszeitgesetzes (ArbZG). Darüber hinaus können bessere und weitergehende Regelungen in Tarifverträgen, Betriebsvereinbarungen bzw. in einem Ausbildungsvertrag geregelt sein.

Schichtarbeit

Begriff

Schichtarbeit liegt vor, wenn Arbeitnehmer/innen sich wechselseitig zeitlich mit der Arbeit abwechseln und entweder in zwei Schichten oder vollkontinuierlich, rund um die Uhr, gearbeitet wird, wobei bei bestimmten Tätigkeiten praktisch ohne Unterbrechung gearbeitet wird (Hochofen).
Für Jugendliche ist die Beteiligung an Schichtarbeit wegen der Bestimmung des § 14 JArbSchG über die Nachtruhe praktisch nicht möglich. Allerdings erlaubt Abs. 5 dieser Bestimmung, dass nach vorheriger Anzeige an die Aufsichtsbehörde in Betrieben, in denen die übliche Arbeitszeit aus verkehrstechnischen Gründen nach 20.00 Uhr endet, Jugendliche bis 21.00 Uhr beschäftigt werden dürfen, soweit sie hierdurch unnötige Wartezeiten vermeiden können.
Gleiches gilt in mehrschichtigen Betrieben. Hier dürfen Jugendliche jedenfalls über 16 Jahre ab 5.30 Uhr oder bis 23.30 Uhr beschäftigt werden, soweit sie hierdurch unnötige Wartezeiten vermeiden können.

Bedeutung für den Betriebsrat/die JAV

Nach § 87 Abs. 1 Nr. 2 BetrVG unterliegt die Festlegung von Beginn und Ende der täglichen → **Arbeitszeit** einschließlich der Pausen sowie die Verteilung der Arbeitszeit auf die einzelnen Wochentage dem zwingenden Mitbestimmungsrecht des Betriebsrats. Das Mitbestimmungsrecht schließt damit auch die Einführung, Änderung und den Abbau von variabler Arbeitszeit, von Nachtarbeit und von Schichtarbeit in jeder Form mit ein.

Schülervertretung

Grundlagen

Die Schülervertretung (SV) ist das Mitbestimmungsorgan der Schülerschaft, das vor allem Ordnungs- und Organisationsfunktionen wahrnimmt, die Interessen der Schüler vertritt, aber auch selbst gewählte Aufgaben bearbeitet. Mit der SV soll den Schülern Gelegenheit gegeben werden, an der innerschulischen Willensbildung teilzunehmen. Dazu werden Klassen-, Jahrgangs- und Schulsprecher gewählt.
Schule und Bildung sind in Deutschland Ländersache. Daher werden die Schulgesetze und -verordnungen von den Länderparlamenten und Länderministerien erlassen. Somit gibt es in Deutschland 16 verschiedene Bildungssysteme und natürlich auch 16 verschiedene Gesetze und Verordnungen für die Schülervertretung (SV). Trotzdem lassen sich einige Gemeinsamkeiten in allen Bundesländern feststellen.

Bedeutung für die Schüler

Bei der SV von Mitbestimmung zu reden, ist vielleicht ein wenig übertrieben. Die Schüler haben nach den Schülermitwirkungsgesetzen die Möglichkeit, sich z. B. in den Schulkonferenzen Gehör zu verschaffen und die Interessen der Schülerschaft deutlich zu machen. Die Schulkonferenzen setzen sich zusammen aus Lehrern, Eltern und Schülern (bei Berufsschulen kommen noch Vertreter der Arbeitgeber und Arbeitnehmer/innen hinzu). Die Schülerstimmen allein reichen nicht für eine Stimmenmehrheit.

Bedeutung für die JAV

In Berufsschulen werden ebenfalls Schülervertretungen gewählt. Mit ihnen sollten die JAVen Kontakt aufnehmen, und sich über das Zusammenspiel zwischen Betrieb und Berufsschule austauschen. Aktive JAV-Mitglieder, die sich in der Ausbildung befinden und somit die Berufsschule besuchen, können sich in die SV wählen lassen.

Literaturhinweis

DGB-Jugend, Broschüre: Tipps und Tricks für die SchülerInnenvertretung (Download unter: *www.dgb-jugend.de*)

Schutzvorschriften/ Schutz der JAV-Mitglieder

Grundlagen

JAV-Mitglieder, die eine engagierte Interessenvertretung betreiben, haben oftmals schnell Konflikte mit dem Arbeitgeber. Damit Mitglieder der JAV dennoch konsequent und engagiert die Interessen der Wahlberechtigten vertreten können, gibt es im Betriebsverfassungsgesetz einige Schutzvorschriften. In § 78 BetrVG »Schutzbestimmungen« ist geregelt, dass Mitglieder der JAV bei der Erfüllung ihrer Aufgaben nicht behindert werden dürfen. Sie dürfen aufgrund ihrer Tätigkeit nicht benachteiligt und müssen vergleichbar wie andere Arbeitnehmer bezahlt werden. Ebenso muss eine vergleichbare berufliche Entwicklung ermöglicht werden.

Einen besonderen Kündigungsschutz haben Mitglieder der JAV durch den § 15 Kündigungsschutzgesetz, der eine ordentliche Kündigung untersagt. Der Arbeitgeber hat nur die Möglichkeit einer fristlosen Kündigung. Aber auch in diesem Fall kann dem Mitglied einer JAV nur dann gekündigt werden, wenn der Betriebsrat nach § 103 BetrVG der fristlosen Kündigung zustimmt. Stimmt der Betriebsrat nicht zu, so muss der Arbeitgeber versuchen, die fehlende Zustimmung vom Arbeitsgericht ersetzen zu lassen.

Mitglieder der JAV, die sich in einer Ausbildung befinden, haben einen befristeten Ausbildungsvertrag. Um eine Benachteiligung zu verhindern, ist im § 78a BetrVG geregelt, dass Mitglieder der JAV nach Beendigung ihrer Ausbildung in ein Arbeitsverhältnis übernommen werden müssen.

Der Anspruch auf den Schutz der §§ 78 und 78a BetrVG erstreckt sich auch auf Ersatzmitglieder zur JAV, wenn sie ersatzweise, ggf. auch nur vorübergehend, als Mitglied der JAV tätig geworden sind. So kommt es beispielsweise vor, dass Mitglieder der JAV bei JAV-Sitzungen oder Betriebsratssitzungen terminlich verhindert sind. In diesem Fall wird das Ersatzmitglied vorübergehend tätig. Wichtig ist, dass dies in den entsprechenden Protokollen der Sitzungen vermerkt ist. Damit kann beim Übernahmeanspruch nach § 78a BetrVG das Tätigwerden von Ersatzmitgliedern dokumentiert werden.

Die Schutzvorschriften gelten auch für ehemalige Mitglieder der JAV und Ersatzmitglieder, die in der JAV tätig geworden sind, für die Dauer eines Jahres nach Beendigung der Amtszeit.

Bedeutung für den Betriebsrat/die JAV

Wenn der Arbeitgeber ein Mitglied der JAV bei Beendigung der Ausbildung nicht in ein Arbeitsverhältnis übernehmen möchte, so muss er dieses mindestens drei Monate vor Beendigung des Ausbildungsverhältnisses mitteilen.
Ein Mitglied der JAV muss, unabhängig von einer Information durch den Arbeitgeber, bezüglich der Übernahme in ein Arbeitsverhältnis, selbst einen schriftlichen Antrag auf unbefristete Übernahme nach der Ausbildung stellen. Dieser schriftliche Übernahmeantrag eines Mitgliedes der JAV muss innerhalb der letzten drei Monate vor Beendigung des Berufsausbildungsverhältnisses erfolgen. Will der Arbeitgeber nach Beantragung der Übernahme in ein Arbeitsverhältnis durch ein Mitglied des JAV dieses nicht übernehmen, muss er beim Arbeitsgericht beantragen, dass eine Übernahme unzumutbar für ihn ist.
Der Übernahmeantrag des JAV-Mitgliedes ist immer auf ein unbefristetes Vollzeitarbeitsverhältnis im erlernten Beruf unter Berufung auf seine Mitgliedschaft in der JAV, in Bezug auf § 78a BetrVG zu stellen. Dies gilt selbst, wenn alle anderen Auszubildenden nicht oder nur in ein Teilzeitarbeitsverhältnis oder ein befristetes Arbeitsverhältnis übernommen werden. Nur so ist sichergestellt, dass sich der Übernahmeantrag im Rahmen des § 78a BetrVG bewegt (Musterschreiben 1).
Wenn der Arbeitgeber lediglich einen Teilzeitarbeitsplatz oder eine befristete Übernahme anbietet, besteht die Möglichkeit diesen »unter Vorbehalt« anzunehmen und deutlich zu machen, die Erfüllung des Anspruchs nach § 78a BetrVG vom Arbeitsgericht überprüfen zu lassen. Damit kann ggf. Zeit gewonnen werden, um das Vorhandensein eines Vollzeitarbeitsplatzes nachzuweisen (Musterschreiben 2 und 3).
Mitglieder der JAV, die ihre Ausbildung beenden, können frühestens drei Monate vor dem ersten Prüfungstag ihre Übernahme in das Arbeitsverhältnis nach § 78a BetrVG beantragen.
Wichtig ist, sich den Eingang des Übernahmeantrages quittieren zu lassen. Auf dem Postweg besteht hier die Möglichkeit, den Antrag per Einschreiben mit Rückschein zustellen zu lassen. Wird er selbst bei der Personalabteilung abgegeben, kann eine entsprechende Quittierung auf einer Kopie erfolgen.
Wichtig ist auch, dass der schriftliche Antrag vor dem letzten Prüfungstag gestellt werden muss. Ansonsten verliert das Mitglied der JAV den Anspruch auf eine unbefristete Übernahme nach § 78a BetrVG (BAG v. 31.10.1985 – 6 AZR 557/84).

Will der Arbeitgeber ein Mitglied der JAV, welches fristgerecht seine Übernahme nach § 78a BetrVG beantragt hat, nach Beendigung der Ausbildung nicht in ein Arbeitsverhältnis übernehmen, so muss er, unabhängig davon, ob er dies bereits fristgerecht mitgeteilt hat, nach § 78a BetrVG beim Arbeitsgericht feststellen lassen, dass ein Arbeitsverhältnis nicht begründet ist bzw. die Auflösung eines Arbeitsverhältnisses beantragen. In einem solchen Fall ist es wichtig, nachzuweisen, ob andere Auszubildende nach Beendigung ihrer Ausbildung übernommen wurden bzw. werden und ob freie Arbeitsplätze vorhanden sind. In jedem Fall ist es sinnvoll, die zuständige Gewerkschaft zu informieren und gegebenenfalls Rechtsschutz zu beantragen.

Nach der jüngeren Rechtsprechung des BAG soll der Weiterbeschäftigungsanspruch an den Ausbildungsbetrieb gebunden sein und damit nicht gegeben sein, wenn ein Arbeitsplatz lediglich in einem anderen Betrieb desselben Unternehmens vorhanden ist (BAG v. 5.12.2007 – 7 ABR 65/06).

Der Arbeitsplatz muss frei sein; das JAV-Mitglied hat keinen Anspruch darauf, dass ein Arbeitsplatz eingerichtet oder frei gekündigt wird.

Das JAV-Mitglied ist im Ausbildungsberuf weiter zu beschäftigen. Es kann nicht auf eine ausbildungsfremde, geringerwertige Tätigkeit verwiesen werden. Dies kommt nur in Betracht, wenn eine gleichwertige Beschäftigung nicht möglich ist. Umgekehrt kann der Übernahmeantrag nicht mit der Begründung abgelehnt werden, es sei keine der Ausbildung entsprechende Beschäftigung möglich, wenn der Auszubildende sich bereits in dem Weiterbeschäftigungsverlangen mit geänderten Arbeitsbedingungen einverstanden erklärt hat.

Musterschreiben 1: Übernahme in unbefristetes Arbeitsverhältnis 24

Absender ____________________ Ort/Datum ____________________

An die Geschäftsleitung
– Personalabteilung –

Antrag auf Übernahme in ein unbefristetes Arbeitsverhältnis gemäß § 78a BetrVG

Sehr geehrte Damen und Herren,
hiermit beantrage ich gemäß § 78a Abs. 2 BetrVG in meiner Eigenschaft als Jugend- und Auszubildendenvertreter/in die Übernahme in ein unbefristetes Arbeitsverhältnis im erlernten Beruf im Anschluss an meine Ausbildung.
Sollte eine entsprechende Beschäftigung nicht möglich sein, so wäre ich hilfsweise auch bereit, zu anderen als den sich aus § 78a BetrVG ergebenden Arbeitsbedingungen in ein Arbeitsverhältnis übernommen zu werden.

Mit freundlichen Grüßen

Name

25 Musterschreiben 2: Übernahme unter Vorbehalt in ein unbefristetes Teilzeitarbeitsverhältnis

Absender ______________________ Ort/Datum ______________________

An die Geschäftsleitung
– Personalabteilung –

Sehr geehrte Damen und Herren,
sie haben mir lediglich eine Übernahme nach Ausbildungsende in ein Teilzeitarbeitsverhältnis angeboten. Als Mitglied der JAV habe ich jedoch gem. § 78a BetrVG einen Anspruch auf unbefristete Übernahme in ein Vollzeitarbeitsverhältnis.
Ich nehme daher ihr Angebot an und behalte mir vor, die Ausgestaltung des Vertrages als Teilzeitarbeitsverhältnis beim Arbeitsgericht auf seine Rechtmäßigkeit hin überprüfen zu lassen.

Mit freundlichen Grüßen

Name

26 Musterschreiben 3: Übernahme unter Vorbehalt in ein befristetes Arbeitsverhältnis

Absender ______________________ Ort/Datum ______________________

An die Geschäftsleitung
– Personalabteilung –

Sehr geehrte Damen und Herren,
sie haben mir lediglich eine auf zwölf Monate befristete Übernahme nach Ausbildungsende angeboten. Als Mitglied der JAV habe ich jedoch gem. § 78a BetrVG einen Anspruch auf unbefristete Übernahme in ein Vollzeitarbeitsverhältnis.
Ich nehme daher ihr Angebot an und behalte mir vor, die Ausgestaltung des Vertrages als Teilzeitarbeitsverhältnis beim Arbeitsgericht auf seine Rechtmäßigkeit hin überprüfen zu lassen.

Mit freundlichen Grüße

Name

Schwerbehinderte Menschen

Grundlagen

Das Neunte Sozialgesetzbuch (SGB IX) regelt die Rehabilitation und Teilhabe behinderter Menschen und hat zum Ziel, die Selbstbestimmung behinderter Menschen, ihre Teilhabe am gesellschaftlichen Leben und insbesondere ihre Integration im Arbeitsleben zu fördern. Das Schwerbehindertenrecht ist in den 2. Teil des SGB IX eingegliedert.

Im Mai 2016 hat die Bundesregierung einen Entwurf für ein Bundesteilhabegesetz (BTHG) vorgelegt, was zu Veränderungen des SGB IX führen wird. Da das Gesetzgebungsverfahren aber erst nach dem Erscheinen dieser Auflage abgeschlossen sein wird, kann nicht auf die zukünftigen Veränderungen eingegangen werden. Das Bundesteilhabegesetz soll die bisherige Gesetzgebung zusammenfassen und die Eingliederungshilfe für Behinderte »zu einem modernen Teilhaberecht weiterentwickeln«. Das Gesetz soll sich an der Behindertenrechtskonvention der Vereinten Nationen orientieren mit dem Ziel, dass die Betroffenen nach dem Motto »Nichts über uns – ohne uns« beteiligt werden.

Als schwerbehinderte Menschen werden all diejenigen Personen bezeichnet, die einen Grad der Behinderung von wenigstens 50 aufweisen und ihren Wohnsitz, ihren gewöhnlichen Aufenthalt oder ihre Beschäftigung auf einem Arbeitsplatz im Geltungsbereich des SGB IX haben (§ 2 Abs. 2 SGB IX). Dabei wird als Behinderung angesehen, wenn die körperliche Funktion, geistige Fähigkeit oder seelische Gesundheit mit hoher Wahrscheinlichkeit länger als sechs Monate von dem für das Lebensalter typischen Zustand abweicht und daher die Teilhabe am Leben in der Gesellschaft beeinträchtigt wird (§ 2 Abs. 1 SGB IX).

Mit einem schwerbehinderten Menschen ist derjenige gleichgestellt, dessen Grad der Behinderung zwischen 30 und 50 liegt, und der aufgrund eines Antrages durch die Bundesagentur für Arbeit mit einem schwerbehinderten Menschen gleichgestellt worden ist (§ 2 Abs. 3 SGB IX). Die Gleichstellung wird im Falle der Anerkennung mit dem Tag des Eingangs des Antrages wirksam (§ 68 Abs. 2 SGB IX).

Das SGB IX regelt im Einzelnen die Sicherung der Eingliederung schwerbehinderter Menschen in Arbeit, Beruf und Gesellschaft (arbeitsrechtlicher Schwerbehindertenschutz sowie Rehabilitation). In diesem Gesetz ist der geschützte Personenkreis (schwerbehinderte Menschen, von Behinderung bedrohte bzw. gleichgestellte Menschen) bestimmt. Im SGB IX sind darüber hinaus auch Bereiche wie Kündigungsschutz, Pflichten der Arbeitgeber und die Schwerbehindertenvertretung geregelt.

Das SGB IX hat die Aufgabe, die Eingliederung dieses schutzbedürftigen Personenkreises zu fördern und die Lage und die zukünftigen Chancen behinderter Menschen in der Arbeitswelt nachhaltig zu verbessern. Schwerbehinderte Menschen unterliegen erheblichen Eingliederungsbarrieren, die ihre Integration erschweren. Ihre Chancen auf dem Arbeitsmarkt sind erheblich reduziert.

Schwerbehinderte Beschäftigte dürfen gem. § 81 Abs. 2 SGB IX durch Arbeitgeber wegen ihrer Behinderung nicht benachteiligt werden. Dabei wird auf die Regelungen im Allgemeinen Gleichbehandlungsgesetz (AGG; → **Allgemeines Gleichbehandlungsgesetz**) verwiesen. Das AGG regelt umfassend den Schutz vor Benachteiligungen wegen einer Behinderung, nicht nur im Falle einer Schwerbehinderung. Benachteiligungsverbote bestehen dabei insbesondere für folgende Bereiche:

- Zugang zur Berufsbildung, einschließlich der Berufsausbildung, der beruflichen Weiterbildung, der Umschulung sowie der praktischen Berufserfahrung,
- Zugang zu einem Arbeitsverhältnis, einschließlich der Auswahlkriterien und Einstellungsbedingungen sowie für den beruflichen Aufstieg,
- bei den Arbeitsbedingungen, einschließlich Entgelt sowie den Entlassungsbedingungen.

Weder der Arbeitgeber, Vorgesetzte noch Arbeitnehmer oder Dritte dürfen behinderte Arbeitnehmer wegen ihrer Behinderung (§ 3 AGG):

- unmittelbar oder mittelbar benachteiligen,
- belästigen oder
- eine Benachteiligung anweisen.

Um eine Benachteiligung von Anfang an zu unterbinden, ist der Arbeitgeber verpflichtet, die erforderlichen Maßnahmen zum Schutz vor Benachteiligungen zu treffen, wobei dieser Schutz auch und gerade vorbeugende Maßnahmen umfasst (§ 12 Abs. 1 AGG).

- Bei einem Verstoß gegen das AGG kann sich der betreffende Arbeitnehmer bei der zuständigen Stelle im Betrieb (§ 13 AG) oder beim Betriebsrat beschweren.

Weitere Rechte der betroffenen Arbeitnehmer können sein:

- Leistungsverweigerungsrecht (§ 14 AGG),
- Entschädigung und Schadensersatz (§ 15 AGG).

Bedeutung für den Betriebsrat/die JAV/ die Schwerbehindertenvertretung

Neben der Schwerbehindertenvertretung (→ **Schwerbehindertenvertretung**) hat auch der Betriebsrat (→ **Betriebsrat**) die Interessen der schwerbehinderten Arbeitnehmer zu vertreten. Ebenso fällt der Schutz vor Benachteiligungen nach dem AGG (s. o.) in den Verantwortungsbereich der Interessenvertretungen (§ 17 Abs. 1 AGG). Sowohl in § 80 Abs. 1 Nr. 4 BetrVG als auch in § 93 SGB IX wird die besondere Verpflichtung des Betriebsrats hervorgehoben, die Eingliederung schwerbehinderter Menschen zu fördern und auf eine integrative Personal- und Arbeitspolitik im Betrieb hinzuwirken. Dabei hat der Betriebsrat insbesondere auf den Abschluss einer Integrationsvereinbarung und auf die Erfüllung der Beschäftigungspflicht des Arbeitgebers nach dem SGB IX zu achten und darauf zu drängen, dass das Unternehmen sich durch die Zahlung einer Ausgleichsabgabe dieser Pflicht nicht entzieht. Dies kann u. a. dadurch erfolgen, dass frei werdende Arbeitsplätze durch begleitende Hilfen im Arbeits- und Berufsleben so gestaltet werden, dass auf ihnen schwerbehinderte Menschen beschäftigt werden können.

Weiterhin muss der Betriebsrat darauf hinwirken, dass auch schwerbehinderte Menschen grundsätzlich beschäftigt werden. So könnte der Betriebsrat der Einstellung eines nicht schwerbehinderten Arbeitnehmers gem. § 99 BetrVG widersprechen, wenn der Arbeitgeber vor der Einstellung nicht gem. § 81 Abs. 1 SGB IX geprüft hat, ob eine Besetzung des freien Arbeitsplatzes mit einem schwerbehinderten Arbeitnehmer vorgenommen werden könnte. Insoweit liegt ein Verstoß gegen eine gesetzliche Vorschrift, nämlich das SGB IX, vor (§ 99 Abs. 2 Nr. 1 BetrVG).

Die bisherigen Verfahrensregelungen zur betrieblichen Prävention sind zu einem umfassenden betrieblichen Eingliederungsmanagement (BEM) erweitert worden (§ 84 Abs. 2 SGB IX). Damit haben der Betriebsrat und die Schwerbehindertenvertretung endlich ein Handlungsinstrument in der Hand, um im Sinne von »Rehabilitation statt Entlassung« präventiv tätig zu werden. Dieses Eingliederungsmanagement gilt für alle Beschäftigten, die länger als sechs Wochen oder wiederholt innerhalb eines Jahres arbeitsunfähig erkrankt sind. Der Arbeitgeber ist verpflichtet, mit dem Betriebsrat und der Schwerbehindertenvertretung abzuklären, wie die Arbeitsunfähigkeit überwunden werden kann, mit welchen Leistungen oder Hilfen einer erneuten Arbeitsunfähigkeit vorgebeugt sowie der Arbeitsplatz erhalten werden kann.

Sowohl die Schwerbehindertenvertretung als auch der Betriebsrat und die JAV haben darauf zu achten, dass jugendliche Arbeitnehmer und Auszubildende bei Vorliegen einer möglichen Schwerbehinderung über ihre Rechte nach dem SGB

IX aufgeklärt werden. Wichtig ist in diesen Fällen, dass von den Betroffenen ein Antrag auf Feststellung der Schwerbehinderung beim Versorgungsamt gestellt wird.

Bedeutung für die Beschäftigten

Schwerbehinderte Arbeitnehmer haben mit erheblichen Problemen in der Gesellschaft und der Arbeitswelt zu tun. Das SGB IX gibt gegenüber dem Schwerbehindertengesetz erweiterte Rechte zur Sicherung der Eingliederung und Integration in Arbeit, Beruf und Gesellschaft; diese Rechte sollten auf alle Fälle in Anspruch genommen werden. Neben der Möglichkeit, begleitende Hilfen im Arbeits- und Berufsleben in Anspruch zu nehmen, gibt das SGB IX einen Anspruch auf einen bezahlten zusätzlichen Urlaub von fünf Arbeitstagen im Urlaubsjahr (§ 125 SGB IX) sowie die Möglichkeit, dass schwerbehinderte Menschen auf ihr Verlangen von Mehrarbeit freizustellen sind (§ 124 SGB IX).
Des Weiteren bedarf die Kündigung eines schwerbehinderten Menschen, dessen Arbeitsverhältnis länger als sechs Monate besteht, durch den Arbeitgeber der vorherigen Zustimmung des Integrationsamtes (§ 85 SGB IX). Das Integrationsamt soll dabei die Entscheidung binnen Monatsfrist seit Eingang des Antrages treffen. Unter bestimmten Bedingungen hat das Integrationsamt die Zustimmung zu erteilen (z. B. bei betriebsbedingten Kündigungen in Fällen der Einstellung oder Auflösung von Betrieben oder Dienststellen sowie im Insolvenzverfahren (siehe im Einzelnen § 89 SGB IX). In diesen Fällen gilt die Zustimmung des Integrationsamtes als erteilt, wenn es keine Entscheidung binnen Monatsfrist seit Antragseingang getroffen hat (§ 88 Abs. 5 SGB IX). Vom Arbeitgeber ist eine Kündigungsfrist von mindestens vier Wochen einzuhalten (§ 86 SGB IX). Erleichtert ist demgegenüber unter bestimmten Voraussetzungen die Kündigung von älteren schwerbehinderten Menschen ab 58 Jahren (§ 90 Abs. 1 SGB IX).
Ohne die Zustimmung des Integrationsamts ist eine Kündigung grundsätzlich unwirksam. Wenn der Arbeitgeber von der Schwerbehinderteneigenschaft jedoch nichts wusste, reicht es aus, wenn der Arbeitnehmer den Arbeitgeber binnen drei Wochen nach Zugang der Kündigung von dem Antrag auf Anerkennung als schwerbehinderter Mensch in Kenntnis setzt (so ständige BAG-Rechtsprechung).
Auf Grund der generellen Gleichstellungsregelungen in den §§ 2 Abs. 3, 68 Abs. 3 SGB IX trifft diese Regelung in § 90 Abs. 2a SGB IX ebenfalls die mit einem Schwerbehinderten gleichgestellte Person. Auf Gleichgestellte findet das SGB IX Anwendung. Ausgeschlossen (s. § 68 Abs. 3 SGB IX) sind jedoch der Anspruch

auf Zusatzurlaub (§ 125 SGB IX) sowie die unentgeltliche Beförderung Schwerbehinderter im öffentlichen Personenverkehr (§§ 145ff. SGB IX).
Ein Betroffener sollte deshalb schnellstens vor Zugang der Kündigung einen vollständigen Antrag auf Anerkennung der Schwerbehinderteneigenschaft und gleichzeitig auf Gleichstellung stellen. Nach Auffassung des BAG (NZA 08, 407) muss der Antrag aber mindestens 3 Wochen vor der Kündigung gestellt worden sein. Hier kommt dem Betriebsrat bzw. der Schwerbehindertenvertretung eine wichtige Rolle zu, die in ihrer Stellungnahme auch auf diese Anträge hinweisen müssen.
Der besondere Kündigungsschutz für Schwerbehinderte setzt, wie der allgemeine Kündigungsschutz auch, erst nach einer Beschäftigung von sechs Monaten ein (§ 90 Abs. 1 Nr. 1 SGB IX).
Allerdings schützt das SGB IX behinderte Arbeitnehmer nicht mehr vor Benachteiligungen durch den Arbeitgeber, Vorgesetzte und Arbeitnehmer sowie Dritte (s. o.). Laut BAG können sich behinderte Menschen, die nicht schwerbehindert sind, seit der Einführung des AGG nur noch auf das AGG, aber nicht mehr auf die Schutzvorschriften für schwerbehinderte Menschen nach dem SGB IX berufen. Das hat zur Folge, dass sich eine behinderte Arbeitnehmerin nicht mehr auf die unterlassene Prüfung gem. § 81 Abs. 1 SGB IX berufen kann.

Literaturhinweise

Feldes, Achtsame Personalpolitik, AiB 16/1, S. 42

Schwerbehindertenvertretung

Grundlagen

In Betrieben und Dienststellen, in denen wenigstens fünf schwerbehinderte Menschen nicht nur vorübergehend beschäftigt sind, kann eine Schwerbehindertenvertretung gewählt werden. Die Schwerbehindertenvertretung besteht aus einer Vertrauensperson und wenigstens einem stellvertretenden Mitglied (§ 94 Abs. 1 SGB IX). Die Schwerbehindertenvertretung kann in Betrieben ab 100 schwerbehinderten Menschen die erste Stellvertretung dauerhaft zur Erledigung von Interessenvertretungsaufgaben, ab 200 schwerbehinderten Beschäftigten ebenfalls die zweite Stellvertretung heranziehen (§ 95 Abs. 1 SGB IX). Die Schwerbehindertenvertretung wird in geheimer und unmittelbarer Wahl gewählt und muss nicht notwendigerweise schwerbehindert sein.
Wahlberechtigt sind dabei alle in dem Betrieb oder der Dienststelle beschäftigten schwerbehinderten Menschen. Wählbar sind alle in dem Betrieb oder der Dienststelle beschäftigten Arbeitnehmer, die am Wahltag das 18. Lebensjahr vollendet haben und dem Betrieb oder der Dienststelle mindestens seit sechs Monaten angehören (§ 94 Abs. 3 SGB IX). Die sechsmonatige Zugehörigkeit entfällt dann, wenn der Betrieb oder die Dienststelle erst weniger als ein Jahr besteht.
Die regelmäßigen Wahlen finden alle vier Jahre in der Zeit vom 1. Oktober bis 30. November statt. Der 4-jährige Turnus wird ausgehend von dem Jahr 1986 berechnet, sodass die nächsten Wahlen im Jahre 2018, 2022 usw. stattfinden.
Ist für mehrere Betriebe ein Gesamtbetriebsrat oder für den Geschäftsbereich mehrerer Dienststellen ein Gesamtpersonalrat errichtet, wählen die Schwerbehindertenvertretungen der einzelnen Betriebe oder Dienststellen eine Gesamtschwerbehindertenvertretung (§ 97 Abs. 1 SGB IX). Diese besteht aus einer Gesamtvertrauensperson sowie mindestens einem stellvertretenden Mitglied.
Die Gesamtschwerbehindertenvertretung vertritt dabei die Interessen der schwerbehinderten Menschen in Angelegenheiten, die das Gesamtunternehmen oder mehrere Betriebe oder Dienststellen des Arbeitgebers betreffen und von den Schwerbehindertenvertretungen der einzelnen Betriebe oder Dienststellen nicht geregelt werden können. Die Gesamtschwerbehindertenvertretung vertritt

darüber hinaus die Interessen der schwerbehinderten Menschen, die in einem Betrieb oder einer Dienststelle tätig sind, für die eine Schwerbehindertenvertretung nicht gewählt werden kann oder worden ist (§ 97 Abs. 6 SGB IX).
Wenn für mehrere Unternehmen ein Konzernbetriebsrat gebildet worden ist, wird eine Konzernschwerbehindertenvertretung durch die Gesamtschwerbehindertenvertretungen gewählt (§ 97 Abs. 2 SGB IX). Diese besteht aus einer Konzernvertrauensperson sowie mindestens einem stellvertretenden Mitglied. Der Aufgabenbereich ist mit dem der Gesamtschwerbehindertenvertretung identisch (s. oben) – nur konzernbezogen.
Die Bestimmungen über die Schwerbehindertenvertretung, die Gesamtschwerbehindertenvertretung und Konzernschwerbehindertenvertretung sowie die Bezirks- und Hauptschwerbehindertenvertretung sind in Teil 2 Kapitel 5 des SGB IX geregelt (§§ 93 ff. SGB IX).
Im Mai 2016 hat die Bundesregierung einen Entwurf für ein Bundesteilhabegesetz (BTHG) vorgelegt, was zu Veränderungen des SGB IX führen wird. Da das Gesetzgebungsverfahren aber erst nach dem Erscheinen dieser Auflage abgeschlossen sein wird, kann nicht auf die zukünftigen Veränderungen eingegangen werden. Das Bundesteilhabegesetz soll die bisherige Gesetzgebung zusammenfassen und die Eingliederungshilfe für Behinderte »zu einem modernen Teilhaberecht weiterentwickeln«. Das Gesetz soll sich an der Behindertenrechtskonvention der Vereinten Nationen orientieren. Die Betroffenen sollen nach dem Motto »Nichts über uns – ohne uns« beteiligt werden.

Bedeutung für die schwerbehinderten Menschen

Im Mittelpunkt der Arbeit der Schwerbehindertenvertretung stehen die Förderung der Eingliederung schwerbehinderter Menschen in den Betrieb oder die Dienststelle, die Vertretung der Interessen der schwerbehinderten Menschen im Betrieb oder der Dienststelle sowie die beratende und unterstützende Tätigkeit für den einzelnen schwerbehinderten Menschen. Dabei erfordert der gesetzliche Vorrang präventiver Maßnahmen (§§ 84, 95 Abs. 1 SGB IX) ein betriebliches Eingliederungs- und Gesundheitsmanagement (→ **betriebliches Eingliederungsmanagement**).
Die Schwerbehindertenvertretung hat vor allem:

- darüber zu wachen, dass die zugunsten der schwerbehinderten Menschen geltenden Gesetze, Verordnungen, Tarifverträge, Betriebs- oder Dienstvereinbarungen und Verwaltungsanordnungen durchgeführt werden,
- Maßnahmen, die den schwerbehinderten Menschen dienen, bei den zuständigen Stellen zu beantragen,

- Anregungen und Beschwerden von schwerbehinderten Menschen entgegenzunehmen und, falls sie berechtigt erscheinen, durch Verhandlung mit dem Arbeitgeber auf eine Erledigung hinzuwirken. Dabei hat sie die schwerbehinderten Menschen über den Stand und das Ergebnis der Verhandlungen zu unterrichten.

Die Schwerbehindertenvertretung hat keine Mitbestimmungsrechte nach dem BetrVG, da sie kein Organ des BetrVG ist. Sie hat vielmehr ihr eigenes Amt und eine eigene Verantwortung, deren Rechtsgrundlagen sich aus dem SGB IX ergeben. Der Arbeitgeber ist hiernach verpflichtet, nicht nur den Betriebsrat nach dem BetrVG, sondern auch die Schwerbehindertenvertretung nach dem Schwerbehindertengesetz in allen Angelegenheiten, die Einzelne oder Gruppen von schwerbehinderten Menschen betreffen, rechtzeitig und umfassend zu informieren bzw. vor einer Entscheidung zu hören (§ 95 Abs. 2 SGB IX). Nach § 95 Abs. 2 Nr. 1 SGB IX hat der Arbeitgeber die Schwerbehindertenvertretung in allen Angelegenheiten, die einen einzelnen schwerbehinderten Menschen berühren, unverzüglich und umfassend zu unterrichten und vor einer Entscheidung anzuhören. Der mit dieser Vorschrift verfolgte Zweck kann nur dann erreicht werden, wenn die Ausführung der Maßnahme unterbleibt, solange die Schwerbehindertenvertretung nicht angehört worden ist. Das hat zur Folge, dass die Maßnahme ohne eine vorherige Beteiligung der Schwerbehindertenvertretung nicht ausgeführt bzw. vollzogen werden darf. Bei einem Verstoß durch den Arbeitgeber kann der Betriebsrat einer personellen Maßnahme gem. § 99 Abs. 2 Nr. 1 BetrVG die Zustimmung verweigern.

Der Arbeitgeber ist zum Abschluss einer Integrationsvereinbarung mit der Schwerbehindertenvertretung und dem Betriebsrat bzw. dem Personalrat verpflichtet. Die Schwerbehindertenvertretung kann dabei nur ein Antragsrecht auf Verhandlung geltend machen. In dieser Vereinbarung sollen Regelungen zur Eingliederung, insbesondere zur Personalplanung und zur Gestaltung und Durchführung der Arbeitsbedingungen für schwerbehinderte Menschen enthalten sein (§ 83 SGB IX).

Eine Integrationsvereinbarung sollte – wie es § 83 Abs. 2a SGB IX vorsieht – auch eine Regelung zur Ausbildung behinderter Jugendlicher enthalten. Damit setzen Arbeitgeber nicht nur ihre berufliche Ausbildungspflicht nach § 72 Abs. 2 SGB IX um, sondern sie tragen auch zur Umsetzung der Behindertenrechtskonvention bei – in Deutschland seit 26. 3. 2009 Gesetz. Die Behindertenrechtskonvention fordert einen offenen, integrativen und für Menschen mit Behinderung zugänglichen Arbeitsmarkt. Zurzeit sind nur 0,9 Prozent aller Auszubildenden behindert und in einer (dualen) betrieblichen oder berufsfachschulischen Ausbildung, der Mädchenanteil ist noch geringer. Damit behinderte Jugendliche mit qualifizierten Schulabschlüssen bessere Berufseinstiegschancen auf dem Ausbildungs- und Arbeitsmarkt erhalten, muss Inklusion im allgemeinen Schulsystem zur Regel werden (Art. 24 Behindertenrechtskonvention) und bei der Ausbildung fortgesetzt werden. JAV und Schwerbehindertenvertretung können gemeinsam einiges dafür tun, vor allem bei der Unterstützung und Ermutigung von behinderten Jugendlichen, die einen Ausbildungsplatz suchen. Die JAV könnte Aktivitäten initiieren und begleiten mit dem Ziel, Jugendliche mit Behinderung …

- in Stellenausschreibungen zu einer Bewerbung zu motivieren, z. B. durch den Hinweis: »Wir freuen uns auch über Bewerbungen von Menschen mit Behinderungen.«
- auf Ausbildungsmessen über die Ausbildungsmöglichkeiten informieren, z. B. durch einen eigenen Stand, möglichst in Begleitung von behinderten Auszubildenden des Betriebs
- durch das Angebot von Kurzpraktika an die Arbeitswelt heranführen, z. B. über eine Partnerschaft mit einer Förderschule.

Darüber hinaus kann auch die Beteiligung der JAV an innerbetrieblichen Maßnahmen zu einer Verbesserung der Ausbildungschancen von Jugendlichen mit Behinderung beitragen. Neben der erwähnten Möglichkeit von Integrationsvereinbarungen können in Betriebsvereinbarungen Zielvorgaben z. B. über die Anzahl von Auszubildenden mit Behinderung festgelegt werden. Ein effektives Instrument kann auch eine innerbetriebliche Arbeitsgruppe darstellen, die Strategien zur Rekrutierung und Ausbildung von Jugendlichen mit Behinderung entwickelt und umsetzt. An einem solchen Steuerkreis sollten neben der JAV auch Mitglieder der Personalabteilung, der Schwerbehindertenvertretung und des Betriebsrats beteiligt sein.

Weiterhin steht der Schwerbehindertenvertretung sowie dem Betriebsrat ein umfassendes betriebliches Eingliederungsmanagement zur Verfügung (§ 84 SGB IX). Damit existiert ein Handlungsinstrument, um im Sinne von »Prävention vor Rehabilitation« sowie »Rehabilitation statt Entlassung« tätig zu werden. Dabei gilt diese Präventionsmöglichkeit für alle Beschäftigte, die länger als sechs Wochen oder wiederholt innerhalb eines Jahres arbeitsunfähig erkrankt sind. Der Arbeitgeber ist dabei verpflichtet, mit dem Betriebsrat und der Schwerbehindertenvertretung abzuklären, wie die Arbeitsunfähigkeit überwunden werden kann, mit welchen Leistungen oder Hilfen einer erneuten Arbeitsunfähigkeit vorgebeugt sowie der Arbeitsplatz erhalten werden kann. Die Schwerbehindertenvertretung bzw. der Betriebsrat hat ein Initiativrecht auf Klärung betrieblicher Präventionsmaßnahmen und auf Regelung eines betrieblichen Eingliederungsmanagements sowie einen Überwachungsauftrag in Hinblick auf das gesamte Verfahren.

Das Aufgaben- und Handlungsfeld der Prävention setzt insbesondere eine enge Kooperation von Betriebsrat bzw. Personalrat, Schwerbehindertenvertretung und JAV voraus, um ein für alle Beschäftigten nutzbringendes, strukturiertes

Verfahren zur Wiedereingliederung zu entwickeln und umzusetzen. Die Regelungen können in die Integrationsvereinbarung aufgenommen (§ 83 Abs. 2 a Nr. 5 SGB IX) oder als gesonderte Vereinbarung festgehalten werden.
Für die Integrationsvereinbarung ist keine spezielle Rechtsform vorgeschrieben. Angesichts der vorhandenen gesetzlichen Regelungsschwächen könnte es zweckmäßig sein, die Integrationsvereinbarung und eine ggf. gesonderte Vereinbarung zum betrieblichen Eingliederungsmanagement in Form einer Betriebs- bzw. Dienstvereinbarung abzuschließen. In § 87 Abs. 1 Nr. 1–7 BetrVG sind die mitbestimmungspflichtigen Themen genannt, die auch Inhalt der Integrationsvereinbarung sein sollen. Dementsprechend sind diese Regelungen und Maßnahmen in einer Integrationsvereinbarung nur mit Zustimmung des Betriebs- bzw. Personalrats wirksam. Für die betriebliche Interessenvertretung gilt es über den Einzelfall hinaus mit den Instrumenten der Integrationsvereinbarung und dem betrieblichen Eingliederungsmanagement, eine integrative Personal- und Beschäftigungspolitik zu gestalten und zu steuern.
Eine Voraussetzung zur Bewältigung des neuen Handlungsbereiches ist eine entsprechende (Weiter-)Qualifizierung der Interessenvertretung, die vor allem auf die Schwerbehindertenvertretung und auf die Schnittstellen zum Betriebs- bzw. Personalrat und der JAV hin ausgerichtet sein sollte. Mit dem Projekt »Teilhabe behinderter Menschen und betriebliche Praxis« wird dieser Notwendigkeit entsprochen.
Die Schwerbehindertenvertretung ist berechtigt, an allen Sitzungen des Betriebsrats bzw. Personalrats und seiner Ausschüsse beratend teilzunehmen (§ 95 Abs. 4 SGB IX). Das Teilnahmerecht erstreckt sich auch auf die Sitzung des Wirtschaftsausschusses, den Arbeitsschutzausschuss, Besprechungen mit dem Arbeitgeber bzw. Dienststellenleiter (sogenannte Monatsgespräche; § 95 Abs. 5 SGB IX) und Sitzungen gemeinsamer Ausschüsse.
Dabei nimmt die Schwerbehindertenvertretung beratend an den Betriebsrats- bzw. Personalratssitzungen teil. Dieses Beratungsrecht ist dabei umfassend und nicht nur auf Fragen der schwerbehinderten Menschen beschränkt. Ihr steht jedoch kein Stimmrecht zu, sondern die Schwerbehindertenvertretung kann lediglich mit beratender Stimme an den Sitzungen des Betriebs- bzw. Personalrats teilnehmen. Allerdings hat sie das Recht, die Aussetzung eines Betriebs- bzw. Personalratsbeschlusses zu verlangen, wenn wichtige Interessen der schwerbehinderten Arbeitnehmer durch die Beschlussfassung erheblich beeinträchtigt werden (→ **Aussetzen von Beschlüssen des Betriebsrats**). Ein Aussetzungsantrag kann durch die Schwerbehindertenvertretung auch dann gestellt werden, wenn sie bei Maßnahmen gegenüber schwerbehinderten Menschen nicht rechtzeitig und umfassend vorher vom Arbeitgeber unterrichtet bzw. angehört wurde (§ 95 Abs. 4 SGB IX).
In diesen beiden zuvor genannten Fällen ist der Beschluss des Betriebs- bzw. des

Personalrats auf die Dauer von einer Woche vom Zeitpunkt der Beschlussfassung an auszusetzen. Diese Zeit soll dazu dienen, eine Verständigung herbeizuführen, ggf. mit Hilfe der im Betrieb bzw. der Dienststelle vertretenen Gewerkschaften. Nach Ablauf dieser Frist ist über die Angelegenheit im Betriebs- bzw. Personalrat neu zu beschließen. Dabei kann ein Antrag auf Aussetzung nicht wiederholt werden, wenn der erste Beschluss nur bestätigt wird.

Literaturhinweise

Bolwig, Wahl der Schwerbehindertenvertretung 2014 (Handlungsanleitung, Wahlkalender und CD-ROM), 6. Aufl. 2014

Feldes/Schmidt/Ritz, Die Praxis der Schwerbehindertenvertretung von A bis Z, Das Lexikon für behinderte Menschen und ihre Interessenvertretung, 6. Aufl. 2015

Feldes/Fraunhoffer/Rehwald/Westermann/Witt, Schwerbehindertenrecht, Basiskommentar, 12. Aufl. 2015

Minninger/Hinterholz/Westermann, Rechte behinderter Menschen, 3. Aufl. 2013

Feldes/Schmidt/Ritz/Kohte/Stevens-Bartol, Schwerbehindertenrecht online, Reihe: bund digital

Sexuelle Belästigung

Arbeitnehmer und Arbeitnehmerinnen genießen am Arbeitsplatz einen gesetzlichen Schutz vor sexueller Belästigung. Dieser Schutz ist Teil des am 14. August 2006 in Kraft getretenen Allgemeinen Gleichbehandlungsgesetzes, war aber auch bereits zuvor gesetzlich geregelt.

Nach § 3 Nr. 4 AGG liegt eine sexuelle Belästigung vor, wenn ein unerwünschtes, sexuell bestimmtes Verhalten, wozu auch unerwünschte sexuelle Handlungen und Aufforderungen zu diesen, sexuell bestimmte körperliche Berührungen, Bemerkungen sexuellen Inhalts sowie unerwünschtes Zeigen und sichtbares Anbringen von pornografischen Darstellungen gehören, bezweckt oder bewirkt, dass die Würde der betreffenden Person verletzt wird.

Nach der Rechtsprechung zum vorher geltenden Beschäftigtenschutzgesetz liegt eine sexuelle Belästigung nicht erst dann vor, wenn etwa eine weibliche Mitarbeiterin an der Brust berührt wird. Es reicht bereits aus, dass eine Arbeitnehmerin gezielt unnötig und wiederholt angefasst bzw. berührt oder mit dem Körper an sie herangedrängelt wird (LAG Schleswig-Holstein v. 27.9.2006 – 3 Sa 163/06).

Ob die Handlung »harmlos« ist oder bereits eine Belästigung, bestimmt sich nicht aus der Sicht des Täters, sondern aus der des Opfers. Die Handlung muss »unerwünscht« sein, wobei dies allerdings für den Handelnden erkennbar sein muss (BAG v. 25.3.2004 NZA 2004, 1214).

Wer Opfer einer solchen Belästigung wird, kann sich nach § 13 AGG »bei den zuständigen Stellen des Betriebes« beschweren. Dies kann also eine ausdrücklich nach dem AGG eingerichtete Beschwerdestelle sein, vor allem aber kann sich der Arbeitnehmer beim Betriebsrat nach §§ 84, 85 BetrVG beschweren, dies bleibt ihm auch bei Einrichtung einer besonderen Beschwerdestelle unbenommen (§ 13 Abs. 2 AGG). Im Extremfall hat der betroffene Arbeitnehmer ein sogenanntes Leistungsverweigerungsrecht nach § 14 AGG. Das heißt, er kann seine Arbeit einstellen, ohne den Anspruch auf Entgelt einzubüßen. Dies setzt zunächst voraus, dass der Arbeitgeber keine oder offensichtlich ungeeignete Maßnahmen zur Unterbindung der sexuellen Belästigung getroffen hat. »Offensichtlich ungeeignet« sind nicht nur solche Maßnahmen, die von vornherein als abwegig er-

scheinen. Auch anfänglich Erfolg versprechende Maßnahmen können sich als ungeeignet herausstellen, wenn offenkundig wird, dass die Belästigung andauert.
Die Belästigung muss zu dem Zeitpunkt, zu dem der Arbeitnehmer das Leistungsverweigerungsrecht ausüben will, noch andauern. Das Selbsthilferecht besteht bei Belästigungen, die in der Vergangenheit abgeschlossen sind nicht mehr. Des Weiteren muss die Tätigkeitseinstellung erforderlich sein, um den betroffenen Arbeitnehmer vor der sexuellen Belästigung zu schützen.
Weiterhin hat der betroffene Arbeitnehmer einen Schadenersatzanspruch gegen den Arbeitgeber nach § 15 AGG, dieser beinhaltet auch einen Schmerzensgeldanspruch (§ 15 Abs. 2 AGG). Der Arbeitgeber haftet allerdings nur dann, wenn ihm ein Verschulden anzulasten ist, wobei der Arbeitgeber beweisen muss, dass ihn kein Verschulden trifft (§ 15 Abs. 1 Satz 2 AGG).
Arbeitgeber und Betriebsrat können eine Betriebsvereinbarung zum Thema Sexuelle Belästigung abschließen, es besteht ein Mitbestimmungsrecht nach § 87 Abs. 1 Nr. 1 BetrVG.

Sitzungen der Jugend- und Auszubildendenvertretung

Grundlagen

In § 65 Abs. 2 BetrVG ist geregelt, dass die JAV nach Verständigung des Betriebsrats Sitzungen abhalten kann. Die Mitglieder der JAV sind nach § 37 Abs. 2 BetrVG unter Fortzahlung der Vergütung von der Arbeit zu befreien, damit sie an einer Sitzung der JAV teilnehmen können.
Die JAV kann in einer → **Geschäftsordnung** regelmäßige Sitzungen vereinbaren. Der Vorsitzende der JAV lädt nach Verständigung des Betriebsrats zu den JAV-Sitzungen ein. Bei der Festlegung des Termins hat die JAV auf betriebliche Notwendigkeiten Rücksicht zu nehmen. Die Sitzungen finden in der Regel während der Arbeitszeit statt. Neben dem Betriebsrat ist auch der Arbeitgeber über den Zeitpunkt der JAV-Sitzung zu informieren. Der Betriebsrat und die zuständige Gewerkschaft sind zu den JAV-Sitzungen einzuladen.
Die Dauer einer Sitzung hängt vom Beratungsbedarf ab. Es müssen jedoch – wie beim Zeitpunkt und der Häufigkeit – die betrieblichen Notwendigkeiten berücksichtigt werden. In eiligen Fällen (z. B. Kündigung einer/eines Auszubildenden) kann ein Viertel der JAV-Mitglieder oder der/die Arbeitgeber/in eine außerordentliche Sitzung beantragen (§ 29 Abs. 3 BetrVG). Das betreffende Thema muss durch den Vorsitzenden auf die Tagesordnung gesetzt werden.
Die JAV ist beschlussfähig, wenn mehr als die Hälfte ihrer Mitglieder anwesend ist. Beschlüsse der JAV werden in der Regel mit der Mehrheit der Stimmen der anwesenden Mitglieder gefasst (Ausnahmen: ein Antrag auf Aussetzung eines Beschlusses des Betriebsrats, vgl. § 66 BetrVG; die Verabschiedung einer Geschäftsordnung gem. § 36 BetrVG; der Rücktritt der JAV, vgl. § 64 Abs. 1 i. V. m. § 13 Abs. 2 Nr. 3 BetrVG; die Beauftragung der → **Gesamtjugend- und Auszubildendenvertretung (GJAV)**, eine Angelegenheit für sie mit dem GBR zu behandeln, vgl. § 73 Abs. 2 i. V. m. § 50 Abs. 2 BetrVG). Ein Stimmrecht in JAV-Sitzungen haben ausschließlich JAV-Mitglieder.
Von jeder Sitzung der JAV ist ein Protokoll anzufertigen, das mindestens den Wortlaut der Beschlüsse und die Abstimmungsergebnisse enthält. Die Niederschrift ist vom Protokollanten und dem/der Vorsitzenden zu unterzeichnen.

Dem Protokoll ist eine Anwesenheitsliste beizufügen, in die sich jedes teilnehmende JAV-Mitglied einzutragen hat.

Protokoll der JAV-Sitzung am 25.1.2010

Teilnehmer/innen: Marcel Mustermann, JAV 27
Martina Musterfrau, JAV
Silvio da Muster, JAV
Franz Bergmann, Betriebsrat
Beate Vogel, IG Metall (zeitweise)

Tagesordnung:
1. Protokoll der letzten Sitzung
2. Ausbildungsfremde Tätigkeiten
3. Entwurf Betriebsvereinbarung zum Beurteilungssystem
4. Vorbereitung der Jugend- und Auszubildendenversammlung
5. Verschiedenes

Es muss nicht alles mitgeschrieben werden. Damit die Protokolle auch genutzt werden können, sollte Folgendes festgehalten werden:
- Worüber wurde geredet?
- Welche unterschiedlichen Positionen gab es?
- Welches Ergebnis hat die Diskussion ergeben; welcher Beschluss wurde gefasst (Abstimmungsergebnis)?
- Was wurde zum weiteren Vorgehen verabredet?

Unterschrift Schriftführer und JAV-Vorsitzender

Soziale Netzwerke

Grundlagen

Soziale Netzwerke wie Facebook und Co. nehmen in einer online basierten Welt weiter an Bedeutung zu. Ein soziales Netzwerk (Social Network) ist eine lose Verbindung von Menschen in einer Netzgemeinschaft. Handelt es sich um Netzwerke, bei denen die Benutzer gemeinsam eigene Inhalte erstellen, bezeichnet man diese auch als soziale Medien.

Bedeutung für den Betriebsrat/die JAV

Für Betriebsräte und JAVen ist die Nutzung der sozialen Netzwerke für ihre Arbeit nicht ganz unproblematisch. Sie unterliegen gemäß BetrVG einer speziellen Geheimhaltungspflicht: Nach § 79 BetrVG sind JAVen verpflichtet, Betriebs- oder Geschäftsgeheimnisse, die ihnen wegen ihrer Zugehörigkeit zur JAV bekannt geworden und vom Arbeitgeber ausdrücklich als geheimhaltungsbedürftig bezeichnet worden sind, nicht zu offenbaren und zu verwerten.
Eine Verschwiegenheitspflicht besteht auch in Bezug auf sämtliche JAV- bzw. betriebsratsinterne Angelegenheiten. JAV-Mitglieder sind dazu angehalten, dass nichts davon nach außen dringt, wie JAV oder Betriebsrat bestimmte Angelegenheiten bewerten und diskutieren.
Für Auszubildende gilt ebenfalls, dass über Betriebs- und Geschäftsgeheimnisse Stillschweigen zu wahren ist. Bei einem Verstoß drohen Kündigung des Ausbildungsverhältnisses und Schadensersatzansprüche des Unternehmens.

Sprechstunden

Grundlagen

Jugend- und Auszubildendenvertretungen, die in der Regel mehr als 50 Beschäftigte vertreten, können eigene Sprechstunden einrichten (§ 69 BetrVG). In kleineren Betrieben kann ein JAV-Mitglied an der Sprechstunde des Betriebsrats teilnehmen, um die Jugendlichen, dual Studierenden und Auszubildenden zu beraten.
Die Entscheidung für eine eigene Sprechstunde trifft die JAV durch einfachen Mehrheitsbeschluss. Sowohl der BR, als auch die Arbeitgeber sind an diesen Beschluss gebunden. In einer Beratung zwischen Betriebsrat und Arbeitgeber wird der Ort und Zeitpunkt der Sprechstunde festgelegt. An dieser Beratung nimmt die JAV teil (§ 68 BetrVG).
Die dort getroffenen Vereinbarungen sind wiederum für die JAV verbindlich. Die Durchführung der Sprechstunde gehört zu den Amtspflichten der JAV, sobald sie eingeführt ist.
Für eine möglichst sachkundige Beratung kann der Betriebsratsvorsitzende oder ein beauftragtes Betriebsratsmitglied an der JAV-Sprechstunde teilnehmen. Die anfallenden Kosten für die Sprechstunde (Räume, sachliche Mittel) hat der/die Arbeitgeber/in zu tragen (§ 65 Abs. 1 i. V. m. § 40 BetrVG).

Bedeutung für die Jugendlichen, dual Studierenden und Auszubildenden

Jugendliche, dual Studierende und Auszubildende, die die Sprechstunde aufsuchen möchten, müssen sich bei ihren Vorgesetzten ab- und wieder anmelden. Darüber hinaus sind alle von der JAV vertretenen Beschäftigten berechtigt, sich während ihrer Arbeits- oder Ausbildungszeit an die JAV zu wenden und die Sprechstunden aufzusuchen.

Strafvorschriften

Grundlagen

In § 58 JArbSchG sind **Bußgeld und Strafvorschriften** geregelt, mit denen der Gesetzgeber die Einhaltung der Bestimmungen des Jugendarbeitsschutzgesetzes durch den Arbeitgeber erzwingen, jedenfalls Verstöße gegen dessen Normen nachdrücklich ahnden will. So hat der Gesetzgeber mit der letzten Änderung des Jugendarbeitsschutzgesetzes den Bußgeldrahmen von früher 20 000,00 DM auf 30 000,00 DM (jetzt 15 000,00 EUR) angehoben.
Im nachstehend wiedergegebenen Katalog werden Verstöße gegen Bestimmungen des Jugendarbeitsschutzgesetzes als **Ordnungswidrigkeit** behandelt, wenn der Arbeitgeber den Verstoß vorsätzlich oder fahrlässig begangen hat. Nach § 58 Abs. 5 wird darüber hinaus eine **vorsätzliche Begehung einzelner Tatbestände** als **Straftat** geahndet, wenn durch den Verstoß ein Kind oder Jugendlicher in seiner **Gesundheit oder Arbeitskraft** gefährdet wird. Ebenfalls zur Straftat kann der Verstoß gegen einzelne Bestimmungen des Jugendarbeitsschutzgesetzes werden, wenn die Tat **beharrlich wiederholt** wird.

§ 58 JArbSchG lautet:

(1) Ordnungswidrig handelt, wer als Arbeitgeber vorsätzlich oder fahrlässig

1. entgegen § 5 Abs. 1, auch in Verbindung mit § 2 Abs. 3, ein Kind oder einen Jugendlichen, der der Vollzeitschulpflicht unterliegt, beschäftigt,
2. entgegen § 5 Abs. 3 Satz 1 oder Satz 3, jeweils auch in Verbindung mit § 2 Abs. 3, ein Kind über 13 Jahre oder einen Jugendlichen, der der Vollzeitschulpflicht unterliegt, in anderer als der zugelassenen Weise beschäftigt,
3. aufgehoben
4. entgegen § 7 Satz 1 Nr. 2, auch in Verbindung mit einer Rechtsverordnung nach § 26 Nr. 1, ein Kind, das der Vollzeitschulpflicht nicht mehr unterliegt, in anderer als der zugelassenen Weise beschäftigt,
5. entgegen § 8 einen Jugendlichen über die zulässige Dauer der Arbeitszeit hinaus beschäftigt,
6. entgegen § 9 Abs. 1 oder 4 in Verbindung mit Absatz 1 eine dort bezeichnete Person an Berufsschultagen oder in Berufsschulwochen nicht freistellt,
7. entgegen § 10 Abs. 1 einen Jugendlichen für die Teilnahme an Prüfungen oder Ausbil-

dungsmaßnahmen oder an dem Arbeitstag, der der schriftlichen Abschlußprüfung unmittelbar vorangeht, nicht freistellt,

8. entgegen § 11 Abs. 1 und 2 Ruhepausen nicht, nicht mit der vorgeschriebenen Mindestdauer oder nicht in der vorgeschriebenen zeitlichen Lage gewährt,
9. entgegen § 12 einen Jugendlichen über die zulässige Schichtzeit hinaus beschäftigt,
10. entgegen § 13 die Mindestfreizeit nicht gewährt,
11. entgegen § 14 Abs. 1 einen Jugendlichen außerhalb der Zeit von 6 bis 20 Uhr oder entgegen § 14 Abs. 7 Satz 3 vor Ablauf der Mindestfreizeit beschäftigt,
12. entgegen § 15 einen Jugendlichen an mehr als fünf Tagen in der Woche beschäftigt,
13. entgegen § 16 Abs. 1 einen Jugendlichen an Samstagen beschäftigt oder entgegen § 16 Abs. 3 Satz 1 den Jugendlichen nicht freistellt,
14. entgegen § 17 Abs. 1 einen Jugendlichen an Sonntagen beschäftigt oder entgegen § 17 Abs. 2 Satz 2 Halbsatz 2 oder Abs. 3 Satz 1 den Jugendlichen nicht freistellt,
15. entgegen § 18 Abs. 1 einen Jugendlichen am 24. oder 31. Dezember nach 14 Uhr oder an gesetzlichen Feiertagen beschäftigt oder entgegen § 18 Abs. 3 nicht freistellt,
16. entgegen § 19 Abs. 1, auch in Verbindung mit Abs. 2 Satz 1 oder 2, oder entgegen § 19 Abs. 3 Satz 2 oder Abs. 4 Satz 2 Urlaub nicht oder nicht mit der vorgeschriebenen Dauer gewährt,
17. entgegen § 21 Abs. 2 die geleistete Mehrarbeit durch Verkürzung der Arbeitszeit nicht ausgleicht,
18. entgegen § 22 Abs. 1, auch in Verbindung mit einer Rechtsvorschrift nach § 26 Nr. 1, einen Jugendlichen mit den dort genannten Arbeiten beschäftigt,
19. entgegen § 23 Abs. 1, auch in Verbindung mit einer Rechtsverordnung nach § 26 Nr. 1, einen Jugendlichen mit Arbeiten mit Lohnanreiz, in einer Arbeitsgruppe mit Erwachsenen, deren Entgelt vom Ergebnis ihrer Arbeit abhängt, oder mit tempoabhängigen Arbeiten beschäftigt,
20. entgegen § 24 Abs. 1, auch in Verbindung mit einer Rechtsverordnung nach § 26 Nr. 1, einen Jugendlichen mit Arbeiten unter Tage beschäftigt,
21. entgegen § 31 Abs. 2 Satz 2 einem Jugendlichen für seine Altersstufe nicht zulässige Getränke oder Tabakwaren gibt,
22. entgegen § 32 Abs. 1 einen Jugendlichen ohne ärztliche Bescheinigung über die Erstuntersuchung beschäftigt,
23. entgegen § 33 Abs. 3 einen Jugendlichen ohne ärztliche Bescheinigung über die erste Nachuntersuchung weiterbeschäftigt,
24. entgegen § 36 einen Jugendlichen ohne Vorlage der erforderlichen ärztlichen Bescheinigungen beschäftigt,
25. entgegen § 40 Abs. 1 einen Jugendlichen mit Arbeiten beschäftigt, durch deren Ausführung der Arzt nach der von ihm erteilten Bescheinigung die Gesundheit und die Entwicklung des Jugendlichen für gefährdet hält,
26. einer Rechtsverordnung nach
    a) § 26 Nr. 2 oder
    b) § 28 Abs. 2

    zuwiderhandelt, soweit sie für einen bestimmten Tatbestand auf diese Bußgeldvorschrift verweist,
27. einer vollziehbaren Anordnung der Aufsichtsbehörde nach § 6 Abs. 3, § 27 Abs. 1 Satz 2 oder Abs. 2, § 28 Abs. 3 oder § 30 Abs. 2 zuwiderhandelt,
28. einer vollziehbaren Auflage der Aufsichtsbehörde nach § 6 Abs. 1, § 14 Abs. 7, § 27 Abs. 3 oder § 40 Abs. 2, jeweils in Verbindung mit § 54 Abs. 1 zuwiderhandelt,
29. einer vollziehbaren Anordnung oder Auflage der Aufsichtsbehörde auf Grund einer

Rechtsverordnung nach § 26 Nr. 2 oder § 28 Abs. 2 zuwiderhandelt, soweit die Rechtsverordnung für einen bestimmten Tatbestand auf die Bußgeldvorschrift verweist.

(2) Ordnungswidrig handelt, wer vorsätzlich oder fahrlässig entgegen § 25 Abs. 1 Satz 1 oder Abs. 2 Satz 1 einen Jugendlichen beschäftigt, beaufsichtigt, anweist oder ausbildet, obwohl ihm dies verboten ist, oder einen anderen, dem dies verboten ist, mit der Beaufsichtigung, Anweisung oder Ausbildung eines Jugendlichen beauftragt.

(3) Absatz 1 Nr. 4, 6 bis 29 und Absatz 2 gelten auch für die Beschäftigung von Kindern (§ 2 Abs. 1) oder Jugendlichen, die der Vollzeitschulpflicht unterliegen (§ 2 Abs. 3), nach § 5 Abs. 2. Absatz 1 Nr. 6 bis 29 und Absatz 2 gelten auch für die Beschäftigung von Kindern, die der Vollzeitschulpflicht nicht mehr unterliegen, nach § 7.

(4) Die Ordnungswidrigkeit kann mit einer Geldbuße bis zu fünfzehntausend Euro geahndet werden.

(5) Wer vorsätzlich eine in Absatz 1, 2 oder 3 bezeichnete Handlung begeht und dadurch ein Kind, einen Jugendlichen oder im Falle des Absatzes 1 Nr. 6 eine Person, die noch nicht 21 Jahre alt ist, in ihrer Gesundheit oder Arbeitskraft gefährdet, wird mit Freiheitsstrafe bis zu einem Jahr oder mit Geldstrafe bestraft. Ebenso wird bestraft, wer eine in Absatz 1, 2 oder 3 bezeichnete Handlung beharrlich wiederholt.

(6) Wer in den Fällen des Absatzes 5 Satz 1 die Gefahr fahrlässig verursacht, wird mit Freiheitsstrafe bis zu sechs Monaten oder mit Geldstrafe bis zu einhundertachtzig Tagessätzen bestraft.

Bußgeldvorschriften finden sich außerdem in § 102 BBiG (vgl. nachstehend)

(1) Ordnungswidrig handelt, wer

1. entgegen § 11 Abs. 1 Satz 1, auch in Verbindung mit Abs. 4, den wesentlichen Inhalt des Vertrages oder eine wesentliche Änderung nicht, nicht richtig, nicht vollständig, nicht in der vorgeschriebenen Weise oder nicht rechtzeitig niederlegt,
2. entgegen § 11 Abs. 3, auch in Verbindung mit Abs. 4, eine Ausfertigung der Niederschrift nicht oder nicht rechtzeitig aushändigt,
3. entgegen § 14 Abs. 2 Auszubildenden eine Verrichtung überträgt, die dem Ausbildungszweck nicht dient,
4. entgegen § 15 Satz 1, auch in Verbindung mit Satz 2, Auszubildende nicht freistellt,
5. entgegen § 28 Abs. 1 oder 2 Auszubildende einstellt oder ausbildet,
6. einer vollziehbaren Anordnung nach § 33 Abs. 1 oder 2 zuwiderhandelt,
7. entgegen § 36 Abs. 1 Satz 1 oder 2, jeweils auch in Verbindung mit Satz 3, die Eintragung in das dort genannte Verzeichnis nicht oder nicht rechtzeitig beantragt oder eine Ausfertigung der Vertragsniederschrift nicht beifügt oder
8. entgegen § 76 Abs. 2 eine Auskunft nicht, nicht richtig, nicht vollständig oder nicht rechtzeitig erteilt, eine Unterlage nicht, nicht richtig, nicht vollständig oder nicht rechtzeitig vorlegt oder eine Besichtigung nicht oder nicht rechtzeitig gestattet.

(2) Die Ordnungswidrigkeit kann in den Fällen des Absatzes 1 Nr. 3 bis 6 mit einer Geldbuße bis zu fünftausend Euro, in den übrigen Fällen mit einer Geldbuße bis zu tausend Euro geahndet werden.

Streikrecht für Auszubildende

Grundlagen

Die Teilnahme von Auszubildenden an Streiks bedeutet die Ausübung eines Grundrechtes nach Artikel 9 Abs. 3 GG »Koalitionsfreiheit«, das nicht eingeschränkt werden darf. Auszubildende unterliegen durch ihr Berufsausbildungsverhältnis zwar einem besonderen Status, gelten aber als Arbeitnehmer im Sinne des § 5 Abs. 1 BetrVG. Das Streikrecht Auszubildender wird durch das BBiG nicht ausgeschlossen. Das Streikrecht muss zu den Rechtsgrundsätzen nach § 10 Abs. 2 BBiG gerechnet werden.
In Tarifverträgen werden auch die Ausbildungsbedingungen geregelt. Zur Verbesserung der tariflichen Regelungen können also auch Auszubildende streiken. Die Streikbeteiligung von Auszubildenden gefährdet nicht den Ausbildungszweck. Sie kann im Gegenteil dazu dienen, Auszubildende an die Realität des Arbeitslebens heranzuführen.
Die Teilnahme von Auszubildenden an Warnstreiks bzw. Arbeitskämpfen berechtigt den Arbeitgeber nicht zu einer Disziplinierungsmaßnahme, wie z. B. einer Rüge oder Abmahnung oder einer Eintragung in die Personalakte, einer Abmahnung mit Kündigungsandrohung oder gar einer fristlosen Kündigung. In abgeschlossenen Tarifverträgen, denen Arbeitskampfmaßnahmen vorausgegangen sind, wird in der Regel eine Maßregelungsklausel vereinbart, die sicherstellt, dass alle, die sich an Streikmaßnahmen beteiligt haben, vor jeglicher Disziplinierung geschützt sind. Dies gilt auch für die Auszubildenden.

Bedeutung für den Betriebsrat/die JAV

Ziel eines Streiks ist es, auf die Arbeitgeber und ihre Verbände wirtschaftlichen Druck auszuüben, um eine Forderung der Arbeitnehmer durchzusetzen. Im industriellen Bereich wird durch einen alleinigen Streik von Auszubildenden kein solcher wirtschaftlicher Druck hergestellt. Ob durch die Einbeziehung von Aus-

zubildenden in Streikmaßnahmen der Druck verstärkt werden kann, muss fallweise eingeschätzt werden. Auszubildende könnten beispielsweise in Streikkonzepten eine besondere Rolle in Form punktueller öffentlichkeitswirksamer Aktionen einnehmen.
Über die Einbeziehung Auszubildender in Streikmaßnahmen entscheidet die jeweilige Gewerkschaft nach organisationspolitischen Gegebenheiten; d.h., nur die jeweilige Gewerkschaft kann die Auszubildenden zum Streik aufrufen. Beim Streikaufruf sollte berücksichtigt werden, ob beispielsweise die Beteiligung von Auszubildenden im dritten und vierten Ausbildungsjahr während der Prüfungsvorbereitung das Erreichen des Ausbildungszieles gefährdet.
Bei einem länger anhaltenden Streik stellt sich die prinzipielle Frage, ob schwerwiegende Folgen für das Absolvieren des Ausbildungsprogrammes bestehen, die dazu führen könnten, dass der Ausbildungsabschluss gefährdet wird. In diesem Fall muss bei genauerer Abwägung der Interessen entschieden werden. Daraus kann jedoch nicht abgeleitet werden, dass den Auszubildenden grundsätzlich das Streikrecht versagt wird.
Unabhängig von einer möglichen Einbeziehung Auszubildender in den Streik sollten sie in jedem Fall bei der Urabstimmung, aber auch bei Warnstreiks einbezogen werden.
Werden Auszubildende bewusst nicht in den Arbeitskampf einbezogen, ist eine ordnungsgemäße Durchführung der Ausbildung sicherzustellen. Entsprechende Regelungen für das Ausbildungspersonal müssen organisiert werden.

Keine Streikbrecherarbeiten durch Auszubildende!

Grundsätzlich ist zu verhindern, dass Auszubildende zu Streikbrecherarbeiten herangezogen werden, wie beispielsweise das Verpacken von fertig gestellten Produktionsteilen, die auf Lager sind.

Checkliste: Einbeziehung Auszubildender in den Arbeitskampf:

28
- Welche Betriebe mit Ausbildung sind Bestandteil des Streikkonzeptes und wie stellt sich die Ausbildung in Umfang und Struktur dar?
- Wie sind der Organisationsgrad und das Engagement bei den Auszubildenden zu beurteilen? Gegebenenfalls ist hier eine differenzierte Betrachtung nach gewerblichen und kaufmännischen Auszubildenden notwendig.
- Wie können die Auszubildenden in den aktiven Arbeitskampf (beispielsweise als Streikposten) einbezogen werden?
- Fallen Prüfungen und damit vor allem die Prüfungsvorbereitungen in den Arbeitskampfzeitraum, ist zu berücksichtigen, dass eine sinnvolle Prüfungsvorbereitung organisiert werden kann.

- Bei einem länger andauernden Streik sollten Möglichkeiten geprüft werden, alternative Ausbildungsmaßnahmen durchzuführen. Beispielsweise kann ein alternativer Werksunterricht mit gewerkschaftlich organisierten Ausbildern oder Lehrern organisiert werden.
- Auch der Berufsschulunterricht muss berücksichtigt werden. Die Berufsschule sollte nach Möglichkeit nicht bestreikt werden. Die am Streik beteiligten Auszubildenden sollten aufgefordert werden, die Berufsschule im eigenen Interesse zu besuchen. Denkbar ist aber auch eine Kooperation mit Berufsschullehrern, die ihren Unterricht bewusst vor Ort durchführen.
- Bei rechtlichen Problemen, z. B. Disziplinierungsversuchen durch den Arbeitgeber, ist umgehend die jeweilige Streikleitung zu informieren.

Streitigkeiten zwischen Auszubildenden und Ausbilder

Nach § 111 Abs. 2 ArbGG können zur Beilegung von Streitigkeiten zwischen Ausbilder und Auszubildenden aus einem bestehenden Berufsausbildungsverhältnis im Bereich des Handwerks die Handwerksinnungen, im Übrigen die zuständigen Stellen im Sinne des Berufsbildungsgesetzes Ausschüsse bilden, denen Arbeitgeber und Arbeitnehmer in gleicher Zahl angehören müssen.
Dort werden die Parteien mündlich gehört und die Streitigkeiten erörtert. Der Ausschuss fällt dann einen Schlichtungsspruch.
Wird der Schlichtungsspruch nicht innerhalb einer Woche von beiden Parteien anerkannt, so kann innerhalb von zwei Wochen, nachdem der Spruch ergangen ist, Klage beim zuständigen → **Arbeitsgericht** erhoben werden. Eine Verhandlung vor dem Ausschuss ist Voraussetzung für eine Klage vor dem Arbeitsgericht.
Wird vor dem Ausschuss ein Vergleich abgeschlossen oder fällt der Ausschuss einen Spruch, der von beiden Seiten anerkannt worden ist, kann unmittelbar aus dem Spruch oder aus dem Vergleich die Zwangsvollstreckung betrieben werden.
Das Verfahren vor der Schlichtungsstelle ersetzt das Güteverfahren vor den Arbeitsgerichten.

Stufenausbildung/Anrechnungsmodell

Grundlagen

§ 5 Abs. 2 Satz 1 BBiG regelt, dass die → **Ausbildungsordnung** eines Ausbildungsberufes in mehreren Stufen, also sachlich und zeitlich gegliedert sein kann. Nach den einzelnen Stufen soll ein Ausbildungsabschluss vorgesehen werden, der sowohl zu einer qualifizierten Berufstätigkeit befähigt, als auch die Fortsetzung der Ausbildung in weiteren Stufen ermöglicht.
An § 5 Abs. 2 BBiG wurde vom Gesetzgeber ein Satz angefügt, wonach in allen Ordnungsverfahren neuer Berufe stets geprüft werden muss, ob Regelungen im Hinblick auf eine Stufenausbildung sinnvoll und möglich sind. Diese Regelung ist gegen den Willen der Gewerkschaften getroffen worden. Das Gesetz sieht aber ebenfalls vor, dass die Dauer der Ausbildung im Falle einer Stufenausbildung erst mit Ablauf der letzten Stufe endet (§ 21 Abs. 1 BBiG). Damit besteht lediglich für den Auszubildenden – und nicht für den Arbeitgeber – die Möglichkeit, nach einzelnen Stufen aus der Ausbildung auszuscheiden.
Leider sieht das Gesetz eine weitere Option der Stufenausbildung vor: das sogenannte Anrechnungsmodell. § 5 Abs. 2 Satz 4 regelt, dass auf die durch die Ausbildungsordnung geregelte Berufsausbildung eine andere, einschlägige Berufsausbildung unter Berücksichtigung der hierbei erworbenen beruflichen Fertigkeiten, Kenntnisse und Fähigkeiten angerechnet werden kann. Da es sich hierbei um separate Berufsabschlüsse handelt, können die Ausbildungsverträge einzeln und gesondert, alternativ, aber auch von vornherein für den länger auszubildenden Beruf abgeschlossen werden.
Die Arbeitgeber nutzen das Anrechnungsmodell und fordern zunehmend einen zweijährigen Ausbildungsberuf, mit Anrechnung auf einen dreijährigen Ausbildungsberuf. Zweijährige Ausbildungsberufe werden von den Gewerkschaften abgelehnt (→ **Einfachberufe**). Die echte Stufenausbildung, nur mit einer Ausstiegsoption für die Auszubildenden, wurde bisher noch in keinem Ordnungsverfahren nach der Novellierung des BBiG wirksam.

Bedeutung für die Interessenvertretung

Die betriebliche Interessenvertretung (Betriebsrat/Personalrat/JAV) sollte möglichst darauf achten, dass – wenn in Stufen ausgebildet wird – die Auszubildenden nicht von ihrem Arbeitgeber dazu gedrängt werden, ihre Ausbildung »freiwillig« nach einer Zwischenstufe zu beenden. Beim Anrechnungsmodell sollte mit den Auszubildenden ein Ausbildungsvertrag über die Dauer des längeren Ausbildungsberufes abgeschlossen werden.

Bedeutung für die Beschäftigten

Das Anrechnungsmodell birgt für die Auszubildenden die Gefahr, nach der ersten Stufe (abgeschlossene Berufsausbildung in einem Kurzausbildungsberuf) bereits wieder »auf der Straße« zu stehen. Gering Qualifizierte haben in der Wissens- und Informationsgesellschaft klar die schlechteren beruflichen Entwicklungsmöglichkeiten. Der Durchstieg zum dritten Ausbildungsjahr ist abhängig vom Arbeitgeber. Kann die Ausbildung im Betrieb nicht fortgesetzt werden, wird es schwer einen Betrieb zu finden, in dem man weiterlernen kann. Eine zweijährige Ausbildung kann schnell zur beruflichen Sackgasse werden.

Tarifautonomie/Koalitionsfreiheit

Was ist das?

Unter den Begriff der Tarifautonomie versteht man den in Art. 9 Abs. 3 GG gewährleisteten Freiraum der Gewerkschaften und Arbeitgeberverbände. Er ermöglicht es ihnen, die Regelungen des Arbeits- und Wirtschaftslebens selbstständig zu ordnen. Über die Arbeits- und Wirtschaftsbedingungen sollen die Beteiligten selbst und eigenverantwortlich grundsätzlich frei von staatlicher Einflussnahme bestimmen. Diese eigenverantwortliche Regelung der Arbeitsbedingungen erfolgt im Rahmen der Tarifautonomie durch die Vereinbarung von Tarifverträgen zwischen Gewerkschaften und Arbeitgeberverbänden. Dabei handeln die Tarifvertragsparteien eigenverantwortlich und ohne staatliche Einflussnahme.

Art. 9 Abs. 3 GG bestimmt insoweit
... das Recht, zur Wahrung und Förderung der Arbeits- und Wirtschaftsbedingungen Vereinigungen zu bilden, ist für jedermann und für alle Berufe gewährleistet. Abreden, die dieses Recht einschränken oder zu behindern suchen, sind nichtig, hierauf gerichtete Maßnahmen sind rechtswidrig.

In diesem »Doppelgrundrecht« wird sowohl die individuelle Koalitionsfreiheit als auch der Bestand und die Betätigung der Koalition, also der Gewerkschaften bzw. der Arbeitgeberverbände garantiert. Art. 9 Abs. 3 GG beinhaltet ein Grundrecht auf Solidarisierung einschließlich des Rechts zur Arbeitsniederlegung, des → **Streikrechts**.

Tarifvertrag

Grundlagen

Der Gebrauch und die Ausführung der Koalitionsfreiheit erfolgen im Rahmen der Tarifautonomie durch den Abschluss von Tarifverträgen. Hierzu hat der Gesetzgeber mit dem Tarifvertragsgesetz einen Rahmen gegeben. Der Tarifvertrag ist ein Vertrag zwischen Gewerkschaften und Arbeitgeberverbänden, dem sogenannten »Verbandstarifvertrag« (auch: Flächentarifvertrag) oder zwischen Gewerkschaften und einzelnen Arbeitgebern, den sogenannten »Firmentarifvertrag« (auch: Haustarifvertrag), in welchem in einem sogenannten schuldrechtlichen Teil die Rechte und Pflichten der Tarifvertragsparteien geregelt sind und im normativen Teil Rechtsnormen insbesondere über den Abschluss, den Inhalt und die Beendigung der Arbeitsverhältnisse aufgestellt werden.
Die Rechtsnormen der Tarifverträge gelten nach § 4 Abs. 1 TVG unmittelbar und zwingend, d. h. ohne ausdrückliche Aufnahme in den Arbeitsvertrag und zwingend in der Weise, dass von ihm nur zugunsten des Arbeitnehmers abgewichen werden darf, wenn die Tarifparteien nicht ausdrücklich durch Öffnungsklauseln abweichende Vereinbarungen zugelassen haben.
Die Bedeutung der Tarifverträge wird deutlich, wenn man sich vor Augen hält, dass nach Untersuchungen der Hans-Böckler-Stiftung für 62 % aller Beschäftigten ein Tarifvertrag direkt oder durch Bezugnahme gilt (53 % Branchentarifverträge, 9 % Firmentarifverträge) und weitere 19 % sich an einem Tarifvertrag orientieren.
Zum unverzichtbaren Bestandteil der Tarifautonomie gehört das → **Streikrecht.**

Teilzeitarbeit nach Beendigung der Ausbildung

Grundlagen

Gemäß § 2 Abs. 1 TzBfG liegt Teilzeitarbeit vor, wenn die regelmäßige Wochenarbeitszeit kürzer ist als die regelmäßige Wochenarbeitszeit vergleichbarer vollzeitbeschäftigter Arbeitnehmer des Betriebs.
Im TzBfG ist der Schutz für Teilzeitbeschäftigte geregelt. Zu nennen ist vor allem das Diskriminierungsverbot nach § 4 Abs. 1 TzBfG. Danach darf der Arbeitgeber einen teilzeitbeschäftigten Arbeitnehmer nicht aufgrund der Teilzeitarbeit gegenüber vollzeitbeschäftigten Arbeitnehmern unterschiedlich behandeln, es sei denn, sachliche Gründe rechtfertigen dies.
Neben den gesetzlichen Bestimmungen gibt es eine Anzahl von tariflichen Regelungen, beispielsweise in Manteltarifverträgen oder auch in Tarifverträgen zur Förderung der Teilzeitarbeit.
Teilzeitbeschäftigte haben anteilig Anspruch auf Urlaub, Urlaubsgeld, Weihnachtsgeld oder andere tariflich vereinbarte Vergütungen.

Bedeutung für den Betriebsrat/die JAV

Sollte der Arbeitgeber beabsichtigen, die auslernenden Auszubildenden nur in Teilzeit zu übernehmen, handelt es sich faktisch für die Betroffenen um eine erzwungene individuelle Arbeitszeitverkürzung ohne Lohnausgleich. Der Betriebsrat und die JAV sollten deshalb frühzeitig vor dem Auslerntermin prüfen, wie sich die wirtschaftliche Situation und Beschäftigungslage im Betrieb darstellten (Personalplanungsdaten, Überstundenentwicklung, Rationalisierungsmaßnahmen). Auf dieser Grundlage sollten Überlegungen angestellt werden, wie die Übernahme in ein unbefristetes Vollzeitarbeitsverhältnis ermöglicht wird. Sollte es dennoch nur zu einer Übernahme in Teilzeit kommen, sind folgende Eckpunkte zu berücksichtigen:

- Sicherstellung einer Mindestbeschäftigung und Einkommenszusage (Untergrenze der Arbeitszeit bei beispielsweise $^2/_3$ der Vollzeitarbeitsverhältnisse);
- Begrenzung von nicht freiwilliger Teilzeit auf einen festgelegten, möglichst kurzen Zeitraum und verbindliche Zusage der Umwandelung in ein Vollzeitarbeitsverhältnis;
- Sicherstellung einer möglichst 12-monatigen Vollzeitbeschäftigung vor eventueller Kündigung (Berechnung Arbeitslosengeld bezieht sich auf letzten zwölf Monate);
- Verhinderung weiterer Einkommensminderungen während der Teilzeit (bei eventueller Kurzarbeit etc.);
- Bezugnahme der Dauer der nicht freiwilligen Teilzeit auf Kalendermonate (Unterbrechung des Beschäftigungsverhältnisses durch Wehr- bzw. Zivildienst, Mutterschutz u. Ä. führen nicht zu einer Verlängerung der Teilzeit);
- Berücksichtigung sozialer Härtefallregelungen.

Bedeutung für die Auszubildenden

Bei der Entscheidung für eine Teilzeitbeschäftigung sollte beachtet werden, dass die reduzierte Arbeitszeit weit reichende Konsequenzen mit sich bringt. So bedeutet Teilzeitarbeit beispielsweise:

- bei Arbeitslosigkeit auch nur Teilarbeitslosengeld,
- entsprechend weniger Rentenansprüche,
- ein geringeres Einkommen,
- schlechtere Berufsperspektiven,
- ein erhöhtes Arbeitsplatzrisiko.

Telefongespräche, E-Mail, Internet – private Nutzung

Arbeitnehmer arbeiten zunehmend mit moderner Informations- und Kommunikationstechnik. Praktisch an jedem Büroarbeitsplatz gibt es heute einen Internetzugang. Häufig findet eine Vermischung beruflicher und privater Tätigkeit statt. Das Telefon des Arbeitgebers wird genutzt, um private Termine zu vereinbaren. Ist man einmal online, kann man sich nur schwer der Versuchung entziehen, neben dienstlichen Aktivitäten auch privaten Interessen nachzugehen und zu surfen. Der Umfang, in dem Arbeitnehmer privat im Internet surfen, ist sehr unterschiedlich. Ist das erlaubt? Darf ich das Telefon des Arbeitgebers privat nutzen? Darf ich privat im Internet surfen? Darf ich es dann, wenn es nicht ausdrücklich verboten ist? Bedarf es einer ausdrücklichen Erlaubnis des Arbeitgebers? Kann der Arbeitgeber das Arbeitsverhältnis kündigen, wenn ich privat im Internet surfe? Welche Rolle spielt es dabei, ob es sich um erlaubte oder verbotene Seiten handelt, um eine Fahrplanauskunft oder aber um pornografische Seiten?

Vor allem wenn es um die Frage geht, ob der Arbeitgeber das Arbeitsverhältnis wegen einer solchen unerlaubten Privatnutzung kündigen kann, würdigt die Rechtsprechung alle Umstände des konkreten Einzelfalls. Da jeder Richter unabhängig ist und einen sehr weiten Beurteilungsspielraum hat, fallen die Entscheidungen sehr unterschiedlich aus und es ist häufig schwer vorauszusagen, wie jeweils »unser« zuständiges Arbeitsgericht entscheiden wird. So hält etwa die 15. Kammer des LAG Hamm die Internetnutzung für nicht erlaubt, sofern sie der Arbeitgeber nicht ausdrücklich gestattet hat (LAG Hamm, Urt. v. 12.11.2009 – 15 Sa 848/09). Sie meint, wenn der Arbeitnehmer dem zuwider handelt, sei dies grundsätzlich geeignet, selbst eine außerordentliche Kündigung zu rechtfertigen. Eine andere Kammer desselben Gerichts urteilte jedoch völlig anders (LAG Hamm, Urt. v. 30.9.2011 – 10 Sa 785/11). Danach kann nur die exzessive Nutzung des Internets während der Arbeitszeit zu privaten Zwecken und auch dies nur nach den jeweiligen Umständen des Einzelfalls eine schwere Pflichtverletzung des Arbeitsvertrags darstellen, der Arbeitgeber habe die Beweislast dafür, in welchem Umfang das Internet privat genutzt sei und vor allem auch darüber, dass es zu einer erheblichen Beeinträchtigung der arbeitsvertraglich geschuldeten Leistung gekommen ist.

Mehrheitlich tendieren die Arbeitsgerichte – zu Recht – zu der letztgenannten Auffassung der 10. Kammer des LAG Hamm. Danach kann zwar der Arbeitgeber grundsätzlich jede private Nutzung des Internets verbieten (aber auch des Telefons, des Faxgeräts). Tut er das jedoch nicht, ist eine verhaltensbedingte Kündigung ohne vorausgehende Abmahnung nur dann rechtens, wenn der Arbeitnehmer wegen des Ausmaßes seiner Nutzung nicht mehr damit rechnen kann, dass der Arbeitgeber das Verhalten noch tolerieren wird (vgl. z. B. LAG Nürnberg, Urt. v. 17. 11. 2010 – 4 Sa 795/07).

Besondere Vorsicht ist dann geboten, wenn dem Arbeitgeber zusätzliche Kosten entstehen (Hessisches LAG, Urt. v. 25. 7. 2011 – 17 Sa 1818/10).

Die außerordentliche Kündigung eines langjährig beschäftigten Arbeitnehmers ist ohne vorausgegangene einschlägige Abmahnung in einer Entscheidung für wirksam erklärt worden, weil der Arbeitnehmer für einen Zeitraum von mehr als sieben Wochen arbeitstäglich mehrere Stunden mit dem Schreiben und Beantworten privater E-Mails verbracht hat, an mehreren Tagen sogar in einem zeitlichen Umfang, der gar keinen Raum mehr für die Erledigung von Dienstaufgaben ließ (LAG Niedersachsen, Urt. v. 31. 5. 2010 – 12 Sa 875/09).

In weiteren Fällen ist eine extensive Nutzung, bei der mit einem Einverständnis des Arbeitgebers nicht mehr gerechnet werden kann, in folgenden Fällen angenommen worden:

- Ständiges Surfen im Internet, vor allem auf pornografischen Seiten, gleichzeitig die Geltendmachung bezahlter Überstunden, um die Arbeit nachzuholen (BAG, Urt. v. 31. 5. 2007 – 2 AZR 200/06);
- Sechs Stunden Privatnutzung bei jeweils hälftigem Surfen auf pornografischen Seiten innerhalb zweier Beobachtungszeiträume von drei bzw. einer Woche (LAG Hamm, Urt. v. 3. 5. 2007 – 15 Sa 1880/06);
- Installation von Verschleierungssoftware (BAG, Urt. v. 27. 4. 2006 – 2 AZR 386/05).

Nutzt der Arbeitnehmer das Internet verbotswidrig während eines Zeitraums von drei Monaten privat täglich zwischen 15 Minuten und drei Stunden (im Schnitt 10 % der Arbeitszeit), braucht der Arbeitgeber nicht im Einzelnen darzulegen, inwieweit Arbeitspflichten vernachlässigt worden sind. Dem Imageschaden des Arbeitgebers (hier: Behörde) kommt besondere Bedeutung zu (BAG, Urt. v. 27. 4. 2006 – 2 AZR 386/05). Handelt es sich bei den aufgerufenen Seiten um solche mit pornografischen, Gewalt verherrlichenden oder rassistischen Inhalts, wirkt dies erschwerend zulasten des Arbeitnehmers. Einen wichtigen Grund zur außerordentlichen Kündigung hat das BAG in einem Fall angenommen, in dem der Arbeitnehmer verbotswidrig an einem Tag 27 Minuten, an einem anderen Tag 74 Minuten privat im Internet gesurft und hierbei die einschlägigen Seiten bevorzugt hat (BAG, Urt. v. 7.5.2005 – 32 AZR 581/04).

Bedeutung für den Betriebsrat/die JAV

Häufig fehlt eine eindeutige Erklärung des Arbeitgebers, ob und in welchem Umfang die private Nutzung der Informations- und Kommunikationstechnik zugelassen wird. Aber auch, wenn der Arbeitgeber hierzu etwas verlautbart hat, befinden sich die Arbeitnehmer häufig in einer Grauzone. Grundsätzlich ist es daher sinnvoll, diese Frage in einer Betriebsvereinbarung zu regeln bzw. sie in bestehende Betriebsvereinbarungen zur Informations- und Kommunikationstechnik einzufügen. Dies ist auch möglich, weil der Betriebsrat – abgesehen von den Fällen eines vollständigen Verbots – ein erzwingbares Mitbestimmungsrecht nach § 87 Abs. 1 Nr. 1 BetrVG hat. Erfolgreich verhandeln wird der Betriebsrat allerdings nur dann, wenn in der Belegschaft vermittelt werden kann, dass die gefundene Lösung eine Verbesserung gegenüber dem bisherigen ungeregelten Zustand darstellt und nicht plötzlich ausdrücklich verboten ist, was in der Vergangenheit stets geduldet wurde.

Literaturhinweis

Däubler, Internet- und Arbeitsrecht, 3. Aufl. 2004

Übernahme in ein unbefristetes Arbeitsverhältnis

Ausbildungsverträge sind nach §§ 10 und 21 BBiG immer zeitlich befristete Verträge. Vor allem bei rückläufiger Konjunktur führt dies dazu, dass auslernende Auszubildende vom Arbeitgeber nicht in ein unbefristetes Arbeitsverhältnis übernommen werden. Die Arbeitgeber stellen sich sehr oft auf den Standpunkt, mit dem Bestehen der Abschlussprüfung seien alle Pflichten aus dem Ausbildungsvertrag erfüllt. Mit dem Hinweis, dass die Nicht-Übernahme keine Kündigung ist, werden sämtliche Schutzrechte, vor allem das Kündigungsschutzgesetz, die Anhörungspflicht der Betriebsräte gem. § 102 BetrVG, die Verpflichtung zum Interessenausgleich und Sozialplan usw. umgangen.
In einigen Wirtschaftsbereichen (beispielsweise der Metall- und Elektroindustrie, Stahlindustrie) bestehen tarifliche Regelungen zur Übernahme von Auszubildenden.

Beispiel: Metall- und Elektroindustrie
Im Tarifvertrag ist der Grundsatz der unbefristeten Übernahme der Ausgebildeten festgeschrieben. In einer freiwilligen Betriebsvereinbarung kann der voraussichtliche Übernahmebedarf festgelegt werden. Der Nachteil ist, dass über Bedarf Ausgebildete keinen Anspruch auf Übernahme haben. Den Bedarf zu bestimmen ist dabei nicht einfach, bedeutet das doch eine Prognose von vier bis fünf Jahre in die Zukunft. Gibt es keine freiwillige Betriebsvereinbarung, muss der Arbeitgeber spätestens sechs Monate vor Ausbildungsende mit dem Betriebsrat über den Bedarf beraten und die Zahl der unbefristet zu Übernehmenden festlegen. Die dann festgelegte Anzahl der Auszubildenden muss unbefristet übernommen werden. Alle weiteren müssen für mindestens zwölf Monate befristet übernommen werden. Bei den befristet Übernommenen muss der Arbeitgeber drei Monate vor Auslaufen der Befristung prüfen, ob eine Weiterbeschäftigung möglich ist. Das Ergebnis der Prüfung ist mit dem Betriebsrat zu beraten.
(Vgl. → **Berufsbildungsbedarf**)

Ausnahmen von der unbefristeten und befristeten Übernahme gibt es, wenn personenbedingte Gründe angeführt werden. Das BAG hat im Urteil vom 14.10.1997, Az. 7 AZR 811/96 eine Auslegung vorgenommen: Der Begriff »personenbedingte Gründe« ist nicht wie im Kündigungsschutzrecht auszulegen. Als personenbedingte Gründe sind alle Umstände anzusehen, die einem »zweckentsprechenden Vollzug« des Arbeitsverhältnisses entgegenstehen, darunter können auch Gründe zu verstehen sein, die das Verhalten betreffen. Eine weitere Ausnahme ist bei akuten Beschäftigungsproblemen gegeben. Bei beiden Ausnahmen hat der Betriebsrat mitzubestimmen, bei Nichtzustimmung entscheidet die tarifliche Schlichtungsstelle.

Bedeutung für den Betriebsrat/die JAV

Betriebsrat und JAV sollten rechtzeitig vor dem Auslerntermin prüfen, wie sich die wirtschaftliche Situation und die Beschäftigungslage im Betrieb darstellen (Personalplanungsdaten, Überstundenentwicklung, Rationalisierungsmaßnahmen etc.). Die Forderung nach einem unbefristeten Arbeitsvertrag für alle Auslernenden und damit die Sicherung des Normalarbeitsverhältnisses darf nicht von vornherein aufgegeben werden.
Der Betriebsrat hat in Angelegenheiten der Personalplanung erzwingbare Beratungs- und Vorschlagsrechte, die im Wesentlichen aus den §§ 92 und 92a BetrVG resultieren. Die Übernahme muss dabei zum integralen Bestandteil einer Gesamtstrategie zur Sicherung von Beschäftigung, Qualifikation und Einkommen für alle Arbeitnehmer im Betrieb und in der Region werden.
Grundlage einer wirksamen Mitbestimmung der betrieblichen Interessenvertretung ist die Kenntnis des betrieblichen Personalplanungssystems und seiner Bestandteile, mit dem Ziel:

- Informationen für die Argumentation in der betrieblichen Auseinandersetzung zu gewinnen und
- den Rechtfertigungsdruck auf die Unternehmensleitung für beabsichtigte Maßnahmen zu erhöhen.

Personalplanungssysteme können beispielsweise wie folgt gegliedert sein:

- Die Personalbedarfsplanung steht im Zentrum der Personalplanung und ermittelt den geplanten Personalbedarf, der dann mit dem Personalbestand abgeglichen wird. Bei der Personalbedarfsplanung sind vor allem auch Ausfallzeiten zu berücksichtigen, wie beispielsweise Urlaubszeiten, Krankheitszeiten, Freistellungszeiten, Qualifikationszeiten, Einarbeitungszeiten u.v.m. Wird die Quote für solche Ausfallzeiten vom Arbeitgeber zu niedrig angesetzt, führt dieses unweigerlich zur Leistungsverdichtung. Deshalb ist es für die Interessenvertretung wichtig, auf diese Planung Einfluss zu nehmen.

- Die Personalentwicklungsplanung ermittelt die notwendigen Qualifikationen der Beschäftigten und legt Qualifikationsmaßnahmen zur Bedarfsdeckung fest.
- Die Personaleinsatzplanung ordnet Arbeitskräften entsprechende Arbeitsplätze zu. Das gilt sowohl für kurz- und mittelfristigen Arbeitskräfteeinsatz, als auch für mittel- und langfristige Anpassung des Arbeitskräftepotenzials an entsprechende Arbeitsplätze.

Hilfreich für die Durchsetzung der Übernahmeforderung kann aber auch das Mitbestimmungsrecht des Betriebsrats bei der Durchführung von Mehrarbeit sein. Nach § 87 Abs. 1 Ziffer 3 BetrVG hat der Betriebsrat ein Mitbestimmungsrecht bei Mehrarbeit.

Mehrarbeit ist nicht unvermeidbar. Durch eine ausreichende Personalreserve, durch bessere Materialbevorratung sowie durch verbesserte Planungsabläufe können viele der scheinbar notwendigen Überstunden reduziert werden.

Was bedeutet das für die Auszubildenden?

Mit dem Hinweis, eine abgeschlossene Berufsausbildung mache es für Jugendliche doch viel leichter, einen neuen Arbeitsplatz zu finden, versuchen viele Unternehmen, die Nicht-Übernahme als unproblematisch darzustellen. Umfragen bestätigen, dass es mit einer abgeschlossenen Ausbildung tatsächlich einfacher ist, einen Arbeitsplatz zu finden als ohne Ausbildung. Dennoch bedeutet Nicht-Übernahme erst einmal für die Betroffenen, dass sie keine Chance haben, Berufserfahrung zu sammeln. Arbeitslosigkeit unmittelbar nach der Ausbildung mindert auch erheblich das Arbeitslosengeld. Berufsfremde Beschäftigung und Arbeitslosigkeit entwerten die mit der Ausbildung erworbenen Qualifikationen in immer kürzerer Zeit. Die Abwanderung ausgebildeter Fachkräfte vermindert die Chance strukturpolitischer Entwicklungen in den Regionen. Die Nicht-Übernahme und Entlassung in die Arbeitslosigkeit vermindern die Attraktivität der Firmen, mitunter auch ganzer Berufsgruppen oder Branchen. Immer weniger Schulabgänger interessieren sich für eine berufliche Ausbildung. Die Nicht-Übernahme verstärkt diesen bereits vorhandenen Trend.

Übernahmebetriebsvereinbarung

§ 1 Präambel und Zielsetzung

Zwischen Geschäftsleitung und Betriebsrat besteht Einvernehmen, dass für alle in der Firma … ausgebildeten Azubis im Anschluss an ihre Ausbildung eine Weiterbeschäftigung entsprechend ihrer Qualifikation anzustreben ist. Zielsetzung dieser Betriebsvereinbarung ist es, den mittel- bis langfristigen Qualifikationsbedarf der Firma … durch betriebliche Ausbildung und Weiterbeschäftigung zu decken sowie allen auslernenden Jugendlichen die Möglichkeit zur Erlangung von Berufspraxis zu eröffnen.

§ 2

Die Geschäftsleitung verpflichtet sich, dem Betriebsrat sowie der JAV rechtzeitig vor stattfindenden Abschlussprüfungen (mindestens 4 Monate vor dem Tag der voraussichtlichen letzten Prüfungsleistung) alle erforderlichen Informationen und Unterlagen, die für eine Weiterbeschäftigung relevant sind, zur Verfügung zu stellen. Hierzu zählen vor allem:

- Anzahl und Berufe der Auslernenden,
- Personalplanungsunterlagen (gem. § 92 BetrVG), vor allem Informationen zur Personalbedarfsplanung (Absatz/Produktionsplanung), Personalentwicklungsplanung (Qualifikationsstruktur etc.) sowie Personaleinsatzplanung,
- Unterlagen zu Überstunden, Kurzarbeit, Fehlzeiten (Krankheit, Qualifizierung, Urlaubsüberhänge etc.),
- Planungen für die anstehende Weiterbeschäftigung (welche bzw. wie viele Auslerner, in welchen Abteilungen bzw. Tätigkeiten etc.).

§ 3

Die Geschäftsleitung verpflichtet sich, unverzüglich nach der Information des Betriebsrats und der JAV die konkrete Übernahme zu beraten. Liegen Tatsachen vor, aufgrund derer dem Arbeitgeber die unbefristete Weiterbeschäftigung aller Auslerner nicht zugemutet werden kann, ist der Betriebsrat/die JAV darüber zu informieren, welche Ausgebildeten nicht übernommen werden sollen. Die ggf. erforderliche Auswahl unterliegt der Mitbestimmung des Betriebsrats gem. § 99 BetrVG.

§ 4

Soll ein Ausgebildeter/eine Ausgebildete nicht übernommen werden, muss ihm/ihr dieses in jedem Fall spätestens drei Monate vor Beendigung der Berufsausbildung schriftlich mitgeteilt werden. Anderenfalls wird unabhängig von § 3 ein unbefristetes Arbeitsverhältnis begründet.

§ 5

Ist eine unbefristete Übernahme nach eingehender Prüfung aller relevanten Tatsachen nicht möglich, jedoch eine befristete Übernahme für den Arbeitgeber zumutbar, beträgt diese mindestens zwölf Monate.

§ 6

Finden während des Zeitraums der Übernahmeberatungen Verhandlungen über einen Interessenausgleich und Sozialplan statt, ist die Übernahmeproblematik hierin zu integrieren. Auslerner, die nicht übernommen werden sollen, erhalten hierbei den gleichen Status wie die anderen Beschäftigten des Betriebs.

§ 7

Ändert sich im Zeitraum von zwölf Monaten nach einer Nichtübernahme die personalpolitische Situation des Betriebs, erhalten bei eventuellen Neueinstellungen die Nichtübernommenen Vorrang. Rechte, die aus Betriebszugehörigkeitszeiten während der Ausbildung erworben wurden, bleiben erhalten.

§ 8

In-Kraft-Treten/Kündigungsfrist

Umlagefinanzierung

Grundlagen

Unter Umlagefinanzierung ist ein gesetzlicher bundesweiter Lastenausgleich zwischen ausbildenden und nichtausbildenden Betrieben und Verwaltungen zu verstehen (→ **Duales Ausbildungssystem**).

Nicht zufällig spielt die Frage der Kosten bei den Ursachen für die rückläufige Ausbildungsbereitschaft eine wesentliche Rolle. Diese Kosten sind ungleich verteilt. Nur rund ein Fünftel der Unternehmen trägt die Ausbildungslast für die übrigen Betriebe und Verwaltungen. Dass rund 80 % der Unternehmen ihren qualifizierten Fachkräftenachwuchs zum Nulltarif rekrutieren, widerspricht nicht nur der sozialen, sondern jeder Form von Marktwirtschaft, deren Güter und Dienstleistungen zu entsprechenden Preisen gehandelt werden. Gleichzeitig ist die gewaltige »Umlagefinanzierung« über Mittel aus Beitrags- und Steuereinnahmen unverantwortlich, schränkt sie doch die originären Aufgaben der öffentlichen Hand immer weiter ein.

Die Gewerkschaften sprechen sich für einen gesetzlich geregelten Lastenausgleich aus, der die Verantwortung verbindlich dorthin verweist, wo sie hingehört: In die Wirtschaft selbst. Freiwillige Lösungen wären aus ordnungspolitischen Überlegungen natürlich vorzuziehen. Aber die Wirtschaft ist nachweislich freiwillig nicht in der Lage, ein ausreichendes Ausbildungsplatzangebot sicherzustellen. Deshalb brauchen wir ein Lastenausgleichsverfahren zwischen ausbildenden und nicht ausbildenden Betrieben, der alle Unternehmen und Verwaltungen, die von qualifiziertem Fachpersonal profitieren, an den Kosten dieser Qualifizierung gleichmäßig beteiligt. Die Gewerkschaften haben dazu ein Umlageverfahren zwischen allen Betrieben und Verwaltungen vorgeschlagen, das wieder mehr Betriebe veranlassen soll, ihren Nachwuchs über eigene Ausbildungsleistung zu rekrutieren; anderen soll ermöglicht werden, über den Eigenbedarf hinaus Ausbildungsplätze anzubieten. Damit soll ein ausreichendes und auswahlfähiges Ausbildungsplatzangebot sichergestellt werden.

Leider gibt es keine politischen Mehrheiten für eine gesetzliche Umlagefinanzierung. Zwar legten im März 2004 die Bundestagsfraktionen von SPD und Bünd-

nis 90/Die Grünen den Gesetzentwurf eines Berufsausbildungssicherungsgesetzes (BerASichG) vor, das auch tatsächlich im April 2004 mit rot-grüner Mehrheit im Bundestag beschlossen wurde, aber in Kraft gesetzt wurde es bis heute nicht! Es ist bei Appellen an die Wirtschaft geblieben.
Nach den Vorstellungen der Gewerkschaften soll eine Umlagefinanzierung so funktionieren:

1. Abgabe als Umlage der tatsächlichen Ausbildungskosten
Alle Betriebe und Verwaltungen würden zu einer Berufsausbildungsabgabe verpflichtet in Höhe eines an den tatsächlichen Gesamt-Ausbildungskosten eines Jahres orientierten Hebesatzes. Als Bezugsgröße für diesen Hebesatz wären verschiedene Alternativen denkbar, über die letztlich politisch pragmatisch entschieden werden müsste.

2. Das Finanzaufkommen nachfrageorientiert ermitteln
Da das Bundesverfassungsgericht die Nachfrageorientierung als Kriterium eines ausreichenden Angebots festgeschrieben hat, müsste sich der Hebesatz an den Ausbildungskosten ausrichten, die durch die aktuelle Zahl der Bewerber induziert werden.

3. Vorabzug der eigenen Ausbildungsaufwendungen zulassen
Von dem nach Punkt 1 und 2 ermittelten Betrag sollte das Unternehmen seine bereits erbrachten Ausbildungsaufwendungen vorweg abziehen können, sodass nur noch die Differenz zum ermittelten Abgabebetrag de facto abzuführen wäre. Um den Nachweis der Eigenaufwendungen für Ausbildung zu erleichtern und den Prüfaufwand zu minimieren, sollte mit Pauschalbeträgen gerechnet werden, die aus den durchschnittlichen Nettokosten aller Betriebe abgeleitet sind.

4. Zahlungsempfänger ist die Bundesagentur für Arbeit
Die Ausbildungsabgabe könnte mit den Sozialabgaben auf dem üblichen Weg über die Krankenkassen an die Bundesagentur für Arbeit abgeführt werden. Ausbildung würde so leichter mit einer regionalen Arbeitsmarktpolitik verknüpft werden können.

5. Abgabe auf regionale Strukturförderung ausrichten
Mit den abgeführten Beiträgen müsste bei der Bundesagentur für Arbeit gesonderte Fonds zur Förderung der Aufgaben der beruflichen Erstausbildung eingerichtet werden, aus dem zusätzliche Ausbildungsplätze in folgender Prioritätenfolge zu finanzieren wären:
a. betriebliche Ausbildungsplätze,
b. Plätze in Ausbildungsverbünden und
c. außerbetriebliche Ausbildungsplätze

6. Die Selbstverwaltung der Arbeitsagenturen sichert Beteiligung
Die Fondsmittel müssten durch die Verwaltungsausschüsse der regionalen Arbeitsagenturen verteilt werden. Eine Aufblähung der Bürokratie wäre auf diese Weise erfolgreich zu vermeiden.

7. Ausnahmen und besondere Vergünstigungen
Tarifvertragliche Vereinbarungen zur Finanzierung der Ausbildung in einer Branche sowie Ausgaben für betriebliche Maßnahmen sollten Vorrang haben und müssten mit zu zahlenden Beiträgen verrechnet werden. Das Gesetz sollte in diesem Sinne einen Mindeststandard setzen, über den einzelne Branchen hinausgehen können. Kammerumlagen wären ebenfalls in Vorabzug zu bringen.
Es wäre denkbar, Klein- oder Kleinstbetriebe (beispielsweise bis fünf Beschäftigte) von der Regelung zu befreien. Zu prüfen wäre auch, ob Unternehmensneugründungen mit bis zu fünf Beschäftigten für einen bestimmten Zeitraum von Zahlungen in die regionalen Ausbildungsfonds ausgenommen werden sollten.

Umweltschutz in der Berufsausbildung

Grundlagen

In Ausbildungsberufen ist Umweltschutz fester Bestandteil des Ausbildungsrahmenplans.

Beispiel:
Ausbildungsrahmenplan für die Berufsausbildung in den industriellen Metallberufen

4	Umweltschutz (§ 7 Abs. 1 Nr. 4, § 11 Abs. 1 Nr. 4, § 15 Abs. 1 Nr. 4, § 19 Abs. 1 Nr. 4, § 23 Abs. 1 Nr. 4)	Zur Vermeidung betriebsbedingter Umweltbelastungen im beruflichen Einwirkungsbereich beitragen, insbesondere a) mögliche Umweltbelastungen durch den Ausbildungsbetrieb und seinen Beitrag zum Umweltschutz an Beispielen erklären, b) für den Ausbildungsbetrieb geltende Regelungen des Umweltschutzes anwenden, c) Möglichkeiten der wirtschaftlichen und umweltschonenden Energie- und Materialverwendung nutzen d) Abfälle vermeiden; Stoffe und Materialien einer umweltschonenden Entsorgung zuführen

Die Bedeutung des Umweltschutzes unterstreicht auch § 22 JArbSchG, in dem eine Reihe von Vorgaben zum Themenkomplex »gefährliche Arbeiten« gemacht werden.
Auch die JAV und der Betriebsrat können auf Grundlage des BetrVG aktiv werden. So können sie eine Betriebsvereinbarung zum Thema »Umweltschutz in der Ausbildung« anregen und durchsetzen. Hierzu bilden die §§ 70 (Aufgaben der JAV) und 80 (Allgemeine Aufgaben des Betriebsrats), 81 (Unterrichtungs- und Erörterungspflicht des Arbeitgebers), 87 (Mitbestimmungsrechte), 89 (Arbeits- und betrieblicher Umweltschutz), 90 (Unterrichtungs- und Beratungsrechte), 91 (Mitbestimmungsrecht), 96 (Förderung der Berufsbildung), 97 (Einrichtungen und Maßnahmen der Berufsbildung), 98 (Durchführung betrieblicher Bildungsmaßnahmen) des BetrVG die Grundlage.
Darüber hinaus existiert eine Fülle von weiteren Gesetzen und Verordnungen,

wie das Bundes-Emissionsschutzgesetz, das Wasserhaushaltsgesetz, das Abfallgesetz, das Chemikaliengesetz oder die Gefahrenstoffverordnung.

Was bedeutet das für die Berufsausbildung?

Umweltschutz muss zumindest in dem Rahmen, wie ihn der Ausbildungsrahmenplan für den jeweiligen Beruf vorsieht, Inhalt der Ausbildung sein. Darüber hinaus ist es natürlich sinnvoll, Umweltschutz in der Berufsausbildung auch auf Berufe zu erstrecken, in denen dieses Thema noch nicht explizit vorgesehen ist. Berufliche Umweltbildung muss eine umfassende ökologische Fach- und Handlungskompetenz anstreben und als Beitrag zur umweltgerechten Gestaltung des beruflichen Ausbildungs- und Arbeitsalltages angelegt sein.

Eckpunkte einer ökologischen zukunftsorientierten Ausbildung

Allgemeines Wissen: 30
- Grundbegriffe und Zusammenhänge des Ökosystems kennen;
- Kenntnisse über Umweltzerstörung;
- Vorstellungskraft zur Naturzerstörung und zu Naturschönheiten entwickeln;
- wichtige Umweltgesetze und Verordnungen kennen.

Aufarbeitung der eigenen Situation und des Umfeldes:
- Schädliche und gesundheitsgefährdende Belastungen durch Produktionsverfahren und Produkte analysieren;
- komplexe Beziehungen zwischen Naturkreislauf und Umweltzerstörung greifbar machen;
- Konsequenzen im Hinblick auf die Vorsorge und das Verursacherprinzip darstellen;
- Erstellung betrieblicher Öko-Bilanzen, Öko-Audit (ggf. für die Ausbildungswerkstatt);
- Interessengegensätze benennen und Konfliktfähigkeit entwickeln;
- Zusammenarbeit mit Öko-Instituten, Umweltverbänden, Umweltbeauftragten und deren Einbeziehung in die Aktivitäten.

Praktische Umsetzung:
- Nutzung und Förderung des betrieblichen Vorschlags- und Verbesserungswesens;
- Bewusstsein und Verhalten für ein sinnvolles und lebenswertes Leben fördern;
- betriebsinterne und externe Erkundungen;
- Nutzung rechtlicher Einflussmöglichkeiten, wie das Betriebsverfassungsgesetz, das Jugendarbeitsschutzgesetz, Ausbildungsordnung;
- Entwicklung von umweltverträglichen Alternativen, wie Ersatzstoffe, Energieeinsparung, getrennte Müllsammlung bzw. -recycling, Nutzung alternativer Energien usw.

Wichtig sind auch die Vermittlungsmethoden beim Thema Umweltschutz in der Ausbildung. Die wohl langweiligste Form ist dabei die der Unterweisungen. Damit Umweltschutz auch Spaß macht, hier einige Anregungen, wie Umweltschutz in der Ausbildung thematisiert werden kann.

Beispiele für Umweltschutz in der Berufsausbildung

- Umweltlernen mit der Projektmethode verknüpfen. Statt für die Schrottkiste zu arbeiten, könnte beispielsweise eine Biogas-Anlage, ein Windgenerator o.ä. entwickelt werden.
- Projektausbildung im Team, ggf. in Zusammenarbeit mit gewerblich-technischen und kaufmännischen Auszubildenden. Kaufmännische Auszubildende könnten z.B. im Rahmen eines Lernbüros bei Behörden die notwendigen Emissionswerte erkunden oder für ökologisch verträgliche Materialbeschaffung sorgen.
- Die Durchführung von Projekttagen oder -wochen ist denkbar, um in Arbeitsgruppen ein Umweltprojekt zu realisieren.
- Im Rahmen einer Umweltrallye könnte das Betriebsgelände ökologisch untersucht werden.
- Über einen Ideenwettbewerb könnten Auszubildende motiviert werden, ökologische Vorschläge für eine Umgestaltung der Ausbildungswerkstatt zu machen.

Bedeutung für den Betriebsrat/die JAV

Auf Grundlage des § 70 Abs. 1 Nr. 2 BetrVG hat die JAV darüber zu wachen, dass die gültigen Umweltschutzvorschriften eingehalten werden. Hierzu gehört es auch, darauf zu achten, dass Umweltschutz entsprechend dem Ausbildungsrahmenplan in der Ausbildung stattfindet.
Die JAV kann auf Grundlage des § 70 BetrVG Vorschläge zum Thema »Umweltschutz in der Berufsausbildung« entwickeln. Dies kann gemeinsam mit allen Auszubildenden geschehen. Die Vorschläge können gemeinsam von Betriebsrat und JAV mit dem Arbeitgeber beraten werden. Dabei kann es sich um eine Betriebsvereinbarung, wie Umweltschutz in der Ausbildung umgesetzt wird, handeln, aber auch um konkrete Maßnahmen, wie getrennte Müllsammlung, das Aufstellen von Getränkeautomaten mit Pfandflaschen, das Abschaffen von Plastikbechern usw., handeln. Die Verhandlung mit dem Arbeitgeber findet auf Grundlage der §§ 96 bis 98 BetrVG statt.
Sollte es einen betrieblichen Umweltschutzausschuss geben, so ist die JAV hinzuzuziehen. In jedem Fall muss sie beteiligt werden, wenn es um Umweltschutzmaßnahmen geht, die die Wahlberechtigten zur JAV betreffen.

Unternehmensmitbestimmung

Begriff

Angesichts der Abhängigkeit der Arbeitnehmer und der Macht der Unternehmer mit ihren sozialen und politischen Folgen ist die Forderung nach Mitbestimmung unverzichtbarer Teil der Gewerkschaftsbewegung in ihrem Bemühen um sozialen Fortschritt und politische Freiheit. Dabei steht fest, dass Demokratie unteilbar ist. Die formale Freiheit und Gleichheit im politischen Raum und fortbestehende Abhängigkeit im wirtschaftlichen Bereich ergeben keine Demokratie.

Nicht zuletzt aufgrund der Erfahrungen in der Zeit des Faschismus forderten die Gewerkschaften, aber auch die Parteien einschl. der CDU, in ihrem Aalener Programm die notwendige Einheit politischer und wirtschaftlicher Mitbestimmung. In den ersten Jahren nach 1945 traten die Unternehmer die Flucht nach vorne an und boten von sich aus an, Arbeitnehmer und Gewerkschaften in den Aufsichtsräten der Unternehmen zu beteiligen. Die Unternehmensmitbestimmung in der Eisen- und Stahlindustrie geriet jedoch kurze Zeit später wieder in Gefahr, da die damalige Bundesregierung den vertraglich geschaffenen Zustand nicht anerkennen wollte. In Anbetracht einer sehr breiten Kampfbereitschaft in der Eisen- und Stahlindustrie sowie im Bergbau kam es dann jedoch am 10. April 1951 zur Verabschiedung des Montan-Mitbestimmungsgesetzes durch den Deutschen Bundestag.

In den anderen Wirtschaftsbereichen aber wurden aufgrund der Wiederherstellung der alten Macht- und Besitzverhältnisse die sehr weitgehenden Mitbestimmungsrechte in wirtschaftlichen Fragen massiv durch das BetrVG 1952 zurückgeführt bzw. zum Teil sogar aufgehoben.

In den darauffolgenden Jahren wurden die Forderungen nach einer weitergehenden Unternehmensmitbestimmung immer lauter und mündeten in das Gesetz über die Mitbestimmung der Arbeitnehmer vom 4. Mai 1976 (Mitbestimmungsgesetz 76) ein.

Heute existieren sechs gesetzliche Systeme einer Beteiligung von Vertretern der Arbeitnehmer und ihrer Gewerkschaften in den Organen von Unternehmen und

Konzernen. Diese Beteiligung wird als Unternehmensmitbestimmung bezeichnet, im Gegensatz zur betrieblichen Mitbestimmung durch die Betriebsräte. Es handelt sich dabei um folgende Gesetze:

- Gesetz über die Mitbestimmung der Arbeitnehmer in den Aufsichtsräten und Vorständen der Unternehmen des Bergbaus und der Eisen und Stahl erzeugenden Industrie v. 21. Mai 1951 (Montan-Mitbestimmungsgesetz),
- Gesetz zur Ergänzung des Gesetzes über die Mitbestimmung der Arbeitnehmer in den Aufsichtsräten und Vorständen der Unternehmen des Bergbaus und der Eisen- und Stahlerzeugenden Industrie v. 7. August 1956 (Montan-Mitbestimmungs-Ergänzungsgesetz),
- Gesetz über die Mitbestimmung der Arbeitnehmer v. 4. Mai 1976 (Mitbestimmungsgesetz 1976),
- Gesetz über die Drittelbeteiligung der Arbeitnehmer im Aufsichtsrat (Drittelbeteiligungsgesetz 2004), in dieses Gesetz wurden die §§ 76ff. BetrVG 1952 zum 1. Juli 2004 überführt.
- SE-Ausführungsgesetz (SEAG) und SE-Beteiligungsgesetz (SEBG) v. 22. Dezember 2004, mit dem die Europäische Aktiengesellschaft (SE = »Societas Europaea«) gemäß der Verordnung und der Richtlinie der Europäischen Union in deutsches Recht überführt worden ist.
- Gesetz zur Umsetzung der Regelung über die Mitbestimmung der Arbeitnehmer bei einer grenzüberschreitenden Verschmelzung von Kapitalgesellschaften aus verschiedenen Mitgliedstaaten (MgVG), mit dem die 10. EU-Richtlinie in deutsches Recht umgesetzt wurde.

Die Unternehmensmitbestimmung findet dabei im Aufsichtsrat des Unternehmens – bei der Europäischen Aktiengesellschaft alternativ auch im Board – statt. Die Anzahl der Arbeitnehmervertreter im Aufsichtsrat wird ebenso wie das Verfahren zur Erlangung eines Aufsichtsratsmandats in den Mitbestimmungsgesetzen im Einzelnen aber unterschiedlich geregelt.

Ziel dieser Gesetze ist es, eine Teilhabe an wichtigen unternehmerischen Planungen und Entscheidungen zu sichern. Dabei stehen die Teilnahme an der Auswahl und der laufenden Kontrolle der Unternehmensleitung (Vorstand, Geschäftsführung) im Vordergrund sowie die Mitgestaltung der Unternehmenspolitik in den Grundzügen.

Seit dem Jahre 2004 haben Unternehmerverbände, ihnen nahe stehende Professoren sowie die CDU/CSU und FDP die Unternehmensmitbestimmung wieder in Frage gestellt. Ihr Ziel ist es, die Zahl der Arbeitsnehmervertreter im Aufsichtsrat zu reduzieren und die Gewerkschaftsvertreter aus den Aufsichtsräten zu entfernen.

Die gesetzlichen Regelungen können heute nicht darüber hinweg täuschen, dass sich die Unternehmensmitbestimmung schleichend auf dem Rückzug befindet. So ist die Anzahl der mitbestimmten Unternehmen im Geltungsbereich des Mitbestimmungsgesetz 76 von 767 Unternehmen im Jahre 2002 auf 641 Unternehmen im Jahre 2016 zurückgegangen. Einzelne Großunternehmen, aber insbesondere auch der Mittelstand, sind ideenreich bei der Vermeidung der Unternehmensmitbestimmung nach dem Mitbestimmungsgesetz 76 und nutzen dafür die vielfältigen Schlupflöcher, die das nationale und das europäische Recht bieten. Bei einer Umwandlung eines Unternehmens zu einer Europäischen Aktiengesellschaft (SE) kann das zu mehr Beteiligung für die Beschäftigten führen. In den letzten Jahren ist aber zu beobachten, dass gerade bei kleineren Firmen die SE-Umwandlung dazu missbraucht wird, um Mitbestimmung zu vermeiden (im Einzelnen Böckler Impuls Ausgabe 11/2016; *http://www.boeckler.de/Impuls_2016_11_gesamt.pdf*; *https://www.freitag.de/autoren/der-freitag/trickreich-gegen-mitbestimmung*). Dies gilt es zu verhindern. Stattdessen ist die Unternehmensmitbestimmung auszubauen.

Mit dem Gesetz für die gleichberechtigte Teilhabe von Frauen und Männern in Führungspositionen der Privatwirtschaft und des öffentlichen Dienstes vom 24.4.15 soll der Anteil weiblicher Führungskräfte in Spitzenpositionen der deutschen Wirtschaft und der Bundesverwaltung erhöht werden. Die Neuregelungen für die Privatwirtschaft betreffen Unternehmen, die börsennotiert sind und/oder der Unternehmensmitbestimmung unterliegen.

Aufgabenstellung

Die wesentlichen Aufgaben des mitbestimmenden Aufsichtsrats stellen sich wie folgt dar:

- Bestellung und Abberufung der Vorstandsmitglieder der AG bzw. der Geschäftsführer der GmbH;
  Festsetzung und Kontrolle der Gesamtbezüge der einzelnen Vorstandsmitglieder der AG bzw. der einzelnen Geschäftsführer der GmbH;
- laufende Überwachung und Kontrolle der Geschäftsführung des Vorstandes der AG bzw. der Geschäftsführung der GmbH;
- die Zustimmung zu bestimmten Geschäften des Vorstandes der AG bzw. der Geschäftsführung der GmbH, die durch den Aufsichtsrat, die Satzung der AG bzw. dem Gesellschaftervertrag der GmbH festgelegt werden kann;
- Erteilung des Prüfungsauftrages an den Abschlussprüfer für den Jahres- und – ggf. – den Konzernabschluss;
- Feststellung des Jahresabschlusses bei der AG.

Von der Unternehmensmitbestimmung werden alle sogenannten Kapitalgesellschaften erfasst. Neben der Aktiengesellschaft sowie der GmbH sind dieses die Kommanditgesellschaft auf Aktien, der Versicherungsverein auf Gegenseitigkeit, die Gesellschaft mit beschränkter Haftung sowie die Erwerbs- und Wirtschaftsgenossenschaft. Daneben erfasst das Mitbestimmungsgesetz 1976 unter bestimmten Voraussetzungen auch die kapitalistisch strukturierte Kommanditgesellschaft. Damit ist die GmbH & Co. KG gemeint. Nicht erfasst sind die sogenannten Personengesellschaften wie die Einzelfirma, die offene Handelsgesellschaft (OHG) bzw. die Kommanditgesellschaft (KG). Weiterhin unterliegen der Unternehmensmitbestimmung nicht die Unternehmen der öffentlichen Hand, die nicht privatrechtlich, sondern öffentlich-rechtlich organisiert sind. In diesem Bereich gibt es jedoch häufig sondergesetzliche Regelungen sowie Vereinbarungen über Arbeitnehmervertreter im Verwaltungsrat.

Arbeitnehmervertreter im Aufsichtsrat unterscheiden sich bezüglich ihrer Aufgabenstellung grundsätzlich von den übrigen Aufsichtsratsmitgliedern der Kapitalseite: Als Vertreter der Arbeitnehmer im Aufsichtsrat haben sie interessenpolitische Aufgaben für die Belegschaft wahrzunehmen.

Die Unternehmensmitbestimmung darf nicht darüber hinwegtäuschen, dass auch das Vorhandensein von Arbeitnehmervertretern im Aufsichtsrat nicht zu einer Gleichberechtigung zwischen Arbeitnehmer- und Kapitalseite führt. Das Letztentscheidungsrecht haben im Konfliktfall noch immer die Aktionäre bzw. Gesellschafter, die die fehlende Zustimmung des Aufsichtsrats ersetzen können. Für einen derartigen Beschluss ist eine Dreiviertelmehrheit der abgegebenen Stimmen in der Hauptversammlung (AG) bzw. Gesellschafterversammlung (GmbH) erforderlich (§ 111 Abs. 4 Aktiengesetz).

Bedeutung für die JAV

Trotz alledem ist die Wirksamkeit der Unternehmensmitbestimmung nicht zu unterschätzen. So können auch Arbeitnehmervertreter im Aufsichtsrat mit entsprechender Unterstützung der Belegschaften ihren Forderungen Nachdruck verleihen.

Weiterhin ist der Aufsichtsrat eine wichtige Informationsquelle, insbesondere für strategische Entscheidungen. Dabei darf jedoch nicht verkannt werden, dass die Mitglieder des Aufsichtsrats – dieses betrifft auch die Arbeitnehmervertreter – einer Verschwiegenheitspflicht nach den §§ 116, 93 AktG, § 25 Abs. 1 MitbestG sowie § 1 Abs. 1 Nr. 3 DrittelbG unterliegen. Danach sind vertrauliche Angaben, Berichte und Beratungen sowie Betriebs- und Geschäftsgeheimnisse des Unternehmens, die Aufsichtsratsmitgliedern durch ihre Tätigkeit im Aufsichtsrat bekannt geworden sind, geheim zu halten. Diese Geheimhaltungspflicht ist aber nur dann gegeben, wenn die Angaben im Zusammenhang mit Unternehmensaktivitäten stehen und die den Angaben zugrunde liegenden Tatsachen relativ unbekannt sind. Letzteres ist schon dann zu verneinen, wenn die Presse oder die Arbeitnehmerschaft auch nur einen Teil dessen kennt. Diese Geheimhaltungs-

pflicht ist dann problematisch, wenn sogar Abstimmungsergebnisse und das Abstimmungsverhalten einzelner Aufsichtsratsmitglieder der Verschwiegenheitspflicht unterliegen sollen. Keine Probleme gibt es demgegenüber wohl dann mit der Geheimhaltungspflicht, wenn ein Aufsichtsratsmitglied sein eigenes Abstimmungsverhalten offen legt.
Diese Verschwiegenheitspflicht der Aufsichtsratsmitglieder gilt nach der Rechtsprechung auch gegenüber dem Betriebsrat bzw. der JAV, selbst wenn ein Arbeitnehmervertreter im Aufsichtsrat gleichzeitig Betriebsratsmitglied ist.

Internethinweise

http://boeckler.de/79.htm
https://www.mitbestimmung.de/html/index.html

Urlaub

Grundlagen

Der Länge des Urlaubs, die Fragen, wann und unter welchen Voraussetzungen er genommen werden kann, welches Entgelt der Arbeitnehmer während des Urlaubs erhält, und wann unter welchen Voraussetzungen er genommen werden kann, ist im BUrlG geregelt, für Jugendliche gilt die Bestimmung des § 19 JArbSchG.
Diese gesetzlichen Regelungen schreiben Mindeststandards fest. Wo ein Tarifvertrag gilt, ist der Urlaubsanspruch regelmäßig höher, es wird häufig ein zusätzliches Urlaubsgeld gewährt. Die Grundsätze der Urlaubsgewährung können außerdem in einer Betriebsvereinbarung geregelt werden. Auch eine arbeitsvertragliche Regelungen oder eine betriebliche Übung führen zu einer Verbesserung gegenüber der gesetzlichen Basis.

Der Arbeitgeber hat Jugendlichen nach § 19 JArbSchG für jedes Kalenderjahr einen bezahlten Erholungsurlaub zu gewähren. Dort ist auch die Dauer des Urlaubs geregelt, die vom jeweiligen Lebensalter zu Beginn des Kalenderjahres abhängig ist.
Der Urlaub beträgt jährlich
1. mindestens 30 Werktage, wenn der Jugendliche zu Beginn des Kalenderjahres noch nicht 16 Jahre alt ist,
2. mindestens 27 Werktage, wenn der Jugendliche zu Beginn des Kalenderjahres noch nicht 17 Jahre alt ist,
3. mindestens 25 Werktage, wenn der Jugendliche zu Beginn des Kalenderjahres noch nicht 18 Jahre alt ist.

Jugendliche, die im Bergbau unter Tage beschäftigt werden, erhalten in jeder Altersgruppe einen zusätzlichen Urlaub von 3 Werktagen.
Es kommt also auf das Alter zu Beginn des Kalenderjahres an und nicht darauf, wie alt der Jugendliche ist, wenn er den Urlaub nimmt. Ein Jugendlicher, der am 2. Januar 16 Jahre alt wird, hat in diesem Jahr einen Urlaub von 30 Werktagen, weil er am 1. Januar, also zu Beginn des Kalenderjahres noch 15 Jahre alt war.

Ebenfalls unerheblich ist, ob zu diesem Zeitpunkt das Ausbildungsverhältnis schon begonnen hatte.
Als Werktage gelten unabhängig davon, an welchen und wie viel Tagen in der Woche gearbeitet wird; alle Kalendertage, die nicht Sonn- oder gesetzliche Feiertage sind, also auch der Samstag, zählen als anrechenbarer Urlaubstag.
Nach § 19 Abs. 3 JArbSchG soll der Urlaub Berufsschülern in der Zeit der Berufsschulferien gegeben werden. Geschieht das nicht, ist für jeden Berufsschultag, an dem die Berufsschule während des Urlaubs besucht wird, ein weiterer Urlaubstag zu gewähren.
Der gesetzliche Mindesturlaubsanspruch für Jugendliche nach § 19 JArbSchG gilt auch für jugendliche Heimarbeiter, wie § 19 Abs. 4 JArbSchG bestimmt. Dort ist auch für diesen Personenkreis die Höhe des Urlaubsentgelts festgelegt.
Für Arbeitnehmer die keine Jugendlichen sind, gilt nach § 4 BUrlG ein Mindestanspruch von 24 Werktagen. Für sie gelten auch die übrigen Regelungen des BUrlG,
die wesentlichen Bestimmungen auch für Jugendliche (§ 19 Abs. 4 JArbSchG).
Dies bedeutet im Einzelnen Folgendes:
Der volle Urlaubsanspruch wird erstmalig nach sechsmonatigem Bestehen des Arbeitsverhältnisses erworben.
Anspruch auf ein Zwölftel des Jahresurlaubs für jeden vollen Monat des Bestehens des Arbeits- oder Ausbildungsverhältnisses hat der Jugendliche für Zeiten eines Kalenderjahres, für die er wegen Nichterfüllung der Wartezeit in diesem Kalenderjahr keinen vollen Urlaubsanspruch erwirbt bzw. wenn er vor erfüllter Wartezeit aus dem Arbeits- oder Ausbildungsverhältnis ausscheidet bzw. wenn er nach erfüllter Wartezeit in der ersten Hälfte eines Kalenderjahres aus dem Arbeits- oder Ausbildungsverhältnis ausscheidet.
Der Lohnspruch während des Urlaubs richtet sich nach dem Durchschnittsverdienst der letzten dreizehn Wochen (Referenzprinzip), wobei Überstundenzuschläge nicht mitzurechnen sind. Anders als etwa bei Krankheit (§ 4 EFZG) oder der Wahrnehmung betriebsverfassungsrechtlicher Aufgaben (§ 37 Abs. 2 BetrVG) ist nicht das Arbeitsentgelt zu zahlen, dass in der ausgefallenen Arbeitszeit zu zahlen gewesen wäre (Lohnausfallprinzip).
Wie für erwachsene Arbeitnehmer sind auch bei Jugendlichen bei der zeitlichen Festlegung des Urlaubs die Urlaubswünsche des Jugendlichen zu berücksichtigen, es sei denn, dass ihrer Berücksichtigung dringende betriebliche Belange oder die Urlaubswünsche anderer Arbeitnehmer oder Jugendlicher, die unter sozialen Gesichtspunkten den Vorrang verdienen, entgegenstehen.
Der Urlaub ist, wenn möglich, zusammenhängend zu gewähren und zu nehmen und er muss im laufenden Kalenderjahr gewährt und genommen werden. Eine Übertragung des Urlaubs auf das nächste Kalenderjahr ist nur statthaft, wenn dringende betriebliche oder in der Person des Arbeitnehmers oder Jugendlichen

liegende Gründe dies rechtfertigen. In diesem Fall muss der Urlaub in den ersten drei Monaten des folgenden Kalenderjahres gewährt und genommen werden.
Während des Urlaubs darf keine dem Urlaubszweck widersprechende Erwerbstätigkeit geleistet werden.
Bei Erkrankungen während des Urlaubs werden die durch ärztliches Zeugnis nachgewiesenen Tage der Arbeitsunfähigkeit auf den Jahresurlaub nicht angerechnet.
Bei Langzeitkranken ging man im deutschen Arbeitsrecht bisher davon aus, dass sie ihren Urlaubsanspruch spätestens mit dem 31.03. des Folgejahres verlieren. Nach der Entscheidung des EuGH vom 20.01.2010 ist jedoch ein solcher entschädigungsloser Verzicht von Urlaub mit Europäischen Recht nicht vereinbar.

Bedeutung für den Betriebsrat/die JAV

In Betriebsratsbetrieben gilt das Betriebsverfassungsgesetz. Nach § 87 Abs. 1 Nr. 5 BetrVG zählt zum erzwingbaren Mitbestimmungsrecht die Aufstellung allgemeiner Urlaubsgrundsätze und des Urlaubsplans sowie die Festsetzung der zeitlichen Lage des Urlaubs für einzelne Arbeitnehmer, wenn zwischen dem Arbeitgeber und den beteiligten Arbeitnehmern kein Einverständnis erzielt wird.
Jugendliche sollten also darauf achten, dass sie in ihrer Urlaubsplanung nicht beeinträchtigt werden. Im Zweifel haben betriebliche Belange zurückzustehen, zumal durch das Gebot, den Urlaub während der Berufsschulferien zu nehmen, die zeitliche Dispositionsfreiheit der Jugendlichen ohnehin erheblich eingeschränkt ist. Die JAV soll also darauf achten, dass der Betriebsrat bei der Vereinbarung allgemeiner Urlaubsgrundsätze mit dem Arbeitgeber, die besondere Situation der Jugendlichen angemessen in der Vereinbarung berücksichtigt.

Verbesserungsvorschlag

Begriff

Grundsätzlich steht das Recht am Arbeitsergebnis dem Arbeitgeber zu, der daran Eigentum erwirbt und dafür zur Lohnzahlung verpflichtet ist.
Davon gibt es neben patent- oder gebrauchsmusterfähigen → **Arbeitnehmererfindungen** zwei Ausnahmen:
Einerseits dann, wenn es sich beim Arbeitsergebnis um einen technischen Verbesserungsvorschlag handelt, der zwar nicht patent- oder gebrauchsmusterfähig ist, dem Arbeitgeber aber eine ähnliche Vorzugsstellung gewährt wie ein Patent- oder Gebrauchsmusterrecht. Hier besteht ein Vergütungsanspruch des Arbeitnehmers, wenn der Arbeitgeber den Vorschlag verwertet.
Eine weitere Ausnahme vom Grundsatz, dass mit dem Lohn die Arbeitsergebnisse abgegolten sind, ergibt sich dann, wenn der Arbeitnehmer einen Verbesserungsvorschlag gemacht hat, der auch vom Arbeitgeber verwertet wird.
Das BAG hat entschieden, dass eine Sonderleistung eines Arbeitnehmers dann besonders zu vergüten ist, wenn sie dem Arbeitgeber einen nicht unerheblichen Vorteil bringt. Dies setzt voraus, dass der Arbeitgeber den Verbesserungsvorschlag auch umsetzt und daraus einen finanziellen Nutzen zieht.

Bedeutung für den Betriebsrat/die JAV

Auch Auszubildende können → **Arbeitnehmererfindungen** und auch Verbesserungsvorschläge machen. Sie haben daher, wenn der Arbeitgeber den Verbesserungsvorschlag umsetzt und er einen Nutzen daraus zieht und wenn es sich um eine Sonderleistung handelt, der Verbesserungsvorschlag sich also nicht unmittelbar auf die geschuldete Arbeitsleistung des Arbeitnehmers oder Auszubildenden bezieht, einen angemessenen Vergütungsanspruch.
In der Praxis, insbesondere von Großbetrieben, ist ein gut ausgebautes Verbesse-

rungsvorschlagswesen selbstverständlich. Geregelt wird dies üblicherweise in Betriebsvereinbarungen über das Verbesserungsvorschlagswesen. Dort sind die Kriterien festgelegt, wann ein Verbesserungsvorschlag vorliegt, wie er betrieblich zu behandeln ist und wie die Vergütung, insbesondere bei Umsetzung des Verbesserungsvorschlags, zu bemessen ist.
Der Betriebsrat hat nach § 87 Abs. 1 Nr. 12 BetrVG ein Mitbestimmungsrecht bei der Aufstellung von Grundsätzen über das betriebliche Verbesserungsvorschlagswesen.

Musterbetriebsvereinbarung

Betriebliches Vorschlagswesen

31 Gemäß § 87 Abs. 1 Ziffer 12 BetrVG wird folgende Betriebsvereinbarung zwischen der Firma … und dem Betriebsrat – besteht ein Gesamtbetriebsrat, durch diesen – für die Bewertung von Verbesserungsvorschlägen geschlossen:

§ 1 Geltungsbereich
Die Vereinbarung gilt für alle Arbeitnehmer im Sinne des § 5 Abs. 1 BetrVG.

§ 2 Verbesserungsvorschlag
(1) Jede Idee und Anregung, die dazu beiträgt, einen betrieblichen Zustand zu verbessern, gilt als Verbesserungsvorschlag im Sinne dieser Vereinbarung, es sei denn, sie ist patent- und gebrauchsmusterfähig oder ein qualifizierter technischer Verbesserungsvorschlag nach § 20 Abs. 1 ArbNErfG (vgl. aber § 14 Abs. 2).
(2) Ein Verbesserungsvorschlag kann beispielsweise beinhalten:
1. Verbesserung der Arbeitssicherheit, des Gesundheitsschutzes und Erhöhung der Betriebssicherheit,
2. Zweckmäßigkeit von Arbeitsverfahren und Arbeitsplatzgestaltung,
3. Einsatz und bessere Ausnutzung maschineller und anderer technischer Hilfsmittel aller Art,
4. Verbesserung der Qualität, Reduzierung von Ausschuss und Fehlern,
5. Einsparung von Material oder Betriebsmittelkosten oder sonst notwendiger Aufwendungen,
6. Verbesserung der Sozialeinrichtungen oder der Organisation der Sozialeinrichtungen,
7. Verbesserung des Umweltschutzes.

§ 3 Einreichen von Verbesserungsvorschlägen
(1) Verbesserungsvorschläge können schriftlich oder mündlich von einzelnen oder als Gruppenvorschlag von mehreren Belegschaftsmitgliedern gemeinsam eingebracht oder vorgebracht werden. Werden sie mündlich vorgebracht, hat die Geschäftsstelle den Vorschlag schriftlich zu formulieren oder bei der Formulierung zu helfen und von dem oder den Einreichern unterschreiben zu lassen. Soweit Vordrucke vorhanden sind, sollen diese genutzt werden.

(2) Der Eingang eines Vorschlages ist dem Einsender unverzüglich schriftlich zu bestätigen. Gleichzeitig ist ihm die Nummer, unter der sein Vorschlag registriert ist, von der Geschäftsstelle mitzuteilen.

§ 4 Organe des betrieblichen Vorschlagswesens
Die Organe des betrieblichen Vorschlagswesens sind: die Geschäftsstelle, § 5; der Bewertungsausschuss, § 6; und der Berufungsausschuss, § 7.

§ 5 Geschäftsstelle
(1) Der Arbeitgeber hat eine Geschäftsstelle zu bilden. Die Geschäftsstelle besteht aus dem Leiter und je nach den betrieblichen Notwendigkeiten aus der erforderlichen Zahl von Sachbearbeitern bzw. einem Beauftragten für das Vorschlagswesen.
(2) Die Geschäftsstelle hat folgende Aufgaben:
1. die Vorschläge zu registrieren und zu bestätigen (§ 3 Abs. 2),
2. den Vorschlagenden bei der Abfassung und Formulierung ihrer Vorschläge behilflich zu sein,
3. die Schutzfähigkeit der Verbesserungsvorschläge, gegebenenfalls in Verbindung mit einer Patentabteilung, zu überprüfen (vgl. § 16 Abs. 2 bis 4),
4. evtl. nötige Stellungnahmen der zuständigen Betriebs- und Abteilungsleiter einzuholen,
5. die Sitzungen des Bewertungsausschusses und Berufungsausschusses vorzubereiten,
6. abschließende Erledigungen aufgrund der Entscheidung der Ausschüsse,
7. Intensivierung und Förderung von Maßnahmen für das betriebliche Vorschlagswesen.

(3) In kleineren Betrieben werden die Aufgaben der Geschäftsstelle durch den Beauftragten für das betriebliche Vorschlagswesen wahrgenommen.

§ 6 Der Bewertungsausschuss
(1) **Zusammensetzungen**
1. Es wird ein Bewertungsausschuss gebildet, der sich paritätisch zusammensetzt. Der Arbeitgeber benennt seine Vertreter. Der Betriebsrat benennt die Vertreter der Arbeitnehmer.
2. Je ein Arbeitgeber- und ein Arbeitnehmervertreter wechseln sich jährlich im Vorsitz ab.

(2) **Geschäftsführung**
1. Die Geschäftsführung des Ausschusses obliegt der Geschäftsstelle.
2. Der Leiter der Geschäftsstelle nimmt an den Sitzungen beratend teil, soweit er nicht als Vertreter der Geschäftsstelle zu den stimmberechtigten Mitgliedern gehört.
3. Der Ausschuss tritt monatlich einmal oder nach Bedarf zusammen.
4. Er ist beschlussfähig, wenn mindestens je die Hälfte der Arbeitgeber- und Arbeitnehmermitglieder anwesend sind. Beide Seiten können Ersatzvertreter bestimmen.
5. Beschlüsse werden mit einfacher Stimmenmehrheit gefasst. Bei Stimmengleichheit entscheidet die Stimme des jeweiligen Vorsitzenden.

6. Der Bewertungsausschuss kann Gutachten anfordern und Sachverständige beratend hinzuziehen.
7. Die Sitzungen sind nicht öffentlich, die Beratungen sind vertraulich zu behandeln. Das gilt nicht gegenüber Arbeitgeber und Betriebsrat. Über jede Sitzung ist ein Protokoll anzufertigen und von allen Mitgliedern zu unterschreiben.
8. Hat der Bewertungsausschuss über einen Verbesserungsvorschlag eines seiner Mitglieder oder von Familienangehörigen zu entscheiden, so darf dieses Mitglied an der Beratung und Entscheidung über seinen Vorschlag nicht teilnehmen. Für diesen Fall hat die jeweilige Gruppe einen Vertreter zu bestimmen.

(3) **Aufgaben des Bewertungsausschusses**
Der Bewertungsausschuss hat die Aufgaben:

1. über die Zugehörigkeit des Einsenders zum Geltungsbereich nach § 1 dieser Vereinbarung zu entscheiden,
2. zu entscheiden, ob ein Verbesserungsvorschlag im Sinne von § 2 vorliegt,
3. die Vergütung anhand der Vergütungsrichtlinien festzusetzen,
4. dem Einsender über das Ergebnis der Prüfung und Bewertung einen schriftlichen Bescheid zu erteilen,
5. die Überprüfung nach § 12 vorzunehmen.

§ 7 Der Berufungsausschuss
(1) Es kann ein Berufungsausschuss gebildet werden, der über die Einsprüche nach § 9 Abs. 2 entscheidet.
(2) Für seine Einrichtung, Zusammensetzung und Geschäftsführung gelten die gleichen Prinzipien wie für den Bewertungsausschuss.
(3) Die Mitglieder des Bewertungsausschusses können nicht Mitglieder des Berufungsausschusses sein.

§ 8 Behandlung der Verbesserungsvorschläge
(1) Verbesserungsvorschläge sind der Geschäftsstelle zuzuleiten. Sie kann Annahmestellen einrichten. Andere Stellen des Betriebes bzw. des Unternehmens, denen Vorschläge bekannt werden, haben diese unverzüglich in verschlossenem Umschlag an die Geschäftsstelle weiterzuleiten.
(2) Um eine möglichst gerechte Beurteilung herbeizuführen, ist es notwendig, jeden eingereichten Vorschlag anonym zu behandeln. Deshalb hat die Geschäftsstelle jeden Vorschlag sofort mit einer Registriernummer zu versehen. Die weitere Behandlung des Vorschlages darf nur unter der Registriernummer erfolgen, der Name des Vorschlagenden darf nicht in Erscheinung treten.
(3) Die Unterlagen, aus denen sich ergibt, welche Namen der jeweiligen Registriernummer zugeordnet sind, sind unter Verschluss zu halten.
(4) Für die Priorität eines Vorschlages ist das Eingangsdatum maßgebend. In Zweifelsfällen wird eine Klärung in einer Besprechung mit allen Beteiligten versucht.

§ 9 Bewertungsbescheid und Einsprüche

(1) Über das Ergebnis der Prüfung und Bewertung erhält der Einsender einen schriftlichen Bescheid des Bewertungsausschusses, wenn die Prüfung länger als zwei Monate dauert, einen Zwischenbescheid.

(2) Gegen Entscheidungen des Bewertungsausschusses steht sowohl dem Einsender als auch dem Arbeitgeber das Recht des Einspruches zu. Er ist binnen einer Frist von einem Monat nach Zustellung des Bescheides bei der Geschäftsstelle einzulegen. Der Bewertungsausschuss überprüft in diesem Fall nochmals seine Entscheidung.

(3) Ändert der Bewertungsausschuss seine Entscheidung nicht ab oder ist der Widersprechende auch mit der neuen Entscheidung nicht einverstanden, dann ist der Vorschlag dem Berufungsausschuss vorzulegen.

(4) Gegen die Entscheidung des Berufungsausschusses steht der Rechtsweg zum Arbeitsgericht innerhalb von drei Monaten nach Zustellung der Entscheidung des Berufungsausschusses offen. Entsprechendes gilt, wenn kein Berufungsausschuss besteht.

§ 10 Vergütung (Prämie)

Alle Verbesserungsvorschläge werden nach folgenden Kategorien vergütet:

1. Vorschläge, deren Nichtverwertung der Arbeitgeber zu vertreten hat, sind so zu vergüten, als ob sie ausgeführt würden.
2. Vorschläge, die nicht ausgeführt werden können oder keinen Nutzen bringen, bei denen jedoch ein persönliches Bemühen des Einsenders anzuerkennen ist, sind mit einem Anerkennungsschreiben und einer Geld- oder Sachprämie in angemessener Höhe zu vergüten.
3. Ist der Kostenvorteil, der durch den Verbesserungsvorschlag entsteht, nicht genau zu bestimmen, wird die Prämie durch den Bewertungsausschuss unter Berücksichtigung des Bewertungsschemas 2 festgesetzt.
4. Die Vergütung für Vorschläge, deren Kostenvorteil nicht erfassbar ist, ist ebenso wie die für Vorschläge, bei denen der Kostenvorteil errechenbar ist, nach oben hin nicht begrenzt.
5. Für Vorschläge, die zu errechenbaren Ersparnissen führen, wird während der Nutzungsdauer eine jährliche oder eine einmalige Vergütung gezahlt.
6. Die Festsetzung der Vergütung erfolgt nach Ablauf einer zwölfmonatigen Nutzungsdauer. Vorher sind angemessene Abschlagszahlungen zu leisten. Abschlagszahlungen sind auch zu leisten, wenn der Nutzen des Vorschlags nicht errechenbar ist.

§ 11 Prämienberechnung

(1) Als Grundlage zur Prämienberechnung dienen – entsprechend dem Bewertungsschema 1 – alle rechnerisch erfassbaren Ersparnisse, die sich während einer zwölfmonatigen Nutzungszeit ergeben, wenn man den Betriebszustand ohne die vorgeschlagene Verbesserung mit dem Betriebszustand nach Durchführung der Verbesserung unter sonst gleichen Bedingungen vergleicht.

(2) Von diesem Betrag erhält der Vorschlagende jährlich x % (5–30 %, bei einmaliger Vergütung 30–60 %).

(3) Gemeinkosten werden dabei nicht berücksichtigt; Investitionen nur in Höhe der steuerlichen Abschreibung.
(4) Eine Begrenzung in der Höhe der Vergütung oder eine Degression ist ausgeschlossen.
(5) In geeigneten Fällen kann auch eine Umsatzerhöhung der Prämienberechnung zugrunde gelegt werden.

§ 12 Nachbewertung
Ist eine einmalige Vergütung bezahlt worden, hat der Vorschlagende das Recht, bei wesentlich geänderten Umständen eine Neuberechnung zu verlangen. Die Neuberechnung kann auch in der Weise erfolgen, dass an die Stelle der einmaligen Vergütung eine laufende Vergütung tritt. In diesem Fall ist die bereits erfolgte Zahlung entsprechend zu berücksichtigen.

§ 13 Zusatzprämie, Förderungsmaßnahmen
(1) Eine Zusatzprämie in Höhe von 10–20 % der ermittelten Vergütung erhalten die Beschäftigten, die aufgrund ihrer Ausbildung und Stellung im Unternehmen wenig oder keinen Einfluss haben (Auszubildende, Hilfs- und angelernte Arbeiter).
(2) Einreicher, die sich durch mehrere gute Verbesserungsvorschläge ausgezeichnet haben, werden bei Förderungsmaßnahmen bevorzugt berücksichtigt.

§ 14 Rechte und Schutz des Einsenders
(1) Grundsatz des betrieblichen Vorschlagswesens muss es sein, Ideen und Gedankengut des Einreichers zu schützen.
(2) Vorschläge, bei denen zu erwarten ist, dass sie Arbeitnehmererfindungen oder qualifizierte technische Verbesserungsvorschläge im Sinne des § 20 Abs. 1 ArbNErfG sind, müssen der zuständigen Patentabteilung zugeleitet werden. Über das Ergebnis der Beurteilung ist der Einsender zu unterrichten. Falls der Vorschlag patent- oder gebrauchsmusterfähig ist, muss der Einsender rechtzeitig informiert werden. In diesem Fall regeln sich die Rechtsbeziehungen nach den Bestimmungen des Gesetzes über Arbeitnehmererfindungen vom 25. 7. 1959.
(3) Das Datum der Übergabe des Verbesserungsvorschlages an die Patentabteilung gilt (damit) als Meldedatum einer Diensterfindung nach § 5 des Arbeitnehmererfindergesetzes.
(4) Vorschläge, für die Schutzrechte beantragt, aber nicht gewährt werden, müssen erneut als Vorschläge im Sinne dieser Vereinbarung behandelt werden.
(5) Nach der Installierung von Anlagen und Aufnahme der Produktion sind Sperrfristen für die Einreichung von Verbesserungsvorschlägen ausgeschlossen.
(6) Einsender von Vorschlägen, die während der Bearbeitungszeit ihres Vorschlages – aus welchen Gründen auch immer – aus dem Unternehmen ausscheiden, behalten alle Rechte, die sich aus dieser Vereinbarung ergeben.
(7) Der Vergütungsanspruch geht im Falle des Ablebens auf die gesetzlichen Erben des Einsenders über.

§ 15 Kündigung
Diese Betriebsvereinbarung kann mit einer Frist von drei Monaten jeweils zum Jahresende gekündigt werden.

Bewertungsbogen

Schema 1 – Ersparnis errechenbar

Kostenart	Kosten vor Einführung €	Kosten nach Einführung €	Differenz = Ersparnis €
Personalkosten			
Materialkosten			
Energiekosten			
Erhöhung der Anlagenausnutzung			
Wartungskosten			
Betriebsstoffe			
Geräte und Werkzeuge			
Sonstige Kosten			
Summe			
Grundprämie = Jahresersparnis á x % (5–60 %)			
Grundprämie á Korrekturfaktoren = auszuzahlende Prämie = Euro			

Verbesserungsvorschlag

Schema 2 – Ersparnis nicht errechenbar

Anwendungsbereich	Wert für den Betrieb			
	gering 5–15	mittel 16–30	hoch 31–50	sehr hoch 51–100
Arbeitssicherheit				
Gesundheits- und Umweltschutz				
Arbeitserleichterung				
Qualitätsverbesserung				
Leistungssteigerung				
Wertsummen				
Gesamtpunktzahl				
Gesamtpunktzahl á Geldfaktor = Grundprämie á 20,– € = €				
Grundprämie á Korrekturfaktoren = auszuzahlende Prämie				

Korrekturfaktoren

			Faktor	
F 1 Aufgaben und Verantwortungsbereich	Der Vorschlag fällt: in oben genannte Bereiche des Einsenders	nicht:	1,0	
		teilweise:	0,75	
		überwiegend:	0,50	
		ganz:	0,25	
F 2 Fachgebiet	Der Vorschlag betrifft:	das eigene Fachgebiet des Vorschlagenden	1,0	
		das erweiterte oder ein verwandtes Fachgebiet	1,25	
		ein fremdes Fachgebiet	1,5	
F 3 Anstoß zum Vorschlag	Der Anstoß zum Vorschlag erfolgte:	ohne Auftrag aus eigener Überlegung	1,0	
		nach Auftrag ohne Angabe der Lösungsmöglichkeit	0,75	
		nach Auftrag mit grob umrissener Lösungsmöglichkeit	0,5	

Verbundausbildung

Grundlagen

Verbundausbildung bedeutet, dass sich mehrere Unternehmen und/oder Verwaltungen zu einer Organisationsgemeinschaft zusammenschließen, mit dem Ziel die Berufsausbildung gemeinsam zu organisieren. § 10 Abs. 5 BBiG sieht ausdrücklich vor, dass zur Erfüllung der vertraglichen Verpflichtungen der Auszubildenden, mehrere natürliche oder juristische Personen in einem Ausbildungsverbund zusammenwirken können. Die Verantwortlichkeit für die einzelnen Ausbildungsabschnitte sowie für die Ausbildungszeit insgesamt muss allerdings sichergestellt sein.
Im Ausbildungsvertrag muss klar geregelt sein, wer für die Ausbildung verantwortlicher Vertragspartner ist. Der Vertragspartner ist somit Ausbildender und verantwortlich für die Rechte und Pflichten die aus dem Ausbildungsvertrag erwachsen, unabhängig bei welchem Verbundpartner gerade die Ausbildung stattfindet. Jedes Mitglied des Ausbildungsverbunds kann als Vertragspartner und somit Ausbildender auftreten. Soll der Ausbildungsverbund selbst Vertragspartner sein, muss es sich um eine selbstständige juristische Person handeln, also beispielsweise eine GmbH oder Verein.

Bedeutung für den Betriebsrat/die JAV

Nach § 97 Abs. 1 BetrVG hat der Betriebsrat ein Beratungsrecht bei der Einführung von Berufsausbildung sowie bei der Teilnahme an außerbetrieblichen Berufsbildungsmaßnahmen. Bei der Durchführung von Maßnahmen zur beruflichen Bildung hat der Betriebsrat nach § 98 BetrVG ein Mitbestimmungsrecht. Ebenso auch nach § 99 BetrVG bei personellen Einzelmaßnahmen, darunter fällt auch die Einstellung von Auszubildenden.
Der Betriebsrat sollte darauf achten, wer den Ausbildungsvertrag abschließt und somit Vertragspartner des Auszubildenden ist. Daraus leitet sich ab, wer für die

Durchführung der Ausbildung, für das Ausbildungspersonal oder die Qualitätssicherung der Berufsausbildung verantwortlich ist.
Aus dem Vertragsverhältnis ergibt sich auch, in welchem Betrieb der Auszubildende Arbeitnehmer im Sinne des § 5 Abs. 1 BetrVG ist und somit wahlberechtigt zum Betriebsrat/zur JAV ist. Wichtig ist auch zu beachten, welche Tarifverträge zur Anwendung kommen. Auch hier ist entscheidend, wer Vertragspartner ist.
Weitere Ausführungen finden sich auch im Abschnitt → **Außerbetriebliche und überbetriebliche Ausbildung**.

Verkürzung der Ausbildung

Grundlagen

Auszubildende und Ausbildende können nur gemeinsam gegenüber der zuständigen Stelle (z. B. IHK oder Handwerkskammer) beantragen, die Ausbildungszeit zu verkürzen. Das BBiG sieht als Voraussetzung hierfür im § 8 Abs. 1 BBiG lediglich vor, dass zu erwarten sein muss, dass das Ausbildungsziel in der gekürzten Zeit zu erreichen ist. Eine Verkürzung kann sich auf die Ausbildungsdauer insgesamt sowie auch ausdrücklich auf die tägliche oder wöchentliche Ausbildungszeit beziehen. Es ist also auch möglich, eine Teilzeitberufsausbildung zu vereinbaren. Ein Antrag auf Verkürzung der Ausbildungszeit kann zu jeder Zeit gestellt werden.

Eine kürzere Ausbildungszeit kann durch eine Anrechnung einer beruflichen Vorbildung nach § 7 BBiG oder durch im Einzelfall vorliegende Gründe beantragt werden. Solche Gründe können in der schulische Vorbildung liegen (z. B. Abitur) oder in einer sehr guten Zwischenprüfung bzw. Berufsschulnoten.

Ein Antrag auf Teilzeitberufsausbildung muss gemeinsam vom Ausbildenden und Auszubildenden gestellt werden. Neben der Anforderung, dass das Ausbildungsziel in der verkürzten Zeit erreicht werden kann, muss ein berechtigtes Interesse an der Verkürzung vorliegen. Laut Gesetzgebungsbegründung liegt ein solches berechtigtes Interesse beispielsweise vor, wenn ein eigenes Kind oder eine pflegebedürftige Person zu betreuen ist (BT-Drs. 15/4752). Einen Rechtsanspruch auf Teilzeitberufsausbildung sieht das BBiG jedoch nicht vor.

Bedeutung für den Betriebsrat/die JAV

Sollte der Arbeitgeber generell nur noch verkürzt ausbilden, hat der Betriebsrat ein Mitbestimmungsrecht nach § 98 Abs. 1 BetrVG. Bei einer Verkürzung im Einzelfall besteht kein Mitbestimmungsrecht.

Bedeutung für den Auszubildenden

Eine Verkürzung ist nur möglich, wenn der Arbeitgeber ebenso dazu bereit ist. In jedem Fall sollte eine Verkürzung genau überlegt sein. Schließlich muss die berufliche Handlungskompetenz im gewählten Ausbildungsberuf in einer kürzeren Zeit nachgewiesen werden. Gute Schulabschlüsse aus dem allgemeinbildenden Schulbereich bedeuten nicht automatisch, dass eine berufliche Handlungskompetenz vorhanden ist. Entschließt man sich zu einer Verkürzung der Ausbildungszeit, sollten rechtzeitig Unterlagen gesammelt werden, die darauf hindeuten, dass das Ausbildungsziel in der kürzeren Zeit erreicht werden kann, z. B. Prüfungsergebnisse, Beurteilungen und Berufsschulzeugnisse.
Unter dem Suchwort »Teilzeitberufsausbildung« finden sich Beispiele im Good Practice Center des Bundesinstituts für Berufsbildung:
www.good-practice.de/

Volljährigkeit, Berufsausbildungsverhältnis und Berufsschulunterricht

Das am 1.3.1997 in Kraft getretene zweite Gesetz zur Änderung des Jugendarbeitsschutzgesetzes hat für volljährige Auszubildende die bisherigen Freistellungsregelungen im Jugendarbeitsschutzgesetz teilweise aufgehoben. Nur vor einem vor 9 Uhr beginnenden Unterricht dürfen auch erwachsene berufsschulpflichtige Auszubildende nicht im Betrieb beschäftigt werden. Nach dem Berufsschulunterricht ist dies grundsätzlich möglich, jedoch sind neben der tatsächlichen Unterrichtszeit auch die Wegezeiten zwischen Berufsschule und Ausbildungsbetrieb zu beachten (vgl. BAG v. *26.3.2001 – 5 AZR 413/99*).

Für volljährige Auszubildende gilt bezüglich der Freistellung allein § 15 BBiG i.V.m. § 19 BBiG.

Nach § 15 BBiG hat der Ausbildende den Auszubildenden für die Teilnahme am Berufsschulunterricht und an Prüfungen freizustellen. Es kommt also allein auf die Teilnahme am Berufsschulunterricht an und nicht auf die Berufsschulpflicht, die nach den Schulgesetzen der Länder geregelt ist. Der Umfang der Freistellung umfasst neben der Unterrichts- bzw. Prüfungszeit auch den Zeitraum für Wegstrecken und Pausen, aber auch für eventuellen Unterrichtsausfall. Die Freistellungspflicht erstreckt sich auch auf nicht mehr berufsschulpflichtige Auszubildende, wenn sie sich gegenüber dem Ausbildenden zum Berufsschulbesuch verpflichtet haben.

Nach § 19 BBiG ist dem Auszubildenden die Vergütung auch für die Zeit der vorstehend beschriebenen Freistellung zum Zwecke der Teilnahme am Berufsschulunterricht bzw. an Prüfungen fortzuzahlen.

Im Ergebnis bedeutet dies, dass die Zeit der Freistellung in vollem Umfang auf die normale Arbeits- bzw. Ausbildungszeit anzurechnen ist und nicht, wie es gelegentlich von IHKs und Arbeitgebern vertreten wird, auf irgendeine gesetzliche Höchstarbeitszeit, etwa nach dem Arbeitszeitgesetz. Dies würde dazu führen, dass Auszubildende zur Ableistung von bezahlten Überstunden gezwungen würden, denn einerseits müsste die bezahlte Freistellung für den Berufsschulunterricht erfolgen und andererseits müsste die volle bezahlte → **Arbeitszeit** im Betrieb verbracht werden, jedenfalls wenn man davon ausgeht, dass die gesetzliche Höchstarbeitszeit nach dem Arbeitszeitgesetz von 48 Stunden in der Woche durch die Ausbildungszeit zuzüglich der Berufsschulzeit nicht überschritten würde.

Im Übrigen regelt § 19 BBiG nicht nur die Vergütungsfortzahlung für die Zeit der Freistellung zum Berufsschulunterricht, sondern auch die bezahlte Freistellung, wenn der Auszubildende infolge einer unverschuldeten Krankheit oder, wenn er aus sonstigen Gründen durch einen in seiner Person liegenden Grund unverschuldet verhindert ist, seine Pflichten aus dem Berufsausbildungsverhältnis zu erfüllen. Im ersten Fall findet das Entgeltfortzahlungsgesetz Anwendung, welches grundsätzlich ebenfalls die Lohnfortzahlung vorsieht.

Wahl der JAV

Rechtliche Grundlagen

Die Voraussetzungen für die Wahl einer JAV sind in § 60 BetrVG geregelt.
Voraussetzung für die Wahl einer JAV ist zunächst, dass ein Betrieb (→ **Betriebsbegriff**) vorliegt.
Weitere Voraussetzung ist, dass in diesem Betrieb »in der Regel« mindestens 5 Arbeitnehmer beschäftigt sind,

- die noch nicht das 18. Lebensjahr vollendet haben (jugendliche Arbeitnehmer) oder
- die zu ihrer Berufsausbildung beschäftigt sind und das 25. Lebensjahr noch nicht vollendet haben.

Für die Definition des Auszubildenden bzw. des zur Berufsausbildung Beschäftigten gelten für die JAV die gleichen Kriterien wie für die Betriebsratswahl. Dabei kommt es nicht darauf an, ob diese Personen durch ihre Beschäftigung den Betriebszweck des Ausbildungsbetriebs unterstützen oder für diese betrieblichen Zwecke ausgebildet werden.
Zu diesem Personenkreis zählt jeder,

- der aufgrund eines Berufsausbildungsvertrags nach § 3 Berufsbildungsgesetz beschäftigt ist,
- der im Regelfall kraft Vertrags berufliche Kenntnisse und Fähigkeiten vermittelt bekommt.

Der betriebsverfassungsrechtliche Begriff der Berufsausbildung geht weit über den des → **Berufsbildungsgesetzes (BBiG)** hinaus, sodass darunter auch Anlernlinge, Praktikanten/Praktikantinnen (→ **Praktikanten**), Volontäre, Umschüler/Umschülerinnen, Gesundheits- und Krankenpflegeschüler/Gesundheits- und Krankenpflegeschülerinnen, Teilnehmer/Teilnehmerinnen an berufsvorbereitenden Maßnahmen für jugendliche Arbeitslose und andere fallen. Nicht darunter fallen jedoch Helfer/Helferinnen im freiwilligen sozialen Jahr bzw. im freiwilligen ökologischen Jahr und Bundesfreiwilligendienstleistende. Auch Auszubildende, die die Ausbildung in sogenannten reinen Ausbildungsbetrieben vornehmen (Bildungswerke, Berufsförderungswerke u. a.) sind in diesen reinen Ausbildungsbetrieben nach Meinung des BAG nicht wahlberechtigt, da sie nicht zur Belegschaft des Ausbildungsbetriebs gehören. Allerdings können diese nach § 51 BBiG eine Interessenvertretung wählen (→ **außerbetriebliche Ausbildung**). Getrennt davon betrachtet werden müssen außerbetriebliche Auszubildende, die im Rahmen ihrer Ausbildung ein betriebliches Praktikum absolvieren bzw. Auszubildende als Teilnehmende von kooperierenden außerbetrieblichen Ausbildungsmaßnahmen: Sie sind als wahlberechtigt zur JAV in die Wählerliste des Praktikumsbetriebs bzw. Ausbildungsbetriebs mit aufzunehmen.

Dual Studierende sind in jedem Fall dann wahlberechtigt, wenn sie ein ausbildungsintegriertes Studium absolvieren, d. h. neben dem Studienabschluss auch ein Berufsabschluss erreicht wird.

Dual Studierende absolvieren praxisintegrierte Studiengänge, wenn es sich bei ihrem Praktikum nicht nur um eine reine Hochschulmaßnahme handelt, also neben dem Studienabschluss auch ein Berufsabschluss erreicht wird. Ein weiterer Anhaltspunkt für eine Wahlberechtigung liegt vor, wenn eine Vertragsbeziehung zwischen Dual Studierenden und dem Betrieb bzw. Unternehmen besteht.

Bei einer → **überbetrieblichen Ausbildung** in einem Unternehmen sind die Auszubildenden in dem für die Ausführung der Ausbildung verantwortlichen Betrieb wahlberechtigt. Wurde in einem Unternehmen entschieden, statt der Ausbildung in mehreren Betrieben die Ausbildung in einer überbetrieblichen Ausbildungsstätte zu betreiben, sind die Auszubildenden dort auch wahlberechtigt.

Bei einem unternehmensübergreifenden Ausbildungsverbund wiederum sind die Auszubildenden lediglich bei dem Unternehmen wahlberechtigt, bei dem die Auszubildenden ihren Berufsausbildungsvertrag unterschrieben haben. Diese Regelung wird jedoch von einigen einschlägigen Kommentatoren angezweifelt (vgl. DKKW-Trittin, § 60 Rn. 21–26).

Alle jugendlichen Arbeitnehmer sowie die zu ihrer Berufsausbildung Beschäftigten, sofern sie das 25. Lebensjahr noch nicht vollendet haben, sind gem. § 61 Abs. 1 BetrVG wahlberechtigt zur JAV (aktives Wahlrecht). Maßgebend ist dabei das Alter am Wahltag.

Auszubildende, die das 18. Lebensjahr vollendet haben und noch nicht 25 Jahre alt sind, sind berechtigt, sowohl an der JAV-Wahl als auch an der Betriebsratswahl teilzunehmen. Sie besitzen ein sogenanntes Doppelwahlrecht.

Weitere Voraussetzung für ein aktives Wahlrecht ist, dass am Tag der Wahl der JAV das Ausbildungs- bzw. Arbeitsverhältnis besteht und die Eintragung in die Wählerliste erfolgt ist (§ 38 i. V. m. § 2 Abs. 3 WO).

Einem größeren Personenkreis wird demgegenüber die Wählbarkeit (passives Wahlrecht) zugestanden. Nach § 61 Abs. 2 BetrVG sind neben den Personengruppen, die das aktive Wahlrecht haben, auch diejenigen Arbeitnehmer wählbar, die das 25. Lebensjahr noch nicht vollendet haben, gleichwohl aber nicht

mehr zu ihrer Berufsausbildung beschäftigt sind. Wählbar sind somit alle Arbeitnehmer, die nicht älter als 25 sind, ohne dass es darauf ankommt, dass sie noch in der Berufsausbildung stehen.
Maßgebender Zeitpunkt für die Altersberechnung ist jedoch beim passiven Wahlrecht der Tag des Beginns der Amtszeit und nicht der Tag der Wahl. Voraussetzung für das passive Wahlrecht ist darüber hinaus die Eintragung in der Wählerliste, bis auf den zuvor genannten Personenkreis der Nichtwahlberechtigten jungen Beschäftigten.
Eine Mitgliedschaft sowohl in der JAV als auch im Betriebsrat (Doppelmitgliedschaft) ist nach § 61 Abs. 2 Satz 2 BetrVG ausgeschlossen. Auch wenn diese Vorschrift nicht für Ersatzmitglieder gilt, verlieren jedoch in den Betriebsrat auf Dauer nachgerückte Ersatzmitglieder ihr Amt in der JAV automatisch.
Für die Wahlberechtigung zur JAV ist nicht Voraussetzung, dass der Wahlbewerber mindestens 6 Monate dem Betrieb angehört.
Bei der Durchführung der Wahl wird zwischen dem vereinfachten und dem normalen Wahlverfahren unterschieden. Das vereinfachte Wahlverfahren ist in Betrieben mit in der Regel 5 bis 50 wahlberechtigten Arbeitnehmern nach § 60 Abs. 1 anzuwenden. In Betrieben mit in der Regel mehr als 50 Wahlberechtigten wird die Wahl im normalen Wahlverfahren durchgeführt.
Ausnahme: Der Wahlvorstand kann mit dem Arbeitgeber das vereinfachte Wahlverfahren vereinbaren, wenn in einem Betrieb 51 bis 100 jugendliche Arbeitnehmer und Auszubildende beschäftigt sind.

Bestellung und Aufgaben des Wahlvorstandes

Grundsätzliche Voraussetzung für die Durchführung einer Wahl der JAV ist die Bildung eines Wahlvorstandes. Dessen Bestellung ist Aufgabe des Betriebsrats und nicht etwa noch einer im Amt befindlichen JAV. Die Bestellung des Wahlvorstandes hat im normalen Wahlverfahren spätestens 8 Wochen (vereinfachtes Wahlverfahren: 4 Wochen) vor Amtsende einer bereits bestehenden JAV durch den Betriebsrat zu erfolgen. Dabei bestellt der Betriebsrat die/den Vorsitzende/Vorsitzenden, wobei der Wahlvorstand immer aus einer ungeraden Personenzahl zusammengesetzt werden muss.
Wenn die Voraussetzungen für die Wahl einer JAV sich erst im Laufe der Zeit ergeben, muss der Betriebsrat dann unverzüglich den Wahlvorstand bestellen.
Eine Bestellung des Wahlvorstandes durch den Gesamt- bzw. Konzernbetriebsrat oder das Arbeitsgericht ist in folgenden Fällen möglich (§ 63 Abs. 3 i. V. m. § 16 Abs. 2 und 3 BetrVG):

- In einem Betrieb ohne JAV ist der Betriebsrat untätig geblieben und hat den Wahlvorstand nicht bestellt, obgleich die Voraussetzungen zur Wahl einer JAV gegeben sind.

- Der Betriebsrat hat in einem Betrieb, in dem das normale Wahlverfahren anzuwenden ist, den Wahlvorstand bis spätestens 6 Wochen vor Ablauf der Amtszeit der bisherigen JAV nicht bestellt.
- Der Betriebsrat hat in einem Betrieb, in dem das vereinfachte Wahlverfahren anzuwenden ist, den Wahlvorstand bis spätestens 3 Wochen vor Ablauf der Amtszeit der bisherigen JAV nicht bestellt.

Die Bestellung des Wahlvorstandes durch das Arbeitsgericht kann beantragt werden

- durch 3 jugendliche Arbeitnehmer/Arbeitnehmerinnen zw. Arbeitnehmer/Arbeitnehmerinnen des Betriebs,
- durch den Betriebsrat
- durch die im Betrieb vertretene Gewerkschaft.

Dem Wahlvorstand muss mindestens ein Mitglied angehören, das ein passives Wahlrecht zum Betriebsrat hat (§ 38 WO). Voraussetzung ist somit, dass mindestens ein Mitglied des Wahlvorstandes eine Betriebszugehörigkeit von mindestens 6 Monaten aufweist und mindestens 18 Jahre alt ist. Des Weiteren sollen in Betrieben mit weiblichen und männlichen Arbeitnehmern dem Wahlvorstand Frauen und Männer angehören. Es ist möglich, dass auch Kandidaten/Kandidatinnen für die zu wählende JAV dem Wahlvorstand angehören.

Soweit das Arbeitsgericht den Wahlvorstand auf Antrag einsetzt, können keine betriebsfremden Personen zu Mitgliedern des Wahlvorstandes bestellt werden. Dies gilt insbesondere für Gewerkschaftssekretäre. Der Wahlvorstand hat die Aufgabe, unverzüglich die Wahlen einzuleiten, durchzuführen und das Wahlergebnis festzustellen. Die Tätigkeit des Wahlvorstandes wird im Wesentlichen in den §§ 38 bis 40 i. V. m. den §§ 1 bis 5 WO festgelegt. Die wichtigsten Aufgaben des Wahlvorstandes sind:

- Aufstellung der Wählerliste und Bestimmung des anzuwendenden Wahlverfahrens,
- Bestimmung der Zahl der zu wählenden Jugend- und Auszubildendenvertreter, sowie der auf das Geschlecht in der Minderheit entfallenden Mindestsitze,
- Erlass des Wahlausschreibens,
- Behandlung der Einsprüche gegen die Richtigkeit der Wählerliste,
- Feststellung des Wahlergebnisses,
- Einberufung der konstituierenden Sitzung der JAV.

Der Wahlvorstand hat mit einfacher Stimmenmehrheit seine Beschlüsse zu fassen. Die Sitzungen sind in einer Niederschrift zu protokollieren, wobei ein sogenanntes Beschlussprotokoll genügt, das lediglich die in der Sitzung gefassten Beschlüsse wiedergibt.

Die Amtszeit des Wahlvorstandes endet,

- wenn trotz Setzen einer Nachfrist keine Wahlvorschläge zur Wahl der JAV eingegangen sind;

- wenn feststeht, dass die erforderliche Mindestzahl von 5 wahlberechtigten Arbeitnehmern gem. § 60 Abs. 1 BetrVG nicht mehr vorhanden ist;
- mit der Konstituierung der aus der Wahl hervorgegangenen JAV.

Wählerliste, Wahlausschreiben und Wahlvorschläge

Vor der Einleitung der Wahl hat der Wahlvorstand eine Wählerliste aufzustellen, da die Eintragung in die Wählerliste Voraussetzung für die Ausübung des aktiven Wahlrechts ist. In die Wählerliste sind alle jugendlichen Arbeitnehmer/Arbeitnehmerinnen nach § 60 Abs. 1 BetrVG getrennt nach Frauen und Männern einzutragen.
Wegen der Besonderheiten beim passiven Wahlrecht hat im Wahlausschreiben zur Wahl der JAV der Wahlvorstand darauf hinzuweisen, dass auch bestimmte Arbeitnehmer/Arbeitnehmerinnen wählbar sind, die nicht in der Wählerliste aufgeführt sind. Des Weiteren ist in dem Wahlausschreiben auf die Besonderheiten des Unterschriftenquorums der Wahlvorschläge zur JAV hinzuweisen.
Alle diese Anforderungen an das Wahlausschreiben lassen sich durch den Wahlvorstand dann ohne große Schwierigkeiten berücksichtigen, wenn der Wahlvorstand eine Formularsammlung für die Wahl der JAV im normalen bzw. vereinfachten Wahlverfahren benutzt (→ **Literatur**).
Die Wahlvorschläge von Arbeitnehmern/Arbeitnehmerinnen müssen von mindestens $^{1}/_{20}$ der wahlberechtigten Arbeitnehmer/Arbeitnehmerinnen unterzeichnet sein, mindestens aber von drei Vorschlagsberechtigten. Bei weniger als 21 wahlberechtigten Arbeitnehmerinnen bzw. Arbeitnehmern muss der Wahlvorschlag lediglich von mindestens 2 Wahlvorschlagsberechtigten unterzeichnet sein. Wahlvorschlagsberechtigt sind dabei die aktiv Wahlberechtigten.
Die Wahlvorschläge von Gewerkschaften müssen von je zwei Beauftragten der betreffenden Gewerkschaft unterschrieben werden. Nur dann darf die Bezeichnung der Gewerkschaft auch als Kennwort verwendet werden. Die Frage, ob ein gewerkschaftlicher Wahlvorschlag auch dann vorliegt (und dann das Kennwort einer Gewerkschaft nutzen darf), wenn er »nur« Stützunterschriften von Beschäftigten des Betriebs enthält, hat das BAG in einem Beschluss vom 15. 05. 2013 (Az. 7 ABR 40/11) verneint.
Sofern die JAV nur aus einem Mitglied besteht, müssen bei der Wahl die Wahlvorschläge deutlich gekennzeichnet werden, ob sie für das einzige Mitglied oder das Ersatzmitglied, das in einem getrennten Wahlvorgang ermittelt wird, erfolgen.

Größe und Zusammensetzung der JAV

Aus § 62 BetrVG ergibt sich die Größe der JAV. Dabei schreibt das Gesetz eine ungerade Zahl der JAV-Vertreter vor. Maßgebender Zeitpunkt für die Ermittlung der Größe der JAV ist der Tag des Erlasses des Wahlausschreibens, da sich die Größe der zu wählenden JAV nach der Zahl der wahlberechtigten Arbeitnehmer richtet. Der Wahlvorstand hat dabei nach pflichtgemäßem Ermessen die Größe festzulegen. In § 62 BetrVG ist davon die Rede, dass die »in der Regel« Beschäftigten zugrunde zu legen sind. Der Wahlvorstand hat sich dabei an der Zahl der Beschäftigten zu orientieren, die nach seiner Auffassung unter normalen Umständen regelmäßig im Betrieb beschäftigt werden.

Nach Möglichkeit sollen bei der Zusammensetzung der JAV die verschiedenen Beschäftigungsarten und Ausbildungsberufe, für die der Betrieb ausbildet, berücksichtigt werden (§ 62 Abs. 2 BetrVG). Besteht die JAV aus drei oder mehr Mitgliedern, muss das Geschlecht, das unter den jugendlichen Arbeitnehmerinnen und Arbeitnehmern in der Minderheit ist, mindestens seinem zahlenmäßigen Verhältnis entsprechend in der JAV vertreten sein (§ 62 Abs. 3 BetrVG). Die Anzahl der Mindestsitze für das Geschlecht in der Minderheit wird nach dem d'Hondtschen Höchstzahlensystem ermittelt und ist im Wahlausschreiben bekannt zu geben. Der maßgebende Zeitpunkt für die Ermittlung der Anzahl der weiblichen und männlichen Arbeitnehmer ist der Tag des Erlasses und Aushangs des Wahlausschreibens.

Durchführung der Wahl

Die Wahl der JAV erfolgt in geheimer und unmittelbarer Wahl. Für die Durchführung der Wahl ist zwischen dem normalen und dem vereinfachten Wahlverfahren zu unterscheiden.

Vereinfachtes Wahlverfahren

Die Wahl der JAV erfolgt im vereinfachten Wahlverfahren auf einer Wahlversammlung auf Grundlage der bis eine Woche zuvor eingereichten gültigen Wahlvorschläge. Ort, Tag und Zeitpunkt der Wahlversammlung sind zuvor im Wahlausschreiben bekannt zu geben.

Im vereinfachten Wahlverfahren erfolgt die Wahl der JAV immer als Personenwahl (Mehrheitswahl).

Bei der Wahl der aus einer Person bestehenden JAV haben die Wahlberechtigten zwei Stimmen. Die Wahl der aus einer Person bestehenden JAV als auch des Ersatzmitglieds ist in getrennten Wahlgängen durchzuführen.

Normales Wahlverfahren

Im normalen Wahlverfahren ist nach den Grundsätzen der Listenwahl (Verhältniswahl) aufgrund von Wahlvorschlägen nach dem d'Hondtschen Höchstzah-

lensystem zu wählen, sofern mehr als ein Wahlvorschlag eingereicht wird. Wird demgegenüber nur ein Wahlvorschlag eingereicht, findet die Personenwahl (Mehrheitswahl) Anwendung.
Bei der Verhältniswahl hat der Wahlberechtigte nur eine Stimme, die für eine bestimmte Liste abgegeben werden kann. Maßgebend ist aber allein, wie viele Stimmen auf die einzelnen Vorschlagslisten entfallen.
Bei der Mehrheitswahl kann der Wahlberechtigte auf dem Stimmzettel so viele Kandidaten/Kandidatinnen anzukreuzen, wie Mitglieder der JAV zu wählen sind. Dabei ist zu beachten, dass zwar weniger, aber nicht mehr Kandidaten/Kandidatinnen angekreuzt werden dürfen, als Mitglieder für die JAV zu wählen sind. Wenn mehr Kandidaten/Kandidatinnen angekreuzt werden, führt dieses zu einer ungültigen Stimmabgabe.

Zeitpunkt der Wahlen

Die regelmäßigen Wahlen der JAV finden alle zwei Jahre in der Zeit vom 1. Oktober bis 30. November statt. Da die ersten Wahlen 1972 stattfanden, werden die nächsten 2016, 2018 usw. durchgeführt.
Außerhalb dieses Zeitraums findet eine Neuwahl statt, wenn trotz erfolgtem Eintritt aller Ersatzmitglieder die Zahl der JAV-Mitglieder unter die gesetzlich erforderliche Mitgliederzahl gesunken ist.
Für den Fall, dass die Zahl der jugendlichen Arbeitnehmer oder der zu ihrer Berufsausbildung Beschäftigten unter 25 Jahren unter die Grenze der für das Bestehen einer JAV erforderlichen Mindestzahl sinkt, endet das Amt der JAV automatisch. Voraussetzung ist aber hierfür, dass das Absinken der Zahl nicht nur vorübergehender Natur ist.
Außerdem ist eine JAV außerordentlich zu wählen, wenn bisher keine JAV bestanden hat, nun aber die Voraussetzungen für die Wahl einer JAV erfüllt sind, die JAV mehrheitlich ihren Rücktritt entschieden hat, die JAV durch die Entscheidung eines Arbeitsgerichts aufgelöst wurde oder ihre Wahl erfolgreich angefochten wurde.
Auch wenn das Bestehen eines Betriebsrats Voraussetzung für die Arbeit der JAV ist, führt ein vorrübergehender Wegfall des Betriebsrats nicht zu einem Wegfall der JAV.
Wird eine JAV außerhalb des regelmäßigen Wahlzeitraums gewählt, findet nach § 13 Abs. 3 BetrVG eine Wiedereingliederung in den regelmäßigen Wahlzyklus statt. Hierbei ist zwischen zwei Fällen zu unterscheiden:

- Ist die JAV am 1. Oktober des nächsten regelmäßigen Wahlzeitraums bereits ein Jahr oder länger im Amt, ist sie neu zu wählen.
- Ist die JAV am 1. Oktober des nächsten regelmäßigen Wahlzeitraums noch kein Jahr im Amt, wird sie erst bei der übernächsten Wahl neu gewählt.

Wahl- und Kündigungsschutz

Hinsichtlich des Wahlschutzes gelten die Regelungen zur Betriebsratswahl (§ 63 Abs. 2 BetrVG i. V. m. § 20 BetrVG). Die Verbote der Behinderung und der unzulässigen Beeinträchtigung der JAV-Wahl richten sich grundsätzlich gegen jeden/de. Praktische Bedeutung haben sie allerdings in erster Linie zur Abwehr arbeitgeberseitiger Beeinträchtigungen der JAV-Wahlen.
Darüber hinaus besteht für Wahlvorstandsmitglieder und Wahlbewerber/Wahlbewerberinnen der besondere Kündigungsschutz nach § 103 BetrVG (Schutz vor einer fristlosen Kündigung) und der nachwirkende Kündigungsschutz nach § 15 Abs. 3 Satz 2 KSchG (Schutz vor einer fristgemäßen Kündigung). Für Wahlvorstandsmitglieder beginnt der Schutz nach § 103 BetrVG vom Zeitpunkt ihrer Bestellung an. Für Wahlbewerber beginnt dieser Schutz mit dem Zeitpunkt der Aufstellung des Wahlvorschlags. Der Schutz nach § 103 BetrVG endet grundsätzlich mit der Bekanntgabe des Wahlergebnisses für diese beiden Personengruppen, wobei für gewählte Wahlbewerber der Schutz nach § 103 BetrVG weiter gilt (und durch die Schutzvorschriften nach den §§ 78, 78a BetrVG und § 15 KSchG ergänzt wird), da sie ja nunmehr JAV-Mitglieder sind.
Der nachwirkende Kündigungsschutz beginnt für ehemalige Wahlvorstandsmitglieder und nicht gewählte Wahlbewerber mit der Bekanntgabe des Wahlergebnisses und dauert 6 Monate. Innerhalb dieser Frist sind fristgemäße Kündigungen unzulässig.
Wurde die Bestellung des Wahlvorstandes beim Arbeitsgericht beantragt, ist eine fristgemäße Kündigung der Antrag stellenden Arbeitnehmer/Arbeitnehmerinnen nach § 15 Abs. 3 a KSchG vom Zeitpunkt der Antragstellung an bis zur Bekanntgabe des Wahlergebnisses unzulässig.

Wahlkosten

Die Kosten der Wahl trägt der Arbeitgeber. Dies betrifft die Fortzahlung des Arbeitsentgelts sowohl wahrend der Ausubung des Wahlrechts als auch während der Betätigung im Wahlvorstand. Des Weiteren hat der Arbeitgeber die Kosten für Schulungsveranstaltungen zu tragen, an denen der Wahlvorstand aufgrund der komplizierten gesetzlichen Regelungen zur Durchführung der JAV-Wahl unbedingt teilnehmen sollte. Gleiches gilt für Literatur, über die der Wahlvorstand verfügen sollte, um seine Aufgaben sachgerecht erfüllen zu können.

Bedeutung für den Betriebsrat/die JAV/den Wahlvorstand

Dem Betriebsrat kommt bei der JAV-Wahl eine entscheidende Rolle zu, denn er bestellt den Wahlvorstand und initiiert somit die Wahlen. Sollte aufgrund von fehlenden Voraussetzungen momentan keine Wahl zur JAV möglich sein, muss fortlaufend beobachtet werden, ob sich dies ändert. Besonders in den Zeiträumen, in denen neue Auszubildende eingestellt werden. Eine immer wichtigere Bedeutung bekommt dabei auch eine neue Ausbildungsform, die Dualen Studiengänge. Hier ist eine Wahlberechtigung genau zu prüfen. Auch Praktikant müssen bei der Frage der Wahlberechtigung genau betrachtet werden.
Der Betriebsrat und Wahlvorstand sollte für die Durchführung der JAV-Wahlen unbedingt auf eine entsprechende vorhergehende Qualifizierung bestehen. Gewerkschaften bieten diese neben zahlreichen Arbeitshilfsmitteln und einer qualifizierten Beratung an.
Gerade wenn noch keine JAV besteht, sollten vor dem Beginn des Wahlverfahrens die Wahlberechtigten über die JAV und die JAV-Wahlen durch den Betriebsrat, ggf. unter Einbeziehung der zuständigen Gewerkschaft, umfassend informiert werden. Wichtig ist dabei genau zu benennen, welche Vorteile die Wahlberechtigten mit einer JAV haben. Sollte bisher keine JAV bestehen, können JAVen aus branchenverwandten Betrieben oder Unternehmen eingeladen werden, um bei einer Versammlung ein realistisches Bild der JAV-Arbeit zu vermitteln. Wenn bereits eine JAV besteht, kann sie diese Aufgabe übernehmen.
Für den Fall, dass eine bestehende JAV vollständig nicht mehr kandidieren kann oder möchte, sollte sie sich rechtzeitig darüber verständigen, wie eine Übergabe der Arbeit an die neuen JAV-Mitglieder erfolgen kann. Diesen Prozess sollte der Betriebsrat bzw. ein von ihm beauftragtes Mitglied begleiten.
Der JAV-Wahlkampf sollte möglichst lebendig ausgestaltet werden. Mit Aktionen und Hilfsmitteln, wie Wahlzeitungen, Wahlplakaten oder auch Newslettern kann gut für die eigene Kandidatur bzw. Liste geworben werden. In der Wahlkampfzeit, wie auch in der späteren JAV-Arbeit, ist besonders auf den intensiven persönlichen Kontakt zu allen Wahlberechtigten zu achten, um möglichst nah an ihren Themen und Problemen zu sein und über die eigenen Positionen bzw. die eigene Arbeit zu informieren.
Neu gewählte JAV-Mitglieder sollten unverzüglich eine Grundlagenqualifizierung mit einer Dauer von mindestens einer Woche erhalten, um in alle wichtigen Rechte und Pflichten eingeführt zu werden. Der Arbeitgeber trägt dafür alle anfallenden Kosten. Ein entsprechender Anspruch ergibt sich aus § 65 i. V. m. § 37 Abs. 6 und 7 BetrVG (→ **Bildungsurlaub**). Darüber hinaus sollten neu gewählte JAVen darauf achten, sich möglichst schnell mit anderen JAVen aus der Region

und/oder der Branche zu vernetzen, um möglichst schnell von den Erfahrungen der anderen zu profitieren. Hier bieten Gewerkschaften entsprechende Konferenzen oder Arbeitstagungen für JAVen an. Sowohl für die Seminare als auch für die Arbeitstagungen können sich die JAVen ohne Kürzung von Bezügen von der Ausbildung bzw. Arbeit freistellen.
Im Internet finden sich auf den Portalen *www.jav-portal.de* und *www.jav.info* viele aktuelle Informationen rund um die JAV-Wahl und den Einstieg in die JAV-Arbeit.

Weiterbildung

Grundlagen

Der Weiterbildungsbegriff ist weit gefasst. Zu nennen sind beispielsweise die betriebliche Weiterbildung, die politische Weiterbildung, die im Allgemeinwissen angesiedelte Weiterbildung oder die musische Weiterbildung.
Für die berufliche Entwicklung steht die betriebliche Weiterbildung im Vordergrund, bei der man zwischen Anpassungs-, Erhaltungs- und Aufstiegsweiterbildung unterscheiden kann. Die Anpassungsweiterbildung dient dazu, den Beschäftigten auf eine neue oder veränderte Aufgabenstellung in einem Tätigkeitsfeld vorzubereiten. Die Erhaltungsweiterbildung dient dazu, die ständige Fortentwicklung des fachlichen, methodischen und sozialen Wissens im Aufgabengebiet zu gewährleisten. Die Aufstiegsweiterbildung dient dem beruflichen Aufstieg, oftmals verbunden mit höherwertigen Aufgaben.
Weiterhin kann man die betriebliche Weiterbildung danach unterscheiden, ob sie vom Arbeitgeber veranlasst ist oder auf Bestreben des Beschäftigten stattfindet.

Bedeutung für den Betriebsrat/die JAV

Um der zunehmenden Bedeutung der Weiterbildung gerecht zu werden, ist es wichtig, das Betriebsrat und JAV diese als Handlungsfeld begreifen. Das BetrVG sieht konkrete Einflussmöglichkeiten für die betriebliche Interessenvertretung vor. Der Betriebsrat kann vor allem die Qualifizierung von Arbeitnehmern zur Sicherung und Förderung von Beschäftigung einsetzen.
Nach § 96 Abs. 1 BetrVG (Förderung der Berufsbildung) sollen Arbeitgeber und Betriebsrat die Berufsausbildung der Arbeitnehmer fördern. Auf Verlangen des Betriebsrats hat der Arbeitgeber den Berufsbildungsbedarf zu ermitteln und mit ihm Fragen der Berufsausbildung zu beraten. Der Betriebsrat kann hierzu eigene Vorstellungen entwickeln und vorschlagen. Der Berufsbildungsbedarf ergibt sich

entsprechend der Gesetzesbegründung (BT-Drs. 14/5741) aus einer Ist-Analyse, aus der Erstellung eines Soll-Konzeptes und der Ermittlung der betrieblichen Berufsbildungsinteressen der Arbeitnehmer (vgl. DKKW-Buschmann, § 96 Rn. 24).
Absatz 2 verpflichtet Arbeitgeber und Betriebsrat dazu, darauf zu achten, dass den Arbeitnehmern die Teilnahme an betrieblichen oder außerbetrieblichen Berufsbildungsmaßnahmen ermöglicht wird.
Nach § 97 BetrVG (Einrichtungen und Maßnahmen der Berufsausbildung) Abs. 1 hat der Arbeitgeber mit dem Betriebsrat über die Errichtung und Ausstattung betrieblicher Einrichtungen zur Berufsausbildung, die Einführung betrieblicher Berufsbildungsmaßnahmen und die Teilnahme an außerbetrieblichen Berufsbildungsmaßnahmen zu beraten. Absatz 2 räumt dem Betriebsrat ein erzwingbares Mitbestimmungsrecht ein, wenn der Arbeitgeber Maßnahmen plant oder bereits vorgenommen hat, die dazu führen, dass die beruflichen Kenntnisse und Fähigkeiten zur Erfüllung der Aufgaben des Arbeitnehmers nicht mehr ausreichen. Der Betriebsrat kann insofern auch initiativ tätig werden und somit entsprechende Maßnahmen einfordern.
Nach § 98 BetrVG (Durchführung betrieblicher Bildungsmaßnahmen) hat der Betriebsrat ein Mitbestimmungsrecht, welches sich im Wesentlichen auf die Teilnehmerauswahl und auf das Bildungspersonal bezieht.
§ 90 BetrVG sieht vor, dass der Arbeitgeber den Betriebsrat bezüglich der Gestaltung der Arbeitsplätze, des Arbeitsablaufs und der Arbeitsumgebung unterrichtet, sowie vorgesehene Maßnahmen und ihre Auswirkungen auf die Arbeitnehmer mit dem Betriebsrat berät. Dabei geht es vor allem um Anforderungen, die sich aus Veränderungen für die Arbeitnehmer ergeben. Der Betriebsrat soll so rechtzeitig in Beratungen einbezogen werden, dass seine Vorschläge und Bedenken eingebracht und bei der Planung berücksichtigt werden können.
Nach § 92 BetrVG muss der Betriebsrat über die Personalplanung unterrichtet werden, vor allem über den gegenwärtigen Bedarf und sich daraus ergebende personellen Maßnahmen, beispielsweise notwendige Berufsbildungsmaßnahmen. Der Betriebsrat kann Vorschläge für die Einführung einer Personalplanung und deren Umsetzung machen.
§ 92a BetrVG befasst sich mit der Beschäftigungssicherung. Der Betriebsrat kann dem Arbeitgeber Vorschläge zur Sicherung und Förderung von Beschäftigung machen. Solche Vorschläge können ausdrücklich auch die Qualifizierung von Arbeitnehmern betreffen. Der Arbeitgeber ist verpflichtet, die Vorschläge mit dem Betriebsrat zu beraten.
Mögliche Vorgehensweisen des Betriebsrats:

1. Entwicklung von Aufgaben und Zielen orientiert am Bedarf der Betriebe und den Bedürfnissen der Beschäftigten (§§ 96 Abs. 1 und 97 Abs. 2 BetrVG),
2. Formulierung von Eckpunkten für eine betriebliche Weiterbildung aus Sicht der Arbeitnehmer (Grob- und Feinplanung),

3. Verhandlung der Eckpunkte mit dem Arbeitgeber und Auseinandersetzung mit seinen Vorstellungen/Vorschlägen,
4. Installierung eines Verfahrens zur kontinuierlichen Beratung über Weiterbildung im Betrieb/Vereinbarung über Prozessrahmen,
5. Durchführung/Umsetzung der vereinbarten Maßnahmen (§§ 92 Abs. 2 und 98 BetrVG),
6. Auswertung der Erfahrungen und Ergebnisse der durchgeführten Maßnahmen und Erstellung neuer Kompetenzprofile,
7. Abschluss einer Betriebsvereinbarung zur betrieblichen Berufsbildung/Weiterbildung.

Bedeutung für die Jugendlichen und Auszubildenden

Um dauerhaft die Beschäftigungsfähigkeit in der Wissens- und Informationsgesellschaft zu sichern, ist ein lebenslanges bzw. lebensbegleitendes Lernen eine wichtige Voraussetzung. Die Möglichkeit der Teilhabe an Weiterbildung entwickelt sich zunehmend zu einer neuen sozialen Frage. Aus- und Weiterbildung bestimmen die persönlichen Entwicklungs- und Entfaltungsmöglichkeiten und leisten einen wichtigen Beitrag zur Wettbewerbsfähigkeit von Unternehmen. Vor diesem Hintergrund wird Weiterbildung immer stärker als ein selbstverständlicher Bestandteil der beruflichen Entwicklung begriffen. Der Umfang an Weiterbildungsmaßnahmen und deren Anbietern stieg in den zurückliegenden Jahren rasant an.
Die Zugangsmöglichkeiten für Beschäftigte zu Weiterbildungsmaßnahmen sind unterschiedlich und abhängig von Faktoren wie Alter, Geschlecht, Nationalität, Qualifikationsniveau oder Betriebsgröße. Für un- und angelernte Arbeitnehmer ist eine vom Betrieb veranlasste Weiterbildung eher selten. Dieser Personenkreis ist von Weiterbildung überwiegend ausgeschlossen und hat selbst wenig Erfahrung und somit Bereitschaft, sich weiterzubilden.
Für betriebliche Weiterbildung ist der Betriebsrat mit seinen oben beschriebenen Mitbestimmungs- und Gestaltungsmöglichkeiten ein wichtiger Ansprechpartner. Um sich weiter zu bilden, besteht in vielen Bundesländern die Möglichkeit Bildungsurlaub in Anspruch zu nehmen (→ **Bildungsurlaub**).
Es gibt eine Vielzahl von Betriebsvereinbarungen und tariflichen Regelungen, die den Weiterbildungsbereich betreffen. Ein wichtiger Tarifvertrag ist der Qualifizierungstarifvertrag für die Metall- und Elektroindustrie in Baden-Württemberg. Darin ist vereinbart, dass die Arbeitnehmer einen Anspruch auf ein regelmäßiges Qualifizierungsgespräch haben, in dem der Qualifizierungsbedarf und die Qualifizierungsmaßnahmen besprochen werden. Der Arbeitnehmer kann

dabei Qualifizierungsvorschläge machen. Bei Qualifizierungsmaßnahmen wird zwischen betrieblicher und persönlicher Weiterbildung unterschieden. Die betriebliche Weiterbildung findet während der Arbeitszeit statt und die Kosten werden vom Arbeitgeber übernommen. Bei der persönlichen Weiterbildung ist der Freistellungsanspruch geregelt, wobei die Kosten vom Arbeitnehmer getragen werden.
Auf der Anbieterseite von Weiterbildungsmaßnahmen gibt es eine riesige Vielfalt. So gibt es ca. 10 000 Weiterbildungsträger mit rund 400 000 Angeboten. Hier den Überblick zu behalten ist kaum möglich. Eine Hilfe bei der Auswahl der richtigen Bildungsträger und -maßnahmen bietet die vom Bundesinstitut für Berufsbildung herausgegebene »Checkliste Qualität beruflicher Weiterbildung« (*www.bibb.de/de/checkliste.htm*).

Eckpunkte für eine Betriebsvereinbarung zur betrieblichen Weiterbildung 33

Der folgende Vorschlag einer Betriebsvereinbarung zur Förderung der betrieblichen Weiterbildung umschreibt einen Rahmen, auf dessen Basis in den Betrieben Konkretisierungen und Anpassungen vorgenommen werden sollen. Der Vorschlag enthält zwar konkrete Vorschläge für Verfahren, ersetzt detaillierte betriebliche Verfahrensregelungen allerdings nicht.
Im Wesentlichen werden Regelungstatbestände angesprochen, die

- eine grundsätzliche Verständigung über betriebliche Initiativen und ihre Zielsetzungen unterstützen,
- konzeptionelle Grundlagen wie z.B.: eine prozessorientierte Anlage, systematische Bedarfsermittlung, betriebliche Organisation und Mitwirkung des Betriebsrats klären,
- Ansprüche an Maßnahmen und die Durchführung von Maßnahmen festlegen – dies insbesondere zur Erhöhung der Akzeptanz und zur Einbindung von Weiterbildung in die betriebliche Organisation.

Dieser Vorschlag grenzt sich inhaltlich ab, von z.B. Unterweisungen bei Neueinstellungen oder den entsprechenden Pflichtenbeschreibungen des Betriebs oder betrieblichen Führungskräften gemäß der §§ 81 und 82 BetrVG.

Die einzelnen und nachfolgend detailliert behandelten Regelungsbedarfe sind:

- Präambel, Zielsetzungen,
- Grundsätze, Bildungskonzept,
- Bildungsausschuss, Bedarfsermittlung,
- Ansprüche, Anmeldemodalitäten, Auswahl der Teilnehmer,
- Teilnahmerecht des Betriebsrats,
- Einfluss auf durchführende Verantwortliche,
- Kosten, Zertifizierung/Dokumentation,
- Regelungen zur Weiterbeschäftigung/Kostenrückerstattung,
- Transparenz/Information der Beschäftigten,
- sonstige Regelungen.

Weiterbildung

Präambel

Für die (Name des Unternehmens) ist es von entscheidender Bedeutung, wie die Mitarbeiter darauf vorbereitet werden, die Probleme der Zukunft zu lösen. Kenntnisse, Fertigkeiten und Fähigkeiten jedes Einzelnen sind dabei ein bestimmender Faktor. Unternehmensleitung und (Gesamt-)Betriebsrat haben in eingehenden Gesprächen Einvernehmen darüber erzielt, dass es in Zukunft verstärkter Anstrengungen bedarf, um die Beschäftigten der betrieblichen Bereiche auf die erhöhten Anforderungen vorzubereiten, die sich aus technologischen und arbeitsorganisatorischen Veränderungen ergeben werden. Vor diesem Hintergrund kommt der Weiterbildung von Beschäftigten – als Maßnahmen der Qualifizierung und Personalentwicklung – zunehmende Bedeutung zu.

Zielsetzung

Diese Betriebsvereinbarung wird mit der Zielsetzung abgeschlossen, eine den wirtschaftlichen und technischen Belangen des Betriebs und den beruflichen Interessen der Mitarbeiter gleichermaßen entsprechende betriebliche Weiterbildung zu gewährleisten.

Qualifizierungs- und Personalentwicklungsmaßnahmen werden für alle Beschäftigten durchgeführt. Sie sollen

- der Sicherung der Arbeitsplätze dienen,
- helfen, dass sich alle Beteiligten rechtzeitig und umfassend aufs neue und/oder geänderte Arbeitsverfahren oder Arbeitsorganisationen einstellen können,
- die Sicherung und Entwicklung beruflicher Perspektiven für die Beschäftigten unterstützen, deren bisherige Tätigkeit z. B. aufgrund des Strukturwandels, der Reorganisation oder der Rationalisierung wesentliche Änderungen erfährt oder sogar ganz entfällt,
- den Aufbau und kontinuierlichen Ausbau des Qualifizierungsbestandes des Unternehmens fördern und damit der Weiterentwicklung des Unternehmens und der Beschäftigten dienen,
- die Weiterentwicklung der Qualifikation und des Leistungspotentials der Beschäftigten als Grundlage des beruflichen Aufstiegs und zum Einstieg in neue Tätigkeitsfelder beinhalten.
- Fachliche, methodische und soziale Kompetenzen der Beschäftigten fördern und ausbauen; auch sollten ökologische und ökonomische Kompetenzen vermittelt und/oder erhöht werden.

Grundsätze der Durchführung

Bei der Gestaltung einzelner Weiterbildungsmaßnahmen sind Lernformen zu finden und zu erproben, die die persönlichen Fähigkeiten und Erfahrungen der Teilnehmer nutzen und einbeziehen und ihre Lernmotivation anregen und fördern.

Wo immer dies möglich ist, sollten arbeitsplatznahe Lernformen entwickelt werden, um eine unmittelbare Verknüpfung mit den betreffenden betrieblichen Tätigkeiten zu erreichen.

Vor technischen und organisatorischen Änderungen und vor dem Einsatz von Ge-

räten und Maschinen sind die betroffenen Beschäftigten rechtzeitig und umfassend über die Arbeitsmethoden und über ihre Aufgaben zu unterrichten und zu qualifizieren. Ihnen liegt der Leitgedanke zugrunde, den Mitarbeitern einen Überblick und die Einsicht in den Aufbau und die Funktionsprinzipien des Produkts, der Betriebsmittel, der verwendeten technologischen Verfahren und der Arbeits- und Betriebsorganisation zu vermitteln.
Wesentlicher Anreiz der Teilnahme ist die Möglichkeit der Anwendung der erworbenen Kenntnisse und Fertigkeiten in der betrieblichen Tätigkeit. Innerhalb dieses Rahmens setzt das Angebot an Weiterbildungsmaßnahmen in erster Linie auf die Eigenmotivation der Beschäftigten und die Freiwilligkeit der Teilnahme.
Von den Betriebsparteien wird im Einzelfall festgelegt, welche Konsequenzen erfolgreich abgeschlossene Weiterbildungen für die Entgeltung haben.

Bildungskonzept – Planung
Arbeitgeber und Betriebsrat arbeiten in einem ständigen Prozess zusammen und beraten mit dem Ziel des Einvernehmens über grundsätzliche Fragen, Ziele und Instrumente der Qualifizierung und Personalentwicklung

- Bedarfsermittlung, Konzeption, Durchführung und Steuerung der Maßnahmen
- zwingenden Personalentwicklungs- und Qualifizierungsbedarf als Voraussetzung zur Ausübung bestimmter Funktionen
- Bewertung der im laufenden Jahr durchgeführten Maßnahmen
- Qualifizierungs- und Entwicklungsplanung für das Folgejahr

Arbeitgeber und Betriebsrat bilden zu diesem Zweck einen paritätisch besetzten Bildungsausschuss für die betriebliche Weiterbildung.

Bildungsausschuss
Im Betrieb/Unternehmen ist ein paritätisch besetzter Bildungsausschuss einzurichten. Dieser Ausschuss besteht aus mindestens 3 Vertretern der Unternehmensleitung und der Arbeitnehmer. Die Vertreter der Arbeitnehmer werden vom Betriebsrat benannt.
Um die Ziele dieser Vereinbarung zu erreichen, erstellt der Bildungsausschuss eine jährlich fortzuschreibende Bildungsplanung und schlägt – auf der Basis einer systematischen Bedarfsermittlung (siehe nächster Abschnitt) die durchzuführenden Weiterbildungsmaßnahmen vor, die zwischen Betriebsrat und Unternehmensleitung zu vereinbaren sind.
Dem Bildungsausschuss sind von der Unternehmensleitung rechtzeitig und umfassend alle zur Bildungsplanung notwendigen Unterlagen und Informationen zur Verfügung zu stellen. Hierzu gehören insbesondere alle Daten der Investitions- und Personalplanung.
Bei der Aufstellung des Bildungsplans hat der Bildungsausschuss insbesondere darauf zu achten, dass allen Beschäftigten der Zugang zu Bildungsmaßnahmen geöffnet wird. Geringer qualifizierte oder durch Umstellung des Betriebs oder Investitionsentscheidungen besonders gefährdete Gruppen sind bevorzugt zu fördern.
Die Aufgaben des Bildungsausschusses bei der Durchführung der Bildungsmaßnahmen erstrecken sich insbesondere auf:

Weiterbildung

- Die Festlegung der konkreten Ziele (Jahresziele) der Qualifizierung und Personalentwicklung.
- Die Weiterbildungsmaßnahmen, die das Unternehmen durchführt.
- Die Festlegung der Grundsätze und der Verfahren zur Teilnahme an Maßnahmen der betrieblichen Bildung und Personalentwicklung.
- Die Festlegung der Methoden und des Ablaufs der Weiterbildung sowie Art, Zahl und Zeitpunkt begleitender Erfolgskontrollen.
- Die Auswahl und Ausstattung der Unterrichtsräume und sonstiger betrieblicher Einrichtung der Weiterbildung.
- Die Ausstattung der Teilnehmer mit Ausbildungsmitteln.
- Bewertungsverfahren und -kriterien für durchgeführte Maßnahmen.

Weitere noch zu vereinbarende Personalentwicklungsmaßnahmen wie z.B. Potenzialbeurteilung, Projektaufgaben, Jobrotation, Coaching, individuelle Entwicklungsplanung, Mitarbeitergespräche, Beurteilungen, Trainees, Auswahlverfahren etc.

Es bietet sich an, auch die Erstellung des Angebots an beruflicher Erstausbildung, gegliedert nach Zahl und Berufsbild der Ausbildungsplätze sowie die Festlegung des einzelnen Ausbildungsplatzes und die dort zu vermittelnden Lernziele im Rahmen des betrieblichen Durchlaufplans, von diesem Ausschuss erledigen zu lassen.

Der Bildungsausschuss überwacht die Durchführung der Maßnahmen und erstellt zum Abschluss des jeweiligen Kalenderjahres einen Bildungsbericht. Berichtszeitraum ist die Zeit vom 1. 1. des vorangegangenen bis zum 31. 12. des abgelaufenen Kalenderjahres. Der Bildungsbericht umfasst alle aufgrund dieser Betriebsvereinbarung durchgeführten Bildungsmaßnahmen. Er enthält insbesondere Angaben über Art, Anzahl, Dauer, Personal und Kosten der Bildungsmaßnahmen sowie Angaben über Teilnehmer und ihre Verteilung auf die einzelnen Beschäftigungsgruppen.

Die Weiterbildungsmaßnahmen werden in Form einer Befragung der Teilnehmerinnen und Teilnehmer ausgewertet. Die Ergebnisse werden dem Bildungsausschuss vorgelegt und mögliche Verbesserungen der Maßnahmen dort besprochen.

Die Rechte des Betriebsrats gemäß BetrVG bleiben unberührt. Der Betriebsrat kann grundsätzlich Vorschläge unterbreiten und Initiativen ergreifen.

Kommt der Bildungsausschuss zu keiner von beiden Seiten getragenen Entscheidung, so trifft diese die Unternehmensleitung zusammen mit dem Betriebsrat. Kommt es zwischen Unternehmensleitung und Betriebsrat zu keiner Einigung, so ersetzt der Spruch der Einigungsstelle die Einigung zwischen Unternehmen und Betriebsrat gem. § 76 BetrVG. Der Spruch der Einigungsstelle ist entsprechend § 76 Abs. 6 S. 2 BetrVG verbindlich.

Bedarfsermittlung

Unternehmensleitung und Betriebsrat stimmen darin überein, dass die auf systematischer Bedarfserhebung basierende Weiterbildung ein Grundpfeiler für den Unternehmenserfolg und den Erfolg der Mitarbeiter gleichermaßen ist. Deshalb wird der Ermittlung des Weiterbildungsbedarfs ein besonders hoher Stellenwert beigemessen. Die Ermittlung des Weiterbildungsbedarfs erfolgt zielgruppenspezifisch.

Der Bedarf wird mindestens einmal jährlich im Wesentlichen durch Gespräche der Be-

schäftigten mit ihren Vorgesetzten ermittelt. Die Gesprächsform ist den betrieblichen Bereichen üblichen Kommunikationsformen zu entsprechen (z.B. können dies sein: Mitarbeitergespräche, persönliche Qualifizierungsgespräche, Gruppengespräche). Dabei sind außer den betrieblichen Belangen auch die Weiterbildungsinteressen der Beschäftigten zu berücksichtigen. Der Betriebsrat kann sich dazu bei den Beschäftigten informieren und im Betrieb sachkundig machen.
Auf der Grundlage der Ergebnisse der Ermittlung des Weiterbildungsbedarfs erfolgen Beratungsgespräche in dem paritätisch besetzten Bildungsausschuss. Der Betriebsrat kann die Interessen der Beschäftigten in die Beratungen des Bildungsausschusses einbringen. Mindestens einmal jährlich wird der zu deckende betriebliche Qualifizierungsbedarf für die Bildungsplanung festgelegt.

Ansprüche auf Weiterbildung
Alle Beschäftigten im Geltungsbereich dieser Vereinbarung haben zur Sicherung und zur Förderung der beruflichen Weiterbildung einen Anspruch auf die Teilnahme an Weiterbildungsmaßnahmen im Rahmen der Bestimmungen dieser Vereinbarung.
Grundsätze der Gleichbehandlung unterschiedlicher Personengruppen sind zu berücksichtigen. Die besondere Förderung von Frauen sowie der Beschäftigten, die beruflich geringer qualifiziert sind, wird verfolgt. Im Weiterbildungsprogramm sind entsprechende Maßnahmen auszuweisen.
Um den Beschäftigten Rechnung zu tragen, deren Beschäftigungsverhältnis durch Elternzeiten oder andere längere Ausfallzeiten unterbrochen werden, können

- für diese Beschäftigten Weiterbildungsmaßnahmen während der Abwesenheit angeboten werden;
- bei Wiederaufnahme der Beschäftigung besondere Weiterbildungsmaßnahmen vereinbart werden;
- in geeigneten Fällen Vertretungen angeboten werden.

Anmeldemodalitäten/Auswahl der Teilnehmer
Auf der Grundlage der Bildungsplanung und des verabschiedeten Weiterbildungsprogramms können Beschäftigte zur Teilnahme vorgeschlagen werden:

- durch ihre jeweils zuständigen Führungskräfte/betriebliche Vorgesetzte,
- durch sich selbst,
- durch den Betriebsrat.

Über die Teilnahme entscheidet die zuständige betriebliche Stelle aufgrund der festgelegten Zielgruppe für die jeweilige Maßnahme.
Meldet sich ein/e Beschäftigte/r zu einer Weiterbildungsmaßnahme an und wird diese vom Vorgesetzten abgelehnt, wird diese/r Beschäftigte beim nächsten Termin bevorzugt berücksichtigt. Die Ablehnung der Teilnahme muss begründet werden.
Beschäftigten, die sich nicht wie vorgesehen an einer Weiterbildungsmaßnahme beteiligen, sowie bei einem Abbruch der Weiterbildung, dürfen keine Nachteile entstehen.
Die Rechte des Betriebsrats gemäß BetrVG bleiben unberührt.

Weiterbildung

Teilnahmerecht des Betriebsrats
Der Betriebsrat, die Jugendvertretung und die Schwerbehindertenvertretung haben das Recht, an allen Aus- und Weiterbildungsmaßnahmen teilzunehmen.
Ihre sonstigen Ansprüche auf Schulungsmaßnahmen gemäß BetrVG bleiben davon unberührt.

Einfluss auf Personalentwicklungsverantwortliche
Dem Betriebsrat sind zur Wahrnehmung seiner Aufgaben gem. § 98 Abs. 2 BetrVG rechtzeitig die Personen bekannt zu geben, die mit der Durchführung der betrieblichen Bildungsmaßnahmen beauftragt werden sollen.
Alle internen Personen, die mit der Durchführung der betrieblichen Bildungsmaßnahmen beauftragt sind, haben jährlich einen Anspruch auf bezahlte Freistellung von der Arbeit zur Teilnahme an Weiterbildungsmaßnahmen, die der Ausbilderqualifizierung dienen. Für diesen Personenkreis ist vom Bildungsausschuss ein besonderes Fortbildungsprogramm aufzustellen.

Kosten
Der Arbeitgeber trägt die erforderlichen Kosten der Weiterbildungsmaßnahme sowie die notwendigen Reisekosten im Rahmen der jeweils geltenden steuerrechtlichen Vorschriften.
Die Zeit der Weiterbildungsmaßnahme sowie die innerhalb der vereinbarten individuellen regelmäßigen wöchentlichen Arbeitszeit liegende Reisezeit gelten als Arbeitszeit. Soweit die Weiterbildung außerhalb der vereinbarten täglichen oder wöchentlichen regelmäßigen Arbeitszeit stattfindet, finden die manteltariflichen Bestimmungen Anwendung.
Externe Qualifizierungsmaßnahmen, an denen die Teilnahme in überwiegendem Maße persönlich motiviert ist und deren Nutzung und Verwertung für das Unternehmen nicht unmittelbar ersichtlich ist, können auf Antrag durch Freistellung, teilweise Kostenbeteiligung des Unternehmens etc. gefördert und unterstützt werden.

Zertifizierung
Inhalt und Gestaltung einer beschäftigungsbezogenen Weiterbildungsmaßnahme bzw. einer Maßnahmenfolge – sowohl interne als auch externe Maßnahmen – orientieren sich in der Regel an den Ausbildungsinhalten anerkannter Ausbildungsberufe. Es erfolgt eine entsprechende Zertifizierung der jeweiligen Weiterbildungsmaßnahme. Geschieht dies nicht durch den Träger der Weiterbildungsmaßnahme, so übernimmt (Name des Unternehmens) diese Zertifizierung.

Weiterbeschäftigung/Kostenrückerstattung
Aus der Teilnahme an Fort- und Weiterbildungsmaßnahmen darf den Arbeitnehmerinnen keine Verpflichtung zur Aufrechterhaltung des Arbeitsverhältnisses oder eine entsprechende Kostenrückerstattung bei frühzeitiger Beendigung des Arbeitsverhältnisses entstehen.

Transparenz
Um allen Beschäftigten die Möglichkeit zu eröffnen, an den Weiterbildungsmaßnahmen, soweit sie ihrer Bestimmung nach nicht auf bestimmte betriebliche Funktionen oder Beschäftigte begrenzt sind, teilzunehmen, sind die Maßnahmen in geeigneter und betriebsüblicher Weise zu veröffentlichen.
Um die Programme für die Beschäftigten möglichst transparent zu machen, ihnen eine Orientierung zu ermöglichen und ihre Motivation zur Nutzung des erweiterten Lernangebots zu fördern, sollen Möglichkeiten einer Verbesserung der Information der Mitarbeiter über die Weiterbildungsprogramme in ausgewählten Bereichen erprobt werden.

Sonstiges
Während der Qualifizierungsmaßnahmen ist eine ausreichende Personalbesetzung sicherzustellen. Die Vorgesetzten haben Weiterbildungsmaßnahmen rechtzeitig einzuplanen und für notwendigen Ersatz zu sorgen.
Im Rahmen von Fortbildungs- und Umschulungsmaßnahmen dürfen keine Leistungsbeurteilungen erstellt, sondern allenfalls Lernzielkontrollen durchgeführt werden. In die Personalakte werden nur nicht wertende Teilnahmebescheinigungen aufgenommen.

Werkvertrag und Scheinwerkvertrag

Grundlagen

Wenn in einem Betrieb Beschäftigte einer Fremdfirma tätig werden, kann es sich um Leiharbeitnehmer handeln, aber auch um sogenannte Werkvertragsarbeitnehmer.

Was ist der Unterschied?

Bei der Leiharbeit (→ **Leiharbeit**) haben die Gewerkschaften politisch einige Standards zu ihrer sozialen Sicherung durchsetzen können: So gilt grundsätzlich das Gleichbezahlungsgebot, Leiharbeitnehmer werden vom Betriebsrat des Entleihbetriebs mit repräsentiert, sofern Arbeitgeberentscheidungen dort fallen, und schließlich braucht der Verleiher eine Erlaubnis, bei der seine Seriosität überprüft wird.

Polemisierend sprechen Arbeitgeber und ihre Verbände von der »Überregulierung der Leiharbeit« und suchen nach anderen Wegen. Ein solches Mittel zum Zweck kann die Ausweitung von Werkverträgen bis hin zu Scheinwerkverträgen sein.

Beim Werkvertrag wird – anders als beim Dienstvertrag und eben auch beim Arbeitsvertrag – nicht eine bestimmte Dienstleistung für eine bestimmte Zeit geschuldet. Vielmehr soll der beauftragte Unternehmer ein bestimmtes Arbeitsergebnis liefern, also ein Werk.

Die Beauftragung eines Handwerkers ist typischerweise ein Werkvertrag: Er soll Leitungen verlegen, ein Dach reparieren, ein Zimmer streichen …

In diesen Zusammenhang gehört auch die Auslagerung solcher Arbeiten, die nicht zum Unternehmenszweck gehören und die ein anderer besser kann:

- Ein Import-/Exportunternehmen beauftragt eine IT-Firma, eine Softwarte maßgeschneidert zu entwickeln.
- Viele Arbeitgeber betreiben keine eigene Kantine mehr, sondern lassen dies von einem Caterer erledigen.
- Reinigungskräfte gehören nicht mehr zum Unternehmen, sondern zu einer Gebäudereinigungsfirma.

Die vorgenannten Beispiele sind nicht angreifbar. Mit dem Ziel, aus der tariflichen und sozialen Absicherung der Arbeitnehmer zu flüchten, werden Werkverträge im eigentlichen Kernbereich des Unternehmenszwecks eingesetzt:

- Ein Automobilhersteller lässt bestimmte Produktionsstraßen von Subunternehmern bewirtschaften.
- Werkvertragsunternehmer werden eingesetzt, um Spitzenbelastungen, Einsatzdienste und Rufbereitschaft abzudecken.

Zu nennen ist an dieser Stelle auch die Verlagerung von Arbeit auf »freie Mitarbeiter«.

Hier ähnelt die Konstruktion die der Leiharbeit, nur eben ohne die dort erreichten sozialen Absicherungen. Häufig erfolgt die Verlagerung von bisher selbst ausgeübten Tätigkeiten auf einen Werkvertragsunternehmer (»Outsourcing«). Wenn es gelingt nachzuweisen, dass ein Betriebsübergang vorliegt, können zumindest für ein Jahr besitzstandswahrend die alten Arbeitsbedingungen gesichert werden (Anwendung des Tarifvertrages, wenn der Werksunternehmer nicht tarifgebunden ist).

Bedeutung für Betriebsrat/JAV

Bei Leiharbeitnehmern ist der Betriebsrat nach § 99 BetrVG zu beteiligen und kann der Einstellung widersprechen. Bei Werkvertragsunternehmern und deren Arbeitnehmern besteht ein solches Beteiligungsrecht nicht. Der Arbeitgeber hat hier aber nach § 80 Abs. 2 Satz 1 BetrVG den Betriebsrat umfassend und vollständig zu unterrichten und die »Rechtsnatur« des Vertragsverhältnisses durch Unterlagen zu belegen, wobei hier vor allem der schriftliche Werkvertrag selbst in Betracht kommt.

Der Betriebsrat kann sodann prüfen, ob es sich um einen nicht angreifbaren Werkvertrag handelt oder aber um einen Scheinwerkvertrag. Nach der Rechtsprechung des BAG kommt es hierbei nicht auf den Vertragstext an, sondern auf die tatsächliche Praxis (BAG 15.4.2014 – 3 AZR 305/11). Stellt der Betriebsrat fest, dass die vermeintlichen Werksarbeitnehmer in die betrieblichen Abläufe eingegliedert sind und ihre Arbeit nach Weisungen der Vorgesetzten des Stammbetriebes – nicht des Werkunternehmers – ausführen, handelt es sich um einen Scheinwerkvertrag. Der Betriebsrat kann dann geltend machen, dass er an der Einstellung zu beteiligen gewesen wäre und da es an einer Beteiligung fehlte, der Werksunternehmer mit seinen Arbeitnehmern aus dem Betrieb zu entfernen sei. Er kann aber stattdessen auch darauf drängen festzustellen, dass diese Arbeitnehmer in Wirklichkeit der Belegschaft des Stammunternehmens zuzurechnen sind.

Zeugnis

Grundlagen

Der Ausbildende hat dem Auszubildenden bei Beendigung des Berufsausbildungsverhältnisses ein Zeugnis auszustellen, wie § 16 BBiG bestimmt.
Hat der Ausbildende die Berufsausbildung nicht selbst durchgeführt, so soll auch der Ausbilder das Zeugnis unterschreiben.
Das Zeugnis muss Angaben enthalten über Art, Dauer und Ziel der Berufsausbildung sowie über die erworbenen Fertigkeiten und Kenntnisse des Auszubildenden. Auf Verlangen des Auszubildenden sind auch Angaben über Führung, Leistung und besondere fachliche Fähigkeiten aufzunehmen.
Das Berufsausbildungsverhältnis endet mit dem Ablauf der Ausbildungszeit bzw. mit Bestehen der Abschlussprüfung, wenn der Auszubildende vor Ablauf der Ausbildungszeit die Abschlussprüfung besteht. In den anerkannten Ausbildungsberufen sind nach § 37 BBiG Abschlussprüfungen durchzuführen, wobei dem Prüfling über die Abschlussprüfung ein Zeugnis auszustellen ist.
Im Übrigen haben natürlich ganz allgemein Arbeitnehmer bei Beendigung des Arbeitverhältnisses nach § 630 BGB einen Anspruch auf Erteilung eines schriftlichen Zeugnisses entweder als einfaches Zeugnis über Art und Dauer der Tätigkeit oder auf Verlangen des Arbeitnehmers auf ein qualifiziertes Zeugnis, welches sich auch auf die Leistung und das Verhalten im Arbeitsverhältnis erstreckt. Hier hat sich seit Jahrzehnten ein sogenannter Zeugniscode entwickelt, da einerseits nämlich ein Zeugnis wohlwollend abgefasst sein soll und den Beurteilten nicht in seiner weiteren Entwicklung behindern soll, andererseits aber auch richtig sein und der Wahrheit entsprechen muss. Dem ungetreuen Kassierer beispielsweise, der vielleicht fristlos wegen Unterschlagung entlassen wurde, darf der Arbeitgeber in einem Zeugnis nicht irreführend besondere Ehrlichkeit bescheinigen.
Gewisse Anhaltspunkte über häufig in Zeugnissen verwendete Formulierungen und was damit gemeint ist, gibt nachstehende Übersicht über den Zeugniscode.

Übersicht: Zeugniscode

Das steht im Zeugnis	und das ist gemeint
Er (sie) hat die ihm (ihr) übertragenen Arbeiten stets zu unserer vollsten Zufriedenheit erledigt	sehr gute Leistungen
Er hat die ihm übertragenen Arbeiten stets zu unserer vollen Zufriedenheit erledigt	gute Leistungen
Er hat die ihm übertragenen Arbeiten zu unserer Zufriedenheit erledigt	ausreichende Leistungen
Er hat die ihm übertragenen Arbeite n im Großen und Ganzen zu unserer Zufriedenheit erledigt	mangelhafte Leistungen
Er hat sich bemüht, die ihm übertragenen Arbeiten zu unserer Zufriedenheit zu erledigen	unzureichende Leistungen
Er hat alle Arbeiten ordnungsgemäß erledigt	Er ist ein Bürokrat, der keine Initiative entwickelt
Mit seinen Vorgesetzten ist er gut zurechtgekommen	Er ist ein Mitläufer, der sich gut anpasst
Er war sehr tüchtig und wusste sich gut zu verkaufen	Er ist ein unangenehmer Mitarbeiter
Wegen seiner Pünktlichkeit war er stets ein gutes Vorbild	Er war in jeder Hinsicht eine Niete
Wir haben uns im gegenseitigen Einvernehmen getrennt	Wir haben ihm gekündigt
Er bemühte sich, den Anforderungen gerecht zu werden	Er hat versagt
Er hat sich im Rahmen seiner Fähigkeiten eingesetzt	Er hat getan, was er konnte, aber das war nicht viel
Alle Arbeiten erledigte er mit großem Fleiß und Interesse	Er war eifrig, aber nicht besonders tüchtig
Er zeigte für seine Arbeit Verständnis	Er war faul und hat fast nichts geleistet
Wir lernten sie als umgängliche Kollegin kennen	Viele Mitarbeiter sahen sie lieber von hinten als von vorn
Sie ist eine zuverlässige (gewissenhafte) Mitarbeiterin	Sie ist zur Stelle, wenn man sie braucht, allerdings ist sie nicht immer brauchbar
Durch seine Geselligkeit trug er zur Verbesserung des Betriebsklimas bei	Er neigt zu übertriebenem Alkoholgenuss

Stichwortverzeichnis

Kompetenz verbindet

Thomas Klebe / Jürgen Ratayczak
Micha Heilmann / Sibylle Spoo

Betriebsverfassungsgesetz

Basiskommentar mit Wahlordnung
19., überarbeitete Auflage
2016. 1.002 Seiten, kartoniert
€ 39.90
ISBN 978-3-7663-6498-2

Der Basiskommentar ist das bewährte Handwerkszeug für jedes Betriebsratsmitglied. Prägnant und gut verständlich erläutert er das gesamte Betriebsverfassungsgesetz und bringt die Rechtsprechung auf den Punkt.

Der Leser erhält zu allen wichtigen Einzelfragen einen Überblick über den aktuellen rechtlichen Stand, die Meinung der Rechtsprechung und – wenn erforderlich – eine arbeitnehmerfreundliche Empfehlung der Autoren. Die 19. Auflage berücksichtigt aktuell die Rechtsprechung des Bundesarbeitsgerichts (BAG) und der Instanzgerichte.

Zu beziehen über den gut sortierten Fachbuchhandel oder
direkt beim Verlag unter E-Mail: kontakt@bund-verlag.de

Bund-Verlag

Kompetenz verbindet

Christian Schoof

Betriebsratspraxis von A bis Z

Das Lexikon für die betriebliche Interessenvertretung
12., überarbeitete Auflage
2016. 2.100 Seiten, gebunden
inklusive Online-Nutzung
€ 56,–
ISBN 978-3-7663-6496-8

Der Betriebsrat muss nicht alles wissen, er muss nur wissen, wo es steht – im »Schoof«. Auf dem neuesten Stand informiert das bewährte Lexikon über die Aufgaben, Rechte und Handlungsmöglichkeiten des Betriebsrats – immer verständlich, auch für Nichtjuristen.

Mit vielen Beispielen erläutert Christian Schoof mehr als 210 Begriffe und gibt Hinweise zu sozialrechtlichen Themen. Zahlreiche Checklisten, Musterschreiben und Übersichten helfen ebenso weiter wie wichtige Leitsätze der Rechtsprechung. Alle Inhalte und Arbeitshilfen sind auch online zugänglich. Die Neuauflage berücksichtigt den aktuellen Gesetzesstand

Zu beziehen über den gut sortierten Fachbuchhandel oder direkt beim Verlag unter E-Mail: kontakt@bund-verlag.de

Bund-Verlag

Kompetenz verbindet

Thomas Lakies

Jugendarbeitsschutzgesetz

Basiskommentar
zum JArbSchG mit Einleitung und ergänzenden Vorschriften
7., überarbeitete und aktualisierte Auflage
2014. 417 Seiten, kartoniert
€ 29,90
ISBN 978-3-7661-6312-1

Der Kommentar erläutert das Jugendarbeitsschutzrecht verständlich, kompakt und für die Bedürfnisse der Praxis. Er ist eine wichtige Ergänzung des Kommentars zum Berufsbildungsgesetz, da sich ein Großteil der erwerbstätigen Jugendlichen in Ausbildung befindet.

In einer umfassenden Einleitung stellt Thomas Lakies die rechtlichen Vorgaben dar, die für Minderjährige wichtig sind.

Die Kernthemen:
- Die Geschichte des Jugendarbeitsschutzes
- Die Entwicklung des Jugendarbeitsschutzes in der Bundesrepublik Deutschland
- Die rechtliche Stellung Minderjähriger
- Minderjährige in der Ausbildung

Aktuelle Entwicklungen, wie das Auftreten von Minderjährigen in Casting-Shows und Doku-Soaps oder Minderjährige im Profisport, werden bei der Kommentierung der einschlägigen Vorschriften des Jugendarbeitsschutzgesetzes berücksichtigt.

Bund-Verlag